厚德博學
經濟匡時

匡时 金融学系列　　新形态

|第5版|

金融统计学

刘红梅　王克强　主　编
邓俊锋　副主编

上海财经大学出版社
上海学术·经济学出版中心

图书在版编目(CIP)数据

金融统计学 / 刘红梅, 王克强主编. -- 5 版.
上海：上海财经大学出版社, 2025.3. -- (匡时).
ISBN 978-7-5642-4535-1
Ⅰ. F830.2
中国国家版本馆 CIP 数据核字第 2024RU3005 号

责任编辑：江　玉
封面设计：张克瑶
版式设计：朱静怡
投稿邮箱：jiangyu@msg.sufe.edu.cn

金融统计学(第 5 版)

著　作　者：刘红梅　王克强　主编
出版发行：上海财经大学出版社有限公司
地　　址：上海市中山北一路 369 号(邮编 200083)
网　　址：http://www.sufep.com
经　　销：全国新华书店
印刷装订：上海新文印刷厂有限公司
开　　本：787mm×1092mm　1/16
印　　张：32(插页:2)
字　　数：625 千字
版　　次：2025 年 3 月第 5 版
印　　次：2025 年 3 月第 1 次印刷
印　　数：30 301—34 300
定　　价：69.00 元

序 言

现代社会的特点之一是信息量特别大,金融领域尤其如此。如何从看似杂乱无章的金融信息中找出规律,是金融工作者和金融信息利用者关心的大事。

金融统计是对金融活动及其规律性进行研究的一种方法,是金融统计工作、金融统计资料、金融统计学的总称。金融统计工作就是按照国家金融统计有关法规,采用各种科学的统计方法,对社会金融现象的数据资料进行搜集、整理和分析的活动,即金融统计实践。金融统计资料,是金融统计工作活动过程中取得有关社会金融现象和过程的数字资料以及其他资料,是金融统计工作的成果。金融统计学则是研究金融统计资料搜集、整理、分析的原理和方法的科学。它以特定的金融现象的数量为对象,研究金融统计工作中的基本规律,阐明金融统计的性质,明确金融统计工作的基本方针,确定金融统计的范围。

该书在第四版的基础上,根据金融发展新情况,进行了修订完善,在教材主体和配套方面均做了全面升级。全书大致分为四个部分:第一部分是第一章,讲述金融统计学的基本概念、研究对象及方法;第二部分是第二、三章,对统计学的基本概念、基本方法进行了讲述;第三部分包括第四章至第十一章,分别对金融各个领域的有关统计进行了讲述;第四部分是第十二章,即金融监管统计。第二部分讲述的综合指标、动态数列、统计指数、相关分析与回归分析等,都可以运用到第三和第四部分的各个金融统计领域,所以在第三和第四部分不对各个领域的统计指标再进行上述几方面的重复讲述,而是着重介绍各个领域具体业务方面的指标,学习者可对这些具体指标进行第二部分所讲述的各类统计分析。

为了增强读者的学习兴趣,提高其学习效率,各章除了正文外,还提供了学习目标、关键概念、学习小结、课堂测试题和课后练习题,帮助读者加深对相关内容的理解,并通过思考和完成实务题加强实践能力。与第四版相比,本次修订除了更新具体内容外,还在教材主体部分细化了学习目标,增加了课堂测试题和拓展阅读材料。在形式上,通过本次修订,第五版教材升级为新形态教材,部分内容以数字资源形式呈现。此外,为方便教师开展教学工作,第五版教材进一步丰富了配套的教学资料。

该书由刘红梅、王克强、邓俊锋提出提纲,由刘红梅、王克强、邓俊锋完成最后的统撰工作。参加本次编写或修改的主要人员有刘红梅、王克强、邓俊锋、郭伟、赖静怡、吕向芹、胡斯好、王雨杰、王淞誉。特别感谢傅红春、王瑞瑞、田天、邱宣松、郑诗倩、李科、季唯佳、王岩、俞虹、崔涛、程偲丽等在以前版本中参与编写、修改或收集资料等所做出的贡献。

该书既可作为经济管理专业高年级本科生教材和研究生教材,也可作为金融工作者的参考工具书。

该书的出版得到了上海财经大学出版社的多方面支持与帮助,在此表示感谢。在写作过程中,编者参阅了大量的参考文献,在此对被参阅文献的作者表示诚挚的谢意!

鉴于金融范畴的广泛性、金融领域的多样性以及金融创新的快速性,再加之金融市场开放进程的加快,要完成一部覆盖所有金融领域的金融统计学教材是相当困难的。我们为此进行了多方面的努力,但在完成过程中仍觉得力不从心。越是接近完稿,越觉得对该领域需要进行更加深入的探讨。该书是对我们学习和教学经验的整理和总结,希望出版后能对该领域有所贡献。但由于时间仓促和水平有限,书中不足之处在所难免,敬请读者不吝赐教!

编 者

扫码或输入网址 https://qr.readoor.cn/uzqgrt,可进入上海财经大学出版社数字教材服务平台"上财云津"本书专区

本书数字资源专区

教师用微信扫码(请注明姓名、院校、教材名称及版本)验证教师身份后,可入群获取丰富的教学资料

教学资料获取通道

目 录

第一章　金融统计学概述　/ 1

学习目标　/ 1

第一节　金融统计的概念和性质　/ 1

第二节　金融统计的研究范围和研究方法　/ 7

关键概念　/ 17

学习小结　/ 17

课堂测试题　/ 17

课后练习题　/ 17

第二章　金融统计学基础（一）　/ 21

学习目标　/ 21

第一节　综合指标　/ 21

第二节　动态数列　/ 37

关键概念　/ 66

学习小结　/ 66

课堂测试题　/ 66

课后练习题　/ 67

第三章　金融统计学基础（二）　/ 71

学习目标　/ 71

第一节　统计指数　/ 71

第二节　相关分析与回归分析　/ 86

关键概念　/ 104

学习小结　/ 104

课堂测试题　/ 105

课后练习题 / 105

第四章　中央银行统计 / 109

学习目标 / 109

第一节　中央银行货币政策中间指标体系 / 109

第二节　货币供应量统计 / 114

第三节　货币概览与银行概览 / 121

第四节　利率统计 / 127

第五节　信贷收支统计 / 133

第六节　货币购买力统计 / 138

关键概念 / 140

学习小结 / 141

课堂测试题 / 141

课后练习题 / 142

第五章　商业银行统计 / 145

学习目标 / 145

第一节　商业银行统计概述 / 145

第二节　商业银行信贷收支统计 / 147

第三节　商业银行的资产负债统计 / 161

第四节　商业银行经济效益分析 / 170

第五节　商业银行竞争力统计指标体系 / 179

关键概念 / 183

学习小结 / 183

课堂测试题 / 183

课后练习题 / 184

第六章　政策性银行统计 / 188

学习目标 / 188

第一节　政策性银行概述 / 188

第二节　政策性银行的资产负债统计 / 192

第三节　政策性银行经营成果统计　/ 201

第四节　政策性银行的现金流量统计　/ 210

第五节　政策性银行的信贷收支统计　/ 215

关键概念　/ 222

学习小结　/ 222

课堂测试题　/ 223

课后练习题　/ 223

第七章　证券期货市场统计　/ 226

学习目标　/ 226

第一节　证券与证券市场　/ 226

第二节　股票市场统计　/ 230

第三节　债券市场统计　/ 249

第四节　证券投资基金市场统计　/ 255

第五节　期货市场统计　/ 262

第六节　证券期货市场中介机构统计　/ 272

第七节　信托统计　/ 282

关键概念　/ 286

学习小结　/ 286

课堂测试题　/ 287

课后练习题　/ 287

第八章　保险统计　/ 292

学习目标　/ 292

第一节　保险统计概述　/ 292

第二节　财产保险统计　/ 305

第三节　人寿保险统计　/ 310

第四节　再保险业务统计　/ 320

关键概念　/ 328

学习小结　/ 328

课堂测试题　/ 329

课后练习题　/ 329

第九章　对外金融统计 / 332

学习目标 / 332

第一节　对外金融统计概述 / 332

第二节　国际收支统计 / 334

第三节　我国的国际收支统计 / 345

第四节　外汇收支统计 / 348

第五节　外汇信贷统计 / 354

第六节　外汇储备和外债统计 / 358

第七节　利用外资和对外投资统计 / 365

关键概念 / 378

学习小结 / 378

课堂测试题 / 379

课后练习题 / 379

第十章　外汇市场统计 / 383

学习目标 / 383

第一节　外汇市场概述 / 383

第二节　外汇市场交易业务统计 / 392

第三节　外汇汇率统计 / 398

关键概念 / 408

学习小结 / 409

课堂测试题 / 409

课后练习题 / 409

第十一章　互联网金融统计 / 412

学习目标 / 412

第一节　互联网金融统计 / 412

第二节　互联网金融业务统计 / 418

第三节　互联网金融业务风险监控指标统计 / 426

关键概念 / 433

学习小结 / 433

课堂测试题 / 433
课后练习题 / 433

第十二章　金融监管统计 / 435

学习目标 / 435

第一节　银行监管统计 / 436

第二节　保险监管统计 / 458

第三节　证券市场监管统计 / 473

第四节　外汇市场监管统计 / 482

关键概念 / 493

学习小结 / 493

课堂测试题 / 494

课后练习题 / 494

参考文献 / 500

第一章　金融统计学概述

📅 学习目标

1. 知识目标

从总体上对金融统计学有一个较为全面的了解,掌握金融统计的概念、性质,了解金融统计在我国的发展状况;正确理解金融统计的研究范围,熟悉金融统计常用的研究方法;在此基础上,明确金融统计的作用与任务。

2. 能力目标

基本了解金融统计学的基础知识,为后续掌握金融统计原理以及提高运用金融数据分析问题和解决问题的能力打下基础。

3. 思政目标

深刻理解金融统计对国家金融高质量发展的重要意义,认识到金融高质量发展对中国式现代化建设全局的重要性。

第一节　金融统计的概念和性质

金融统计,顾名思义,是金融系统各项经济活动的统计。作为一门新兴的专业统计,它是我国国民经济统计体系的重要组成部分,是国家管理金融和经济的一个重要工具,也是我国制定货币政策、实施金融计划管理工作的依据和基础。

金融统计是随着金融业的产生和发展而逐步建立和发展起来的。金融是货币流通和信用活动以及与之相联系的经济活动的总称。广义的金融泛指一切与信用货币的发行、保管、兑换、结算、融通有关的经济活动,甚至包括金银的买卖;狭义的金融专指信用货币的融通。金融的内容可概括为货币的发行与回笼、存款的吸收与付出、贷款的发放与回收、金银及外汇的买卖、有价证券的发行与转让、保险、信托、国内或国际的货币结算等。从事金融活动的机构主要有银行、保险公司、证券公司,还有信用合作社、财务公司、信托投资公司、金融租赁公司以及证券、金银、外汇交易所等。步入互联网时代的今天,金融的内容和从事金融活动的主要机构又增加了许多带有互联网色彩的新形式。众筹、P2P网贷、第三方支付及数字货币等多种形式构成了互联网金融的主要内容,大数据金融、信息化金融机构及金融门户等众多的互联网金融机构成为互联网金融中最活跃的参与者。

货币和信用本来是相对独立的经济范畴。最初,人们以自然形态的特殊商品来充当货币,此时的货币称为商品货币。后来由于交换的发展,商品货币逐渐固定为某种金属,以后又发展为金属铸币、纸币。随着货币形态的不断演变,货币的外延也在不断扩大。最初的货币仅是作为交换的媒介,与信用并不发生直接联系。随着社会经济的发展,交易日益频繁,对信用的需要愈来愈多,货币也成为较为固定形态的金属货币,于是,货币与信用就逐渐结合起来,形成以货币为对象的信用形式,这就是货币信用。货币信用经历了货币兑换、货币贷放、货币保管、代理支付、汇兑等形式。综上所述,货币信用的出现,已经包含了金融关系的某些特性,随着货币信用的发展,这种金融关系也愈来愈强,这就是早期的金融。但总的来说,早期的金融在整个社会生活中的影响作用还不大,与发达的商品经济下的金融相比,还处于萌芽状态。

在发达的商品经济条件下,随着专门经营货币和信用业务的现代金融机构——银行的出现,货币信用关系得以迅猛发展。银行通过其货币信贷业务对全社会的货币流通以及货币资本的分配和再分配起了组织和枢纽作用。银行凭借其经营货币兑换和汇兑业务的特殊地位,组织发行可兑换银行券。银行券本身没有价值,但可与金属货币并行流通。随着银行券的出现,银行信用逐渐扩展,以银行信用为基础的汇兑、非现金结算等业务空前发展起来,主要的社会经济活动和商品交易都通过这些信用货币来进行,信用货币逐渐成为社会的主要流通手段和支付手段。银行信用的扩张和收缩,直接影响到货币流通的增减波动变化。这时,货币和信用紧密地结合起来,构成了新的经济范畴,这就是金融。

在如今发达的互联网经济时代,互联网金融活动成为令人瞩目的金融形式。互联网金融(ITFIN)实现了互联网技术和金融功能的有机结合,其依托大数据和云计算在开放的互联网平台上形成了功能化服务体系,包括基于网络平台的金融市场体系、金融服务体系、金融组织体系、金融产品体系以及互联网金融监管体系等,并具有普惠金融、平台金融、信息金融和碎片金融等相异于传统金融的金融模式。互联网金融以其融资成本低、贷款发放效率高、金融服务范围覆盖广等众多优势,为广大的市场参与者提供了便利的支付清算服务,加快了资金跨时、跨地、跨领域的流通,提高了资源配置的效率,不断推进传统金融行业的变革与发展。

金融统计是适应国家经济管理和一国金融业发展的需要而建立和发展起来的。

金融统计是国家统计体系的重要组成部分，集金融信息、金融分析与政策咨询于一体，以社会金融活动中的各种数量关系为研究对象，以金融与经济统计数据为依托，运用定性与定量分析相结合的方法，分析、判断、预测国民经济运行及金融的发展情况，是中央银行货币政策决策的重要依据，也是国家进行宏观调控的重要工具。

一、金融统计的概念

一般来说，根据使用场合的不同，统计包含三方面的含义：统计工作、统计资料和统计学。统计工作是一项社会实践活动，是为了反映所研究对象的某种数量特征及其规律性，对社会、政治、经济、科技和自然现象的数据资料进行搜集、整理和分析的活动过程。统计资料也称统计信息，是统计工作取得的用来反映所研究对象的数量特征的数据资料的总称。统计学是研究如何搜集、整理统计资料，分析研究对象在一定条件下的数量特征和数量关系的方法与科学。简言之，统计学是关于认识现象总体数量特征及其规律性的方法论科学。

相应地，金融统计是对金融活动及其规律性进行研究的一种方法，是金融统计工作、金融统计资料、金融统计学的总称。金融统计工作，是按照国家金融统计有关法规，采用各种科学的统计方法，对社会金融现象的数据资料进行搜集、整理和分析的活动，即金融统计实践。金融统计资料，是金融统计工作活动过程中所取得的有关社会金融现象和过程的数字资料和其他资料，是金融统计工作的成果。金融统计学则是研究金融统计资料搜集、整理、分析的原理的方法与科学。它以特定的金融现象的数量为研究对象，研究金融统计工作中的基本规律，阐述金融统计的性质，明确金融统计工作的基本方针，确定金融统计的范围。

金融统计的三种含义之间既有区别又有联系，其联系主要表现为以下两个方面：第一，金融统计工作与金融统计资料是金融统计活动过程与活动结果的关系。金融统计工作的直接目的是获得金融统计资料，而金融统计资料的获得又必须依靠金融统计工作来完成。第二，金融统计工作与金融统计学是统计实践与统计理论的关系。一方面，金融统计学来自金融统计工作，是金融统计工作的理论概括与经验总结；另一方面，金融统计学又对金融统计工作具有指导作用。

此外，金融统计学作为一门专业统计学，不同于社会经济统计学原理，也不同于经济统计学和其他部门统计学。首先，金融统计学与社会统计学原理之间是一般统计原理与具体统计方法论的关系。前者侧重研究金融活动中诸多现象的数量方面，是一种具体统计方法论；后者则是针对社会经济的整体发展而提出的一般性的统计方法原理。金融统计学必须遵循社会经济统计原理所提出的搜集、整理和分析社会经济现象一般性的原理、原则和方法，同时还必须体现作为一门专业统计学的特点。其次，金融统计学与经济统计学是个别与一般、个性与共性的关系。经济统计学是从整个国民经济出发,把各种社会经济现象作为一个整体来进行研究。它也研究金融现象的数量问题,只不过是从宏观的角度出发的;金融现象是经济现象的一个组成部分。金融统计主要从金融部门出发研究金融现象量的问题及资料的搜集、整理和分析的方法论问题。总之,经济统计学是关于整个经济现象的数量的方法论,金融统计学则是关于金融现象的数量的方法论,它是经济统计学中一门独立的部门统计学。再次,金融统计学与一般的部门统计学既有区别又有联系。金融统计学研究对象的特殊性决定了金融统计学区别于一般的部门统计学。它研究的对象是金融现象的数量方面,是金融部门经营货币、经营信用业务活动过程中所发生的一切金融现象,是一种特殊的价值运动现象。另一方面,金融活动与社会经济活动的其他方面是相互促进、相互制约、紧密联系的。因此,金融统计学的研究又离不开其他部门研究的一些相关成果,以促进自身的发展。从这个角度讲,金融统计学与一般的部门统计学又是相互促进、密切联系的。

二、金融统计的性质

金融统计学作为一门以金融计量为特殊研究对象的专业统计,有以下几个基本性质:

第一,金融统计是从总体上对客观金融现象进行研究。金融统计工作者将零散的金融数据搜集、整理并加以分析后,得出一个金融单位、一个金融系统、一个地区甚至全国的数据资料。综合分析这些资料后,揭示出该金融单位、该金融系统、该地区甚至全国的金融活动的本质和规律,从而为政策制定提供依据。

第二,金融统计研究金融领域内客观现象的现状及发展过程。如中央银行某年的货币供应量是多少,具体到各个层次上又是多少,以及中央银行应该根据社会经济发展的需要来调整货币供应量。又如,各金融机构通过哪些渠道聚集了多少信贷资金,这些资金又各自投放到了哪里,各是多少等。金融统计通过这些具体数字资料来反映金融管理、金融经营活动的规模、水平、速度、结构、比例关系,从而揭示金融活动规律。

第三,金融统计必须定性分析和定量分析相结合,才能有效地揭示金融活动的规律。金融统计对金融现象和过程的数量的研究,必须是在定性分析的基础上进行定量分析。也就是说,只有对各种金融现象所涉及的概念有一个确切的把握之后,再进行数量方面的研究,才能对各种金融现象的本质有一个更深的认识,才能更好地揭示金融活动的规律。

第四,金融统计研究的目的在于探寻金融活动的规律,应用这种规律性的认识进行科学预测,为有关决策部门提供依据,从而促进金融更好地发展。

三、我国金融统计的发展沿革

自1949年以来,我国金融系统自上而下逐步建立了一套较为完整的统计机构。中国人民银行设立了调查统计机构,负责全国金融系统基本统计报表的统计工作,各专业银行及非银行金融机构也自上而下建立了统计机构,负责本地区、本系统的统计业务。尤其是中共十一届三中全会以来,随着社会主义市场经济体制的逐步建立、改革开放的逐步推进以及经济全球化进程的逐步加快,我国经济保持了持续、快速、健康发展的良好态势,综合实力明显增强,金融市场逐步健全,金融工具种类不断增加,金融在整个国民经济中的地位与作用日益重要。特别是自1984年起,中国人民银行专门行使中央银行职能,成为国家对宏观经济进行调控的最重要机构后,金融统计也随之日益受到人们的重视。1986年10月,中国人民银行颁布了《金融统计暂行规定》和《其他金融机构统计管理暂行办法》,开创了金融统计工作的新局面。1994年中共十四大出台了一系列金融法律和法规,适应社会主义市场经济发展的要求,从金融统计体制到方法制度都进行了重大改革。经中国人民银行第26次行长办公会议通过,并于2002年12月15日起正式实施的《金融统计管理规定》进一步将我国的金融统计工作向制度化、规范化和法制化的方向推进。为适应我国金融创新的发展,全面真实地反映金融机构存贷款业务的发展及变化,中国人民银行于2015年发布了《关于调整金融机构存贷款统计口径的通知》,将非存款类金融机构存放在存款类金融机构的款项纳入"各项存款"统计口径,将存款类金融机构拆放给非存款类金融机构的款项纳入"各项贷款"统计口径。这进一步提高了统计口径的科学性,增强了货币政策的有效性,加快了我国金融统计准则与国际通行规则接轨的步伐。2018年,国务院办公厅正式印发《国务院办公厅关于全面推进金融业综合统计工作的意见》(国办发〔2018〕18号),旨在增强金融服务实体经济能力,健全货币政策和宏观审慎双支柱调控框架,完善金融监管体系,守住不发生系统性金融风险的底线。该意见将互联网金融统计纳入金融业综合统计体系,有利于进一步规范发展互联网金融,全面掌握行业基本情况,提高风险预警的及时性和前瞻性,为互联网金融发展政策和监管政策的制定提供参考依据,并有效服务于货币政策和金融宏观调控。

四、金融统计的作用

随着经济的发展,金融在整个国民经济中发挥愈来愈重要的作用,如动员闲置资金、积聚零散资金、加速资金周转的中介作用,对整个经济中的货币供应量以及产业结构、产品结构、地区结构的调控作用,对总体国民经济的宏观调控以及综合反映作用等。相应地,金融统计在国民经济中也发挥着重要的作用,主要表现在以下几个方面:

第一,搜集、整理金融统计资料,为制定金融政策提供依据。通过统计调查,金融统计工作者搜集、整理金融统计资料,并通过一系列完整的统计报表和分类详细的统计指标,提供各种金融统计数据,准确地反映金融活动的状况及发展变化的情况,反映社会总需求与社会总供给的平衡状况及其变动情况。这些统计资料是政府确定金融战略目标、确定长远金融规划的基础,是政府了解金融运行情况、分析金融形势、制定货币政策的重要依据。

第二,对金融统计资料进行科学分析,为宏观经济调控提供导向。金融统计部门花费大量的人力、物力、财力,通过金融调查,获得大量丰富而又翔实的统计资料,为社会提供重要的金融信息源。首先,金融统计部门通过对微观金融信息的搜集、整理与综合,利用总量、水平、速度、结构、比例关系等指标,综合反映各金融机构和全国金融活动情况。其次,金融统计部门除定期提供各种统计报表外,还通过开展专题调查、典型调查、抽样调查,运用现代统计的科学方法,进行金融统计预测,分析研究宏观经济的发展变化情况和金融的发展趋势。因此,金融统计所反馈的金融信息是政府加强宏观经济调控的重要依据,为宏观经济的调控提供了导向。

第三,进行金融统计监测,为加强金融监管提供服务。通过完善金融统计调查、金融统计分析和强化金融统计监测,我们可以及时准确地对社会金融活动和国民经济运行状况进行全面系统的定量检查、监测和预警,以促进经济和金融按照客观规律的要求,持续、稳定、健康、协调发展。同时,随着我国经济和金融体制改革的深入发展,对金融统计的要求越来越高。我们应深化金融统计体制改革,完善金融统计制度,改进金融统计方法,完善金融统计指标体系,深入开展金融统计分析,强化金融统计预测,提高金融统计监测质量,加大金融统计监督力度,及时反映经济和金融活动中存在的变化,发现金融管理中存在的问题,为国家调整金融政策、加强金融监管服务。

第四,开展金融统计咨询活动,实现金融统计信息资源共享。金融统计部门利用其掌握的丰富的金融统计资料,运用科学的分析方法和先进的技术手段,深入开展综合分析和各种专题研究,不仅能为政府进行科学决策和金融管理提供政策依据和对策方案,而且还可以实现金融统计信息资源共享,加强金融统计资源的开发利用,扩大金融统计的服务范围。因此,有必要采取具体有效的措施,扩大金融统计信息的传播范围,增加传播渠道,加快传播速度,积极为社会各界及生产经营者、消费者提供金融统计信息和咨询,为社会公众服务,从而更充分地实现金融统计的价值。

第二节　金融统计的研究范围和研究方法

一、金融统计的研究范围

金融统计以金融现象的数量方面为其研究对象，以金融现象为其研究范围。而金融现象是指货币资金的融通现象，主要包括货币流通现象和以银行信用为主的各种信用现象。

(一) 货币流通现象

货币流通现象，是指在商品交换过程中，货币作为流通手段和支付手段所形成的连续不断的运动。换言之，是货币在交换过程中同商品不断换位的运动。搞清楚商品流通和货币流通的关系，有利于我们更好地理解货币流通现象。在商品流通中，货币不断地由买者手中转到卖者手中，货币的这种不断地运动是完全依赖于商品流通的。因为如果没有可供交换的商品，也就不需要作为商品交换媒介的货币。而没有商品交换，也就不会形成货币流通。因此，货币流通是商品流通的结果，商品流通是货币流通的前提。要正确理解货币流通，还需要了解货币流通自身的特点：第一，在货币流通中，作为流通主体的货币形态始终不变；第二，在货币流通中，作为商品交换媒介的货币不会退出流通，而是在商品交换过程中不断运动；第三，货币流通取决于商品交换的发达程度和社会对于流通手段和支付手段的需要程度；第四，货币流通具有相对独立性，它可超越商品流通形成自身的运动。

现代货币流通有两种形式：现金流通和非现金流通（即转账结算流通）。现金流通是指以纸币和铸币为流通手段和支付手段，通过现款直接完成的货币收付行为。非现金流通是指各经济主体在银行存款的基础上，通过在银行存款账户转移存款的办法来进行的货币收付行为。现金流通和非现金流通实际上是统一的和相互联系的。因为货币流通本身是统一的，无论是现金流通还是非现金流通，都是由商品流通引起的，都在发挥着货币的职能，二者具有密切的关系。

与两种货币流通形式相对应，货币有两种流通渠道，即现金流通渠道和非现金流通渠道。货币流通渠道是指货币进入流通和退出流通的途径。现金流通渠道分为现金投放渠道和现金回笼渠道。前者包括工资及对个人的其他支出、采购支出、行政管理支出和财政信用支出等；后者包括商品销售收入、服务事业收入、财税收入、信用收入等。非现金流通渠道主要包括：商品价款收付、劳务费用收付、货币资金拨缴的收付以及信贷资金的发放与回收等。

(二)信用现象

信用现象是指未来偿还商品赊销或货币借贷的承诺,是关于债权和债务关系的约定。其实质上是财产使用权的暂时让渡,这种让渡不是无偿的,而是以还本付息为条件的。信用的产生可归因于这样一个基本事实,即在一定时期内并非每一个经济单位都能做到收支平衡,当一个经济单位出现资金盈余,而另一个单位出现收不抵支时,便形成了双方借贷的基础。这样,在社会再生产运行过程中,一方面是部分单位和个人有闲置的货币资金需要寻求出路,另一方面是部分单位和个人因临时性需要借入一笔货币资金。通过信用调节,将这些资金在全社会范围内抽余补缺,使资金从盈余部门流向短缺部门,就会使全社会资金的使用效益大大提高,社会的产出规模就会增大,人们的福利也会因此而增加。

不论何种形式的信用,都具有以下几个共同特征:第一,信用的标的是一种所有权和使用权相分离的资金。第二,信用以还本付息为条件。第三,信用以相互信任为基础。第四,信用以收益最大化为目标。第五,信用具有特殊的运动形式,表现为:$G—G'$。从表面上看,信贷资金的运动只表现为一种简单的"钱生钱"的过程,但这只是一种表面现象。信贷资金是以产业资金运动和商业资金运动为基础而运动的,它有两重付出和两重回流,表现为如下的公式:$G—G—W\cdots P\cdots W'—G'—G$。

现代信用的形式繁多,按信用主体的不同,可分为商业信用、银行信用、国家信用、消费信用和国际信用五种形式。其中,商业信用和银行信用是现代市场经济中与企业的经营活动直接联系的最主要的两种形式。

信用工具也称融资工具,是资金供应者和需求者之间进行资金融通时所签发的、证明债权或所有权的各种具有法律效用的凭证。按融通资金的方式,可以分为直接融资信用工具和间接融资信用工具;按可接受的程度不同,可分为无限可接受性的信用工具和优先可接受性的信用工具;按偿还期限的长短,可分为短期信用工具、长期信用工具和不定期信用工具三类。几种典型的信用工具有:期票、汇票、支票、信用证、信用卡、股票、债券等。

就我国而言,证券市场从创立至今已近 30 年。其间,证券市场的发展极其迅速,中国经济的证券化率已经超过 50%(股票市值占 GDP 的比重),证券市场在国民经济中的地位愈发重要。其中,2003 年中国期货市场由复苏转入高速成长,成为经济中新的亮点。因此,我国金融统计的研究范围有必要在现有的基础上进一步拓展,从而更好地为经济发展服务。与此同时,随着互联网信息技术的迅速发展及其在金融领域的广泛应用,互联网金融已经在我国金融体系中占有极其重要的地位。互联网金融依托移动通信技术、云计算和大数据处理技术高效地进行资金融通,更加深刻而具体地表现出了现代金融活动中各参与者之间的信用关系。可以预见,随着国内互联网金融监管体系的不断完善,电子信息技术的不断发展,互联网金融将会逐步渗入我国金融体系的方方面面。

二、金融统计的研究方法

掌握了科学的研究方法,可以使我们的工作事半功倍,从而更加迅速有效地揭示金融领域内众多现象的规律。一般地,统计学有以下几种基本的研究方法:一是大量观察法,即对研究总体中的全部或足够多数的单位进行调查的方法。由于统计总体的大量性和复杂性,总体中各单位的属性就会有不同的表现。要准确把握总体特征,就不能只观察个别单位,而必须观察总体中足够多的乃至全部的单位。统计调查的许多方法,如统计报表、普查、抽样调查等都是通过观察总体中的大量单位,从而了解研究对象的发展情况。二是综合分析法。所谓综合,是指把经过大量观察所取得的资料以各种综合指标的形式表现出来,以反映总体的一般数量特征。常用的综合指标有总量指标、相对指标、平均指标、变异指标等。所谓分析,是指对综合指标进行分解和对比分析,以反映总体的差异和数量关系。常用的统计分析方法有统计分组法、趋势分析法、相关和回归分析法、平衡分析法等。第三,归纳推断法。它是指通过统计调查,通过观察各单位的特征来得出总体的特征。但往往人们所观察的单位只是总体的一部分,这就产生了根据样本数据来判断总体数量特征的归纳推理方法,即统计推断法。一般而言,统计所观察的资料都是一种样本资料,因而归纳统计法也就广泛地应用于统计研究的许多领域,可以说它是现代统计学的基本方法。第四,数学模型法。它是根据一定的假设条件,用数学方程去模拟现实现象相互关系的一种研究方法。它包括三个基本要素:变量、基本关系式、参数。其中,变量是可变的数量标志和指标;基本关系式是指数学方程的表现形式,有线性和非线性之分;参数是表明方程式中自变量对因变量影响程度的数值,它是由一组实际观察数据来确定的。数学模型大大提高了人们统计分析的能力。

与一般的统计工作过程一样,金融统计工作过程也要先后经过金融统计设计、金融统计调查、金融统计整理和金融统计分析四个阶段,具体的思路如图1—1所示。下面以金融统计工作过程为线索,阐述金融统计的一般性的研究过程。

(一)金融统计设计

金融统计设计,是根据金融统计研究对象的性质和研究目的,对整个统计工作所做的通盘考虑和科学安排。金融统计设计的成果是各种设计方案,包括金融统计指标体系、各种分类目录、金融统计报表制度、调查方案、综合整理方案和分析方案。金融统计设计是整个金融统计工作过程的开始,金融统计设计质量的好坏,直接影响到后三个工作阶段的工作质量。

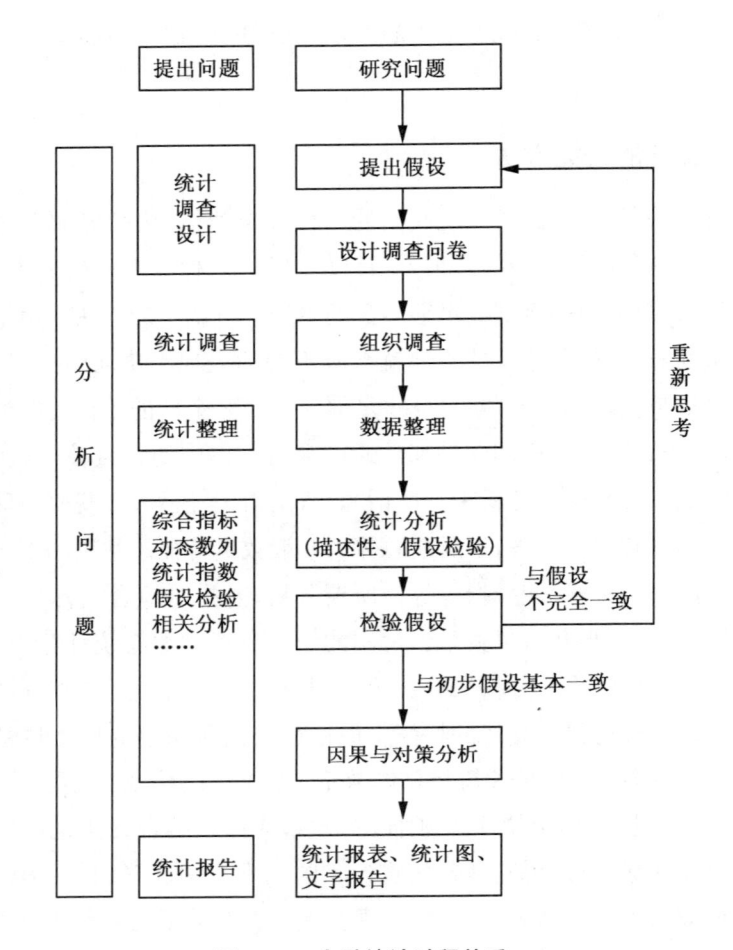

```
                  ┌──────────┐
                  │  研究问题  │
                  └────┬─────┘
    ┌──────────┐       ▼
    │  提出问题  │   ┌──────────┐  ◄──────┐
    └──────────┘   │  提出假设  │         │
                   └────┬─────┘         │
    ┌──────────┐       ▼                │
    │   统计   │   ┌──────────┐         │
    │   调查   │   │设计调查问卷│         │
    │   设计   │   └────┬─────┘         │ 重
    └──────────┘       ▼                │ 新
                   ┌──────────┐         │ 思
    ┌──────────┐   │  组织调查  │         │ 考
    │  统计调查  │   └────┬─────┘         │
    └──────────┘       ▼                │
                   ┌──────────┐         │
    ┌──────────┐   │  数据整理  │         │
    │  统计整理  │   └────┬─────┘         │
    └──────────┘       ▼                │
                   ┌──────────┐         │
    ┌──────────┐   │  统计分析  │         │
    │综合指标   │   │(描述性、   │         │
    │动态数列   │   │假设检验)   │         │
    │统计指数   │   └────┬─────┘         │
    │假设检验   │       ▼         与假设   │
    │相关分析   │   ┌──────────┐ 不完全一致│
    │ ……      │   │  检验假设  │─────────┘
    └──────────┘   └────┬─────┘
                       │ 与初步假设基本一致
                       ▼
                   ┌──────────┐
                   │因果与对策分析│
                   └────┬─────┘
    ┌──────────┐       ▼
    │  统计报告  │   ┌──────────┐
    └──────────┘   │统计报表、统计图、│
                   │文字报告    │
                   └──────────┘
```

图 1—1　金融统计过程关系

做好金融统计设计工作，要注意以下几点：

(1)明确金融统计研究的目的。这是金融统计设计的首要环节，是决定金融统计内容和方法的出发点。任何一种社会经济现象都可以根据不同的目的、不同的角度进行统计研究。如果目的不清，就无法确定研究什么和怎样研究，也就无法正确地确定金融统计总体、金融统计内容和金融统计方法，进一步的研究工作也就无从进行。

(2)确定金融统计指标和指标体系，明确统计分类和分组。确定金融统计指标和指标体系是金融统计设计的中心内容。任何一项统计研究，在目标明确之后，就要确定研究对象哪些方面的数量状况，究竟用什么样的统计指标来反映这些数量状况。金融统计指标和指标体系是金融统计的"语言"，有了这种语言，就可以进行金融统计描述，还可以作进一步的金融统计分析。与金融统计指标和指标体系相联系的是要明确金融统计分类和金融统计分组。这些分类和分组与金融统计总体范围和指标口径有直接联系。如果金融统计分类和分组不能明确界定,金融统计的对象范围、统计的指标口径等也就无法界定,进一步的金融统计分析工作也就难以进行。

(3)确定金融统计分析的内容和方法。一般而言,金融统计分析工作是在金融统计整理之后进行的,但作为一种系统的思维活动,金融统计分析在金融统计指标体系确定之后就要被考虑到。金融统计分析的设计,最主要的是选择分析的题目和方法。一般情况是根据当前社会经济形势,抓住带有关键性的问题作为分析题目。金融统计分析的方法是多种多样的。这些方法在具体运用时可以交叉融合。但是,根据各种条件限制,事先考虑重点使用什么方法进行分析是很有必要的。

(4)制订调查方案,选择调查方法。金融统计调查时搜集金融统计资料的过程,是金融统计整理和分析的基础。在制订调查方案时,应根据金融统计研究的目的、金融统计指标和指标体系的内容、金融统计分析整理和金融统计分析的需求等,来确定某一项金融统计调查的具体内容。此外,一项金融统计研究具体选择什么样的调查方式方法,也应根据其研究目的、统计指标的特点、统计资料的准确程度、统计任务的时间要求和统计力量的搭配等通盘考虑。

(5)制订金融统计整理方案。金融统计整理的设计,主要是确定金融统计分组的组织形式。这就要求在对所研究的金融活动进行深入分析的基础上,确定最能反映问题本质的金融统计分组和指标体系,保证金融统计整理方案与金融统计调查项目、分析项目的相互衔接。金融统计整理的结果表现为一整套的空白汇总表、分类目录及汇总工作的组织计划等。

(二)金融统计调查

金融统计调查有不同的分类。按统计调查包括的单位划分,可分为全面调查和非全面调查;按统计调查的时间连续性划分,可分为经常性调查和一次性调查;按统计调查搜集资料的组织方式不同,可以分为专门调查和金融统计报表两种。下面按照最后一种分类来加以具体说明。

1. 专门调查

专门调查是为了某些特定目的而专门进行的调查。专门调查有普查、抽样调查、重点调查、典型调查和问卷调查五种。

(1)普查就是对研究对象中的所有单位进行全面的调查。例如,要了解银行职工的基本情况,就要对银行工作的每一个人进行登记。普查与统计报表统称为全面调查。

(2)抽样调查是按照随机原则从调查总体中抽取部分单位作为样本进行观察,并根据所获得的样本数据,对总体的数量做出具有一定可靠程度保证的估算和推断。由于金融统计涉及国民经济和社会生活的众多方面,不可能也没有必要对每个问题进行全面调查。为了及时了解有关金融活动的情况，提高决策的准确性，常采用抽样调查的方法取得所需要的有关资料。比如，在调查市场物价变化、股票行情、居民投资倾向和储蓄倾向、居民手持现金的水平等时，抽样调查是最直接、最有效的方法。

（3）重点调查是在所调查的对象当中，选择部分重点单位进行调查。这里的重点单位是指在总体中具有举足轻重地位的那些单位。这些单位的数目在总体单位数中的比重虽然不一定很大，但是由于它们在总体中的地位重要，作用突出，因而能够反映出总体的基本情况。重点调查可以就重点单位进行调查，也可以就重点问题进行调查。其优点在于，调查单位数目少，相对于全面调查而言，节省大量的人力、物力和财力，且便于有关领导部门及时掌握调查对象的基本情况，及时指导相关工作。

（4）典型调查是在对调查总体作了全面分析的基础上，根据调查的目的和要求，选择少数具有代表性的典型单位进行深入的调查研究。一般地，各银行和非银行金融机构都要根据各自的业务范围和管理需要进行各种典型调查。

（5）问卷调查是将所要调查的项目编成详细的问题列于问卷上，由被调查者填写有关内容。这种调查可分为结构性问卷调查和非结构性问卷调查。前者又称标准化问卷调查或控制式问卷调查。在这种调查的问卷上，事先准备标准表格、提问方式和标准化备选答案，按逻辑关系将有关资料列出。非结构问卷事先不准备标准表格、提问方式和标准化备选答案，只是限定调查方向和询问内容，然后由调查者和调查对象自由交谈。

2. 金融统计报表

统计报表是我国搜集统计资料的一种重要方法。统计报表是按照国家有关法规的规定，自上而下地统一布置，自下而上地逐级提供统计资料的一种统计调查方法。金融统计报表是根据国家的有关政策法规和金融部门的需要，按照统一的表格形式、统一的指标内容、统一的报送程序和报送时间，自下而上逐级提供统计资料的统计调查方法。

金融统计报表由各金融机构的统计部门统一管理。随着我国金融业的不断发展和金融监管的不断加强，金融统计报表不断改进、充实和完善，形成了一套比较严密、科学、完善的体系和管理制度。

金融统计报表根据其性质和要求的不同，有如下几种分类：第一，按调查范围的不同，可分为全面和非全面统计报表；第二，按报表内容和实施范围的不同，可分为国家金融统计报表、部门金融统计报表和地方金融统计报表；第三，按报送周期长短，可分为日报、月报、季报、半年报和年报；第四，按填报单位的不同，可分为基层统计报表和综合统计报表。主要的统计报表是全面的、定期的，在搜集统计资料的工作中占有重要的地位。由于金融保密性强，因而阅读金融统计报表就成了社会了解金融领域发展状况的主要途径。

(三)金融统计整理

金融统计整理是指根据金融统计研究目的,对金融统计调查所得到的原始资料进行科学的分组和汇总,或者对已加工的综合资料进行再加总,为金融统计分析提供系统的、有条理的综合资料的过程。

金融统计整理要在对所研究的金融现象进行深刻分析的基础上,抓住最基本的、最能说明问题本质特征的统计指标,对金融统计资料进行加工整理,这是金融统计整理必须遵循的原则。

金融统计整理的步骤一般如下:第一,设计和编制金融统计资料的汇总方案。正确制订汇总方案,是确保有计划、有组织地进行整理的首要步骤,是金融统计设计在金融统计整理阶段的具体化。金融统计汇总方案应明确规定各种统计分组和各项汇总指标。第二,对原始资料进行审核。在汇总前,要对金融统计调查资料进行审核,主要是审核原始资料是否准确、及时、完整,发现问题及时纠正。第三,用一定的组织形式和方法,对原始资料进行分组、汇总和计算。根据汇总要求和具体条件,选择适当的汇总形式和汇总方法。要按汇总方法进行汇总,计算各组指标和综合指标。第四,对整理好的资料进行审核,改正在汇总过程中所发生的各种差错。第五,编制金融统计报表,以简明扼要的方式来反映金融现象在数量方面的有关联系。

由金融统计整理的概念可知,金融统计整理主要是对相关资料的分组和汇总。下面就对金融统计资料的分组和汇总分别加以简要说明。

1. 金融统计分组

金融统计的调查资料大多是比较零散的,为了深刻揭示金融现象的内在联系与结构特征,同样也必须根据金融统计的研究目的,根据研究现象的特征进行分组,使之形成具有稳定性、系统化的资料,为金融现象的深入分析打下基础。

一般来说,进行统计分组的首要问题在于能否正确地选择分组标志。这里所说的分组标志就是将统计总体划分为若干个性质不同的标准或根据,比如可按规模大小进行分组,也可按产权结果进行分组,还可按所经营的产品进行分组等。由此可见,依据不同的分组标志,分组的结果也就不同。分组标志一经选定,就必然突出了总体在此标志下的性质差异而掩盖了总体在其他标志下的差异。因此,正确选择分组标志就成为统计分组的关键问题。

正确选择分组标志,必须遵循以下两个原则:第一,根据统计研究的目的来选择。不同的研究对象,应选择不同的分组标志。即使是同一研究对象,也应根据不同的研究目的而选择不同的分组标志。统计研究目的对选择分组标志有着直接决定的作用。第二,必须根据研究对象的特点,选择最本质的标志。由于社会经济现象是复杂多样的,在选择分组标志时,根据研究目的,既可以选择唯一的分组标志,也可以选择众多的分组标志。

按照分组的任务和作用、分组标志的多少及分组标志的性质等,可以对金融统计进行分类。

按照其任务和作用不同,金融统计分组可以分为类型分组、结构分组和分析分组,从而划分金融现象的性质与经济类型、研究同类总体的结构和分析被研究现象总体诸标志之间的依存关系。例如,金融机构按性质可分为中央银行、商业银行、政策性银行以及非银行金融机构;商业银行按经济类型又可以分为国有独资商业银行、股份制商业银行和其他商业银行等。任何统计分组都可以对总体进行结构分析,因此,类型分组、结构分组往往是相互联系的。

按照分组标志的多少不同,金融统计可以分为简单分组和复合分组。所谓简单分组,是指总体按一个分组标志进行分组。对同一总体选择两个或两个以上的标志分别进行简单分组,就形成平行分组体系。简单分组就是只以一个标志进行分组。复合分组,是指对同一总体选择两个或两个以上的标志在同一栏目中层叠起来进行分组。由若干个复合分组组成的分组体系称为复合分组体系。由于许多金融问题关系复杂,因此常常需要进行多层次分组。例如,信贷资金的来源与运用不仅涉及各项具体内容,而且涉及国民经济的各个部门,这就需要按国民经济部门和信贷资金的来源与运用的各构成项目进行多层次分组,以便深入地反映信贷资金来源与运用的结构关系。

2. 金融统计汇总

一般来说,统计汇总主要有以下几种组织形式:第一,逐级汇总,是指按照一定的管理体制,自下而上地对调查资料逐级进行汇总。这种形式的优点是:能满足各级部门对调查资料的需要,同时便于就地审核和订正原始资料;缺点是:耗时较长,容易出现差错。第二,集中汇总,是指将全部资料集中到组织统计调查的最高机关进行一次性汇总。其优点是:可以缩短汇总时间,减少汇总差错;缺点是:原始资料如有差错,不能就地订正,且汇总结果不能够及时地满足各级部门的需要。第三,综合汇总,是指一方面对一些基本的统计指标进行逐级汇总,另一方面又将全部资料实行集中汇总。这种组织形式综合了逐级汇总和集中汇总的优点,但是又比逐级汇总和集中汇总花费更多的人力、物力和财力。

统计汇总的技术主要有手工汇总和计算机汇总两种。随着信息技术的突飞猛进和经济水平的不断提高,手工汇总中的一些形式将被逐渐淘汰,而逐步过渡到计算机汇总。

在我国,金融统计资料的汇总工作都采用计算机技术。汇总的程序包括:第一,编码,即根据程序的规定把汉字数字化。为了用计算机处理分组问题,首先要把各种分组标志所拟定的各级名称给以数字代号。无论是调查资料的编码还是国民经济和金融活动的各种重要分类,都要严格执行国家统一的规定。编码的质量不仅影响数据录入的质量和速度,而且还影响着数据处理的最终结果。第二,编程序,即根据统计整理方案的要求,用计算机语言,对计算机在汇总中的工作程序进行安排,对于规范化的管理方案,可以制作成汇总程序软件。第三,数据录入,是指实际数字和编码通过录入设备记载到存储介质上。第四,逻辑检查,也称数据的编辑或编审,即按照事先规定的一套逻辑规则,由计算机自动对录入的数据进行检查。第五,数据计算处理。通过有关计算规则进行计算。第六,制表打印,是指按照汇总程序,将汇总结果以统计表的形式打印出来。

国际货币基金组织金融统计的主要方法是三级汇总(见图1—2)。国际货币基金组织定期编印的《国际金融统计》是按照三级汇总的原则对金融数据进行整理的,向公众提供各成员国货币和经济发展的重要统计数据。第一级是将金融资料合并成三个职能部门:货币当局(MAS)、存款货币银行(DMBs)和其他金融机构(OFIs)。第二级是将货币当局和存款货币银行的资料合并成"货币概览",它提供了关于货币和信贷的统计方法及数据资料。第三级是其他金融机构和"货币概览"合并成"金融概览"。

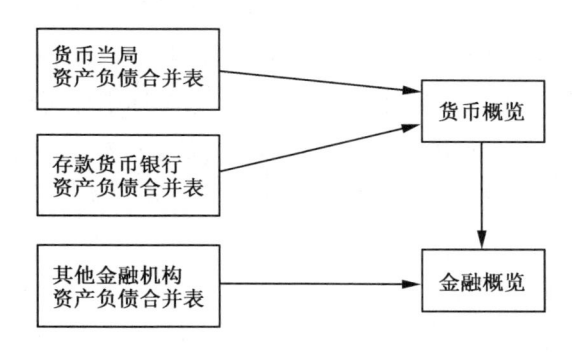

图1—2 金融资料三级汇总关系

(四)金融统计分析

金融统计分析要坚持以下原则:第一,坚持实事求是的原则。坚持实事求是对统计分析尤为重要,违背了这一原则,统计分析即使具有极其丰富的资料,也会成为一纸空文,甚至起到不良作用。要坚持实事求是,就要做到以下几个方面:首先,数字要准确,情况要真实。数字的准确性是统计工作的生命线,而统计分析是用统计数字作为立论的依据,只有依据准确的统计数字,才有可能做出符合实际的结论。其次,要尊重客观实际,切忌主观臆断;要有全局观点,切忌片面性。再次,要敢于讲真话,不能随波逐流,不能隐瞒错误和缺点。第二,以党和国家的方针政策为准绳。统计工作的基本任务之一就是检查与监督各地区、各部门执行党和国家的方针政策与计划的执行情况。统计分析人员要认真学习和熟悉有关的方针政策,并以这些政策为准绳来衡量各项经济活动和社会发展是否偏离了方向。第三,以社会主义市场经济理论为指导。统计分析主要是分析社会经济现象的发展变化状况,因此,必须紧密结合我国具体情况,以社会主义市场经济理论为指导。

统计分析的一般步骤如下:第一,确定分析目的并选定分析题目;第二,拟订分析提纲;第三,搜集、鉴别、整理资料;第四,进行分析,得出结论;第五,根据分析结果提出统计分析报告。

具体到金融统计分析,主要有金融统计指标法、金融统计预测分析法、金融统计指标综合分析法。下面逐一加以说明。

1. 金融统计指标法

所谓金融统计指标,是指根据金融监管以及金融企业自身发展的需要,按照金融统计制度对金融业务活动进行调查、归纳、汇总而设计的统计项目,它由指标名称及其数值构成,反映某种金融现象的具体数量或数量关系。按照不同的分类标准,金融统计指标可以分为数量指标与质量指标、绝对指标与相对指标。金融统计数量指标又称金融统计总量指标,一般用绝对数表示,如存贷款总额、货币流通量、货币供给量等;金融统计质量指标是表明金融现象质量的指标,一般用相对数或平均数表示,如存贷款利率、汇率、资本充足率等。一系列相互联系的金融统计指标所构成的一个金融核算整体,就构成了金融统计指标体系。金融统计指标及金融统计指标体系的设立体现了政府在一定时期内发展经济的方针政策,反映金融业务活动的发展状况,是进行金融统计分析的基础。

2. 金融统计预测分析法

所谓金融统计预测,是指以大量的实际金融统计资料所反映的金融现象的发展规律和数量对比关系,运用统计方法,预测金融现象未来可能出现的趋势和达到的水平。金融统计预测方法按照方法性质的不同分为定性预测法和定量预测法,按照预测时间状态的不同可分为静态预测和动态预测,按照预测方法和模型的不同可分为时间序列预测和回归预测,按照时间长短的不同可分为短期预测、中期预测和长期预测,等等。

3. 金融统计指标综合分析法

金融统计指标综合分析法就是依据所建立的金融统计指标体系,通过对各种相互联系的指标的比较,从宏观或微观方面对各种金融现象进行综合分析研究。

(五)金融统计报告

在金融统计分析的基础上,撰写金融统计研究报告。该报告一般包括以下几个部分:研究的背景和目的、研究的基本过程、主要的结论、结论的成因分析、对策研究、附录(包括所运用的主要方法、主要附表和附图等)。

关键概念

金融统计　　金融统计设计　　金融统计调查　　金融统计整理　　金融统计分析　　金融统计汇总　　金融统计分组　　金融统计报表　　金融统计指标　　货币流通　　信用

学习小结

金融统计是对金融活动及其规律性进行研究的一种方法，是金融统计工作、金融统计资料、金融统计学的总称。金融统计的三种含义之间既有区别又有联系。金融统计学作为一门专业统计学，不同于社会经济统计学原理，也不同于经济统计学和其他部门统计学。金融统计是从总体上对客观金融现象进行研究的，金融统计研究金融领域内客观现象的数量方面，研究它们的现状及发展过程。金融统计研究的目的在于探寻金融活动的规律。金融统计必须定性分析和定量分析相结合，才能有效地揭示金融活动的规律。

金融统计以金融现象的数量方面为其研究对象，以金融现象为其研究范围，主要包括货币流通现象和以银行信用为主的各种信用现象。金融统计调查包括专门调查和金融统计报表两种，金融统计整理主要采用金融统计汇总和金融统计分组两种方法，金融统计分析主要有金融统计指标法、金融统计预测分析法、金融统计指标综合分析法。

金融统计在国民经济中发挥着重要的作用，主要表现在以下几个方面：搜集、整理金融统计资料，为制定金融政策提供依据；反馈金融信息，为宏观经济调控提供导向；广泛开展金融统计咨询活动，扩大金融统计的服务范围；进行金融统计监测，为加强金融监管服务。金融统计的主要任务有：为政府制定金融政策、了解政策执行情况并相应地做出调整提供依据；为编制金融计划和检查监督计划执行情况提供统计资料；为加强金融监管、指导金融业务发展提供依据。

课堂测试题

1. 请简述金融统计的概念。
2. 金融统计的性质有哪些？
3. 金融统计的研究对象和研究范围是什么？
4. 请简述金融统计的工作过程。
5. 金融统计调查可以根据什么进行分类？具体如何分类？

课堂测试题答案

课后练习题

一、名词解释

1. 金融统计

2. 货币流通
3. 信用
4. 金融统计设计
5. 金融统计报表
6. 金融统计整理
7. 金融统计指标
8. 金融统计预测

二、单项选择题

1. 狭义的金融是指（　　）。
   A. 货币的发行　　　B. 货币的保管　　　C. 金银的买卖　　　D. 信用货币的融通
2. 关于金融统计三种含义之间的关系，下列观点错误的是（　　）。
   A. 金融统计工作与金融统计资料是金融统计活动过程与活动结果的关系
   B. 金融统计工作与金融统计学是统计理论与统计实践的关系
   C. 金融统计学是金融统计资料的理论概括与经验总结
   D. 金融统计学对金融统计工作具有指导作用
3. 自（　　）起，中国人民银行专门行使中央银行职能。
   A. 1978 年　　　B. 1980 年　　　C. 1984 年　　　D. 1986 年
4. 1986 年 10 月，（　　）颁布了《金融统计暂行规定》。
   A. 全国人大　　　B. 中国人民银行　　　C. 财政部　　　D. 统计局
5. （　　）年 12 月 15 日起正式实施的（　　）进一步将我国的金融统计工作向制度化、规范化、法制化的方向推进。
   A. 2002　　《金融统计管理规定》　　　B. 2002　　《金融统计法》
   C. 2001　　《金融统计法》　　　D. 2001　　《金融统计条例》
6. 下列关于金融统计工作过程的先后次序，正确的是（　　）。
   A. 金融统计设计——金融统计调查——金融统计整理——金融统计分析
   B. 金融统计设计——金融统计整理——金融统计调查——金融统计分析
   C. 金融统计调查——金融统计设计——金融统计整理——金融统计分析
   D. 金融统计分析——金融统计设计——金融统计调查——金融统计整理
7. 按照统计调查包括的单位划分，金融统计调查可分为（　　）。
   A. 经常性调查与一次性调查　　　B. 全面调查与非全面调查
   C. 专门调查与金融统计报表　　　D. 全面调查与专门调查
8. 按照调查范围的不同，金融统计报表包括（　　）。
   A. 基层统计报表与综合统计报表　　　B. 日报、月报、年报
   C. 全面与非全面统计报表　　　D. 国家与地方统计报表
9. 国际货币基金组织金融统计的主要方法是（　　）汇总。
   A. 二级　　　B. 三级　　　C. 四级　　　D. 五级
10. 下列不属于统计汇总的组织形式的是（　　）。

A. 逐级汇总　　　　　B. 集中汇总　　　　　C. 综合汇总　　　　　D. 手工汇总

三、多项选择题

1. 下列活动中,(　　)属于金融活动的内容。
A. 中国人民银行发行货币　　　　　B. 甲公司吸收存款
C. 王某购买外汇　　　　　　　　　D. 乙公司发行股票

2. (　　)是从事金融活动的机构。
A. 银行　　　　　B. 证券公司　　　　　C. 农村信用合作社　　　　　D. 李某

3. 金融统计包括(　　)。
A. 房地产统计学　　B. 金融统计学　　C. 金融统计资料　　D. 金融统计工作

4. 下列关于金融统计学与其他统计学分支的关系,正确的有(　　)。
A. 金融统计学与社会统计学原理之间是一般统计原理与具体方法论的关系
B. 金融统计学与经济统计学是一般与个别、个性与共性的关系
C. 金融统计学与一般的部门统计学存在区别
D. 金融统计学与一般的部门统计学没有联系

5. 1986年10月,中国人民银行颁布了(　　)。
A.《金融统计暂行规定》　　　　　B.《其他金融机构统计管理暂行办法》
C.《中华人民共和国金融法》　　　D.《中华人民共和国证券法》

6. 金融统计的作用包括(　　)。
A. 为制定金融政策提供依据　　　　B. 为宏观经济调控提供导向
C. 为加强金融监管提供服务　　　　D. 实现金融统计信息资源的共享

7. 货币流通的特点有(　　)。
A. 货币形态始终不变　　　　　　　B. 货币在商品交换过程中不断运动
C. 货币流通具有相对独立性　　　　D. 货币流通无法形成自身的运动

8. 现金流通渠道包括(　　)。
A. 支付工资　　　B. 采购支出　　　C. 商品销售收入　　　D. 财税收入

9. 统计学的基本研究方法有(　　)。
A. 大量观察法　　B. 综合分析法　　C. 归纳推断法　　　D. 数学模型法

10. 金融统计过程要先后经过(　　)阶段。
A. 金融统计设计　　B. 金融统计调查　　C. 金融统计整理　　D. 金融统计分析

11. 专门调查包括(　　)。
A. 金融统计报表　　B. 问卷调查　　C. 抽样调查　　　D. 典型调查

12. 按照其任务与作用的不同,金融统计分组可分为(　　)。
A. 类型分组　　　B. 结构分组　　　C. 简单分组　　　D. 复合分组

13. 下列属于计算机汇总的程序有(　　)。
A. 编码　　　　　B. 数据录入　　　C. 逻辑检查　　　D. 制表打印

14. 下列属于金融统计质量指标的是(　　)。
A. 存贷款利率　　B. 汇率　　　　　C. 资本充足率　　D. 存贷款总额

15. 金融统计报告一般包括( )。
A. 研究的背景　　　B. 主要结论　　　C. 对策研究　　　D. 结论的成因分析

四、简答题

1. 什么是金融统计学？它与社会经济统计学原理、经济统计学及其他部门统计学有何区别？
2. 金融统计的性质有哪些？
3. 金融统计的研究范围是什么？
4. 做好金融统计设计工作，要注意哪些问题？
5. 金融统计汇总有哪几种组织形式？
6. 在选择金融统计分组标志时应遵循哪些原则？
7. 金融统计分析主要有哪些方法？
8. 金融统计在经济发展中的作用表现在哪些方面？
9. 金融统计的任务是什么？
10. 我国金融统计的发展状况如何？

拓展阅读

第二章　金融统计学基础(一)

学习目标

1. 知识目标

掌握综合指标的概念及分类,理解各指标的经济学及统计学意义,理解各指标间的区别与联系,了解金融统计各类指标;了解动态数列的概念和分类,掌握金融统计动态数列的各类水平分析指标和速度分析指标,并对现象的发展进行长期趋势和季节变动趋势的测定及预测。

2. 能力目标

将有关金融概念与金融统计指标、数据联系起来,将金融理论与各个问题的分析框架体系联系起来,有效掌握金融统计及分析的技术,具有良好的实际应用的综合能力和技巧。

3. 思政目标

厚植爱国情怀,培养国际视野,满足国家发展对金融统计及分析方面人才的需求。

第一节　综合指标

统计指标是用来说明社会现象总体的特征,概括、分析和反映现象总体的数量特征和数量关系的综合性指标。综合指标从表现形式看可分为三类:总量指标(又称绝对指标)、相对指标和平均指标。这三种指标既是统计整理的结果,又是进行统计分析的基础和工具。根据研究目的的不同,可对它们进行不同的加工和应用。

一、总量指标

(一)总量指标的概念和作用

总量指标,又称为绝对指标或绝对数,是反映社会经济现象在一定时间、地点、条件下的总规模或总水平的统计指标。其表现形式是有名数的统计绝对数,如银行的现金收入总额、现金支出总额等。总量指标的作用表现为:第一,它是反映国家的基本国情和国力及各种社会经济现象的基本数据。第二,它是制定政策、编制计划、实行社会经济管理的基本依据。第三,它是计算其他统计指标的基础。

(二) 总量指标的种类

1. 按其反映的内容不同,分为总体单位总量和总体标志总量

(1) 总体单位总量:表示的是一个总体内的总体单位数,即总体本身的规模大小。

(2) 总体标志总量:是指总体各单位某种数量标志值的总和,说明总体特征的总数量。

一个总量指标究竟属于总体单位总量还是总体标志总量,应随着研究目的的不同和研究对象的变化而定。例如,银行职工人数这一总量指标,当银行作为总体时,它就是总体标志总量;如果银行职工作为总体时,它就是总体单位总量。

2. 按其反映的时间状况不同,分为时期指标和时点指标

(1) 时期指标:反映现象在某一时期发展过程的总数量。例如,一定时期内银行吸收的存款额。其特点是:数字大小与时期长短有关,不同期的数字可相加。

(2) 时点指标:反映现象在某一时刻(瞬间)上状况的总量。例如,年末银行贷款余额。其特点是:数字大小与时期长短无关,不同期的数字相加无意义。

(三) 总量指标的计算

1. 总量指标的计量单位

(1) 实物单位:根据事物的自然属性和特点而采用的单位。包括自然单位、度量衡单位、双重或多重单位、复合单位等。自然单位是根据被研究现象的自然属性来计算其数量的单位,如人口以"人"为单位;度量衡单位是根据度量衡制度规定的计量单位来计算的,如粮食以"千克"或"吨"为单位;双重或多重单位是采用两种或两种以上计量单位来表明某一种事物的数量,如拖拉机以"马力/台"为单位;复合单位是采用两种单位结合在一起表明某一事物的数量,如货运量以"吨公里"为单位计量。

(2) 价值单位:是用货币作为价值尺度来计算社会物质财富或劳动成果的价值量的计量单位。

(3) 劳动单位:是用劳动时间表示的计量单位,如"工时"等。

2. 总量指标的计算方法

总量指标的计算方法有两种:一种是根据统计调查登记的资料进行汇总;另一种是根据社会经济现象之间的各种关系进行推算。

二、相对指标

(一)相对指标的概念和作用

相对指标又称相对数,它是两个有联系的指标数值对比的结果,是反映社会经济现象之间的数量联系程度的综合指标。用来对比的两个数,既可以是绝对数,也可以是平均数和相对数。其表现形式有两种:一种是有名数,另一种是无名数。相对指标的作用表现为:第一,可表明社会经济现象之间的相对水平、普遍程度、比例关系和内部结构;第二,使一些不能直接对比的事物找出共同比较的基础;第三,说明现象的相对水平,表明现象的发展过程和程度,反映事物发展变化的趋势。

(二)相对指标的种类和计算方法

1. 计划完成程度相对指标

计划完成程度相对指标是以现象在某一时期内的实际完成数值与同一时期计划任务相比,用以表明计划完成程度的综合指标。计算公式为:

$$计划完成相对指标 = \frac{实际完成数}{计划任务数} \times 100\% \qquad (2-1)$$

在实际应用上,因计划指标既有可能是总量指标,也有可能是相对指标或平均指标,所以在具体计算时,要根据情况采用不同的方法。

(1)计划数是总量指标时,计算公式为:

$$计划完成相对指标 = \frac{实际完成总量}{同期计划总量} \times 100\% \qquad (2-2)$$

检查长期计划的执行情况有两种方法,即水平法和累计法。

①水平法是在长期计划中只规定最后一年应达到的水平,当计划超额完成时,需要确定提前期。提前期指在计划内可以打破年的界限,只要连续一年的累计实际完成数达到了计划数,以后的时间就是提前完成计划的时间。

水平法下计划完成相对指标的计算公式为:

$$计划完成相对指标 = \frac{长期计划最后一年的实际达到水平}{长期计划规定的最后一年应达到的水平} \times 100\% \qquad (2-3)$$

例如,某银行计划规定第五年发放贷款 2 000 000 元,实际第五年发放贷款 2 400 000 元,则:

$$5 年计划完成程度 = \frac{2\ 400\ 000}{2\ 000\ 000} \times 100\% = 120\%$$

现假定第四年、第五年各月完成发放贷款额如表 2-1 所示。

表 2—1　　　　　　　　　　某银行发放贷款情况　　　　　　　　　　单位:万元

月份	1	2	3	4	5	6	7	8	9	10	11	12	合计
第 4 年	10	10	10	10	15	15	15	15	15	15	15	15	160
第 5 年	15	15	15	15	20	20	20	20	20	25	25	30	240

由表 2—1 资料可知,从第四年 9 月至第五年 8 月,发放贷款额合计已达 2 000 000 元,由此可知该银行提前 4 个月完成 5 年计划。

②累计法是在长期计划中规定某年限内累计完成量应达到的水平,提前期的计算方法是:从期初往后连续考察,只要实际累计完成数达到计划规定的累计任务数,即为完成长期计划,所余时间为提前完成长期计划的时间。

累计法下计划完成相对指标的计算公式为:

$$计划完成相对指标 = \frac{长期计划期间实际累计完成数}{长期计划期间规定的累计任务数} \times 100\% \quad (2-4)$$

如上例,该银行计划规定 5 年内发放贷款 4 000 000 元,实际到第五年已发放贷款 4 500 000 元,则:

$$5 \text{ 年计划完成程度} = \frac{4\ 500\ 000}{4\ 000\ 000} \times 100\% = 112.5\%$$

若第四年 6 月底已累计发放贷款 4 000 000 元,则其提前半年完成了计划发放额。

(2)计划数是相对数时,计算公式为:

$$计划完成相对指标 = \frac{实际达到的百分数}{计划规定的百分数} \times 100\% \quad (2-5)$$

例如,某保险公司本年度计划管理费用降低 6%,实际降低 8%,则:

$$管理费用降低率计划完成相对数 = \frac{1-8\%}{1-6\%} \times 100\% = 104.26\%$$

计算结果表明,管理费用降低率比计划多完成 4.26%。

(3)计划数是平均数时,计算公式为:

$$计划完成相对指标 = \frac{实际完成的平均数}{计划规定的平均数} \times 100\% \quad (2-6)$$

例如,某保险公司计划每人吸纳保费 10 000 元,实际每人吸纳保费 5 000 元,则:

$$保险公司吸纳保费的计划完成相对指标 = \frac{5\ 000}{10\ 000} \times 100\% = 50\%$$

计算结果表明,该保险公司在人均吸纳保费方面仅完成了计划的一半。

2. 结构相对指标

结构相对指标就是利用分组法,将总体区分为不同性质(即差异)的各部分,以部分数值与总体全部数值对比而得出比重或比率,来反映总体内部组成状况的综合指标。其计算公式为：

$$结构相对数 = \frac{总体部分数值}{总体全部数值} \times 100\% \qquad (2-7)$$

结构相对数一般用百分数表示，各组比重总和等于100%或1。其分子和分母可以同是总体单位数，也可以同是总体的标志数值，当然分子的数值仅是分母数值的一部分。

3. 比例相对指标

比例相对指标是同一总体内不同组成部分的指标数值对比的结果，用来表明总体内部的比例关系。其计算公式为：

$$比例相对数 = \frac{总体中某部分数值}{总体中另一部分数值} \qquad (2-8)$$

比例相对指标可以用百分数表示，也可以以对比基数单位为1或100，被对比单位数量多少的形式表示。

4. 比较相对指标

比较相对数又称类比相对数，是将两个同类指标作静态对比得出的综合指标，表明同类现象在不同条件（如在各国、各地、各单位）下的数量对比关系。其计算公式为：

$$比较相对数 = \frac{某条件下的某类指标数值}{另一条件下的同类指标数值} \times 100\% \qquad (2-9)$$

式中，分子与分母现象所属统计指标的含义、口径、计算方法和计量单位必须一致。

5. 强度相对指标

强度相对指标是两个性质不同但有一定联系的总量指标对比的结果，用来表明现象的强度、密度和普遍程度的综合指标。其计算公式为：

$$强度相对数 = \frac{某一总量指标数值}{另一有联系而性质不同的总量指标数值} \qquad (2-10)$$

强度相对数的数值表示有两种方法：第一，一般用复名数表示，如"人/平方千米"。第二，少数用百分数或千分数表示，如流通费用率用百分数表示，产值利润率、人口自然增长率则用千分数表示。

强度相对数有正逆指标之分。强度相对数是两个有联系的不同事物的总量指标数值的对比，分子与分母互换前后，就产生了正指标和逆指标。如银行营业网点密度的正指标是某地银行营业网点数/某地人口数，逆指标是某地人口数/某地银行营业网点数。

6. 动态相对指标

动态相对数是同类指标在不同时期上的对比，其计算公式为：

$$动态相对数 = \frac{报告期水平}{基期水平} \times 100\% \tag{2-11}$$

作为对比标准的时间称为基期,而同基期比较的时期称为报告期,动态相对数的计算结果用百分数或倍数表示。

三、平均指标

(一)平均指标的概念和作用

平均指标是指在同质总体内将各单位某一数量标志的差异抽象化,用以反映总体在具体条件下的一般水平。简言之,平均指标是说明同质总体内某一数量标志在一定历史条件下一般水平的综合指标,具有将数量差异抽象化、只能就同类现象计算、能反映总体变量值的集中趋势的特点。平均指标的作用表现为:可用于同类现象在不同空间条件下的对比,可用于同一总体指标在不同时间的对比,可作为论断事物的一种数量标准或参考,可用于分析现象之间的依存关系和进行数量的估算。

常用的平均指标有算术平均数、调和平均数、几何平均数、众数和中位数等。算术平均数、调和平均数、几何平均数等是根据分布数列中各单位的标志值计算而来的,称为数值平均数;众数和中位数等是根据分布数列中某些标志值所处的位置来确定的,称为位置平均数。

(二)平均指标的计算方法

1. 算术平均数

算术平均数是分析社会经济现象一般水平和典型特征的最基本指标,是统计中计算平均数最常用的方法。其基本公式为:

$$算术平均数 = \frac{总体标志总量}{总体单位总数} \tag{2-12}$$

算术平均数可分为简单算术平均数和加权算术平均数两种。

(1)简单算术平均数。简单算术平均数就是直接将总体中某一数量标志的各个数值加以平均,在资料没有经过分组整理与加工的情况下应用。其计算公式为:

$$\overline{X} = \frac{X_1 + X_2 + \cdots + X_n}{n} = \frac{\sum X}{n} \tag{2-13}$$

式中:$\overline{X}$——算术平均数;X——各个变量;n——变量个数;$\sum$——总和符号。

(2)加权算术平均数。资料经过了分组整理编成了单项数列或组距数列,并且每组频数(或频率)不同时,就应采用加权算术平均数的方法计算算术平均数。即将各组标志值分别乘以相应的频数(或频率)求得各组的标志总量,并加总得到总体标志总量;然后将各组的频数(或频率)加总,得到总体单位总数;最后用总体标志总量除以总

体单位总数,即得算术平均数。其计算公式为:

$$\overline{X} = \frac{X_1 f_1 + X_2 f_2 + \cdots + X_n f_n}{f_1 + f_2 + \cdots + f_n} = \frac{\sum Xf}{\sum f} \qquad (2-14)$$

式中:$\overline{X}$——加权算术平均数;X——各组标志值;$\sum$——总和符号;f——次数。

从上述计算公式可看出,平均数的大小受两个因素影响:各组变量(X)的大小和各组单位数(f)。某组出现频数(或频率)越多,平均数受该组的影响就较大;反之亦然。频数(或频率)在这里起着权衡轻重的作用,所以,统计上把频数称为权数。

如果所掌握的资料不是单项变量数列,而是组距数列,则要利用各组的组中值作为代表标志值来计算加权算术平均数。这种计算方法假定各单位标志值在组内是均匀分配的,但实际上要分配得完全均匀是不可能的,用组中值计算出来的算术平均数带有近似值的性质。有时还会遇到开口组,则需要假定它们的组限同邻组组限相仿,以此来计算组中值,因此,根据开口组计算的算术平均数就更具有假定性。但由于分组引起的影响变量数值高低的各种因素会起到相互抵消的作用,所以,由此而计算的平均数仍然具有足够的代表性。

2. 调和平均数

调和平均数是各个变量值倒数的算术平均数的倒数,可分为简单调和平均数和加权调和平均数两种。

(1)简单调和平均数。简单调和平均数是各个变量值倒数的算术平均数的倒数,其计算公式如下:

$$\overline{X}_h = \frac{n}{\sum \frac{1}{X}} \qquad (2-15)$$

式中:$\overline{X}_h$——调和平均数;X——各个体标志值;n——变量个数。

(2)加权调和平均数。简单调和平均数是在各变量值对平均数起同等作用条件下应用的,若各变量值对平均数起的作用大小不同,则应以标志总量为权数,计算加权算术平均数。其计算公式为:

$$\overline{X} = \frac{\sum Xf}{\sum f} = \frac{\sum Xf}{\sum \frac{1}{X} Xf} = \frac{\sum m}{\sum \frac{m}{X}} = \overline{X}_h \qquad (2-16)$$

式中:m——各组的标志总量。

3. 几何平均数

几何平均数又称"对数平均数",它是若干项变量值连乘积开其项数次方的算术根。当各项变量值的连乘积等于总比率或总速度时,适宜用几何平均数计算平均比率或平均速度。几何平均数根据资料情况,可分为简单几何平均数和加权几何平均数两种。

(1)简单几何平均数。简单几何平均数是 n 个变量值连乘积的 n 次方根,其计算公式为:

$$\overline{X}_G = \sqrt[n]{X_1 \cdot X_2 \cdots X_n} = \sqrt[n]{\prod X} \qquad (2-17)$$

式中:$\overline{X}_G$——几何平均数;Π——连乘符号;n——变量值个数。

在实际计算工作中,由于变量值个数较多,通常要应用对数来进行计算。即:

$$\lg \overline{X}_G = \frac{1}{n}(\lg X_1 + \lg X_2 + \cdots + \lg X_{n-1} + \lg X_n) = \frac{1}{n}\sum \lg X$$

$$\overline{X}_G = 10^{\frac{1}{n}\sum \lg X} = 10^{\lg \overline{X}_G} \qquad (2-18)$$

由此可见,几何平均数是各个变量值对数的算术平均数的反对数。

例如,以某银行 2018—2023 年期间吸纳存款额为例,说明用几何平均数法计算平均发展速度的过程,如表 2-2 所示。

表 2-2　　某银行 2018—2023 年期间吸纳存款额平均发展速度计算表

年份	吸收存款额（亿元）	逐年发展速度(X)(各年存款额与前一年相比的百分比)(%)	逐年发展速度的对数($\lg X$)
2018	9.80		
2019	10.54	107.6	2.0319
2020	10.80	102.5	2.0107
2021	10.87	100.6	2.0025
2022	11.16	102.7	2.0115
2023	11.41	102.2	2.0094
合计			10.0660

该存款额的平均发展速度 $= \overline{X}_G$

$$= \sqrt[n]{\prod X}$$
$$= \sqrt[5]{107.6\% \times 102.5\% \times 100.6\% \times 102.7\% \times 102.2\%}$$
$$= \sqrt[5]{1.16454}$$
$$= 103.1\%$$

应用对数进行计算,先将各变量值取对数,如表 2-2 所示,计算如下:

$$\lg \overline{X}_G = \frac{1}{n}\sum \lg X = \frac{10.066}{5} = 2.0133$$

$$\overline{X}_G = 10^{\lg \overline{X}_G} = 10^{2.0133} = 103.1\%$$

这就是说在 2018—2023 年期间,该银行吸收存款的年平均发展速度为 103.1%,即每年平均递增 3.1%。

(2)加权几何平均数。当各个变量值的次数(权数)不相同时,应采用加权几何平均数,其计算公式为:

$$\overline{X}_G = \sqrt[f_1+f_2+\cdots+f_n]{X_1^{f_1} \cdot X_2^{f_2} \cdot \cdots \cdot X_n^{f_n}} = \sqrt[\sum f]{\prod X^f} \qquad (2-19)$$

式中:f——各变量值的次数或权数。

将公式两边取对数,则为:

$$\lg \overline{X}_G = \frac{f_1 \lg X_1 + f_2 \lg X_2 + \cdots + f_{n-1} \lg X_{n-1} + f_n \lg X_n}{f_1 + f_2 + \cdots + f_n} = \frac{\sum f \lg X}{\sum f}$$

$$\overline{X}_G = 10^{\frac{\sum f \lg X}{\sum f}} = 10^{\lg \overline{X}_G}$$

例如,投资银行某笔投资的年利率是按复利计算的,25 年的年利率分配是:有 1 年为 3%,有 4 年为 5%,有 8 年为 8%,有 10 年为 10%,有 2 年为 15%,求平均年利率。

计算时,必须先将各年利率加 100%,然后按加权几何平均数计算,再减去 100%,便得到平均年利率。现列表(见表 2—3)计算如下:

表 2—3　　　　　　　　某投资银行年平均利率计算表

年利率发展速度 X(%)	年数 f	年利率的对数 $\lg X$	$f \lg X$
103	1	2.0128	2.0128
105	4	2.0212	8.0848
108	8	2.0334	16.2672
110	10	2.0414	20.4140
115	2	2.0607	4.1214
合　计	25		50.9002

$$\lg \overline{X}_G = \frac{\sum f \lg X}{\sum f} = \frac{50.9002}{25} = 2.0360$$

$$\overline{X}_G = 10^{\lg \overline{X}_G} = 10^{2.0360} = 108.6\%$$

结果说明,25 年的年平均利率为 8.6%。

几何平均数较之算术平均数,在实际应用时受较多限制,如果数列中有一个标志值等于零或负值,就无法计算;适用于反映特定现象的平均水平,即现象的总标志值不是各单位标志值的总和,而是各单位标志值的连乘积。

4. 众数

(1)众数的概念。众数是总体中出现次数最多的标志值,它能直观地说明客观现象分配中的集中趋势。在实际工作中,有时要利用众数代替算术平均数来说明社会经济现象的一般水平。如果总体中出现次数最多的标志值不是一个,而是两个或多个,那么,合起来就是复众数。

(2)众数的计算方法。

①单项数列确定众数的方法——观察次数,出现次数最多的标志值就是众数。

例如,表2—4显示的是2001年中国A股市场各行业的系统性风险值,依此整理的各行业系统风险值的次数分布如表2—5所示,出现了复众数,即次数均为4的系统风险值为41%和42%。

表2—4　　　　　　　2001年中国A股市场各行业系统性风险值

行　业	行业系统性风险	行　业	行业系统性风险
城市基础设施	43%	酒店旅游	39%
电子	48%	能源	42%
家用电器	45%	农业	39%
房地产	46%	轻工	41%
纺织	42%	商业	44%
化工	41%	食品加工	40%
机械	41%	信息	42%
建材	42%	冶金	38%
建筑	44%	医药	45%
交通运输	40%	综合	39%
金融	41%		

注:各行业值是一定量样本的平均值,共取样本1 097个。

资料来源:檀向球,《全国统一指数及指数期货》,上海财经大学出版社2002年版,第9页。

表2—5　　　　　2001年中国A股市场各行业系统性风险值的次数分布

行业系统性风险值	次数
38%	1
39%	3
40%	2
41%	4
42%	4

续表

行业系统性风险值	次数
43%	1
44%	2
45%	2
46%	1
48%	1

②组距数列确定众数的方法——观察次数,首先由最多次数来确定众数所在组,然后再用比例插值法推算众数的近似值。其计算公式为:

下限公式:

$$M_0 = X_l + \frac{\Delta_1}{\Delta_1 + \Delta_2} \cdot d \quad (2-20)$$

上限公式:

$$M_0 = X_u - \frac{\Delta_2}{\Delta_1 + \Delta_2} \cdot d \quad (2-21)$$

式中:X_l——众数组的下限;X_u——众数组的上限;Δ_1——众数组次数与前一组次数之差;Δ_2——众数组次数与后一组次数之差;d——众数组组距。

众数的下限公式和上限公式是等价的,用两个公式计算结果完全相同,但一般采用下限公式。

从众数的计算可看出众数的特点如下:第一,众数是一个位置平均数,它只考虑总体分布中最频繁出现的变量值,而不受极端值和开口组数列的影响,从而增强了对变量数列一般水平的代表性。第二,众数是一个不容易确定的平均指标,当分布数列没有明显的集中趋势而趋于均匀分布时,则无众数可言;当变量数列是不等距分组时,众数的位置也不好确定。

5. 中位数

(1)中位数的概念。现象总体中各单位标志值按大小顺序排列,居于中间位置的那个标志值就是中位数。中位数和众数一样,有时可代替算术平均数来反映现象的一般水平。

(2)中位数的计算方法。

①由未分组资料确定中位数。首先对某个标志值按大小顺序资料加以排列,然后用以下公式确定中位数的位置:

$$中位数位置 = (n+1)/2 \quad (2-22)$$

式中:n——总体单位数。

如果总体单位数是奇数,则居于中间位置的那个单位的标志值就是中位数。如果总体单位数是偶数,则居于中间位置的两项数值的算术平均数是中位数。

②由单项数列确定中位数。单项数列确定中位数的方法比较简单:求中位数位置$=\sum f/2$($\sum f$为总体单位数之和);计算各组的累计次数(向上累计次数或向下累计次数);根据中位数位置找出中位数。

③由组距数列确定中位数。由组距数列确定中位数,应先按$\sum f/2$的公式求出中位数所在组的位置,然后再用比例插值法确定中位数的值。其计算公式如下:

下限公式(向上累计时用):

$$M_e = X_l + \frac{\dfrac{\sum f}{2} - S_{m-1}}{f_m} \cdot d \quad (2-23)$$

上限公式(向下累计时用):

$$M_e = X_u - \frac{\dfrac{\sum f}{2} - S_{m+1}}{f_m} \cdot d \quad (2-24)$$

式中:X_l——中位数所在组的下限;X_u——中位数所在组的上限;f_m——中位数所在组的次数;S_{m-1}——中位数所在组以前各组的累计次数;S_{m+1}——中位数所在组以后各组的累计次数;$\sum f$——总次数;d——中位数所在组的组距。

由此可见,中位数有以下特点:第一,与众数一样,也是一种位置平均数,不受极端值及开口组的影响,具有稳健性。第二,各单位标志值与中位数离差的绝对值之和为最小值。第三,对某些不具有数学特点或不能用数字测定的现象,可用中位数求其一般水平。

(三)各种平均数之间的相互关系

1. 算术平均数、几何平均数和调和平均数三者的关系

当所有变量值都相等时,这三种平均数相等,即:

$$\overline{X} = \overline{X}_h = \overline{X}_G \quad (2-25)$$

当变量值不相等时,这三种平均数存在以下关系:

$$\overline{X}_h \leqslant \overline{X}_G \leqslant \overline{X} \quad (2-26)$$

2. 算术平均数、众数和中位数三者的关系

当总体分布呈对称状态时,三者合而为一(如图2—1所示),即:

$$\overline{X} = M_0 = M_e \quad (2-27)$$

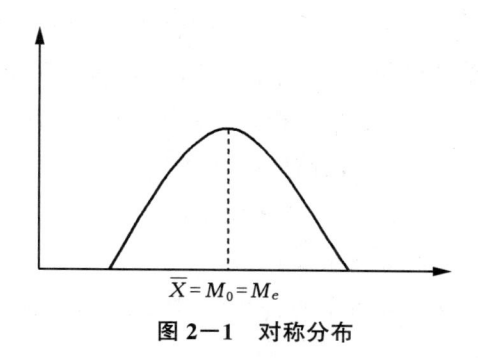

图 2—1　对称分布

当总体分布呈右偏时(如图 2—2 所示),则：

$$M_0 < M_e < \overline{X} \tag{2—28}$$

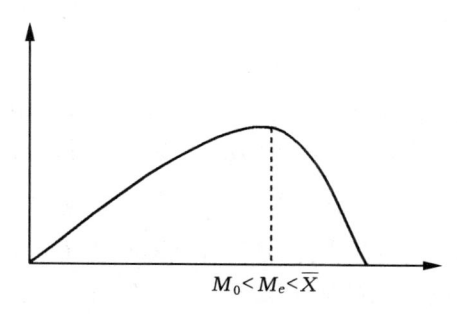

图 2—2　右偏分布

当总体分布呈左偏时(如图 2—3 所示),则：

$$\overline{X} < M_e < M_0 \tag{2—29}$$

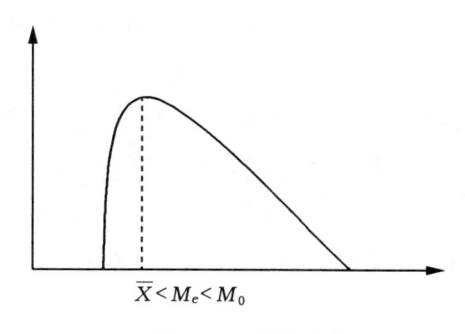

图 2—3　左偏分布

四、标志变动度

(一)标志变动度的概念和作用

标志变动度即标志变异指标,又称离散程度或离中程度,是指总体中各单位标志值差别大小的程度。平均指标是将总体中各单位的标志值差异抽象化,以反映各单位在这一标志上的一般水平,反映被研究现象的共性,而标志变动度是反映同质总体中各单位标志值的差异程度,反映被研究现象的差异性。其作用表现为:它是评价平均数代表性的依据,是反映社会生产和其他社会经济活动过程的均衡性或协调性的重要指标,是确定推断准确程度及误差大小的重要指标。

(二)标志变动度的计算及其应用

测定标志变动度的方法主要有全距、四分位差、平均差、标准差、离散系数。现分述如下:

1. 全距

全距又称"极差",它是总体各单位标志的最大值和最小值之差,用以说明标志值变动范围的大小,通常用 R 表示全距,即:

$$R = X_{\max} - X_{\min} \tag{2-30}$$

全距数值愈小,反映变量值愈集中,标志变动度愈小;全距数值愈大,反映变量值愈分散,则标志变动度愈大。对于根据组距数列求全距,可以用最高组的上限与最低组的下限之差,求全距的近似值。但当有开口组时,若不知极端数值,则无法求全距。

全距的特点是计算方便,便于理解,但只考虑数列两端数值差异,未能顾及中间数值的差异情况,也不受次数分配的影响,因而不能全面反映总体各单位标志的变异程度。

2. 四分位差

把一个变量数列分为四等分,形成三个分割点(Q_1、Q_2、Q_3),这三个分割点的数值就称为四分位数。其中第二个四分位数 Q_2 就是中位数 M_e。四分位差就是第三个四分位数 Q_3 与第一个四分位数 Q_1 之差,用 $Q.D.$ 表示,其计算公式如下:

$$Q.D. = Q_3 - Q_1 \tag{2-31}$$

对一个变量数列的资料,四分位差就是舍去数列中最低的 1/4 和最高的 1/4 数值,仅用中间那部分标志值的全距来充分反映集中于数列中间 50% 数值的差异程度。四分位差数值越大,表明 Q_1 与 Q_3 之间变量值分布愈远离它们的中点 Q_2,即远离中位数 M_e,则说明中位数的代表性愈差;反之,四分位差 $Q.D.$ 数值愈小,说明中位数的代表性愈好。

四分位差的计算分以下两种情况:

(1)根据未分组资料求 $Q.D.$。

$$Q_1 \text{ 的位置} = \frac{n+1}{4} \tag{2-32}$$

$$Q_2 \text{ 的位置} = \frac{3(n+1)}{4} \tag{2-33}$$

式中：n——变量值的项数。

(2)根据分组资料求 $Q.D.$。

①确定 Q_1 与 Q_3 的位置：

$$Q_1 \text{ 的位置} = \frac{\sum f}{4} \qquad (2-34)$$

$$Q_3 \text{ 的位置} = \frac{3\sum f}{4} \qquad (2-35)$$

②求向上累计次数，在累计次数中找 Q_1 与 Q_3 所在组。若是单项数列，则 Q_1 与 Q_3 所在组的标志值就是 Q_1 与 Q_3 的数值；若是组距数列，确定了 Q_1 与 Q_3 所在组后，还要用以下公式求近似值：

$$Q_1 = X_{l1} + \frac{\dfrac{\sum f}{4} - S_{Q_1-1}}{f_1} \times d_1 \qquad (2-36)$$

$$Q_3 = X_{l3} + \frac{\dfrac{3\sum f}{4} - S_{Q_3-1}}{f_3} \times d_3 \qquad (2-37)$$

式中：X_{l1}、X_{l3}——分别为 Q_1 与 Q_3 所在组的下限；f_1、f_3——分别为 Q_1 与 Q_3 所在组的次数；d_1、d_3——分别为 Q_1 与 Q_3 所在组的组距；S_{Q_1-1}、S_{Q_3-1}——分别为 Q_1 与 Q_3 所在组以前一组的累计次数；$\sum f$——总次数。

四分位差不受两端各 25% 数值的影响，因而能对开口组数列的差异程度进行测定。四分位差也可用以衡量中位数的代表性高低。但四分位差不反映所有标志值的差异程度，它所描述的只是次数分配中一半的离差，也是一个比较粗略的指标。

3. 平均差

平均差是各单位标志值对平均数的离差绝对值的平均数，能够综合反映总体中各单位标志值变动的影响。平均差愈大，表示标志变动度愈大，则平均数代表性愈小；反之，平均差愈小，表示标志变动度愈小，则平均数代表性愈大。以 $A.D.$ 代表平均差，其计算公式为：

(1)根据未分组资料求 $A.D.$。

$$A.D. = \frac{\sum |X - \overline{X}|}{n} \qquad (2-38)$$

(2)根据分组资料求 $A.D.$。

$$A.D. = \frac{\sum |X - \overline{X}| f}{\sum f} \qquad (2-39)$$

平均差是根据全部变量值计算出来的,所以对整个变量值的离散趋势有较充分的代表性。但采用的离差绝对值的形式,给平均差的数学处理带来了不便,其应用受到限制,因此,它虽然优于全距,但并不是测定标志变异程度的最好指标。

4. 标准差

标准差是各单位标志值与其算术平均数的离差平方的算术平均数的平方根。由于采用离差平方的方法来消除正负离差,因此在数学处理上比平均差更为合理和优越。通常以 σ 或 $S.D.$ 表示标准差,标准差的平方即方差,用 σ^2 表示。标准差的计算公式为:

(1) 根据未分组资料求 σ。

$$\sigma = \sqrt{\frac{\sum(X-\bar{X})^2}{n}} \qquad (2-40)$$

(2) 根据分组资料求 σ。

$$\sigma = \sqrt{\frac{\sum(X-\bar{X})^2 f}{\sum f}} \qquad (2-41)$$

5. 离散系数

以上计算的各种标志变动度,都是以绝对指标的形式反映总体中各单位标志值变异程度。为了对不同的总体的各种标志变异程度进行对比分析,还需要测定总体中各单位标志值变异的相对量指标,即离散系数,以消除不同总体之间在计量单位、平均水平等方面的不可比因素的影响。

离散系数也称为标志变动系数。各种标志变动度指标都可以计算离散系数,来反映总体各单位标志值的相对离散程度,但最常用的是标准差与算术平均数对比之值——离散系数,也称作"标准差系数",用 V_σ 表示,其计算公式如下:

$$V_\sigma = \frac{\sigma}{\bar{X}} \times 100\% \qquad (2-42)$$

为便于理解上述五个指标,现举例如下:

根据表 2—4 的资料,依次对该数列计算全距、四分位差、平均差、标准差和离散系数,结果如下所示:

(1) 全距。

$R = X_{\max} - X_{\min} = 48\% - 38\% = 10\%$

(2) 四分位差。

Q_1 的位置 $= \dfrac{\sum f}{4} = \dfrac{21}{4} = 5.25$

Q_3 的位置 $=\dfrac{3\sum f}{4}=\dfrac{3\times 21}{4}=15.75$

$Q_1 = 40\%$

$Q_3 = 44\%$

$Q.D. = 44\% - 40\% = 4\%$

(3) 平均差。

$$\overline{X}=\dfrac{\sum Xf}{\sum f}=\dfrac{882\%}{21}=42\%$$

$$A.D.=\dfrac{\sum |X-\overline{X}|f}{\sum f}=\dfrac{42\%}{21}=2\%$$

(4) 标准差。

$$\sigma=\sqrt{\dfrac{\sum (X-\overline{X})^2 f}{\sum f}}=\sqrt{\dfrac{\sum (X-42\%)^2 f}{21}}=\sqrt{\dfrac{134}{21}}=2.526\%$$

(5) 离散系数。

$$V\sigma=\dfrac{\sigma}{\overline{X}}\times 100\%=\dfrac{2.526\%}{42\%}=6.0144\%$$

第二节　动态数列

一、动态数列的编制

（一）动态数列的概念

动态数列是按时间先后顺序排列的反映某种现象的标志的发展变化的一系列同类的统计指标。动态数列由两个基本要素构成：一个是资料所属的时间，另一个是各时间上的统计指标数值。在实践中，通过动态数列的编制和分析可以描述社会经济现象的发展状况和结果；研究社会经济现象的发展速度、发展趋势，探索现象发展变化的规律，并据以进行统计预测；可以利用不同的但有互相联系的数列进行对比分析或相关分析。

（二）动态数列的种类

动态数列按统计指标的性质不同，可以分为绝对数动态数列、相对数动态数列和平均数动态数列三种。其中，绝对数动态数列是基本数列，相对数动态数列和平均数动态数列则是由绝对数动态数列派生而形成的数列。

1. 绝对数动态数列

绝对数动态数列是指一系列同类的总量指标按时间先后顺序排列起来形成的动态数列,反映社会经济现象在各期达到的绝对水平及其变化发展的状况。按数列中指标所反映的社会经济现象所属的时间不同,绝对数动态数列又可分为时期数列和时点数列两种。

(1)时期数列。数列中各项指标都是反映某种现象在一段时期内发展过程的总量。其特点是:数列中各个指标的数值是可以相加的,每个指标数值的大小与所属的时期长短有直接的联系,每个指标的数值通常是通过连续不断的登记而取得的。

(2)时点数列。数列中各项指标都是反映现象在某一时点上(瞬间)所处的数量水平。其特点是:数列中各个指标的数值是不能相加的,每个指标数值的大小与其时间间隔长短没有直接联系,数列中每个指标的数值通常是通过一定时期登记一次而取得的。

2. 相对数动态数列

相对数动态数列是把一系列同类的相对指标按时间先后顺序排列起来而形成的动态数列,反映现象对比关系的发展变化情况,说明社会经济现象的比例关系、结构、速度的发展变化过程。其特点是:各个指标数值不能相加。

3. 平均数动态数列

平均数动态数列是把一系列同类的平均指标按时间先后顺序排列起来而形成的动态数列,反映社会现象一般水平的发展趋势。其特点是:各个指标数值一般不能相加,但在计算序时平均数时,也必须相加。

二、动态数列的水平分析指标

动态数列水平分析指标主要用于分析现象的发展水平,包括发展水平、平均发展水平、增长量和平均增长量等指标。

(一)发展水平和平均发展水平

1. 发展水平

发展水平是数列中的各项具体的指标数值,反映社会经济现象在不同时期所达到的水平。一般是指总量指标,也可用相对指标或平均指标来表示。由于发展水平所处的位置不同或由于对比分析的需要,出现以下概念:最初水平、最末水平、中间各项水平、基期水平和报告期水平。数列中,第一个指标数值叫最初水平,最后一个指标数值叫最末水平,其余各指标数值称为中间各项水平;在对两个时间的发展水平作动态对比时,作为对比基础时期的水平称为基期水平,作为研究时期的指标水平称为报告期水平或计算期水平。

2. 平均发展水平

平均发展水平是将不同时期的发展水平加以平均而得的平均数,又称为序时平均数或动态平均数。其与一般平均数有相同的一面,又有明显的区别。相同处是:两者都是将现象的个别数量差异抽象化,概括地反映现象的一般水平。区别是:第一,平均发展水平是同一现象在不同时期上发展水平的平均,从动态上说明其在某一段时间内发展的一般水平,它是根据动态数列来计算的;而一般平均数是同质总体内各单位标志值的平均,从静态上说明其在具体历史条件下的一般水平,它是根据变量数列来计算的。第二,平均发展水平是对同一现象不同时间上的数值差异的抽象化;而一般平均数是对同一时间总体某一数量标志值差异的抽象化。

3. 序时平均数的计算

可根据绝对数动态数列来计算,也可根据相对数动态数列或平均数动态数列来计算。

(1)由绝对数动态数列计算序时平均数。

①由时期数列计算序时平均数:直接用数列中各时期指标值之和除以时期项数即得序时平均数。其计算公式如下:

$$\bar{a}=\frac{a_1+a_2+\cdots+a_{n-1}+a_n}{n}=\frac{\sum a}{n} \qquad (2-43)$$

式中:$\bar{a}$——序时平均数;$a_1,a_2,\cdots,a_n$——各期发展水平;n——时期项数。

例如,某银行2023年上半年的月平均贷款增加值的计算如表2—6所示。

表 2—6　　　　　某银行2023年上半年的月平均贷款增加值　　　　　单位:万元

	1月	2月	3月	4月	5月	6月
增加值	21.4	18.6	23.5	39.2	35.7	28.2

$$月平均增加值=\frac{21.4+18.6+23.5+39.2+35.7+28.2}{6}=27.8(万元)$$

②由时点数列计算序时平均数:在假定某一时间间隔内现象的增减变动比较均匀或波动不大的前提下推算出来的近似值。

A. 根据连续时点数列计算序时平均数。

a. 对连续变动的连续时点数列求序时平均数。如果连续时点数列每日的指标数值都有变动,称为连续变动的连续时点数列。可用简单算术平均法求序时平均数,其计算公式为:

$$\bar{a}=\frac{\sum a}{n} \qquad (2-44)$$

b. 对非连续变动的连续时点数列求序时平均数。如果被研究现象不是逐日变动，而是间隔几天变动一次，这样的数列称为非连续变动的连续时点数列。可用加权算术平均法计算序时平均数。其计算公式为：

$$\bar{a} = \frac{\sum af}{\sum f} \qquad (2-45)$$

B. 根据间断时点数列计算序时平均数。

a. 对间隔相等的间断时点数列求序时平均数。在实际统计工作中，对时点性质的指标，为了简化登记手续，往往每隔一定时间登记一次，这就组成间隔相等的间断时点数列。可采用简单算术平均法计算序时平均数。举例如表 2－7 所示。

表 2－7　　　　　某银行 2023 年第二季度存款余额　　　　　单位：万元

	3 月	4 月	5 月	6 月
月末存款余额	100	86	104	114

$$4\text{月份平均存款余额} = \frac{100+86}{2} = 93(\text{万元})$$

$$5\text{月份平均存款余额} = \frac{86+104}{2} = 95(\text{万元})$$

$$6\text{月份平均存款余额} = \frac{104+114}{2} = 109(\text{万元})$$

$$\text{第二季度平均存款余额} = \frac{93+95+109}{3} = 99(\text{万元})$$

上述计算第二季度平均存款余额的两个步骤，可以合并简化为：

$$\text{第二季度平均存款余额} = \frac{\frac{100+86}{2} + \frac{86+104}{2} + \frac{104+114}{2}}{3} = 99(\text{万元})$$

上面计算过程概括为一般公式：

$$\bar{a} = \frac{\frac{a_1+a_2}{2} + \frac{a_2+a_3}{2} + \cdots + \frac{a_{n-1}+a_n}{2}}{n-1} = \frac{\frac{a_1}{2} + a_2 + \cdots + a_{n-1} + \frac{a_n}{2}}{n-1} \qquad (2-46)$$

式中：$\bar{a}$——序时平均数；a——各项时点指标数值；n——时点个数。

这种计算方法称为"首末折半法"。

b. 对间隔不等的间断时点数列求序时平均数。在时点数列中，如果相邻时点间隔不等，就须首末折半后用相应的时点间隔数加权计算。其计算公式为：

$$\bar{a} = \frac{\frac{a_1+a_2}{2}f_1 + \frac{a_2+a_3}{2}f_2 + \cdots + \frac{a_{n-1}+a_n}{2}f_{n-1}}{\sum_{i=1}^{n-1} f_i} \qquad (2-47)$$

式中：$\bar{a}$——序时平均数；a——各时点值；f——各时点间隔的距离。

（2）由相对数或平均数动态数列计算序时平均数。这两个动态数列是派生数列，数列的各项指标是由相应的两个绝对数动态数列的两个总量指标对比计算所得，因此可以通过先计算分子数列的序时平均数和分母数列的序时平均数，再加以对比，即可求得该数列的序时平均数。其计算公式为：

$$\bar{c} = \frac{\bar{a}}{\bar{b}} \qquad (2-48)$$

式中：$\bar{c}$——相对数或平均数动态数列的序时平均数；$\bar{a}$——分子数列的序时平均数；$\bar{b}$——分母数列的序时平均数。

具体计算时又分以下几种情况：

①由两个时期数列对比而成的相对数或平均数动态数列求序时平均数。

例如，某银行 7—9 月吸纳存款计划完成情况的资料如表 2—8 所示，现计算其第二季度的平均计划完成程度。

表 2—8　　　　某银行 7—9 月吸纳存款计划完成情况

	7月	8月	9月
a 实际吸纳量（千元）	500	618	872
b 计划吸纳量（千元）	500	600	800
c 吸纳量计划完成比例（%）（$c=a/b$）	100	103	109

根据表 2—8 资料代入公式，得：

第三季度平均每月计划完成程度 = (500+618+872)/(500+600+800)
　　　　　　　　　　　　　　 = 104.74%

②由两个时点数列对比而成的相对数或平均数动态数列求序时平均数。

A. 时间间隔相等时可采用如下公式：

$$\bar{c} = \overline{\left(\frac{a}{b}\right)} = \frac{\sum \frac{a}{b} \times b}{\sum b} = \frac{\sum a}{\sum b} \qquad (2-49)$$

当所掌握的资料不全时，可将 $a=bc$ 和 $b=a/c$ 代入上式，即可得出两个变形公式为：

$$\bar{c} = \frac{\bar{a}}{\bar{b}} = \frac{\frac{a_1}{2} + a_2 + \cdots + \frac{a_n}{2}}{\frac{b_1}{2} + b_2 + \cdots + \frac{b_n}{2}} \qquad (2-50)$$

$$\bar{c} = \frac{\bar{a}}{\bar{b}} = \frac{\frac{b_1 c_1}{2} + b_2 c_2 + \cdots + \frac{b_n c_n}{2}}{\frac{b_1}{2} + b_2 + \cdots + \frac{b_n}{2}} \qquad (2-51)$$

$$\bar{c} = \frac{\bar{a}}{\bar{b}} = \frac{\frac{a_1}{2} + a_2 + \cdots + \frac{a_n}{2}}{\frac{a_1}{2c_1} + \frac{a_2}{c_2} + \cdots + \frac{a_n}{2c_n}} \qquad (2-52)$$

例如，某市工商银行第一支行职工人数在全市工商银行全体职工中所占的比重如表 2—9 所示，则第三季度第一支行职工人数占全体职工人数的平均比重计算如下：

表 2—9　某市工商银行第一支行职工人数在全市工商银行全体职工中所占的比重

	6月30日	7月31日	8月31日	9月30日
a 第一支行职工人数	435	452	462	576
b 全体职工人数	580	580	600	720
c 第一支行职工人数占全体职工的比例(%)	75	78	77	80

$$\text{第三季度第一支行职工人数占全体职工人数的平均比重} = \frac{\frac{435}{2} + 452 + 462 + \frac{576}{2}}{\frac{580}{2} + 580 + 600 + \frac{720}{2}} \times 100\% = 77.6\%$$

B. 时间间隔不等时要用各个间隔的长度作权数，用加权平均法计算分子和分母的序时平均数，然后再对比。其计算公式为：

$$\bar{c} = \frac{\bar{a}}{\bar{b}} = \frac{\left(\frac{a_1+a_2}{2}f_1 + \frac{a_2+a_3}{2}f_2 + \cdots + \frac{a_{n-1}+a_n}{2}f_{n-1}\right) \div \sum f}{\left(\frac{b_1+b_2}{2}f_1 + \frac{b_2+b_3}{2}f_2 + \cdots + \frac{b_{n-1}+b_n}{2}f_{n-1}\right) \div \sum f} \qquad (2-53)$$

③由一个时期数列和一个时点数列对比而成的相对数、平均数动态数列求序时平均数。

例如，我国 2021—2023 年国有商业银行的相关指标如表 2—10 所示，其中税前利润数列是时期数列，而资产总额数列、资本总额数列和总人数数列均是时点数列，依此计算而形成的资产利润率数列、资本利润率数列是由一个时期数列和一个时点数列对比而成的相对数数列，人均利润数列是由一个时期数列和一个时点数列对比而成的平均数动态数列。

表 2—10　　　　　　　2021—2023 年我国国有商业银行有关指标对比表

	2023 年	2022 年	2021 年
税前利润(亿元)(1)	16 056.67	15 849.72	15 512.24
资产总额(亿元)(2)	1 851 141.63	1 245 030.08	1 454 705.55
资本总额(亿元)(3)	94 636.45	88 127.14	81 402.87
总人数(人)(4)	1 667 000	1 668 529	1 695 349
资产利润率(%)(5)=(1)/(2)	0.87	1.27	1.07
资本利润率(%)(6)=(1)/(3)	16.97	17.99	19.06
人均利润(亿元)(7)=(1)/(4)	0.007 9	0.007 5	0.007 1

资料来源：中国银行，《中国银行 2023 年年度报告》；中国农业银行，《中国农业银行 2023 年年度报告》；中国工商银行，《中国工商银行 2023 年年度报告》；中国建设银行，《中国建设银行 2023 年年度报告》；交通银行，《交通银行 2023 年年度报告》；中国邮政储蓄银行，《中国邮政储蓄银行 2023 年年度报告》。表中数据根据以上资料计算得出。

如果要计算这三年国有商业银行的年平均资产利润率、年平均资本利润率和年平均人均利润，则要先计算出两个动态数列的序时平均数，然后再进行对比，可采用如下公式计算，计算结果如表 2—11 所示。

表 2—11　　　　　　2021—2023 年我国国有商业银行三项序时平均数计算结果

	2021 年 (1)	2022 年 (2)	2023 年 (3)	税前利润三年之和 (4)=(1)+(2)+(3)	其他三项指标三年之和 (5)=(1)+(2)+(3)	三项序时平均数 (6)=(4)/(5)
税前利润(亿元)	14 697.7	14 936.08	15 140.68	4 4774.46		
资产总额(亿元)	1 328 826.82	1 104 357.26	1 693 875.32		4 127 059.4	0.010 848 998
资本总额(亿元)	86 798.33	98 298.89	113 938.62		299 035.84	12.646 772
总人数(人)	1 695 349	1 668 529	1 667 000		5 030 878	0.751 725

注：三项序时平均数指年平均资产利润率、年平均资本利润率和年平均人均利润。

$$\bar{c} = \frac{\bar{a}}{\bar{b}} = \frac{\sum a}{n} \div \frac{\sum b}{n} = \frac{\sum a}{\sum b} \qquad (2-54)$$

当所掌握的资料不全时，可将 $a=bc$ 和 $b=a/c$ 代入上式，即可得出两个变形公式为：

$$\bar{c} = \frac{\bar{a}}{\bar{b}} = \frac{\sum bc}{\sum b} \qquad (2-55)$$

$$\bar{c} = \frac{\bar{a}}{\bar{b}} = \frac{\sum a}{\sum \frac{1}{c}a} \tag{2-56}$$

(二)增长量和平均增长量

1. 增长量

增长量是说明社会经济现象在一定时期内所增长的绝对数量,它是报告期水平与基期水平之差,反映报告期比基期增长的水平。其计算公式为:

$$增长量=报告期水平-基期水平 \tag{2-57}$$

与增长量相关的指标主要有:

逐期增长量:报告期水平与前一期水平之差,表明本期比上一期增长的绝对数量。

累计增长量:报告期水平与某一固定时期(基期)水平之差,表明本期比某一固定时期增长的绝对数量,也即说明在某一段较长时期内总的增长量。

年距增长量:报告期水平与上年同期水平之差,表明报告期水平较上年同期水平增加(或减少)的绝对数量。

各自的计算公式如下:

$$逐期增长量:a_1-a_0,a_2-a_1,\cdots,a_n-a_{n-1} \tag{2-58}$$

$$累计增长量:a_1-a_0,a_2-a_0,\cdots,a_n-a_0 \tag{2-59}$$

$$年距增长量=报告期发展水平-上年同期发展水平 \tag{2-60}$$

例如,2022 年和 2023 年各月我国金融机构本外币信贷收支中短期贷款如表 2—12 所示,则根据以上公式可计算 2023 年的逐期增长量、累计增长量和年距增长量。

表 2—12　2023 年我国金融机构本外币信贷收支中短期贷款各种增长量计算　单位:百亿元人民币

月　份	1月	2月	3月	4月	5月	6月	7月	8月	9月	10月	11月	12月
2023 年短贷	5 639.87(D)	5 709.90(E)	5 878.72(I)	5 855.18	5 878.56	6 002.28	5 951.08	5 970.28	6 059.27	6 031.04	6 054.04	6 054.22
2022 年短贷	5 137.68(F)	5 149.69(G)	5 269.60	5 231.57	5 276.39	5 387.82	5 349.67	5 367.68	5 463.60	5 440.05	5 442.88	5 437.68
逐期增长量		70.03(A)	168.82	−23.54	23.38	123.72	−51.2	19.2	88.99	−28.23	23	0.18
累计增长量		70.03(B)	238.85(H)	215.31	238.69	362.41	311.21	330.41	419.4	391.17	414.17	414.35
年距增长量	502.19(C)	560.21	609.12	623.61	602.17	614.46	601.41	602.60	595.67	590.99	611.16	616.54

注:A=E−D;B=E−D;H=I−D;C=D−F。

资料来源:中国人民银行,2023 年"金融机构人民币信贷收支表"。

2. 平均增长量

平均增长量是说明社会经济现象在一定时期内平均每期增长的数量,是逐期增长量动态数列的序时平均数,反映现象平均增长水平。其计算公式为:

$$平均增长量 = \frac{逐期增长量之和}{逐期增长量个数} = \frac{累计增长量}{动态增长量 - 1} \tag{2-61}$$

例如,根据表2—12资料可计算2023年我国金融机构本外币信贷收支中短期贷款的全年月平均增长量：

逐期增长量之和 = 70.03 + 168.82 − 23.54 + ⋯ + 0.18 = 414.35(百亿元)

$$平均增长量 = \frac{逐期增长量之和}{逐期增长量个数} = \frac{414.35}{12-1} = 37.67(百亿元)$$

三、动态数列速度分析指标

动态数列的速度分析指标,是反映国民经济速度的主要指标,包括发展速度、增长速度、平均发展速度和平均增长速度。

(一)发展速度和增长速度

1. 发展速度

发展速度是表明社会经济现象发展程度的相对指标。它根据两个不同时期的发展水平相对比而求得,一般用百分数或倍数表示。计算公式为：

$$发展速度 = \frac{报告期水平}{基期水平} \tag{2-62}$$

相关指标主要有：

定基发展速度:以报告期水平与某一固定时期水平之比计算的发展速度,说明报告期水平已经发展到了固定时期水平的百分之几(或多少倍),表明这种现象在较长时期内总的发展程度。

环比发展速度:以报告期水平与前一时期水平之比计算的发展速度,用来说明报告期水平已经发展到了前一期水平的百分之几(或多少倍),表明这种现象逐期的发展程度。

年距发展速度:报告期发展水平与上年同期发展水平之比,表明本期比上年同期相对发展程度。

各自的计算公式如下：

$$定基发展速度: \frac{a_1}{a_0}, \frac{a_2}{a_0}, \cdots, \frac{a_n}{a_0} \tag{2-63}$$

$$环比发展速度: \frac{a_1}{a_0}, \frac{a_2}{a_1}, \cdots, \frac{a_n}{a_{n-1}} \tag{2-64}$$

$$年距发展速度 = \frac{报告期发展水平}{上年同期发展水平} \tag{2-65}$$

定基发展速度和环比发展速度之间的关系表现为以下两点：第一,定基发展速度等于环比发展速度的连乘积;第二,两个相邻时期的定基发展速度之比,等于它们的环比发展速度。

2. 增长速度

增长速度是表明社会经济现象增长程度的相对指标。它可以根据增长量与基期发展水平对比求得,通常用百分比或倍数表示。其计算公式为:

$$增长速度 = \frac{增长量}{基期发展水平} \quad (2-66)$$

$$增长速度 = 发展速度 - 1 \quad (2-67)$$

相关指标主要有:

定基增长速度:累计增长量与某一固定时期水平之比的相对数,反映社会经济现象在较长时期内总的增长程度。

环比增长速度:逐期增长量与前一期发展水平之比的相对数,表示社会经济现象逐期的增长程度。

年距增长速度:年距增长量与上年同期发展水平之比,说明年距增长量与上年同期发展水平对比达到的相对增长程度。用公式表示为:

$$年距增长速度 = \frac{年距增长量}{上年同期发展水平} = 年距发展速度 - 1(或100\%) \quad (2-68)$$

例如,根据表2—12资料可计算2023年我国金融机构本外币信贷收支中短期贷款的各月定基、环比、年距发展速度及定基、环比、年距增长速度,结果如表2—13所示。

表2—13　2023年我国金融机构本外币信贷收支中短期贷款的发展和增长速度

	1月	2月	3月	4月	5月	6月	7月	8月	9月	10月	11月	12月
2023年短贷 (百亿元人民币)	5 639.87(H)	5 709.90(I)	5 878.72(J)	5 855.18	5 878.56	6 002.28	5 951.08	5 970.28	6 059.27	6 031.04	6 054.04	6 054.22
2022年短贷 (百亿元人民币)	5 137.68(K)	5 149.69	5 269.60	5 231.57	5 276.39	5 387.82	5 349.67	5 367.68	5 463.60	5 440.05	5 442.88	5 437.68
定基发展速度(%)	—	101.24(A)	104.24	103.82	104.23	106.43	105.52	105.86	107.44	106.94	107.34	107.35
环比发展速度(%)	—	101.24(B)	102.96(C)	99.60	100.40	102.10	99.15	100.32	101.49	99.53	100.38	100.00
年距发展速度(%)	109.77(D)	110.88	111.56	111.92	111.41	111.40	111.24	111.23	110.90	110.86	111.23	111.34
定基增长速度(%)	—	1.24(E)	4.24	3.82	4.23	6.43	5.52	5.86	7.44	6.94	7.34	7.35
环比增长速度(%)	—	1.24(F)	2.96	−0.40	0.40	2.10	−0.85	0.32	1.49	−0.47	0.38	0.00
年距增长速度(%)	9.77(G)	10.88	11.56	11.92	11.41	11.40	11.24	11.23	10.90	10.86	11.23	11.34

注:A=I/H;B=I/H C=J/I;D=H/K;E=A−1;F=B−1;G=D−1。

(二)平均发展速度和平均增长速度

1. 平均发展速度

平均发展速度是各期环比发展速度的序时平均数。计算平均发展速度的方法主要有两种,即几何平均法和方程法。

(1)几何平均法。当用水平法制定长期计划时,要求用几何平均法计算其平均发展速度。从最初水平 a_0 出发,以平均发展速度 $\overline{X}$ 代替各环比发展速度 $X_1, X_2, X_3, \cdots, X_n$,经过 n 期发展,正好达到最末水平 a_n。用公式表示如下:

$$a_0 \cdot X_1 \cdot X_2 \cdot X_3 \cdot \cdots \cdot X_n = a_n$$

$$a_0 \cdot \overline{X} \cdot \overline{X} \cdot \overline{X} \cdot \cdots \cdot \overline{X} \cdots = a_n$$

$$\overline{X}^n = \frac{a_n}{a_0} \tag{2-69}$$

因此,平均发展速度的计算公式为:

$$\overline{X} = \sqrt[n]{\frac{a_n}{a_0}} \tag{2-70}$$

由于 $\frac{a_n}{a_0}$ 为第 n 期的定基发展速度,根据定基发展速度等于相应时期各环比发展速度的连乘积的关系,因而计算平均发展速度也可以用下列公式表示:

$$\overline{X} = \sqrt[n]{\frac{a_n}{a_0}} = \sqrt[n]{X_1 \cdot X_2 \cdot X_3 \cdot \cdots \cdot X_n} = \sqrt[n]{\Pi X_i} \tag{2-71}$$

又因为 R 是整个时期的总速度,所以平均发展速度还可以根据总速度计算,公式如下:

$$\overline{X} = \sqrt[n]{\frac{a_n}{a_0}} = \sqrt[n]{R} \tag{2-72}$$

上述(2-70)式、(2-71)式、(2-72)式中:$\overline{X}$——平均发展速度;$X_1, X_2, X_3, \cdots, X_n$——各期环比发展速度;$\Pi$——连乘符号;$R$——总速度;$n$——环比发展速度的项数。

例如,根据表 2-12 的资料可以计算 2023 年我国金融机构本外币信贷收支中短期贷款的平均发展速度,结果如下:

$$\overline{X} = \sqrt[n]{\frac{a_n}{a_0}} = \sqrt[11]{\frac{6\,054.22}{5\,639.87}} \times 100\% = 100.6466\%$$

(2)方程法。如果用累计法制定长期计划,则要用方程法计算平均发展速度,按 $\overline{X}$ 的速度发展,可以保证计划内各期发展水平累计达到计划规定的总数。从最初水平 a_0 出发,各期按平均发展速度 $\overline{X}$ 发展,则计算的各期发展水平累计总和应与实际所具有的各期发展水平的累计总和相等。

设 $\overline{X}$ 为平均发展速度,按平均发展速度计算的各期水平之和为:

$$a_0 \overline{X} + a_0 \overline{X}^2 + a_0 \overline{X}^3 + \cdots + a_0 \overline{X}^n = a_0(\overline{X}^n + \overline{X}^{n-1} + \cdots + \overline{X}^2 + \overline{X}) \tag{2-73}$$

各期实际水平之和为：

$$a_1 + a_2 + a_3 + \cdots + a_n = \sum_{i=1}^{n} a_i$$

两者相等，则可列如下方程式：

$$a_0(\overline{X}^n + \overline{X}^{n-1} + \cdots + \overline{X}^2 + \overline{X}) = \sum_{i=1}^{n} a_i \quad (2-74)$$

$$\overline{X}^n + \overline{X}^{n-1} + \cdots + \overline{X}^2 + \overline{X} = \sum_{i=1}^{n} a_i / a_0 \quad (2-75)$$

解此方程所得的正根就是要计算的平均发展速度，实际工作中解这种高次方程时常要借助《平均增长速度查对表》（中国财政经济出版社 1981 年版）来计算。

2. 平均增长速度

平均增长速度是各期环比增长速度的序时平均数，它表明现象在一定时期内逐期平均增长变化的程度。计算公式为：

$$\text{平均增长速度} = \text{平均发展速度} - 1(\text{或} 100\%) \quad (2-76)$$

例如，根据表 2—12 的资料可以计算 2023 年我国金融机构本外币信贷收支中短期贷款的平均增长速度，结果如下：

$$\overline{X} = \sqrt[n]{\frac{a_n}{a_0}} - 1 = \sqrt[11]{\frac{6\ 054.22}{5\ 639.87}} - 1 = 100.6466\% - 1 = 0.6466\%$$

四、长期趋势的测定与预测

（一）动态数列影响因素的分类和表达模式

动态数列反映现象的发展变化，其指标值是多种复杂因素共同作用的结果。这些因素按其性质和作用大致可以归纳为四种：

(1) 长期趋势（T），即由各个时期普遍和长期起作用的基本因素引起的变动。

(2) 季节变动（S），即由自然季节变换和社会习俗等因素引起的有规律的周期性波动。

(3) 循环变动（C），即社会经济发展中的一种近乎规律性的盛衰交替变动。

(4) 不规则变动（I），即除了上述三种变动之外、临时的、偶然的因素或不明原因而引起的非趋势性、非周期性的随机变动。

按照对四种变动因素相互关系的不同假设，以这些因素来表达动态数列的总变动时，通常有两种模式：加法模式和乘法模式。

加法模式：当四种变动因素呈现出相互独立的关系时，动态数列总变动（Y）体现为各种因素的总和，即 $Y = T + S + C + I$。其中，Y、T 为总量指标，S、C、I 是季节变动、循环变动与不规则变动对长期趋势所产生的偏差（这种偏差可能是正值，也可能是负值)。

乘法模式:当四种变动因素呈现出相互影响的关系时,动态数列总变动(Y)体现为各种因素的乘积,即 $Y = T \cdot S \cdot C \cdot I$。其中,$Y$、$T$ 为总量指标,S、C、I 则是相对于 Y 的比率,用百分数表示。

虽然这两种模式都考虑了这四种因素对动态数列的影响,但事实上,这四种变动并非在所有现象的动态数列中都存在,从长期来看,长期趋势和季节变动的影响对于每一个动态数列来讲是更为重要的因素。

(二)长期趋势测定与预测的意义

长期趋势就是某种现象在一个相当长的时期内持续向上或向下发展变动的趋势。测定长期趋势的目的是:从数量方面来研究现象发展的规律性,并以适当的趋势线拟合,并为统计预测提供必要条件;便于消除原有动态数列中长期趋势的影响,以便更好地测定季节变动对数列的影响。

现象发展的长期趋势有两种基本形式:直线趋势和曲线趋势。当现象在一个相当长的时期内呈现出比较一致的上升或下降的变动时,这种趋势可拟合成一直线。这条直线的上升或下降,表示这种现象的数值逐年递增或递减,且每年所增加或减少的数量大致相同。当现象在一个相当长的时期内呈现出上升和下降交替变动时,这种趋势可拟合成一条曲线。这条曲线的上升或下降,表示这种现象的数值逐年增加或减少,且每年所增加或减少的数量不一定相同。

要测定现象发展的长期趋势,就须对原来的动态数列进行修匀,常用的修匀方法有间隔扩大法、移动平均法、最小平方法。

1. 间隔扩大法

该方法适用于各指标数值上下波动,使现象变化规律表现不明显的原始动态数列。可以用间隔扩大总数,也可以用间隔扩大平均数来编制新的动态数列,来揭示原始动态数列无法明显揭示的规律。应用间隔扩大法应注意:同一数列前后时间间隔应当一致,以便于比较;时间间隔的长短,应根据具体现象的性质和特点而定,以能显示现象变化趋势为宜。

例如,2023 年我国金融机构有价证券及投资情况如表 2—14 所示。

表 2—14　　　　2023 年我国金融机构有价证券及投资情况　　　单位:百亿元人民币

	1月	2月	3月	4月	5月	6月	7月	8月	9月	10月	11月	12月
有价证券及投资	8 046.3915	8 147.9102	8 170.4567	8 256.252	8 302.543	8 319.461	8 385.902	8 466.9	8 504.241	8 612.918	8 660.969	8 711.98

资料来源:中国人民银行,2023 年"金融机构人民币信贷收支表"。

间隔扩大总数的结果见表 2—15。

表 2—15　　　　　　　　2023 年我国金融机构有价证券及投资情况　　　　单位:百亿元人民币

季度	1	2	3	4
有价证券及投资	24 364.76	24 878.26	25 357.04	25 985.87

间隔扩大平均数的结果见表 2—16。

表 2—16　　　　　　　　2023 年我国金融机构有价证券及投资情况　　　　单位:百亿元人民币

季度	1	2	3	4
平均有价证券及投资额	8 121.59	8 292.75	8 452.35	8 661.96

由此可以看出 2023 年我国金融机构有价证券及投资呈逐期增长趋势。

2. 移动平均法

采用逐项递推移动的方法,计算一系列移动的序时平均数,形成一个新的、派生的、削弱短期的偶然因素引起的变动后的序时平均数动态数列,并以该数列指标值揭示现象的规律。应用移动平均法时应注意:修匀程度的大小,与原数列移动平均的项数多少有关;移动平均的项数要以能最好地反映现象的趋势和规律为准;采用奇数项移动比较简单,一次即得趋势值。

现对表 2—14 资料采取 3 项和 5 项移动平均数分别进行修匀,计算其各个移动平均数,如表 2—17 所示。根据原始未修匀数据以及修匀后的数据分别描绘出的趋势线如图 2—4 所示。

表 2—17　　　　　2023 年我国金融机构有价证券及投资额的移动平均数　　　单位:百亿元人民币

月份	有价证券及投资额	3 项移动平均数	5 项移动平均数
1	8 046.3915	—	
2	8 147.9102	—	
3	8 170.4567	8 121.59	
4	8 256.252	8 191.54	
5	8 302.543	8 243.08	8 184.71
6	8 319.461	8 292.75	8 239.32
7	8 385.902	8 335.97	8 286.92
8	8 466.9	8 390.75	8 346.21
9	8 504.241	8 452.35	8 395.81
10	8 612.918	8 528.02	8 457.88
11	8 660.969	8 592.71	8 526.19
12	8 711.98	8 661.96	8 591.40

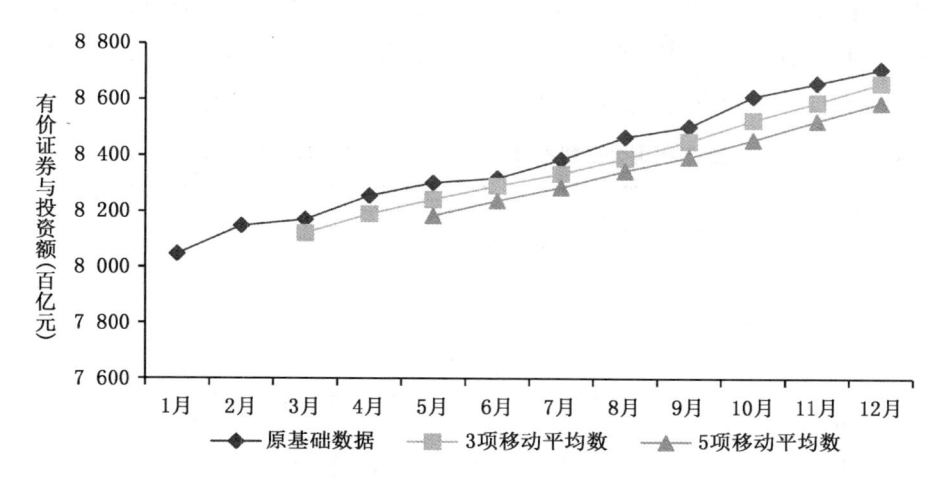

图 2—4　2023 年我国金融机构有价证券与投资的移动平均法趋势线配合图

3. 最小平方法

用一定的数学模型,对原有的动态数列配合一条适当的趋势线来进行修匀。根据最小平方法原理,这条趋势线必须满足的要求是:原有数列的实际数值与趋势线的估计数值的离差平方之和为最小。用公式表示如下:

$$\sum(y-y_c)^2 \rightarrow 最小值 \tag{2-77}$$

式中:y_c——趋势线的估计数值;y——原有数列的实际数值。

(1)直线方程。数列指标的逐期增长量大体上相等时,可考虑配合直线趋势。直线方程的一般形式为:

$$y=a+bt \tag{2-78}$$

式中:a——截距;b——直线的斜率。

因要求$\sum(y-y_c)^2 \rightarrow$最小值,可用求偏导数的方法导出以下联立方程组:

$$\begin{cases} \sum y = na + b\sum t \\ \sum ty = a\sum t + b\sum t^2 \end{cases} \tag{2-79}$$

式中:t——动态数列的时间;y——动态数列中各期水平;n——动态数列的项数。

当时间项数为奇数时,可假设 t 的中间项为 0,这时时间项依次排列为:…,—3,—2,—1,0,1,2,3,…;当时间项数为偶数时,时间项依次排列为:…,—5,—3,—1,1,3,5,…,这时,原点实际上是在数列正中相邻两个时间的中点。此时,上述联立方程组可简化为:

$$\begin{cases} \sum y = na \\ \sum ty = b\sum t^2 \end{cases} \tag{2-80}$$

例如，图 2—4 显示，2023 年我国金融机构人民币信贷收支中有价证券和投资额随着时间的变化近似呈直线趋势，而且表 2—18 计算的逐期增长量差异不是很大，因此，可配合有价证券和投资额随时间变化的直线方程，其计算如表 2—19 所示。

表 2—18　　　　2023 年我国金融机构有价证券及投资额的逐期增长量　　单位：百亿元人民币

月份	有价证券及投资额	逐期增长量
1	8 046.3915	—
2	8 147.9102	101.5187
3	8 170.4567	22.5465
4	8 256.252	85.7953
5	8 302.543	46.291
6	8 319.461	16.918
7	8 385.902	66.441
8	8 466.9	80.998
9	8 504.241	37.341
10	8 612.918	108.677
11	8 660.969	48.051
12	8 711.98	51.011

表 2—19　　　　2023 年我国金融机构有价证券及投资额的直线趋势方程计算表

月份	t	y	ty	t^2	y_c
1	−6	7 805.33	−46 831.99	36	5 461.61
2	−5	7 889.37	−39 446.83	25	5 480.80
3	−4	7 921.39	−31 685.54	16	5 499.98
4	−3	8 004.92	−24 014.75	9	5 519.17
5	−2	8 043.90	−16 087.81	4	5 538.36
6	−1	8 058.05	−8 058.05	1	5 557.55
7	1	8 127.12	8 127.12	1	5 595.93
8	2	8 127.12	16 414.55	4	5 615.12
9	3	8 244.36	24 733.07	9	5 634.31
10	4	8 354.62	33 418.48	16	5 653.50
11	5	8 405.24	42 026.18	25	5 672.69
12	6	8 455.64	50 733.83	36	5 691.88
合计	0	97 517.20	9 328.25	182	66 920.92

由表 2-19 可知：

$$\begin{cases} \sum y = 97\ 517.20 \\ \sum ty = 9\ 328.25 \\ \sum t^2 = 182 \\ n = 12 \end{cases}$$

代入上列联立方程组中，得：

$$\begin{cases} 97\ 517.20 = 12a \\ 9\ 328.25 = 182b \end{cases}$$

$$\therefore \begin{cases} a = 8\ 126.43 \\ b = 51.25 \end{cases}$$

将 a、b 值代入直线方程式，得：

$y = 8\ 126.43 + 51.25t$

如果将趋势直线向外延伸，可预测该地区 2024 年 1 月的有价证券及投资额，即当 $t = 7$ 时：

$y = 8\ 126.43 + 51.25t = 8\ 126.43 + 51.25 \times 7 = 8\ 485.21$（百亿元）

这个数字可作为经济预测的参考数据。

(2) 抛物线方程。数列指标的逐期增长量的增长量（即各期的二级增长量）大体相同，则可配合抛物线方程。其方程为：

$$y_c = a + bt + ct^2 \tag{2-81}$$

根据最小平方的要求，同样用求偏导数的方法，导出以下由三个方程组成的联立方程组：

$$\begin{cases} \sum y = na + b\sum t + c\sum t^2 \\ \sum ty = a\sum t + b\sum t^2 + c\sum t^3 \\ \sum t^2 y = a\sum t^2 + b\sum t^3 + c\sum t^4 \end{cases} \tag{2-82}$$

为了计算方便，可以通过假设 t，使 $\sum t = 0$，$\sum t^3 = 0$，则上列联立方程组可简化为：

$$\begin{cases} \sum y = na + c\sum t^2 \\ \sum ty = b\sum t^2 \\ \sum t^2 y = a\sum t^2 + c\sum t^4 \end{cases} \tag{2-83}$$

例如，2023 年某银行月末储蓄存款余额及增长量如表 2-20 所示，则计算其逐期增长量和二级增长量后，发现其二级增长量值大致相等，因此，储蓄存款余额发展的基本趋势比较接近于抛物线型，可配合一个抛物线方程。现列表 2—21 说明其计算过程。

表 2—20   2023 年某银行月末储蓄存款余额及增长量   单位：百万元人民币

月份	储蓄存款余额	逐期增长量	二级增长量
1	90 677	—	—
2	92 824	2 147	—
3	95 364	2 540	393
4	98 300	2 936	396
5	101 634	3 334	398
6	105 369	3 735	401
7	109 509	4 140	405
8	114 046	4 537	397
9	118 981	4 935	398
10	124 318	5 337	402
11	130 059	5 741	404
12	136 195	6 136	395

表 2—21   2023 年某银行月末储蓄存款余额抛物线方程计算表

月份	t	y	ty	t^2	t^2y	t^4	y_c
1	−6	90 677	−544 062	36	3 264 372	1 296	91 408.42
2	−5	92 824	−464 120	25	2 320 600	625	93 170.22
3	−4	95 364	−381 456	16	1 525 824	256	95 277.12
4	−3	98 300	−294 900	9	884 700	81	97 729.15
5	−2	101 634	−203 268	4	406 536	16	100 526.30
6	−1	105 369	−105 369	1	105 369	1	103 668.50
7	1	109 509	109 509	1	109 509	1	110 988.40
8	2	114 046	228 092	4	456 184	16	115 166.00
9	3	118 981	356 943	9	1 070 829	81	119 688.70
10	4	124 318	497 272	16	1 989 088	256	124 556.50
11	5	130 059	650 295	25	3 251 475	625	129 769.40
12	6	136 195	817 170	36	4 903 020	1 296	135 327.50
合计	0	1 317 276	666 106	182	20 287 506	4 550	1 317 276.00

由表 2—21 可知：

$$\begin{cases} \sum y = 1\ 317\ 276 \\ \sum ty = 666\ 106 \\ \sum t^2 = 182 \\ \sum t^2 y = 20\ 287\ 506 \\ \sum t^4 = 4\ 550 \end{cases}$$

代入上列联立方程组,得:

$$\begin{cases} 1\ 317\ 276 = 12a + 182c \\ 666\ 106 = 182b \\ 20\ 287\ 506 = 182a + 4\ 550c \end{cases}$$

用消元法,解得:

$$\begin{cases} a = 107\ 155.9 \\ b = 3\ 659.9231 \\ c = 172.5573 \end{cases}$$

将 a、b、c 值代入抛物线方程,得:

$y_c = 107\ 155.9 + 3\ 659.9231t + 172.5573t^2$

如果将这条趋势线向外延伸,可预测该行 2020 年 1 月的储蓄存款余额,也即当 $t=7$ 时:

$y_c = 107\ 155.9 + 3\ 659.9231 \times 7 + 172.5573 \times 7^2 = 141\ 230.7$(百万元)

这个数字可作为经济预测的参考数据。

(3)指数曲线方程。数列指标的环比发展速度或环比增长速度大体相同时,则可配合指数曲线方程。其方程为:

$$y_c = ab^t \tag{2—84}$$

式中:a——动态数列的基期水平;b——现象的一般发展速度;t——动态数列的时间。

b 均为未定参数。公式表明:t 年的变量 y 等于基期水平乘上一般发展速度的 t 次方。

在进行指数曲线拟合时,一般是将指数方程通过取对数转化成直线方程,然后按直线方程办法确定出参数,再对直线方程求得的结果查反对数表还原。

先对上述方程式两边各取对数,得:

$$\lg y_c = \lg a + t \lg b$$

设 $Y = \lg y_c$,$A = \lg a$,$B = \lg b$,则

$$Y = A + Bt \tag{2-85}$$

应用最小平方法求得的联立方程组为：

$$\begin{cases} \sum Y = nA + B\sum t \\ \sum tY = A\sum t + B\sum t^2 \end{cases} \tag{2-86}$$

同样设法使$\sum t = 0$，则此联立方程组可简化为：

$$\begin{cases} \sum Y = nA \\ \sum tY = B\sum t^2 \end{cases} \tag{2-87}$$

表 2—22 资料是 2023 年我国金融机构本外币信贷收支表各项贷款及其各月环比发展速度，可以看出各月环比发展速度大体相同，所以各项贷款发展的基本趋势比较接近于指数曲线型，可配合一个指数曲线方程。

表 2—22　　　　　2023 年我国金融机构本外币信贷收支表各项贷款　　　单位：百亿元人民币

月份	各项贷款	各月环比发展速度(%)
1	22 479.79	—
2	22 670.65	
3	23 065.91	
4	23 127.05	
5	23 263.69	
6	23 572.76	
7	23 592.45	
8	23 722.83	
9	23 951.57	
10	24 019.86	
11	24 117.17	
12	24 223.96	

资料来源：中国人民银行，2023 年"金融机构本外币信贷收支表"。

具体计算过程见表 2—23。

表 2—23　　　2023 年我国金融机构本外币信贷收支表各项贷款指数方程计算表

月份	y	t	$Y = \lg y$	$tY = t\lg y$	t^2	y_c
1	2 197 455.14	−6	6.341 920	−38.051 520	36	1 397 624.75
2	2 215 575.67	−5	6.345 487	−31.727 433	25	1 408 303.41

续表

月份	y	t	Y=lgy	tY=tlgy	t^2	y_c
3	2 254 455.10	−4	6.353 042	−25.412 166	16	1 419 063.65
4	2 261 643.47	−3	6.354 424	−19.063 272	9	1 429 906.12
5	2 275 271.41	−2	6.357 033	−12.714 066	4	1 440 831.42
6	2 305 766.69	−1	6.362 815	−6.362 815	1	1 451 840.21
7	2 309 226.18	1	6.363 466	6.363 466	1	1 474 110.75
8	2 322 806.64	2	6.366 013	12.732 026	4	1 485 373.81
9	2 345 924.92	3	6.370 314	19.110 942	9	1 496 722.92
10	2 353 309.12	4	6.371 679	25.486 716	16	1 508 158.74
11	2 364 196.44	5	6.373 684	31.868 418	25	1 519 681.94
12	2 375 905.37	6	6.375 829	38.254 975	36	1 531 293.19
合计	27 581 536.15	0	76.335 706	0.485 270	182	17 562 911

由表 2—23 资料可知：

$$\begin{cases} \sum Y = \sum \lg y = 76.335\ 706 \\ \sum tY = \sum t\lg y = 0.485\ 270 \\ \sum t^2 = 182 \end{cases}$$

代入上述联立方程组，得：

$$\begin{cases} 76.335\ 706 = 12A \\ 0.485\ 270 = 182B \end{cases}$$

解得：

$$\begin{cases} A = 6.361\ 309 \\ B = 0.002\ 666 \end{cases}$$

所以：

$$\begin{cases} a = 2\ 297\ 782.94 \\ b = 1.006\ 158 \end{cases}$$

对数趋势直线方程式为：

$$Y = A + Bt = 6.361\ 309 + 0.002\ 666t$$

指数曲线方程式为：

$$y_c = ab^t = 2\ 297\ 782.94 \times 1.006\ 158^t$$

将代表各年的 t 值代入上列方程式，就可求得各年的趋势值 y_c，如表 2—23 最后一列所示，由于 $\sum y_c$ 数值非常接近于 $\sum y$ 数值，因而此方程拟合较好。

如果将这条趋势线向外延伸，可预测 2020 年 1 月我国金融机构本外币信贷收支中各项贷款值，也即当 $t=7$ 时：

$$y_c = ab^t = 2\ 297\ 782.94 \times 1.006\ 158^7 = 2\ 398\ 672.742（亿元）$$

五、季节变动的测定与预测

研究季节变动的目的，是为了了解季节因素对数列变动的影响，以便有效筹集和使用资金，合理组织生产，灵活安排销售。测定季节变动的方法很多，从其是否考虑受长期趋势的影响来看，有两种方法：一种是不考虑长期趋势的影响，常用的方法是按月平均法，即直接根据原始的动态数列计算同月份的平均水平或总平均月份水平，然后对比得出各月份的季节指数来表明季节变动的程度。另一种是根据剔除长期趋势影响后的数列资料来计算移动平均数，作出相应时期的趋势值，然后将其从数列中加以剔除，再测定季节变动，计算季节比率，该方法称为移动平均趋势剔除法。这两种方法都要求用 3 年或更多年份的资料（至少 3 年）作为基本数据进行计算分析。

（一）按月平均法

计算的一般步骤如下：

(1) 列表，将各年同月（季）的数值列在同一栏内。
(2) 将各年同月（季）数值加总，并求出月（季）平均数。
(3) 将所有月（季）数值加总，求出总的月（季）平均数。
(4) 求季节比率（或季节指数）$S.I.$，其计算公式为：

$$S.I. = \frac{各月平均数}{全期各月平均数} \times 100\% \quad (2-88)$$

例如，某种农副产品 2020—2023 年的收购量如表 2—24 所示，试计算季节比率并预测 2024 年 10 月份和 11 月份收购量。

(1) 计算各年同月平均数，如各年 1 月份的平均收购量为：

$$1\text{月平均数} = \frac{80+90+100+110}{4} = 95（担）$$

其他依次类推，求出各年 1—12 月份的平均数。

(2) 计算全数列的各月总平均数。将数列中所有月份加以平均，如表 2—24 中共有 48 个月，将 48 个月的收购量加总再平均。即：

$$总平均数 = \frac{14\ 000}{48} = 291.666\ 67（担）$$

或

$$= \frac{1\ 166.666\ 7}{4} = 291.666\ 67（担）$$

(3)求季节比率。

1月份季节比率 $=\dfrac{95}{291.666\ 67}\times 100\%=32.6\%$

2月份季节比率 $=\dfrac{127.5}{291.666\ 67}\times 100\%=43.7\%$

其他依次类推,求出各年1—12月份的季节比率。

表 2—24　　　　　某种农副产品 2020—2023 年的收购量　　　　　单位:担

	2020年	2021年	2022年	2023年	合计	同月平均	季节比率(%)
1月	80	90	100	110	380	95	32.6
2月	100	120	140	150	510	127.5	43.7
3月	200	180	220	240	840	210	72
4月	220	200	180	170	770	192.5	66
5月	300	320	350	340	1 310	327.5	112.3
6月	400	450	450	500	1 800	450	154.3
7月	420	460	480	460	1 820	455	156
8月	800	850	840	860	3 350	837.5	287.1
9月	300	340	380	320	1 340	335	114.9
10月	200	220	190	180	790	197.5	67.7
11月	160	150	180	140	630	157.5	54
12月	90	120	140	110	460	115	39.4
合计	3270	3 500	3 650	3 580	14 000	3 500	1 200.0
平均	272.5	291.666 67	304.166 67	298.333 33	1 166.666 7	291.666 67	

由于是月资料,因而季节比率之和应等于 1 200%。本例季节比率之和正好为 1 200%。若相差过大,应作调整,方法是先求出校正系数(校正系数=1 200/12 个月季节比率之和),再用此系数乘以原来的各月季节比率。如果是季资料,则季节比率之和应等于 400%。

从表 2—24 可以看出,受农业生产的影响,该种农副产品的收购量有较明显的季节变动。收购从 5 月份开始上升,意味着旺季的到来,从 5 月份一直上升到 8 月份的收购量顶峰,此时季节比率达到 287.1%,9 月份之后慢慢进入淡季,季节比率逐步下降。我们掌握了销售量季节变动的规律,就可以采取适当的生产与销售措施。

根据表 2—24 所列季节比率资料,如绘成季节变动曲线图,可以更清楚地看出季节变动的规律性(如图 2—5 所示)。

图 2—5 农副产品收购量季节比率

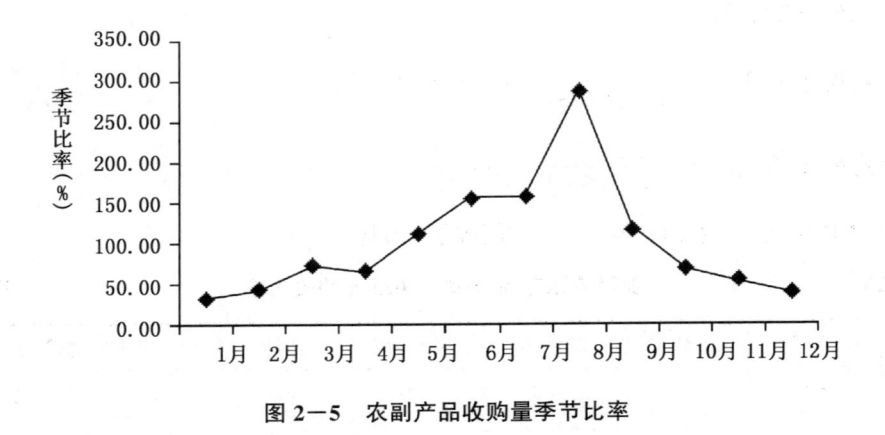

根据季节变动资料也可进行某些经济预测。例如,已知 2024 年 4 月份农副产品收购量为 160 担,预测 2024 年 10 月份和 11 月份的收购量。

$$10\text{月份收购量}=\frac{160}{66\%}\times 67.7\%=164.12(\text{担})$$

$$11\text{月份收购量}=\frac{160}{66\%}\times 54\%=130.91(\text{担})$$

按月(季)平均法的优点是计算简便,缺点是没有考虑数列中长期趋势的影响。若用于对比的各年的指标水平有明显的差异,会造成水平高的指标数值比水平低的指标数值对季节平均数的影响更大,使在有长期趋势变动情况时,使用按月(季)平均法得出的季节比率不够精确。为了弥补这个缺点,我们可以采用移动平均趋势剔除法来测定季节变动。

(二)移动平均趋势剔除法

这个方法是利用移动平均法来剔除长期趋势影响后,再来测定其季节变动。一般来说,对于各因素属于乘积形式的现象,应采用原数列除以长期趋势的方法剔除长期趋势;对于各因素属于和的形式的现象,应采用原数列减去长期趋势的方法剔除长期趋势。现仍以某农副产品收购量为例介绍移动平均趋势剔除法,见表 2—25。

表 2—25　　　　　　　　　长期趋势剔除法计算表

年份	月份	收购量(担) $Y=T\cdot S\cdot I$	12 个月移动平均数(担)	趋势值(担) T	除法剔除趋势值 $Y/T=S\cdot I$	减法剔除趋势值(担) $Y-T=S+I$
2020	1	80	—	—	—	—
2020	2	100	—	—	—	—
2020	3	200	—	—	—	—
2020	4	220	—	—	—	—

续表

年份	月份	收购量(担) $Y=T\cdot S\cdot I$	12个月移动平均数(担)	趋势值(担) T	除法剔除趋势值 $Y/T=S\cdot I$	减法剔除趋势值(担) $Y-T=S+I$
2020	5	300	—	—	—	—
2020	6	400	272.50	—	—	—
2020	7	420	273.33	272.92	153.89%	147.08
2020	8	800	275.00	274.17	291.79%	525.83
2020	9	300	273.33	274.17	109.42%	25.83
2020	10	200	271.67	272.50	73.39%	−72.5
2020	11	160	273.33	272.50	58.72%	−112.5
2020	12	90	277.50	275.42	32.68%	−185.42
2021	1	90	280.83	279.17	32.24%	−189.17
2021	2	120	285.00	282.92	42.42%	−162.92
2021	3	180	288.33	286.67	62.79%	−106.67
2021	4	200	290.00	289.17	69.16%	−89.17
2021	5	320	289.17	289.58	110.50%	30.42
2021	6	450	291.67	290.42	154.95%	159.58
2021	7	460	292.50	292.08	157.49%	167.92
2021	8	850	294.17	293.33	289.77%	556.67
2021	9	340	297.50	295.83	114.93%	44.17
2021	10	220	295.83	296.67	74.16%	−76.67
2021	11	150	298.33	297.08	50.49%	−147.08
2021	12	120	298.33	298.33	40.22%	−178.33
2022	1	100	300.00	299.17	33.43%	−199.17
2022	2	140	299.17	299.58	46.73%	−159.58
2022	3	220	302.50	300.83	73.13%	−80.83
2022	4	180	300.00	301.25	59.75%	−121.25
2022	5	350	302.50	301.25	116.18%	48.75
2022	6	450	304.17	303.33	148.35%	146.67
2022	7	480	305.00	304.58	157.59%	175.42
2022	8	840	305.83	305.42	275.03%	534.58
2022	9	380	307.50	306.67	123.91%	73.33
2022	10	190	306.67	307.08	61.87%	−117.08
2022	11	180	305.83	306.25	58.78%	−126.25
2022	12	140	310.00	307.92	45.47%	−167.92
2023	1	110	308.33	309.17	35.58%	−199.17

续表

年份	月份	收购量(担) $Y=T\cdot S\cdot I$	12个月移动平均数(担)	趋势值(担) T	除法剔除趋势值 $Y/T=S\cdot I$	减法剔除趋势值(担) $Y-T=S+I$
2023	2	150	310.00	309.17	48.52%	−159.17
2023	3	240	305.00	307.50	78.05%	−67.50
2023	4	170	304.17	304.58	55.81%	−134.58
2023	5	340	300.83	302.50	112.40%	37.50
2023	6	500	298.33	299.58	166.90%	200.42
2023	7	460	—	—	—	—
2023	8	860	—	—	—	—
2023	9	320	—	—	—	—
2023	10	180	—	—	—	—
2023	11	140	—	—	—	—

1. 除法剔除趋势值求季节比率

采用原数列除以长期趋势的方法剔除长期趋势的方法如下：

设 Y 代表原时间数列，T 代表长期趋势，S 代表季节变动，I 代表不规则变动，则有：

$$Y=T\cdot S\cdot I \tag{2-89}$$

$$\frac{Y}{T}=S\cdot I \tag{2-90}$$

计算步骤如下：

(1)求出12个月移动平均数，如第一个移动平均数为：

$$\frac{80+100+200+220+300+400+420+800+300+200+160+90}{12}=272.50$$

其他依次类推。

(2)求出趋势值 T。即以12个月移动平均数再作两项移动平均求得，使其正好对应各月的实际数值。如2016年8月的趋势值为：

$$T=\frac{273.33+275.00}{2}=274.17$$

其他依次类推。

(3)求出各月的季节比率。即以各月实际数值除以相应的各月趋势值。如2016年8月份的季节比率为：

$$\frac{Y}{T}=\frac{800}{274.17}=291.79\%$$

其他依次类推。

(4)求消除不规则变动因素后的季节比率。将求得的季节比率重新按月进行编排(如表2—26所示),再按月求其平均季节比率,即计算各年同月季节比率的简单算术平均数,从而得到了消除不规则变动因素后的季节比率。如各年1月份的季节比率平均数为:

$$\frac{32.24\% + 33.43\% + 35.58\%}{3} = 33.75\%$$

其他依次类推。

(5)调整季节比率。如果各月季节比率之和不等于1 200%,应用调整系数调整。如本例调整系数为:

$$\frac{1\ 200\%}{1205.50\%} = 99.54\%$$

则1月份的调整后的季节比率为:

$$33.75\% \times 99.54\% = 33.60\%$$

其他依次类推。

表2—26　　　除法剔除长期趋势后的季节比率计算表　　　单位:%

	2020年	2021年	2022年	2023年	合计	调整前的季节比率	调整后的季节比率
1月	—	32.24	33.43	35.58	101.25	33.75	33.60
2月	—	42.42	46.73	48.52	137.67	45.89	45.68
3月	—	62.79	73.13	78.05	213.97	71.32	71.00
4月	—	69.16	59.75	55.81	184.72	61.57	61.29
5月	—	110.50	116.18	112.40	339.08	113.03	112.51
6月	—	154.95	148.35	166.90	470.20	156.73	156.02
7月	153.89	157.49	157.59	—	468.97	156.32	155.61
8月	291.79	289.77	275.03	—	856.59	285.53	284.23
9月	109.42	114.93	123.91	—	348.26	116.09	115.56
10月	73.39	74.16	61.87	—	209.42	69.81	69.49
11月	58.72	50.49	58.78	—	167.99	56.00	55.74
12月	32.68	40.22	45.47	—	118.37	39.46	39.28
合计	—	—	—	—	—	1 205.50	1 200.00

对比表2—24和表2—26的数据后可以看出,采用除法剔除趋势值求季节比率和

以按月平均法求季节比率所揭示的现象的规律具有一致性,都呈现这样的特点:该种农副产品的收购量有较明显的季节变动,即收购从 5 月份开始上升,到 8 月份达到收购量顶峰,9 月份之后慢慢进入淡季,季节比率逐步下降。

也可根据表 2—26 所列季节比率资料绘成季节变动曲线图,由此清晰地看出季节变动的规律性(如图 2—6 所示)。

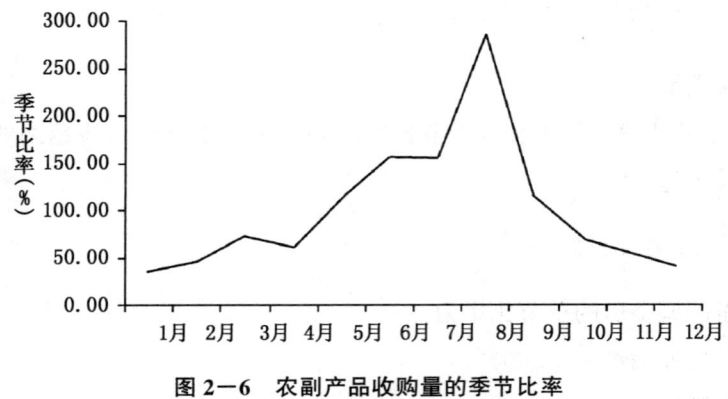

图 2—6　农副产品收购量的季节比率

2. 减法剔除趋势值求季节变差

采用原数列减去长期趋势的方法剔除长期趋势的方法如下:

设 Y 代表原时间数列,T 代表长期趋势,S 代表季节变动,I 代表不规则变动,则有:

$$Y=T+S+I \tag{2—91}$$
$$Y-T=S+I \tag{2—92}$$

计算步骤如下:

(1)在 12 项移动平均的基础上再做 2 项移动平均求出长期趋势值 T,如表 2—25 所示。

(2)剔除长期趋势,用原数列减去同一时期的趋势值。如表 2—26 所示,2016 年 7 月的原数列减法剔除长期趋势值后的余额为:

420−272.92=147.08(担)

其余依此类推。

(3)计算同期平均数。用表 2—25 中 $Y-T$ 后得到的数据重新编排,成为表 2—27 的基本数据,再计算同月平均数。如:

1 月份同月平均:$\dfrac{(-189.17)+(-199.17)+(-199.17)}{3}=-195.84$(担)

其他依次类推。

(4)分摊余数得季节变差 $S.V.$。理论上,同期差值平均数的合计数应等于0,但实际运算中,可能因四舍五入,使得同期差值平均数的合计数不等于0,此时需计算一个校正数,各期差值平均数再减去校正数,得到最终的季节变差。即:

$$S.V. = 同期差值平均数 - \frac{\sum 同期差值平均数}{时期数} \quad (2-93)$$

$$校正数 = \frac{\sum 同期平均数}{时期数} \quad (2-94)$$

如表 2—24 中,1 月份的同期差值平均数为:

$$\frac{(-189.17)+(-199.17)+(-199.17)}{3} = -195.84(担)$$

同期差值平均数的合计数为 7.08,因此,校正数为 7.08/12＝0.59,1 月份的季节变差为 －195.84－0.59＝－196.43(担)。

季节变差的意义是:以移动平均的长期趋势为基础,各季度上下波动的标准幅度。其计量单位是原资料的收购量"担"。

表 2—27　　　　　　　　季节变差计算表　　　　　　　　单位:担

	2020 年	2021 年	2022 年	2023 年	合　计	同月平均	季节变差
1 月	—	－189.17	－199.17	－199.17	－587.51	－195.84	－196.43
2 月	—	－162.92	－159.58	－159.17	－481.67	－160.56	－161.15
3 月	—	－106.67	－80.83	－67.5	－255	－85.00	－85.59
4 月	—	－89.17	－121.25	－134.58	－345	－115.00	－115.59
5 月	—	30.42	48.75	37.5	116.67	38.89	38.30
6 月	—	159.58	146.67	200.42	506.67	168.89	168.30
7 月	147.08	167.92	175.42	—	490.42	163.47	162.88
8 月	525.83	556.67	534.58	—	1 617.08	539.03	538.44
9 月	25.83	44.17	73.33	—	143.33	47.78	47.19
10 月	－72.5	－76.67	－117.08	—	－266.25	－88.75	－89.34
11 月	－112.5	－147.08	－126.25	—	－385.83	－128.61	－129.20
12 月	－185.42	－178.33	－167.92	—	－531.67	－177.22	－177.81
合　计	—	—	—	—	—	7.08	0.00

关键概念

综合指标　　总量指标　　相对指标　　平均指标　　调和平均数　　标志变动度
标准差　　离散系数　　动态数列　　水平发展指标　　速度发展指标　　序时平均数
平均发展速度　　长期趋势　　季节变动趋势　　季节比率　　移动平均趋势除法剔除法
移动平均趋势减法剔除法

学习小结

统计指标是用来说明社会现象总体特征,概括、分析和反映现象总体的数量特征和数量关系的综合性指标。综合指标从表现形式看可分为三类:总量指标(又称为绝对指标)、相对指标和平均指标。

总量指标是反映社会经济现象在一定时间、地点和条件下的总规模或总水平的统计指标。其按不同的标准有不同的分类。

相对指标是两个有联系的指标数值对比的结果,反映社会经济现象之间的数量联系程度的综合指标。主要有计划完成相对指标、结构相对指标、比例相对指标、比较相对指标、强度相对指标和动态相对指标。

平均指标是指在同质总体内将各单位某一数量标志的差异抽象化,用以反映总体在具体条件下的一般水平。主要分为算术平均数、几何平均数、调和平均数、众数、中位数。前三者之间存在三种关系。标志变动度是指总体中各单位标志值差别大小的程度。测定标志变动度的方法主要有全距、四分位差、平均差、标准差和离散系数。

动态数列是按时间先后顺序排列的反映某种现象的标志发展变化的一系列同类的统计指标。动态数列的水平发展指标和速度发展指标有发展水平、平均发展水平、发展速度、平均发展速度、增长量、平均增长量、增长率、平均增长率。

动态数列的影响因素有长期趋势、季节变动、循环变动和不规则变动。随着时间的推移,可对现象的长期趋势采用直线方程、抛物线方程和指数方程进行模拟。为了反映季节变动对动态数列的影响,可用移动平均趋势除法和减法剔除法剔除长期趋势对动态数列的影响后计算季节比率和季节变差。

课堂测试题

1.如何理解金融与统计的关系？统计在金融中有哪些应用？请举例说明。

2.对现象进行趋势分析时,什么情况下需要剔除季节因素的影响？

3.请解释移动平均数在金融时间序列分析中的作用,并说明如何使用它来平滑数据。

课堂测试题答案

课后练习题

一、名词解释

1. 统计指标
2. 总量指标
3. 相对指标
4. 平均指标
5. 众数
6. 中位数
7. 标志变动度
8. 动态数列

二、单项选择题

1. 下列总量指标的单位属于价值单位的是（　　）。
   A. 人　　　　　　　B. 工时　　　　　　C. 马力/台　　　　　D. 元/小时

2. 某股票连续12个工作日每股的收盘价依次是11.08元、11.12元、11.08元、11.00元、10.98元、11.00元、11.22元、11.15元、11.10元、11.00元、11.12元、11.32元，则该数列的众数是（　　）。
   A. 11.08　　　　　　B. 11.12　　　　　　C. 11.32　　　　　　D. 11.00

3. 数据如第2题，该数列的中位数为（　　）。
   A. 11.00　　　　　　B. 11.22　　　　　　C. 11.09　　　　　　D. 11.11

4. 数据如第2题，该数列的极差为（　　）。
   A. 0.22　　　　　　B. 0.34　　　　　　C. 0.32　　　　　　D. 0.40

5. 当所用变量值都相等时，下列关于算术平均值、几何平均值、调和平均值三者之间的关系表述正确的是（　　）。
   A. 三者相等　　　　　　　　　　　B. 几何平均值最大
   C. 算术平均值最大　　　　　　　　D. 调和平均值最小

6. 当变量值不相等时，下列关于算术平均值、几何平均值、调和平均值三者之间的关系表述正确的是（　　）。
   A. 算术平均值≤几何平均值≤调和平均值　　B. 几何平均值≤调和平均值≤算术平均值
   C. 算术平均值≤调和平均值≤几何平均值　　D. 调和平均值≤几何平均值≤算术平均值

三、多项选择题

1. 综合指标包括（　　）。
   A. 总量指标　　　　　　　　　　　B. 绝对指标
   C. 相对指标　　　　　　　　　　　D. 平均指标

2. 关于算术平均数、众数、中位数三者之间的关系，下列叙述正确的是（　　）。

A. 当总体分布呈对称分布时,三者相等
B. 当总体分布呈右偏时,众数<算术平均数<中位数
C. 当总体分布呈左偏时,算术平均数<中位数<众数
D. 当总体分布呈左偏时,众数<算术平均数<中位数

四、简答题

1. 算术平均数、几何平均数和调和平均数之间存在哪几种关系？分别举例说明。

2. 找一组数据,分别计算全距、四分位差、平均差、标准差和离散系数,并根据计算结果说明这五个指标的统计意义。

3. 对现象进行趋势分析时,什么情况下需要剔除季节因素的影响？

4. 利用几年内我国农村信用社的存款、贷款资料分析这两项指标的长期发展趋势和季节变动趋势。

五、计算题

1. 某银行计算规定第 10 年发放贷款 1 000 万元,实际第 10 年发放贷款 8 000 000 元,计算该银行的计算完成程度。

2. 某证券公司本年度计划管理费用降低 10%,实际降低 8%,计算该证券公司管理费用降低率计划完成的相对数。

3. 某股票一周内 5 个工作日每股的收盘价依次是 11.08 元、11.12 元、11.08 元、11.00 元、10.98 元,则该数列的简单算术平均值、简单调和平均值、简单几何平均值分别为多少？可以看到这几个数的大小关系是什么？

4. 某投资银行某笔投资的年利率按照复利计算,10 年中的年利率分配是,有 1 年为 5%,有 2 年为 8%,有 3 年是 7%,有 4 年是 6%,求年平均利率。

5. 已知某银行某年每个月吸收的存款额分别为 1.12 亿元、0.98 亿元、1.35 亿元、1.29 亿元、1.53 亿元、1.18 亿元、1.37 亿元、1.29 亿元、1.32 亿元、1.55 亿元、1.45 亿元、1.51 亿元,求这组数据的全距(极差)、四分位差、平均差、标准差、离散系数。

6. 某股票一周内 5 个工作日每股的收盘价依次是 11.08 元、11.12 元、11.08 元、11.00 元、10.98 元,另外已知上一周最后一个工作日该股票每股的收盘价是 11.22 元,求该股票这周内每股的平均收盘价。

7. 某银行 2019—2023 年员工按年龄层次分布情况如表 2—28 所示。

表 2—28   某银行 2019—2023 年员工按年龄层次分布情况

年龄	2019 年	2020 年	2021 年	2022 年	2023 年
20～35 岁	378	432	478	512	527
35～50 岁	245	249	257	273	285
50 岁以上	162	165	176	185	198
合计	785	846	921	970	1 010

求该银行 2019—2023 年各年龄层次占总人数的平均比重。

8. 利用第 7 题表 2—28 中数据,计算该银行员工人数合计每年的增长量、累积增长量。

9. 某证券公司 2022 年、2023 年各月份的纯利润数据如表 2—29 所示。

表 2—29　　　　　某证券公司 2022 年、2023 年各月份的纯利润　　　　　单位:亿元

年度	1月	2月	3月	4月	5月	6月	7月	8月	9月	10月	11月	12月
2022	0.37	0.28	0.32	0.38	0.36	0.43	0.39	0.33	0.32	0.39	0.34	0.41
2023	0.39	0.35	0.41	0.39	0.35	0.41	0.43	0.36	0.43	0.42	0.41	0.43

计算该公司 2023 年各月份纯利润的发展速度与增长速度。

10. 根据表 2—29 中的数据,计算该证券公司 2019 年利润数据的平均发展速度与平均增长速度。

11. 某公司 2023 年各月份月末股票市值情况如表 2—30 所示。

表 2—30　　　　　某公司 2023 年各月份月末股票市值情况　　　　　单位:亿元

月份	1	2	3	4	5	6	7	8	9	10	11	12
市值	14.12	14.28	14.32	14.65	14.82	15.01	15.39	15.32	15.48	15.59	15.65	15.78

利用最小平方法确定该公司 2023 年股票市值的长期趋势,并利用最小平方法预测 2020 年 1 月份最后一个工作日该公司股票市值。

12. 某期货产品 2020—2023 年每月最后一个工作日每手的价格数据如表 2—31 所示。

表 2—31　　　某期货产品 2020—2023 年每月最后一个工作日每手的价格数据　　　单位:万元

	2020 年	2021 年	2022 年	2023 年
1月	2.25	2.36	2.47	2.51
2月	2.15	2.27	2.37	2.53
3月	2.18	2.29	2.28	2.43
4月	2.03	2.23	2.31	2.39
5月	2.01	2.19	2.22	2.31
6月	1.85	2.12	2.14	2.21
7月	1.81	2.05	2.06	2.08
8月	1.75	2.01	2.06	2.03
9月	1.86	1.92	2.14	2.18
10月	1.98	2.05	2.21	2.23
11月	2.16	2.19	2.35	2.37
12月	2.29	2.35	2.45	2.46

利用移动平均趋势法剔除季节性趋势，再求季节比率。

拓展阅读

第三章　金融统计学基础(二)

学习目标

1. 知识目标

掌握统计指数的概念与分类,以及综合指数、个体指数和平均指数,了解拉氏指数和帕氏指数之间的区别及其各自的适用范围,了解指数体系的概念和分类,掌握两因素和多因素分析法;了解相关分析和回归分析的区别与联系、相关分析的内容及程序、相关系数的计算和作用,学会进行一元和多元、线性和非线性回归分析,了解并学会计算估计标准误,学会进行线性相关的 t 检验和 F 检验。

2. 能力目标

理解统计指数的概念和作用、统计指数的基本定义;能够运用统计指数对金融数据进行分析,如通过价格指数分析金融市场的变动趋势,或利用数量指数评估经济活动的规模变化并提升数据分析的实践技能。

3. 思政目标

树立正确的金融观念,认识到金融活动对于国家经济发展和社会稳定的重要性,以及金融稳定对于保障人民群众财产安全的作用;在学习统计指数、相关分析与回归分析等金融统计方法时,应增强法治意识,理解和遵守金融市场的相关法律法规。

第一节　统计指数

一、指数的概念与分类

(一)指数的概念

指数(index numbers)是一种对比性的分析指标,反映把作为对比基准的水平(基数)视为 100 时,要考察的现象水平相当于基数的多少。这种对比可以是时间上的对比,也可以是空间上的对比,或实际水平与计划(规划或目标)水平的对比。

运用统计指数可以考察很多社会经济问题,例如,生产指数可以反映经济增长的实际水平,股价指数可以显示股市行情,物价指数可以说明市场价格的动态及其对居民生活的影响,购买力平价指数可以进行经济水平的国际对比等。

(二)指数的分类

1. 按指数化指标性质分类,可分为质量指标指数和数量指标指数

指数化指标是在指数中反映其数量变化或对比关系的那种变量。如果一个指数的指数化指标具有质量指标的特征,也即表现为平均数或相对数的形式,它就属于质量指标指数,如物价指数、股价指数和成本指数等;如果一个指数的指数化指标具有数量指标的特征,也即具有总量或绝对数的形式,它就属于数量指标指数,如销售量指数和生产量指数等。

此外,商品的销售额指数、产品的成本总额指数或总产值指数等,通常可以分解为一个数量因子与一个质量因子的乘积,而这些指数反映的是这两个因子共同变化的影响,在指数分析中,它们不属于数量指标指数和质量指标指数,而单独称为总值指数。

2. 按指数的考察范围和计算方法分类,可分为个体指数、组指数和总指数

个体指数是考察总体中个别现象或个别项目的数量对比关系的指数。如某种商品的价格指数或销售量指数。个体指数实质上是一般的相对数,包括动态相对数、比较相对数和计划完成相对数。其计算公式为:

$$i_p = \frac{p_1}{p_0} \tag{3—1}$$

$$i_q = \frac{q_1}{q_0} \tag{3—2}$$

总指数是表现整个总体现象的数量对比关系的指数,如工业总产量指数、零售物价指数。但会面临总体中个别现象的数量不能直接加总或不能简单综合对比的问题。总指数不能简单地沿用一般相对数的计算分析方法。总指数作为一类特殊的指数,其考察范围与总指数一致,但计算方法和分析性质则与个体指数相同。

在分析全部现象时,还需要对其各组成部分分别加以说明,这种表明部分现象变动的相对数就称为组指数或类指数。组指数是介于个体指数与总指数之间的概念,其考察范围比总指数窄,但比个体指数宽,其计算方法和分析性质则与总指数相似。

3. 按指数的对比性质分类,可分为动态指数和静态指数

动态指数又称时间指数,它是将不同时间上的同类现象水平进行比较的结果,反映现象在时间上的变化过程和程度。如零售物价指数、消费价格指数、股票价格指数、工业生产指数等。

静态指数又包括空间指数和计划完成情况指数两种。空间指数是将不同空间的

同类现象水平进行比较的结果,反映现象在空间上的差异程度。如地区间的价格比较指数、国际对比的购买力平价指数和人均 GDP 指数等。计划完成情况指数则是将某种现象的实际水平与计划目标对比的结果,反映计划的执行情况或完成与未完成的程度,如产品成本计划完成情况指数。

4. 按照指数表现形式分类,可分为综合指数、平均指标指数和平均指标对比指数

综合指数是通过两个有联系的综合总量指标的对比计算的总指数;平均指标指数是用加权平均的方法计算出来的指数,分算术平均数指数和调和平均数指数;平均指标对比指数则是通过两个有联系的加权算术平均指标对比来计算的总指数。

5. 按照指数所说明的因素多少,可分为两因素指数和多因素指数

两因素指数反映由两个因素构成的总体的变动情况,多因素指数反映由三个以上因素构成的总体的变动情况。

6. 按照在一个指数数列中所采用的基期不同,指数可分为定基指数和环比指数

指数通常是连续计算的,用以表明现象在时间上的变化,如按月、季、年编制产量指数、成本指数和价格指数。在指数数列中,各个指数都是以某一固定时期作为基期的,称为定基指数;各个指数都是以前一时期作为基期的,称为环比指数。

二、综合指数的编制方法

表 3—1 是关于商品房、服装和空调机三种商品两个时期的价格和销售量的资料,我们可以分别计算这三种商品的价格和销售量的个体指数。以商品房为例,计算结果表明,计算期 2 商品房价格比计算期 1 上涨 20%,而销售量上涨 200%。

表 3—1　　　　　　　　　　　商品销售额计算表

商品类别	计量单位	商品价格(万元)		销售量		个体指数		销售额(万元)			
		p_0	p_1	q_0	q_1	p_1/p_0	q_1/q_0	p_0q_0	p_1q_1	p_0q_1	p_1q_0
商品房	套	10	12	100	300	120%	300%	1 000	3 600	3 000	1 200
服装	件	0.01	0.013	25 000	20 000	130%	80%	250	260	200	325
空调机	台	0.3	0.2	500	600	66.67%	120%	150	120	180	100
合　计								1 400	3 980	3 380	1 625

$$i_p = \frac{p_1}{p_0} = \frac{120\,000}{100\,000} \times 100\% = 120\%$$

$$i_q = \frac{q_1}{q_0} = \frac{300}{100} \times 100\% = 300\%$$

然而,要反映这三种商品总的价格或销售量的变动,却不是件容易的事。因为三种商品的销售量的度量单位不同,使其不能简单加总,因此必须寻找使其能加总的同

度量因素。

不同商品的价格和销售量都不能直接加总,但不同商品的销售额却可加总,即可同度量。因此,在编制多种商品的价格总指数时,可以通过销售量因素将指数化指标(价格)转化为同度量的销售额形式;在编制多种商品的销售量总指数时,可以通过价格因素将指数化指标(销售量)转化为同度量的销售额形式。

$$V = \frac{\sum_{i=1}^{n} p_{1i}q_{1i}}{\sum_{i=1}^{n} p_{0i}q_{0i}} = \frac{39\ 800\ 000}{14\ 000\ 000} \times 100\% = 284.29\%$$

上述计算结果是三种商品的销售额总指数,反映的是两期三种商品销售总额对比的结果,即三种商品总销售额报告期是基期的 284.29%,报告期比基期上涨了 184.29%,反映的是全部商品价格和销售量共同变化的结果,而不是这些商品价格、销售量的综合变动程度。因此为了编制出仅反映三种商品价格或销售量总体变动的情况,还必须将同度量因素固定在某期,以便单纯反映指数化指标的变动情况。这样得到的综合价格指数和销售量指数的计算公式分别为:

$$L_p = \frac{\sum p_1 q}{\sum p_0 q} \tag{3-3}$$

$$L_q = \frac{\sum q_1 p}{\sum q_0 p} \tag{3-4}$$

公式(3—3)和公式(3—4)中的同度量因素可取基期的,也可取报告期的,视指数研究的具体任务而定。若取基期指标作为同度量因素,则所计算的指数称为拉氏指数;若取报告期指标作为同度量因素,则所计算的指数称为帕氏指数。

拉氏指数的制定者是德国经济统计学家 E. 拉斯佩雷斯(E. Laspeyres,1864)。该指数公式将同度量因素固定在基期水平上,故又称为"基期加权综合指数"。相应的质量指标指数和数量指标指数的公式分别为:

$$L_p = \frac{\sum p_1 q_0}{\sum p_0 q_0} \tag{3-5}$$

$$L_q = \frac{\sum q_1 p_0}{\sum q_0 p_0} \tag{3-6}$$

利用前面表 3—1 的资料,计算拉氏形式的价格指数和销售量指数,结果如下:

$$L_p = \frac{\sum p_1 q_0}{\sum p_0 q_0} = \frac{1\ 625}{1\ 400} \times 100\% = 116.07\%$$

$$L_q = \frac{\sum q_1 p_0}{\sum q_0 p_0} = \frac{3\,380}{1\,400} \times 100\% = 214.43\%$$

这表明三种商品综合起来,其价格平均上涨了 16.07%,销售量平均增长了 114.43%。

综合指数不仅可以反映现象的相对变动程度,通常还可以进行绝对数分析,即用于测定指数化指标变动所引起的相应总值的绝对变动差额。对于上面的资料,我们有:

$$\sum p_1 q_0 - \sum p_0 q_0 = 1\,625 - 1\,400 = 225(万元)$$

$$\sum q_1 p_0 - \sum q_0 p_0 = 3\,380 - 1\,400 = 1\,940(万元)$$

以上计算结果表明:由于价格上涨 16.07%,使销售额增加了 225 万元;又由于销售量增长 114.43%,使销售额增加了 1 940 万元。

帕氏价格指数的制定者是另一位德国经济统计学家 H. 帕舍(H. Paasche,1874)。该指数公式将同度量因素固定在计算期水平上,故又称为"计算期加权综合指数"。相应的质量指标指数和数量指标指数的公式分别为:

$$p_p = \frac{\sum p_1 q_1}{\sum p_0 q_1} \tag{3-7}$$

$$p_q = \frac{\sum q_1 p_1}{\sum q_0 p_1} \tag{3-8}$$

仍然以前面表 3—1 的资料来计算帕氏形式的价格指数和销售量指数,结果如下:

$$p_p = \frac{\sum p_1 q_1}{\sum p_0 q_1} = \frac{3\,980}{3\,380} \times 100\% = 117.75\%$$

$$p_q = \frac{\sum q_1 p_1}{\sum q_0 p_1} = \frac{3\,980}{1\,625} \times 100\% = 244.92\%$$

这表明:三种商品综合起来,其价格平均上涨了 17.75%,销售量平均增长了 144.92%。

类似地,依据帕氏指数也可以就价格和销售量的变化进行绝对数分析。根据上面的资料计算得到:

$$\sum p_1 q_1 - \sum p_0 q_1 = 3\,980 - 3\,380 = 600(万元)$$

$$\sum q_1 p_1 - \sum q_0 p_1 = 3\,980 - 1\,625 = 2\,355(万元)$$

以上计算结果表明:由于价格上涨 17.75%,使销售额增加了 600 万元;又由于销售量增长 144.92%，使销售额增加了 2 355 万元。

通过上例可知，由于选取的同度量因素的期数不同，因而拉氏指数和帕氏指数的计算结果存在明显的差异。但在下面两种特殊情形下，两者也会一致：第一，如果总体中所有的指数化指标都按相同比例变化（即所有个体指数都相等）；第二，如果总体中所有项目的同度量因素都按相同比例变化（即权数的结构保持不变）。

两种指数的计算差异，表明它们具有不完全相同的经济意义。以基期商品销售量作为同度量因素的拉氏价格指数，揭示的是在基期的销售数量和销售结构的基础上的各种商品价格的综合变动程度；而以计算期商品销售量作为同度量因素的帕氏价格指数，揭示的是在计算期的销售数量和销售结构的基础上的各种商品价格的综合变动程度。进一步而言，拉氏价格指数的分子与分母之差可以揭示消费者若维持基期的消费水平或购买同基期一样多的商品，由于价格的变化将会增减多少实际开支；而帕氏价格指数的分子与分母之差揭示计算期实际销售的商品由于价格变化而增减了多少销售额。

拉氏指数与帕氏指数之间的数量差异是有一定规则的，依据同样一些现象的资料计算的拉氏指数一般大于帕氏指数，前提是质量指标个体指数与数量指标个体指数之间存在着负相关关系，这种负相关性表现为：第一，质量指标和数量指标一个是绝对上升，一个是绝对下降；第二，两者都上升或下降，但上升或下降的速度不同。

三、平均指数的编制方法

综合指数是指数的最基本形式，但有时囿于所给条件，不能直接计算综合指数，需要将综合指数形式变形为平均指数形式，但这仅是形式上的改变，并不会改变综合指数的经济内容。平均指标指数是用加权平均的方法计算出来的指数，即对不同商品的个体价格指数或个体销售量指数以与这些指数关联的价值总量为权数进行加权平均计算。用作权数的资料可以是基期的总值资料 p_0q_0 或计算期的总值资料 p_1q_1，也可以是基期的相对值资料 $\frac{p_0q_0}{\sum p_0q_0}$ 或计算期的相对资料 $\frac{p_1q_1}{\sum p_1q_1}$。平均指数有算术平均指数与调和平均指数两种形式。

(一) 算术平均指数

以基期总值加权的算术平均指数公式为：

$$A_p = \frac{\sum \frac{p_1}{p_0} p_0 q_0}{\sum p_0 q_0} \qquad (3-9)$$

$$A_q = \frac{\sum \frac{q_1}{q_0} p_0 q_0}{\sum p_0 q_0} \qquad (3-10)$$

假定无法获得表3—1的资料,而仅知表3—2的资料,则必须采用基期总值加权的算术平均指数公式计算这三种商品的价格指数和销售量指数,结果如下:

表3—2　　　　　　　　　　算术平均指数计算表

商品类别	个体指数 p_1/p_0	个体指数 q_1/q_0	销售额(万元) p_0q_0	销售额(万元) p_1q_1	$p_1/p_0 \cdot p_0q_0$	$q_1/q_0 \cdot p_0q_0$
商品房	120%	300%	1 000	3 600	1 200	3 000
服装	130%	80%	250	260	325	200
空调机	66.67%	120%	150	120	100	180
合　计			1 400	3 980	1 625	3 380

$$A_p = \frac{\sum \frac{p_1}{p_0} p_0 q_0}{\sum p_0 q_0} = \frac{1\ 625}{1\ 400} \times 100\% = 116.07\%$$

$$A_q = \frac{\sum \frac{q_1}{q_0} p_0 q_0}{\sum p_0 q_0} = \frac{3\ 380}{1\ 400} \times 100\% = 214.43\%$$

以上计算结果与前面拉氏指数给出的结果完全相同,当个体指数与总值权数之间存在一一对应关系时,可把平均指数看作综合指数的一种变形。即当用综合指标的分母作权数时,数量指标指数可以改变为加权算术平均指数。当个体指数与权数之间并不存在严格的一一对应关系时,上述关系难以成立。

$$A_p = \frac{\sum \frac{p_1}{p_0} p_0 q_0}{\sum p_0 q_0} = \frac{\sum p_1 q_0}{\sum p_0 q_0} = L_p \tag{3—11}$$

$$A_q = \frac{\sum \frac{q_1}{q_0} p_0 q_0}{\sum p_0 q_0} = \frac{\sum q_1 p_0}{\sum q_0 p_0} = L_q \tag{3—12}$$

同时,算术平均指数不仅可以用绝对数加权,也可以用相对数(总值比重)加权。以价格指数为例,其计算公式为:

$$A_p = \frac{\sum \frac{p_1}{p_0} p_0 q_0}{\sum p_0 q_0} = \sum \frac{p_1}{p_0} \cdot \frac{p_0 q_0}{\sum p_0 q_0} = \sum \frac{p_1}{p_0} V_0 \tag{3—13}$$

其中:

$$V_0 = \frac{p_0 q_0}{\sum p_0 q_0}$$

(二)调和平均指数

对于调和平均指数也可以分别运用不同的权数,得到相应的调和平均指数,如以

计算期总值加权的调和平均指数的计算公式为:

$$H_p = \frac{\sum p_1 q_1}{\sum \frac{p_0}{p_1} p_1 q_1} \tag{3-14}$$

$$H_q = \frac{\sum p_1 q_1}{\sum \frac{q_0}{q_1} p_1 q_1} \tag{3-15}$$

假定无法获得表 3—1 的资料,而仅知表 3—3 的资料,则必须采用计算期总值加权的调和平均指数公式计算这三种商品的价格指数和销售量指数,结果如下:

表 3—3　　　　　　　　　调和平均指数计算表

商品类别	个体指数		销售额(万元)		$p_0/p_1 \cdot p_1 q_1$	$q_0/q_1 \cdot p_1 q_1$
	p_1/p_0	q_1/q_0	$p_0 q_0$	$p_1 q_1$		
商品房	120%	300%	1 000	3 600	3 000	1 200
服装	130%	80%	250	260	200	325
空调机	66.67%	120%	150	120	179.991	100
合　计			1 400	3 980	3 379.991	1 625

$$H_p = \frac{\sum p_1 q_1}{\sum \frac{p_0}{p_1} p_1 q_1} = \frac{3\ 980}{3\ 380} \times 100\% = 117.75\%$$

$$H_q = \frac{\sum p_1 q_1}{\sum \frac{q_0}{q_1} p_1 q_1} = \frac{3\ 980}{1\ 625} \times 100\% = 244.92\%$$

以上计算结果与前面帕氏指数给出的结果完全相同。当个体指数与总值权数之间存在一一对应关系时,计算期加权的调和平均指数等于帕氏指数,平均指数成为综合指数的一种变形。即用综合指数的分子作权数,质量指标指数可以改变为加权调和平均指数。但当个体指数与权数之间并不存在严格的一一对应关系时,上述关系不再成立。即有:

$$H_p = \frac{\sum p_1 q_1}{\sum \frac{p_0}{p_1} p_1 q_1} = \frac{\sum p_1 q_1}{\sum p_0 q_1} = p_p \tag{3-16}$$

$$H_q = \frac{\sum p_1 q_1}{\sum \frac{q_0}{q_1} p_1 q_1} = \frac{\sum q_1 p_1}{\sum q_0 p_1} = p_q \tag{3-17}$$

四、指数体系与因素分析

(一) 指数体系及其作用

通常某一现象的变动会受多种因素的影响,即某一现象数值的变动是因影响其各种因素共同变动的结果所致。因此,应编制相互联系的若干指数,组成指数体系来研究各因素的变动对该现象变动的影响程度,或由已知的指数推算体系中未知的指数。

广义的指数体系是指由若干个内容上相互关联的统计指数所结成的体系,构成这种体系的指数可多可少。如工业品批发价格指数、农产品收购价格指数、消费品零售价格指数等构成的市场物价指数体系。狭义的指数体系是指几个指数之间在一定的经济联系基础上所结成的较为严密的数量关系式,表现为一个总值指数等于若干个因素指数的乘积。如:

$$生产总成本 = 产品数量 \times 产品单位成本$$

$$销售利润 = 销售量 \times 销售价格 \times 销售利润率$$

等式左边的生产总成本和销售利润是受多因素影响的现象,等式右边的数量指标和质量指标是它的影响因素指标。上述等式关系若以指数形式表现为:

$$生产总成本指数 = 产品数量指数 \times 产品单位成本指数$$

$$销售利润指数 = 销售量指数 \times 销售价格指数 \times 销售利润率指数$$

(二) 总量指标指数体系

这里的总量变动是指绝对数的变动,包括个体现象的绝对数变动和总体现象的总量变动。

1. 个体指标的因素分析(连环替换法)

由于每种商品的个体销售量指数与个体价格指数的乘积等于相应的个体总值指数,即:

$$i_q \cdot i_p = \frac{q_1}{q_0} \cdot \frac{p_1}{p_0} = \frac{q_1 p_1}{q_0 p_0} \tag{3-18}$$

将所考察的总值(销售额)分解为诸影响因素的乘积,并从基期的总值开始,第一步假定其中的一个因素(销售量)变化,另一个因素(价格)保持不变;第二步假定另一因素也发生变化,从而得到计算期的总值。据此,可以进行总值变动的因素分析:

销售量变化的影响:

$$q_1 p_0 - q_0 p_0 = (q_1 - q_0) p_0 \tag{3-19}$$

价格变化的影响:

$$q_1 p_1 - q_1 p_0 = (p_1 - p_0) q_1 \tag{3-20}$$

两者的共同影响:

$$q_1p_1 - q_0p_0 = (q_1 - q_0)p_0 + (p_1 - p_0)q_1 \qquad (3-21)$$

将总值变动的绝对数分析与指数的相对数分析结合起来,就得到下面用于单项指标变动因素分析的个体指数体系:

$$\frac{q_1p_1}{q_0p_0} = \frac{q_1p_0}{q_0p_0} \cdot \frac{q_1p_1}{q_1p_0} \qquad (3-22)$$

$$q_1p_1 - q_0p_0 = (q_1p_0 - q_0p_0) + (q_1p_1 - q_1p_0) \qquad (3-23)$$

若以此对前面表 3-1 中商品房销售额的变动进行因素分析,则有:

$$\frac{3\,600}{1\,000} = \frac{3\,000}{1\,000} \times \frac{3\,600}{3\,000}$$

$$360\% = 300\% \times 120\%$$

$$3\,600 - 1\,000 = 3\,000 - 1\,000 + 3\,600 - 3\,000$$

$$2\,600 = 2\,000 + 600$$

计算结果表明:商品房销售量增长 200% 使得销售额增加了 2 000 万元,价格上涨 20% 又使得销售额增加了 600 万元,二者共同作用使得商品房的销售额增长了 260%,即增加了 2 600 万元。

在实际分析中,有些现象总量可以分解为多个因素。在分解因素时,应使任两个相邻因素的乘积都有实际的经济意义,从而使得对同一现象按不同方式进行分解或归并之后,所得到的结论能够协调一致。

2. 综合指数体系的因素分析

(1)两因素分析。例如,我们要考察多种商品的销售额变动及其因素影响,就要考察全部商品销售量和价格的变动对销售额变动的影响,此时要建立由销售额指数、销售量指数和价格指数构成的指数体系,但因所选的同度量因素的时期不同,而存在以下情况:

①若都用拉氏(或帕氏)公式来编制销售量指数和价格指数,则它们与销售额指数之间就难以形成严密的指数体系,即:

$$L_q \cdot L_p = \frac{\sum q_1 p_0}{\sum q_0 p_0} \cdot \frac{\sum q_0 p_1}{\sum q_0 p_0} \neq \frac{\sum q_1 p_1}{\sum q_0 p_0}$$

$$P_q \cdot P_p = \frac{\sum q_1 p_1}{\sum q_0 p_1} \cdot \frac{\sum q_1 p_1}{\sum q_1 p_0} \neq \frac{\sum q_1 p_1}{\sum q_0 p_0}$$

②若将总值指数分解为拉氏数量指标指数和帕氏质量指标指数之乘积,则出现以下公式:

$$L_q \cdot P_p = \frac{\sum q_1 p_0}{\sum q_0 p_0} \cdot \frac{\sum q_1 p_1}{\sum q_1 p_0} = \frac{\sum q_1 p_1}{\sum q_0 p_0} \qquad (3-24)$$

$$\sum q_1p_1 - \sum q_0p_0 = (\sum q_1p_0 - \sum q_0p_0) + (\sum q_1p_1 - \sum q_1p_0) \tag{3-25}$$

③若将总值指数分解为帕氏数量指标指数和拉氏质量指标指数之乘积,则出现以下公式:

$$L_p \cdot P_q = \frac{\sum q_1p_1}{\sum q_0p_1} \cdot \frac{\sum q_0p_1}{\sum q_0p_0} = \frac{\sum q_1p_1}{\sum q_0p_0} \tag{3-26}$$

$$\sum q_1p_1 - \sum q_0p_0 = (\sum q_1p_1 - \sum q_0p_1) + (\sum q_0p_1 - \sum q_0p_0) \tag{3-27}$$

从以上情况看,价格和销售量能与销售额建立指数体系的只有后两种情况,现根据表3—1的资料进行销售额变动的因素分析,根据公式(3—24)和公式(3—25)计算如下:

$$\frac{3\,380}{1\,400} \times \frac{3\,980}{3\,380} = \frac{3\,980}{1\,400}$$

241.43%×117.75%=284.29%

(3 380－1 400)＋(3 980－3 380)＝(3 980－1 400)

1 980＋600＝2 580

计算结果表明:三种商品的销售量增长141.43%使得销售额增加了1 980万元,价格上涨17.75%又使得销售额增加了600万元,二者共同作用使得商品的销售额增长了184.29%,即增加了2 580万元。

(2)多因素分析。如果影响某现象变动的因素有两个以上,则对由此形成的多因素指数体系分析时,应注意:第一,为了测定某一因素的变动,则需将其他因素固定在某一期,因此应正确选定因素的时期,即在测定数量指标因素变动的影响时,以基期质量指标为固定因素;而在测定质量指标因素变动的影响时,以报告期数量指标为固定因素,这是最基本的原则。第二,由于是多因素分析,因此,确定各因素的分析顺序对正确计算至关重要。例如,影响产品的原材料消耗总成本的是三个因素,即产品产量、单位产品原材料消耗量、原材料单价。分析产品产量变动对产品中原材料消耗总成本的影响时,应将单位产品原材料消耗量与原材料单价的乘积作为起同度量作用的质量指标,取其基期值。分析单位产品的原材料消耗量变动对产品中原材料消耗总成本影响时,应视产品产量为起同度量作用的数量指标,取其报告期值;应视原材料单价为起同度量作用的质量指标,取其基期值。分析原材料单价变动对产品中原材料消耗总成本影响时,应将单位产品原材料消耗量与产品产量的乘积作为起同度量作用的数量指标,取其报告期值。

表3—4是某企业制造A、B两种产品的成本资料,可根据下面的资料计算该企业原材料费用总额指数及费用增加额,并对影响它的三个因素进行分析(见表3—5)。

表3—4　　　　　　　　　某企业制造A、B两种产品的成本资料

产品种类	原材料种类	生产量(台) 基期 q_0	生产量(台) 报告期 q_1	每台原材料消耗量(吨) 基期 m_0	每台原材料消耗量(吨) 报告期 m_1	每吨原材料价格(元) 基期 p_0	每吨原材料价格(元) 报告期 p_1
甲产品	A	1 000	2 000	2	1	20	25
甲产品	B	1 000	2 000	3	5	30	40
甲产品	C	1 000	2 000	4	4	40	60
乙产品	A	500	600	6	7	20	25
乙产品	B	500	600	5	8	30	40
乙产品	C	500	600	8	10	40	60

表3—5　　　　　　　　　　　三因素影响分析

产品种类	原材料种类	报告期实际费用总额 $q_1 m_1 p_1$	基期实际费用 $q_0 m_0 p_0$	按基期单耗和价格计算的费用 $q_1 m_0 p_0$	按基期原材料价格计算的费用 $q_1 m_1 p_0$
甲产品	A	50 000	40 000	80 000	40 000
甲产品	B	400 000	90 000	180 000	300 000
甲产品	C	480 000	160 000	320 000	320 000
乙产品	A	105 000	60 000	72 000	84 000
乙产品	B	192 000	75 000	90 000	144 000
乙产品	C	360 000	160 000	192 000	240 000
合　计		1 587 000	585 000	934 000	1 128 000

$$原材料费用总额指数 = \frac{\sum q_1 m_1 p_1}{\sum q_0 m_0 p_0} = \frac{1\ 587\ 000}{585\ 000} \times 100\% = 271.28\%$$

$$\sum q_1 m_1 p_1 - \sum q_0 m_0 p_0 = 1\ 587\ 000 - 585\ 000 = 1\ 002\ 000(元)$$

计算结果表明,该企业生产的两种产品的原材料费用总额报告期比基期增长171.28%,增加的绝对值为1 002 000元。原材料费用总额的变动受原材料价格、单位产品原材料消耗量和产品产量三个因素的影响,则各因素对原材料费用总额的影响分别如下:

①分析产品产量的变动对原材料费用总额的影响：

$$产品产量指数 = \frac{\sum q_1 m_0 p_0}{\sum q_0 m_0 p_0} = \frac{934\ 000}{585\ 000} \times 100\% = 159.66\%$$

$$\sum q_1 m_0 p_0 - \sum q_0 m_0 p_0 = 934\ 000 - 585\ 000 = 349\ 000(元)$$

计算结果表明，两种产品的产量报告期比基期上涨了 59.66%，由于产品产量的增长，使原材料费用总额增加了 349 000 元。

②分析单位产品原材料消耗量的变动对原材料费用总额的影响：

$$原材料单耗指数 = \frac{\sum q_1 m_1 p_0}{\sum q_1 m_0 p_0} = \frac{1\ 128\ 000}{934\ 000} \times 100\% = 120.77\%$$

$$\sum q_1 m_1 p_0 - \sum q_1 m_0 p_0 = 1\ 128\ 000 - 934\ 000 = 194\ 000(元)$$

计算结果表明，两种产品的原材料单耗报告期比基期上涨了 20.77%，由于原材料单耗的增长，使原材料费用总额增加了 194 000 元。

③分析原材料价格的变动对原材料费用总额的影响：

$$原材料价格指数 = \frac{\sum q_1 m_1 p_1}{\sum q_1 m_1 p_0} = \frac{1\ 587\ 000}{1\ 128\ 000} \times 100\% = 140.69\%$$

$$\sum q_1 m_1 p_1 - \sum q_1 m_1 p_0 = 1\ 587\ 000 - 1\ 128\ 000 = 459\ 000(元)$$

计算结果表明，两种产品的原材料价格报告期比基期上涨了 40.69%，由于原材料价格的提高，使原材料费用总额增加了 459 000 元。

综上所述，原材料费用总额的增加是由于以上三个因素共同影响的结果，即：

原材料费用总额指数＝产量指数×单耗指数×原材料价格指数

$$\Rightarrow \frac{\sum q_1 m_1 p_1}{\sum q_0 m_0 p_0} = \frac{\sum q_1 m_0 p_0}{\sum q_0 m_0 p_0} \times \frac{\sum q_1 m_1 p_0}{\sum q_1 m_0 p_0} \times \frac{\sum q_1 m_1 p_1}{\sum q_1 m_1 p_0}$$

$$\Rightarrow 271.28\% = 159.66\% \times 120.77\% \times 140.69\%$$

从绝对数上看：

$$\sum q_1 m_1 p_1 - \sum q_0 m_0 p_0 = \left(\sum q_1 m_0 p_0 - \sum q_0 m_0 p_0\right) + \left(\sum q_1 m_1 p_0 - \sum q_1 m_0 p_0\right)$$
$$+ \left(\sum q_1 m_1 p_1 - \sum q_1 m_1 p_0\right)$$

$$\Rightarrow 1\ 002\ 000 = 349\ 000 + 194\ 000 + 459\ 000$$

（三）平均指标指数因素分析

任何两个不同时期的同一经济内容的平均指标对比都可以形成一个平均指标指数。该指数将反映平均指标的变动程度和方向。同样，可通过建立指数体系，分析平均指标因素的变动对平均指标变动的影响程度。在总体分组的条件下,平均数的变动受到两个因素的影响:一是各组的变量水平,如公式(3—28)中的 x_t;二是总体的结构,即各组单位数占总体单位总数的比重(即分布数列的频率),如公式(3—28)中的 $\dfrac{f_t}{\sum f_t}$。

$$\bar{x}_t = \frac{\sum x_t f_t}{\sum f_t} = \sum x_t \frac{f_t}{\sum f_t} \qquad (t=0,1) \tag{3-28}$$

据此作如下因素分析:

(1)结构变动影响指数,公式为:

$$I_{结构} = \frac{\sum x_0 f_1}{\sum f_1} \div \frac{\sum x_0 f_0}{\sum f_0} \tag{3-29}$$

该指数将各组水平固定在基期,反映总体结构变化对总平均数的影响。

(2)固定构成指数,公式为:

$$I_{固定} = \frac{\sum x_1 f_1}{\sum f_1} \div \frac{\sum x_0 f_1}{\sum f_1} \tag{3-30}$$

该指数将总体结构固定为计算期,以反映各组水平变化对总平均数的影响。

(3)可变构成指数,公式为:

$$I_{可变} = \frac{\bar{x}_1}{\bar{x}_0} = \frac{\sum x_1 f_1}{\sum f_1} \div \frac{\sum x_0 f_0}{\sum f_0} \tag{3-31}$$

该指数综合反映结构和水平两个因素共同变化所引起的总平均数变动,因此可变构成指数等于结构变动影响指数与固定构成指数的乘积,即:

$$I_{结构} \times I_{固定} = I_{可变} \tag{3-32}$$

$$\frac{\dfrac{\sum x_1 f_1}{\sum f_1}}{\dfrac{\sum x_0 f_0}{\sum f_0}} = \frac{\dfrac{\sum x_0 f_1}{\sum f_1}}{\dfrac{\sum x_0 f_0}{\sum f_0}} \times \frac{\dfrac{\sum x_1 f_1}{\sum f_1}}{\dfrac{\sum x_0 f_1}{\sum f_1}} \tag{3-33}$$

$$\left(\frac{\sum x_1 f_1}{\sum f_1} - \frac{\sum x_0 f_0}{\sum f_0}\right) = \left(\frac{\sum x_0 f_1}{\sum f_1} - \frac{\sum x_0 f_0}{\sum f_0}\right) + \left(\frac{\sum x_1 f_1}{\sum f_1} - \frac{\sum x_0 f_1}{\sum f_1}\right) \tag{3-34}$$

利用这一体系,可以从相对数和绝对差额两个方面,对总平均数的变动进行因素分析。

某公司员工人数、工资总额资料如表 3－6 所示。据资料计算全部员工的平均工资，并对员工的平均工资变动进行因素分析。

表 3－6　　　　　　　　　某公司员工工资情况

员工组别	月工资 x（元） 基期 x_0	月工资 x（元） 计算期 x_1	员工数 f（人）基期 f_0	员工数 f（人）计算期 f_1	工资总额（元）$x_0 f_0$	工资总额（元）$x_0 f_1$	工资总额（元）$x_1 f_1$
新员工	1 000	1 200	400	800	400 000	800 000	960 000
老员工	2 000	2 100	500	400	1 000 000	800 000	840 000
合　计			900	1 200	1 400 000	1 600 000	1 800 000

基期平均工资：

$$\bar{x}_0 = \frac{\sum x_0 f_0}{\sum f_0} = \frac{1\,400\,000}{900} = 1\,555.556（元）$$

报告期平均工资：

$$\bar{x}_1 = \frac{\sum x_1 f_1}{\sum f_1} = \frac{1\,800\,000}{1\,200} = 1\,500（元）$$

平均工资总指数（即可变构成指数）：

$$\frac{\bar{x}_1}{\bar{x}_0} = \frac{\sum x_1 f_1}{\sum f_1} \div \frac{\sum x_0 f_0}{\sum f_0} = \frac{1\,500}{1\,555.556} \times 100\% = 96.43\%$$

$$\frac{\sum x_1 f_1}{\sum f_1} - \frac{\sum x_0 f_0}{\sum f_0} = 1\,500 - 1\,555.556 = -55.556（元）$$

从表 3－6 所给资料看，两组人员的平均工资报告期比基期略有提高，但平均工资指数表明平均工资报告期比基期下降了，即报告期总平均工资仅是基期的 96.43%，比基期下降了 55.556 元，这是为什么？

因为平均指标受结构和水平两个因素的影响，平均指标指数也受结构变化和水平变化的影响。在考虑结构变化的影响时，我们就必须固定另一个因素，即作为同度量因素的水平因素在基期，由此形成结构影响指数：

$$I_{结构} = \frac{\sum x_0 f_1}{\sum f_1} \div \frac{\sum x_0 f_0}{\sum f_0} = \frac{1\,600\,000}{1\,200} \div \frac{1\,400\,000}{900} \times 100\% = 85.71\%$$

$$\frac{\sum x_0 f_1}{\sum f_1} - \frac{\sum x_0 f_0}{\sum f_0} = \frac{1\,600\,000}{1\,200} - \frac{1\,400\,000}{900} = -222.222（元）$$

这个指数说明，假设排除员工工资水平变动的影响，则由于员工结构的变动使报告期总的工资水平比基期降低了 14.29%,降低了 222.222 元。

在考虑水平变化对平均指数的影响时,应固定另一个因素,即作为同度量因素的结构因素在报告期,由此形成固定构成指数：

$$I_{固定} = \frac{\sum x_1 f_1}{\sum f_1} \div \frac{\sum x_0 f_1}{\sum f_1} = \frac{1\,800\,000}{1\,200} \div \frac{1\,600\,000}{1\,200} \times 100\% = 112.5\%$$

$$\frac{\sum x_1 f_1}{\sum f_1} - \frac{\sum x_0 f_1}{\sum f_1} = \frac{1\,800\,000}{1\,200} - \frac{1\,600\,000}{1\,200} = 166.666(元)$$

计算结果说明,假设排除员工结构的变动的影响,则由于员工工资水平的变动使报告期总的工资水平比基期上升了 12.5%,提高了 166.666 元。

在上述三个指数之间存在一种数量上的对等关系,即：

可变构成指数＝结构影响指数×固定构成指数

$$\Rightarrow \frac{\dfrac{\sum x_1 f_1}{\sum f_1}}{\dfrac{\sum x_0 f_0}{\sum f_0}} = \frac{\dfrac{\sum x_0 f_1}{\sum f_1}}{\dfrac{\sum x_0 f_0}{\sum f_0}} \times \frac{\dfrac{\sum x_1 f_1}{\sum f_1}}{\dfrac{\sum x_0 f_1}{\sum f_1}}$$

$$\Rightarrow 96.43\% = 85.71\% \times 112.5\%$$

该公司员工平均工资水平报告期比基期减少了 3.57%,是由于工资水平变动使每个员工的平均工资提高了 12.5% 和由于员工结构变动使员工平均工资下降了 14.29% 共同作用的结果。

$$\left(\frac{\sum x_1 f_1}{\sum f_1} - \frac{\sum x_0 f_0}{\sum f_0}\right) = \left(\frac{\sum x_0 f_1}{\sum f_1} - \frac{\sum x_0 f_0}{\sum f_0}\right) + \left(\frac{\sum x_1 f_1}{\sum f_1} - \frac{\sum x_0 f_1}{\sum f_1}\right)$$

$$\Rightarrow -55.556 = -222.222 + 166.666$$

该公司员工平均工资水平报告期比基期减少了 55.556 元,是由于工资水平变动使每个员工的平均工资增加了 166.666 元和由于员工结构变动使员工平均工资减少了 222.222 元共同作用的结果。

第二节　相关分析与回归分析

在社会经济领域中,现象之间具有一定的联系,一种现象的变化总是依存于其他现象的变化。为了分析现象之间的这种依存关系,就需要确定影响这些现象的各种经济变量，探寻变量之间的因果关系，并定量地予以分析，而分析的方法主要是相关分析和回归分析。

一、相关分析

（一）相关关系的概念及分类

客观现象之间的数量依存关系可以区分为两种不同的类型，即函数关系和相关关系。

1. 函数关系

函数关系是指现象之间存在严格的确定的数量关系，在这种关系中，对某一变量 X 的每一个数值，都有另一个变量 Y 的确定值与之相对应，并且这种关系可以用一个数学表达式反映出来。例如，一个单位的工资总额＝职工人数×平均工资，商品销售额＝销售量×单位价格，等等，都是函数关系。上述公式中，当公式右边的一个或几个变量发生变化时，左边的变量都有一个确定的值与之发生相对应的变化。

2. 相关关系

相关关系是指现象之间存在数值不固定的依存关系，在这种关系中，对某一变量 X 的每一个数值，Y 的值不是被唯一地确定，而可能同时出现几个不同的数值，并在一定范围内围绕其平均数上下波动，因而无法用一个数学表达式反映出来。如居民收入水平与其储蓄存款额之间有一定的相关关系，但已知居民收入每人每月 1 000 元时，并不能确定其储蓄存款增加额一定是多少元。

在相关分析中，通常把其中起影响作用的现象称为自变量，用符号 x 表示，把受自变量影响而相应发生变化的现象称为因变量，用符号 y 表示。如果两种现象间互为根据，则究竟哪个变量为自变量，哪个变量为因变量，要根据具体情况而定。如企业生产规模与贷款额之间存在一定的联系，若要研究贷款额对生产规模的影响，就应以贷款额为自变量，若要研究生产规模对贷款额的需要量，则应以生产规模为自变量。不管怎样，应确保作为研究对象的现象之间存在客观的、真实的关系。

相关关系与函数关系有区别，也有联系。由于存在观察或测量误差等，因而函数关系在实际中往往通过相关关系表现出来。在研究相关关系时，又常常要使用函数关系的形式来表现，以便找到相关关系的一般数量表现形式。

（二）相关分析的概念和种类

相关分析是指测定变量之间相关关系的密切程度的方法。相关分析按不同的标准可作如下分类：

1. 按相关关系涉及的因素多少来划分，可分为单相关和复相关

单相关是指一个变量只与另一个变量有关系，也称一元相关，如居民收入水平与

银行储蓄存款额的关系。复相关是指一个变量与多个变量之间存在复杂的依存关系，也称多元相关，如居民收入水平、存款利率和存款额之间的关系。

2. 按相关关系的表现形态来划分，可分为直线相关和曲线相关

直线相关又称线性相关，是指一个变量发生变动时，另一个变量发生均等的增加和减少，依据两个变量的观测值绘成的观测点的分布近似表现为一条直线，此时两个变量之间的关系称为直线相关关系，如图3－1、图3－2、图3－4、图3－5所示。如果观测点的分布近似表现为各种不同的曲线，此时两个变量之间的关系称为曲线相关关系，又称非线性相关关系，如图3－6所示。

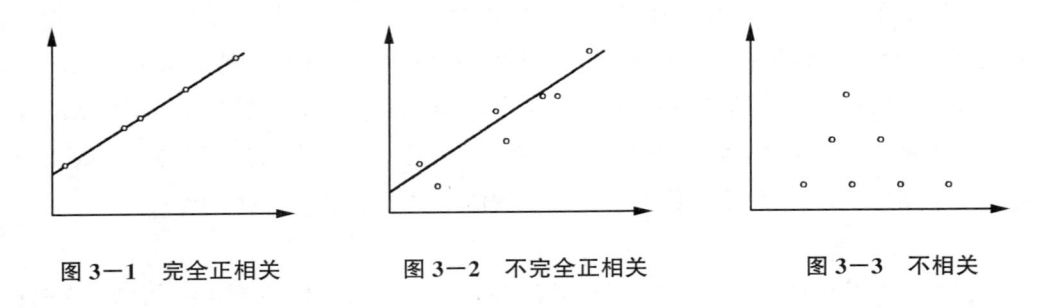

图3－1　完全正相关　　　图3－2　不完全正相关　　　图3－3　不相关

3. 按直线相关变化的方向来划分，有正相关和负相关

在现象之间，当一个变量增加或减少时，另一个变量也随之增加或减少，即两个变量变化的方向一致，称为两者存在正相关关系，如图3－1、图3－2所示；反之，则存在负相关关系，如图3－4、图3－5所示。

4. 按相关的程度来划分，可分为完全相关、不完全相关和不相关

当因变量完全随着自变量而变动，所有的观测点都位于同一条直线上，这时相关关系就转化为函数关系，称为完全相关，如图3－1、图3－4所示。当因变量完全不随着自变量而变动，即变量之间不存在任何依存关系，就称为完全不相关或零相关，如图3－3所示。如果两个变量的依存关系介于完全相关和完全不相关之间，称为不完全相关，如图3－2、图3－5所示。

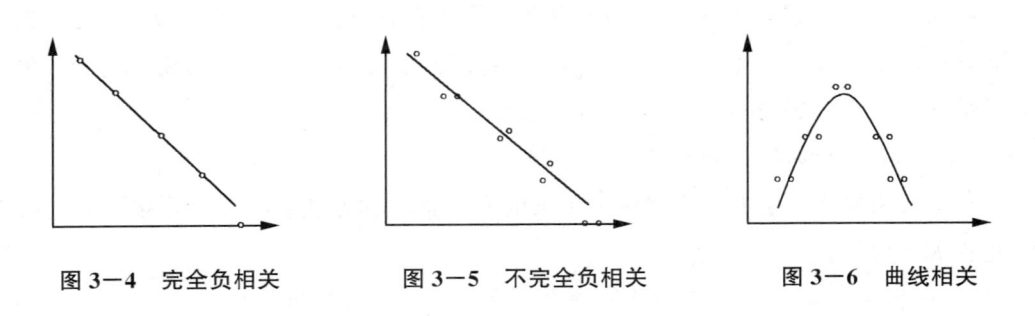

图3－4　完全负相关　　　图3－5　不完全负相关　　　图3－6　曲线相关

（三）相关分析的主要内容

相关分析的目的是通过对现象间的相互关系的密切程度及变化规律的研究，找出反映现象间变化规律的数学关系式，以便科学地认识现象间的规律性，研究现象的发展变化的动态，进行预测和推算，为制定计划、科学决策提供依据。相关分析的具体内容包括：

1. 确定现象之间有无关系，以及相关关系的表现形式

只有存在相互依存关系，才能用相关方法进行分析，而且必须分析现有的、反映现象之间关系的数据，以近似确定现象之间相关关系的表现形式和方向，即现象之间是线性相关还是非线性相关，是正相关还是负相关。

2. 确定相关关系的密切程度

主要方法是将自变量和因变量的数据资料编制成散布图或相关表。舍去关系不密切的影响，留下关系密切的因素，进而计算关系密切的因素与研究现象间的相关系数，以使预测和推算更为准确。

3. 确定具有相关关系的现象间的量的数学关系式，建立回归模型

在前两项已确定的基础上，选择合适的数学模型，对变量之间的关系予以近似描述，即通过配合直线或曲线的方法，找到现象之间依存关系数量上的规律性，以便在已知自变量发生变化时，对因变量的变化做比较准确的判断。

4. 测定变量估计值的可靠程度

建立回归模型后，可以了解随着自变量变化，因变量会有多大变化，依此可确定因变量的估计值，并与实际值进行比较，两者差别的大小反映了估计的准确程度。估计的准确程度通常用估计标准误差来衡量：估计标准误差小，说明回归效果好；估计标准误差大，说明回归效果差，这时需要分析是否还存在其他因素对因变量的影响，以修正回归模型。

（四）相关关系图表

判断现象之间的相关关系，一般先作定性分析，再作定量分析。通过定性分析，判断现象之间是否相关以及相关的性质。判断的准确与否取决于分析人员的理论知识、专业知识和实际经验。绘制相关图和相关表是帮助分析人员判断现象之间是否存在相关关系的简单且重要的方法。

1. 相关表

将反映现象之间相互关系的原始数据按照一定顺序排列在一张表格上，以观察现象间的相关关系，这种统计表称为相关表。依据资料是否分组可将相关表分为简单相关表和分组相关表。

（1）简单相关表。简单相关表是指将原始资料自变量的变量值按从小到大顺序配

合因变量的值——对应平行排列编制的统计表。

如某银行 8 家支行的月吸纳存款额与所在地居民的家庭月可支配收入资料如表 3—7 所示。

表 3—7　　　　8 家支行的月吸纳存款额与所在地居民的家庭月平均可支配收入

支行编号	1	2	3	4	5	6	7	8
月吸纳存款额(万元)	12	20	31	38	50	61	72	80
当地居民的家庭月可支配收入(千元)	6.2	8.6	8.0	11.0	11.5	13.2	16.0	13.5

从表 3—7 可以看出,基本上存在这样一种规律:当地居民家庭月可支配收入越多,当地支行吸纳的存款额越多。

(2)分组相关表和相关图。分组相关表就是将原始数据进行分组而编制的相关表,包括单变量分组表和多变量分组表。

①单变量分组表。单变量分组表是指对具有相关关系的一对变量之中的一个变量分组,而另一个变量不分组。如将自变量数值分组,计算出各组次数和因变量组平均值的统计表。如表 3—8 是根据 2023 年我国金融机构存贷款额编制的反映存贷款关系的一张简单分组表,并根据资料绘制了图 3—7。

表 3—8　　　　　　2023 年 12 个月全国金融机构存贷款关系

按存款额分组(万亿元)	月份数	每组平均贷款额(万亿元)
265～268	1	219.745 5
268～271	1	221.557 6
271～274	2	225.804 9
274～277	1	227.527 1
277 以上	7	233.959 1

资料来源:中国人民银行,2023 年"金融机构人民币信贷收支表"。

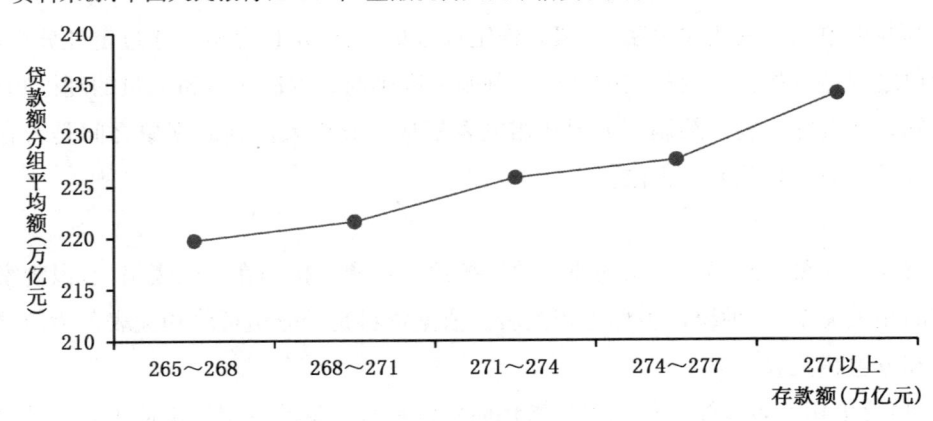

图 3—7　2023 年全国金融机构存贷款

从表3-8和图3-7可以看出,随着存款额的增加,贷款额也在增加。

②双变量分组表。双变量分组表是自变量和因变量都进行分组,按一定顺序排列在一张表格上形成的分组表。一般先确定自变量及因变量的组数,然后按组数确定棋盘式表格,并将自变量置于横行,其变量值由小到大、自左到右排列;因变量置于纵栏,其变量值从小到大、自上而下排列,最后计算各组次数,并置于各行各列相交的方格中。如表3-9是根据2023年我国金融机构存贷款额编制的反映存贷款关系的双变量分组表。

表3-9　　　　　　　　　2023年全国金融机构存贷款额相关表

按贷款额分组 (万亿元)	按存款额分组(万亿元)					
	265~268	268~271	271~274	274~277	277以上	合计
219~223	1	1				2
223~227			2			2
227~231				1	2	3
231~235					2	2
235~239					3	3
合计	1	1	2	1	7	12

资料来源:中国人民银行,2023年"金融机构人民币信贷收支表"。

2. 相关图

将现象之间的关系通过图来表示,这种图称为相关图。如图3-1至图3-6列示的是现象之间可能存在的各种关系的图形。

(五)相关系数的测定与应用

现象之间是否存在相关性可通过前面讲述的相关图和相关表来判断,另外还可以通过计算现象之间的相关系数来准确地、定量地确定现象之间的相关程度。根据相关表的资料,相关系数(r)的计算方法有以下几种:

1. 依未分组的资料计算相关系数

(1)积差法。

$$r=\frac{\sigma_{xy}^2}{\sigma_x\sigma_y} \quad (3-35)$$

其中:

$$\sigma_{xy}^2=\frac{\sum(x-\bar{x})(y-\bar{y})}{n}=\frac{1}{n}\sum(x-\bar{x})(y-\bar{y}) \quad (3-36)$$

$$\sigma_x=\sqrt{\frac{\sum(x-\bar{x})^2}{n}}=\sqrt{\frac{1}{n}\sum(x-\bar{x})^2} \quad (3-37)$$

$$\sigma_y = \sqrt{\frac{\sum(y-\bar{y})^2}{n}} = \sqrt{\frac{1}{n}\sum(y-\bar{y})^2} \qquad (3-38)$$

式中：r——相关系数；σ_{xy}^2——自变量数列和因变量数列的协方差；σ_x——自变量数列的标准差；σ_y——因变量数列的标准差。

因此，相关系数的计算公式也可写成：

$$r = \frac{\sigma_{xy}^2}{\sigma_x \sigma_y} = \frac{\sum(x-\bar{x})(y-\bar{y})}{\sqrt{\sum(x-\bar{x})^2}\sqrt{\sum(y-\bar{y})^2}} \qquad (3-39)$$

现根据表 3—7 资料来说明相关系数的计算过程，结果如表 3—10 所示。

表 3—10　8 家支行的月吸纳存款额与所在地居民的家庭月平均可支配收入相关系数计算表

序号	月吸纳存款额 y(万亿元)	当地居民的家庭月平均可支配收入 x(万亿元)	$(y-\bar{y})$	$(x-\bar{x})$	$(y-\bar{y})^2$	$(x-\bar{x})^2$	$(x-\bar{x})(y-\bar{y})$	xy
1	12	6.2	−33.5	−4.8	1 122.25	23.04	160.8	74.4
2	20	8.6	−25.5	−2.4	650.25	5.76	61.2	172
3	31	8	−14.5	−3	210.25	9	43.5	248
4	38	11	−7.5	0	56.25	0	0	418
5	50	11.5	4.5	0.5	20.25	0.25	2.25	575
6	61	13.2	15.5	2.2	240.25	4.84	34.1	805.2
7	72	16	26.5	5	702.25	25	132.5	1 152
8	80	13.5	34.5	2.5	1 190.25	6.25	86.25	1 080
合计	364	88	0	0	4 192	74.14	520.6	4 524.6

根据计算表可得：

$$r = \frac{\sum(x-\bar{x})(y-\bar{y})}{\sqrt{\sum(x-\bar{x})^2}\sqrt{\sum(y-\bar{y})^2}} = \frac{520.6}{\sqrt{4\,192 \times 74.14}} = 0.933\,829$$

(2)相关系数简捷计算方法。

对前面公式(3—39)进行推导后，可得到简化后的公式(3—40)：

$$r = \frac{n\sum xy - \sum x \sum y}{\sqrt{n\sum x^2 - (\sum x)^2}\sqrt{n\sum y^2 - (\sum y)^2}} \qquad (3-40)$$

根据表 3—10 的资料可计算得到如下结果：

$n=8, \sum xy=4\,524.6, \sum x=88, \sum y=364, \sum x^2=1\,042.14, \sum y^2=20\,754$

$$r=\frac{8\times 4\,524.6-364\times 88}{\sqrt{8\times 20\,754-364^2}\sqrt{8\times 1\,042.14-88^2}}=0.933\,829$$

另外,在已有平均值及标准差的情况下也可以使用下列公式计算:

$$r=\frac{\sum xy-n\bar{x}\bar{y}}{\sqrt{\sum x^2-n\bar{x}^2}\sqrt{\sum y^2-n\bar{y}^2}} \quad (3-41)$$

$$r=\frac{\overline{xy}-\bar{x}\cdot\bar{y}}{\sigma_x\sigma_y} \quad (3-42)$$

其中:

$$\overline{xy}=\frac{\sum xy}{n}$$

2. 依分组资料计算的相关系数

(1) 单变量分组表计算相关系数。

从单变量组也可以计算相关系数,与简单相关不同的是要进行加权。公式如下:

$$r=\frac{\sum(x-\bar{x})(y-\bar{y})f}{\sqrt{\sum(x-\bar{x})^2 f}\sqrt{\sum(y-\bar{y})^2 f}} \quad (3-43)$$

简捷公式为:

$$r=\frac{\sum f\sum xyf-(\sum xf)(\sum yf)}{\sqrt{\sum f\sum x^2 f-(\sum xf)^2}\sqrt{\sum f\sum y^2 f-(\sum yf)^2}} \quad (3-44)$$

(2) 双变量分组表计算相关系数。

当原始数据较多,自变量和因变量都进行了分组时,计算相关系数的公式为:

$$r=\frac{\sum f_{xy}(x-\bar{x})(y-\bar{y})}{\sqrt{\sum f_x(x-\bar{x})^2\sum f_y(y-\bar{y})^2}} \quad (3-45)$$

式中:f_x——x 组的频数;f_y——y 组的频数;$\sum f_x=\sum f_y=\sum f_{xy}=N$;$f_{xy}$——$x$ 与 y 交错组的频数。

根据表3—9的双变量分组资料,可计算两个变量间的相关关系如表3—11所示。

表3—11　　　2023年全国金融机构存贷款额分组资料相关系数计算表　　　单位:万亿元

y	x	f	$(x-\bar{x})$	$(y-\bar{y})$	$(x-\bar{x})^2$	$(y-\bar{y})^2$	$(x-\bar{x})^2 f$	$(y-\bar{y})^2 f$	$(x-\bar{x})(y-\bar{y})f$
140.5	181.5	2	−6	−6	36	36	72	72	72
143.5	184.5	3	−3	−3	9	9	27	27	27
146.5	187.5	2	0	0	0	0	0	0	0
149.5	190.5	3	3	3	9	9	27	27	27
152.5	193.5	2	6	6	36	36	72	72	72
合计		12	0	0	90	90	198	198	198

其中：$\bar{x}=187.5, \bar{y}=146.5$

则：$r=\dfrac{\sum f_{xy}(x-\bar{x})(y-\bar{y})}{\sqrt{\sum f_x(x-\bar{x})^2 \sum f_y(y-\bar{y})^2}}=\dfrac{198}{\sqrt{198}\times\sqrt{198}}=1$

由计算结果看，2023年全国金融机构存款额与贷款额之间存在100%的完全正相关性。

3. 根据相关系数判断相关关系的密切程度和方向

相关系数的取值为闭区间$[-1,+1]$，即$-1\leqslant r\leqslant 1$。$r=1$表示现象之间是完全正相关；$r=-1$表示现象之间是完全负相关；$r=0$表示现象之间不存在线性相关，是否存在非线性相关还需进一步分析；相关系数越接近于1或-1，表明相关性越强；r越远离1或-1，表明相关性越弱；在实际工作中，一般根据相关系数的绝对值大小将现象间的相关程度划分为四级，其划分标准为：

当$|r|<0.3$，视为无相关；

当$0.3\leqslant|r|<0.5$时，视为低度相关；

当$0.5\leqslant|r|<0.8$时，视为显著相关；

当$|r|\geqslant 0.8$时，视为高度相关。

二、回归分析

（一）回归分析的概念

为了说明变量之间的相关关系，可以用相关系数来加以反映。但是，相关系数仅能说明相关关系的方向和紧密程度，而不能说明变量之间因果的数量关系。当给出自变量某一数值时，不能根据相关系数来估计或预测因变量可能发生的数值。回归分析就是对具有相关关系的变量之间数量变化的一般关系进行测定，确定一个相关的数学表达式，以便于进行估计或预测的统计方法。回归分析根据模型中包含的自变量的多少可分为一元回归分析和多元回归分析。一元回归分析指一个自变量和一个因变量之间的回归分析，如一元直线回归：$y=a+bx$。多元回归指一个因变量和多个自变量的回归分析，如多元线性模型：$y=b_0+b_1x_1+b_2x_2+b_3x_3+\cdots+b_mx_m$。另外，回归分析中根据模型的自变量次数不同，可分为线性回归分析和非线性回归分析。线性回归分析中的自变量方次都是一次的，其他都是非线性回归。

回归的方法就是配合直线或配合曲线。用一条直线来代表现象之间的一般数量关系，这条直线在数学上叫作回归直线，表现这条直线的数学公式称为直线回归方程；用曲线来代表现象之间的一般数量关系，这条曲线在数学上叫作回归曲线，表现这条曲线的数学公式称为曲线回归方程，或称为非线性回归。

(二)直线回归

1. 简单直线回归分析

(1)简单直线回归分析的特点。

①在两个变量之间,进行回归分析时,必须根据研究目的,具体确定哪个是自变量,哪个是因变量。

②在两个现象互为根据的情况下,可以有两个回归方程——y 倚 x 回归方程和 x 倚 y 回归方程。这和用以说明两个变量之间关系密切程度的相关关系只能计算一个是不相同的。

③回归方程的主要作用在于给出自变量的数值来估计因变量的可能值。一个回归方程只能作一种推算。推算的结果表明变量之间的具体的变动关系。

(2)简单直线回归方程的确定和计算。简单直线回归方程又称一元一次回归方程,其基本形式是:

$$y \text{ 倚 } x \text{ 回归方程}: y_c = a + bx \tag{3-46}$$

$$x \text{ 倚 } y \text{ 回归方程}: x_c = c + dy \tag{3-47}$$

a 和 c 是两条直线的截距,b 和 d 是两条直线的回归系数。a、b、c、d 都是待定参数,我们需要确定这些参数的值。因为通过点(x_i, y_i)的直线可以有许多条,我们应选择这样的直线,通过它确定的拟合值与真实值的误差为最小。由于实际误差有正有负,因此可通过取平方来取消正负号的影响,即选择$\sum(y_i - \bar{y})^2$ 为最小的直线,这就是最小二乘法的思想。若使 $Q = \sum(y_i - \bar{y}_i)^2 = \sum(a + bx_i - y_i)^2$ 最小,则由微积分理论可知:

$$\frac{\partial Q}{\partial a} = 2\sum(a + bx_i - y_i) \times 1 = 0$$

$$\frac{\partial Q}{\partial b} = 2\sum(a + bx_i - y_i) \times x_i = 0$$

整理后得:

$$na + b\sum x_i - \sum y_i = 0$$

$$a\sum x_i + b\sum x_i^2 - \sum x_i y_i = 0$$

解此方程组得:

$$a = \bar{y} - b\bar{x} \tag{3-48}$$

$$b = \frac{n\sum xy - \sum x \sum y}{n\sum x^2 - (\sum x)^2} \tag{3-49}$$

从而得出 y 倚 x 回归方程:

$$y_c = a + bx$$

与此对应的 x 倚 y 回归方程的两个参数 c 和 d 的公式如下所示：

$$b = \frac{n\sum yx - \sum y \sum x}{n\sum y^2 - (\sum y)^2} \tag{3-50}$$

$$c = \bar{x} - b\bar{y} \tag{3-51}$$

从而得出 x 倚 y 回归方程：

$$x_c = c + dy$$

我们仍用表 3—7 的资料建立银行月吸纳存款额和当地居民的家庭月可支配收入之间的回归方程。计算过程如表 3—12 所示。

表 3—12　　　　　　　　直线回归方程计算表

序号	月吸纳存款额 y（万元）	当地居民的家庭月可支配收入 x（千元）	x^2	xy	y_c	$(y-y_c)^2$
1	12	6.2	38.44	74.4	11.804	0.038 416
2	20	8.6	73.96	172	28.652	74.857 1
3	31	8	64	248	24.44	43.033 6
4	38	11	121	418	45.5	56.25
5	50	11.5	132.25	575	49.01	0.980 1
6	61	13.2	174.24	805.2	60.944	0.003 136
7	72	16	256	1 152	80.6	73.96
8	80	13.5	182.25	1 080	63.05	287.302 5
合计	364	88	1 042.14	4 524.6	364	536.424 9

$$b = \frac{n\sum xy - \sum x \sum y}{n\sum x^2 - (\sum x)^2} = \frac{8 \times 4\ 524.6 - 364 \times 88}{8 \times 1\ 042.14 - 88^2} = 7.02$$

$$\bar{x} = \frac{\sum x}{n} = \frac{88}{8} = 11(千元)$$

$$\bar{y} = \frac{\sum y}{n} = \frac{364}{8} = 45.5(千元)$$

$$a = \bar{y} - b\bar{x} = 45.5 - 7.02 \times 11 = -31.72$$

则：$y_c = a + bx = -31.72 + 7.02x$

2. 多元线性回归分析

在实际中，通常影响因变量的因素有很多个。应用两个或更多的自变量来估计因变量,为多元线性回归分析。多元线性回归分析的步骤、方法和一元线性回归分析基本上是相同的,现以三元线性回归方程为例,介绍如下。

三元线性回归方程是一个因变量 y 倚两个自变量 x_1 和 x_2 的线性回归,其方程式为:

$$y_c = a + b_1 x_1 + b_2 x_2 \qquad (3-52)$$

依下列方程组计算三个参数 a、b_1、b_2:

$$\begin{cases} \sum y = na + b_1 \sum x_1 + b_2 \sum x_2 \\ \sum x_1 y = a \sum x_1 + b_1 \sum x_1^2 + b_2 \sum x_1 x_2 \\ \sum x_2 y = a \sum x_2 + b_2 \sum x_2^2 + b_1 \sum x_1 x_2 \end{cases}$$

表 3-13 提供了某地 8 家支行月吸纳存款额与当地居民的家庭月可支配收入及当地人口数的资料。根据这些资料,我们可做这三个因素间的多元线性回归分析。计算过程如表 3-13 所示。

表 3-13 　　　　　　　　多元线性回归分析计算表

序号	月吸纳存款额 y（万元）	当地居民的家庭月可支配收入 x_1（千元）	当地人口数 x_2（万人）	y_c	$(y-y_c)^2$
1	10	6.2	10	10.997 2	0.994 4
2	20	8.6	12	19.860 06	0.019 583
3	30	8	15	24.765 5	27.399 96
4	38	11	18	36.861 96	1.295 142
5	50	11.5	30	62.274 91	150.673 3
6	60	13.2	25	55.498 34	20.264 93
7	72	16	30	71.264 29	0.541 27
8	80	13.5	36	78.477 25	2.318 762
合计	360	88	176	359.999 5	203.507 363 1

根据表 3-13 资料计算得:

$$\sum x_2 y = 9\ 514$$

$$\sum x_1 x_2 = 2\ 124.2$$

$$\sum x_2^2 = 4\ 514$$

$$\sum x_1^2 = 1\ 042.14$$

$$\sum x_1 y = 4\ 491$$

代入求解参数的联立方程组：
$$\begin{cases} 360=8a+88b_1+176b_2 \\ 4\,491=88a+1\,042.14b_1+2\,124.2b_2 \\ 9\,514=176a+4\,514b_1+2\,124.2b_2 \end{cases}$$

解得：
$$\begin{cases} a=-21.7333 \\ b_1=1.9976 \\ b_2=2.0345 \end{cases}$$

$y_c=-21.7333+1.9976x_1+2.0345x_2$

（三）曲线回归

在对经济变量进行配合回归方程时，常遇到的问题是因变量和自变量间的关系并不是直线型，而是曲线型。这时通常采用变量代换法将非线性模型线性化，再按照线性模型的方法处理。

如模型为 $y=b_0+b_1x^1+b_2x^2+\cdots+b_mx^m$，可令 $z_1=x, z_2=x^2, z_3=x^3, \cdots, z_m=x^m$，则回归模型转化为多元线性回归方程，即：$y=b_0+b_1z_1+b_2z_2+\cdots+b_mz_m$，再根据线性回归模型的方法处理。

如模型为指数曲线型，即 $y_c=ab^x$，则把该式两边取对数得：$\lg y=\lg a+x\lg b$，令 $Y=\lg y, a_0=\lg a, b_0=\lg b$，于是指数曲线模型转化为一元线性回归模型：$Y=a_0+b_0x$。

如模型为双曲线模型，即 $y=a+\dfrac{b}{x}$，则可令 $z=\dfrac{1}{x}$，于是双曲线模型转化为一元线性回归模型：$y=a+bz$。

现以指数模型为例，介绍曲线回归模型的建立和求解。

现有12个企业的月产量和单位产品成本资料如表3—14所示，根据资料绘制的相关图如图3—8所示，可以看出两者之间呈现指数曲线型，因此，拟建立指数曲线方程以反映两者之间的数量关系。计算过程如表3—15所示。

表3—14　　　　　　　　12个同类企业月产量和单位产品成本

企业编号	月产量 x(吨)	单位产品成本 y(元)	企业编号	月产量 x(吨)	单位产品成本 y(元)
1	10	200	7	42	130
2	15	180	8	45	128
3	20	160	9	55	125
4	25	150	10	56	120
5	32	140	11	65	115
6	40	145	12	70	100

图 3—8　企业月产量与单位产品成本关系

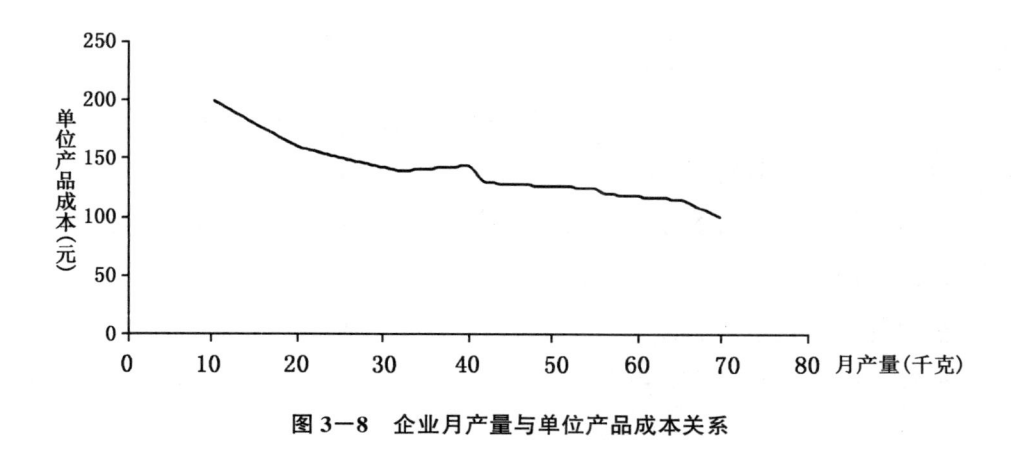

表 3—15　　　　　　**12 个企业的月产量与单位产品成本曲线回归计算表**

企业编号	x	y	x^2	$\lg y_c = y'_c$	xy'_c	y_c
	(1)	(2)	(3)	(4)	(5)	(6)
1	10	200	100	2.301 03	23.010 3	183.818 23
2	15	180	225	2.255 273	33.829 09	175.256 57
3	20	160	400	2.204 12	44.082 4	167.093 69
4	25	150	625	2.176 091	54.402 28	159.311 01
5	32	140	1 024	2.146 128	68.676 1	149.020 43
6	40	145	1 600	2.161 368	86.454 72	138.071 16
7	42	130	1 764	2.113 943	88.785 62	135.461 93
8	45	128	2 025	2.107 21	94.824 45	131.640 25
9	55	125	3 025	2.096 91	115.330 1	119.663 08
10	56	120	3 136	2.079 181	116.434 1	118.527 01
11	65	115	4 225	2.060 698	133.945 4	108.775 64
12	70	100	4 900	2	140	103.709 22
合　计	475	1 693	23 049	25.701 95	999.774 5	1 690.348 2

指数模型方程如下：

$$y_c = ab^x$$

可对方程两边取对数：

$$\lg y_c = \lg a + x \lg b$$

令 $y'_c = \lg y_c, A = \lg a, B = \lg b$，则得一元线性模型：

$$y'_c = A + Bx$$

$$\begin{cases} \sum y'_c = nA + B\sum x \\ \sum xy'_c = A\sum x + B\sum x^2 \end{cases}$$

根据表 3—15 计算得到的数据：

$n=12, \sum x=475, \sum x^2=23\,049, \sum y'_c=25.701\,95, \sum xy'_c=999.774\,5$

代入上述方程组得：

$$\begin{cases} 25.701\,95 = 12A + 475B \\ 999.774\,5 = 475A + 230\,49B \end{cases}$$

解得：

$$\begin{cases} A = 2.305\,817 \\ B = -0.004\,14 \end{cases} \begin{cases} a = 202.216\,7 \\ b = 0.990\,506 \end{cases}$$

则可得到该指数曲线方程：

$$y_c = ab^x = 202.216\,7 \times 0.990\,506^x$$

(四)估计标准误差

1. 估计标准误差的概念

直线回归是在直线相关条件下反映变量之间一般数量关系的平均线。根据直线回归方程，已知自变量的数值，就可以推算出因变量的数值。推算出来的因变量的数值是一个估计值，与实际值之间存在差异。由于我们要利用回归方程去推算未知的值，因而就必须考虑推算的数值与实际值相差多大，即推算的准确性问题，从另一个角度讲，也就是回归直线的代表性大小的问题。估计标准误差是指根据相关模型求出的理论值与观察值之间的标准差，是用来说明回归方程推算结果的准确程度，或者反映回归直线代表性大小的统计分析指标。估计标准误差越小，相关模型的代表性越强，各相关点距相关线近而集中，离散程度小，说明现象之间的相关关系越密切；估计标准误差越大，相关模型的代表性越弱，各相关点距相关线远而分散，离散程度大，说明现象之间的相关关系不密切。

2. 一元线性回归估计标准误差的测定

(1)根据因变量实际值和估计值的离差计算。计算公式如下：

$$S_{yx} = \sqrt{\frac{\sum(y - y_c)^2}{n - 2}} \tag{3-53}$$

式中：y——因变量数列的实际值；y_c——根据回归方程推算出来的估计值。

根据表 3—12 的资料计算估计标准误差：

$$S_{yx} = \sqrt{\frac{\sum(y-y_c)^2}{n-2}} = \sqrt{\frac{536.4249}{8-2}} = 9.46(万元)$$

如果 $S_{yx}=0$，意味着 y 和 y_c 没有差异，从相关图上看，则表明所有的相关点全在 y_c 这条直线上，说明估计值完全准确。

(2) 根据 a、b 两个参数值计算估计标准误差。计算公式如下：

$$S_{yx} = \sqrt{\frac{\sum y^2 - a\sum y - b\sum xy}{n-2}} \tag{3-54}$$

还是根据表 3-12 的资料计算估计标准误差：

$$S_{yx} = \sqrt{\frac{20\,754-(-31.72)\times 364-7.02\times 4\,524.6}{8-2}} = 9.46(万元)$$

由计算结果看，两种方法下所得结果一样。

3. 多元线性回归估计标准误差的测定

与简单直线回归估计标准误差的测定方程相似，多元线性回归估计标准误差的测定公式为（以二元回归为例）：

$$S_{yx} = \sqrt{\frac{\sum(y-y_c)^2}{n-3}} \tag{3-55}$$

式中：y——因变量的实际值；y_c——回归方程式计算的估计值；n——样本单位数。

简捷公式为：

$$S_{yx} = \sqrt{\frac{\sum y^2 - a\sum y - b_1\sum x_1 y - b_2\sum x_2 y}{n-3}} \tag{3-56}$$

根据表 3-13 资料可得：

$$S_{yx} = \sqrt{\frac{203.507}{8-3}} = 6.38(万元)$$

4. 相关系数和估计标准误差的关系

相关系数和估计标准误差可以从不同角度说明变量间是否具有相关性和相关性的大小，由于相关系数表明关系程度比较明确，而且能直接辨别出是正相关或是负相关，所以一般情况下较多使用相关系数。

这两个指标在数量上具有如下关系：

$$r = \sqrt{\frac{\sigma_y^2 - S_{yx}^2}{\sigma_y^2}} = \sqrt{1-\frac{S_{yx}^2}{\sigma_y^2}} \tag{3-57}$$

仍用表 3-12 资料来验证。根据资料，计算如下：

$$\sigma_y^2 = \frac{\sum(y-\bar{y})^2}{n} = \frac{4\,192}{8} = 524$$

$$S_{yx}^2 = 9.46^2 = 89.491\,6$$

$$r = \sqrt{1 - \frac{89.491\,6}{524}} \approx 0.910\,6$$

或
$$S_{yx} = \sigma_y\sqrt{1-r^2}$$

仍用上例：

已知：$\sigma_y = \sqrt{\dfrac{\sum(y-\bar{y})^2}{n}} = \sqrt{\dfrac{4\,192}{8}} = 22.89, r = 0.910\,6$

$$S_{yx} = 22.89 \times \sqrt{1-0.910\,6^2} = 9.46(万元)$$

相关系数和估计标准误差在数值的大小上表现为相反的关系：

(1) r 值越大，S_{yx} 值越小；r 值越小，则 S_{yx} 值越大。r 值越大，说明相关程度越密切，这时 S_{yx} 值越小，也就是相关点距离回归直线比较近。r 值越小，说明相关程度不密切，这时 S_{yx} 值越大，从相关图上看，也就是相关点距离回归直线比较远。

(2) 当 $r = \pm 1$ 时，即完全相关时，则 $S_{yx} = \sigma_y\sqrt{1-r^2} = \sigma_y \times 0 = 0$，即估计标准误差等于 0，所有的观察值全在回归直线 y_c 上，这也就是完全相关。

(3) 当 $r = 0$ 时，即不相关时，则 $S_{yx} = \sigma_y\sqrt{1-r^2} = \sigma_y \times \sqrt{1-0^2} = \sigma_y$，说明观察值与回归直线的距离和观察值与 y 数列的平均线的距离一样，x 值不管怎样变化，y_c 的值始终不变，永远等于 y 数列的平均值。

(五) 线性相关的显著性检验

两变量间是否真正存在显著的线性相关关系，可通过对相关系数的显著性检验或回归系数的假设检验（方差分析）来作出判断。

1. 相关系数的显著性检验（t 检验）

首先提出：

零假设 $H_0: \rho = 0$（总体相关系数为 0，表示总体的两变量间线性相关性不显著）

备择假设 $H_1: \rho \neq 0$（表示总体的两变量间线性相关性显著）

可以证明，当零假设成立时，统计量 t 服从自由度为 $n-2$ 的 t 分布，即：

$$t = r\sqrt{n-2}/\sqrt{1-r^2} \sim t(n-2) \tag{3-58}$$

对于给定的显著性水平 α，查 t 分布表得临界值 $t_{\alpha/2}(n-2)$，将 t 值与临界值进行比较：

当 $|t| < t_{\alpha/2}(n-2)$，接受 H_0，表示总体的两变量间线性相关性不显著；

当 $|t| \geq t_{\alpha/2}(n-2)$，拒绝 H_0，表示总体的两变量间线性相关性显著。

根据前面表 3－12 资料建立的回归方程如下,以此为依据对回归方程进行 t 检验。

$y_c = a + bx = -31.72 + 7.02x$

$r = 0.9106$

当 $\alpha = 0.05$ 时,

$t = r\sqrt{n-2}/\sqrt{1-r^2} \sim t(n-2)$

$\quad = 0.9106 \times \sqrt{8-2}/\sqrt{1-0.9106^2} = 5.396965$(统计量)

$t_{\alpha/2}(n-2) = t_{0.025}(14) = 2.1448$(临界值)

统计量大于临界值,因此拒绝 H_0,月吸纳存款额和当地居民的家庭月可支配收入之间存在显著的线性相关关系,所拟合的线性回归方程具有 95% 的置信概率。

2. 回归系数的方差分析(F 检验)

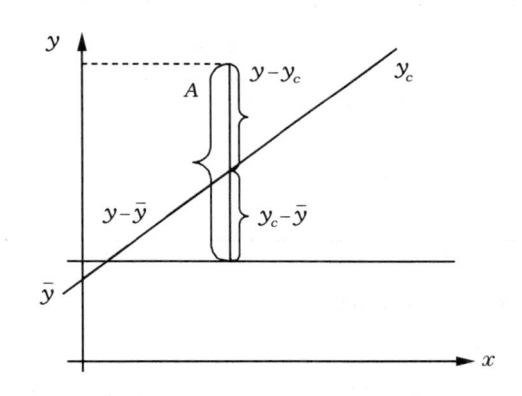

图 3－9 观察值 y、估计值 y_c 和平均值 $\bar{y}$ 之间的关系

回归方程的建立过程中,会涉及观察值 y、估计值 y_c 和平均值 $\bar{y}$,图 3－9 揭示的是这三者的关系,也即:

$$\sum(y-\bar{y})^2 = \sum(y-y_c)^2 + \sum(y_c-\bar{y})^2$$

$\sum(y-\bar{y})^2$ 称为总离差平方和,其自由度为 $(n-1)$;$\sum(y-y_c)^2$ 称为剩余平方和,其自由度为 $(n-2)$;$\sum(y_c-\bar{y})^2$ 称为回归平方和,其自由度为 1。

剩余平方和反映自变量对因变量的线性影响之外的一切因素(包括 x 对 y 的非线性影响和测量误差等)对因变量的作用。回归平方和反映在总离差平方和中,由于 x 与 y 的线性关系而引起因变量变化的部分。回归效果的好坏取决于回归平方和在总离差平方和中所占的比重,比重越大,则所有观察点距离回归直线就越近,自变量与因变量的线性相关程度越高,线性回归分析的效果就越好。

要检验总体两变量间是否真正线性相关,可以检验总体的回归系数 β 是否等于 0。首先提出:

零假设 $H_0: \beta = 0$(总体相关系数为 0,表示总体的两变量间线性相关性不显著)

备择假设 $H_1: \beta \neq 0$(表示总体的两变量间线性相关性显著)

可以证明,当零假设成立时,统计量 F 服从第一自由度为 1,第二自由度为 $n-2$ 的 F 分布,即:

$$F = \frac{U/\sigma^2}{Q/(n-2)\sigma^2} = \frac{U}{Q/(n-2)} \sim F(1, n-2) \qquad (3-59)$$

对于给定的显著性水平 α,查 F 分布表确定临界值 $F_\alpha(1, n-2)$,则:

当 $F < F_\alpha(1, n-2)$ 时,接受 H_0,表示总体的两变量间线性相关性不显著;

当 $F > F_\alpha(1, n-2)$ 时,拒绝 H_0,表示总体的两变量间线性相关性显著。

据表 3-12 资料得到方差分析表(见表 3-16)。

表 3—16　　　　　　　　　　方差分析表

离差来源	平方和	自由度	F 值
回归	3 653.649	1	40.87
剩余	536.424 9	6	
总离差	4 190.073 9	7	

当 $\alpha = 0.05$ 时,查 F 分布表得临界值:

$F_\alpha(1, n-2) = 4.60$

$F > F_\alpha(1, n-2)$,则拒绝零假设,认为总体两变量间的线性相关关系是显著的,所拟合的线性回归方程具有 95% 的置信概率。

关键概念

统计指数　数量指标指数　质量指标指数　个体指数　算术平均指数　调和平均指数　指数体系　因素分析　相关关系　函数关系　相关分析　相关系数　回归分析　线性回归　估计标准误　t 检验　F 检验

学习小结

指数可以分为质量指标指数和数量指标指数,也可分为个体指数、组指数和总指数等。

综合指数的编制方法有拉氏指标指数和帕氏指标指数之分。对同一资料,都可计算这两种指数,但计算结果有差异。

平均指数可分为算术平均指数和调和平均指数。

广义的指数体系是由若干个内容上相互关联的统计指数所结成的体系,狭义的指数体系指几个指数间在一定的经济联系基础上所结成的较为严密的数量关系式。包括个体指标的因素分析、综合指数体系的因素分析和平均指标指数体系的因素分析。

客观现象之间的数量依存关系可分为函数关系和相关关系。相关关系分析中最重要的是计算相关系数,相关系数越接近于±1,说明现象间相关性越强。

回归分析是对具有相关关系的变量之间数量变化的一般关系进行测定,确定一个相关的数学表达式,以便于进行估计和预测的方法。回归的方法就是配合直线或曲线。

估计标准误差是指根据相关模型求出的理论值与观察值之间的标准差,用来说明回归方程统计结果的准确性。两变量间是否存在显著的线性相关关系,可通过对相关系数的显著性检验(t 检验)或回归系数的假设检验(F 检验)来作出判断。

课堂测试题

1. 线性回归分析中为什么要进行 t 检验和 F 检验?
2. 请说明拉氏指数、帕氏指数、算术平均指数及调和平均指数之间的关系。
3. 请简述结构变动影响指数、固定构成指数、可变构成指数之间的关系。

课堂测试题答案

课后练习题

一、名词解释

1. 统计指数
2. 质量指标指数
3. 数量指标指数
4. 个体指数
5. 动态指数
6. 静态指数
7. 平均指标指数
8. 指数体系
9. 回归分析

二、单项选择题

1. 下列指数不属于总值指数的是(　　)。
   A. 生产量指数　　　B. 销售额指数　　　C. 成本额指数　　　D. 总产值指数
2. 关于拉氏指数与帕氏指数,下列说法正确的是(　　)。

A. 拉氏指数大于帕氏指数　　　　　　B. 拉氏指数等于帕氏指数
C. 拉氏指数小于帕氏指数　　　　　　D. 以上说法均不对

3. 关于拉氏指数、帕氏指数、算术平均指数及调和平均指数之间的关系,下列说法正确的是(　　)。

A. 拉氏指数等于算术平均指数　　　　B. 帕氏指数等于调和平均指数
C. 算术平均指数等于调和平均指数　　D. 以上说法均不对

4. 关于结构变动影响指数、固定构成指数、可变构成指数之间的关系,下列表达式正确的是(　　)。

A. I 结构 $=I$ 固定 $\times I$ 可变　　　　B. I 可变 $=I$ 固定 $\times I$ 结构
C. I 结构 $=I$ 固定 $+I$ 可变　　　　D. I 可变 $=I$ 固定 $+I$ 结构

5. 从相关程度来划分,相关关系可分为(　　)。

A. 单相关与复相关　　　　　　　　B. 直线相关与曲线相关
C. 完全相关、不完全相关、无相关　D. 正相关与负相关

三、多项选择题

1. 下列指数属于质量指标指数的是(　　)。
A. 物价指数　　B. 股价指数　　C. 销售量指数　　D. 成本指数

2. 下列指数属于个体指数的是(　　)。
A. 动态相对数　B. 比较相对数　C. 计划完成相对数　D. 零售物价指数

3. 下列指数属于空间指数的是(　　)。
A. 购买力平价指数　B. 人均 GDP 指数　C. 消费者价格指数　D. 沪深 300 指数

4. 当两组数据的相关系数等于—0.5 时,下列说法正确的是(　　)。
A. 两组数据显著相关　B. 两组数据负相关　C. 两组数据低度相关　D. 两组数据正相关

四、简答题

1. 我国居民消费价格指数是如何计算的?它属于指数分类体系中的哪一种指数?
2. 举例说明个体指数、算术平均指数和调和平均指数之间在适用范围上的区别。
3. 进行多因素指数体系分析时,各因素作为同度量因素时如何确定用其基期值还是报告期值?
4. 举例说明相关关系和函数关系、相关分析和回归分析的区别。
5. 线性回归分析中为什么要进行 t 检验和 F 检验?

五、计算题

1. 表 3—17 是某人在两个不同的时期内购买股票情况。

表 3—17　　　　　　　　某人购买股票情况明细表

股票代码	股价(元)		购买数量(股)		个体指数(%)		支付额(元)			
	p_0	p_1	q_0	q_1	p_1/p_0	q_1/q_0	$p_0 q_0$	$p_1 q_1$	$p_0 q_1$	$p_1 q_0$
A	9.08	9.83	600	300	108.26	50	5 448	2 949	2 724	5 898

续表

股票代码	股价(元) p_0	股价(元) p_1	购买数量(股) q_0	购买数量(股) q_1	个体指数(%) p_1/p_0	个体指数(%) q_1/q_0	支付额(元) p_0q_0	支付额(元) p_1q_1	支付额(元) p_0q_1	支付额(元) p_1q_0
B	2.35	3.02	200	500	128.51	250	470	1 510	1 175	604
C	6.09	5.57	100	500	91.46	500	609	2 785	3 045	557
合计							6 527	7 244	6 944	7 059

分别用拉氏与帕氏形式计算综合价格指数和指数额指数，并比较大小。

2. 表3-18是根据某人在两个不同的时期内购买股票情况整理的算术平均指数计算表。

表 3—18　　　　　　　　　　　算术平均指数计算表

股票代码	个体指数(%) p_1/p_0	个体指数(%) q_1/q_0	支付额(元) p_0q_0	支付额(元) p_1q_1	$p_1/p_0 \cdot p_0q_0$	$q_1/q_0 \cdot p_0q_0$
A	108.26	50	5 448	2 949	5 898	2 724
B	128.51	250	470	1 510	604	1 175
C	91.46	500	609	2 785	557	3 045
合计			6 527	7 244	7 059	6 944

采用基期总值加权算术平均指数计算这三只股票的价格指数与支付额指数。

3. 表3-19是根据某人在两个不同的时期内购买股票情况整理的调和平均指数计算表。

表 3—19　　　　　　　　　　　调和平均指数计算表

股票代码	个体指数(%) p_1/p_0	个体指数(%) q_1/q_0	支付额(元) p_0q_0	支付额(元) p_1q_1	$p_0/p_1 \cdot p_0q_0$	$q_0/q_1 \cdot p_0q_0$
A	108.26	50	5 448	2 949	2 724	5 898
B	128.51	250	470	1 510	1 175	604
C	91.46	5 00	609	2 785	3 045	557
合计			6 527	7 244	6 944	7 059

4. 根据计算题第1题的计算结果，将总值指数分解为拉氏价格指数与帕氏支付额指数之积。

5. 表3-20是10家同类企业的年产量与生产成本数据：

表 3—20　　　　　　　　　10家同类企业的年产量与生产成本

企业代码	年产量(吨)	成本(万元)	企业代码	年产量(吨)	成本(万元)
1	506	10.2	6	632	14.5
2	673	16.1	7	699	16.6
3	782	19.1	8	539	11.2

续表

企业代码	年产量(吨)	成本(万元)	企业代码	年产量(吨)	成本(万元)
4	487	9.6	9	597	13.2
5	589	12.9	10	629	14.6

计算年产量数据与成本数据的相关系数,并以年产量数据为自变量、生产成本数据为因变量建立线性回归模型。

拓展阅读

第四章　中央银行统计

学习目标

1. 知识目标

掌握中央银行货币政策中间指标体系的构成；掌握货币供应量的层次、结构的变动分析，理解货币供应量与有关经济变量的关系。

2. 能力目标

初步掌握货币概览与银行概览的编制方法；了解利率的统计分组，掌握平均利率和利率指数的计算，理解各种利率统计分析方法，了解利率风险的产生及其预测防范，学会用缺口分析和期间分析法对利率风险进行评估；学会计算几种主要的货币购买力分析指标。

3. 思政目标

学习中央银行统计相关知识有助于进一步了解中央银行在实现国家发展战略、维护金融稳定和促进经济增长方面的重要性。

第一节　中央银行货币政策中间指标体系

中央银行货币政策的最终目标是：币值稳定、充分就业、经济增长和国际收支平衡。该目标也是一个国家的宏观经济目标。中央银行仅仅是通过货币政策工具的操作，调节货币供应量的变化，从而间接影响宏观经济目标，它无法直接控制和实现宏观经济目标，因此，中央银行必须通过在货币政策工具和最终货币政策目标之间建立用金融指标表示的操作指标和中间指标，形成政策工具→操作指标→中间指标→最终目标的目标体系，便于在政策实施后密切观察这些目标的实现情况，以便随时修正政策的力度和方向，保证政策的作用机制不偏离政策轨道，获得宏观经济目标的最佳效果。

一、货币政策中间指标选择的一般原则

(一)可测性

中央银行所选择的中间指标必须具有明确而合理的内涵和外延,便于观察、分析和检测,同时有稳定的取得资料的渠道,便于中央银行迅速而准确地测定相关指标,进行定量分析。

(二)可控性

中央银行能通过各种货币政策工具的运用,对货币政策中间指标进行有效的控制和调节,较准确地控制该中间指标的变动状况及其变动趋势,进行日常金融管理控制。

(三)相关性

中央银行所选择的中间指标必须与货币政策最终目标有密切的关系,通过对中间目标的控制和调节,促使货币政策最终目标的实现。

(四)抗干扰性

由于货币政策在实施过程中常会受到许多外来因素或非政策因素的干扰,所以中央银行选择的中间指标必须不受这些因素的影响,使得货币政策能顺利实施,最大限度地达到预期效果。

二、货币政策中间指标体系

中央银行货币政策发生作用的过程相当复杂。在这个过程中,如果要求某一金融变量同时具备中间指标的四个条件是很困难的,因此,货币政策中间指标往往不止一个,而是由几个金融变量组成中间指标体系。在该体系中,根据各个指标对货币政策工具作出反应的先后及距离最终目标的远近,通常将它们分为两类,一类是近期指标,另一类是远期指标。近期指标是货币政策工具直接作用的对象,中央银行对它们的控制力较强,但这些指标距离货币政策的最终目标较远;远期指标是中央银行货币政策工具间接作用的对象,中央银行对它们的控制力较弱,但这些指标距离货币政策最终目标较近。所以近期指标和远期指标各有优缺点,应将两者相互配合,取长补短,合理搭配。只有这样,才能充分发挥货币政策的效力,以实现其最终目标。

(一)近期指标

1. 存款准备金

存款准备金由商业银行的库存现金及其在中央银行的准备金存款两部分组成,包括法定准备金和超额准备金。

就可测性而言,存款准备金尤其是法定存款准备金是满足这一要求的。因为法定存款准备金是商业银行缴存中央银行的,所以中央银行对其可以了如指掌。

就可控性而言,存款准备金也是容易满足要求的。首先,因为存款准备金是中央银行负债的组成部分,所以只要中央银行控制住创造负债的总规模,也就能控制住存款准备金。其次,从商业银行的存款准备金来源看,无非是吸收的存款、自有资金,向中央银行借入的款项、金融市场上筹措的资金。中央银行可以通过控制自身负债规模、要求商业银行进行申报注册、控制向商业银行的贷款规模等手段来对存款准备金加以控制。

就存款准备金与货币政策目标的相关性而言,也是可以满足要求的。银行体系存款准备金增加,则意味着信贷规模的萎缩、货币供应量的减少,有利于减少社会总需求,稳定物价,促进经济稳定发展。而银行体系的存款准备金减少,也可以在一定程度上抑制经济衰退,促使经济复苏。

但是,存款准备金作为货币政策近期中间指标仍具有一定的局限性。随着金融市场的不断发展、金融创新的深化以及金融管制的逐步放松,存款准备金作为货币政策近期中间指标,在可控性方面日益暴露出局限性。存款准备金不仅仅取决于中央银行的行为,更多地取决于商业银行的经营偏好,以及公众的持现比率。

2. 基础货币

基础货币是流通中的现金和商业银行存款准备金的总和,也就是中央银行货币性负债的总额。在现代信用货币流通的条件下,中央银行增加货币发行和向商业银行放款,是增加基础货币的最主要途径。而货币供应量等于基础货币乘以货币乘数,在货币乘数一定或变化可测的情况下,通过调节基础货币就可以控制货币供应量。因此,将基础货币作为货币政策的中间指标,具有重要的意义。

就可测性而言,基础货币作为中央银行的负债,由流通中的现金和商业银行的准备金组成。中央银行每年向流通中注入多少现金货币,是完全可以测算出来的。而关于商业银行法定准备金的数据资料也可以随时掌握,因此,基础货币作为货币政策中间指标能够满足可测性的要求。

就可控性而言,基础货币是中央银行可直接控制的金融变量。每年向社会注入多少现金,在一般情况下,是中央银行按照经济发展的要求,结合社会经济、金融形势自主决定的。至于商业银行准备金,中央银行可以通过调整法定存款准备率加以控制,即使对超额准备金部分也可加以影响。所以,基础货币作为货币政策中间指标能够满足可控性要求。

就基础货币与货币政策目标的相关性而言,由于基础货币能由中央银行直接控制,而它又是商业银行创造信用的基础,因此,中央银行可以通过调节基础货币,使商业银行及公众调整其资产构成,并通过货币乘数的作用改变全社会的货币供应量,从而调节价格、利率以及整个社会的经济活动,进而影响到货币政策最终目标的实现。

因此，基础货币与货币政策目标具有较强的相关性。

3. 短期利率

短期利率通常是指能够反映市场资金供求状况、变动灵活的市场利率。它是影响货币供应量和银行信贷规模的重要指标，同时，也是中央银行用于控制货币供应量、调节货币市场供求关系、实现货币政策目标的一个重要指标。

就可测性而言，中央银行可以随时观察和掌握市场利率水平及其结构方面的资料。中央银行制订的再贴现率除了表现为商业银行向中央银行的贷款成本外，还具有一定的告示作用，利率将会随再贴现率的变动而作相应的调整。

就可控性而言，尽管中央银行不能直接控制市场利率，但是中央银行可以根据货币市场资金供求状况和一定时期货币政策目标的要求，通过再贴现率调控市场利率。此外，中央银行可以通过更具主动性和灵活性的公开市场业务来调节市场利率。

就短期利率与货币政策目标的相关性而言，当经济活动过热从而可能引发通货膨胀时，贷款者由于考虑到贷放资金的价值损失，会要求提高利率；借款者因投资有利可图，愿意支付较高的利率，因而利率有上升的趋势。而利率的上升可以在一定程度上抑制过热的经济，有利于中央银行治理通货膨胀。

4. 货币市场行情

货币市场是指期限在1年以内的短期金融工具的交易市场。其交易者主要是资金的临时闲置者和资金的暂时需求者，其交易对象主要是国库券、商业票据、银行承兑票据等。货币市场的主要功能是调剂暂时性的资金余缺。

货币市场行情能迅速反映整个社会的货币需求及其变动状况。西方经济学家称货币市场行情为"由几种变量组成的模糊混合物"。这些变量可用来测量货币市场的资金供求状况，主要包括联邦基金利率、国库券利率、会员银行借款的未偿还金额、自由准备金，以及联储对货币市场变化的主观估计等。但是，货币市场行情作为货币政策的中间指标存在着两方面缺陷：第一，由于货币市场行情具有一定的主观性，可测性不强；第二，货币市场行情是由一系列指标综合反映的，当这些指标发生逆向变化时，就无法获得一个综合的、统一的结论。

(二) 远期指标

1. 货币供应量

货币供应量作为货币政策中间指标，是现代货币数量学说针对凯恩斯学派以利率作为货币政策中间指标而提出的主张。一般来说，大多数国家根据货币的流动性，把货币供应量划分为 M_0、M_1、M_2、M_3 几个层次。

就可测性而言，这四个指标都必须从中央银行、商业银行以及其他非银行金融机构的资产负债表上获得，并可进行量化分析，因而能够满足可测性的要求。

就可控性而言，M_0由中央银行直接创造并注入流通，其可控性最强；而商业银行的货币性负债主要是靠中央银行的货币性负债支撑的，因此，只要中央银行控制住了M_0，就等于间接控制住了M_1、M_2、M_3。因此，M_0、M_1、M_2、M_3这四个货币供应量指标是可以满足可控性要求的。

就相关性而言，M_0、M_1、M_2、M_3基本代表了一定时期的社会总需求量以及整个社会的购买力。因此，一定时期的货币供应不足，会导致社会总需求小于总供给，而社会有效需求不足，就会造成资源闲置，从而阻碍经济的发展；相反，一定时期的货币供应过多，社会总需求就会大于总供给，而社会需求过旺，会导致物价上涨，引发通货膨胀，同样也会阻碍经济的发展。因此，中央银行可以根据经济形势的变化对货币供应量做出相应的调节，从而促进货币政策目标的顺利实现。

2. 银行信贷规模

银行信贷规模通常是指银行体系对社会公众及各经济单位的存贷款总额。存贷款总额一般呈同增同减的变动趋势，贷款总额减去存款总额就是流通中的现金。由于信贷规模直接影响到货币供应量，因此，银行信贷规模是否适度对货币供应以及国民经济的正常运转有着重要的影响。

就可测性而言，中央银行通过统计银行和非银行金融机构的资产负债表上的各个相关部门项目及构成，就能随时观测和分析银行信用总量极其构成，测算出银行信贷规模。

就可控性而言，中央银行通过改变法定准备金率、再贴现率或是在公开市场上的证券买卖活动，就能间接控制社会上的可贷资金。并且中央银行通过调整利率，改变存、贷款人的利息收入，也能间接地控制社会贷款的总量，从而控制银行信用量。所以，银行信贷规模作为货币政策中间目标可以满足可控性要求。

就相关性而言，由于银行信贷规模决定着社会货币供应量，从而决定着社会总需求，当银行信贷规模过大，社会存贷款总量过多时，就会引起货币供应量过多，造成社会总需求增加过快，从而出现通货膨胀的势头，进而影响和阻碍中央银行货币政策目标的实现；反之，银行信贷规模过小，社会总需求不足，也会影响货币政策目标的实现。

从上面的分析可以看出，银行信贷规模符合货币政策远期中间目标的条件。随着商品经济的不断发展，信用在社会经济生活中的地位和作用日益增强，因此，对银行信贷规模的监测和调控将更加具有现实意义。

除货币供应量和银行信贷规模外，长期利率（主要指中、长期债券利率）也曾作为英国中央银行的货币政策中间指标。

第二节 货币供应量统计

一、货币供应量

货币供应量是指一国在某一时点承担流通手段和支付手段职能的货币总额,它是一个存量概念,一般表现为现金和除政府之外的全部居民和机构在金融机构的存款,反映了该时点上全社会的支付和购买能力。

货币供应量作为一种统计指标,是为观察宏观经济变化而设计的。货币供应量统计的是货币,但不是所有的货币都纳入货币供应量。只有社会公众用于商品和劳务以及证券交易的货币存量才纳入统计。这些货币可能是用于即期交易的现金、活期存款,也可能是潜在的交易手段,如定期存款、储蓄存款等。银行之间的债权、债务虽然也是货币,但其不计入货币供应量,因为它没有面对商品、劳务和证券的流通。中央财政在银行的存款不计入货币供应量,其拨付给社会公众后才纳入货币供应量。

至今为止人们对"货币"的定义还没有定论,因此,对于货币供应量,只能从统计的角度,依据金融资产的流动性大小和实践中的需要,从不同层次对其进行描述。

二、货币层次划分

(一)货币层次的划分

目前,大多数经济学家都认为应根据金融资产的流动性来定义货币,确定货币供应量的范围。所谓金融资产的流动性,是指一种金融资产能迅速转换成现金而使持有人不发生损失的能力,也就是变为现实的流通手段和支付手段的能力,也称变现力。根据资产的流动性来划分货币供应量层次,已为大多数国家政府所接受。

IMF 于 1996 年制定了《货币与金融统计手册》,并于 1997 年、2000 年进行了两次修订。1997 年的修订手册指出:中央银行在编制货币供应量统计时,必须依据机构组织和市场特点,满足政策制定和经济分析的需要,以实证分析为依据。货币供应量统计口径为:

$$M_0:流通中现金 \tag{4-1}$$

$$M_1:M_0+可转让本币存款和在国内可直接支付的外币存款 \tag{4-2}$$

$$M_2:M_1+单位定期存款和储蓄存款+外汇存款+可转让大额存单 \tag{4-3}$$

$$M_3:广义货币,M_2+外汇定期存款+商业票据+互助金存款+旅游支票 \tag{4-4}$$

2000 年出版的《货币与金融统计手册》取消了对货币定义及货币层次的划分,转而从金融资产、货币持有部门、货币发行部门三个方面描述广义货币量。

(二)我国货币层次的划分

我国于 1994 年 10 月份正式向社会公布了货币供应量统计。货币供应量分为以下三个层次:M_0＝流通中现金;狭义货币 M_1＝M_0＋单位活期存款;广义货币 M_2＝M_1＋储蓄存款和企业定期存款。2001 年 6 月份第一次修订货币供应量,将证券公司客户保证金计入 M_2。2002 年初第二次修订货币供应量,将在中国的外资、合资金融机构的人民币存款业务分别计入不同层次的货币供应量。2011 年 10 月,鉴于非存款类金融机构在存款类金融机构的存款和住房公积金存款规模较大并已对货币供应量造成影响,央行将上述两类存款纳入 M_2 的统计范围。2018 年 1 月,中国人民银行完善货币供应量中货币市场基金部分的统计方法,用非存款机构部门持有的货币市场基金取代货币市场基金存款(含存单)。经过四次调整,M_2 主要包括四部分内容:流通中货币(M_0)、企业存款、居民存款、非银存款。其中,货币基金存款(含存单)计入 M_2 中的非银存款。修订后的货币供应量层次划分如下:

$$M_0 = 流通中的现金 \quad (4-5)$$

$$M_1 = M_0 + 企业单位活期存款 + 农村存款 + 机关团体部队存款 \quad (4-6)$$

$$M_2 = M_1 + 企业单位定期存款 + 自筹基本建设存款 + 个人储蓄存款 + 其他存款 \quad (4-7)$$

货币供应量统计经过前两次修订,仍未全面反映金融市场的变化:一是货币在境内外的流动加大。货币在境内外的流动表现为人民币的流出和外币的流入。二是出现一些新的金融资产且交易量增长迅速,与货币供应量统计相关的有短期金融债券、商业票据、债券回购等。三是金融机构发生变化。随着金融市场的发展,出现了证券公司、投资基金公司、担保公司、养老基金公司、期货公司等非银行金融机构,它们的一些资产构成了货币供应量。也有部分存款性机构进行清理整顿,它们吸收的存款不应包括在货币供应量之内。保险公司业务的发展使保险存款增长较快,对货币供应量影响较大。此外,相继出现的担保公司、养老基金公司、期货公司等金融机构,它们在存款性公司的存款也应纳入货币供应量的统计范围。四是部分金融资产的流动性发生变动。近几年随着金融的发展,原未计入货币供应量的一部分金融资产的流动性发生变动,主要有银行卡项下的活期储蓄存款、结算中的款项和预算外财政存款等。因此,为充分反映金融市场的发展,更好地调控宏观经济运行,中国人民银行目前对我国货币供应量统计口径作第三次和第四次修订。央行第四次调整 M_2 统计口径,也是央行首次纳入银行存款以外的项目。综合各家机构观点,将货币基金视作货币,反映央行在金融去杠杆、货币基金规模持续扩大的背景下,更加重视货币基金监管的宏观审慎考虑。

三、基础货币

基础货币又称高能货币、强力货币,是广义货币量最基础的部分,通常是指起创造存款货币作用的商业银行在中央银行的存款准备金与流通于银行体系之外的通货这两者的总和。前者包括商业银行持有的库存现金、在中央银行的法定存款准备金和超额存款准备金。

我国基础货币由金融机构库存现金、流通中货币、金融机构特种存款、金融机构缴存准备金和邮政储蓄转存款构成。我国基础货币统计表如表4—1所示。

表 4—1　　　　　　　　　中国基础货币统计表　　　　　　　　金额单位:亿元

项目名称	本月余额	上年同期	比上月增减	比年初增减	余额比同期(%)
基础货币					
库存现金(金融机构)					
流通中货币(中国人民银行)					
金融机构缴存准备金(中国人民银行)					
金融机构特种存款(中国人民银行)					
邮政储蓄转存款(中国人民银行)					

四、货币乘数

货币乘数也称为信用扩张倍数或基础货币扩张倍数,基本上反映了基础货币与货币供给总量之间的数量关系,其计算公式如下:

$$K = \frac{M_S}{B} \tag{4-8}$$

式中:K——货币乘数;M_S——货币供应量;B——基础货币。

从上式我们也可得出,$M_S = B \cdot K$,即货币供应量等于基础货币乘以货币乘数。

如果货币乘数为常数,基础货币又是完全外生决定的,那么,中央银行通过调节基础货币就可以完全准确地控制货币供应量。但是,货币乘数不一定是常数,一般来说,货币供给量等于流通中现金与存款总额之和,基础货币是现金和存款准备金之和,即 $M_S = C + D$,$B = C + R$,其中,C 表示现金,D 表示存款,R 表示商业银行准备金(包括法定准备金和超额准备金)。因此,货币乘数的计算公式可进一步表示为:

$$K = \frac{M_S}{B} = \frac{C+D}{C+R} = \frac{1+\frac{C}{D}}{\frac{C}{D}+\frac{R}{D}} = \frac{1+C'}{C'+r} \tag{4-9}$$

式中：C'——现金漏损率，亦称现金存款比率；r——准备金比率，包括法定准备金率（r_d）和超额准备金率（r_e）。

在决定货币乘数的系数中，中央银行可以控制的只有法定准备金比率 r_d，而现金存款比率 C' 和超额准备金率 r_e 分别由社会公众和存款机构决定，它们不是固定的，而且很容易受经济活动的影响。所以，中央银行一般通过调整法定准备金率、贴现率或存贷款利率来改变货币乘数。

五、货币供应量统计分析

（一）货币供应量统计分析

货币供应量在一定程度上反映了全社会有支付能力的购买需求。因此，货币供应量的变化可以反映社会需求的变化。通过货币供应量的层次与结构的变动分析，我们可以从总体上把握社会总供求的相对变动情况。

1. 各层次货币变动分析

各国中央银行都会通过对不同层次货币的增减变动进行分析，来判断经济金融形势的变化。下面以2008—2023年我国各层次货币供应量统计资料为例进行说明。

表4—2　　　　　　　　　　2008—2023年我国各层次货币供应量

年份	货币和准货币 M_2（亿元）	同期增长率（%）	货币 M_1（亿元）	同期增长率（%）	流通中货币 M_0（亿元）	同期增长率（%）
2008	475 166.6	—	166 217.1	—	34 218.9	—
2009	610 224.5	28.42	221 445.8	33.23	38 246.9	11.77
2010	725 851.7	18.95	266 621.5	20.40	44 628.1	16.68
2011	851 590.9	17.32	289 847.6	8.71	50 748.4	13.71
2012	974 148.8	14.39	308 664.2	6.49	54 659.7	7.71
2013	1 106 524.9	13.59	337 291.1	9.27	58 574.4	7.16
2014	1 228 374.8	11.01	348 056.4	3.19	60 259.5	2.88
2015	1 392 278.1	13.34	400 953.4	15.20	63 216.5	4.91
2016	1 550 066.7	11.33	486 557.2	21.35	68 303.8	8.05
2017	1 690 235.3	9.04	543 790.1	11.76	70 645.6	3.43
2018	1 826 744.2	8.08	551 685.9	1.45	73 208.4	3.63
2019	1 986 488.8	8.74	576 009.2	4.41	77 189.5	5.44
2020	2 186 795.9	10.08	625 581.0	8.61	84 314.5	9.23
2021	2 382 899.6	8.97	647 443.4	3.49	90 825.2	7.72

续表

年份	货币和准货币		货币		流通中货币	
	M_2(亿元)	同期增长率(%)	M_1(亿元)	同期增长率(%)	M_0(亿元)	同期增长率(%)
2022	2 664 320.8	11.81	671 674.8	3.74	104 706.0	15.28
2023	2 922 713.3	9.70	680 542.5	1.32	113 444.6	8.35

资料来源：中国人民银行网站，http://www.pbc.gov.cn/diaochatongjisi/116219/116319/index.html, 2024-03-23。

从表4—2我们还可以看出，各层次货币的增长并不完全同步。2009年M_0的同期增长率为11.8%，属于这一时期增长率较高的年份。与此同时，国家为应对金融危机多发货币，使得该年M_1和M_2的同期增长率数据大幅上升，远远高于M_0的同期增长率。2010年在M_1和M_2同期增长率下降的同时，M_0同期增长率上升到16.7%。2012—2014年，流通中货币呈现出低速增长态势，体现了这一时期稳健的货币政策。2015年为应对我国经济疲软，实现经济软着陆，央行再次增发货币，使得当年M_1大幅上涨而M_0增长率较低，可以预见，2016年M_0增长率将大幅度上涨。2017—2019年，M_1和M_2的同期增长率有所下降，M_1的下降幅度远大于M_2，但M_0同期增长率平稳上升。

2. 货币供应量结构变动分析

货币供应量按其流动性大小，分为M_0、M_1、M_2三个层次（暂时不考虑M_3），各层次所占比重的大小，反映出货币流动性的强弱。货币政策、金融创新以及居民对金融形势预期的变化等，会对货币供应量的结构产生不同程度的影响。例如，我们根据表4—2中的各层次货币供应量数据，可以计算各层次货币供应量的结构比例，从而进一步分析各层次结构比例的变动状况，分析结果如表4—3所示。

表4—3　　　　2008—2023年我国各层次货币供应量结构

年份	M_2(亿元)	M_1(亿元)	M_0(亿元)	M_0/M_1(%)	M_0/M_2(%)	M_1/M_2(%)
2008	475 166.6	166 217.1	34 218.9	20.61	7.24	35.12
2009	610 224.5	221 445.8	38 246.9	17.33	6.22	36.33
2010	725 851.7	266 621.5	44 628.1	16.72	6.11	36.73
2011	851 590.9	289 847.6	50 748.4	17.51	6.00	34.03
2012	974 148.8	308 664.2	54 659.7	17.74	5.62	31.69
2013	1 106 524.9	337 291.1	58 574.4	17.31	5.33	30.48
2014	1 228 374.8	348 056.4	60 259.5	17.32	4.92	28.33

续表

年份	M_2(亿元)	M_1(亿元)	M_0(亿元)	M_0/M_1(%)	M_0/M_2(%)	M_1/M_2(%)
2015	1 392 278.1	400 953.4	63 216.5	15.83	4.54	28.80
2016	1 550 066.7	486 557.2	68 303.8	14.04	4.41	31.39
2017	1 690 235.3	543 790.1	70 645.6	12.99	4.18	32.17
2018	1 826 744.2	551 685.9	73 208.4	13.27	4.01	30.20
2019	1 986 488.8	576 009.2	77 189.5	13.40	3.89	29.00
2020	2 186 795.9	625 580.99	84 314.53	13.48	3.86	28.60
2021	2 382 899.56	647 443.35	90 825.15	14.03	3.81	27.17
2022	2 664 320.84	671 674.76	104 706.03	15.59	3.93	25.21
2023	2 922 713.33	680 542.52	113 444.64	16.70	3.88	23.28

资料来源：中国人民银行网站，http://www.pbc.gov.cn/publish/diaochatongjisi/133/index.html，2024-03-23。

从表4—3我们可以看出，M_0在M_1、M_2中的比重基本呈逐年下降的趋势。M_0在M_1中的比重从2008年的20.61%下降至2023年的16.70%；M_0在M_2中的比重从2008年的7.24%下降至2023年的3.88%。M_0在M_1、M_2中比重的下降，反映了这个时期我国的金融交易工具有了很大的发展，流通中的现金减少，存款储蓄有所增加。

(二)货币供应量与有关因素的关系分析

1.货币供应量与国民经济发展关系的分析

货币供应量与国民经济发展不相适应，可能会导致社会总供求出现矛盾，不利于国民经济的发展；反之，则有利于社会经济总供求趋于平衡，促进国民经济的健康发展。

社会各经济部门的所得首先用于消费，包括个人、企业、政府的消费，剩余为净储蓄，加上可用的折旧，即为总储蓄，这些都必须是投资的资金来源。在此基础上，金融机构可以对部门之间的储蓄和投资进行余缺调剂；而通过国际资本的流动，则可以平衡国内的储蓄和投资盈余与赤字。这些关系表示如下：

$$Y = C + I + NX \tag{4-10}$$

$$NX = X - M \tag{4-11}$$

式中：Y——国民收入；C——消费；I——投资；NX——进出口净值；X——出口；M——进口。

上式反映了收入、消费、投资以及国际贸易之间的基本关系，进一步有：

$$Y - C = I + NX \tag{4-12}$$

$$S = I + X \tag{4-13}$$

式中：S——总储蓄。

总储蓄等于总投资，这是观察社会总需求与总供给的一个重要指标。当国内储蓄大于投资时，就会产生资本净流出；反之，则会产生资本净流入。

根据货币数量说的观点，一定时期内社会中所需的货币等于所有商品和劳务的价值总和。同时，由于货币在一次交易完成后并不随商品退出流通领域，因而在现实经济交易中，并不需要与商品和劳务交易总量相对应的货币量，货币流速加快，所需货币量越少。其经济关系可以下式表示：

$$M \cdot V = P \cdot T \tag{4—14}$$

或

$$M = P \cdot \frac{T}{V} \tag{4—15}$$

式中：M——货币量；V——货币流通速度；P——商品、劳务的价格；T——商品和劳务数量。

而商品和劳务的交易总量即为当年新创造的收入，即：

$$Y = P \cdot T \tag{4—16}$$

因此，

$$M = \frac{Y}{V} \tag{4—17}$$

综上所述，从公式(4—10)到公式(4—17)，我们可以大体上了解一国国民收入、消费、投资、储蓄之间的关系，国内经济与国际经济之间的关系，货币与国民收入之间的关系。

在实际分析中，通常把货币供应量与经济增长速度和物价进行比较，即：

$$货币供应量增长率 = GDP 增长率 + 物价上涨率 \tag{4—18}$$

当货币供应量增长率大于 GDP 增长率和物价上涨率，则说明货币供应充足；反之，则说明货币供应不足。

中央银行在确定货币供给时，必须考虑各种基本的经济变量，在研究货币供应量与国民经济发展关系时，必须将其与国内生产总值、国民收入等宏观经济指标结合起来，分析其变动适应关系。

2. 货币供应量与信用可供量关系的分析

信用可供量是指全社会各种信用可供量的总和，主要包括银行信用和非银行信用，具体有商业信用、银行信用、国家信用、消费信用、租赁信用、国际信用等。就货币供应量对银行信用可供量的影响而言，当货币供应量增加，银行信用可供量也会随之而增加；反之，银行信用可供量则会减少。就货币供应量对非银行信用可供量的影响而言，则视非银行信用与银行信用的关系而定：当非银行信用变动与银行信用变动无关时，货币供应量增加通过银行信用总量增加将直接增加社会信用总量；若非银行信用与银行信用相互促进,则货币供应量增加,银行信用可供量增加,整个社会的信用可供量也随之增加,反之则减少;若非银行信用与银行信用间存在着相互替代,则货币供应量的变动并不一定会引起全社会信用总量相应的变动。

3. 货币供应量与资产结构关系的分析

资产结构通常是指具有不同收益率、不同风险与到期日的各种资产在整个社会资产中的分配状况。货币供应量对社会资产结构的调整,是通过中央银行一定时期货币政策的实施,并经过自身资产结构的调整引起商业银行的资产结构的调整,最终使社会的资产结构得到调整。以中央银行通过增加基础货币量投放实施扩张性的货币政策为例:中央银行增加基础货币供应→商业银行的超额准备金增加→商业银行债券购买增加→货币市场失衡→资本市场失衡→商品市场失衡→社会收入增加→货币需求增加→整个社会的资产结构不断地调整,最终恢复到均衡。

4. 货币供应量与物价关系的分析

虽然西方的货币数量说存在一些缺陷,但我们还是可以从中大体了解货币供应量与物价之间的关系。从上面的交易方程式 $MV=PT$,可推出 $P=MV/T$,由于 V 和 T 长期都不受 M 变动的影响,因此,货币供应量增加所产生的影响,就是引起一般物价水平同比例的上升,因此费雪得出结论说"货币数量决定着物价水平"。根据这一理论,只要控制住了货币供应量就能控制住价格的绝对水平,也就是说只要稳定货币供应量,就必然稳定了物价总水平。但由于物价对货币供应量的反应存在滞后效应,所以,货币供应量变动往往直接通过对人们心理预期的影响来影响社会消费需求,从而影响物价水平。

第三节 货币概览与银行概览

中央银行为了履行制定和实施货币政策的职能,首先需要获得货币供应量数据。根据国际货币基金组织编制的《国际金融统计》,货币供应量的统计应采取三级汇总的形式。第一级是将金融机构分成货币当局、存款货币银行和非货币金融机构三类,形成各自的资产负债表。第二级是将货币当局和存款货币银行的资产负债表合并成"货币概览"。第三级是将非货币金融机构资产负债表与货币概览合并成"金融概览"。金融概览是记录一个国家金融活动的整体状况,是全面衡量经济部门的所有清偿手段,描绘整个金融体系与其他经济部门之间经济联系的信息资料。我国目前还没有进行第三级汇总,仅编制将货币概览与特定存款机构资产负债表合并的"银行概览"。其中特定存款机构指金融信托投资公司、金融租赁公司、国家开发银行和中国进出口银行。

一、货币概览

货币概览是货币当局资产负债表与存款货币银行资产负债表的合并,主要统计 M_0 和 M_1。货币概览是为中央银行执行管理货币的职能而建立的货币运行监测报表,描绘了货币供应总量及其构成、货币与信贷以及宏观经济的内在联系。编制货币概览的目的是分析受货币当局影响最大、对其他国民经济总量最有影响的金融总量状况。它是一国宏观经济管理的重要工具。货币概览如表 4-4 所示。

表 4-4　　　　　　　　　　　　货币概览

1	国外净资产	7	货币和准货币
2	国内信贷	8	货币
3	对政府债权(净)	9	流通中现金
4	对非金融部门债权	10	活期存款
5	对特定存款机构债权	11	准货币
6	对其他金融部门债权	12	定期存款
		13	储蓄存款
		14	其他存款
		15	外汇存款
		16	债券
		17	中央银行债权
		18	实收资本
		19	其他(净)

货币概览的编制过程为:第一,将货币当局和存款货币银行的国外资产与国外负债分别做差后相加,求得国外净资产;第二,将货币当局的对政府债权与政府存款轧差后与存款货币银行的对政府债权相加,求得对政府净债权;第三,将货币当局和存款货币银行之间的资产、负债冲销,冲销之后的余数即为货币概览的其他(净);第四,将货币当局的货币发行与存款货币银行的库存现金轧差,求得货币概览的流通中现金;第五,将货币当局和存款货币银行对他们以外机构的资产、负债项目进行加总,得到货币概览对应值;第六,将不在货币概览中单独列示的货币当局和存款货币银行的项目计入其他(净)。

编制货币概览应注意以下几个问题:第一,货币概览是货币当局与存款货币银行资产负债表的合并表,因此必须消除两个部门之间的交易;第二,货币概览的资产主要是按部门或部门的各组成部分分类的,负债主要是按流动性的标准分类的。

二、银行概览

银行概览是货币概览与特定存款机构资产负债表的合并。银行概览如表 4—5 所示。

表 4—5　　　　　　　　　　　银行概览

1	国外净资产		6	货币和准货币	
2	国内信贷		7	货币	
3		对政府债权（净）	8		流通中现金
4		对非金融部门债权	9		活期存款
5		对其他金融部门债权	10	准货币	
			11		定期存款
			12		储蓄存款
			13		其他存款
			14	外币存款	
			15	债券	
			16	中央银行债券	
			17	实收资本	
			18	其他（净）	

银行概览与货币概览的项目设置的不同点在于，银行概览没有对特定存款机构的债权这一项，而这恰恰是将货币概览与特定存款机构资产负债表合并的结果。

银行概览的编制过程为：第一，将特定存款机构资产负债表的国外资产与国外负债做差后与货币概览的国外净资产相加，求得银行概览的国外净资产；第二，将货币概览的对政府净债权与特定存款机构资产负债表的对政府债权相加，求得对政府净债权；第三，将货币概览与特定存款机构之间的资产、负债冲销，冲销之后的余数记入银行概览的其他（净）；第四，将货币概览的流通中现金与特定存款机构的库存现金做差，得到银行概览的流通中现金；第五，将货币概览和特定存款机构对它们以外机构的资产、负债项目进行加总，得到相应银行概览的值；第六，将不在银行概览中单独列示的货币概览和特定存款机构的项目计入其他（净）。

三、我国的货币概览与银行概览

（一）货币概览

我国的货币概览是由货币当局资产负债表和存款性公司概览合并形成的。我国的货币当局就是行使中央银行职能的中国人民银行；存款货币银行包括国有商业银行、其他商业银行、财务公司、城市和农村信用合作社以及中国农业发展银行。2002年，中国人民银行按照国际货币基金组织《货币与金融统计手册》对货币金融统计制度进行了修订。主要内容为：第一，调整报表机构，将在华外资银行纳入统计机构范围中，将政策性银行从国有银行范围剔除，将城市信用社与城市商业银行资产负债表分开等。第二，扩大统计范围，将境内金融机构的外汇业务数据纳入报表。表4—6是货币当局资产负债表，表4—7是存款性公司概览。

表4—6 货币当局资产负债表

2023年季末余额　　　　　　　　　　　单位：亿元

项目	第一季度	第二季度	第三季度	第四季度
国外资产	230 941.18	231 574.38	230 938.68	233 548.51
外汇	217 893.63	217 733.71	218 095.08	220 453.85
货币黄金	3 349.50	3 539.95	3 855.33	4 052.88
其他国外资产	9 698.05	10 300.72	8 988.26	9 041.78
对政府债权	15 240.68	15 240.68	15 240.68	15 240.68
其中：中央政府	15 240.68	15 240.68	15 240.68	15 240.68
对其他存款性公司债权	146 628.42	143 449.64	158 157.05	185 561.01
对其他金融性公司债权	1 564.52	1 559.25	1 341.33	1 310.90
对非金融性公司债权				
其他资产	26 632.46	26 238.89	21 677.15	21 283.04
总资产	421 007.27	418 062.84	427 354.89	456 944.14
储备货币	364 071.50	365 235.34	363 920.94	389 036.93
货币发行	110 936.84	110 311.22	114 478.45	118 660.94
金融性公司存款	230 382.81	231 388.96	224 684.87	245 687.45
其他存款性公司	230 382.81	231 388.96	224 684.87	245 687.45
其他金融性公司				
不计入储备货币的金融性公司存款	6 104.75	6 781.46	5 771.05	6 038.42
发行债券	950.00	950.00	1 150.00	1 250.00
国外负债	1 652.61	1 458.24	3 539.93	3 062.34
政府存款	41 318.08	36 873.70	43 978.84	46 291.74
自有资金	219.75	219.75	219.75	219.75
其他负债	6 690.57	6 544.37	8 774.38	11 044.96

续表

项目	第一季度	第二季度	第三季度	第四季度
总负债	421 007.27	418 062.84	427 354.89	456 944.14

注：①自2017年起，对国际金融组织相关本币账户以净头寸反映。②"非金融机构存款"为支付机构交存中国人民银行的客户备付金存款。

资料来源：中国人民银行网站，http://www.pbc.gov.cn/diaochatongjisi/resource/cms/2020/01/2020011716363947588.htm，2024-03-23。

表 4—7　　　　　　　　　　　　存款性公司概览
（2023年季末余额）　　　　　　　　　　　　　单位：亿元

项目	第一季度	第二季度	第三季度	第四季度
国外净资产	293 151.30	294 842.57	290 328.70	292 868.12
国内信贷	3 088 857.83	3 166 568.53	3 206 579.57	3 257 914.49
对政府债权（净）	467 701.84	485 136.28	499 270.32	522 896.87
对非金融部门债权	2 349 738.77	2 397 542.04	2 430 961.20	2 454 025.98
对其他金融部门债权	271 417.22	283 890.22	276 348.05	280 991.64
货币和准货币	2 814 566.31	2 873 023.83	2 896 659.11	2 922 713.33
货币	678 059.63	695 595.48	678 443.65	680 542.52
流通中现金	105 591.30	105 419.20	109 253.22	113 444.64
活期存款	572 468.33	590 176.28	569 190.43	567 097.87
准货币	2 136 506.68	2 177 428.35	2 218 215.45	2 242 170.81
定期存款	498 890.82	507 502.51	526 043.56	520 995.50
储蓄存款	1 311 044.43	1 331 168.72	1 356 228.42	1 378 566.94
其他存款	326 571.43	338 757.12	335 943.48	342 608.37
不纳入广义货币的存款	58 800.05	56 510.06	51 896.81	52 672.94
债券	390 279.36	404 905.93	413 533.18	421 556.56
实收资本	55 949.65	56 318.33	56 419.72	57 383.10
其他（净）	62 413.75	70 652.96	78 399.45	96 456.68

注：2018年1月，中国人民银行完善货币供应量中货币市场基金部分的统计方法，用非存款机构部门持有的货币市场基金取代货币市场基金存款（含存单）。

资料来源：中国人民银行网站，http://www.pbc.gov.cn/diaochatongjisi/resource/cms/2020/01/2020011716372773970.htm，2024-03-23。

(二)银行概览

我国的银行概览是由货币概览与其他存款性公司的资产负债表合并而成的。表4—8是其他存款性公司2023年各季末的资产负债表。

表 4—8　　　　　　　　其他存款性公司资产负债表

（2023 年季末余额）　　　　　　　　　　　　　　　单位：亿元

项目	第一季度	第二季度	第三季度	第四季度
国外资产	78 330.36	79 471.91	79 471.91	77 476.02
储备资产	239 819.99	240 810.06	240 810.06	253 764.99
准备金存款	234 474.45	235 918.04	235 918.04	248 548.70
库存现金	5 345.54	4 892.02	4 892.02	5 216.29
对政府债权	493 779.24	506 769.29	506 769.29	553 947.93
其中：中央政府	493 779.24	506 769.29	506 769.29	553 947.93
对中央银行债权	144.80	152.51	152.51	224.24
对其他存款性公司债权	375 472.26	381 887.42	381 887.42	382 273.44
对其他金融机构债权	269 852.70	282 330.97	282 330.97	279 680.74
对非金融机构债权	1 590 861.70	1 629 158.74	1 629 158.74	1 671 554.04
对其他居民部门债权	758 877.06	768 383.30	768 383.30	782 471.94
其他资产	134 236.22	139 321.51	139 321.51	131 375.25
总资产	3 941 374.33	4 028 285.71	4 028 285.71	4 132 768.58
对非金融机构及住户负债	2 479 732.39	2 526 360.66	2 526 360.66	2 556 823.93
纳入广义货币的存款	2 382 403.58	2 428 847.51	2 428 847.51	2 466 660.31
企业活期存款	572 468.33	590 176.28	590 176.28	567 097.87
企业定期存款	498 890.82	507 502.51	507 502.51	520 995.50
居民储蓄存款	1 311 044.43	1 331 168.72	1 331 168.72	1 378 566.94
不纳入广义货币的存款	58 800.05	56 510.06	56 510.06	52 672.94
可转让存款	22 390.03	20 046.92	20 046.92	21 613.52
其他存款	36 410.02	36 463.14	36 463.14	31 059.42
其他负债	38 528.76	41 003.10	41 003.10	37 490.68
对中央银行负债	137 874.39	139 491.12	139 491.12	180 439.64
对其他存款性公司负债	128 982.98	133 942.32	133 942.32	129 084.53
对其他金融性公司负债	283 559.05	286 402.33	286 402.33	296 667.92
其中：计入广义货币的存款	280 020.53	283 175.57	283 175.57	293 323.47
国外负债	14 467.63	14 745.48	14 745.48	15 094.06
债券发行	390 279.36	404 905.93	404 905.93	421 556.56
实收资本	55 729.90	56 098.58	56 098.58	57 163.35
其他负债	450 748.63	466 339.30	466 339.30	475 938.58

续表

项目	第一季度	第二季度	第三季度	第四季度
总负债	3 941 374.33	4 028 285.71	4 028 285.71	4 132 768.58

资料来源：中国人民银行网站，http://www.pbc.gov.cn/diaochatongjisi/resource/cms/2020/01/20200117163828311754.htm，2024-03-24。

第四节 利率统计

一、利率水平及其变动统计

(一)利率的统计分组

利率是指一定时期内利息额与贷出资本额（本金）的比率。它是衡量利息高低的指标。按照不同的划分标准，可对利率进行不同的统计分组。常用的利率统计分组是按照银行及其他非银行金融机构的信贷资金性质，即是属于资金来源还是资金运用进行的分组。

按照信贷资金的性质，利率可分成三大类：

1. 存款利率

按存款的来源不同，可将存款利率进一步划分为储蓄存款利率、企业存款利率及其他存款利率。其他存款利率主要是指商业银行及其他非银行金融机构在中国人民银行的准备金存款利率和备付金存款利率。

2. 贷款利率

它是银行等金融机构信贷资金运用所对应的利率。根据贷款的计划性、流动性、期限长短、贷款对象等可对其作进一步的划分，如表4—9所示。

表4—9　　　　　　　　常见的利率统计分组表

类别	分组内容		说明
存款利率	储蓄存款利率	活期储蓄存款利率	资金来源于城乡居民
		定期储蓄存款利率	
	企业存款利率	企业活期存款利率	资金来源于企业
		企业定期存款利率	
	其他存款利率	准备金存款利率	金融机构上交中央银行存款
		备付金存款利率	

续表

类别	分组内容	说明
贷款利率	计划利率及浮动利率	依贷款的计划性
	流动资金贷款利率	依贷款的流动性
	固定资产投资贷款利率	
	短期贷款利率、中期贷款利率和长期贷款利率	依贷款的期限长短
	工业贷款利率、农业贷款利率等	依贷款对象所属的经济部门划分
借入（或贷出）资金利率	上借资金利率	自上级行借入资金
	同业拆借利率	金融机构之间
	贷出资金利率	借给上级行资金

3. 借入（或贷出）资金利率

它主要是指银行及非银行金融机构之间借入（或贷出）资金的利率。

(二) 平均利率

平均利率是反映利率平均水平的一般指标，是利率统计的主要指标之一。由于各种借贷资金的用途、期限等不同，所要求的风险补偿也就不同，所以其利息率自然就存在着不同的档次。我们可以通过计算平均利息率来了解、分析一定时期内利率的一般水平。一般来说，计算报告期存（贷）款平均利息率的计算公式如下：

$$\text{报告期存（贷）款平均利息率} = \frac{\sum [\text{报告期某档次利率的存（贷）款平均余额} \times \text{该档次利率}]}{\sum \text{报告期某档次的存（贷）款平均余额}} \times 100\%$$

(4—19)

从式(4—19)我们可以看出，平均利率是以存（贷）款平均余额为权重进行计算的，其原因在于利率水平受不同档次信贷资金运动量的影响。贷款平均利率的权重即贷款平均余额，应为报告期内实际发放的贷款，无论是否收入，都应进行计算。报告期实际发放贷款的平均利率，应依据报告期借款合同或贷款发放登记簿的有关数据进行计算。

(三) 利率指数

利率指数是反映两个不同时期利率变动程度的相对指标，可用于观察不同时期利率水平的变动程度，并进一步分析利率变动的原因、利率变动对经济运行的影响以及利率变动与物价、资金利润率的关系等，并以此作为制定调节利率政策的依据。

利率指数通常分为存款利率指数与贷款利率指数。常见的贷款利率指数有：

1. 单项贷款利率指数

这是报告期该项贷款平均利率与基期该项贷款平均利率之比，反映某单项贷款利率的变动情况。公式如下：

$$单项贷款利率指数=\frac{报告期该项贷款平均利率}{基期该项贷款平均利率}\times100\% \quad (4-20)$$

2. 综合贷款平均利率指数

这是报告期综合贷款平均利率与基期综合贷款平均利率之比，反映不同时期实施贷款的平均利率的变动情况。公式如下：

$$综合贷款平均利率指数=\frac{报告期综合贷款平均利率}{基期综合贷款平均利率}\times100\% \quad (4-21)$$

3. 综合贷款利率指数

这是报告期综合贷款利率与基期综合贷款利率之比，反映不同时期综合贷款的利率变动情况。一般以派氏指数计算方法来计算，亦即以报告期贷款数量为同度量因素（即权重）进行计算：

$$综合贷款利率指数=\frac{\sum(报告期贷款量\times报告期贷款利率)}{\sum(报告期贷款量\times基期贷款利率)}\times100\%$$
$$(4-22)$$

为了便于计算，贷款量可用年平均余额来表示：

$$年贷款平均余额=\frac{贷款量\times贷款日期}{360} \quad (4-23)$$

贷款利率可用年利率表示，年利率＝月利率×12。

由于经济发展及管理上的需要，贷款种类也在不断变化，有的可能被取消，有的可能被新设，因而在计算综合贷款利率指数时，就可能出现缺少基期贷款利率的情况，此时可通过选择与报告期的贷款对象和用途相类似的基期贷款利率来计算。

此外，存款利率指数的计算方法与贷款利率指数的计算方法基本相同，在此从略。

二、利率与相关因素之间关系的统计分析

（一）利率与物价弹性之间的关系分析

在经济学中，我们经常用弹性来表示因变量对自变量的反应的敏感程度。如需求弹性用来表示一定时期内一种商品的需求量变动对于该商品价格的相对变动的反应程度；价格存款弹性表示存款的变动对价格变动的反应程度等。弹性的一般公式为：

$$弹性系数=\frac{因变量的变动比例}{自变量的变动比例} \quad (4-24)$$

若两个经济变量之间的函数关系为 $Y=f(x)$，以 Δx、ΔY 分别表示变量 x、Y 的变动量，以 e 代表弹性系数，则：

$$e = \frac{\Delta Y}{\Delta x} \cdot \frac{x}{Y} \tag{4-25}$$

通常将式(4—25)称为弧弹性公式。

若经济变量的变化量趋于无穷小,则弹性就是因变量无穷小的变动率与自变量无穷小的变动率之比,即:

$$e = \lim_{\substack{\Delta x \to 0 \\ \Delta Y \to 0}} \frac{\Delta Y/Y}{\Delta x/x} = \frac{\mathrm{d}Y/Y}{\mathrm{d}x/x} = \frac{\mathrm{d}Y}{\mathrm{d}x} \cdot \frac{x}{Y} \tag{4-26}$$

式(4—26)被称为点弹性公式。

根据上述弹性的基本概念,可以推导出价格存款弹性系数、利率存款弹性系数的计算公式。

设 D 代表存款,i 代表利率,P 代表价格:

1. 价格存款弹性系数

设 $D=f(P)$,即存款是价格的函数,则价格存款点弹性系数的计算公式为:

$$e_{D \to P} = \frac{\mathrm{d}D/D}{\mathrm{d}P/P} = \frac{\mathrm{d}D \cdot P}{\mathrm{d}P \cdot D} = f'(P) \cdot \frac{P}{D} \tag{4-27}$$

若假定价格与存款呈线性关系,即 $D=a+bP$,则有:

$$\frac{\mathrm{d}D}{\mathrm{d}P} = b \tag{4-28}$$

代入式(4—28),有:

$$e_{D \to P} = \frac{bP}{D} = \frac{bP}{a+bP} \tag{4-29}$$

在实际统计工作中,对该弹性系数的求得,往往通过计量经济学方法进行,而所得到的模型是否符合研究分析的要求,则需进行经济意义检验、统计检验和计量经济学检验等。

2. 利率存款弹性系数

设 $D=f(i)$,即存款是利率的函数,则利率存款的弧弹性为:

$$e_{D \to i} = \frac{\Delta D/D}{\Delta i/i} = \frac{\Delta D}{\Delta i} \cdot \frac{i}{D} \tag{4-30}$$

利率存款点弹性为:

$$e_{D \to i} = \frac{\mathrm{d}D/D}{\mathrm{d}i/i} = \frac{\mathrm{d}D}{\mathrm{d}i} \cdot \frac{i}{D} = f'(i) \cdot \frac{i}{D} \tag{4-31}$$

(二)利率与物价的相关统计分析

北欧学派创始人魏克塞尔和美国经济学家费雪都认为,可以用货币标准或实际货币实物标准来计算利率,前者对应的是"名义利率",后者对应的是"实际利率"(我们日常讲的利率指的是名义利率)。但在现代市场经济条件下,通货膨胀是一种常见的现象。所以，考虑到物价变动因素，我们有如下关系式：
$$实际利率＝名义利率－通货膨胀率 \qquad (4-32)$$
该式为我们提供了在通货膨胀条件下分析利率变动的工具。

在实际经济生活中，判断利率水平的高低，不能只看名义利率，而应看实际利率。当通货膨胀率高于名义利率时，实际利率就会小于零，出现所谓的负利率。负利率有许多弊端，所以当负利率存在时，必须通过制定相应的利率政策，使负利率尽快过渡到正利率。

(三)利率变动趋势的分析预测

对利率变动趋势进行的分析预测，应从影响利率及其变动的因素着手。影响利率及其变动的因素主要有四个：经济运行趋势变动、货币当局的行为、物价水平及政府财政预算。

1. 经济运行趋势变动与利率变动趋势

经济运行趋势的变动会引起社会资金供给和需求的变动，从而影响利率的变动。当经济运行处于经济的扩张期，各项经济活动频繁，对资金的需求增加，而作为资金价格的利率就会上升；在经济运行处于衰退期时，经济活动趋于萧条，对资金的需求下降，利率则会下降。

2. 货币当局的行为与利率变动趋势

利率水平及其变动在很大程度上受到货币当局的货币政策制定和执行的影响。中央银行一般通过调整存款准备金率、贴现率、公开市场业务三大货币政策工具来控制货币供应量，并通过对金融机构信贷能力的控制，调控利率水平。中央银行制定的利率政策及其调节可直接影响利率水平及其变动。将经济活动指标与货币政策结合起来，可分析预测利率的变动趋势。

3. 通货膨胀与利率变动趋势

通货膨胀预期会影响资金供求双方的贷款协议能否达成，因此，通货膨胀也是中央银行确定利率水平的重要参考因素之一，从而对利率有显著的影响。一般来讲，预期通货膨胀率上升，则名义利率随之上升，反之则下降。

4. 财政预算与利率变动趋势

财政赤字与高利率往往相伴，但是也有相反的情况。

三、利率风险统计分析

(一)利率风险及产生原因

利率风险就是指由于预期的市场利率水平与到期的实际市场利率水平产生差异而导致形成损失的可能性。

产生利率风险的原因，主要有以下三个方面：

1. 借贷关系的产生及其变化

利率作为资金的价格，往往在借贷活动中才能得以体现，利率与借贷活动总是相伴相随。只要借贷关系产生及发生变化，利率就有可能发生变化，从而利率风险就有可能形成。

2. 利率的波动

由于利率的波动受到借贷资金的供求关系、物价水平、财税政策及国际金融形势等诸多因素的影响，而这些因素又都在一个动态变化之中，因此只要这些因素发生变动，就有可能引起利率的波动，从而产生形成利率风险的可能。

3. 利率预期与到期实际市场利率的差异

由于人们的有限理性，现实经济生活中不可能做到预期利率与到期实际市场利率完全一致，二者总会有所差异，所以就有可能产生利率风险。

(二)利率风险的评估及预测方法

1. 利率风险的评估

常见的利率风险评估方法有以下两种：

(1)缺口分析。缺口分析就是通过对资产负债表的缺口进行分析来评估利率风险。缺口就是资产与负债在某一分类栏的差额，若资产小于负债，则缺口就为负数，反之则为正数。总缺口是由多个缺口相加而得的，它表明有多少负债或资产需要更新。如果利率下降，总缺口为正缺口的银行就面临利率损失风险，总缺口为负缺口的银行就能获得额外的收益。如果利率上升，则情况刚好相反。通过缺口分析，可以寻求减少利率风险的策略及方法。

(2)期间分析法。期间分析主要集中于分析金融机构净值的市场价值和公司目前净值的市值代表以及所有未来年份净利息收入的现值。如果净值减少，那么年净利息收入也会随之减少。上述的缺口分析仅考虑利差及其对净收益的影响，而期间是以时间为单位衡量的，它是平均到期日的尺度。运用期间分析评估利率风险时，先分别计算资产和负债的期间，如果资产期间超过负债期间，当利率上升时，负债市值就会下降，这意味着这家金融机构会面临利率损失风险；当资产期间和负债期间相等时，利率风险就可得以消除。

在实际评估利率风险时，往往将缺口分析与期间分析结合起来加以运用。

2. 利率风险的预测方法

利率风险预测是指人们对利率变动可能带来的风险进行预测，包括预测影响利率变动的原因、风险的大小等，并预期未来某一时期可能出现的实际结果。通过利率风险预测，可以对利率变动可能造成的风险进行事先的防范或保值，最大限度地防范和减少利率风险。

常用的利率风险预测方法有以下三种：

(1)经济计量预测方法。这种方法将经济学、金融理论、统计学、数学方法有机结合,以计算机为辅助手段,把影响利率变动的各种主要变量,采用建立经济计量模型的方法进行定量研究,分析其变动可能造成的风险。

经济计量方法一般把重点放在分析货币当局的行为,通过观察货币政策制定、实施的变化情况,分析其未来发展趋势,同时,可以将通货膨胀、经济周期等变量因素加入进行考虑。因此,这种方法主要用于长期利率风险的预测。

(2)判断预测法。其做法是,预测人调查各方人士的意见和看法,得出预测结果。它是一种主观推断利率走势的预测方法。一般采取抽样调查方法,在充分考虑银行、企业、居民等对利率变动的意见,具体分析产生这些意见的原因,最后综合各种意见,找出具有代表性的结论,并以此作为预测利率的依据。这种方法的优点是能够充分考虑各种非定量因素的作用,使得预测结果更趋现实。该种方法主要用于短期利率风险的预测。

(3)技术预测方法(也称为图表法)。这种方法主要通过统计图表,把利率的历史数据记录下来,通过对各种数据进行统计分析,对利率的变化趋势、变化周期进行研究判断,从而对利率未来的变化趋势进行预测。

第五节 信贷收支统计

信贷收支统计是分析和反映金融机构以信用方式集中和调剂的资金数量的专门统计。它全面综合地反映了宏观经济运行中的金融机构信贷资金的来源、性质、分布和投向,是我国中央银行和商业性金融机构了解金融信息的主要渠道,对分析货币政策、反映货币流通状况、进行金融宏观调控和监测具有重要价值。该统计以信贷资金收支余额表的表式编制,由资金来源和运用两部分构成。目前,这是我国金融机构的主要业务统计工作,有金融机构本外币信贷收支表、金融机构本外币信贷收支表(按部门)、金融机构人民币信贷收支表、金融机构人民币信贷收支表(按部门)、金融机构外汇信贷收支表、金融机构外汇信贷收支表(按部门)、中资全国性大型银行人民币信贷收支表、中资全国性四家大型银行人民币信贷收支表、中资全国性中小型银行人民币信贷收支表。此处金融机构指中国人民银行、银行业存款类金融机构(包括银行、信用社和财务公司)、信托投资公司、金融租赁公司和汽车金融公司。中资全国性大型银行指本外币资产总量大于等于人民币2万亿元的银行(以2008年末各金融机构本外币资产总额为参考标准),包括中国工商银行、中国建设银行、中国农业银行、中国银行、国家开发银行、交通银行和邮政储蓄银行。中资全国性四家大型银行指中国工商银行、中国建设银行、中国银行和中国农业银行。中资全国性中小型银行指本外币资产总量小于人民币2万亿元且跨省经营的银行(以2008年末各金融机构本外币资产总额为参考标准)。本节仅介绍全部金融机构信贷收支,商业银行的信贷收支统计放在第五章,其他机构的信贷收支因限于篇幅不再介绍。表4—10是2023年6—12月金融机构人民币信贷收支表。

表4—10　　　　　　　　金融机构人民币信贷收支表
2023年6—12月　　　　　　　　　　　　　　　　单位:亿元

项目	2023年6月	2023年7月	2023年8月	2023年9月	2023年10月	2023年11月	2023年12月
来源方项目							
一、各项存款	2 786 204.53	2 774 993.33	2 787 610.76	2 810 037.37	2 816 483.21	2 841 754.85	2 842 623.30
(一)境内存款	2 768 381.32	2 757 337.98	2 769 639.07	2 790 453.40	2 796 089.66	2 821 678.59	2 824 092.55
1.住户存款	1 322 386.57	1 314 293.53	1 322 170.58	1 347 449.22	1 341 080.40	1 350 169.15	1 369 894.58
其中:活期存款	384 261.12	375 019.09	373 900.92	383 735.56	377 405.48	380 039.75	390 265.95
定期及其他存款	938 125.45	939 274.44	948 269.67	963 713.66	963 674.92	970 129.40	979 628.62
2.非金融企业存款	795 170.50	779 848.68	788 738.51	790 706.16	782 053.88	784 540.77	787 756.22
其中:活期存款	259 402.74	248 648.13	248 978.31	245 136.80	244 100.41	244 852.54	248 676.14
定期及其他存款	535 767.76	531 200.55	539 760.21	545 569.36	537 953.47	539 688.23	539 080.07
3.政府存款	401 126.25	409 367.50	412 223.34	412 482.51	428 072.19	426 369.04	411 198.10
其中:财政性存款	49 888.25	58 965.86	58 878.32	56 750.59	70 411.12	67 118.35	57 937.13
机关团体存款	351 238.00	350 401.64	353 345.02	355 731.92	357 661.07	359 250.69	353 260.97
4.非银行金融机构存款	249 698.00	253 828.27	246 506.63	239 815.51	244 883.19	260 599.63	249 698.00
(二)境外存款	17 823.21	17 655.35	17 971.69	19 583.97	20 393.55	20 076.26	18 530.74
二、金融债券	133 071.84	133 753.22	133 997.34	132 843.33	132 276.78	134 345.98	138 622.35
三、流通中货币	105 419.20	106 129.68	106 515.36	109 253.22	108 565.35	110 225.18	113 444.64
四、对国际金融机构负债	5.12	5.08	5.12	5.13	5.13	5.08	5.08
五、其他	312 687.11	332 931.78	341 446.14	344 735.71	358 983.08	346 698.67	355 858.26
资金来源总计	3 337 387.80	3 347 813.10	3 369 574.71	3 396 874.77	3 416 313.55	3 433 029.76	3 450 553.63
运用方项目							
一、各项贷款	2 305 766.69	2 309 226.18	2 322 806.64	2 345 924.92	2 353 309.12	2 364 196.44	2 375 905.37
(一)境内贷款	2 294 723.42	2 297 264.69	2 310 317.32	2 333 856.43	2 340 762.04	2 351 701.43	2 362 900.87
1.住户贷款	785 610.62	783 604.01	787 526.00	796 171.68	795 826.05	798 751.06	800 920.93
(1)短期贷款	202 602.33	201 267.52	203 587.92	206 798.83	205 746.23	206 340.24	207 033.62
消费贷款	101 471.73	101 047.21	102 277.52	103 062.61	102 986.23	103 538.06	103 540.96
经营贷款	101 130.60	100 220.31	101 310.40	103 736.22	102 760.00	102 802.18	103 540.96
(2)中长期贷款	583 008.29	582 336.50	583 938.09	589 372.86	590 079.82	592 410.81	593 887.32
消费贷款	471 959.93	470 899.19	470 952.90	474 195.98	474 635.15	475 773.83	475 897.07
经营贷款	111 048.36	111 437.31	112 985.18	115 176.88	115 444.67	116 636.98	117 990.24

续表

项　目	2023年6月	2023年7月	2023年8月	2023年9月	2023年10月	2023年11月	2023年12月
2.非金融企业及机关团体贷款	1 503 307.95	1 505 686.01	1 515 174.43	1 531 911.25	1 537 074.34	1 545 295.66	1 554 231.58
(1)短期贷款	397 625.57	393 840.88	393 439.64	399 128.02	397 357.88	399 063.30	398 388.39
(2)中长期贷款	953 326.39	956 037.93	962 481.77	975 023.01	978 851.38	983 311.48	991 853.39
(3)票据融资	119 166.97	122 763.84	126 236.21	124 735.80	127 911.84	130 003.93	131 500.14
(4)融资租赁	31 165.11	31 036.05	31 024.18	31 079.54	31 074.37	31 090.69	30 823.91
(5)各项垫款	2 023.91	2 007.30	1 992.64	1 944.88	1 878.87	1 826.27	1 665.74
3.非银行业金融机构贷款	5 804.85	7 974.67	7 616.89	5 773.49	7 861.65	7 654.71	7 748.35
(二)境外贷款	11 043.27	11 961.49	12 489.32	12 068.49	12 547.08	12 495.01	13 004.50
二、债券投资	611 310.66	613 520.12	621 893.78	631 656.51	643 703.38	650 343.07	654 241.43
三、股权及其他投资	194 494.11	199 191.73	198 833.74	192 779.10	191 758.59	190 180.43	191 322.48
四、黄金占款	3 539.95	3 633.25	3 750.44	3 855.33	3 953.79	4 009.97	4 052.88
五、外汇买卖	217 733.71	217 824.72	217 673.89	218 095.08	219 002.12	219 763.93	220 453.85
六、在国际金融机构资产	4 542.69	4 417.11	4 616.22	4 563.83	4 586.55	4 535.92	4 577.62
资金运用总计	3 337 387.80	3 347 813.10	3 369 574.71	3 396 874.77	3 416 313.55	3 433 029.76	3 450 553.63

注：①表中机构包括中国人民银行、银行业存款类金融机构、银行业非存款类金融机构。②银行业存款类金融机构包括银行、信用社和财务公司。银行业非存款类金融机构包括信托投资公司、金融租赁公司、汽车金融公司和贷款公司等银行业非存款类金融机构。③自2015年起，"各项存款"含非银行业金融机构存放款项，"各项贷款"含拆放给非银行业金融机构款项。④自2017年起，对国际金融组织相关本币账户以净头寸反映。

资料来源：中国人民银行网站，http://www.pbc.gov.cn/eportal/fileDir/defaultCurSite/resource/cms/2020/08/20200814154812825317.htm，2024-03-24。

一、金融机构信贷资金运用统计项目

(一)各项存款

各项存款是指住户、企业、财政部门以及保险公司在银行业金融机构的活期存款、定期存款、保证金存款、临时性存款及应解汇款等各类存款。

1. 单位存款

单位存款是指非金融企业存款，即银行业金融机构吸收的非金融企业定期及活期存款、保证金存款、应解及临时存款以及企业委托银行业金融机构开展委托业务沉淀在银行的货币资金。

(1)活期存款：非金融企业存放在银行业金融机构的，不约定期限，可随时转账、存取，并按期给付利息的存款。

(2)定期存款：非金融企业存放在银行业金融机构的，约定期限和利率，整笔存入，到期一次性支取本息的存款。

(3)通知存款：是一种不约定存期、支取时需提前通知银行、约定支取日期和金额方能支取的存款。

(4)保证金存款:金融机构为客户出具具有结算功能的信用工具,或提供资金融通后,按约履行相关义务,而与其约定将一定数量的资金存入特定账户所形成的存款类别。在客户违约后,商业银行有权直接扣划该账户中的存款,以最大限度地减少银行损失。按照保证金担保的对象不同,可分为银行承兑汇票保证金、信用证保证金、黄金交易保证金、远期结售汇保证金四类。

2. 个人存款

个人存款是指住户存款,即银行业金融机构通过信用方式吸收的居民储蓄存款及通过其他方式吸收的由住户部门(由住户和为其服务的非营利机构组成的部门)支配的存款。其他方式吸收的存款主要有两部分:一是保证金存款,二是个人委托业务在银行的沉淀资金。

(1)储蓄存款:个人客户存放在银行业金融机构的活期和定期存款。

(2)保证金存款:同上。

(3)结构性存款:也可称为收益增值产品(yield enhancement products),是运用利率、汇率产品与传统的存款业务相结合的一种创新存款。该产品适合于对收益要求较高,对外汇汇率及利率走势有一定认识,并有能力承担一定风险的客户。

3. 财政性存款

财政性存款是指财政部门存放在银行业金融机构的各项财政资金,包括财政库款、财政过渡存款、待结算财政款项、国库定期存款、预算资金存款以及专用基金存款。

4. 临时性存款

临时性存款是指存款人因临时需要并在规定期限内使用而开立的银行结算账户的存款。

5. 委托存款

委托存款是指银行业金融机构受机构或个人的委托,按指定对象和用途,代委托人运用和管理支付的存款。

6. 其他存款

(二)金融债券

金融债券是指银行、保险公司、证券公司、信托投资公司、资产管理公司等金融性公司为筹集资金发行的,约定在一定期限内还本付息的债券。

(三)流通中货币

流通中货币是指企业、个人、机关团体、非存款类金融机构所持有的硬币和现钞总和,即中央银行发行的货币扣减银行业存款类金融机构库存现金后的货币总额。

(四)对国际金融机构负债

对国际金融机构负债是指一国(地区)对国际金融机构所欠的债务金额之和。

(五)其他

二、金融机构信贷资金来源统计项目

(一)各项贷款

各项贷款是指银行业金融机构向非金融企业、个人、机关团体、境外单位以贷款、票据贴现、垫款、押汇、福费廷等方式提供的融资总额。

1. 境内贷款

境内贷款是指银行业金融机构对非金融企业、个人、机关团体以贷款、票据贴现、垫款、押汇、福费廷等方式提供的融资总额。

(1)短期贷款:是指银行业金融机构发放的期限在1年以内(含1年)的贷款。

(2)中长期贷款:银行业金融机构发放的期限在1年以上(不含1年)的贷款。

(3)融资租赁:出租人根据承租人对租赁物和供货人的选择或认可,将其从供货人处取得的租赁物按合同约定出租给承租人占有、使用,向承租人收取租金的交易活动,也被称作金融租赁。

(4)票据融资:银行业金融机构通过对客户持有的商业汇票、银行承兑汇票等票据进行贴现提供的融资。

(5)各项垫款:银行业金融机构为客户承担第三方责任而垫付的各类资金。

2. 境外贷款

境外贷款是指银行业金融机构对境外单位以贷款、票据贴现、垫款、押汇、福费廷等方式提供的融资总额。

(二)有价证券

有价证券是指银行业金融机构持有的国家债券、金融债券、其他债券等各类有价证券。

(三)股权及其他投资

股权及其他投资是指银行业金融机构的股本投资、信托投资及其他投资等各类投资。

(四)黄金占款

黄金占款是指银行买卖黄金形成的库存所占用的款项。

(五)外汇占款

外汇占款是指银行收购外汇资产而相应投放的本国货币。银行购买外汇形成本币投放,所购买的外汇资产构成银行的外汇储备。

(六)在国际金融机构资产

国际金融机构又称国际金融组织,是指世界多数国家的政府之间通过签署国际条约或协定而建立的、从事国际金融业务、协调国际金融关系、维系国际货币和信用体系正常运作的超国家金融机构,包括全球性的国际金融机构和区域性的国际金融机构。在国际金融机构资产是指银行在上述国际金融机构的资产。

第六节 货币购买力统计

一、货币购买力的概念

货币购买力是指单位货币所能买到的商品和劳务的数量。它的大小直接受商品和劳务价格的影响。商品和劳务价格上涨,单位货币购买力就下降,居民以货币购买的商品和劳务的数量就减少,生活水平就会下降;反之,商品和劳务价格下降,货币购买力就提高。

货币购买力统计就是通过计算各种指标来反映货币购买力的变化及其对居民生活水平的影响。

二、货币购买力分析指标

(一)货币购买力指数

在实际测算中,往往是采用货币购买力指数来反映不同时期货币购买力的变动,以说明单位货币在不同时期所能获得的商品和劳务数量的变动情况。其计算公式是:

$$货币购买力指数 = \frac{报告期单位货币购买某种商品(或劳务)的数量}{基期单位货币购买同种商品(或劳务)的数量} \quad (4-33)$$

货币购买力指数也可以利用货币购买力同物价变化成反比的关系来表示,公式为:

$$货币购买力指数 = \frac{1}{价格指数} \quad (4-34)$$

由于货币在居民的生活消费中被用来购买多种商品和劳务,所以不能根据一种商品或一项劳务价格变化确定货币购买力的变动,而要根据居民日常生活必需的大多数主要消费品和劳务价格变动进行计算。

生活费价格指数是综合反映居民消费品和劳务性支出这两部分价格变动程度的相对数。其计算公式为:

$$\text{生活费价格指数}=\frac{\text{报告期居民消费品实际零售额}+\text{报告期居民劳务性支出实际金额}}{\text{按基期价格计算的报告期居民消费品零售额}+\text{按基期价格的报告期劳务支出金额}} \quad (4-35)$$

$$\text{生活费价格指数}\ \overline{K}_P=\frac{\sum p_1 q_1}{\sum p_0 q_1} \quad (4-36)$$

式中：p_0、p_1 分别为基期和报告期消费品价格；q_0、q_1 分别为基期和报告期消费品数量。

由于价格的变化同货币购买力的变化成反比，所以，货币购买力指数是生活费价格指数的倒数。公式为：

$$\text{货币购买力指数}=\frac{1}{\text{生活费价格指数}} \quad (4-37)$$

$$\text{货币购买力指数}=\frac{1}{\sum p_1 q_1 / \sum p_0 q_1} \quad (4-38)$$

（二）实际工资指数

实际工资指数是将货币工资指数与货币购买力指数联系起来，反映职工在不同时期用同样数量的货币工资所能购买的商品和劳务数量变动情况的经济指数。职工工资可分为名义工资和实际工资。名义工资是以货币数量表示的工资，即货币工资。实际工资是职工的货币工资实际上能买到的商品和劳务的数量。一定的货币工资在市场上能够买到的商品和劳务的数量，要受所买商品和劳务价格变动的影响。价格上涨，则能够买到的商品和劳务的数量就会减少，其实际生活水平则会下降，也就是实际工资下降。实际工资水平随着货币工资的增加而提高，随着职工生活费价格的上涨而降低。因此，实际工资指数的计算公式为：

$$\text{实际工资指数}=\frac{\text{货币工资指数}}{\text{生活费价格指数}} \quad (4-39)$$
$$=\text{货币工资指数}\times\text{货币购买力指数}$$

当实际工资指数大于 1 时，说明货币工资指数大于生活费价格指数，实际工资水平提高；当实际工资指数小于 1 时，则说明实际工资水平降低。而实际工资水平降低在其他条件不变的情况下，则说明通货膨胀率在上升。

因此，我们可以根据实际工资指数，货币工资指数和生活费价格指数三者的关系，比较职工在不同时期实际工资的变动情况，并分析这种变动在多大程度上受货币工资增减的影响，在多大程度上受职工生活费价格升降的影响。这一指标能较好地反映职工实际生活水平的变化趋势，并可进一步分析通货膨胀的程度。

三、货币购买力分析

我们可以从以下几个方面对货币购买力进行统计分析：

(1)不同商品的购买力。由于我国价格管理体制的约束，不同的商品有不同的价格形成机制，如统一的国家牌价、有限度的浮动价和完全灵活的市场价等。

(2)同一商品的购买力。商品价格形成机制不同会导致货币购买力的决定因素有所区别。由统一的国家牌价决定的商品价格，其货币购买力由计划确定；由有限度的浮动决定的商品价格，其货币购买力由买卖双方的意愿确定；由完全灵活的市场价格决定的商品价格，其货币购买力由供求关系确定。在这几类商品的价格确定中，哪一类价格所占比重大，货币购买力便主要受制于哪一种因素。随着价格体制改革的推进，货币购买力主要由市场供求关系决定。

(3)不同区域的购买力。由于种种原因，各个地区的经济发展水平不尽相同，发展快的地区物价水平相对要高。如果仅就地区物价的差别来说，高物价地区的单位货币购买力较低，而低物价地区单位货币购买力则较高。但如果把货币收入这一因素纳入，则收入高的地区社会货币购买力一般高于收入低的地区的社会货币购买力。社会货币购买力是指全社会货币量所能购买的商品和劳务的总量。由于收入高的地区拥有的货币量多，因而所能购买的商品和劳务的数量也比收入低的地区多。

(4)购买力投向，也称为商品需求构成或商品消费构成。其一般分为生活资料和生产资料两大投向。生活资料购买力主要包括城乡居民购买力和社会团体购买力，生产资料购买力主要是指农业劳动者和城镇个体劳动者购买生产资料的货币支付能力。通过购买力投向分析，可以掌握社会购买力在各类商品之间的分配比例及其变化趋势，这对保持社会购买力和商品可供应量的平衡，进而保持社会总需求和社会总供给的平衡，将起到积极的作用。

关键概念

货币供应量　货币乘数　平均利率　利率指数　弹性　利率风险　缺口分析
期间分析　货币政策中间目标指标　存款准备金　基础货币　短期利率货币市场
银行信贷规模　货币购买力　货币购买力指数　生活费价格指数　实际工资指数
货币概览　银行概览

学习小结

货币供应量是中央银行、存款货币银行和其他金融机构,在一定时期内为社会经济所提供的可用于各种交易的货币总量。货币供应量有狭义和广义之分。按照不同的统计口径,可以划分出不同的货币层次。货币乘数反映了基础货币与货币供应量之间的倍数关系。货币供应量统计分析主要包括货币层次、结构的变动分析等。还可就货币供应量与有关经济变量的关系进行分析。

利率是指一定时期内利息额同贷出资本额(本金)的比率。常用的利率统计分组是按照银行及其他金融机构的信贷资金性质进行的。平均利率是利率统计的主要指标之一,它是反映利率平均水平的一般指标。利率指数是说明两个不同时期利率变动程度的相对指标。利率统计分析包括利率与物价弹性分析,利率与物价相关统计分析,利率变动趋势的分析等。利率风险是指由于预期的市场利率水平与到期的实际市场利率水平产生差异而导致形成损失的可能性。常见的利率风险评估方法有缺口分析和期间分析法。我们可以通过多种方法和工具的综合使用对利率风险进行预测和防范。

中央银行货币政策中间指标的选择和控制是实现货币政策目标的前提条件。货币政策中间指标的选择要遵循可测性、可控性、相关性、抗干扰性的原则。中央银行货币政策中间指标体系由近期指标和远期指标组成。近期指标主要包括存款准备金、基础货币、短期利率、货币市场行情等;远期指标主要包括货币供应量、银行信贷规模等。

货币购买力是指单位货币能够购买的某种商品或劳务的数量。货币购买力分析指标有货币购买力指数、实际工资指数等。货币购买力统计分析可从不同商品的购买力、不同区域的购买力、购买力投向等几个方面进行。

货币概览是货币当局资产负债表与存款货币银行资产负债表的合并。银行概览是货币概览与特定存款机构资产负债表的合并。我国的货币概览是由货币当局资产负债表和存款货币银行资产负债表合并形成的。我国的银行概览是由货币概览与特定存款机构的资产负债表合并而成的。

课堂测试题

一、名词解释

1. 货币供应量
2. 基础货币
3. 利率风险

二、简答题

1. 什么是货币供应量的层次划分?
2. 什么是货币供给量分析的基本方法?
3. 利率统计分析可从哪几个方面进行?
4. 货币政策中间指标的选择一般有哪些原则?

5. 货币购买力统计分析可从哪几个方面进行?

课后练习题

一、名词解释

1. 货币供应量
2. 金融资产的流动性
3. 基础货币
4. 货币乘数
5. 金融概览
6. 货币概览
7. 银行概览
8. 利率指数
9. 利率风险
10. 信贷收支统计
11. 货币购买力

二、单项选择题

1. 货币供应量不包括(   )。
   A. 现金   B. 活期存款
   C. 定期存款   D. 银行之间的债权

2. 在我国,货币供应量统计中 M_0 是指(   )。
   A. 库存现金   B. 中央银行发行的货币
   C. 流通中的现金   D. 活期存款

3. 在我国,证券公司客户保证金属于(   )。
   A. M_0 B. M_1
   C. M_2 D. 不属于货币供应量

4. 关于货币供应量增长率、GDP 增长率以及物价增长率三者之间的关系,下列说法正确的是(   )。
   A. 货币供应量增长率＝GDP 增长率＋物价增长率
   B. 货币供应量增长率＝GDP 增长率×物价增长率
   C. GDP 增长率＝货币供应量增长率＋物价增长率
   D. 物价增长率＝货币供应量增长率×GDP 增长率

5. 关于实际利率、名义利率和通货膨胀率三者之间的关系,下列说法正确的是(   )。
   A. 实际利率＝名义利率＋通货膨胀率   B. 实际利率＝名义利率－通货膨胀率
   C. 实际利率＝名义利率×通货膨胀率   D. 实际利率＝名义利率/通货膨胀率

6. 关于货币购买力指数与生活费价格指数的关系,下列说法正确的是(   )。

A. 货币购买力指数×生活费价格指数＝1　　B. 货币购买力指数＋生活费价格指数＝1
C. 货币购买力指数－生活费价格指数＝1　　D. 生活费价格指数—货币购买力指数＝1

三、多项选择题

1. 中央银行货币政策的最终目标是（　　）。
A. 币值稳定　　　　　　　　　　B. 充分就业
C. 经济增长　　　　　　　　　　D. 国际收支平衡

2. 中央银行货币中间指标选择的一般原则有（　　）。
A. 可测性　　　B. 可控性　　　C. 相关性　　　D. 抗干扰性

3. 下列属于中央银行货币政策中间指标体系中的近期指标的是（　　）。
A. 基础货币　　　B. 货币供应量　　　C. 短期利率　　　D. 银行信贷规模

4. 在我国，货币供应量统计中 M_1 包括（　　）。
A. M_0　　　　　　　　　　　　B. 企业单位活期存款
C. 企业单位定期存款　　　　　　D. 机关团队部队存款

5. 在我国，货币供应量统计中 M_2 包括（　　）。
A. M_1　　　　　　　　　　　　B. 企业单位活期存款
C. 企业单位定期存款　　　　　　D. 个人储蓄存款

6. 在我国，基础货币包括（　　）。
A. 金融机构库存现金　　　　　　B. 流动中货币
C. 金融机构特种存款　　　　　　D. 邮政储蓄转存款

7. 中央银行可以通过调整（　　）来改变货币乘数。
A. 法定准备金率　　　　　　　　B. 贴现率
C. 存款利率　　　　　　　　　　D. 贷款利率

8. 关于货币量（M）、货币流通速度（V）、商品与劳务的价格（P）、商品与劳务数量（T）以及国民收入（Y）之间的关系，下列表达式正确的是（　　）。
A. $MV=PT$　　　B. $Y=MV$　　　C. $Y=PT$　　　D. $M=YT$

9. 按照信贷资金的性质，利率包括（　　）。
A. 存款利率　　　　　　　　　　B. 贷款利率
C. 借入资金利率　　　　　　　　D. 贷出资金利率

10. 影响利率及其变动的因素有（　　）。
A. 经济运行的趋势变动　　　　　B. 货币当局的行为
C. 物价水平　　　　　　　　　　D. 政府财政预算

11. 常见的利率风险评估方法有（　　）。
A. 缺口分析　　　　　　　　　　B. 图表分析法
C. 期后分析法　　　　　　　　　D. 期间分析法

12. 我国金融机构信贷资金运用统计项目包括（　　）等。
A. 各项存款　　　　　　　　　　B. 金融债券
C. 流通中货币　　　　　　　　　D. 对国际金融机构负债

13. 我国金融机构信贷资金来源统计项目包括(　　)等。
   A. 各项贷款　　　　B. 有价证券　　　　C. 黄金占款　　　　D. 外汇占款
14. 关于实际工资指数、货币工资指数、货币购买力指数以及生活费价格指数之间的关系,下列说法正确的是(　　)。
   A. 实际工资指数＝货币工资指数/生活费价格指数
   B. 实际工资指数＝货币工资指数×生活费价格指数
   C. 实际工资指数＝货币工资指数×货币购买力指数
   D. 实际工资指数＝货币工资指数/货币购买力指数

四、简答题

1. 什么是货币供应量的层次划分?
2. 我国货币层次的划分与货币供应量监测指标如何选择?
3. 什么是货币供给量分析的基本方法?
4. 常见的利率统计分组是什么?
5. 利率统计分析可从哪几个方面进行?
6. 什么是利率风险?常见的利率风险评估与预测方法有哪些?
7. 货币政策中间指标的选择一般有哪些原则?
8. 货币政策中间指标的近期指标和远期指标各有哪些?
9. 货币购买力统计分析可从哪几个方面进行?
10. 编制货币概览时应注意哪些问题?

五、计算题

1. 假定现金为 3 亿元,存款为 10 亿元,商业银行准备金为 5 亿元,计算货币乘数、现金漏损率、准备金比率。
2. 已知存款与利率之间的函数关系式为:

$$D = f(i) = 1 + 2i\frac{i^2}{2}$$

计算在利率等于 0.01 与 0.05 时的利率存款点弹性。

3. 2018 年我国货币和准货币(M_2)为 1 826 744.2 亿元,其中:货币(M_1)为 551 685.9 亿元,准货币为 1 275 058.3 亿元;在货币中,流通中现金(M_0)为 73 208.4 亿元,活期存款为 478 477.5 亿元;在准货币中,定期存款为 340 178.9 亿元,储蓄存款为 721 688.6 亿元,其他存款为 213 190.8 亿元。试根据上述资料计算 2018 年我国各层次货币的结构指标,并对货币供应状况做出简要的分析说明。

4. 我国 2019 年职工平均货币工资指数为 117.20%,职工生活费用价格指数为 99.1%,试计算货币购买力指数以及实际工资指数。

第五章　商业银行统计

学习目标

1. 知识目标

了解商业银行的基本情况,以及商业银行统计分析的概念、意义和主要内容,重点掌握商业银行的主要业务、经营状况、经济收益等方面的统计分析指标体系。

2. 能力目标

学习商业银行统计相关知识,了解商业银行竞争力比较的基本情况以及统计分析在其中的应用。

3. 思政目标

培养风险意识和风险管理能力,学会运用统计方法和工具进行风险防范和管理,确保商业银行的安全可靠运营。

第一节　商业银行统计概述

一、商业银行的职能和主要业务

商业银行一般是指吸收存款、发放贷款和其他中间业务的金融机构。它是国民经济的综合部门和社会资金运动枢纽,是市场经济条件下银行体系的主体,与其他金融机构相比,商业银行的业务更具综合性,功能更齐全,服务更广泛。

商业银行在社会经济中发挥着许多重要的职能。它具有信用中介的职能,它以各种方式,通过各种渠道吸收社会闲散资金,然后以信贷方式将其投向国民经济的各部门,满足经济发展对资金的需要。它具有支付中介的职能,为客户办理货币收付业务与结算业务,扮演货币保管者、出纳和支付代理人的角色,为商品交易的货币结算提供一种付款机制。它具有金融服务职能,不断开发新的金融产品,为社会经济中的各部门开展更为方便有效的金融服务,促进社会经济的发展。

商业银行的主要业务包括负债业务、资产业务、中间业务和表外业务。负债业务主要指吸收资金的业务,它是商业银行主要资金来源的业务,是商业银行经营活动中的基础性业务,决定着银行资金来源的规模与构成,是商业银行开办资产业务的前提和基础。资产业务是指商业银行将负债业务所获得的资金加以运用,从而取得收益的业务,主要包括现金资产业务、放款业务、投资业务、贴现业务和固定资产业务,其中以放款业务、投资业务和贴现业务为主。中间业务是指商业银行不需动用自己的资金,只代理客户承办首付和委托等事项,从中收取手续费的主要业务,包括结算业务、信托业务、租赁业务、代理业务和其他服务型业务。表外业务是指商业银行资产负债表以外的各项业务,其中一部分将转变为银行的实有资产和负债,主要包括贷款承诺、担保、调期和套头交易、代理客户买卖、分销证券等。

二、商业银行统计分析的主要内容

商业银行统计分析是利用各种统计分析方法和工具,对商业银行经营管理的数据进行分析研究,寻找内在规律,为决策者和管理者提供决策与管理的依据。商业银行统计主要围绕其主要业务和经济效益情况展开,包括:第一,资产负债统计,其中包括资产业务统计、负债业务统计、信贷资金营运分析等;第二,经济效益分析,其中包括社会经济效益分析,银行自身经济效益分析等。通过这些分析,我们能清楚地了解银行的经营运行情况,分析银行之间的差异,比较银行竞争力。

对商业银行进行统计分析需要大量的数据资料,这些资料来源于商业银行自身业务运营中积累的大量业务数据,也来源于宏观经济环境的一些指标数据。具体来说,主要包括以下几类:

(1)业务经营数据。它是资产负债表、利润表、其他经营报表、综合统计报表以及商业银行累计的历史经营数据。

(2)信贷数据。它是商业银行在为客户提供信贷服务过程中积累的丰富的客户数据资料。

(3)金融市场和同业数据。它是货币供应量、利率环境、汇率环境、同业竞争数据等。

(4)宏观经济数据。它是 GDP、工业产出、物价水平、投资水平、消费、就业等宏观经济指标。

(5)为某一目的进行的调查得到的数据资料。

三、商业银行统计分析意义

商业银行的经营范围渗透到了社会经济的各个角落。为了加强对经营业务的管理,强化商业银行在社会经济中所起到的各种有效作用,商业银行的各级机构都必须随时了解其经营业务的情况。商业银行统计分析恰好为其提供了与此相关的信息。这些信息可以为商业银行的业务管理、市场营销、金融资产开发等经营业务活动提供可靠资料,为银行制定发展目标、发展规划、政策决策等提供依据。可以说,商业银行

统计分析对商业银行的运作起着举足轻重的意义。具体说来,商业银行统计分析有以下几方面的意义:

(1)通过分析主要业务以及经济效益的各项统计指标,银行的领导层、决策者能够把握银行的经营情况,分析不足,预测未来的走势,制定有效的经营方针,提高银行的业务水平。

(2)通过统计分析商业银行的经营状况,中央银行可以更好地了解商业银行的经营情况,从而更行之有效、有的放矢地对商业银行进行管理。

(3)通过商业银行公布的有关自身经营状况的分析统计,社会经济中的其他成分能够了解到与自身发展相关的信息,特别是关于社会资金流量的信息,从而能更好地为自身的良好发展做出规划。

(4)通过商业银行的统计分析数据,国家经济发展规划部门也能更为清楚地认识现阶段社会各经济部门的发展状况、社会资金的流向,从而更好地调整、规划社会经济的发展。

第二节 商业银行信贷收支统计

信贷收支是商业银行以信用方式集中和分配资金的主要方式。商业银行的信贷收支统计可以全面反映银行信贷资金的来源和运用情况,反映资金的结构、投向和分配,反映金融活动的运行情况。它是研究货币政策、分析信贷计划执行情况、合理使用资金、提高资金使用效益、加强金融运行监测与宏观调控的重要基础和依据。按照央行规定,成为股份制银行后不再编制银行信贷收支表。

一、商业银行信贷收支统计

商业银行信贷收支统计包括信贷资金来源统计和信贷资金运用统计,如表5—1所示。

表5—1　　　　　　　　　国有商业银行人民币信贷收支表

来源方项目	本月余额	运用方项目	本月余额
一、各项存款		一、各项贷款	
1. 企业定活期存款		1. 短期贷款	
(1)活期存款		(1)工业贷款	
(2)定期存款		(2)商业贷款	
2. 机关团体存款		(3)建筑业贷款	

续表

来源方项目	本月余额	运用方项目	本月余额
3. 储蓄存款		(4)农业贷款	
(1)活期储蓄		(5)乡镇企业贷款	
(2)定期储蓄		(6)"三资"企业贷款	
4. 农业存款		(7)私营企业及个体贷款	
5. 其他类存款		(8)其他短期贷款	
二、发行金融债券		2. 中长期贷款	
三、向中央银行借款		3. 其他类贷款	
四、同业往来		二、有价证券及投资	
五、其他		三、缴存准备金存款	
		四、同业往来	
资金来源总计		资金运用总计	

注：①表中机构包括中国工商银行、中国农业银行、中国银行、中国建设银行。②自2007年第三季度开始，"机关团体存款"从"其他类存款"中分出，单独列示。

(一)信贷资金来源统计项目

1. 各项存款

(1)企业存款，是指企业存入商业银行的暂时闲置的资金，包括活期存款和定期存款。企业活期存款可进一步划分为：工业、商业、建筑业企业、集体企业、乡镇企业、"三资"企业、私营企业和个体工商业者存款和其他企业存款。在定期存款中，包括企事业单位的定期存款、单位信用卡保证金存款、单位信用卡备用金存款。

(2)居民储蓄存款，是指商业银行吸收城乡居民货币收入中的待用款和节余款，包括活期储蓄存款和定期储蓄存款。

(3)农村存款，是指农村集体单位、乡镇企业、各种专业户和承包户的生产周转金、积累基金、分配基金和农村信用社的转存款等。

(4)信托类存款，是指根据存款单位或个人的存款申请，委托代营或运营的资金。

(5)其他存款，是指部队存款、应解汇款和临时存款。

2. 发行金融债券

这是商业银行通过发行债券所收集的款项，债券分为短期债券、中长期债券、国家投资债券等几类。

3. 卖出回购证券

这是商业银行与其他机构、企业或中央银行以合同或协议的形式，按一定价格卖给其他企业的证券，到合同规定日期再按合同规定价格买回该批证券，以取得买卖差价。

4. 向中央银行借款

这是商业银行向中央银行借入的信用贷款以及中央银行对商业银行的再贴现。

5. 同业往来

这是指商业银行之间往来过程中,其他银行或金融机构在本行的存放款,或从其他银行与非银行金融机构拆入的资金,包括同业存放和同业拆借。

6. 委托存款及委托投资基金

这是指部门和单位存入商业银行用于发放委托贷款或投资的基金存款,包括委托存款和委托投资基金。如中央政府委托存款与贷款、地方政府委托存款与贷款、企业委托存款与贷款以及委托投资、委托投资基金等。

7. 代理金融机构委托贷款基金

这是指商业银行代理中央银行、政策性银行和其他金融机构的委托贷款基金。

8. 所有者权益

这是投资者交付商业银行支配和经常运用的资金,也是商业银行信贷资金来源中最稳定的部分,包括实收资本和历年中的各种积累。其中,所有者权益能用于信贷投放的资金部分,为自有信贷资金,即所有者权益减固定资产净值、无形资产及递延资产的余额。当年结益是指本年度实现的利润,在未进行利润分配之前可以作为信贷资金使用。

9. 各项准备

这是指商业银行按规定提取的坏账准备金、贷款呆账准备金和投资风险准备金。

10. 其他

这是信贷资金来源与运用的平衡项目。

(二)信贷资金运用统计项目

1. 各项贷款

(1)短期贷款,是指商业银行对企业发放一年以下的用于流动资金的贷款,包括工业贷款、商业贷款、建筑业贷款、农业贷款、乡镇企业贷款、"三资"企业贷款、私营及个体贷款、贴息及短期贷款。

(2)中长期贷款,是指商业银行发放一年以上的流动资金贷款和用于基本建设、技术改造等的贷款,包括基本建设贷款、住房开发贷款、商业用房开发贷款、其他地产开发贷款、技术改造贷款和其他中长期贷款。

(3)票据融资,是指商业票据的贴现和转贴现形成的资金运用。

(4)各项垫款,包括承兑、贴现、信用证等项垫款。

2. 有价证券及投资

这是指存款性金融机构购入的以持有生息为目的的各类有价证券。如自营证券、短期投资、信托投资和长期投资等。

3. 买入返售证券

这是指做证券的逆回购业务而形成的资金占用。

4. 在中国人民银行存款

这是指商业银行在中国人民银行的备付准备金存款,包括向中国人民银行缴存的法定准备金、存放中央银行存款、存放中央银行清算汇票款等。

5. 存放中央银行特种存款

这是指商业银行按照中央银行的要求在法定准备金之外的存款。特种存款是中央银行调整信贷资金结构和信贷规模的重要措施。中央银行按照商业银行和其他金融机构的信贷资金营运情况,根据银根松紧和资金调度的需要,以特定方式向金融机构集中一定数量的资金。

6. 存放中央银行的财政性存款

这是指商业银行吸收的财政性存款按规定划缴中央银行。

7. 同业往来

这是指商业银行之间往来过程中发生的同业资金运用,包括存放同业和同业拆出。

8. 系统内往来

这是指商业银行上下级行之间往来资金的运用,包括存放联行款项、向上级行或下级行拆出资金等。

9. 代理金融机构贷款

这是指商业银行代理中央银行、政策性银行和其他金融机构委托贷款,代理中国人民银行专项贷款。

10. 库存现金

11. 外汇占款

这是指商业银行购买外汇而占用的人民币资金,包括结售汇人民币资金、兑换和外币占款。

二、各商业银行信贷收支表的编制

各类商业银行如国有独资商业银行、股份制商业银行、城市商业银行和农村商业银行信贷收支表的编制,都是以同类性质单个商业银行的信贷收支表的合并。现以国有独资商业银行为例,说明各类商业银行信贷收支表的编制。

(一)信贷资金来源项目的编制

(1)汇总的项目有各项存款、代理财政性存款、应付及暂收款、向中央银行借款、各项准备金、所有者权益。

(2)合并的项目有金融债券、卖出回购证券、委托存款及委托投资基金、代理金融机构贷款基金、同业往来。

(3)轧差的项目有:其他。

(二)信贷资金运用项目的编制

(1)汇总的项目有各项贷款、有价证券和投资、应收及暂付款、存放中央银行的准备金存款、存放中央银行特种存款、缴存中央银行财政存款、库存现金、外汇占款。

(2)合并的项目有买入返售证券、同业往来、代理金融机构贷款。

三、商业银行信贷收支统计分析

按统计分析的内容,可将商业银行信贷收支统计分析分为信贷资金来源分析、信贷资金运用分析、信贷收支平衡分析、资金头寸分析、往来资金分析和资金清偿能力分析。

(一)信贷资金来源分析

信贷资金来源分析一般包括信贷资金来源增减变动分析、信贷资金来源结构分析、信贷资金自给能力分析、信贷资金来源集中度和利用程度的分析以及各项存款的分析。

1. 信贷资金来源增减变动分析

用于分析的主要统计指标是信贷资金增减率,计算公式如下:

$$信贷资金增减率 = \frac{本期信贷资金来源 - 上期信贷资金来源}{上期信贷资金来源} \times 100\% \quad (5-1)$$

2. 信贷资金来源结构分析

信贷资金来源结构可用某项信贷资金来源占全部信贷资金来源的比重来表示,并与上期的比重比较分析其变化。主要计算公式有:

$$某项信贷资金来源所占比重 = \frac{某项信贷资金来源}{全部信贷资金来源} \times 100\% \quad (5-2)$$

3. 信贷资金自给能力分析

信贷资金自给能力的分析主要采用以下三个指标,各自计算公式如下:

(1)自有资金对总资产的比率。它是指金融机构自有资金与其资产总额的比率,即:

$$自有资金对总资产的比率 = \frac{自有资金额}{资产总额} \times 100\% \quad (5-3)$$

(2)自有资金对负债的比率。它是指金融机构自有资金与其全部对外负债的比率,即:

$$\text{自有资金对负债的比率} = \frac{\text{自有资金额}}{\text{负债总额}} \times 100\% \tag{5-4}$$

(3)信贷资金自给率。它是金融机构自有资金和各项存款之和占全部信贷资金来源的比率,即:

$$\text{信贷资金自给率} = \frac{\text{自有资金} + \text{各项存款}}{\text{信贷资金来源总额}} \times 100\% \tag{5-5}$$

4. 信贷资金来源集中度和利用程度的分析

信贷资金来源集中度一般用 10 户或 15 户较大存款额之和与全部存款之比来反映;信贷资金利用程度一般用营利性资产与信贷资金来源总额之比来反映。

5. 各项存款的分析

存款是银行最主要的负债业务。存款是贷款的主要资金来源,存款业务的稳定增长是贷款稳定增长的重要保证。因此,对存款的各项指标进行分析具有重要的意义。各项存款的分析包括存款总量的分析、存款结构的分析和存款周转的分析。

(1)存款总量分析。

①报告期内存款累计发生额。它是指银行期内存款的业务总量,包括存款累计收入额和存款累计支出额。在会计报表中,前者是期内存款的贷方发生额累计,后者是期内存款的借方发生额累计。

②报告期末存款余额。它是指银行报告期末拥有的存款量。其计算公式为:

$$\text{报告期末存款余额} = \text{期初存款余额} + \text{期内存款累计收入额} - \text{期内存款累计支出额} \tag{5-6}$$

③报告期存款净增减量。

$$\begin{aligned}\text{报告期存款净增减量} &= \text{报告期存款累计收入额} - \text{报告期存款累计支出额} \\ &= \text{期末存款余额} - \text{期初存款余额}\end{aligned} \tag{5-7}$$

④存款积数。该指标是反映存款规模的综合性指标,也是计算存款利息的依据。其计算公式为:

$$C = \sum a_i t_i \tag{5-8}$$

式中:C——存款积数;a_i——每天存款余额;t_i——存款天数。

⑤存款平均余额。该指标反映了银行报告期内每天存款余额的一般水平。其计算公式为:

$$\text{存款平均余额} = \frac{\text{报告期存款积数}}{\text{报告期日历天数}} \tag{5-9}$$

(2)存款构成比例分析。

①企业存款构成比率分析。该类指标主要分析企业定期、活期存款构成比率,企业定期、活期存款增量构成比率。其主要分析指标如下:

$$企业存款构成比率 = \frac{企业(活期或定期)存款}{银行一般性存款} \times 100\% \quad (5-10)$$

②储蓄存款构成比率分析。该指标主要分析储蓄存款定期、活期构成比率和储蓄存款定期、活期增量构成比率。其主要分析指标如下:

$$储蓄存款构成比率 = \frac{储蓄存款}{银行一般性存款} \times 100\% \quad (5-11)$$

(3)存款变动分析。

①存款周转分析。主要的周转分析指标有:

$$报告期内存款可能周转次数 = \frac{期内存款累计收入额}{期内存款平均余额} \quad (5-12)$$

$$报告期内存款实际周转次数 = \frac{期初存款余额 + 期内存款累计收入额}{期内存款平均余额} \quad (5-13)$$

$$报告期内存款可能周转天数 = \frac{期内日历天数 \times 期内存款平均余额}{期内存款累计支出额} \quad (5-14)$$

$$报告期内存款实际周转天数 = \frac{期内日历天数 \times 期内存款平均余额}{期初存款余额 + 期内存款累计收入额} \quad (5-15)$$

②存款增长变动分析。主要指标有:一般性存款增长率、储蓄存款增长率、企业存款增长率等。

(4)储蓄存款分析。银行的存款包括活期存款、定期存款和储蓄存款等,其中,储蓄存款是商业银行最重要的资金来源。因此,对储蓄存款进行统计分析对于银行的经营有着十分重要的意义。

①储蓄存款的构成分析。储蓄存款的构成分析主要是指对储蓄存款总量(储蓄存款余额)一定的标志进行分类分析。储蓄存款按储户与银行的契约关系,可分为活期储蓄与定期储蓄;按来源地点,可分为城镇储蓄存款、农村储蓄存款和华侨储蓄存款等;按储户,可分为个人储蓄存款和集体储蓄存款。通过分析储蓄存款构成情况,银行可以了解其储蓄存款的来源,以便更好地开展经营活动。

②储蓄存款的稳定性分析:

$$储蓄存款巩固率 = \frac{储蓄存款累计收入额 - 储蓄存款累计支出额}{储蓄存款累计收入额} \times 100\% \quad (5-16)$$

该指标反映了期内储蓄存款发生变化后,仍有多大比例留在行内。

$$储蓄存款稳定率 = \frac{期内储蓄存款最低余额}{期内储蓄存款平均余额} \times 100\% \quad (5-17)$$

该指标从一个侧面反映了银行的资金稳定性。该指标数值越大,说明始终留在银行作为负债部分的资金大,可利用资金的程度高,稳定性好。

$$储蓄存款平均储存天数 = 报告期日历天数 \times \frac{期内储蓄存款平均余额}{期内储蓄存款累计支出额} \quad (5-18)$$

该指标反映了储蓄存款在银行储蓄的时间长短,了解它便于银行合理安排信贷资金。

③储蓄存款变动分析:

$$储蓄流量发展率 = \frac{报告期储蓄流量(S_1)}{基期储蓄流量(S_0)} \quad (5-19)$$

该指标反映了一定时期储蓄存款发展速度。根据储蓄流量发展率可以计算流量增长率,即:

$$流量增长率 = \frac{S_1 - S_0}{S_0} = \frac{S_1}{S_0} - 1 \quad (5-20)$$

$$储蓄率 = \frac{储蓄流量(S)}{居民货币收入(y)}$$

$$= \frac{y - 居民消费(C) - 居民手持现金(B)}{y}$$

$$= 1 - \frac{C + B}{y} \quad (5-21)$$

该指标反映了一定时期居民的储蓄水平。

$$边际储蓄率 = \frac{\Delta S}{\Delta Y} = \frac{S_1 - S_0}{y_1 - y_0}$$

或

$$边际储蓄率 = \frac{\Delta S}{\Delta Y} = \frac{\Delta y - \Delta C - \Delta B}{\Delta y}$$

$$= 1 - \frac{\Delta C + \Delta B}{\Delta y} \quad (5-22)$$

其中:
$$\Delta S = \Delta y - \Delta C - \Delta B$$
$$= (y_1 - y_0) - (C_1 - C_0) - (B_1 - B_0) \quad (5-23)$$

该指标反映了一定时期内居民增加的货币收入中,用于增加储蓄所占的比例,以此判断储蓄发展速度的快慢及其对于消费的合理程度。

$$储蓄存款利率变动弹性系数 = \frac{期内储蓄存款变化率}{期内储蓄存款利率变化率} \quad (5-24)$$

该指标反映储蓄规模与利率升降的关系程度,为以利率杠杆调节储蓄提供可靠性依据。如果弹性系数接近1,表示利率升降使储蓄规模发生相应的变动;如果弹性系数比1大很多,表示弹性充足,储蓄对利率的反应灵敏;如果弹性系数比1小很多,表示储蓄对利率变动反应迟钝。

(5)存款结构分析。

①存款来源结构分析:可以按存款区域分类,分析存款来源的区域分布;可以按存款来源的产业部门分类,分析存款的产业部门分布;可以按存款的经济部门分类,分析存款的经济部门分布;可以按存款的企业分类,分析存款的企业分布等。

②存款定期与活期结构分析:分析定期存款与活期存款的结构比重。定期存款和活期存款对金融机构存款的稳定性和存款成本都有直接影响。定期存款比重越大,存款的稳定性越大;而定期存款的利率高于活期存款,定期存款的比重越大,存款的成本越高;相反,活期存款的成本低,存款的稳定性也较低。

③存款项目结构分析:主要分析金融机构存款中企业存款与储蓄存款的结构比例关系。企业存款是金融机构派生存款的重要组成部分。企业存款一定程度上反映企业所拥有的货币资金总量,反映企业的资金的松紧变化。企业存款增加,表明企业支付能力增强;反之,企业存款减少,表明企业货币资金减少,企业支付能力下降。

④存款期限结构分析:主要分析金融机构各种期限的定期存款的结构比重,并可进一步分析各种不同期限存款的来源结构及其对金融机构存款稳定性和存款成本变动的影响。

(二)信贷资金运用的分析

信贷资金运用的分析包括信贷资金运用的增减变动分析、信贷资金运用的结构分析、信贷资金运用的集中度分析及贷款分析。

1. 信贷资金运用的增减变动分析

用于分析的主要统计指标是信贷资金增减率,计算公式如下:

$$信贷资金增减率=\frac{本期信贷资金运用-上期信贷资金运用}{上期信贷资金运用}\times100\% \quad (5-25)$$

2. 信贷资金运用的结构分析

信贷资金运用的结构可用某项信贷资金运用占全部信贷资金运用的比重来表示,并与上期的比重比较分析其变化。主要计算公式有:

$$某项信贷资金运用所占比重=\frac{某项信贷资金运用}{全部信贷资金运用}\times100\% \quad (5-26)$$

3. 信贷资金运用的集中度分析

信贷资金运用集中度一般用 10 户或 15 户较大贷款额之和与全部贷款之比来反映。

4. 贷款分析

贷款是银行最主要的资产业务。银行贷款是企业流动资金的主要来源,银行贷款的扩张与收缩对经济增长和社会购买力的变动都有重大的影响。加强对贷款的监测与分析具有重要的意义。

(1) 贷款总量分析。

①贷款累计发放额。该指标是指报告期内发放贷款的累计数，无论是否收回均应计算在内。

②贷款累计收回额。该指标是指报告期内收回的累计额，无论是本期发放的还是往期发放的均应计算在内。

③报告期贷款净发放(净回收)额。它是指报告期内净发放(净收回)的贷款额，其计算公式为：

$$\text{报告期贷款净发放(净回收)额} = \text{报告期贷款累计发放额} - \text{报告期贷款累计收回额}$$
$$= \text{报告期末贷款余额} - \text{报告期初贷款余额} \quad (5-27)$$

该指标反映了期内再生产过程中贷款的增减变化情况。在扩大再生产条件下，一般银行表现为净发放，只有在少数贷款项目和个别事件会出现贷款净收回。

如果只反映报告期内贷款发放与收回的情况，则可按下列公式计算：

$$\text{报告期内贷款净发放额} = \text{报告期内贷款发放额} - \text{报告期内收回期内发放的贷款额}$$
$$(5-28)$$

④报告期末贷款余额。它是指在某一计算时点上(月末、年末)银行所发放出去的贷款累计变化的结果，其计算公式为：

$$\text{报告期末贷款余额} = \text{报告期初贷款余额} + \text{报告期贷款累计发生额} - \text{报告期累计回收额}$$
$$= \text{报告期初贷款余额} + \text{报告期贷款净发放(净收回)额} \quad (5-29)$$

该指标反映了银行贷款的总规模，是银行资产管理中一个极为重要的指标。

⑤贷款积数。它是指贷款余数与贷款占用日历时间(天)的乘积。其计算公式为：

$$S = \sum b_i t_i \quad (5-30)$$

式中：S——贷款积数；b_i——每天贷款余额；t_i——贷款天数。

该指标可以反映贷方单位可利用贷款的最大容积。贷款的余额越大、时间越长，可利用贷款的总量越大。因此，该指标是银行计算贷款利息的依据。

⑥贷款平均余额。它是指贷款余额时点数列的序时平均数，反映报告期每天贷款的平均数。其计算公式为：

$$\text{贷款平均余额} = \frac{\text{报告期贷款积数}}{\text{报告期日历天数}} \quad (5-31)$$

⑦报告期内贷款最高余额。该指标反映报告期内贷款曾经发生过的最大瞬间规模，为商业银行的融资活动提供了应留有多大回旋余地的信息。

⑧报告期内贷款净发放最大额。该指标为报告期内贷款最大流量提供信息。其计算公式为：

报告期内贷款净发放最大额＝报告期内贷款最高余额－报告期初贷款余额

$$(5-32)$$

⑨到期贷款收回率。该种比率反映了贷款的收回程度,主要包括两个指标:

$$到期贷款收回率=\frac{到期贷款累计收回额}{到期贷款累计额}\times 100\% \quad (5-33)$$

$$贷款累计收回率=\frac{报告期内贷款累计收回额}{报告期内累计发放额}\times 100\% \quad (5-34)$$

(2)贷款构成比例分析。贷款构成比例分析反映了贷款分配使用的构成状况。根据不同的研究目的,我们可以对其进行不同的分类分析。

①按贷款期限分,可分为短期贷款构成比率和中长期贷款构成比率,它们分别指短期贷款、中长期贷款与各项贷款的比率,以反映不同期限贷款的结构关系。其计算公式为:

$$短期(中长期)贷款构成比率=\frac{短期(中长期)贷款}{各项贷款}\times 100\% \quad (5-35)$$

②按贷款投向分,可分为工业、农业、商业贷款构成比率以及基建(技改)贷款构成比率,它们分别指工业贷款、农业贷款、商业贷款与短期贷款的比率,基建贷款、技改贷款与中长期贷款的比率,以反映各类贷款的结构关系。

就整个金融系统而言,还可以分为国有商业银行、其他商业银行、城市信用社、农村信用社等,计算各项贷款余额(或增量)行际构成比率,如:

$$各项贷款余额(或增量)行际构成比率=\frac{某行各项贷款余额(或增量)}{金融机构各项贷款(或增量)}\times 100\%$$

$$(5-36)$$

(3)贷款变动分析。

①贷款周转分析。主要的周转分析指标有:

$$贷款周转次数=\frac{贷款累计收回额}{贷款平均余额} \quad (5-37)$$

$$贷款周转天数=\frac{报告期日历天数}{贷款周转次数} \quad (5-38)$$

贷款周转分析主要是分析贷款的周转使用效率。贷款周转次数越多,或者贷款周转使用的天数越少,资金就周转得越快,使用效率就越高。

②贷款增长率变动分析。主要分析指标有:

$$贷款增长额＝本期贷款余额－上期贷款余额 \quad (5-39)$$

$$贷款增长率=\frac{本期贷款余额}{上期贷款余额}-1 \quad (5-40)$$

可以就全部贷款或各类用途(工业、农业、商业、纪检、技改贷款等)不同的贷款的增长变动程度及变动差额进行分析。

(4)贷款投向分析。贷款的分配投向是否合理,可以通过贷款投入各地区、各产业、各经济部门的分布以及各期限贷款的结构关系,观察分析贷款投放的重点区域、重点产业、重点经济部门,是否与区域发展战略、产业政策、经济结构调整相一致。分析方法一般采用编制贷款分布结构表,如贷款区域分布表、贷款产业分布表、贷款经济部门分布表等。同时,还可按贷款的期限(短期、中期、长期)分类,观察各类期限的分配是否合理;按贷款投放的时间分类,观察各类贷款的投放时间是否均衡、及时。

(三)信贷收支平衡分析

信贷资金平衡分析主要是指通过信贷资金来源和信贷资金的运用的各种平衡关系,分析商业银行的信贷资金运营情况。信贷资金的主要来源包括自由信贷资金、各项存款、金融债券和当年结益,信贷资金的主要用途包括各项贷款、各项缴存款与拆放款和各级行处内部占用的资金。信贷收支平衡分析包括信贷收支平衡分析、资金头寸分析和资金清偿能力分析等。

1. 信贷资金平衡差额分析

信贷资金平衡差额分析主要是通过计算资金存储(贷)差额,弄清银行资金的来源与去向,为合理利用信贷资金提供依据。其主要分析的指标有:信贷存(借)差、存贷差、自有信贷资金。

(1)信贷存(借)差。信贷存(借)差是指信贷资金来源和运用之间的平衡差额,是资金平衡分析的重点。其计算公式为:

$$信贷存(借)差 = 存(贷)差 + 自有信贷资金 + 发行金融债权 + 当年结益 - 缴存央行准备金 - 库存现金 \tag{5-41}$$

当信贷存(借)差大于0时,称之为信贷资金存差;当信贷存(借)差小于0时,称之为借差。

(2)存贷差。它是指一般性存款与各项贷款的差额。其计算公式为:

$$存贷差 = 各项存款 - 各项贷款 \tag{5-42}$$

当存贷差大于0时,称之为存差;当存贷差小于0时,称之为贷差。

(3)自有信贷资金。自有信贷资金是指银行所有者权益中能参与信贷资金运营的部分,是银行信贷资金中最稳定的来源。其计算公式为:

$$自有信贷资金 = 所有者权益 - 固定资产净值 - 无形及递延资产 - 当年结益 \tag{5-43}$$

2. 信贷收支平衡能力分析

信贷收支平衡能力分析的主要指标有信贷资金自给率、存款余额比率和存贷增量比率等。

(1)信贷资金自给率。它是指银行自有信贷资金和各项存款及金融债权与各项贷款的比率关系，反映银行信贷资金的自给能力。其计算公式为：

$$信贷资金自给率=\frac{自有信贷资金+各项存款+金融债权+当年结益}{各项存款} \quad (5-44)$$

(2)存款余额比率。该指标反映期末各项贷款与各项存款的比率关系。其计算公式为：

$$存贷款余额比率=\frac{各项贷款余额}{各项存款} \quad (5-45)$$

(3)存贷款增量比率。它是指各项存贷款期末比年初增加额的比率关系，反映了存贷款增长量的协调平衡关系。其计算公式为：

$$存款增量比率=\frac{各项存(贷)款期初增加额}{各项存(贷)款期末增加额} \quad (5-46)$$

(四)资金头寸分析

资金头寸是银行一定时点或时期可使用的营运资金量。资金头寸包括在中央银行存款、库存现金、到期同业资金、调整准备金和财政存款差额、到期应收应付汇差资金、到期应归还中央银行借款等。资金头寸分期末资金头寸和本期资金头寸。

期末资金头寸指某个时点结余的资金头寸，是资金运用的结果。其计算公式为：

$$期末资金头寸=期末在央行存款-期末库存资金 \quad (5-47)$$

本期资金头寸是预测某个时期可利用的资金。其计算公式为：

$$\begin{aligned}本期资金头寸=&在央行存款+到期拆出资金+本期调减准备金和财政性存款\\&+本期应收汇差资金-到期拆入资金-本期调增准备金和\\&财政性存款-本期应付汇差资金-归还央行存款-本期\\&系统内调出资金\end{aligned} \quad (5-48)$$

(五)往来资金分析

往来资金分析主要是指商业银行与央行、同业以及其他系统内资金往来占用营运状况的分析。包括缴存存款准备金分析、联行往来资金分析、系统内拆出资金分析和同业往来资金分析等。

1. 缴存存款准备金分析

商业银行吸收的一般性存款必须按一定比率缴纳给央行，作为存款准备金。缴存存款准备金分析主要是分析实际缴存存款准备金与应交额的差额及其比率关系。如果发现实际缴存差额和比例过大时，应及时查明原因。

2. 联行往来资金分析

联行往来资金分析主要是分析应收汇差和应付汇差。联行资金按其运行状况有来账、往账，在没有资金清算的情况下，形成应收联行汇差资金；反之，则形成应付联行

汇差资金。其计算公式为:
$$垫付(占用)联行往来资金=存放联行款项-联行存放款项 \quad (5-49)$$

分析应收汇差资金时,主要观察上级行是否及时足额调入资金及其对发放贷款和支付贷款的影响;分析应付汇差资金时,主要观察是否过量占用汇差资金扩大贷款,是否过量拆出资金。

3. 系统内拆出资金分析

系统内拆出资金分析主要是指商业银行上下级之间的资金拆入和拆出。对于商业银行总行而言,系统内拆入的资金与拆出的资金是平衡的;但对于一个地区而言,系统内拆入减去拆出为资金的净拆出或净拆入。其计算公式为:
$$系统内净拆出(入)=系统内拆出-系统内拆入 \quad (5-50)$$

同时,还可计算应收或应付系统内往来资金:
$$净应收(付)系统内往来资金=系统内净拆出(入)+垫付(或占用)联行往来资金$$
$$(5-51)$$

4. 同业往来资金分析

同业往来资金包括同业存放和同业拆借两方面资金。同业存放款是指商业银行之间跨系统的联行汇拨款或同城票据交换发生的往来款项。分析同业往来资金的占用或被占用的情况,可以计算净应收(付)同业往来资金等指标。其计算公式为:
$$净应收(付)同业往来资金=经存放同业(同业存款)+同业净拆出(入)资金$$
$$(5-52)$$

式中:　　　净存放同业(同业存放)=存放同业-同业存放
　　　　　　同业净拆出(入)资金=拆放同业-同业拆放

(六)资金清偿能力分析

资金清偿能力是指商业银行资金流动性或资产的变现能力。商业银行的业务经营活动大都要引起信贷收支的变化,无论是吸收存款还是发放贷款等,都直接或间接地表现为信贷资金的流入或流出。商业银行是资金运动的枢纽,一旦不能及时清偿债务,划转资金,就会使整个社会资金运动受阻,以致影响到整个国民经济的正常运行。因此,无论对商业银行还是社会来说,商业银行资金清偿能力的分析都是一个十分重要的问题。分析商业银行资金清偿能力的指标主要有:

1. 现金资产与总资产的比率

这里的现金资产主要由库存现金、在上级行或其他行的存款、在中国人民银行的存款等构成。该指标用以衡量商业银行所持有的现金资产比率,比率越高,可随时动用的头寸越多,资金清偿能力越强,经营风险相对越小;相反,其比率越低,可随时动用的头寸越少,资金清偿能力越低,经营风险相对越大。计算公式是:

$$现金资产对总资产的比率 = \frac{现金资产总额}{总资产额} \times 100\% \qquad (5-53)$$

2. 现金资产对短期负债的比率

这里的短期负债主要包括一年期以内的储蓄存款、企业存款、机关团体等事业单位存款、农村存款、向中国人民银行的临时借款、从上级行或其他行借入的期限在一年内的资金等。短期负债是影响商业银行清偿能力的主要因素，该比率的大小可直接反映商业银行资金清偿能力的状况。比率越大，持有的现金资产越多，偿还债务的可能性越大，清偿债务的能力越强；相反，比率越小，持有的现金资产越少，偿还债务的可能性越小，清偿债务的能力越弱。其计算公式为：

$$现金资产对短期负债的比率 = \frac{现金资产总额}{短期负债总额} \times 100\% \qquad (5-54)$$

3. 流动资产对负债的比率

商业银行的流动资产包括现金资产、短期有价证券、短期放款、短期拆出资金，以及结算过程中的应收未收款项等。这些流动性资产包括商业银行的一级准备资产和二级准备资产的主要内容，是商业银行短期内可支配的头寸。该指标也是衡量商业银行清偿能力的重要指标，比率越高，商业银行资金清偿能力越强；相反，比率越低，商业银行资金清偿能力越弱。计算公式如下：

$$流动资产对负债的比率 = \frac{流动资产总额}{负债总额} \times 100\% \qquad (5-55)$$

4. 流动性资产与资产总额的比率

该指标用以衡量商业银行资产的流动性，资产的流动性决定了银行应付提现能力的大小。比率越大，短期内的可用头寸越多，资产的流动性越强，应付提现的能力越大，其安全性就越高；反之，比率越小，商业银行短期内可用的头寸越少，资产的流动性越差，应付提现的能力越小，其安全性越低。其计算公式如下：

$$流动资产比率 = \frac{流动资产总额}{资产总额} \times 100\% \qquad (5-56)$$

第三节 商业银行的资产负债统计

一、商业银行的资产负债表

商业银行资产负债统计分析是对商业银行资产负债表中的数据进行统计分析，从而客观地反映出商业银行的资产负债状况、主要业务状况，以及一段时期内资产负债和主要业务的发展变化情况。通过资产负债分析，我们可以及时了解包括资产业务、负债业务、中间业务以及其他主要业务的运营状况,及时发现经营过程中暴露出来的问题。

商业银行的资产负债表是综合反映其资产负债科目及数量的会计报表,是进行资产负债统计分析的基本资料。表5—2是商业银行的资产负债表一般样式,现根据该表介绍商业银行资产、负债及所有者权益统计分析的指标体系。

表5—2　　　　　　　　　　商业银行资产负债表　　　　　　　　单位:千万元

行次	科目名	年初数	年末数
1	流动资产		
2	现金及银行存款		
3	贵金属		
4	存放中央银行款项		
5	存放同业款项		
6	存放联行款项		
7	拆放同业		
8	拆放金融公司		
9	短期贷款		
10	应收进出口押汇		
11	应收款项		
12	减:坏账准备		
13	其他应收款		
14	贴现		
15	短期投资		
16	委托贷款及委托投资		
17	自营证券		
18	代理证券		
19	买入返售证券		
20	待处理流动资产净损失		
21	一年内到期的长期投资		
22	流动资产合计		
23	长期资产		
24	中长期贷款		
25	逾期贷款		

续表

行次	科目名	年初数	年末数
26	减:贷款呆账准备		
27	应收租赁款		
28	减:未收租赁收益		
29	应收转租贷款		
30	租赁资产		
31	减:累计折旧		
32	经营租赁资产		
33	减:经营租赁资产折旧		
34	长期投资		
35	减:投资风险准备		
36	固定资产原值		
37	减:累计折旧		
38	固定资产净值		
39	固定资产清理		
40	在建工程		
41	待处理固定资产净损失		
42	长期资产合计		
43	代理政府投资		
44	代理贷款		
45	无形、递延及其他资产		
46	无形资产		
47	递延资产		
48	其他资产		
49	其他资产合计		
50	资产总计		
51	流动负债		
52	短期存款		
53	短期储蓄存款		
54	财政性存款		
55	向中央银行借款		

续表

行次	科目名	年初数	年末数
56	同业存放款项		
57	联行存放款项		
58	同业拆入		
59	金融性公司拆入		
60	应解汇款		
61	汇出汇款		
62	委托存款		
63	应付代理证券款项		
64	卖出回购证券款		
65	应付账款		
66	其他应付款		
67	应付工资		
68	应付福利费		
69	应缴税金		
70	应付利润		
71	预提费用		
72	发行短期债券		
73	一年内到期的长期负债		
74	流动负债合计		
75	长期负债		
76	长期存款		
77	长期储蓄存款		
78	保证金		
79	应付转租赁租金		
80	发行长期债券		
81	长期借款		
82	长期应付款		
83	长期负债合计		
84	代理政府投资基金		
85	代理贷款基金		

续表

行次	科目名	年初数	年末数
86	其他负债		
87	负债合计		
88	所有者权益		
89	实收资本		
90	资本公积		
91	盈余公积		
92	未分配利润		
93	所有者权益合计		
94	负债及所有者权益合计		

二、商业银行资产统计指标体系

资产是商业银行拥有或控制的,以货币计量的各种财产、债券和其他权利,包括流动资产、长期资产、无形资产、递延资产及其他资产。

1. 流动资产

(1)现金及银行存款。这主要是指商业银行库存的现金,但不包括银行内部各部门周转用的现金。

(2)贵金属。这主要是指银行在国家允许的范围内买入的黄金、白银等贵重金属,按照中央银行的规定,商业银行收购的金银原物并按收购价全部交售中国人民银行。

(3)存放中央银行款项。这主要是指商业银行在中央银行开户并存入的用于支付清算、调拨款项、提取或解交现金、往来资金结算以及按规定缴存的财政性存款和一般性存款等款项。

(4)存放同业款项。这是指同业之间由于资金往来业务的联系而存放于同业的资金。按规定,金融企业间小额资金的清算,通过同业往来科目核算,即通过相互转汇的办法办理。对于大额汇款和资金划拨,一律通过中国人民银行办理转汇,并清算资金,即通过存放中央银行款项核算。各商业银行之间的资金横向融通,相互拆借,也应通过中央银行存款账户进行核算,不能互相直接拆借资金。

(5)存放联行款项。这是指银行在办理结算业务过程中,与联行发生资金往来关系而存放在联行的款项。包括联行往账、联行来账、上年联行往来、省辖往来、县辖往来、存放二级准备金、联行清算准备金、联行汇差资金、汇差资金划拨、信贷资金调拨等,适用于不同层次的资金账户往来处理。

(6)拆放同业。这是指商业银行将短期闲置资金拆借给其他金融企业的资金。

(7)短期贷款。这是指商业银行对外贷出的期限在一年以内(含一年)的各种贷款。如工业贷款、商业贷款、建筑业贷款、农业贷款、乡镇企业贷款、"三资"企业贷款、私营企业及个体贷款,等等。

(8)应收进出口押汇。这是指商业银行因开展进出口押汇业务而发生的应收押汇款项,包括进口押汇和出口押汇。

(9)应收账款。这是指商业银行因经营业务发生的各种应收款项,包括各种贷款的应收利息、应收手续费、应收证券买卖款项、应收租赁收益等。

(10)坏账准备。为了便于银行及时处理应收账款的坏账损失,商业银行按年末应收账款余额的 3‰ 提取坏账准备金,在营业费用中列支,用于回收无法收回的应收利息。

(11)其他应收款。这是指商业银行对其他单位和个人的应收及暂付的款项。

(12)贴现。这是指银行对票据收款人提出的未到期票据,按贴现率给予贴现。它是银行的信用业务,是一种放款形式。

(13)短期投资。这是指商业银行购入的各种准备随时变现的,持有时间不超过一年的有价证券及其他投资,包括股票债券等。

(14)委托贷款及委托投资。这是指由政府部门、企事业单位及个人等作为委托人提供资金,由贷款人(委托人)根据委托人确定的贷款对象、用途、金额、期限、利率等代为发放,监督使用,并协助收回的贷款。贷款人(受托人)只收取手续费,不承担贷款风险。如中央政府委托贷款、地方政府委托贷款、中央银行委托贷款、政策性银行委托贷款等;代理金融机构投资,代理企业投资,代理政府投资等。

(15)代理证券。这是指银行接受客户委托,代理客户进行发行、兑付、代收、代购等证券业务。包括自营证券,代发行证券(如国家债券),代兑付证券,代收、代购证券等。

(16)买入返售证券。这是指商业银行与客户签约买入的有价证券。约期后,以协议规定的卖出价卖给原客户,以获取买入价与卖出价的差价收入。

(17)待处理流动资产损失。这是指在清算财产和经营中查明尚待处理的各种物资和证券等流动资产的盈亏和损毁减去盘盈后的净损失额。

(18)一年内到期的长期投资。这是指银行长期投资中将于一年内到期的债券和投资。

2. 长期资产

(1)中长期贷款。这是指银行对外发放的一年期以上(不含一年)的贷款,主要用于固定资产建设。它包括:基本建设贷款、技术改造贷款、住房开发贷款、商业用房开发贷款、其他地产开发贷款,以及其他中长期贷款等。

(2) 逾期贷款。这是指银行发放的已经到期尚未归还的贷款。它包括：逾期贷款，即借款合同约定到期(含展期后到期)未归还的贷款；呆账贷款，即按财政部有关规定列为呆账的贷款；呆滞贷款，即按财政部有关规定，逾期(含展期后到期)超过规定年限以上仍未归还的贷款；或虽未逾期或逾期不满规定年限但生产经营已终止,项目已停建的贷款；还有逾期租赁款、催收租赁款。

(3) 贷款呆账准备金。1993年起,我国的呆账准备金按企业年初贷款余额的6‰全部提取，直至历年结转的呆账准备金额达到年初余额的1%，而后改为按年初放款余额的1%实行差额提取，并在企业营业费中列支。企业按规定对呆账贷款核销时，冲减呆账准备金。

(4) 应收租赁款。这是指商业银行以融资租赁业务租出资产应收的款项。

(5) 未收租赁收益。这是指商业银行应收而未收的全部租赁收益。

(6) 应收转租赁款。这是指商业银行开展转租业务应收的款项。

(7) 转租资产。这是指商业银行进行融资租赁业务的租赁资产。

(8) 代转租赁资产。这是指商业银行融资租赁业务已租出资产的所有权。

(9) 经营租赁资产和经营租赁资产折旧。这是指商业银行进行租赁的固定资产以及累计折旧，包括已经出租的和尚未出租的资产。

(10) 长期投资。这是指商业银行不准备在一年内变现的投资。它包括国家债券投资、中央银行债券投资、金融债券投资、其他债券投资、股本投资等。

(11) 投资风险准备。这是指商业银行根据国家有关规定按长期投资的期末余额的一定比例提取的风险准备。

(12) 固定资产原值。这是指商业银行在建造和购置固定资产时所支付的货币总额，注意要加上后来改建、扩建时所追加的费用。

(13) 折旧。这是指固定资产在使用过程中，随着磨损而逐渐转移到成本或费用中的那部分价值。

(14) 固定资产净值。这是指固定资产原价值扣除折旧后的余额，即折余价值。

(15) 在建工程。这是指期末各项未完工程的实际支出，及尚未使用的工程实际成本。

(16) 待处理固定资产净损失。

3. 无形资产、递延资产及其他资产

(1) 无形资产。这是指不具备实物形态，能在较长时间内为商业银行带来收益的一种特殊权利，如商誉、租赁权、土地使用权等。无形资产在收益期平均摊销，一方面直接冲减无形资产，另一方面列入成本支出。

(2) 递延资产。这是指商业银行已经对与其经营有关的交易支付了费用，但其效益不仅体现在本期,还能使以后各期继续受益的资产。如尚未开销的开办费,租入固定资产的改良及大修理支出,以及摊销期限在一年以上的其他摊销费用。

(3)其他中长期资产。这是指不列作无形资产和递延资产的各种未摊费用、非常损失和杂项杂产。

三、商业银行负债及所有者权益统计指标体系

负债是商业银行所承担的,能以货币计量,需要以资产或劳务偿付的债务。包括短期债务、长期债务。所有者权益是指投资者对商业银行净资产的所有权。净资产是商业银行资产类减去负债类的余额。

1. 流动负债

(1)活期存款。这是指商业银行接受企事业单位一年期以下的各种存款。包括工业存款、商业存款、建筑企业存款、农业存款、城镇集体企业存款、活期储蓄、财政存款、机关团体存款等等。

(2)短期储蓄存款。这是指银行接受居民个人一年期以下的各种存款。

(3)财政性存款。这是指中国人民银行委托商业银行办理的存款,必须全额划拨中国人民银行。

(4)向中央银行借款。这是指商业银行从中国人民银行借入的款项。

(5)同业存放款。这是指银行与同业资金往来中发生的同业存放于本行的款项。

(6)联行存放款。这是指银行与联行往来过程中发生的联行存放于本行的资金。

(7)拆入资金。这是指银行从其他金融企业借入的短期资金,包括同业拆入和其他金融机构拆入。

(8)应解汇款。这是指银行在办理汇款业务中,作为收款企业的开户行收到的待解付的款项以及外地采购单位或个人临时性存款。

(9)汇出汇款。这是指银行接收企事业单位或个人委托汇往外地的款项。

(10)委托存款。这是指银行接收企事业单位或个人委托进行放款或投资业务,企事业单位存入本行的款项。

(11)应付代理证券款项。这是指银行代理客户发行、兑付、买卖有价证券业务,应付给客户的款项,包括代理发行证券款项、代理对付证券款项、代售证券款项、代购证券款项。

(12)卖出回购证券款。这是指银行根据与客户的协议或合同规定,先向该客户卖出证券,在协议到期后,再以协议的买入价从客户手中买回,从中获取卖出价与买入价的价差。

(13)应付及暂收款。包括应付工资、应付福利费、应缴税金、应付利润、预提费

用等。

(14) 发行短期债券。这是指银行发行的尚未偿还的各种一年以内的债券本息。

(15) 一年内到期的长期负债。这是指银行在一年内将到期的各种长期负债。

2. 长期负债

(1) 长期存款。这是指银行接收企事业单位的一年期以上的存款。

(2) 长期储蓄存款。这是指银行接收居民个人的一年期以上的储蓄存款。

(3) 存入长期保证金。这是指银行向客户收取的各种保证金。

(4) 应付转租赁金。这是指金融企业进行转租业务应付给出租企业的租金。

(5) 发行长期债券。这是指银行发行的尚未偿还的各种一年期以上的长期债券。

(6) 长期借款。这是指银行向其他金融机构借入尚未归还的一年期以上的款项。

(7) 长期应付款。这是指银行除长期借款和发行债券以外的长期应付款。

3. 各项准备

(1) 坏账准备。

(2) 投资风险准备。

(3) 呆账准备。

(4) 其他准备。

4. 所有者权益

(1) 实收资本。这是指银行实际收到的投资者投入的资本总额。

(2) 资本公积。这是指由投资者投入的具有资本性质的资金。包括资本溢价、股本溢价、法定财产重估增值、资本汇率折算差额等。

(3) 盈余公积。这是指商业银行按照有关规定从税后利润中提取的公积金。盈余公积可用于弥补亏损,可转增资本金。

(4) 未分配利润。这是指商业银行盈利尚未分配的部分,它等于可供分配的利润扣除提取的法定公积金和法定公益金以及任意公积金之后的余额。

四、商业银行负债统计分析

1. 资产业务统计分析

资产业务统计分析主要是对资产的构成比率及其变动情况所进行的分析研究。

(1) 资产构成比率分析,通过银行各种资产与资产总额的对比,分析银行各类资产的构成比率及资产运用的合理程度,主要分析指标的计算公式如下:

$$\text{现金及银行存款(或贷款资产、拆出资金、固定资产、盈利资产)构成比率} = \frac{\text{现金及银行存款余额(或贷款资产余额、拆出资金余额、固定资产余额、盈利资产余额)}}{\text{资产总额}} \quad (5-57)$$

为了进一步分析各类资产的构成比率，还可就各类资产的结构作进一步的分析研究。例如，贷款资产的构成比率中可分析短期贷款与中长期贷款构成比率，工业、农业、基建、技改等贷款构成比率。

(2) 资产业务变动分析，主要分析总资产及各类资产的增长变动程度。主要指标的计算公式如下：

$$总资产增长率 = \frac{当期总资产余额}{上年同期总资产余额} - 1 \qquad (5-58)$$

各类资产的增长率变动程度，如短期、中长期贷款资产增长率，工业、农业、基建、技改等贷款资产增长率，其计算方法如前所述。

2. 负债业务统计分析

负债业务统计分析主要对银行负债的构成比率及其变动状况所进行的分析研究。

(1) 负债构成比率分析，主要通过银行各类负债与银行总负债的对比，分析银行各类负债构成比率的合理程度。主要指标的计算公式如下：

$$流动负债（长期负债、拆入资金、计息负债）构成比率 = \frac{流动负债（长期负债、拆入资金、计息负债）余额}{负债总额} \qquad (5-59)$$

为了观察各类负债的构成比率，还可就各类负债的结构做进一步分析，如就企业存款、储蓄存款分析一般性存款的构成比率；就企业存款和储蓄存款中的定期存款和活期存款的构成比率做进一步分析等。

(2) 负债业务变动分析，主要是分析负债总量及各类负债的增长变动程度。

$$负债总量增长率 = \frac{负债总额}{上年同期负债总额} - 1 \qquad (5-60)$$

为了进一步分析各类负债的增长变动程度，可计算各类负债如企业存款、储蓄存款增长率、定期存款与活期存款增长率等。

第四节 商业银行经济效益分析

同一般企业管理的目标一样，商业银行管理的目标也是要使其所有者的财富增值达到最大化。经济效益分析是反映财富增减的一项重要工作。因此，商业银行经济效益分析具有重要的意义。

一、商业银行社会经济效益指标

商业银行经营的社会经济效益，是指商业银行投入社会再生产的信贷资金与相应的社会再生产活动的有效成果之间的比例关系。现将银行经营的社会经济效益再分为宏观社会经济效益与微观社会经济效益进行分析。

(一)宏观社会经济效益指标分析

宏观社会经济效益指标用以反映商业银行投入社会的全部贷款与社会有关经济总量指标之间的比例关系,反映社会再生产过程中贷款的经济效益,是一类综合性的指标。由于分析目标的不同,宏观社会经济效益指标包括多个层次、多个种类。

(1)贷款国内生产总值率。该指标是指计算年度与银行贷款相适应的国内生产总值同银行贷款总额的比率。其计算公式为:

$$贷款国内生产总值率 = 年度国内生产总值 \times \frac{资金贷款率}{全部贷款平均占用额} \quad (5-61)$$

式中的全部资金贷款率是指各银行机构对国内各种经济形式、经营形式的贷款单位的贷款平均余额与贷款对象全部资金平均余额的比率。

该指标反映了每投放一元贷款在计算期内能提供多少国内生产总值。该指标数值越大,说明经济效益越好;反之,则越差。

(2)贷款国民收入率。该指标是指计算年度内与银行贷款相应的国民收入同银行贷款总额的比率。其计算公式为:

$$贷款国民收入率 = 年度国民收入 \times \frac{资金贷款率}{全部贷款平均占用额} \quad (5-62)$$

其中,资金贷款率是指银行计算年度投放于各物质生产部门的贷款的平均余额同各物质生产部门相应资金平均余额的比值。

该指标反映了计算年度内每投放一元贷款能带来的国民收入。该指标越大,则说明经济效益越好。

(3)贷款总利税率。该指标是指计算年度银行贷款总额同物质生产部门上缴国家利税与企业留利总和之比。计算公式为:

$$贷款总利税率 = 年度总利税额 \times \frac{资金贷款率}{全部贷款平均占用额} \quad (5-63)$$

式中的资金贷款率与全部贷款平均占用额同贷款国民收入率指标中的相应指标是一致的。

该指标反映了计算年度内每投放一元贷款能带来的国家利税与企业留利之和。该指标越大,则说明经济效益越好。

(二)微观社会经济效益指标分析

微观社会经济效益指标反映了商业银行投入企业再生产过程中的贷款与企业生产成果之间的比例关系。按银行贷款内容的不同,微观社会经济效益指标可分为两类:流动资金贷款经济效益指标和固定资金贷款经济效益指标。

1. 流动资金贷款经济效益指标

流动资金贷款经济效益指标主要指银行流动资金贷款给企业带来的生产成果与流动资金贷款的比例。其主要分析指标有流动资金贷款产值率、流动资金贷款销售率、流动资金贷款利税率。

(1) 流动资金贷款产值率。该指标是指计算年度内企业的总产值与商业银行提供其的流动资金贷款之间的比例。其计算公式为：

$$\text{流动资金贷款产值率} = \text{总产值} \times \frac{\text{流动资金贷款率}}{\text{流动资金贷款平均余额}} \quad (5-64)$$

该指标反映的是计算期内每投放一元贷款所创造的产值，反映的是企业贷款的利用情况。贷款产值率越大，表明利用贷款实现的产值越多，经济效果越好。

(2) 流动资金贷款销售率。该指标是指计算年度内企业的总产值与商业银行提供其的流动资金贷款之间的比例。其计算公式为：

$$\text{流动资金贷款销售率} = \text{企业销售收入总额} \times \frac{\text{资金贷款率}}{\text{贷款平均占用额}} \quad (5-65)$$

式中的资金贷款率是指企业从银行获得的流动资金贷款与企业全部流动资金的比率。用这一比率乘以企业销售收入总额，说明银行贷款的相应劳动成果。

该指标反映了一元贷款能实现多少销售额。如果每一元贷款所实现的销售额越多，说明资金周转速度越快，企业可用较少的资金从事更大的生产经营活动，从而反映出贷款的经济效益越好；反之，则经济效益越差。

贷款销售率指标也用于反映贷款的周转速度，由于贷款与企业其他流动资金混合周转运用，贷款的周转速度与企业的流动资金周转速度一致，故可用下列公式计算：

$$\text{贷款周转天数} = \frac{\text{企业销售收入总额}}{\text{企业流动资金平均占用额}} \quad (5-66)$$

$$\text{贷款周转天数} = \text{流动资金平均占用额} \times \frac{\text{计算期天数}}{\text{企业销售收入总额}} \quad (5-67)$$

(3) 流动资金贷款税利率。该指标是指企业贷款额与相应的税利额对比的比率。其计算公式为：

$$\text{流动资金贷款税利率} = \text{税利总额} \times \frac{\text{流动资金贷款率}}{\text{流动资金贷款平均余额}} \quad (5-68)$$

它反映了计算期内每一元贷款实现的税利，比例越大，则说明其实现的税利越多，贷款效益越好。

以上三个指标均以各物质生产部门所属企业为对象进行考核统计。不同行业的企业在产值、销售额、税利上都具有不同的特点。银行在分别对这些指标进行综合分析时，有必要先按部门分别进行综合分析，再综合为全行的贷款效益指标。具体办法是采用加权算术平均的方法进行综合计算分析。其公式为：

$$\begin{matrix}\text{全行流动资金贷款综合产值率}\\\text{（或销售率）（或税利率）}\end{matrix}=\frac{\sum\left[\begin{matrix}\text{流动资金贷款}\\\text{平均余额}\end{matrix}\times\begin{matrix}\text{流动资金贷款产值率}\\\text{（或销售率）（或税利率）}\end{matrix}\right]}{\sum\text{流动资金贷款平均余额}}$$

(5—69)

2. 固定资金贷款经济效益指标

固定资金贷款经济效益指标主要表现为：企业取得银行贷款进行基本建设形成新的固定资产交付使用后，新创造出来的生产成果与该项固定资金的比例关系。其主要分析指标有固定资金贷款新增销售收入率、固定资金贷款新增盈利率、固定资金贷款周转率等。

(1) 固定资金贷款新增销售收入率。该指标是指计算期内固定资产贷款项目交付使用后新增的销售额与固定资金贷款累计发放额的比例。其计算公式为：

$$\text{固定资金贷款新增销售收入率}=\frac{\text{新增产品销售收入}}{\text{固定资金贷款累计发放额}}\times 100\% \quad (5-70)$$

该指标反映了由于固定资金贷款而带来的企业新增固定资产增加的销售能力。该指标的数值越大，则表明经济效益越好。

(2) 固定资金贷款新增盈利率。该指标是指固定资金发挥作用后（新增固定资产投入使用后）新增的盈利额（新增的利润和税金），与取得这一盈利额的固定资金贷款之比。其计算公式为：

$$\text{固定资金贷款新增盈利率}=\frac{\text{新增利润和税金}}{\text{固定资金贷款累计发放额}}\times 100\% \quad (5-71)$$

该指标反映的是企业固定资金形成生产能力后新增的盈利能力。该指标数值越大，则说明贷款的经济效益越好。

(3) 固定资金贷款周转率。该指标是指以偿还固定资金贷款的资金来源与新增利润和新增固定资产折旧的和，与相应的固定资金贷款累计发放额的比值。其公式为：

$$\text{固定资金贷款周转率}=\frac{\text{新增利润}+\text{新增固定资产折旧}}{\text{固定资金贷款累计发放额}}\times 100\% \quad (5-72)$$

该指标反映的是固定资金贷款从发放到回收的周转速度。该指标数值越大，则说明贷款的经济效益越好。

为反映各基层行固定资金贷款的总和经济效益，常以各项目效益指标的分母数值为权数，以每一贷款项目的效益指标为变量，采用加权平均法计算。

二、银行自身经济效益统计分析指标分析

银行自身经济效益指标是指各行在经营其业务中的劳动成果与劳动消耗活劳动

占用之间的比例。银行自身经济效益的分析主要是对银行经营效益、成本费用、利润的分析。表5－3是中国农业银行2021—2022年度的利润表。

表5－3　　　　　　2021—2022年中国农业银行利润表　　　　　单位：百万元

项目	2021年	2022年
净利息收入	589 966	577 987
手续费及佣金净收入	81 282	80 329
营业收入	724 868	719 915
业务及管理费	229 273	219 308
营业税金及附加	6 525	6 606
资产减值损失	59	114
营业利润	307 216	295 880
营业外收支净额	(1 532)	68
税前利润	306 216	295 880
所得税费用	47 528	53 944
税后净利润	258 688	214 183

资料来源：中国农业银行，《中国农业银行2022年年度报告》。

根据表5－3数据，可进行如下分析：

(一)经营收益分析

经营收益分析，主要是通过对商业银行经营活动过程中的经营收入增长变动及其原因的分析，正确评价银行的经营收益状况，为充分挖掘增收潜力提供决策依据。其主要分析指标有：

(1)营业收入增长率。该指标是指银行本期营业收入相比于上期营业收入的增长程度。计算公式如下：

$$营业收入增长率 = \frac{本期营业收入}{上年同期营业收入} - 1 \qquad (5-73)$$

(2)资产收益率。该指标是指银行营业收入与盈利资产的对比关系，反映银行盈利资产的获利能力。计算公式如下：

$$盈利资产收益率 = \frac{月平均营业收入 \times 12}{盈利资产月平均余额 \times 报告期月份数} \times 100\% \qquad (5-74)$$

(3)营业收入对资产的增长弹性系数。该指标是指银行营业收入增长与银行资产增长的对比关系。其计算方法为：

$$营业收入对资产的增长弹性系数 = \frac{营业收入增长率}{资产增长率} \qquad (5-75)$$

如果营业收入对资产的增长弹性系数大于 1,则表明营业收入的增长快于资产的增长,资产的平均收益率在上升,资产的盈利性结构有所改善,盈利能力增强;反之,营业收入对资产增长的弹性系数小于 1,则表明营业收入的增长慢于资产的增长,银行存在着外延扩张倾向,资产效益潜力未充分发挥。

(4)营业收入影响因素分析。影响银行营业收入的因素是多方面的。资产是决定银行营业收入的基础,从资产的角度分析银行营业收入的增减变动,可以根据下面经济关系进行研究:

$$营业收入=资产平均余额×盈利资产构成比率×盈利资产收益率 \quad (5-76)$$

其中:

$$\begin{matrix}资产变动对营业\\收入的影响\end{matrix}=(本期资产平均余额-上期资产平均余额)$$

$$×上期盈利资产构成比率×上期盈利资产收益率 \quad (5-77)$$

$$\begin{matrix}盈利资产构成比率变动\\对营业收入的影响\end{matrix}=本期资产平均余额×(本期盈利资产构成比率$$

$$-上期盈利资产构成比率)×上期盈利资产收益率$$

$$(5-78)$$

$$\begin{matrix}盈利资产收益率变动\\对营业收入的影响\end{matrix}=本期资产平均余额×本期盈利资产构成比率$$

$$×(本期盈利资产收益率-上期盈利资产收益率)$$

$$(5-79)$$

(二)成本费用分析

在银行营业收入一定的情况下,成本费用越低,则营业利润越高。降低营业成本费用,是提高银行经营效益的主要途径。银行成本费用分析,包括银行成本费用构成变动分析、营业支出弹性分析和成本费用率分析。

1. 成本费用构成变动分析

银行成本费用是指银行在经营过程中的各项费用支出,包括营业支出、利息支出、同业往来支出、手续费支出、营业费用支出、汇兑损失和其他营业支出等。各项成本费用支出变动都将直接影响银行成本费用的增长变动。因此,进行成本费用分析,首先要对构成银行成本费用的各个项目和变动程度进行分析,主要分析指标有:

$$营业支出增长率=\frac{本期营业支出}{上年同期营业支出}-1 \quad (5-80)$$

$$利息支出增长率=\frac{本期利息支出}{上年同期利息支出}-1 \quad (5-81)$$

$$同业往来支出增长率=\frac{本期同业往来支出}{上年同期同业往来支出}-1 \quad (5-82)$$

$$手续费支出增长率 = \frac{本期手续费支出}{上年同期同业往来支出} - 1 \qquad (5-83)$$

$$营业费用增长率 = \frac{本期营业费用}{上年同期营业费用} - 1 \qquad (5-84)$$

$$汇兑损失增长率 = \frac{本期汇兑损失}{上年同期汇兑损失} - 1 \qquad (5-85)$$

$$其他营业支出增长率 = \frac{本期其他营业支出}{上年同期其他营业支出} - 1 \qquad (5-86)$$

2. 营业支出弹性分析

成本费用构成变动分析主要是分析银行成本费用各构成项目支出的增长变动情况；营业支出弹性分析主要是分析营业支出与相关指标经济关系的增长变动的适应程度与协调发展程度，其主要分析指标是：

(1)营业支出对营业收入弹性系数。该指标是指营业支出增长率与营业收入增长率的对比关系。

$$营业支出对营业收入弹性系数 = \frac{营业支出增长率}{营业收入增长率} \qquad (5-87)$$

营业支出对营业收入弹性系数大于1，表明营业支出的增长快于营业收入的增长，营业效益相对较低；反之，如果营业支出对营业收入的弹性系数小于1，则表明营业成本费用的比例降低，经营效益水平提高。

(2)营业支出对负债增长的弹性系数。该指标是指营业支出增长率与负债增长率的对比关系。

$$营业支出对负债增长弹性系数 = \frac{营业支出增长率}{负债增长率} \qquad (5-88)$$

营业支出对负债弹性系数大于1，表明营业支出增长快于负债增长，即平均单位负债营业支出上升，效益相对降低；反之，营业支出对负债弹性系数小于1，则表明单位负债成本费用降低，效益相对提高。

3. 成本费用率分析

该指标是指成本费用与有关金融统计指标对比，分析银行成本的升降情况。其主要分析指标有：

$$银行费用率 = \frac{营业费用}{营业收入 - 银行往来收入} \qquad (5-89)$$

$$银行成本率 = \frac{总成本}{营业收入} \qquad (5-90)$$

式中：总成本＝利息支出＋银行往来支出＋手续费支出＋营业费用＋其他营业费用支出

$$存款平均利息率 = \frac{存款利息支出总额}{各项存款平均余额} \qquad (5-91)$$

$$资金成本率 = \frac{总成本}{全部资金平均余额} \qquad (5-92)$$

此外,还可计算各项成本费用率指标,如:

$$收入成本费用率 = \frac{营业支出}{营业收入} \qquad (5-93)$$

$$负债成本费用率 = \frac{月平均营业支出 \times 12}{负债平均余额 \times 报告期月份数} \qquad (5-94)$$

$$职工人均费用 = \frac{月平均营业费用 \times 12}{职工平均人数 \times 报告期月份数} \qquad (5-95)$$

4. 营业支出的影响因素分析

影响银行营业支出的主要因素是负债总额与负债成本费用率,可以根据其经济关系,分析各因素的影响数额。

$$营业支出 = 负债平均余额 \times 负债成本费用率 \qquad (5-96)$$

其中:

$$负债总额变动对营业支出的影响 = (本期负债平均余额 - 上期负债平均余额)$$
$$\times 上期负债成本 \times 费用率 \qquad (5-97)$$

$$负债成本费用率对营业支出的影响 = 本期负债平均余额 \times (本期负债成本费用率$$
$$- 上期负债成本费用率) \qquad (5-98)$$

(三)利润分析

银行经营利润分析,应在资产负债盈利分析的基础上,对银行的盈亏平衡关系、变动关系及其影响因素进行分析研究,其主要分析有:

1. 盈利平衡分析

盈利平衡分析又称本量利分析,常用于分析某项经营业务的"保本业务量",即盈亏平衡。量是指银行的某项业务量,本是指银行的经营成本,利是指银行在经营活动中所获得的利润。其关系式为:

$$利润 = 资产收益总额 - 成本总额 \qquad (5-99)$$

式中: 资产收益总额 = 资产总额 × 单位资产收益额

成本总额 = 资产总额 × 单位资产变动成本额 + 固定成本

变动成本额是指随资产业务总量的变动而变化的成本,如利息支出等;固定成本是指相对稳定不变的成本,如固定资产折旧费等。

当银行利润为零时,即盈亏平衡,此时的资产规模即称为"保本业务量"。由上式可知:

$$\text{保本业务量} = \frac{\text{固定成本}}{\text{单位资产收益} - \text{单位资产变动成本}} \quad (5-100)$$

银行经营业务必须大于保本业务量,才有可能盈利。

2. 利润增长的弹性分析

利润增长的弹性分析主要分析利润增长与资产增长、与营业收入增长的对比关系。其主要分析指标有:

$$\text{利润对资产增长的弹性系数} = \frac{\text{利润增长率}}{\text{资产增长率}} \quad (5-101)$$

$$\text{利润对营业收入增长的弹性系数} = \frac{\text{利润增长率}}{\text{营业收入增长率}} \quad (5-102)$$

3. 利润影响因素分析

利润影响因素分析即对影响利润增长变动的各种因素进行分析研究。其主要分析指标为:

$$\begin{aligned}\text{资产变动对} \\ \text{营业利润的影响}\end{aligned} = (\text{本期总资产平均余额} - \text{上年同期总资产平均余额}) \times \text{上年同期收}$$

$$\text{益率} \times (1 - \text{上年同期收益成本率} - \text{上年同期税收水平}) \quad (5-103)$$

其中:

$$\begin{aligned}\text{资产收益率变动} \\ \text{对营业利润的影响}\end{aligned} = \text{本期资产平均余额} \times (\text{本期资产收益率} - \text{上年同期资产收益率})$$

$$\times (1 - \text{上年同期收益成本率} - \text{上年同期税收比率}) \quad (5-104)$$

$$\begin{aligned}\text{收益成本率变动对} \\ \text{营业利润的影响}\end{aligned} = \text{本期总资产平均余额} \times \text{本期资产收益率} \times (\text{本期收益成本率}$$

$$- \text{上年同期收益成本率}) \quad (5-105)$$

$$\begin{aligned}\text{利润比率变动对} \\ \text{营业利润的影响}\end{aligned} = \text{本期总资产平均余额} \times \text{本期资产收益率} \times (\text{本期税收比率}$$

$$- \text{上年同期税收比率}) \quad (5-106)$$

式中:

$$\text{资产收益率} = \frac{\text{营业收入}}{\text{资产}} \times 100\%$$

$$\text{收益成本率} = \frac{\text{营业支出}}{\text{营业收入}} \times 100\%$$

$$\text{税收比率} = \frac{\text{营业税金及附加}}{\text{营业收入}} \times 100\%$$

第五节　商业银行竞争力统计指标体系

经过改革开放 40 多年的发展，我国的商业银行由以前计划经济时代的"大一统"经营状态逐步向适应市场经济的经营状态发展，各方面都有很大提高。但我国的商业银行经营基础较薄弱，发展还不够快，跟国际同行相比还存在着很大的差距。面对我国加入 WTO 之后大举进军国内金融市场的外资银行，面对要求统一标准、统一市场竞争的经济全球化潮流，我国商业银行所承受的压力是可想而知的。我国商业银行必须提高经营水平，增强竞争力。要提高商业银行的竞争力，首先要有一套科学的研究银行竞争力的理论体系。令人十分欣喜的是，我国商业银行竞争力研究已逐步受到大家的关注。在此，本书将简单介绍一下商业银行竞争力比较的体系，然后将重点介绍统计分析在商业银行竞争力比较中的应用。

一、商业银行竞争力比较的基本框架

商业银行竞争力比较主要是通过研究商业银行经营与影响商业银行经营的因素，揭示银行业竞争的实际结果，发现决定或影响银行竞争力的因素，预测银行未来发展趋势，从而不断改革和完善银行的经营，达到银行的可持续发展。

综合目前我国学者对银行竞争力研究的结果，我国的银行业竞争力比较的基本框架主要包括以下几个方面：

(1)对我国银行业的现实竞争力的分析。现实竞争力主要指我国银行在报告时点上的竞争力。主要包括四个内容：流动性指标、盈利性指标、资产质量指标和资本充足率指标。这些指标都是反映银行及其经营和竞争的主要指标，并且它们也构成对我国银行业现实竞争力研究的现实性指标体系。

(2)对我国银行潜在竞争力的分析。潜在竞争力代表了一个时点银行内部影响未来竞争力隐性指标集。主要分析法人治理结构、业务体系及创新、金融监管有效性等。其中，法人治理结构是一家银行竞争的基础，业务体系及创新是银行经营的根本，外部监管则是银行正常和稳健经营的前提。

(3)对我国银行业竞争力的环境分析。银行业竞争力的环境指的是报告期时点上外部影响未来竞争力的隐性指标集。分析主要包括宏观经济环境、金融运行态势和效应以及相关产业发展形势等。

(4)对我国银行业竞争态势的分析。竞争态势的分析代表了上述显性、隐性指标集的相关指标随时间变化的趋势。通过观察我国银行业的现实竞争力的显性指标和

反映我国银行业国际竞争潜力以及环境的指标的变化趋势,可以发现我国银行业竞争力的主要因素,从而提出增强我国银行业竞争力的政策建议与作用。

二、商业银行竞争力比较的统计分析

在商业银行竞争力比较的分析中,有很多分析运用的是定性分析方法,统计分析主要集中在对银行现实竞争力的比较中。在此,我们将着重介绍现实竞争力比较所涉及的统计分析。

作为经营货币的特殊企业,商业银行的现实竞争力主要体现在"三性"方面,即流动性、盈利性与安全性。在参考了国际上较为通用的商业银行评级方法以及国内学者的研究成果,同时考虑到我国商业银行的一些特殊情况后,我们将从流动性能力、盈利能力、资产质量和资本充足率(发展能力)这四个方面来介绍商业银行的现实竞争力比较体系。

(一)流动性能力分析

商业银行的流动性能力主要是指银行需要持有较高比例的流动性资产以保持日常的提取、结算以及法定准备金要求,保持商业银行的流动性能力。保持一定的流动性,可以避免银行出现支付风险,是银行稳健经营的前提,也是银行流动性、盈利性、安全性这"三性"中的首项。衡量银行流动性能力的指标主要有备付金比率、流动性比率、贷存款比率、中长期贷款比率、拆借资金比率等。

这些比率在后面的金融系统监管统计中有详细介绍,此处不再赘述。提醒读者注意的是,备付金比率的适度区间为 $5\%\sim7\%$,流动性比率的适度范围是 $20\%\sim40\%$,贷存款比率的适度范围是 $60\%\sim75\%$,中长期贷款比率的适度区间是 $100\%\sim120\%$,拆借资金比率中拆入资金比率不得超过 4%,拆出资金比率不得超过 8%。

(二)盈利性能力分析

商业银行的盈利性能力主要是指银行取得收入的能力。与一般企业一样,银行经营的目的也是取得收入或取得盈利的最大化。因此,盈利能力的比较也是银行竞争力比较的一个重要方面。盈利性能力的比较主要涉及以下几个指标:利息收付率、人均利润率、应付利息充足率、利润增长率、资产利润率、资本利润率、利息回收率。

1. 利息收付率

该指标是利息支出与利息收入之比。其计算公式为:

$$利息收付率 = \frac{利息支出}{利息收入} \times 100\% \qquad (5-107)$$

该指标反映了银行利息的收支情况。使用这个指标主要是因为目前在我国银行经营中,利息收入占总收入的绝大部分,基本上可以说明银行的基本收入来源和支出。

2. 应付利息充足率

该指标是已提应付利息与到期应付利息总额之比。其计算公式为：

$$应付利息充足率 = \frac{已提应付利息}{到期应付利息总额} \times 100\% \tag{5-108}$$

该指标的适度值为 100%。

3. 人均利润额

该指标是指税前利润与银行职工人数之比。其计算公式为：

$$人均利润额 = \frac{税前利润}{银行职工人数} \times 100\% \tag{5-109}$$

该指标反映了银行人均创利能力，其适度值是 20 000 元以上。

4. 利润增长率

利润增长率是指本期利润与上期利润相比增长的百分比。其计算公式为：

$$利润增长率 = \frac{利润增长额}{上期利润} \times 100\% \tag{5-110}$$

该指标的适度区间为 10%～20%。

除此以外，还有资产利润率、资本利润率和利息回收率，由于在后面的金融系统监管统计中有对这三个指标的详细介绍，此处就不再赘述。提醒读者注意的是，资产利润率的适度范围是 1%～2%，资本利润率的适度范围是 15%～25%，利息回收率的适度区间是 80%～100%。

(三)资产质量指标分析

资产质量指标分析主要关系到银行经营的安全性问题。其涉及的主要指标有：逾期贷款率、呆滞贷款率、呆账贷款率、风险权重资产比率、固定资本比率、不良贷款比率、损失贷款抵补率、加权不良贷款与核心资本加准备金比率、风险资产抵补率等。

其中，逾期贷款率、呆滞贷款率、呆账贷款率、风险权重资产比率在后面的金融系统监管统计中有对这两个指标的详细介绍，此处就不再赘述。提醒读者注意的是，逾期贷款率的适度区间是＜5%，呆滞贷款率的适度区间是＜8%，呆账贷款率的适度区间是＜1%，风险权重资产比率的适度区间是＜70%。

1. 固定资本比率

该指标是指固定资产净值与资本金的比率。其计算公式为：

$$固定资本比率 = \frac{固定资产净值}{资本金} \times 100\% \tag{5-111}$$

该指标的适度区间是≤30%。

2. 不良贷款比率

该指标是指不良贷款余额与全部贷款余额的百分比。其计算公式为：

$$\text{不良贷款比率} = \frac{\text{不良贷款余额}}{\text{全部贷款余额}} \times 100\% \qquad (5-112)$$

该指标反映了银行贷款质量存在问题的严重程度,是判断银行贷款质量总体状况的主要指标之一。

3. 损失贷款递补率

该指标是指贷款呆账准备金与损失贷款余额的百分比。其计算公式为:

$$\text{损失贷款递补率} = \frac{\text{贷款呆账准备金}}{\text{损失贷款余额}} \times 100\% \qquad (5-113)$$

该比率反映银行贷款呆账准备金抵补损失贷款的程度。该比率越高,银行消化这些损失的能力就越弱。

4. 加权不良贷款与核心资本加准备金比率

该指标是指加权不良贷款与核心资本加贷款呆账准备金的百分比。其计算公式为:

$$\text{加权不良贷款与核心资本加准备金比率} = \frac{\text{加权不良贷款}}{\text{核心资本} + \text{准备金}} \times 100\% \qquad (5-114)$$

该比率反映银行可能遭受侵蚀的程度。该比率越高,银行资本遭受侵蚀的程度就越高;该比率越低,银行消化这些损失的能力就越高。

5. 风险资产抵补率

该指标的计算公式为:

$$\text{风险资产抵补率} = \frac{\text{贷款呆账准备金}}{\text{逾期贷款} \times 20\% + \text{呆滞贷款} \times 50\% + \text{呆账贷款} \times 30\%} \times 100\%$$
$$(5-115)$$

该指标的适度区间为 $75\% \sim 100\%$。

(四)资本金充足率和发展能力竞争指标

该项分析涉及的指标主要有资本金充足率、存款增长率、贷款增长率等。其中,资本金充足率将在后面的金融监管统计分析中介绍,此处就不再赘述。

1. 存款增长率

存款增长率是指本期存款比上期存款增长的百分比,其计算公式为:

$$\text{存款增长率} = \frac{\text{本期平均存款余额}}{\text{上期存款增长余额}} \times 100\% \qquad (5-116)$$

该指标主要反映了银行的资金来源和运用的主要渠道,这也是我国及发展中国家和银行其他金融资产较少的情况下,反映银行资金实力的有效指标。该指标的适度区间是 $>5\%$。

2. 贷款增长率

贷款增长率是指本期贷款比上期贷款增长的百分比,其计算公式为:

$$贷款增长率 = \frac{本期平均贷款余额}{上期贷款增长余额} \times 100\% \qquad (5-117)$$

该指标的适度区间是>5%。

关键概念

商业银行　　商业银行资产负债表　　商业银行贷款业务统计分析
商业银行存款业务统计分析　　商业银行社会经济效益　　宏观社会经济效益指标分析
微观社会经济效益指标分析　　流动资金贷款经济效益指标
固定资金贷款经济效益指标　　银行自身经济效益统计分析指标分析
商业银行竞争力比较　　流动性　　盈利性　　安全性

学习小结

商业银行一般是指吸收存款、发放贷款和从事其他金融性中间业务的金融机构。商业银行在社会经济中发挥着信用中介、支付中介、金融服务的职能。商业银行的主要业务包括负债业务、资产业务、中间业务和表外业务。商业银行统计分析的内容主要涉及银行的经营管理及经济效益等多方面，具有极大的意义。

对商业银行的经营状况进行统计分析主要是对商业银行的主要业务进行分析，其中包括资产业务的分析和负债业务的分析。对这些业务的分析主要从三个方面进行，即总量分析、构成比例分析和变化状况分析。此外，对银行业务的分析还包括从资金运营的整体角度，对存贷款进行信贷资金营运分析。

对商业银行的经济效益的分析主要是从社会经济效益和银行自身的经济效益两方面进行。其中，社会经济效益分析又包括宏观社会经济效益分析和微观社会经济效益分析。

银行竞争力比较近年来越来越受到人们的关注。对银行的竞争力进行比较主要从四方面入手：对银行现实竞争力的分析、对银行潜在竞争力的分析、对环境的分析及对银行竞争态势的分析。统计指标分析主要应用在对银行现实竞争力的分析中，主要是对银行的"三性"，即流动性、盈利性和安全性，进行分析。

课堂测试题

一、名词解释

1. 商业银行
2. 信贷收支平衡分析
3. 资金头寸

二、简答题

1. 简述商业银行的功能及主要业务。
2. 商业银行资产统计分析的主要指标有哪些？
3. 商业银行负债及所有者权益分析统计的指标有哪些？
4. 商业银行信贷资金营运分析的主要内容是什么？
5. 商业银行自身经济效益分析的主要内容是什么？

课后练习题

一、名词解释

1. 商业银行
2. 信贷收支平衡分析
3. 资金头寸
4. 资产负债表（商业银行）
5. 宏观社会经济效益指标分析（商业银行）
6. 微观社会经济效益指标分析（商业银行）
7. 商业银行竞争力比较
8. 商业银行的流动性能力

二、单项选择题

1. 当储蓄存款利率变动弹性系数比1大很多时，表明（　　）。
   A. 利率升降使储蓄规模发生的变化比较小
   B. 储蓄对利率反应灵敏
   C. 储蓄对利率变动反应迟钝
   D. 储蓄与利率的变化率一致

2. 关于存款定期与活期结构分析，下列说法正确的是（　　）。
   A. 定期存款的比重越大，那么存款的成本越高，存款的稳定性越低
   B. 定期存款的比重越大，那么存款的成本越低，存款的稳定性越高
   C. 活期存款的比重越大，那么存款的成本越低，存款的稳定性也越低
   D. 活期存款的比重越大，那么存款的成本越高，存款的稳定性也越高

3. 关于现金资产对总资产的比率，下列说法正确的是（　　）。
   A. 该比率越高，可随时动用的头寸越多，资金清偿能力越低，经营风险越小
   B. 该比率越高，可随时动用的头寸越少，资金清偿能力越强，经营风险越小
   C. 该比率越低，可随时动用的头寸越多，资金清偿能力越强，经营风险越小
   D. 该比率越高，可随时动用的头寸越少，资金清偿能力越低，经营风险越大

4. 关于现金资产对短期负债的比率，下列说法正确的是（　　）。
   A. 该比率越大，持有的现金资产越多，偿还债务的可能性越大，清偿债务的能力越强

B. 该比率越大,持有的现金资产越少,偿还债务的可能性越大,清偿债务的能力越强
C. 该比率越小,持有的现金资产越少,偿还债务的可能性越大,清偿债务的能力越弱
D. 该比率越小,持有的现金资产越多,偿还债务的可能性越大,清偿债务的能力越强

5. 关于流动资产比率,下列说法正确的是( )。
A. 该比率越大,商业银行短期内可用的头寸越少,资产的流动性越强,应付提现能力越大,其安全性越高
B. 该比率越大,商业银行短期内可用的头寸越大,资产的流动性越强,应付提现能力越大,其安全性越高
C. 该比率越小,商业银行短期内可用的头寸越大,资产的流动性越强,应付提现能力越大,其安全性越高
D. 该比率越小,商业银行短期内可用的头寸越小,资产的流动性越强,应付提现能力越大,其安全性越高

6. 关于贷款国内生产总值率的计算公式,正确的是( )。
A. 贷款国内生产总值率=年度国内生产总值×全部资金贷款率/全部贷款平均占用额
B. 贷款国内生产总值率=年度国内生产总值×全部资金贷款率×全部贷款平均占用额
C. 贷款国内生产总值率=全部资金贷款率×全部贷款平均占用额/年度国内生产总值
D. 贷款国内生产总值率=全部资金贷款率/全部贷款平均占用额×年度国内生产总值

7. 关于固定资金贷款周转率的计算公式,正确的是( )。
A. 固定资金贷款周转率=(新增利润+新增固定资产折旧)×固定资金贷款累计发放额×100%
B. 固定资金贷款周转率=(新增利润-新增固定资产折旧)×固定资金贷款累计发放额×100%
C. 固定资金贷款周转率=(新增利润+新增固定资产折旧)/固定资金贷款累计发放额×100%
D. 固定资金贷款周转率=(新增利润-新增固定资产折旧)/固定资金贷款累计发放额×100%

8. 关于资产及资本利润率的适度范围,下列说法正确的是( )。
A. 资产利润率为1%~5%,资本利润率为15%~25%
B. 资产利润率为15%~25%,资本利润率为1%~5%
C. 资产利润率为1%~2%,资本利润率为15%~25%
D. 资产利润率为15%~25%,资本利润率为1%~2%

三、多项选择题

1. 商业银行有( )职能。
A. 信用中介　　　　B. 支付中介　　　　C. 稳定币值　　　　D. 国际收支平衡

2. 下列哪些选项属于商业银行的主要业务( )。
A. 负债业务　　　　B. 资产业务　　　　C. 中间业务　　　　D. 表外业务

3. 商业银行的资产负债统计包括( )。
A. 资产业务统计　　B. 负债业务统计　　C. 经济效益分析　　D. 信贷资金运行分析

4. 商业银行的数据资料来源包括( )。

A. 业务经营数据 B. 信贷数据
C. 金融市场和同业数据 D. 宏观经济数据

5. 商业银行的信贷收支统计可以全面反映( )。
   A. 银行信贷资金的来源和运用情况 B. 资金的结构、投向和分配
   C. 金融活动的运行情况 D. 资产负债情况

6. 商业银行信贷资金来源统计项目包括( )。
   A. 各项存款 B. 各项贷款 C. 同业往来 D. 发行金融债券

7. 信贷资金来源项目编制过程中汇总的项目包括( )。
   A. 各项存款 B. 向中央银行借款 C. 所有者权益 D. 同业往来

8. 信贷资金运用项目编制过程中合并的项目包括( )。
   A. 库存现金 B. 买入返售证券
   C. 同业往来 D. 代理金融机构贷款

9. 按照统计分析的内容,下列选项属于商业银行信贷收支统计分析的是( )。
   A. 信贷资金收支平衡分析 B. 资金头寸分析
   C. 往来资金分析 D. 资金清偿能力分析

10. 信贷资金来源分析包括( )。
    A. 信贷资金来源增减变动分析 B. 信贷资金来源结构分析
    C. 信贷资金来源集中度和利用程度分析 D. 信贷资金自给能力分析

11. 信贷资金运用分析包括( )。
    A. 信贷资金运用的增减变动分析 B. 信贷资金运用的结构分析
    C. 信贷资金运用的集中度分析 D. 存款分析

12. 信贷资金平衡差额分析指标包括( )。
    A. 信贷存差 B. 存贷差 C. 自有信贷资金 D. 存款余额比率

13. 往来资金分析包括( )。
    A. 缴存存款准备金分析 B. 联行往来资金分析
    C. 系统内拆出资金分析 D. 同业往来资金分析

14. 下列选项中,属于流动资产的有( )。
    A. 现金 B. 贵金属 C. 短期贷款 D. 逾期贷款

15. 下列选项中,属于无形资产的有( )。
    A. 代理证券 B. 商誉 C. 租赁权 D. 土地使用权

16. 银行自身经济效益分析包括( )。
    A. 经营效益分析 B. 成本费用分析 C. 利润分析 D. 竞争力分析

四、简答题

1. 简述商业银行的功能及主要业务。
2. 简述商业银行统计分析的主要内容、统计资料来源及统计分析的意义。
3. 商业银行资产统计分析的主要指标有哪些?
4. 商业银行资产统计分析指标体系的主要内容是什么?

5. 商业银行负债及所有者权益分析统计的指标有哪些？
6. 商业银行负债及所有者权益统计分析指标体系的主要内容是什么？
7. 商业银行信贷资金营运分析的主要内容是什么？
8. 商业银行社会经济效益分析的主要内容是什么？
9. 商业银行自身经济效益分析的主要内容是什么？
10. 商业银行竞争力比较的基本框架是什么？
11. 简述统计分析在银行现实竞争力比较中的作用。

五、计算题

1. 已知某银行的贷款呆账准备金为 30 万元，损失贷款余额为 100 万元，逾期贷款为 20 万元，呆滞贷款为 30 万元，呆账贷款为 50 万元，计算该银行的损失贷款递补率与风险资产抵补率，并判断风险资产抵补率是否适度。

2. 某银行 2019—2023 年贷款资料如表 5—4 所示，试将计算结果填入表内。

表 5—4　　　　　　　　某银行 2019—2023 年贷款资料

年度	贷款余额（亿元）	存量增长率（%）	流量增长率（%）
2019	169.5		
2020	183.7		
2021	198		
2022	226.8		
2023	246		

3. 某商业银行某区支行 2023 年各季度存款资料如表 5—5 所示。根据该表计算：(1) 存款平均发生额、存款平均余额；(2) 2023 年该行存款实际周转的次数与周转天数。

表 5—5　　　　　　某商业银行某区支行 2023 年各季度存款

	第一季度	第二季度	第三季度	第四季度
上年末存款余额（万元）				68 200
本季度存款发生额（万元）	75 600	84 500	98 700	126 400
本季度存款余额（万元）	69 300	76 865	79 320	86 570

拓展阅读

第六章　政策性银行统计

学习目标

1. 知识目标

正确把握政策性银行集政策性与金融性于一体的独特性；掌握有关政策性银行的资产负债统计、经营成果统计、现金流量统计和信贷收支统计，并能够结合有关统计指标展开分析。

2. 能力目标

掌握政策性银行的资产负债统计、经营成果分析、现金流量理解以及信贷收支统计与分析等关键技能，以全面评估政策性银行运营状况。

3. 思政目标

理解政策性银行在促进国家经济发展、改善民生等方面的责任和使命，激发学习者为国家经济建设和社会发展服务的责任感和奉献精神。

第一节　政策性银行概述

设立政策性银行是我国金融体制改革将政策性金融与商业性金融相分离的需要，也是世界上大多数国家的通行做法。各国的政策性金融机构名称各不相同，机构设置也各有特色。同时，它们都具有共同的性质与职能以及相同的理论依据。

一、政策性银行的概念

所谓政策性银行，在西方一般被认为"政府专业金融机构"或"开发性金融机构"，是指那些由政府以创立、参股、保证等形式予以控制，不以营利为目的，专门根据政府意图在特定的业务领域内直接或间接地从事政策性投融资活动的专业性金融机构。简言之，政策性银行是指不以营利为目的，而是贯彻国家政策、为政策性业务融资的政府金融机构。

政策性银行具有政策性和金融性双重属性,是特殊的金融企业,它与一般商业银行的最大不同之处在于其特有的政策性。其政策性决定了政策性银行的资金运用必须以国家政策为导向,根据政府的意向安排投融资活动和资产负债结构;贷款的投向、投量、利率、期限必须在政府确定的范围内具体来定;不追求盈利,贷款实行优惠利率。其金融性则要求政策性银行应该遵循一般的信用原则,以金融的机制、方式、手段来贯彻执行国家的经济政策,实现社会经济目标的属性。信用原则最基本的内涵就是有借有还,还本付息。如果政策性银行是借出多少,收回多少,就违背了信用原则,则不能称之为银行,故盈利也是金融性追求的主要目标之一。

现实中,世界各国的政策性银行大多是为了直接贯彻国家的产业政策,引导社会资金投向,促进资源优化配置,由政府倡导设立,甚至出资创设,直接经营的金融机构。这一特性决定了政策性银行首先应该是政府贯彻实施其政策的工具,即政策性银行的经营宗旨不是为了盈利,而主要是为了执行政府的政策。但这些并不妨碍政策性银行遵循市场经济的准则,运用现代化金融工具,在为政策目标服务的基础上,适当地追求盈利性,因为这也是政策性银行的金融性所要求的。

政策性银行与商业性银行是构成一个国家金融体系的两部分,它与商业性银行平行运行,平行发展。在整个金融体系中,商业性银行居于主体地位,政策性银行居于补充地位。政策性银行是传统金融制度的合理成分与市场金融制度的有机结合。它弥补了市场经济条件下市场金融配置资源的缺陷,可以在总体上健全优化一国的金融体系。

二、政策性银行的性质

由于政策性银行具有政策性和商业性的双重性质,因此,要对政策性银行的性质有一个准确的认识。对此,可从以下几个方面加以把握。

(一)政策性银行是政府机构

政策性银行通常由政府机构创设或由政府直接经管。政府为政策性银行提供运作条件,为其拨付资本金,为其筹资提供担保。政策性银行的筹资成本和贷款利差由政府补贴,呆账损失最终也要由政府给予补贴。因此,政策性银行必须依据政府宏观决策和法规行事,为政府颁布的产业政策、经济政策服务,实施政府意图。政策性银行作为金融机构,要精减人员,减少分支机构的设立,一般不设立零售网点,最大限度地节约经费开支,降低经营成本,减少国家财政支出,使财政性补贴主要用于政策性业务亏损。同时,政策性银行作为政府机构,要以融资手段贯彻国家产业政策和区域发展战略,其原则应是:不刻意追逐利润,也不避免必要的损失。

(二)政策性银行是政策机构

政策性银行是政策机构,这主要体现在其职能和任务是贯彻国家产业政策和区域发展政策。政策性金融机构通常以优惠的利率水平、贷款投资期限和融资条件体现国家产业政策和区域发展政策。政策性银行不以营利为目的,在国民经济发展的整体利益和长远利益上发挥作用,从这一点来看,它是贯彻政府政策的一种工具。此外,政策性银行一般要以政府经济职能和政策为依据,按照政府的意向来安排其融资活动和资产负债结构。政策性银行不介入商业性金融机构能够从事的项目,主要经营和承担私人部门和商业性金融机构不愿涉足的项目;政策性银行主要提供中长期的低息贷款,不避免必要的损失,由此产生的亏损由政府予以补贴,从而避开利润的诱惑和干扰。

(三)政策性银行是金融机构

政策性银行是政府机构、政策机构,同时还是金融机构。它在为政策性业务进行融资时,并不放弃对利润的获取。这是由于政策性银行仍然具有一般银行的基本属性,仍须遵循一般的信用原则,它在发放贷款时,仍有收回本息的责任和义务。政策性银行与商业性金融机构一样具有信用中介职能,同时它又非完全的金融企业,与政府有着特殊密切的关系。因此,政策性银行是一类特殊的金融企业。

三、政策性银行的职能

作为政策性金融机构,政策性银行的职能主要体现在贯彻国家产业政策和支持区域发展战略两个方面。

(一)贯彻国家产业政策是政策性银行的基本职能

产业政策是指一国政府对本国一定时期内产业结构的变化趋势提出设想,同时规定各个产业部门在社会经济发展中的地位和作用,并提出实现这些设想的政策措施。一个国家只有制定出正确的产业政策并且很好地贯彻执行,经济才能够健康发展,实现良性循环。相对于制定正确的产业政策而言,将正确的产业政策贯彻落实下去,其难度便凸显出来。一般而言,金融、财政、计划是国家进行宏观调控的主要手段。其中,金融是通过市场机制在追逐利润最大化的基础上来实现资源的相对合理配置。然而,市场机制虽然可以较为充分地调动微观主体的积极性,但不能自动达到宏观上的协调运作。比如,市场机制往往选择投资风险相对较小、投资周期短并且有较高微观经济效益的项目,而很少选择甚至于不选择那些投资风险大、投资周期长、投资金额巨大但社会效益好的项目,因而容易形成一国各地区之间、行业之间及部门之间的不协调发展。因此,不能完全依赖市场机制,可以通过政策性银行政策性与金融性相结合的特点来更好地贯彻国家的产业政策,从而使得金融与计划相结合,以利于一国宏观经济的整体协调发展。政策性银行可以通过实行优惠的贷款利率、较大额度的贷款金额以及贷款期限上的优惠(如根据实际情况适当延长贷款期限等)等方式给符合国家产业政策的企业提供融资支持。

(二)支持区域发展战略是政策性银行的重要职能

一国经济的持续、健康发展,要求正确处理好一国内各地区的经济均衡、协调发展,只有正确处理好各地区之间的关系,才能在全国范围内形成合理的生产力布局,将全社会可利用的资源进行优化配置。而这取决于一国政府的区域发展战略。从现实情况来看,在市场机制的作用下,社会资金受利益的驱使,往往流向投资环境较好的地区,因此,越是经济较为发达的地区,吸引投资的硬环境和软环境条件越好,聚集的资金也就越多;反之,越是落后的地区,吸引的资金也就越少。随着经济的不断发展,区域之间的经济差距越拉越大。久而久之,影响到社会安定,从经济问题上升到政治问题。这就需要政府进行宏观调控,利用政策性金融市场配置资源。政策性银行根据生产力的梯度布局,将区域信贷政策与产业政策结合起来,进行有倾向性的政策性融资,配合政府进行梯度整合,从而有效地调动社会的经济资源,实现区域经济的健康发展。政策性银行可以通过实行贷款的区域倾斜政策、贷款的利率优惠政策以及贷款的期限优惠政策对符合有关条件的区域、企业提供融资支持。

四、我国的政策性银行

1993年11月14日,中共十四届三中全会通过了《中共中央关于建立社会主义市场经济体制若干问题的决定》,提出了建立符合社会主义市场经济发展需要的政策性银行体系,决定明确规定:"建立政策性银行,实行政策性业务与商业性业务分离。组建国家开发银行和进出口信贷银行,改组中国农业银行,承担严格界定的政策性业务。"同年12月25日,国务院下发了《国务院关于金融体制改革的决定》,进一步明确了金融体制改革的目标:"建立在国务院领导下,独立执行货币政策的中央银行宏观调控体系;建立政策性与商业性相分离,以国有商业银行为主体,各种金融机构并存的金融组织体系;建立统一开放、有序竞争、安全管理的金融市场体系。"决定明确指出:我国要成立政策性银行,以实现政策性金融与商业性金融的分离,解决国有专业银行身兼两任的问题。政策性银行要加强经营管理,坚持自担风险、保本经营、不与商业性金融机构竞争的原则,其业务受中国人民银行监督。

目前我国的政策性银行共有三家:国家开发银行、中国进出口银行和中国农业发展银行。国家开发银行办理国家重点建设贷款的贴息业务。进出口银行支持的领域主要包括外经贸发展和跨境投资,"一带一路"建设、国际产能和装备制造合作,科技、文化以及中小企业"走出去"和开放型经济建设等。中国农业发展银行摊子也很大,它承担国家粮棉油储备和农副产品合同收购、农业开发等业务中的政策性贷款,代理财政支农资金的拨付及监督使用。三家政策性银行的任务不同,分工明确。在这三家政策性银行中,国家开发银行可谓一枝独秀。截至2022年底,国家开发银行集团资产总额18.24万亿元,银行资产总额17.89万亿元,不良贷款率连续18年保持在1%以内,国家开发银行主要经营指标已达到国际先进水平,即按总资产排序的国际前10家银行的平均水平。目前,我国已形成了由中国人民银行控制"总量平衡",商业银行追求"经济效益",政策性银行进行"结构调整"这样一种新型的金融体系构架。

下面将从我国政策性银行的资产负债、经营成果、现金流量及信贷收支等角度出发,对各政策性银行的经营状况进行统计、分析,以为银行今后的健康持续发展提供一些参考。

第二节 政策性银行的资产负债统计

一、政策性银行资产负债表的概念及作用

资产负债表是反映银行在会计期末全部资产、负债和所有者权益状况的报表,是根据"资产=负债+所有者权益"的会计平衡公式,根据一定的分类标准和次序,将某一特定日期的资产、负债和所有者权益的项目进行适当排列后编制而成的表格。

资产负债表提供银行在某一特定日期的财务状况,主要包括以下内容:第一,银行在某一特定日期所掌握的全部资产;第二,银行所负担的全部债务;第三,所有者在银行所拥有的各项权益;第四,银行偿还债务的能力。

资产负债表的作用在于向有关部门提供编报行在某一会计期间内所拥有或控制的经济资源及其构成、所承担的债务及其构成、投资者所有的权益及其构成。我们可以通过资产负债表来对政策性银行的资产负债加以统计。

二、政策性银行的资产负债统计指标

(一)资产负债表的格式

资产负债表的格式,目前国际上通常采用账户式和报告式两种。报告式资产负债表又称垂直式资产负债表,它将资产负债表的项目自上而下排列,首先列示资产,然后列示负债,最后列示所有者权益的情况。其特点是采用"资产-负债=所有者权益"的会计平衡公式。账户式资产负债表又称平衡式资产负债表,它将资产项目列在报表的左方,负债和所有者权益项目列在报表的右方,从而使资产负债表左右两方平衡。其特点是采用"资产=负债+所有者权益"的会计平衡公式。我国三家政策性银行采用的是账户式资产负债表。

2018年《国务院办公厅关于全面推进金融业综合统计工作的意见》印发以来,中国人民银行认真贯彻落实党中央、国务院决策部署,加快推进金融业综合统计工作,2022年金融业综合统计制度全面落地实施。① 在系统性风险统计监测方面,建立并全面实施金融机构资产管理产品统计、金融控股公司统计和系统重要性银行统计制度,为防范化解系统性风险提供了信息支持。在新生金融业态统计监测方面,建立线上联合消费贷款统计和地方金融组织统计制度,有效刻画金融新业态的发展。在大数据统计监测方面,建立金融基础数据统计和债券统计制度,为宏观调控提供多维度、细颗粒的数据支持。在金融业资产负债统计监测方面,建立保险业、证券业资产负债统计制度,提升资金流量表和全国金融业资产负债表的编制效率。在货币信贷统计监测方面,持续加强货币信贷统计和社会融资规模统计,不断完善精准扶贫、绿色、小微、普惠等贷款专项统计,反映金融体系对国民经济重点领域和薄弱环节的信贷政策执行效果和支持力度。

2000年底,中国人民银行下发了《关于2001年金融统计制度有关事项的通知》,对金融统计"全科目上报"指标和报表体系进行了部分修改和补充。现以我国国家开发银行资产负债表为例来说明我国政策性银行资产负债表的表式及相关的统计指标(见表6—1)。

表6—1　　　　　　　　　　　资产负债表

编制单位:　　　　　　　　　　　年　月　日　　　　　　　　　　　单位:元

资产	行次	年初数	期末数	负债及所有者权益	行次	年初数	期末数
现金及银行存款	1			向中央银行借款	17		
存放中央银行款项	2			拆入资金	18		
存放同业款项	3			客户存款	19		
拆放同业	4			应付利息	20		
应收利息	5			应交税金	21		
减:坏账准备	6			代发行证券款	22		
贷款	7			长期保证金存款	23		
减:呆账准备金	8			其他应付款	24		
其他应收款	9			发行长期债券	25		
代发行证券	10			长期借款	26		
买入返售证券	11			负债合计	27		

---

① 中国人民银行调查统计司,http://www.pbc.gov.cn/diaochatongjisi/116219/116229/4440889/index.html。

续表

资产	行次	年初数	期末数	负债及所有者权益	行次	年初数	期末数
长期投资	12			实收资本	28		
固定资产净值	13			资本公积	29		
在建工程	14			盈余公积	30		
其他资产	15			未分配利润	31		
				外币折算差额	32		
				所有者权益合计	33		
资产总计	16			负债及所有者权益总计	34		

补充资料:代保管证券(面值)　　万元;抵押品　　万元。

会计主管:　　　　　复核:　　　　　制表:

(二)我国政策性银行资产负债统计指标解释

(1)现金及银行存款,是指政策性银行库存现金。

(2)存放中央银行款项,是指政策性银行按规定存入中央银行的往来款项及各项准备金存款。

(3)存放同业款项,是指政策性银行与同业之间发生资金往来业务而存放于同业的资金。

(4)拆放同业,是指政策性银行因资金周转需要而在金融机构之间借出的资金头寸。

(5)应收利息,是指政策性银行发放贷款及购买债券等,按照适用利率和计息期限计算应收取的利息以及其他应收取的利息。

(6)坏账准备,是指政策性银行预先估计的无法收回的应收账款金额。

(7)贷款,是指政策性银行对外贷出的各种款项。

(8)呆账准备金,是指政策性银行根据贷款期初余额的一定比例提取的呆账准备。

(9)其他应收款,是指政策性银行对其他单位和个人的应收及暂付的款项。

(10)代发行证券,是指政策性银行接受委托代理发行的股票、债券等。

(11)买入返售证券,是指政策性银行按规定进行证券回购业务而融出的资金。

(12)长期投资,是指政策性银行除短期投资以外的投资,包括持有时间准备超过一年(不含一年)的各种股权性质的投资、不能变现或不准备随时变现的债券投资、其他债权投资和其他长期投资。

(13)固定资产净值,是指政策性银行所有自用的各种固定资产,包括使用的、未使用的固定资产的净值。

(14)在建工程,是指政策性银行期末各项未完工程的实际支出和尚未使用的工程物资的实际成本。

(15)其他资产,是指政策性银行除以上资产以外的其他资产。

(16)向中央银行借款,是指政策性银行向中央银行借入的临时周转借款、季节性借款、年度性借款以及因特殊需要经批准向中央银行借入的特种借款等。

(17)拆入资金,是指政策性银行从其他金融企业借入的短期资金。

(18)客户存款,是指政策性银行接收客户的各种存款。

(19)应付利息,是指政策性银行根据存款或债券金额及其存续期限和规定的利率,按期计提应支付给单位和个人的利息。

(20)应交税金,是指政策性银行的应交未交的各种税金。

(21)代发行证券款,是指政策性银行接受委托,采用余额承购包销方式或代销方式代发行证券所形成的应付证券发行人的承销资金。

(22)长期保证金存款。

(23)其他应付款,是指政策性银行各种应付的账款、其他应付及暂收的款项。

(24)发行长期债券,是指政策性银行发行的尚未偿还的各种一年期(含一年)以上的债券本金。

(25)长期借款,是指政策性银行向银行及金融机构借入的尚未归还的一年期以上的款项。

(26)实收资本,是指政策性银行实际收到的资本总额。

(27)资本公积,是指由投资者或其他人(或单位)投入,所有权归属于投资者,但不构成实收资本的那部分资本或者资产。

(28)盈余公积,是指政策性银行具有特定用途的留存利润,一般用于经营发展和职工集体福利。

(29)未分配利润,是指政策性银行盈利尚未分配的部分。

(30)外币折算差额,是指政策性银行接受外币投资因所采用的汇率不同而产生的资本折算差额。

以下(表6—2至表6—4)是我国三大政策性银行近年的资产负债表。

表6—2　　　　　　　　　　　　国家开发银行资产负债表　　　　　　　　　　单位:百万元人民币

资产	2023年	2022年	负债及所有者权益	2023年	2022年
现金及存放中央银行款项	97 823	113 314	同业及其他金融机构存放款项	2 516 386	2 545 846
存放同业款项	140 421	146 482	向政府和其他金融机构借款	385 980	329 012
拆出资金	554 200	476 496	拆入资金	27 617	24 689

续表

资产	2023年	2022年	负债及所有者权益	2023年	2022年
交易性金融资产	675 568	696 949	以公允价值计量且其变动计入当期损益的金融负债	—	—
指定为以公允价值计量且其变动计入当期损益的金融资产	—	—	衍生金融负债	8 025	18 339
衍生金融资产	2 893	10 269	卖出回购金融资产款	1 132	—
买入返售金融资产	477 456	404 823	吸收存款	1 017 412	1 289 644
应收利息	—	—	应付职工薪酬	2 810	2 605
发放贷款和垫款	13 756 973	13 391 556	应交税费	36 785	54 000
可供出售金融资产	1 133 498	991 369	应付利息	—	—
持有至到期投资	696 356	933 716	预计负债	20 489	23 756
应收款项类投资	—	—	应付债券（已发行债务证券）	12 679 504	12 078 952
长期股权投资	533 050	530 630	递延所得税负债	—	—
固定资产	14 529	14 768	其他负债	31 331	36 090
无形资产	1 586	1 368	负债合计	16 727 471	16 402 933
商誉	—	—	股本	421 248	421 248
递延所得税资产	172 582	158 311	资本公积	182 195	182 195
其他资产	12 450	13 951	其他综合收益	8 541	1 314
在建工程	997	1 534	盈余公积	229 477	214 825
			一般风险准备	272 496	255 123
			未分配利润	428 954	407 898
			归属于母公司股东权益合计	1 542 911	1 482 603
			少数股东权益	—	—
			所有者权益合计	1 542 911	1 482 603
资产总计	18 270 382	17 885 536	负债及所有者权益总计	18 270 382	17 885 536

资料来源：国家开发银行，《国家开发银行2023年年度报告》，https://www.cdb.com.cn/gykh/ndbg_jx/2023_jx/。

表6—3　　　　　　　　　　　中国进出口银行资产负债表　　　　　　　　　　单位：百万元

资产	2023年	2022年	负债及股东权益	2023年	2022年
现金及存放中央银行款项	22 899	42 552	向中央银行借款	292 678	250 253
贵金属	—	—	同业及其他金融机构存放款项	169 448	159 643
存放联行款项	—	—	拆入资金	30 032	52 712
存放同业款项	16 694	13 174	交易性金融负债		

续表

资产	2023 年	2022 年	负债及股东权益	2023 年	2022 年
拆出资金	223 036	207 081	衍生金融负债	23 662	42 580
交易性金融资产	147 723	121 129	卖出回购金融资产款	25 009	9 495
衍生金融资产	2 093	2 099	吸收存款	220 341	203 551
买入返售金融资产	273 208	127 789	应付职工薪酬	272	227
应收款项类金融资产	—	—	应交税费	2 660	17 333
应收利息	—	—	应付利息	—	—
其他应收款	—	—	其他应付款	—	—
发放贷款和垫款	5 192 871	4 913 995	预计负债	4 186	3 189
可供出售金融资产	173 066	207 158	应付债券	5 208 530	4 792 346
持有到期投资	199 195	162 602	递延所得税负债	2 106	1 506
长期股权投资	79 982	81 384	其他负债	15 556	16 094
—	—	—	租赁负债	827	1 284
投资性房地产	424	421	负债合计	5 995 307	5 550 213
固定资产	2 786	3 057	实收资本(或股本)	150 000	150 000
—	—	—	其他权益工具	59 876	59 876
—	—	—	其中:优先股	—	—
—	—	—	永续债	59 876	59 876
在建工程	1	15	资本公积	141 507	141 507
—	—	—	其他综合收益	622	158
固定资产清理	—	—	盈余公积	2 172	1 306
无形资产	845	1 105	一般风险准备	18 919	18 919
商誉	—	—	未分配利润	15 2282	9 598
长期待摊费用	—	—	外币报表折算差额	—	—
抵债资产	—	—	归母公司权益合计	388 324	381 364
递延所得税资产	41 438	42 763	少数股东权益	—	—
其他资产	6 417	3 861	所有者权益合计	388 324	381 364
使用权资产	953	1 392			
资产总计	6 383 631	5 931 577	负债及所有者权益总计	6 383 631	5 931 577

资料来源:中国进出口银行,《中国进出口银行 2023 年年度报告》,http://www.eximbank.gov.cn/aboutExim/annals/2023/。

表 6—4 中国农业发展银行资产负债表 单位:百万元

资产	2022 年	2021 年	负债及股东权益	2022 年	2021 年
现金及存放中央银行款项	1 098.50	1 024.29	向中央银行借款	7 464.40	5 719.19
贵金属	—	—	同业及其他金融机构存放款项	595.70	82.80

续表

资产	2022年	2021年	负债及股东权益	2022年	2021年
存放同业款项	3 642.23	5 365.67	拆入资金	163.54	—
拆出资金	616.60	699.7	卖出回购金融资产款	40.01	—
买入返售金融资产	427.11	989.90	吸收存款	12 201.52	10 233.22
其他应收款	13.50	15.38	应付职工薪酬	107.26	94.73
发放贷款和垫款	74 360.78	64 276.36	应交税费	125.40	122.47
持有至到期投资	7 248.89	4 182.82	其他应付款	17.27	14.43
交易性金融资产	2 413.56	2 324.55	租赁负债	6.08	6.67
其他债权投资	—	—	预计负债	178.27	126.22
其他权益工具投资	56.27	52.20	应付债券	67 398.20	61 188.90
长期股权投资	9.68	21.03	递延所得税负债	0.39	—
固定资产	140.87	136.31	其他负债	28.72	28.11
在建工程	23.75	25.32	负债合计	88 326.76	77616.74
使用权资产	6.16	6.87	实收资本(或股本)	1 770.00	1 510.00
无形资产	9.22	8.37	资本公积	0.17	0.12
商誉	0.18	0.18	其他综合收益	0.20	1.32
长期待摊费用	0.55	0.61	盈余公积	226.27	200.02
抵债资产	1.23	2.24	一般风险准备	240.00	240.00
递延所得税资产	747.18	656.42	未分配利润	289.00	264.94
其他资产	47.73	45.17	归母公司权益合计	2 525.65	2 216.40
			少数股东权益	11.59	0.26
			所有者权益合计	2 537.23	2 216.66
资产总计	90 863.99	79 833.41	负债及所有者权益总计	90 863.99	79 833.41

资料来源：中国农业发展银行，《中国农业发展银行2022年年度报告》，https://www.adbc.com.cn/n4/n13/index.html。

三、政策性银行资产负债统计指标分析

通过资产负债表，我们可以对政策性银行的资产负债情况有一个大体的了解。然而，要进一步地对政策性银行资产负债的管理情况和业务经营进行考察，在此基础上进行评估从而对其今后的发展提供参考，则需要对一些统计指标加以分析。这些指标一般包括安全性指标、流动性指标和盈利性指标。

（一）安全性指标

同商业性银行一样，政策性银行在其经营过程中也面临着信贷风险、利率风险、资本风险和投资风险等。以下一些统计指标则可以衡量政策性银行在经营过程中面临的风险程度，从而为衡量政策性银行的安全性提供依据。

1. 资本风险比率

资本风险比率是用来衡量银行资本和资产负债风险预期程度相比是否充足的指标。常见的资本风险比率有：

(1)资本与资产比率。该指标将银行资本与全部资产相比，用来反映银行自有资本占总资产的比重和银行承担风险的能力。其计算公式如下：

$$资本与资产比率=\frac{资本总额}{资产总额}\times 100\% \tag{6-1}$$

通常，该比率越高，其抵御风险的能力越高，但比率过高也不足取。

(2)资本与贷款比率。该指标将银行资本与贷款相比，反映银行承担风险的能力。其计算公式如下：

$$资本与贷款比率=\frac{资本总额}{贷款总额}\times 100\% \tag{6-2}$$

对银行而言，任何贷款都意味着风险，只不过风险大小程度不同而已。但对于政策性银行而言，对某些融资业务，不回避必要的损失，这也是其政策性的体现。

(3)资本与存款比率。该指标将银行资本与存款相比，反映银行对存款的支付能力。其计算公式如下：

$$资本与存款比率=\frac{资本总额}{存款总额}\times 100\% \tag{6-3}$$

该比率若过低，往往会认为银行信用过度膨胀，有可能出现经营风险。因此，要保持适当的资本与存款比率，以防止银行负债过重，保持其较高的支付能力。

(4)资本充足率。该比率是《巴塞尔协议》所倡导的对资本的要求比率，目前为国际上大多数国家所承认。其计算公式如下：

$$资本充足率=\frac{资本}{加权风险资产} \tag{6-4}$$

其中： 加权风险资产＝表内风险资产＋表外风险资产

表内风险资产＝表内资产×风险系数

表外风险资产＝表外资产×信用转换系数×表内相同性质资产的风险系数

《巴塞尔协议》规定，从事国际业务的商业银行的资本充足率应当达到8%。对于政策性银行而言，维持一定比例的资本充足率同样是十分必要的。截至2023年12月31日，国家开发银行的资本充足率已达到11.65%。[①]

2. 利率风险比率

利率风险是指市场利率的变动对银行的资产收益和负债成本带来不利影响的可

[①] 国家开发银行：《国家开发银行2023年年度报告》，https://www.cdb.com.cn/gykh/ndbg_jx/2023_jx/。

能性。衡量利率风险常用的比率是利率风险比率,其计算公式为:

$$利率风险比率=\frac{利率敏感性资产}{利率敏感性负债}\times 100\% \qquad (6-5)$$

其中:利率敏感性资产是指市场利率变化时利息收入也相应变化的资产;利率敏感性负债是指市场利率变化时利息支出也相应变化的负债。

该比率等于1,表明利率敏感性资产等于利率敏感性负债,利率风险为零。该比率大于1,表明前者大于后者,敏感性缺口为正缺口。若预期利率上升,利息收入将大于利息支出,银行收益增加;反之,预期利率下降,则利差减少,银行利率风险增加。同理,可推知该比率小于1时,银行收益的变动情况。

3. 贷款风险比率

该比率主要通过不良贷款率来加以反映。其计算公式如下:

$$不良贷款率=\frac{不良贷款总额}{贷款总额}\times 100\% \qquad (6-6)$$

显然,该比率越低越好。如何降低不良贷款比率,减少银行经营风险,目前仍是我国银行业的一大难题。对于政策性银行而言,为了积极配合国家的产业政策和区域发展战略,使国家的整体经济协调、健康、快速发展,三大行仍不回避必要的损失。

(二)流动性指标

政策性银行通过对资产负债表的有关项目对比,来分析银行的流动性状况,而为银行的流动性管理提供依据。用于考核银行流动性的统计指标主要有以下几个。

1. 存贷款比率

该比率是将银行的贷款总额与存款总额进行对比,其计算公式如下:

$$存贷款比率=\frac{各项贷款总额}{各项存款总额}\times 100\% \qquad (6-7)$$

该比率越高,表明负债对应的贷款资产越多,银行的流动性越低;反之,则越高。

2. 中长期存贷款比率

该比率是指银行一年期以上(含一年期)中长期贷款与一年期以上(含一年期)存款的比例。其计算公式如下:

$$中长期存贷款比率=\frac{中长期贷款总额}{一年期以上的存款总额}\times 100\% \qquad (6-8)$$

同理,该比率越高,银行的流动性越低;反之,则越高。

3. 流动性资产与全部存款的比率

该比率反映了银行流动性资金需求和流动性资金供给之间的均衡程度。其计算公式如下:

$$流动性资产对全部存款的比率 = \frac{流动资产}{全部负债} \times 100\% \qquad (6-9)$$

该比率越高,表明银行的流动性越高;反之,则越低。

4. 备付金比率

该比率是政策性银行在中央银行的各项备付金存款和库存现金与各项存款之比。其计算公式如下:

$$人民币备付金比率 = \frac{在中央银行备付金存款 + 库存现金}{各项存款} \times 100\% \qquad (6-10)$$

$$外汇备付金比率 = \frac{外汇存放同业款项 + 库存现汇}{各项外汇存款期末余额} \times 100\% \qquad (6-11)$$

(三)盈利性指标

政策性银行的盈利性指标与商业性银行的盈利性指标相似,如利润率、利息差等。

第三节 政策性银行经营成果统计

一、利润表的概念及作用

利润表是用来反映银行在某一会计期间的经营成果的动态报表。其主要作用是:可以反映银行在一定时期内的经营成果;是评价考核银行经营管理水平和经济效益的依据;是依法纳税的重要依据;可以对银行未来的经营情况及获利能力进行科学的预测等。

二、政策性银行的经营成果统计指标

(一)利润表的格式

利润表的格式通常有两种:单步式利润表和多步式利润表。前者是将本期所有的收入项目加在一起,然后将所有的费用支出项目加在一起,最后用全部收入减去全部支出,通过一次计算求出银行的利润或亏损的总额。而多步式利润表是将利润总额的计算分解为多个步骤,各个步骤相配比,这样的安排便于分析银行的经营情况,便于银行之间的比较,更重要的是利用多步式利润表可以预测今后的盈利能力。

根据《金融企业会计制度》的规定,我国政策性银行采用多步式利润表。现以国家开发银行的利润表为例来说明我国政策性银行利润表的表式及相关的统计指标(见表6—5)。

表 6－5 　　　　　　　　　　　　　　　　　**利润表**

编制单位：　　　　　　　　　　　　年　月　　　　　　　　　　　　　　　单位：元

项　目	行次	本期数	本年累计数
一、营业收入	1		
利息收入	2		
金融企业往来收入	3		
手续费收入	4		
其他营业收入	5		
二、营业支出	6		
利息支出	7		
金融企业往来支出	8		
手续费支出	9		
营业费用	10		
其他营业支出	11		
三、营业税金及附加	12		
四、营业利润	13		
加：投资收益	14		
营业外收入	15		
以前年度损益调整	16		
减：营业外支出	17		
五、利润总额	18		
减：所得税	19		
六、净利润	20		

(二) 我国政策性银行经营成果统计指标解释

(1) 营业收入，是指政策性银行经营业务各种收入的总额。

(2) 利息收入，是指政策性银行贷出款项的利息收入或银行存款的利息收入。

(3) 金融企业往来收入，是指政策性银行同其他金融企业之间业务往来的利息收入。

(4) 手续费收入，是指政策性银行各项业务应收取的手续费收入。

(5) 汇兑损益，是指政策性银行进行外汇买卖或外币兑换等业务而发生的汇兑收益。

(6) 营业支出，是指政策性银行各项营业支出的总额。

(7) 利息支出,是指政策性银行各项借款的利息支出。

(8) 金融企业往来支出,是指政策性银行同其他金融企业之间业务往来发生的支出。

(9) 手续费支出,是指政策性银行委托其他企业代办而支付的手续费。

(10) 营业费用,是指政策性银行为经营业务而发生的各种业务费用、管理费用以及其他有关的营业费用。

(11) 汇兑损失,是指政策性银行进行外汇买卖或外币兑换等业务而发生的汇兑损失。

(12) 营业税金及附加,是指政策性银行按规定缴纳的应由经营收入负担的各种税金及附加费。

(13) 营业利润,是指政策性银行当期的经营利润。

(14) 投资收益,是指政策性银行对外投资,按合同或协议规定分回的投资利润、股票的股利收入、债券投资的债息收入等。

(15) 营业外支出,是指政策性银行业务经营以外的支出。

(16) 利润总额,是指政策性银行当期实现的全部利润或亏损总额。其计算公式如下:

$$利润总额 = 营业收入 - 营业支出 - 营业税金及附加 + 投资收益 + 营业外收入 - 营业外支出 + 以前年度损益调整 \qquad (6-12)$$

(17) 净利润,是指政策性银行利润总额减去所得税后的余额。

表 6-6 至表 6-8 是我国三大政策性银行近年的利润表。

表 6-6　　　　　　　　　　国家开发银行利润表　　　　　　　　单位:百万元

项目	2023 年	2022 年
一、营业收入	167 316	206 642
利息收入	614 095	613 333
利息支出	-472 422	-455 155
利息净收入	141 673	158 178
手续费及佣金收入	844	1 212
手续费及佣金支出	-680	-601
手续费及佣金净收入	164	611
投资收益	19 121	14 912
其中:对联营和合营企业的投资收益	—	—
公允价值变动收益	-3 760	-12 040

续表

项目	2023年	2022年
汇兑损失	4 839	42 601
其他业务收入	307	135
其他收益	4 972	2 245
二、营业支出	−83 330	−127 436
营业税金及附加	−4 405	−4 088
业务及管理费	−11 292	−10 885
信用减值损失	−67 557	−112 461
其他资产减值损失	−76	−1
其他业务成本	—	−1
三、营业利润	83 986	79 206
加：营业外收入	24	63
减：营业外支出	−67	−72
四、利润总额	83 943	79 197
减：所得税费用	−10 136	−6 479
五、净利润	73 807	72 718

资料来源：国家开发银行，《国家开发银行2023年年度报告》，https://www.cdb.com.cn/gykh/ndbg_jx/2023_jx/。

表6—7　　　　　　　　　　中国进出口银行利润表　　　　　　　　单位：百万元

项目	2023年	2022年
一、营业收入	22 215	30 752
利息净收入	23 429	19 299
利息收入	196 462	172 943
利息支出	−173 033	−153 644
手续费及佣金净收入	2 296	2 519
手续费及佣金收入	3 090	3 402
手续费及佣金支出	−794	−883
投资收益	5 939	12 322
其中：对联营和合营企业的投资收益	−15	−165
以摊余成本计量的金融资产终止确认产生的收益（损失以"−"号填列）	1 316	1 656
其他收益	28	29

续表

项目	2023 年	2022 年
公允价值变动收益	1 434	−54 206
汇兑收益	−10 961	50 743
其他业务收入	50	48
资产处置收益（损失以"−"号填列）	—	−2
二、营业支出	−11 792	−19 569
营业税金及附加	−1 400	−1 295
业务及管理费	−4 890	−4 376
信用减值损失（转回金额以"−"号列示）	−5 478	−13 845
资产减值损失	—	−18
其他业务成本	−24	−35
三、营业利润	10 423	11 183
加：营业外收入	13	18
减：营业外支出	−95	−377
四、利润总额	10 341	10 824
减：所得税费用	−1 685	−2 798
五、净利润	8 656	8 026

资料来源：中国进出口银行，《中国进出口银行 2023 年年度报告》，http://www.eximbank.gov.cn/aboutExim/annals/2023/。

表 6—8　　　　　　　　　　中国农业发展银行利润表　　　　　　　　单位：亿元

项目	2022 年	2021 年
一、营业收入	1 281.85	1 029.78
利息净收入	1 216.70	1 041.68
利息收入	3 525.38	3 223.35
利息支出	2 308.68	2 181.66
手续费及佣金净收入	−2.89	−1.79
手续费及佣金收入	0.46	0.88
手续费及佣金支出	3.35	2.68
投资收益	39.08	37.67
其中：对联营和合营企业的投资收益	0.45	−0.66
公允价值变动收益	22.74	−53.46

续表

项目	2022年	2021年
其他收入	—	—
汇兑收益	1.72	1.08
其他业务收入	0.26	0.33
资产处置收益（损失以"—"号填列）	3.90	3.83
其他收益	0.34	0.44
二、营业支出	888.62	730.45
营业税金及附加	15.25	13.78
业务及管理费	288.50	287.75
信用减值损失	580.98	426.86
资产减值损失	—	−0.79
其他业务成本	3.89	2.85
三、营业利润	393.23	299.33
加：营业外收入	1.28	1.03
减：营业外支出	1.79	1.65
四、利润总额	392.72	298.70
减：所得税费用	82.17	50.58
五、净利润	310.55	248.12

资料来源：中国农业发展银行，《中国农业发展银行2022年年度报告》，https://www.adbc.com.cn/n4/n13/index.html。

三、政策性银行微观经济效益统计指标分析

通过利润表可以获取政策性银行在一定时期内的营业收入、营业成本和利润等信息，评价银行的经营业绩，考核其管理效能，可以对政策性银行的经营状况做一个总体上的了解。通过对利润表统计指标的分析，可以从不同的角度对政策性银行的盈利水平进行考察。

1. 利润率

该指标是银行的利润总额同全部营业收入的比率，反映政策性银行全部业务的盈利能力。其计算公式如下：

$$利润率 = \frac{利润总额}{营业收入} \times 100\% \qquad (6-13)$$

显然，利润率越高，政策性银行的经营成果就越好。需要注意的是，出于政策性的

需要，政策性银行不能为追求利润而与商业银行进行竞争，而是通过加强管理、讲究投资回报，坚持保本微利的原则。

2. 资本金利润率

该指标是银行的利润总额同全部资本金的比率，反映政策性银行资本的盈利能力。其计算公式如下：

$$资本金利润率 = \frac{净利润}{资本金} \times 100\% \quad (6-14)$$

在资本金不变的情况下，净利润增加，则资本金比率增加，说明政策性银行的盈利水平提高。

3. 资产利润率

该指标是银行净利润同平均资产总额的比率，其计算公式如下：

$$资产利润率 = \frac{净利润}{平均资产总额} \times 100\% \quad (6-15)$$

该比率将一定时期内的净利润与所运用的资产进行比较，表明了政策性银行资产利用的综合效率。该比率越高，表明在增收节支方面的效果越好。

4. 人均利润率

该比率是指银行员工的平均创利水平，其计算公式如下：

$$人均利润率 = \frac{利润总额}{员工平均人数} \quad (6-16)$$

该比率的高低，可以在一定程度上反映一家政策性银行的管理水平、经营绩效、员工素质等方面的优劣。

5. 费用率

该比率是指银行营业费用占其营业收入的比率，由于金融机构往来系统内部调拨具有一定的调节性，所以用来考核费用的营业收入，应剔除这一因素的影响。其计算公式如下：

$$费用率 = \frac{营业费用}{营业收入 - 金融机构往来利息收入} \times 100\% \quad (6-17)$$

该比率越低，说明银行对营业费用的控制较好，经营成果也较好。

6. 成本率

该比率是政策性银行总成本同营业收入的比率，表明政策性银行取得营业收入与耗费成本之间的关系。其计算公式如下：

$$成本率 = \frac{总成本}{营业收入} \times 100\% \quad (6-18)$$

该比率越低，说明银行每单位营业收入中耗费的成本越少，相对而言盈利也就越多,经营成果也就越好;反之,经营成果就越差。

7. 利差率

该比率是银行净利息收入和盈利资产相比所得到的比率,从而可以反映银行盈利资产的获利能力。其计算公式如下:

$$利差率 = \frac{净利息收入}{盈利资产} \times 100\% \qquad (6-19)$$

其中:盈利资产是指能够获得外部利息收入的资产,现金、固定资产、递延资产一般不带来利息收入,因而不是盈利资产。

在盈利资产一定的情况下,该比率越高,说明银行的净利息收入越多,经营成果就越好;反之,经营成果就越差。

8. 贷款周转次数

该比率是贷款累计收回额和贷款平均余额相比所得到的比率,用以反映银行信贷资金的周转速度。其计算公式如下:

$$贷款周转次数 = \frac{贷款累计收回额}{贷款平均余额} \times 100\% \qquad (6-20)$$

该比率越高,说明银行信贷资金的周转速度越快,使用效率越高,银行的效益相对越好。

四、政策性银行社会经济效益统计指标分析

我国政策性银行是政府出资创办的金融组织,政府意图贯穿其融资活动的始终。其经营的宗旨是按照党和国家的宏观经济政策从事经营活动,即贯彻国家产业政策和实施区域发展战略。其运营的目的是扶持落后产业和落后地区的发展,缩小地区、部门间差距,实现经济均衡发展;通过对相关地区、产业和行业项目的扶持和投入,调节经济结构,完善社会功能;增进社会公共利益,稳定社会,为经济发展服务。因此,对政策性银行经营成果的统计除对微观经济效益进行统计外,还应对政策性银行的社会经济效益加以考察。

(一)政策性银行宏观社会经济效益分析指标

政策性银行宏观社会经济效益分析指标主要有贷款国民生产总值率、贷款国内生产总值率、贷款国民收入率以及贷款总利税率等。这些指标表现为宏观经济活动成果与银行贷款总量之比。其中,贷款国内生产总值率的计算公式如下:

$$贷款国内生产总值率 = \frac{年度国内生产总值 \times 全年资金贷款率}{年度全部贷款平均余额} \times 100\%$$

$$(6-21)$$

式中,全部资金贷款率是指政策性银行各项贷款平均余额与贷款对象全部资金平

均余额的比率。贷款国内生产总值率越高,说明贷款的社会经济效益就越大。

其他几个指标同贷款国内生产总值率相似,同样,比率越高,说明贷款的社会经济效益就越大。计算公式分别为:

$$贷款国民收入率 = \frac{年度国民收入 \times 全部资金贷款率}{年度全部贷款平均余额} \times 100\% \qquad (6-22)$$

$$贷款总利税率 = \frac{年度总利税额 \times 全部资金贷款率}{年度全部贷款平均余额} \times 100\% \qquad (6-23)$$

(二)政策性银行微观社会经济效益分析指标

政策性银行微观社会经济效益主要表现为其对企业提供贷款支持,从而对企业的生产成果产生积极的影响。企业因获得贷款支持,产品质量提高,产量增加,产品销售收入增加,利润增加,则政策性银行的微观社会经济效益也就越明显。政策性银行微观社会经济效益分析指标主要有:固定资金贷款新增销售率、固定资金贷款新增盈利率、固定资金贷款周转率、流动资金贷款产值率、流动资金贷款销售率等。

1. 固定资金贷款新增销售率

该比率反映企业通过贷款所新增固定资产交付使用后对产品销售的促进效果,比率越高,贷款越有利于促进销售,政策性银行的微观社会经济效益也就越好。其计算公式为:

$$固定资金贷款新增销售率 = \frac{新增产品(商品)销售收入}{固定资金贷款累计发放额} \times 100\% \qquad (6-24)$$

2. 固定资金贷款新增盈利率

该比率反映企业通过贷款所新增固定资产交付使用后对企业盈利水平的促进效果,比率越高,贷款越有利于促进盈利,政策性银行的微观社会经济效益也就越好。其计算公式为:

$$固定资金贷款新增盈利率 = \frac{新增利润和税金}{固定资金贷款累计发放额} \times 100\% \qquad (6-25)$$

3. 固定资金贷款周转率

该比率反映贷款发放到收回的周转速度,比率越高,说明企业的经营状况越好,贷款越有利于提高企业的经济效益,政策性银行的微观社会经济效益也就越好。其计算公式为:

$$固定资金贷款周转率 = \frac{新增利润 + 新增固定资产折旧}{固定资金贷款累计发放额} \times 100\% \qquad (6-26)$$

4. 流动资金贷款产值率

该比率反映企业通过贷款所新增流动资金对企业产值增加的促进效果,比率越高,企业产值增加越多,政策性银行的微观社会经济效益也就越好。其计算公式为:

$$流动资金贷款产值率 = \frac{总产值 \times 流动资金贷款率}{流动资金贷款平均余额} \times 100\% \qquad (6-27)$$

其中,流动资金贷款率是企业流动资金贷款平均余额与企业全部流动资金平均余额的比值。

5. 流动资金贷款销售率

该比率反映企业通过贷款所新增流动资金对企业产品销售的促进效果,比率越高,贷款越有利于促进产品的销售,政策性银行的微观社会经济效益也就越好。其计算公式为:

$$流动资金贷款销售率 = \frac{新增产品(商品)销售收入}{流动资金贷款累计发放额} \times 100\% \qquad (6-28)$$

第四节 政策性银行的现金流量统计

一、现金流量表的概念及作用

现金流量表又称为现金流动表,是反映银行在一定时期内(月、季、年)现金流入流出及其平衡状态的报表。它可以反映银行获得现金及现金等价物的能力,从而预测其未来的现金流量。通常,现金流量表中的现金是指广义的现金概念,包括现金及现金等价物。其中,现金是指库存现金和可以随时用于支付的存款,现金等价物是指银行拥有的期限短、流动性强、易于变现、价值变动风险小的投资。

政策性银行通过编制现金流量表,能够说明在一定期间内的现金流入和流出的原因,能够表明其偿债能力,能够分析其未来获取现金的能力,能够分析其投资和理财活动对经营成果和财务状况的影响,能够提供不涉及现金的投资和筹资活动的信息等。

二、政策性银行的现金流量统计指标

所有现金流量要素的变化都可能引起现金流量的变化,凡除现金以外的资产项目金额增长,都代表着现金流出,反之,则代表现金流入;凡负债与所有者权益项目金额增长,就代表着现金流入,反之,则代表现金流出。现金流量表就是根据这些项目的变动数据以及利润表的有关资料编制而成的。

根据对经营活动现金流量的反映方式不同,可以将现金流量的编制方法分为直接法和间接法两种。间接法下编制现金流量表时,对于经营活动产生的现金流量的确认,是以本期净利润为起点,经过对有关项目的调整而间接得出;直接法下编制现金流量表时,对经营活动中现金流量的确认,是以本期营业收入为起点,直接用营业现金收

入减去支付现金的经营支出而得出。

表 6－9 是现金流量表的参考格式。表 6－10 是国家开发银行 2022 年、2023 年的现金流量表。

表 6－9　　　　　　　　　　　　　现金流量表

编制单位：年度　　　　　　　　　　　　　　　　　　　　　单位：元

项目	行　次	金　额
一、经营活动产生的现金流量		
收回贷款本金		
吸收存款		
同业存款		
向其他金融机构拆借的资金		
利息收入		
收回的已于前期核销的贷款		
卖出证券所收到的现金		
融资租赁所收到的现金		
其他经营活动现金流入		
现金流入小计		
现金流出小计		
经营活动产生的现金流量净额		
二、投资活动产生的现金流量		
收回投资所收到的现金		
分得股利或利润所收到的现金		
取得债券利息收入所收到的现金		
处置固定资产、无形资产和其他长期资产而收到的现金		
其他投资活动现金流入		
现金流入小计		
购建固定资产、无形资产和其他长期资产支付的现金		
权益性投资支付的现金		
债权性投资支付的现金		
其他投资活动现金流出		
现金流出小计		
投资活动产生的现金流量净额		
三、筹资活动产生的现金流量		
吸收权益性投资收到的现金		

续表

项目	行 次	金 额
发行债券收到的现金		
借款所得现金		
其他筹资活动现金流入		
现金流入小计		
偿还债务所支付的现金		
发生筹资费用的现金		
分配股利或利润支付的现金		
偿还利息支付的现金		
融资租赁支付的现金		
减少注册资金支付的现金		
其他筹资活动现金流出		
现金流出小计		
筹资活动产生的现金流量净额		
四、汇率变动对现金的影响		
五、现金及现金等价物净增加额		

表 6—10　　　　　　　　　国家开发银行现金流量表　　　　　　　　单位:百万元

项目	2023 年	2022 年
一、经营活动产生的现金流量		
客户存款和同业存放款项净增加额	—	234 565
向其他金融机构拆入资金净增加额	2 396	—
向其他金融机构拆出资金净减少额		
存放中央银行和同业款项净减少额	29 388	39 054
收取利息、手续费及佣金的现金	590 132	572 714
收到其他与经营活动有关的现金	82 505	263 827
经营活动现金流入小计	704 421	1 110 160
发放贷款及垫款净增加额	−418 879	−767 188
放在中央银行和同业款项净增加额	—	—
向其他金融机构拆入资金净减少额	—	−32 926
向其他金融机构拆出资金净增加额	−60 263	−91 672
客户存款和同业存放款项净减少额	−307 518	—

续表

项目	2023 年	2022 年
支付利息、手续费及佣金的现金	−73 926	−79 000
支付给职工以及为职工支付的现金	−6 612	−6 625
支付的各项税费	−81 911	−53 016
支付其他与经营活动有关的现金	−22 983	−9 768
经营活动现金流出小计	−972 092	−1 040 195
经营活动产生的现金流量净额	−267 671	69 965
二、投资活动产生的现金流量		
收回投资收到的现金	1 469 504	962 884
取得投资收益收到的现金	76 123	70 537
收到其他与投资活动有关的现金	268	162
投资活动现金流入小计	1 545 895	1 033 583
投资支付的现金	−1 362 336	−1 417 302
购建固定资产、无形资产和其他长期资产支付的现金	−679	−591
投资活动现金流出小计	−1 362 336	−1 417 893
投资活动产生的现金流量净额	183 559	−384 310
三、筹资活动产生的现金流量		
发行债券收到的现金	2 369 010	2 607 488
向政府和其他金融机构借款收到的现金	104 992	72 092
筹资活动现金流入小计	2 474 002	2 679 580
偿还债务支付的现金	−1 883 270	−2 069 793
分配股利或偿付利息支付的现金	−407 258	−391 965
筹资活动现金流出小计	−2 290 528	−2 461 758
筹资活动产生的现金流量净额	183 474	217 822
四、汇率变动对现金及现金等价物的影响	3 354	11 525
五、现金及现金等价物净减少/增加额	102 716	−84 998
加：年初现金及现金等价物余额	704 200	789 198
六、年末现金及现金等价物余额	806 916	704 200

资料来源：国家开发银行，《国家开发银行 2023 年年度报告》，https://www.cdb.com.cn/gykh/ndbg_jx/2023_jx/。

三、政策性银行现金流量统计指标分析

通过现金流量表,我们可以了解政策性银行现金流入流出情况,分析其获得现金的渠道和数额,分析是否筹集足够的长期性资金用于长期性投资,分析现金流量是否过多或过少,分析长期性投资的变动情况,分析银行今后的财务和投资策略的合理性等。在此基础上,通过对一些统计指标的分析,我们可以定量地分析现金流量表,从而对银行的现金流量情况有进一步的认识。这些指标可以分为两类:现金流量充分性比率和现金流量效益性比率。

(一)现金流量充分性比率

1. 现金流量充分性比率

该比率是用于衡量银行获得足够的现金以偿还债务、购买资产和支付利息的能力。其计算公式如下:

$$现金流量充分性比率 = \frac{一定期间由经营活动所产生的现金净流量}{该期间长期债务偿还额 + 该期间投资支出额 + 该期间股利支出额} \times 100\% \quad (6-29)$$

2. 债务偿还比率

该比率是用于衡量按当前经营活动所获得现金偿还全部债务所需要的时间。其计算公式如下:

$$债务偿还比率 = \frac{债务总额}{经营活动中产生的现金净流量} \quad (6-30)$$

该比率越小,债务偿还的期限就越短,表明银行在经营活动中的现金流量情况越好。

(二)现金流量效益性比率

通过对现金流量效益性比率的分析,可以了解银行获取现金的能力。获取现金的能力是指经营业务现金净流量与投入资源的比值,其中,投入的资源可以是经营业务收入、总资产、净资产等。

1. 现金流量利润率

该比率是指每一元的经营收入中获得的现金的百分比,其计算公式如下:

$$现金流量利润比率 = \frac{经营活动中产生的净现金流量}{经营收入} \times 100\% \quad (6-31)$$

显然,该比率越高,说明每一元经营收入中获得的净现金流量越多,银行的现金流量情况就越好。

2. 经营指数

该指标是指经营活动中产生的现金和从持续经营中获得的利润的比率,其计算公式如下:

$$经营指数 = \frac{经营活动中产生的现金净流量}{从持续经营中获得的利润} \quad (6-32)$$

该比率越高,说明银行持续经营产生现金的效率越高,营业利润产生现金的比例越高。

3. 资产现金比率

该比率说明了银行资产产生现金的能力。比率越高,产生现金的能力越强。其计算公式如下:

$$资产现金比率 = \frac{经营活动中产生的净现金流量}{总资产} \times 100\% \quad (6-33)$$

第五节 政策性银行的信贷收支统计

一、政策性银行信贷收支统计指标

(一)信贷收支表的格式

信贷收支表的格式,通常采用报告式。报告式信贷收支表根据"资金来源=资金运用"这一平衡公式,将信贷收支表的项目自上而下排列,首先列示资金来源的情况,然后列示资金运用的情况。

根据中国人民银行下发的《关于2001年金融统计制度有关事项的通知》(2024年修订内容讨论稿见附件1),对金融统计"全科目上报"指标和报表体系进行了修改和补充,现将国家银行的信贷收支表的表式及相关的统计指标列示如表6—11所示。其中,国家银行包括中国人民银行、四大国有商业银行以及三大政策性银行。

附件1

表6—11　　　　　　　　　　信贷收支表　　　　　　　　　单位:亿元

资金来源项目	时点A	时点B	资金运用项目	时点A	时点B
一、各项存款			一、各项贷款		
1. 企业存款			1. 短期贷款		
(1)活期存款			(1)工业贷款		
(2)定期存款			(2)商业贷款		
2. 财政存款			其中:收购贷款		

续表

资金来源项目	时点 A	时点 B	资金运用项目	时点 A	时点 B
3. 机关团体存款			(3)建筑业贷款		
4. 储蓄存款			(4)农业贷款		
(1)活期储蓄			(5)乡镇企业贷款		
(2)定期储蓄			(6)"三资"企业贷款		
5. 农业存款			(7)私营企业及个体贷款		
6. 其他存款			(8)其他短期贷款		
二、委托存款及委托投资基金(净)			其中:个人短期消费贷款		
三、金融债券			2. 中期流动资金贷款		
四、应付及暂收款			3. 中长期贷款		
其中:应付及预提利息			(1)基本建设贷款		
五、同业往来			(2)技术改造贷款		
1. 同业存放			(3)其他中长期贷款		
2. 同业拆借			其中:个人中长期消费贷款		
六、流通中货币			4. 票据融资		
七、各项准备			其中:贴现		
其中:贷款呆账准备金			5. 各项垫款		
八、所有者权益			二、有价证券及投资		
其中:实收资本			三、应收及预付款		
当年结益			其中:应收利息		
九、其他			四、同业往来		
			1. 存放同业		
			2. 拆放同业		
			五、金银占款		
			六、外汇占款		
			七、库存现金		
			八、财政借款		
资金来源总计			资金运用总计		

(二)政策性银行信贷收支统计指标解释

(1)企业存款,是指政策性银行吸收的各种所有制形式、各行业企业单位活期存款、定期存款之和。

(2)财政存款,是指政策性银行代理的各项财政预算内存款。

(3)机关团体存款,是指政策性银行办理的各项机关团体存款。

(4)存款,是指政策性银行吸收的城乡居民个人储蓄存款。

(5)农业存款,是指政策性银行吸收的农业企业存款。

(6)其他存款,是指政策性银行吸收的各项存款项下列示的各种存款以外的存款。

(7)委托存款及委托投资基金,是指政策性银行受客户委托,代理客户向指定单位进行贷款和投资而收到委托人存入的款项。

(8)金融债券,是指政策性银行以外机构持有的,政策性银行发行的各类金融债券。

(9)应付及暂收款。

(10)同业往来,是指政策性银行与政策性银行以外机构之间的存放、拆放资金。

(11)流通中货币,是指有中国人民银行发行的,扣除政策性银行库存现金之外的全部流通中纸币、硬币之和。

(12)各项准备,是指政策性银行按规定提取的贷款呆账准备、坏账准备、投资风险准备等各项准备。

(13)所有者权益,是指所有者在政策性银行资产中享有的经济利益,其金额为资产减去负债后的余额。主要包括实收资本、资本公积、盈余公积和未分配利润等。

(14)短期贷款,是指期限在1年以内(含1年)的各类流动资金贷款。

(15)中期流动资金贷款,是指期限在1~3年(含3年)的流动资金贷款。

(16)中长期贷款,是指政策性银行发放的期限在1年以上的基本建设贷款、技术改造贷款、专项贷款等中长期贷款。

(17)票据融资。

(18)贴现,是指政策性银行为客户办理未到期票据贴现扣除金融机构再贴现与转贴现之后的余额。

(19)各项垫款。

(20)金银占款。

(21)库存现金,是指政策性银行库存及运送中现金。

表6-12是浙江省政策性银行2020年信贷收支表。

表6—12　　　　　　　　政策性银行本外币信贷收支　　　　　　　　单位:亿元

资金来源项目	金额	资金运用项目	金额
各项存款	773.3	各项贷款	8 776.17
企事业单位存款(境内)	773.29	境内贷款	8 702.37
境外存款	0.01		
临时性存款		短期贷款	903.5

续表

资金来源项目	金额	资金运用项目	金额
其他存款		个人贷款及透支	
代理财政性存款	98.98	单位普通贷款及透支	903.5
金融债券		经营贷款	562.49
中长期借款		固定资产贷款	13.3
应付及暂收款	30.51	并购贷款	
卖出回购资产		贸易融资	327.71
向中央银行借款		中长期贷款	7 798.64
银行存款类金融机构往来	4.52	个人贷款	
联行往来（净）	8 476.35	单位普通贷款	7 798.64
外汇买卖		经营贷款	514.7
委托存款及委托投资基金		固定资产贷款	6 916.02
各项准备	123.08	并购贷款	25.3
所有者权益	126.65	贸易融资	342.62
其他负债	21.01	票据融资	0.23
		各项垫款	0
		境外贷款	73.8
		股权及其他投资	
		应收及预付款	21.17
		买入返售资产	
		存放中央银行存款	0.25
		缴存中央银行政策性存款	
		银行存款类金融机构往来	608.54
		库存现金	0
		外汇买卖	
		投资性房地产	
		债券投资	217.02
		固定资产	16.64
		其他资产	14.61
资金来源总计	9 654.4	资金运用总计	9 654.4

资料来源：《浙江金融年鉴》，浙江人民出版社2021年版，第398—399页。

表 6-13 是 2024 年 1—4 月江苏省辖内金融机构本外币信贷收支合并表。

表 6-13　　　　江苏省辖内金融机构本外币信贷收支合并表　　　　单位：亿元

项目	2024.01	2024.02	2024.03	2024.04
一、各项存款	256 914.77	259 080.03	264 216.34	257 473.96
（一）境内存款	255 601.58	257 626.02	262 751.30	256 216.43
1.住户存款	108 580.63	113 361.56	115 554.76	113 442.79
（1）活期存款	26 582.92	26 963.62	27 104.92	25 469.28
（2）定期及其他存款	81 997.71	86 397.94	88 449.84	87 973.52
2.非金融企业存款	92 601.91	89 396.84	91 410.09	88 119.78
（1）活期存款	28 471.90	26 320.74	27 623.04	24 395.65
（2）定期及其他存款	64 130.01	63 076.10	63 787.05	63 724.14
3.机关团体存款	31 898.33	31 491.37	31 836.41	31 291.52
4.财政性存款	4 130.32	3 674.64	3 507.59	3 571.38
5.非银行业金融机构存款	18 390.40	19 701.62	20 442.45	19 790.95
（二）境外存款	1 313.18	1 454.01	1 465.04	1 257.53
二、各项贷款	244 329.01	246 760.91	250 610.38	251 306.90
（一）境内贷款	243 957.55	246 412.24	250 175.65	250 915.29
1.住户贷款	73 606.84	72 864.30	73 276.36	72 374.87
（1）短期贷款	18 463.92	17 908.84	18 202.10	17 646.67
消费贷款	7 466.41	7 051.94	7 028.73	6 846.29
经营贷款	10 997.51	10 856.89	11 173.37	10 800.38
（2）中长期贷款	55 142.92	54 955.46	55 074.26	54 728.21
消费贷款	46 011.25	45 786.99	45 691.12	45 332.99
经营贷款	9 131.68	9 168.47	9 383.15	9 395.22
2.非金融企业及机关团体贷款	170 315.72	173 453.46	176 835.10	178 431.44
（1）短期贷款	54 329.34	55 372.98	57 038.30	56 635.77
（2）中长期贷款	102 120.65	103 998.41	105 965.15	106 822.67
（3）票据融资	10 955.97	11 121.85	10 799.68	11 906.09
（4）融资租赁	2 802.69	2 856.56	2 924.58	2 961.13
（5）各项垫款	107.07	103.65	107.39	105.78
3.非银行业金融机构贷款	34.99	94.49	64.19	108.98
（二）境外贷款	371.45	348.66	434.73	391.62

资料来源：中国人民银行江苏省分行 2024 年 4 月信贷收支表，http://nanjing.pbc.gov.cn/nanjing/117532/5358205/index.html。

二、政策性银行信贷收支统计指标分析

通过信贷收支表,我们可以较为全面地了解政策性银行资金来源与资金运用的情况,此外,通过一些统计指标,可以对信贷收支表做深入的了解和分析。这些指标主要有反映存款的统计指标和反映贷款的统计指标。

(一)反映存款的统计指标

1. 报告期存款累计发生额

该指标反映银行期内的存款规模,是期内存款的业务总量。

2. 报告期存款净增减量

其计算公式如下:

$$\text{报告期存款净增减量} = \text{报告期存款累计收入额} - \text{报告期存款累计支出额}$$
$$= \text{期末存款余额} - \text{期初存款余额} \tag{6-34}$$

3. 存款积数

该指标是反映存款规模的综合指标,也是计算存款利息的依据。其计算公式如下:

$$C = \sum a_i t_i \tag{6-35}$$

式中:C——存款积数;a_i——每天存款余额;t_i——存款天数。

4. 存款平均余额

该指标反映报告期内每天存款余额的一般水平,其计算公式如下:

$$\text{存款平均余额} = \frac{\text{报告期存款积数}}{\text{报告期日历天数}} \tag{6-36}$$

5. 存款周转速度

从两种不同的角度出发,有两个反映存款周转速度的统计指标。

(1)存款周转天数。

$$\text{存款周转天数} = \frac{\text{期内日历天数} \times \text{期内存款平均余额}}{\text{期内存款余额} + \text{期内存款累计收入额}} \tag{6-37}$$

(2)存款周转次数。

$$\text{存款周转次数} = \frac{\text{起初存款余额} + \text{期内存款累计收入额}}{\text{期内存款平均余额}} \tag{6-38}$$

6. 储蓄存款巩固率

该指标反映期内存款发生变化后,还留有多大比例。其计算公式如下:

$$\text{储蓄存款巩固率} = \frac{\text{储蓄存款累计收入额} - \text{储蓄存款累计支出额}}{\text{储蓄存款累计收入额}} \times 100\%$$

$$\tag{6-39}$$

7. 储蓄存款稳定率

该指标用于反映银行资金的稳定性,其比率越高,银行资金的稳定性越好。其计算公式如下:

$$\text{储蓄存款稳定率} = \frac{\text{期内储蓄存款最低余额}}{\text{期内储蓄存款平均余额}} \times 100\% \quad (6-40)$$

8. 储蓄存款利率变动弹性系数

该指标反映储蓄规模受利率变动的影响程度,在一定程度上可以以此作为用利率调节储蓄量的依据。若该系数小于1,则表明弹性不足,即储蓄对利率变动反应迟钝,利率的较大变动不会对储蓄规模造成较大的影响;若该系数等于1,则利率变动使储蓄发生相应的变动;若该系数大于1,则利率的细微变动就会引起储蓄的大规模变动。其计算公式如下:

$$\text{储蓄存款利率变动弹性系数} = \frac{\text{期内储蓄存款量变化率}}{\text{期内储蓄存款利率变化率}} \quad (6-41)$$

(二)反映贷款的统计指标

1. 报告期贷款累计发放额

该指标用于反映报告期内发放的累计数,无论当期是否收回,均应计算在内。

2. 报告期贷款累计收回额

该指标用于反映报告期收回贷款的累计数,无论是否当期发放,均应计算在内。

3. 报告期贷款净发放(净收回)额

该指标用于反映银行再生产过程中贷款的增减变化情况。其计算公式如下:

$$\begin{aligned}\text{报告期贷款净发放(净收回)额} &= \text{报告期贷款累计发放额} - \text{报告期贷款累计收回额}\\ &= \text{报告期末贷款余额} - \text{报告期初贷款余额} \quad (6-42)\end{aligned}$$

若计算结果为正,是净发放;反之,则是净收回。

4. 贷款积数

该指标是用于反映贷款余额和贷款延续时间的综合指标,反映贷款单位可利用贷款的最大容量。贷款的余额越大,时间越长,可利用贷款的总量就越大,因而该指标是计算贷款利息的依据。其计算公式如下:

$$S = \sum b_i t_i \quad (6-43)$$

式中:S——贷款积数;b_i——每天贷款余额;t_i——贷款天数。

5. 贷款平均余额

该指标用于反映报告期内每天贷款余额的平均水平,其计算公式如下:

$$\text{贷款平均余额} = \frac{\text{报告期贷款积数}}{\text{报告期日历天数}} \quad (6-44)$$

6. 到期贷款收回率

该指标用于反映银行贷款的回收情况。贷款到期不能正常收回,是造成我国银行业不良资产率较高的原因之一。该比率越高,则银行的贷款回收情况就越好,不良贷款率就越低。其计算公式如下:

$$到期贷款收回率 = \frac{到期贷款累计收回额}{到期贷款累计额} \times 100\% \qquad (6-45)$$

7. 贷款累计回收率

该指标同样反映银行的贷款回收情况,比率越高,贷款回收情况就越好。其计算公式如下:

$$贷款累计回收率 = \frac{报告期贷款累计收回额}{报告期贷款累计发放额} \times 100\% \qquad (6-46)$$

关键概念

政策性银行　　资产负债统计　　资产负债表　　经营成果统计　　利润表
现金流量统计　　现金流量表　　信贷收支统计　　信贷收支表

学习小结

政策性银行具有政策性和金融性双重属性,是特殊的金融企业。政策性银行是政府机构、政策机构、金融机构。贯彻国家产业政策、支持区域发展战略是政策性银行的两大主要职能。目前我国的政策性银行共有三家:国家开发银行、中国进出口银行和中国农业发展银行。

资产负债表是反映银行在会计期末全部资产、负债和所有者权益状况的报表,我国三家政策性银行采用的是账户式资产负债表。用于进行资产负债分析的统计指标主要有安全性指标和流动性指标。

利润表是用来反映银行在某一会计期间的经营成果的动态报表。我国政策性银行采用多步式利润表。用于进行微观经营成果统计分析的统计指标主要有利润率、资本金利润率、资产利润率、人均利润率、费用率、成本率、利差率等;用于进行宏观社会经济效益统计指标主要有贷款国民生产总值率、贷款国内生产总值率、贷款国民收入率以及贷款总私利税率等。

现金流量表是反映银行在一定时期内(月、季、年)现金流入流出及其平衡状态的报表。政策性银行用于进行现金流量分析的统计指标主要有现金流量充分性比率和现金流量效益性比率两大类指标。

我国三家政策性银行通常采用报告式信贷收支表。用于进行信贷收支分析的统计指标主要有反映存款的统计指标和反映贷款的统计指标。

课堂测试题

1. 请解释政策性银行的定义及其在中国金融体系中的角色和功能。
2. 资产负债统计对于政策性银行管理而言有何重要性？它通常包含哪些关键指标？
3. 经营成果统计如何反映政策性银行的经营效率和盈利能力？
4. 现金流量统计对政策性银行的流动性管理有何影响？它主要监控哪些现金流动？
5. 信贷收支统计对政策性银行的信贷政策和风险控制有何作用？

课堂测试题答案

课后练习题

一、名词解释

1. 政策性银行
2. 资产负债统计
3. 经营成果统计
4. 现金流量统计
5. 信贷收支统计

二、单项选择题

1. 关于我国政策性银行所采用的资产负债表格式，下列说法正确的是(　　)。
   A. 均采用账户式资产负债表
   B. 均采用报告式资产负债表
   C. 国家开发银行采用账户式资产负债表，其他两家采用报告式资产负债表
   D. 中国农业发展银行采用账户式资产负债表，其他两家采用报告式资产负债表

2. 《巴塞尔协议》规定，从事国际业务的商业银行的资本充足率应该达到(　　)。
   A. 3%　　　　　　B. 5%　　　　　　C. 8%　　　　　　D. 10%

3. 关于利率风险比率，下列说法正确的是(　　)。
   A. 当利率风险比率小于1，则表明敏感性缺口是正缺口
   B. 当利率风险比率等于1，则表明利率风险为零
   C. 当利率风险比率大于1，如预期利率上升，则银行利率风险增加
   D. 当利率风险比率大于1，如预期利率下降，则银行收益增加

4. 我国政策性银行的利润表采用(　　)。
   A. 单步式　　　　B. 多步式　　　　C. 账户式　　　　D. 报告式

5. 我国政策性银行的信贷收支表通常采用(　　)。
   A. 单步式　　　　B. 多步式　　　　C. 账户式　　　　D. 报告式

6. 存款周转天数的计算公式是(　　)。

A. 存款周转天数＝(期内日历天数×期内存款平均余额)/(期内存款余额＋期内存款累计收入额)

B. 存款周转天数＝(期内存款余额＋期内存款累计收入额)/(期内日历天数×期内存款平均余额)

C. 存款周转天数＝(起初存款余额＋期内存款累计收入额)/期内存款平均余额

D. 存款周转天数＝期内存款平均余额/(起初存款余额＋期内存款累计收入额)

三、多项选择题

1. 关于政策性银行的性质，下列说法正确的是(　　)。
   A. 政策性银行是政府机构　　B. 政策性银行是商业机构
   C. 政策性银行是政策机构　　D. 政策性银行是金融机构

2. 下列选项属于政策性银行职能的是(　　)。
   A. 稳定币值　　B. 国际收支平衡　　C. 贯彻国家产业政策　　D. 支持区域发展战略

3. 我国的政策银行包括(　　)。
   A. 中国工商银行　　B. 国家开发银行
   C. 中国进出口银行　　D. 中国农业发展银行

4. 银行的资产负债表包括以下内容：(　　)。
   A. 银行在某一特定日期掌握的全部资产　　B. 银行所负担的全部债务
   C. 所有者在银行所拥有的各项权益　　D. 银行偿还债务能力

5. 对政策性银行资产负债表进行分析的指标一般包括(　　)。
   A. 安全性指标　　B. 静态性指标　　C. 流动性指标　　D. 盈利性指标

6. (　　)属于政策性银行宏观社会经济效益分析的指标。
   A. 贷款国民收入率　　B. 贷款总利率
   C. 固定资产贷款新增销售率　　D. 流动资金贷款销售率

7. 关于政策性银行现金流量表的作用，下列说法正确的有(　　)。
   A. 能够说明在一定期间内的现金流入和流出的原因
   B. 能够表明其偿债能力
   C. 能够分析其未来获取现金的能力
   D. 能够分析其投资和理财活动对经营成果和财务状况的影响

8. 现金流量表的编制方法，主要有(　　)。
   A. 直接法　　B. 间接法　　C. 单步法　　D. 多步法

9. 政策性银行现金流量统计指标分析中，属于现金流量效益性比率方面的指标有(　　)。
   A. 债务偿还比率　　B. 现金流量利润率　　C. 经营指数　　D. 资产现金比率

10. 现金流量充分性比率用于衡量银行(　　)方面的能力。
    A. 偿还债务　　B. 购买资产　　C. 贷出资产　　D. 支付利息

四、简答题

1. 为什么说政策性银行具有政策性和商业性双重性质？

2. 表 6—14 是我国国家开发银行 2023 年度资产负债表，试用有关统计指标加以分析。

表 6—14　　　　　　　　　　国家开发银行资产负债表　　　　　　　　单位：百万元人民币

资产	2023 年	2022 年	负债及所有者权益	2023 年	2022 年
现金及存放中央银行款项	97 823	113 314	同业及其他金融机构存放款项	2 516 386	2 545 846
存放同业款项	140 421	146 482	向政府和其他金融机构借款	385 980	329 012
拆出资金	554 200	476 496	拆入资金	27 617	24 689
交易性金融资产	675 568	696 949	以公允价值计量且其变动计入当期损益的金融负债	—	—
指定为以公允价值计量且其变动计入当期损益的金融资产	—	—	衍生金融负债	8 025	18 339
衍生金融资产	2 893	10 269	卖出回购金融资产款	1 132	—
买入返售金融资产	477 456	404 823	吸收存款	1 017 412	1 289 644
应收利息	—	—	应付职工薪酬	2 810	2 605
发放贷款和垫款	13 756 973	13 391 556	应交税费	36 785	54 000
可供出售金融资产	1 133 498	991 369	应付利息	—	—
持有至到期投资	696 356	933 716	预计负债	20 489	23 756
应收款项类投资	—	—	应付债券(已发行债务证券)	12 679 504	12 078 952
长期股权投资	533 050	530 630	递延所得税负债	—	—
固定资产	14 529	14 768	其他负债	31 331	36 090
无形资产	1 586	1 368	负债合计	16 727 471	16 402 933
商誉	—	—	股本	421 248	421 248
递延所得税资产	172 582	158 311	资本公积	182 195	182 195
其他资产	12 450	13 951	其他综合收益	8 541	1 314
在建工程	997	1 534	盈余公积	229 477	214 825
			一般风险准备	272 496	255 123
			未分配利润	428 954	407 898
			归属于母公司股东权益合计	1 542 911	1 482 603
			少数股东权益	—	—
			所有者权益合计	1 542 911	1 482 603
资产总计	18 270 382	17 885 536	负债及所有者权益总计	18 270 382	17 885 536

资料来源：https://www.cdb.com.cn/gykh/ndbg_jx/2023_jx/。

3. 应从哪些方面对政策性银行的经营成果进行统计？

4. 试对有关政策性银行现金流量表的统计指标加以说明。

5. 在政策性银行信贷收支统计中，反映存款的统计指标有哪些？对这些指标的意义加以说明。

拓展阅读

第七章　证券期货市场统计

学习目标

1. 知识目标

掌握股票、债券等有价证券的基本概念及分类;了解市场上有价证券之间的联系与区别;学习如何收集证券和期货市场的相关数据,包括价格、交易量、市场指数等;了解证券和期货市场的法律法规,以及在统计分析中保持职业道德的重要性。

2. 能力目标

掌握有价证券的基本知识,包括股票和债券等的定义、特点及市场结构,理解证券期货市场的运作机制及其中介机构的作用;通过分析现实案例和市场趋势,培养综合解决问题的能力,以深入把握有价证券市场对经济的影响并提出有效策略。

3. 思政目标

深刻领会党的二十大报告所强调的证券期货市场在服务实体经济、推动现代化产业体系建设中的重要作用。

第一节　证券与证券市场

一、证券定义

证券(securities)是各类财产所有权和债券凭证的统称,是用来证明证券持有人有权取得相应权益的法律凭证,如股票、债券、基金证券、票据、提单、保险单、存款单等都是证券。

证券按其性质不同,可分为证据证券、凭证证券和有价证券。证据证券是指单纯证明事实的文件,主要有借用证、书面证明等。凭证证券又称无价证券,它本身不能使持有人或第三者取得一定权益,只是认定持证人是某种私权的合法权利者,证明对持有人所履行的义务是有效的文件,如存款单、借据、收据及定期存款存折等。

证券票面要素主要有四个:第一,持有人,即谁持有该证券;第二,证券的标的物,即证券所载权利和义务所指向的特定对象;第三,标的物的价值;第四,权利,即持有人持有该证券所拥有的权利。

二、有价证券

(一)有价证券的定义

有价证券是一种具有一定票面金额,能证明持有人有权按期取得一定收入,并可自由转让和买卖的所有权和债权凭证。人们通常所说的证券就是指这种有价证券。有价证券不是劳动产品,所以它本身并没有价值,但由于它代表着一定的财产权利,持有人可凭该证券直接取得一定的商品、货币,或是取得利息、股息等收入,因此,有价证券可以在市场上买卖和流通。影响有价证券价格的因素有很多,但主要因素是预期利息收入和市场利率。可以说,有价证券价格是资本化的收入,是虚拟资本的一种形式,是筹措资金的重要手段。

(二)有价证券的分类

有价证券有广义和狭义两种概念。广义的有价证券包括商品证券、货币证券和资本证券。

商品证券是指证明持有人有商品所有权和使用权的凭证,取得这种证券就等于取得了商品的所有权或使用权。如提货单、运货单以及仓库栈单等等都属于商品证券。

货币证券是指能使持有人或第三人取得货币索取权的有价证券。主要包括两大类:一类是商业证券,主要是商业汇票和商业本票;另一类是银行汇款,主要是银行汇票、银行本票和支票。

资本证券就是我们通常所说的有价证券,即狭义的有价证券。它是指由金融投资或与金融投资有直接联系的活动产生的证券,持有人有一定的收入请求权。这里所说的有价证券即资本证券。

有价证券的种类多种多样,从不同的角度,按照不同的标准,可以对其有不同的分类。

1. 按发行主体的不同,可分为政府证券(公债券)、金融证券和公司证券

(1)政府证券是指政府为筹措财政资金或建设资金向投资者发行的一种债权债务凭证。政府债券又分为中央政府债券和地方政府债券。我国目前尚没有地方政府发行的债券。

(2)金融证券是指银行及非银行金融机构为筹措资金而发行的股票、金融债券等,尤以金融债券为主。

(3)公司证券是公司为筹措资金而发行的有价证券,主要包括股票、公司债券及商

业票据等。

2. 按是否在证券交易所挂牌交易,有价证券分为上市证券与非上市证券

(1)上市证券又称挂牌证券,是指经证券主管机关批准,并向证券交易所注册登记,获得资格在证券交易所内进行公开买卖的有价证券。为了保护投资者利益,对申请上市的证券必须由证券交易所审核合格才准予上市。

(2)非上市证券又称非挂牌证券、场外证券,是指未申请上市或不符合证券交易所挂牌上市条件的证券。非上市证券由公司自行发行和推销。一般来说,非上市证券的种类比上市证券的种类要多,在交易所里上市的证券种类非常有限,只占整个证券市场证券种类的很小部分。

3. 按证券收益是否固定,有价证券可分为固定收益证券和变动收益证券

(1)固定收益证券是指证券持有人可以在特定的时间内取得固定的收益,并预先知道取得收益的数量和时间,如固定利率债券、优先股股票等。

(2)变动收益证券是指因客观条件的变化,其收益也随之变化的证券,如普通股股票、浮动利率债券等。

4. 按证券发行的地域和国家分类,有价证券可分为国内证券和国外证券

在境内发行的证券称为国内证券;在境外发行的证券称为国外证券。

5. 按募集方式分类,有价证券可以分为公募证券和私募证券

(1)公募证券为发行人采取公开的方式,通过中介机构向社会公众发行的证券,其审核较严格、发行成本较高并且采用公示制度。

(2)私募证券是指发行者向特定的少数投资者发行的证券,其审核条件较宽松、发行成本较低。私募证券的投资者多为与发行人有特定关系的机构投资者。

6. 按证券的经济性质分类,有价证券可以分为股票、债券和其他证券

股票和债券是证券市场的两个最基本和最主要的品种。其他证券包括基金证券、证券衍生品,如期货、可转换证券等。

三、证券市场

(一)证券市场定义

证券市场(securities market)是股票、债券、基金等有价证券及其衍生产品(期货、期权)发行和交易的场所。证券市场是资本市场的重要组成部分,是联系资金需求和供给的纽带。在市场经济条件下,一方面,存在大量的闲置资金,形成了资金的供给;另一方面,经济的发展需要大量的资金投入,形成了资金的需求。证券市场实现了投资需求和筹资需求的对接,从而有效地解决了资本的供求矛盾。股票和债券是证券市场上最活跃、最重要的工具。

(二)证券市场的构成要素

1. 证券市场主体

证券市场的主体包括企业、金融机构、官方机构和居民个人四类交易者,在开放的证券市场上还包括境外投资者。

(1)企业。企业是证券市场生存和发展的决定性因素。企业在金融市场上首先是资金需求者,通过在证券市场上发行股票、债券、商业票据等有价证券,以吸收大量资金弥补资金不足。同时,企业通过将在再生产过程中游离出的闲置资金投资于证券市场,又成为市场的资金供给者。

(2)金融机构。各类金融机构可以在证券市场上发行金融债券,增加信贷资金来源。同时,各类金融机构也是证券市场上重要的证券需求者和机构投资者,商业银行仅限于买卖政府债券;投资基金主要投资对象为股票和债券;证券公司既可以进行股票和债券的代理买卖,也可以自营买卖股票和债券;保险公司现在也获准直接入市,更是强有力地扩大了证券的需求面。

(3)官方机构。以财政部、中央银行、政策性银行为代表的官方机构也是证券市场的投资主体之一,其行为直接关系到证券市场的规模、结构和收益水平。中央财政代表中央政府发行国债,一方面,可以弥补财政赤字、筹集建设资金;另一方面,可以通过国债回购等公开市场业务操作,实现货币政策的目标,不仅能够影响商业银行的超额准备金,调节货币供应量,也可以引起市场利率水平和利率结构的变化,当央行大量购进国债,市场利率随之下降,反之则上升。

(4)居民个人。居民个人买卖证券是对其剩余、闲置的货币资金加以运用的一种方式。他们的主要投资目的是保值和增值,所以十分重视本金的安全和资产的流动性。在发达的证券市场上,个人投资者多数不直接参与证券市场的买卖,而是通过证券经纪人或者投资基金间接地参与证券市场证券交易。我国的居民大多直接参与交易。所以,因其在资金、信息等方面的局限性,在投资中处于不利地位。

2. 证券市场客体

证券市场的客体主要包括股票、债券、基金及各类衍生工具(期货、期权)。其中,股票和债券作为常用的投融资工具,在证券市场中占有重要地位。

(1)股票。股票是股份公司发行的、用以证明投资者的股东身份和权益,并据以获取股息和红利的凭证。对发行者而言,发行股票可以进入证券市场直接融资,扩大公司的资本和规模;对中小投资者而言,不仅可以获取红利,还可以选择时机买卖股票赚取差价收入;对于实力大的投资者,可以运用股票赋予的股权对企业进行管理控制。

(2)债券。债券是发行人依照法定程序发行,并约定在一定期限内还本付息的债务凭证。债券与股票不同,它反映的不是利益共享、风险共担的股权关系,而是债权债务关系。对于债券的发行者来说，可以在短时间内筹集大量的资金，并且可以保证公司控制权不会因为发行债券而旁落，但发行人必须保证能到期偿还本息，否则将面临破产危险；对于投资者而言，债券是一种风险较小、收益相对稳定的投资工具。尤其是政府发行的公债，收益非常稳定，可以作为储蓄性投资的很好选择。

3. 中介机构

证券市场中介机构是指为证券的发行和交易提供服务的各类机构。它是连接证券投资者和筹资者的桥梁，是证券市场运行的组织系统。在我国，证券市场中介机构主要包括证券交易所、证券登记结算公司、证券公司、基金管理公司以及其他证券服务机构。

4. 证券监管机构

证券监管机构的主要职责是根据证券法规和行业规定，对证券发行、交易活动及市场参与者实施监督和管理，以保护投资者的利益。各个国家根据证券市场监管模式的不同采取不同的形式。例如，一些国家通过立法成立专门的独立机构，负责证券市场监管，如美国的证券交易委员会(SEC)；也有一些国家以财政部为主体，行使监管职能。我国对证券市场进行监管的机构主要是中国证券监督管理委员会，以及经过授权的省、自治区、直辖市的证券监督管理委员会。

(三)证券市场分类

根据不同的标准，可以对证券市场进行不同的分类。

(1)按照市场的职能，证券市场可分为证券发行市场和证券流通市场。发行市场又称为一级市场或初级市场，它是向投资者发行新证券所形成的市场；流通市场又称为二级市场或次级市场，它是证券进行交易流通的场所。

(2)按照交易的对象，证券市场可分为股票市场、债券市场和基金市场等。

(3)按照组织形式的不同，证券市场可分为场内市场和场外市场。场内市场指的是证券交易所；场外市场则主要指店头市场(柜台市场)，以及第三市场、第四市场。

第二节　股票市场统计

一、股票概述

(一)股票的定义

股票(stocks)是一种有价证券，它是股份有限公司发行的、用以证明投资者的股东身份和权益，并据以获得股息和红利的凭证。

股票一经发行，它的持有者便成为发行公司的股东，有权参与公司的运营决策，并承担一定的责任和风险。股票没有偿还性，一经认购，投资者就不能要求还本退款，但可以通过股票市场转让、出售。股票本身没有价值，它只是代表股份资本所有权的证书，它是一种独立于真实资本之外的虚拟资本。

（二）股票的种类

根据不同的标准，股票通常有以下几种分类：

1. 普通股和优先股

以股东承担风险和享有权利的大小为标准分为普通股和优先股。

（1）普通股（common stock）是最基本、最常见的一种股票。其持有者享有股东的基本权利和义务。普通股的股利是不确定的，它随着公司的盈利水平变化而变化；而且，在公司盈利分配顺序以及破产清算分配剩余财产时，普通股的利益都是最后考虑的。因此，普通股的风险较大，如果公司经营不善，普通股股东可能血本无归。以中国股市为例，上市公司流通A股，即境内上市的人民币普通股，是指在境内交易所上市交易的以人民币计价的股份，包括社会公众股、公司职工股和高管人员持有股份。公司职工股是指上市公司向社会公开发行股票时向公司职工配售的流通股。高管人员股是指上市公司高管人员持有的按相关规定任期内不能流通的流通股。

（2）优先股（preferred stock）是一种介于普通股和债券之间的证券，它同时具有普通股的长期性和债券收益的稳定性，并且在股份公司收益分红和剩余财产分配上较普通股优先。但优先股的股息一般没有普通股高，另外，优先股的权利范围比普通股小，优先股股东一般没有权利参与公司的经营管理，只有在某些特殊的情况下，如涉及优先股的权利时，优先股股东才有权参加股东大会。

2. 记名股票和不记名股票

按照是否在票面上记载股东的姓名，股票可分为记名股票和不记名股票。

（1）记名股票是将股东姓名同时记载在股票票面和股东名册上的股票。如果单个持有股票，就记载持有人的本名；如果股票归数人共同所有，就记载各共有人的姓名；如果股票由机构或法人持有，则记载该机构或法人的名称，而不能仅记载法人代表人的姓名。《中华人民共和国公司法》规定，股份有限公司向发起人、国家授权投资的机构、法人发行的股票，应当为记名股票，记载该持有人的名称，不得另立户名或者以代表人姓名记名。对社会公众发行的股票，可以为记名股票，也可以为不记名股票。发行记名股票的，应当置备股东名册，记载下列事项：股东的姓名或名称及住所、各股东所持股份份数、各股东所持股票的编号、各股东取得股份的日期。

（2）不记名股票是指股票票面不记载股东姓名的股票，又称无记名股票。它与不记名股票在股票权利的内容上没有区别，仅在股票的记载方式上有所区别。不记名股票在形式上由两部分组成：一部分是股票的主体，记载诸如公司名称、地址、资本总额、股票所代表的股数等事项；另一部分是股息票，用于结算股息和行使增资权利。

3. 有面值股票和无面值股票

按照是否在股票上标明金额,股票可分为有面值股票和无面值股票。

(1)有面值股票是指在股票票面上记载一定金额的股票,这一记载的金额又叫作票面金额、票面价值或股票面值。关于这一金额,很多国家在其公司法中都作了明确的规定,而且一般都限定了最低票面金额。大多数国家的股票为有面值股票。在我国,有面值股票的发行价格原则上与股票票面金额相一致,法律也允许以高于票面金额的价格溢价发行,但不允许以低于票面金额的价格折价发行。

(2)无面值股票是指不标明面额,但要在票面上注明其在公司资本金额中所占的比例,所以,它又称为比例股票和份额股票。无面值股票的价值随公司资产的变化而变化,公司资产增加,每股价值增加;反之,则减小。它与有面值股票的区别仅在表面上,它们都代表着股东在股份公司中所占有的资产,并享有同等的股东权利。

4. 我国的 A 股、B 股、H 股、N 股及 S 股

根据股票认购对象、计价货币及流通区域的不同,可以将我国上市公司的股票分为 A 股、B 股、H 股、N 股及 S 股等。

(1)A 股是指由我国境内上市公司发行,供境内投资者(不含台、港、澳投资者)以人民币认购和交易的普通股股票,也称人民币普通股票。

(2)B 股是以人民币标明面值,以外币认购和买卖,并在境内(上海和深圳)证券交易所上市交易的股票,又称人民币特种股票。其认购对象为:外国的自然人、法人和其他组织,港、澳、台地区的自然人、法人和其他组织,定居在国外的中国居民,境内居民个人,以及中国证监会规定的其他投资人。

(3)H 股是指发行公司在内地注册,用人民币标价,用港币认购和交易,在香港(HongKong)上市的股票。我国内地在香港发行的第一只股票是1993年的青岛啤酒H 股。

(4)N 股是我国的股份有限公司在美国纽约(NewYork)上市的股票。

(5)S 股是我国的股份有限公司在新加坡(Singapore)上市的股票。

我国各种股票发行情况(2012—2018 年)见表 7-1。

表 7-1　　　　　　我国 2013—2022 年各种股票发行情况

年　份	2013	2014	2015	2016	2017	2018	2019	2020	2021	2022
发行量(亿股)	259.92	358.50	595.67	137.47	402.38	781.87				
A 股(只数)	2 468	2 592	2 808	3 034	3 467	3 567	3 760	4 140	4 603	4 905
B 股(只数)	106	104	101	100	100	99	97	93	90	86
H 股(亿股)	259.92	288.4	444.15	—	178.18	652.67	119.82	116.04	52.72	35.04

资料来源:中国证券监督管理委员会,《2023 中国证券期货统计年鉴》,中国统计出版社 2023 年版。

5. 国家股、法人股和个人股

按投资主体的不同性质,可以将我国的股票分为国家股、法人股和个人股。其中,国家股和法人股占总股本的 70% 以上,并且这部分股票不能在市场上流通。这是我国证券市场发展过程中一种特殊的现象。

(1)国家股指有权代表国家投资的部门或机构,以国有资产向股份公司投资形成的股票。在我国,国家股主要是进行股份制改革的企业对原国有资产进行重估后折算成的股份或以国家名义拨款进行新的投资的各种资金所转换的股份。

(2)法人股指企业法人以其依法可支配的资产向股份公司投资形成的股票,或者具有法人资格的事业单位或社会团体以国家允许经营的资产向股份公司投资所形成的股票。

(3)个人股指社会个人或本公司内部职工以个人合法财产投入公司所形成的股票。

二、股票发行市场统计

股票市场(stock market)是股票发行和交易的场所。它是资本市场的重要组成部分,它的发展水平从一定程度上标志着一个经济体金融市场的发展水平。股票市场由股票发行市场(primary market of stocks)和股票流通市场(secondary market of stocks)组成。股票发行市场即股票交易的一级市场,就是发行新股票(包括增资股票)的场所的总称。

(一)股票发行市场的参与者统计

1. 发行股票的股份公司

股份公司发行股票主要有两类:第一,成立募股,这是一个新的股份公司成立的必然之举,用来筹集自己的自有资金;第二,增资扩股,就是已成立的股份公司发行新股票的行为。增资的目的主要有提高自有资金的比重,满足证券交易所的上市标准,维护经营支配权等。

2. 购买股票的投资者(股东)

投资者可以是一般股民,也可以是各类机构投资者。各类投资者购买股票的目的主要有两种:一是纯粹为了获利,赚取股票价格的差价;二是为了取得股份公司的股权,参与公司事务。

3. 为发行股票提供服务的金融中介机构

这类机构主要是各种投资银行或证券公司。在间接发行的市场中,发行公司将发行股票的活动委托给中介机构,而中介机构则可以获得一定的发行收益。

(二)股票的发行方式统计

股票的发行方式就是股票出售给投资者手中的操作方法。

1. 根据股票认购的对象不同可分为公募发行和私募发行

公募发行是不限定发行对象,向社会公众公开发行的方式

私募发行是向特定投资者出售股票的方式。通常在两种情况下采用:第一,股东配股,又称股东分摊,即股份公司向原有股东分配新股认购权,这种价格往往低于市场价格。第二,私人配股,又称第三者分摊,即将新股票分配给原有股东以外的与公司有特殊关系的第三者,如公司的往来客户等。

2. 根据股票的发行是否通过中介机构分为直接发行和间接发行

(1)直接发行,即由发行者直接将股票出售给投资者,发行者自己承担发行风险。

(2)间接发行,就是将股票的发行委托给投资银行或证券公司等的金融中介机构。间接发行主要有三种方法:

①全额包销。这就相当于中介机构将发行公司的股票全部买下,然后再出售给投资者,从中赚取购销差价。

②余额包销。这是指中介机构代理发行公司销售股票,并在发售期满时将仍未售出股票自己买下。中介机构主要赚取手续费收入。

③代销。中介机构以公司的名义发行股票,自己不承担发行风险,根据发行的股票的金额来确定佣金收入。

3. 根据发行区域分为境内发行和境外发行

一国的股票可以在本国发行,也可以在国外发行。我国的上市公司 H 股发行情况如表 7—1 所示。

(三)股票的发行价格统计

股票的发行价格是指公司在发行股票时采用的价格。一般有四种:

(1)平价发行(at par),即以股票的面额为发行价格。

(2)时价发行(market price),是以流通市场上的股票价格(时价)为基准来确定发行价格。一般来说,时价高于股票面额,所以有时这种发行价格也称为溢价发行。

(3)中间价格发行(middle price),即以票面金额和市场价的中间值为发行价格。

(4)折价发行(at a discount),即按照低于票面金额的价格来发行股票。

(四)股票发行统计指标

有关股票发行的统计指标很多,下面我们通过表 7—2 介绍一些主要的股票发行统计指标。

表 7—2   股票发行主要统计指标

指标名称	定义口径描述
A 股股票发行量	公司公开发行 A 股流通股股票(SSB)的数量。
A 股股票发行价	A 股股票发行的价格。
A 股股票筹资总额	发行 A 股股票的总筹资金额。公式为:筹资总额＝总发行量×发行价。统计日期为发行期间结束日。
A 股股票筹资净额	发行 A 股股票的筹资总额扣除发行费用后,上市公司实际得到的资金。发行费用主要包括承销费用、审计费用、验资费用、评估费用、律师费用、发行手续费用、审核费用及其他发行费用。
A 股股票有效申购户数	股票发行中符合申购规定并且确认资金已经到位的投资者账户数。
A 股股票有效申报量	A 股股票发行中有效申购账户上申购股票的总量。
A 股股票认购倍数	公式为:认购倍数＝有效申购量/发行量。
A 股股票申购资金	A 股股票发行中有效申购账户上申购资金的总额。
A 股股票中签率	A 股股票发行量占有效申购量的百分比。公式为:中签率＝发行量/有效申购量×100％。
A 股股票发行市盈率	公式为:发行市盈率＝发行价/上年每股税后摊薄盈利。
可转债债券利率	可转债的债券利率。
可转债发行量	公司发行可转债的数量。
可转债筹资总额	发行可转债的总筹资金额。公式为:筹资总额＝总发行量×发行价。统计日期为发行结束日。
可转债认购倍数	公式为:认购倍数＝有效申购量/发行量。
可转债申购资金	可转债发行中有效申购账户上的申购资金总额。
可转债中签率	可转债发行量占有效申购量的百分比。公式为:中签率＝发行量/有效申购量×100％。
所配 A 股配股比例	配股公司配发 A 股的数量与配股前公司总股本的比。一般表述为 10 股配多少。
所配 A 股配股价	配股公司所配 A 股的价格。
公司配股前股本总额	配股公司配股前的总股本量。
配股国家股增加数	配股公司配股后的国家股增加量。
配股境内法人增加数	配股公司配股后的境内法人增加量。
配股境外法人增加数	配股公司配股后的境外法人增加量。
配股定向募集法人增加数	配股公司配股后的定向募集法人增加量。
配股内部职工股增加数	配股公司配股后的内部职工股增加量。
配股其他未流通股增加数	配股公司配股后的其他未流通股增加量。

续表

指标名称	定义口径描述
配股流通 A 股增加数	配股公司配股后的流通 A 股增加量。
配股其他流通股增加数	配股公司配股后的其他流通股增加量。
公司配股后股本总额	配股公司配股后的总股本数量。
A 股增发价	公司增发 A 股的价格。
增发价格折扣率	股票增发价与增发基准价相比的折扣比率。公式为：增发价格折扣率＝(增发基准价－增发价)/增发基准价。增发基准价指增发公司根据相关规定或原则确定的用以确定增发股票价格的价格。
增发前总股本	公司增发前的股本总额。
增发流通 A 股增加数	公司增发后的流通 A 股增加数量。
增发其他流通股增加数	公司增发后其他流通股的增加数量。
增发后总股本	公司增发后的股本总额。
增发变动股本	公司由增发引起的股本变动数量。
增发 A 股总筹资额	公司增发 A 股股份的总筹资额。统计日期为增发结束日。
增发 A 股净筹资额	公司增发 A 股股份的净筹资额。

(五)股票发行统计举例

举例见表 7－3 至表 7－5。

表 7－3　　　　2009—2022 年中国境内外证券市场筹资情况统计　　　　单位：亿元

年份	境内股票筹资金额 合计	首发筹资	再筹资	境外股票筹资金额 合计	首发筹资	再筹资
2009	4 834.34	1 878.98	2 955.36	1 067.66	999.51	68.15
2010	9 799.8	4 882.59	4 917.21	2 343.11	1 061.09	1 282.02
2011	7 154.43	2 824.43	4 330	732.41	431.23	301.18
2012	4 542.4	1 034.32	3 508.08	997.83	515.54	482.29
2013	4 131.46	—	4 131.46	1 060.24	691.57	368.67
2014	8 498.26	668.89	7 829.38	2 253.4	914.51	1 338.89
2015	16 361.62	1 576.39	14 785.23	7 090.12	2 053.15	5 036.97
2016	20 297.39	1 496.07	18 801.32	1 271.48	1 091.46	180.02
2017	15 534.98	2 301.08	13 233.9	1 829.19	487.26	1 341.93

续表

年份	境内股票筹资金额 合计	境内股票筹资金额 首发筹资	境内股票筹资金额 再筹资	境外股票筹资金额 合计	境外股票筹资金额 首发筹资	境外股票筹资金额 再筹资
2018	11 377.88	1 378.15	9 999.73	1 387.61	938.45	449.16
2019	12 538.82	2 489.81	10 049.01	781.65	449.40	332.24
2020	14 221.61	4 742.3	9 479.31	1 443.04	774.12	668.92
2021	15 400.13	5 351.45	10 048.67	1 035.33	332.55	702.78
2022	14 175.45	5 704.09	8 471.38	1 096.39	689.84	406.55

注：境外股票筹资是指在香港证券交易所上市的 H 股股票筹资，不含可转债。

资料来源：中国证券监督管理委员会，《2023中国证券期货统计年鉴》，中国统计出版社2023年版，表1—3。

表7—4　　　　　　　　2011—2022年我国股票市场发行情况统计表

年份	2011	2012	2013	2014	2015	2016	2017	2018	2019	2020	2021	2022	合计
股票发行量（亿股）	272.36	299.81	259.92	358.50	595.67	137.47	402.38	781.87					4 429.02
A股（只数）	2 320	2 472	2 468	2 592	2 808	3 034	3 467	3 567	3 760	4 140	4 603	4 905	40 136
B股（只数）	108	107	106	104	101	100	100	99	97	93	90	86	1 191
H股（亿股）	108.37	220.95	259.92	288.4	444.15	—	178.18	652.67	119.82	116.04	52.72	35.04	2 476.26
股票筹资额（亿元）	7 154.43	4 542.40	4 131.46	8 498.26	16 361.62	20 297.39	15 534.98	11 377.88	12 538.83	14 221.61	15 400.13	14 175.45	144 234.44
H股（亿元）	732.41	997.83	1 060.24	2 253.40	7 090.12	1 271.48	1 829.19	1 387.61	781.65	1 443.04	1 035.33	1 096.39	20 978.69

注：①表中美元折算汇率均使用当年最后一个交易日的中间价，港币均按1美元=7.8港币转化为美元后再按美元汇率折算。②H 股发行量、筹资额为 IPO 与增发之和。

资料来源：中国证券监督管理委员会，《2023中国证券期货统计年鉴》，中国统计出版社2023年版，表1—3。

表7—5　　　　　　　　2005—2019年我国沪市股本结构情况统计表　　　　　　　单位：百万股

年份	股份总数	尚未流通股份 合计	尚未流通股份 国家股	尚未流通股份 国有法人股	尚未流通股份 境内法人股	尚未流通股份 境外法人股	职工股	其他未流通股
2005	470 169.53	332 869.13	151 312.69	121 430.97	54 519.48	5 201.09	386.00	18.90
2006	502 188.14	283 942.11	126 869.29	109 149.60	42 541.64	5 239.44	0	0
2007	1 029 506.26	28 194.17	9 301.80	11 825.86	6 151.42	908.75	0	0
2008	1 418 659.09	11 975.75	1 136.68	7 125.01	2 843.89	870.17	0	0
2009	1 541 427.92	9107.56	427.07	6 058.17	1 883.59	738.73	0	0
2010	1 671 281.31	8 448.27	104.18	5 755.04	1 674.02	915.03	0	0

续表

年份								
2011	2 199 239.87	8 321.21	104.18	5 716.55	1 585.45	915.03	0	0
2012	2 348 545.89	8 107.52	89.50	5 716.55	1 386.44	915.03	0	0
2013	2 462 292.26	7 262.18	89.50	5 716.55	1 305.06	151.07	0	0
2014	2 577 719.91	6 503.22	89.50	0	1 262.65	151.07	0	0
2015	2 733 981.49	291.99	36.27	0	104.65	151.07	0	0
2016	—	—	—	—	—	—	—	—
2017	—	—	—	—	—	—	—	—
2018	—	—	—	—	—	—	—	—
2019	—	—	—	—	—	—	—	—

年份	股份总数	已流通股份			限售部分 A 股	限售部分 B 股
		合计	A 股	B 股		
2005	470 169.53	137 300.40	126 656.21	10 016.82	627.37	0
2006	502 188.14	218 246.03	146 054.65	10 350.65	61 840.73	0
2007	1 029 506.26	1 001 312.09	215 045.86	11 017.19	775 249.04	0
2008	1 418 659.09	1 406 683.34	328 437.50	11 537.72	1 066 708.12	0
2009	1 541 427.92	1 532 320.36	480 964.06	12119.03	1 039 237.27	0
2010	1 671 281.31	1 662 833.04	1 145 507.98	12 353.94	504 971.12	0
2011	2 199 239.87	2 190 918.66	1 601 332.65	12 983.59	576 602.42	0
2012	2 348 545.89	2 340 438.37	1 786 721.27	13 427.87	540 289.23	0
2013	2 462 292.26	1 952 436.35	1 938 079.98	14 356.37	502 593.73	0
2014	2 577 719.91	52 577 216.69	42 361 260.40	14 666.43	201 289.797	0
2015	2 733 981.49	2 733 689.50	2 490 153.78	15 103.40	228 432.25	0
2016	—	3 024 368.08	2 727 894.54	14 635.64	281 837.90	0
2017	—	3 535 400.47	3 107 623.59	15 627.91	412 148.97	0
2018	—	3 780 877.40	3 335 075.14	15 952.30	429 849.96	0
2019	—	4 022 126.39	3 500 788.33	16 271.60	505 066.46	0

资料来源：根据中国证券等级结算公司相关数据整理所得，http://www.chinaclear.cn, 2020-08-21。

三、股票的流通市场统计

股票的流通市场是已发行的股票进行转让、买卖和流通的市场。它是建立在发行股票的初级市场的基础上,因此又称二级市场。

(一)股票流通市场的基本组织形式

根据股票是否在证券交易所内挂牌交易,股票流通市场基本组织形式包括场内交易市场和场外交易市场。

1. 场内交易(transaction on exchange)市场

场内交易即已发行的股票在证券交易所内挂牌,遵守证券交易所的规则进行交易的活动。场内交易由买卖双方实行公开的竞价交易。目前,世界各国的大部分股票交易都是在证券交易所内进行的,场内交易是股票流通的主要组织形式。

2. 场外交易(curb exchange, outside dealing)市场

场外交易即在证券交易所外进行股票交易的活动。交易价格由买卖双方协商确定。比如柜台市场、第三市场、第四市场等。股票之所以在场外进行交易,其原因有:达不到证券交易所上市的要求,规避证券交易所的交易规则,以及规避监管部门的监管等。

(二)股票流通市场的交易方式

股票的交易方式就是股票进行买卖的方法和形式,现代股票市场上的买卖交易方式根据不同的标准有以下几种分类:

1. 根据买卖双方决定价格的方式分为竞价交易和议价交易

(1)竞价交易,一般在场内交易中采用,就是众多的买方和众多的卖方在证券交易所内自由地选择自己满意的价格,最后在买方出价最高者和卖方出价最低者之间成交。

(2)议价交易,通常在场外交易中采用的交易方式,就是买卖双方面谈交易价格,经过讨价还价来确定最终交易价格。

2. 根据交割期限不同分为现货交易和期货交易

(1)现货交易,又称为即期交易,是指在证券交易中,出卖者将股票马上或经过很短的时间(1～3天)交付给购买者,而购买者则要现款支付给卖方。

(2)期货交易,是指股票成交后,按照合同规定的价格、数量在一段时间后进行交割的方式。

还有一些其他的交易方式,如只需缴纳少量保证金就可以进行大宗股票交易的信用交易(垫头交易),买卖股票交易权利的期权交易等。

(三)股票交易统计指标

股票交易统计指标很多,我们分为一般股票交易指标、股票指数、市盈率、换手率等进行分类介绍。表7-6、表7-8、表7-10、表7-11分别列示了一般股票价格交易指标、股票价格指数、市盈率、换手率的统计指标的定义及计算;表7-7、表7-9、表

7—12 分别是中国证监会统计报表中关于一般股票交易指标、股票价格指数、市盈率和换手率的统计指标的举例。

1. 股票交易的一般指标

表 7—6　　　　　　　　　　　　股票交易一般指标

指　　标	指标定义
会员总数	某特定时点上交易所正式会员的数量。
异地会员数	总部不在交易所所在行政地区的交易所正式会员数量。
境内上市公司数（A、B 股）	股票在境内交易所上市的股份公司数目，包括暂停上市的公司，不包括已经退市的公司。
ST 公司数目	股票在交易所被特别处理的上市公司数目。
上市证券数目	在交易所交易的证券（包括股票、封闭基金、国债、企业债等）的数目。
上市股票数	在交易所交易的股票的数目。
A 股上市股票数	在交易所挂牌交易的所有 A 股股票的数目总和。包括暂停上市的公司股票，不包括已经退市的公司股票。
股票市价总值	某时点上所有上市公司的股票总市值之和。公式为：股票市价总值 ＝Σ发行股本×收市价，不包括股权投资类上市公司。同一上市公司中发行的不同股份（如 A 股、B 股），按不同的价格计算。对于同时发行 A 股、H 股的公司，不包括境外上市的股份（H 股）市值。各类上市公司总市值的计算公式为：仅发 A 股公司总市值＝总股本×A 股收市价；仅发 B 股的公司总市值＝总股本×B 股收市价×汇率；同时发 A 股、B 股的公司总市值＝（A 股流通股＋非流通股）×A 股股价＋B 股流通股本×B 股价格×汇率；同时发 A 股、H 股的公司总市值＝（非流通股＋A 股流通股）×A 股股价。
股票流通市值	某时点上所有上市公司的流通股市值之和。公式为：股票流通市值 ＝Σ流通股本×收市价，不包括股权投资类上市公司。同一上市公司中发行的不同股份（如 A 股、B 股），按不同的价格计算。目前，我国股票市场的流通市值是 A 股、B 股流通市值之和，不包括境外上市股份（H 股）的市值。其中：同时发 A 股、B 股的公司流通市值＝A 股流通股×A 股股价＋B 股流通股×B 股价格×汇率；同时发 A 股、H 股的公司流通市值＝A 股流通股×A 股股价。
证券交易印花税	国家按印花税率对股票交易金额收取的税金。证券交易印花税＝成交金额×印花税率×2。
股票成交金额	由交易系统完成的每笔交易的成交价格与成交股数的乘积之和。公式为：成交金额＝Σ成交价格×成交股数，按单边计算。
股票成交量	由交易系统完成的每笔交易的成交股（张/份）数之和。公式为：成交量＝Σ成交手数×每手单位，按单边计算。单位：股/张/份。股票交易单位每手 100 股；权证交易单位每手 100 张；基金交易单位每手 100 份；债券交易单位每手 1 000 元面额。
股票成交笔数	由交易系统完成配对交易的记录数。按单边计算。
STA 股数目	A 股股票在交易所被特别处理的上市公司数目。

续表

指　　标	指标定义
A股市价总值	某时点上在沪深交易所挂牌交易的A股股票总市值之和。公式为：A股市价总值＝ΣA股总股本×A股收市价，不包括股权投资类上市公司。
A股流通市值	某时点上在沪深交易所挂牌交易的A股股票的流通股市值之和。公式为：A股流通市值＝ΣA股流通股本×A股收市价，不包括股权投资类上市公司。
A股交易日数	某时期内可在交易所进行A股股票交易的天数。
A股成交金额	由交易系统完成的每笔A股交易的成交价格与成交股数的乘积之和。公式为：A股成交金额＝ΣA股成交价格×A股成交股数，按单边计算。
A股成交股数	由交易系统完成的每笔A股交易的成交股数之和。公式为：A股成交股数＝ΣA股成交手数×每手单位，按单边计算。单位：每手100股。
A股成交笔数	由交易系统完成配对的A股交易的记录数。按单边计算。
A股交易印花税	国家按印花税率对A股股票交易金额收取的税金。公式为：A股交易印花税＝A股成交金额×印花税率×2。
A股平均价格	特定时点所有A股股票收盘价按流通股本加权的平均价格。公式为：A股平均价格＝A股流通市值/A股流通股本。
股票价格涨幅	公式为：股票价格涨幅＝（期末股票价格收市/上期末股票复权价格收市－1）×100％。
股票价格跌幅	公式为：股票价格跌幅＝（期末股票价格收市/上期末股票复权价格收市－1）×100％。
跌幅排行第N股票跌幅	报告期内跌幅排行第N股票在本期的价格跌幅。
股票价格振幅	公式为：股票价格振幅＝（期内股票价格最高/期内股票复权价格最低－1）×100％。
地区A股交易金额	按投资者指定或托管营业部所在地统计的A股成交金额。按双边计算。
地区A股交易量	按投资者指定或托管营业部所在地统计的A股成交股数。按双边计算。
地区投资基金交易金额（亿元）	按投资者指定或托管营业部所在地统计的封闭式证券投资基金成交金额。按双边计算。
营业部股票交易金额	特定时期内在某一营业部发生的股票交易金额。按双边计算。
营业部投资基金交易金额	特定时期内在某一营业部发生的封闭式基金交易金额。按双边计算。
券商股票交易金额	特定时期内在某券商交易席位上发生的股票交易金额。按双边计算。
新上市股票数	特定期间新上市股票的数量。

续表

指　标	指标定义
上升股票数	特定期间价格（复权后）上涨股票的数量。
下跌股票数	特定期间价格（复权后）下跌股票的数量。
平盘股票数	特定期间价格（复权后）持平股票的数量。
上市首日股票总股本	第一天挂牌交易的股票的总股本。
上市首日流通股本	第一天挂牌交易的股票的流通股本。
上市首日发行价格	第一天挂牌交易的股票的发行价。
期内配股上市首日平均收益率	特定时期内所有配股股票上市首日的收益率以成交量为权重的平均。公式为：配股上市首日收益率＝（配股上市首日收盘价/配股价－1）×100％。
期内新股上市首日平均收益率	特定时期内所有新股上市首日的收益率以成交量为权重的平均。公式为：新股上市首日收益率＝（新股上市首日收盘价/发行价－1）×100％。
期内增发上市首日平均收益率	特定时期内所有增发上市首日的收益率以成交量为权重的平均。公式为：增发股上市首日收益率＝（增发股上市首日收盘价/发行价－1）×100％。

表 7－7　　　　　　　　　2009—2022 年我国股票交易情况统计表

年份	股票成交金额（亿元）	日均成交金额（亿元）	股票成交数量（亿股）	日均成交数量（亿股）	交易印花税（亿元）
2009	535 986.77	2 196.67	51 107	209.45	510.38
2010	545 633.54	2 254.69	42 151.98	174.18	545.65
2011	421 644.58	1 728.05	33 956.57	139.17	421.66
2012	314 583.27	1 294.58	32 860.54	135.23	314.59
2013	468 728.61	1 966.68	48 372.68	202.59	468.27
2014	742 385.26	3 030.14	73 383.09	299.52	742.38
2015	2 550 541.31	10 368.06	171 039.47	695.28	2 550.55
2016	1 277 680.32	5 220.67	95 525.43	388.08	1 274.4
2017	1 124 625.11	4 609.12	87 780.84	359.76	1 124.63
2018	901 739.4	3 710.86	82 037.25	337.6	901.75
2019	1 274 158.80	5 221.96	126 624.28	518.95	1 274.15
2020	2 068 252.52	8 511.33	167 451.86	689.10	2 067.86
2021	2 579 734.12	10 616.19	187 426.00	771.30	2 579.72
2022	2 245 094.72	9 277.26	185 725.38	767.46	2 245.14

资料来源：中国证券监督管理委员会，《2023 中国证券期货统计年鉴》，中国统计出版社 2023 年版。

2. 股票价格指数统计

股票价格指数就是用以反映整个股票市场上各种股票市场价格的总体水平及其变动情况的指标,简称股票指数。它是由证券交易所或金融服务机构编制的表明股票行市变动的一种供参考的指示数字。由于股票价格起伏无常,投资者必然面临市场价格风险。

对于具体某一种股票的价格变化,投资者容易了解,而对于多种股票的价格变化,要逐一了解,既不容易,也不胜其烦。为了适应这种情况和需要,一些金融服务机构就利用自己的业务知识和熟悉市场的优势,编制出股票价格指数,公开发布,作为市场价格变动的指标。投资者据此就可以检验自己投资的效果,并用以预测股票市场的动向。同时,新闻界、公司管理者乃至政界领导人等也以此为参考指标,来观察、预测社会政治、经济发展形势。

这种股票指数,也就是表明股票行市变动情况的价格平均数。编制股票指数,通常以某年某月为基础,以这个基期的股票价格作为 100,用以后各时期的股票价格和基期价格比较,计算出升降的百分比,就是该时期的股票指数。投资者根据指数的升降,可以判断出股票价格的变动趋势;并且为了能实时地向投资者反映股市的动向,所有的股市几乎都是在股价变化的同时即时公布股票价格指数。

计算股票指数,要考虑三个因素:一是抽样,即在众多股票中抽取少数具有代表性的成分股;二是加权,按单价或总值加权平均,或不加权平均;三是计算程序,计算算术平均数、几何平均数,或兼顾价格与总值。

由于上市股票种类繁多,计算全部上市股票的价格平均数或指数的工作是艰巨而复杂的,因而人们常常从上市股票中选择若干种富有代表性的样本股票,并计算这些样本股票的价格平均数或指数,用以表示整个市场的股票价格总趋势及涨跌幅度。

(1)股票指数计算方法。计算股票指数时,往往把股票指数和股价平均数分开计算。按定义,股票指数即股价平均数。但从两者对股市的实际作用而言,股价平均数是反映多种股票价格变动的一般水平,通常以算术平均数表示。人们通过对不同的时期股价平均数的比较,可以认识多种股票价格变动水平。而股票指数是反映不同时期的股价变动情况的相对指标,也就是将第一时期的股价平均数作为另一时期股价平均数的基准的百分数。通过股票指数,人们可以了解计算期的股价比基期的股价上升或下降的百分比率。由于股票指数是一个相对指标,因而就一个较长的时期来说,股票指数比股价平均数能更为精确地衡量股价的变动。

股票价格指数是以计算期样本股市价总值除以基期市价总值再乘上基期指数而得到的。

(2)股价平均数的计算。股票价格平均数反映一定时点上市股票价格的绝对水平,它可分为简单算术股价平均数、修正的股价平均数、加权股价平均数三类。人们通过对不同时点股价平均数的比较,可以看出股票价格的变动情况及趋势。

①简单算术股价平均数。简单算术股价平均数是将样本股票每日收盘价之和除以样本数得出的,即:

$$简单算术股价平均数 = \frac{\sum_{i=1}^{n} P_i}{n} \qquad (7-1)$$

世界上第一个股票价格平均数——道·琼斯股价平均数在1928年10月1日前就是使用简单算术平均法计算的。例如,现假设从某一股市采样的股票为A、B、C、D四种,在某一交易日的收盘价分别为10元、16元、24元和30元,要求计算该市场股价平均数。将上述数字置入公式中,即得:

股价平均数 = $(P_1+P_2+P_3+P_4)/n$
　　　　　= $(10+16+24+30)/4$
　　　　　= $20(元)$

简单算术股价平均数虽然计算较简便,但它有两个缺点:一是它未考虑各种样本股票的权数,从而不能区分重要性不同的样本股票对股价平均数的不同影响。二是当样本股票发生股票分割派发红股、增资等情况时,股价平均数会产生断层而失去连续性,使时间序列前后的比较发生困难。例如,上述D股票发生以1股分割为3股时,股价势必从30元下调为10元,这时平均数就不是按上面计算得出的20元,而是(10+16+24+10)/4=15(元)。这就是说,由于D股分割技术上的变化,导致股价平均数从20元下跌为15元(这还未考虑其他影响股价变动的因素),显然不符合平均数作为反映股价变动指标的要求。

②修正的股价平均数。修正的股价平均数有两种:

一是除数修正法,又称道式修正法。这是美国道·琼斯在1928年创造的一种计算股价平均数的方法。该法的核心是求出一个常数除数,修正因股票分割、增资、发放红股等因素造成股价平均数的变化,以保持股份平均数的连续性和可比性。

具体做法是以新股价总额除以旧股价平均数,求出新的除数,再以计算期的股价总额除以新除数,这就得出修正的股价平均数。即:

$$新除数 = \frac{变动后的新股价总额}{旧的股价平均数} \qquad (7-2)$$

$$修正的股价平均数 = \frac{报告期股价总额}{新除数} \qquad (7-3)$$

在前面的例子中,除数是4,经调整后的新的除数应是(10+16+24+10)/20=3,

将新的除数代入式(7—3)中,则修正的股价平均数=(10+16+24+10)/3=20(元)。得出的平均数与未分割时计算的一样,股价水平也不会因股票分割而变动。

二是股价修正法。股价修正法就是将股票分割等变动后的股价还原为变动前的股价,使股价平均数不会因此变动。美国《纽约时报》编制的 500 种股价平均数就采用股价修正法来计算股价平均数。

③加权股价平均数。加权股价平均数是根据各种样本股票的相对重要性进行加权平均计算的股价平均数,其权数(Q)可以是成交股数、股票总市值、股票发行量等。

(3)股票指数的计算。股票指数是反映不同时点上股价变动情况的相对指标。通常是将报告期的股票价格与基期价格相比,并将两者的比值乘以基期的指数值,即为该报告期的股票指数。股票指数的计算方法有三种:一是相对法,二是综合法,三是加权法。

①相对法。相对法又称平均法,就是先计算各样本股票指数。再加总求总的算术平均数。其计算公式为:

$$股票指数 = \frac{n \text{ 个样本股票指数之和}}{n} \tag{7—4}$$

英国的《经济学人》普通股票指数就使用这种计算方法。

②综合法。综合法是先将样本股票的基期和报告期价格分别加总,然后相比求出股票指数。

$$股票指数 = \frac{报告期股价之和}{基期股价之和} \tag{7—5}$$

从平均法和综合法计算股票指数来看,两者都未考虑到由各种采样股票的发行量和交易量的不相同,而对整个股市股价的影响不一样等因素,因此,计算出来的指数亦不够准确。为使股票指数计算精确,则需要加入权数,这个权数可以是交易量,亦可以是发行量。

③加权法。加权股票指数是根据各期样本股票的相对重要性予以加权,其权数可以是成交股数、股票发行量等。按时间划分,权数可以是基期权数,也可以是报告期权数。以基期成交股数(或发行量)为权数的指数称为拉斯拜尔指数;以报告期成交股数(或发行量)为权数的指数称为派许指数。

拉斯拜尔指数偏重基期成交股数(或发行量),而派许指数则偏重报告期的成交股数(或发行量)。目前世界上大多数股票指数都是派许指数。

(4)中国的股价指数。

①上证指数。上海证券交易所编制的股价指数有上证综合指数、上证 A 股指数、上证 B 股指数、上证 30 指数以及上证商业股指数、工业类股指数、公用事业类指数、房

地产类股指数、综合类股指数。

上证综合类股指数是反映上海交易所的股票为样本,以股票发行量为权数编制的。基期指数为 100 点,其计算公式为:

$$某日股价指数 = \frac{该日市价总值}{某日市价总值} \times 100 \qquad (7-6)$$

式中的分子、分母分别是以计算期(报告期)和基期全部股票的收盘价(如当日未成交,则用上日收盘价)乘以发行股数求得的计算期和基期的市价总值,然后进行对比。但是,如果遇到上市股票扩股、分割或减少时,则按下式进行修正:

$$期权日股价指数 = \frac{该日市价总值}{新基准市价总值} \times 100 \qquad (7-7)$$

上证 A 股指数是反映 A 股股市行情的股票价格指数,以 1990 年 12 月 19 日为基期。上证 B 股指数是反映上海 B 股股市行情的股票价格指数,以 1992 年 2 月 21 日为基期,市价总值一律按美元计算。

上证 30 指数是上证指数系列之一,是在所有已上市 A 股股票中抽取最具市场代表性的 30 种作为样本股编制发布的股价指数。上证 30 指数以 1996 年 1—3 月平均流通市值为基期,基期指数定为 1 000 点,自 1996 年 7 月 1 日起正式发布。上证 30 指数的样本股将根据市场情况,由专家委员会按照样本稳定与动态跟踪相结合的原则适时调整。

②深证指数。深圳证券交易所编制的股价指数有深圳股价综合指数、深圳成分指数。深圳综合股价指数是全面反映深圳股市行情的股价指数,以 1991 年 4 月 3 日为基期,以深圳证券交易所上市的股票为成分股,采用加权平均法编制。遇有成分股变更,则采用连锁法将计算得到的指数还原到基期,以保证指数的连续性。深证成分指数于 1995 年 1 月 23 日推出,以 1994 年 7 月 20 日为基期,基期指数定位 1 000 点。该指数按股票种类分为 A 股指数和 B 股指数,A 股指数又按行业分为工业类指数、商业分类指数、金融业分类指数、地产分类指数、公用事业分类指数和综合企业分类指数。

表 7—8 列出了股票指数统计指标。表 7—9 是 2022 年上海证券交易所指数统计表。

表 7—8　　　　　　　　　　股票指数统计指标

指标名称	指标定义
综合指数开盘	日、月或年综合指数开盘,又称开盘综合指数。日综合指数开盘是指当日内交易所计算并发布的第一笔综合指数。月综合指数开盘是指该月度第一个交易日交易所计算并发布的第一笔综合指数。年综合指数开盘是指该年度第一个交易日交易所计算并发布的第一笔综合指数。

续表

指标名称	指标定义
综合指数收市	日、月或年综合指数收市,又称收市或收盘综合指数。日综合指数收市是指当日内交易所计算并发布的最后一笔综合指数。月综合指数收市是指该月度最后一个交易日交易所计算并发布的日综合指数收市。年综合指数收市是指该年度最后一个交易日交易所计算并发布的日综合指数收市。
综合指数最高	日、月或年综合指数最高,又称最高综合指数。日综合指数最高是指当日内交易所计算并发布的综合指数的最大值。月综合指数最高是指该月度内所有交易日中交易所计算并发布的综合指数的最大值。年综合指数最高是指该年度内所有交易日中交易所计算并发布的综合指数的最大值。
综合指数最低	日、月或年综合指数最低,又称最低综合指数。日综合指数最低是指当日内交易所计算并发布的综合指数的最小值。月综合指数最低是指该月度内所有交易日中交易所计算并发布的综合指数的最小值。年综合指数最低是指该年度内所有交易日中交易所计算并发布的综合指数的最小值。

表7—9　　　　　　　　　　2022年上海证券交易所指数统计表

月份	上证综合指数 指数(收盘)	振幅	上证180指数 指数(收盘)	振幅	上证A股指数 指数(收盘)	振幅	上证B股指数 指数(收盘)	振幅
1	3 361.44	295.33	9 444.85	721.82	3 522.48	309.58	280.73	9.99
2	3 462.31	109.69	9 609.17	374.5	3 628.66	115.16	280.94	8.6
3	3 252.2	476.98	8 970.03	1 341.96	3 408.61	499.93	283.51	21.11
4	3 047.06	426.61	8 595.66	980.57	3 193.33	447.41	291.32	23.61
5	3 186.43	231.2	8 724.45	555.8	3 338.94	241.81	308.66	25.86
6	3 398.62	256.97	9 412.63	858.23	3 561.90	269.99	309.50	15.3
7	3 253.24	198.61	8 710.45	782.98	3 408.96	208.73	306.24	11.7
8	3 202.14	140.81	8 599.44	353.89	3 355.60	147.8	304.84	12.72
9	3 024.39	256.24	8 106.14	649.66	3 169.60	268.24	283.63	40.51
10	2 893.48	214.83	7 431.05	754.95	3 032.52	224.89	278.06	18.33
11	3 151.34	261.81	8 263.29	855.18	3 303.10	274.65	289.82	17.51
12	3 089.26	194.54	8 228.69	438.98	3 238.19	203.85	281.97	19.54

资料来源:上海证券交易所,《2023年上海证券交易所统计年鉴》,第8—14页。

3. 股票市盈率统计

表7—10列出了股票市盈率统计指标。

表 7—10　　　　　　　　　　　　　股票市盈率统计指标

指　标	指标定义
个股市盈率	上市公司股票市价与最近一年每股收益的比率。公式为：个股市盈率＝股票价格/最近一年每股收益。如果除权，每股收益应作相应调整。
市场平均市盈率	按股本加权的平均市盈率。公式为：市场平均市盈率＝∑(收市价×总股本)/∑(最近一年每股盈利×总股本)＝∑股票市值/∑最近一年股票收益。亏损公司不计入市场平均市盈率的计算。
A股市盈率	A股个股市盈率为上市公司A股股票市价与最近一期A股年每股收益的比率。公式为：A股个股市盈率＝A股股票价格/A股最近一年每股收益。如果发生A股除权，A股最近一年的每股收益应作相应调整。A股市场平均市盈率一般指按A股股本加权的平均市盈率。公式为：A股市场平均市盈率＝∑(A股收市价×A股总股本)/∑(A股最近一年每股盈利×A股总股本)＝∑A股股票市值/∑A股最近一年收益。计算市场平均市盈率时不计亏损公司。
期内平均配股市盈率	特定时期内所有配股股票配股市盈率以配股量为权重的平均。
期内平均新股发行市盈率	特定时期内所有新发股票的发行市盈率以发行量为权重的平均。
期内平均增发市盈率	特定时期内所有增发股票增发市盈率以增发量为权重的平均。

4. 股票换手率统计

表 7—11 列出了股票换手率统计指标。

表 7—11　　　　　　　　　　　　　股票换手率统计指标

指　标	指标定义
股票换手率	股票在某交易日内的成交股数(金额)占流通股本(市值)的百分比。该指标具体分为日股本换手率和日市值换手率。公式分别为：日股本换手率＝日成交股数/流通股本×100%；日市值换手率＝日成交金额/流通市值×100%。月换手率与年换手率相应将时间周期分别改为月和年。公式为：月股本(市值)换手率＝∑日股本(市值)换手率；年换手率＝∑月换手率。如无特别说明，换手率均指股本换手率。
A股换手率	A股股票在某交易日内的成交股数(金额)占A股流通股本(市值)的百分比。该指标具体分为A股日股本换手率和A股日市值换手率。公式分别为：A股日股本换手率＝A股日成交股数/A股流通股本×100%；A股日市值换手率＝A股日成交金额/A股流通市值×100%。A股月换手率与A股年换手率相应将时间周期分别改为月和年。公式为：月股本(市值)换手率＝∑日股本(市值)换手率；年换手率＝∑月换手率。如无特别说明，换手率均指股本换手率。
期内配股上市首日平均换手率	特定时期内所有配股股票上市首日的换手率以成交量为权重的平均。
期内新股上市首日平均换手率	特定时期内所有新股上市首日的换手率以成交量为权重的平均。
期内增发上市首日平均换手率	特定时期内所有增发股票上市首日的换手率以成交量为权重的平均。

例如,2003—2022年我国股票市盈率、换手率统计如表7—12所示。

表7—12　　　　　　2003—2022年沪深交易所股票平均市盈率、换手率

年份	市盈率P/E		换手率(%)	
	上海证券交易所	深圳证券交易所	上海证券交易所	深圳证券交易所
2003	36.54	36.19	252.07	213.29
2004	24.23	24.64	304.69	301.36
2005	16.33	16.36	283.49	315.18
2006	33.30	32.72	544.39	552.01
2007	59.24	69.75	817.72	818.67
2008	17.99	16.73	384.11	447.24
2009	27.04	46.01	523.12	747.76
2010	16.71	44.69	259.25	587.29
2011	12.08	23.11	163.75	353.48
2012	12.59	22.02	128.19	325.84
2013	10.99	34.05	169.22	423.79
2014	15.99	41.91	242.01	471.99
2015	17.63	52.75	489.63	825.65
2016	15.94	41.21	158.43	541.76
2017	16.30	36.21	180.47	412.88
2018	12.49	20.00	150.91	356.92
2019	14.55	26.15	157.59	456.16
2020	16.76	34.51	258.50	555.88
2021	18.02	33.03	280.71	506.08
2022	12.78	23.44	239.84	470.35

资料来源:中国证券监督管理委员会,《2023中国证券期货统计年鉴》,中国统计出版社2023年版,表2—20。

第三节　债券市场统计

一、债券概述

(一)债券的定义

债券(bonds)是发行人为筹措资金,依照法定程序向投资者发行的,承诺在一定期限内还本付息的有价证券。它是当事人之间的一种债权债务凭证。

(二)债券的种类统计

债券从不同的角度可以有不同的分类,并且随着金融工具的发展,它会有更多的

新的品种出现。现在债券主要有以下几种分类：

1. 按发行主体分类

债券根据发行主体的不同，可以分为政府债券（公债券）、金融债券和公司债券。

（1）政府债券（T-bonds）包括中央政府债券和地方政府债券，它是指中央和地方政府向公众发行的债券。目的是为基础性投资和解决财政赤字筹措资金。由于政府债券由政府作担保，所以风险最小。在我国，只有中央政府债券。中央政府债券又称为国债。

（2）金融债券（financial bonds）是银行和非银行金融机构为筹措长期资金向投资者发行的一种债券。它的利率高于普通存款利率，并且发行机构资金雄厚，所以风险比较小。期限一般为1～5年。

（3）公司债券（企业债券）（enterprise bonds）是指公司依照法定程序发行的有价证券。一般为股份有限公司可以发行债券，其目的主要是为公司发展筹措资金。由于公司情况千差万别，所以公司债券的风险性较前两种债券都大。

我国的债券市场以国债占主导地位，包括国库券、国家建设债券、国家重点建设债券、特殊债券、保值公债及定向债券，而企业债券在我国发展缓慢。

表7—13对2012—2022年我国股票、债券发行额作了比较。

表7—13　　　　2012—2022年我国股票、债券发行额比较　　　　单位：亿元

年份	国债发行额	境内股票融资额	企业债券融资额
2012	914.18	4 542.40	6 187.96
2013	803.75	4 283.69	11 025.08
2014	1 260.27	8 498.45	18 263.17
2015	4 134.48	16 456.72	20 579.93
2016	5 794.89	20 435.39	42 389.55
2017	1 747.88	16 613.57	47 844.83
2018	1 225.39	11 377.88	
2019	1 606.99	12 538.82	
2020	4 776.45	14 221.61	
2021	6 771.78	15 400.13	
2022	8 892.63	14 175.45	

资料来源：中国证券监督管理委员会，《2023中国证券期货统计年鉴》，中国统计出版社2023年版，表1—3、表3—4。

2. 按计息方式分类

向债权人支付利息是债券发行者的义务，但计算利息的方式各有不同，因此，债券根据计息方式又可分为单利债券、复利债券和贴现债券。

（1）单利债券是指每期计息基础都是债券本金，所生利息不会加入下期本金计算

利息。

（2）复利债券与单利债券相对应，每一期的利息计入下期本金计算利息，俗称"利滚利"。

（3）贴现债券是指债券发行时，按低于债券的面值发行，还本时按票面价值还本，发行价和本金的差额构成债券的利息。这种债券相当于在债券发行时就将利息扣除。

3. 按利率是否固定分类

根据利率是否固定，债券分为固定利率债券和浮动利率债券。

（1）固定利率债券是指在债券偿还期内，利率不随市场利率的变化而变化的债券。在市场利率降低的情况下，债券持有人可以获得额外收益；同时，在市场利率上升时，债券持有人也面临着损失的可能。

（2）浮动利率债券的利率与市场利率挂钩，随着市场利率的变化而变化。它避免了由于市场利率的变化而使债券持有人面临风险的可能，是一种稳定性更高的债券。

4. 按债券的形态分类

根据债券的票面形态，可以将债券分为实物债券、凭证债券和记账式债券。

（1）实物债券是一种具有标准格式实物券面的债券。它的发行和流通是通过债券的实体来实现的。它是一种不记名的有形债券。

（2）凭证式债券是一种向债权人出具的认购债券的收款凭证，而不是一种标准格式的债券。这种凭证债券可记名、可挂失，但不可上市流通，从购买之日开始计息，并且持有人可以到原购买点提前兑取现金。

（3）记账式债券是一种没有实物形态的债券形式。它是通过投资者在证券交易所的账户来进行买卖。目前，我国的投资者可以通过在沪、深两市建立账户来进行记账式债券的交易。

5. 按债券的偿还期限分类

根据偿还期限不同，债券可以分为短期债券、中期债券和长期债券。债券期限在不同的国家有不同的划分标准。在我国，还本期限在1年和1年以内的债券为短期债券；还本期限为1年以上5年以下的债券为中期债券；还本期限超过5年的债券为长期债券。

二、债券市场

债券的发行和流通市场与股票市场类似，这里我们从发行方式和债券评级两个方面对债券发行市场进行介绍，并对债券流通市场做简要介绍。

（一）债券的发行方式

1. 公募发行和私募发行

发行量大、信用水平高的发行主体，如中央政府以及信用很高的大公司，一般采用公募发行;知名度低、信用水平低的公司一般采用私募发行。

2. 直接发行和间接发行

直接发行即债券发行者直接将债券卖给投资者;间接发行就是债券发行者通过中介机构向投资者发行。我国法律规定:"债券应由承销人代理发行,发行人不得自行从事债券营销活动。"因此,我国企业债券只能采取间接发行的方式。

(二) 债券的评级

由于债券的投资存在违约风险,这与投资者的利益密切相关,也直接关系着发行者的筹资能力和成本,所以,有必要建立一个债券信用评级体系,由专门的信用评级机构对债券的质量、信用和风险进行公正客观的等级评定。目前投资者公认的最具权威性的信用评级体系有穆迪(Moody's)信用等级和标准普尔(Standard & Pool's)信用等级。表7—14 和表7—15 分别为穆迪公司的评级体系和我国的证券信用评级体系。

表7—14　　　　　　　　　　　　穆迪公司的评级体系

等级符号	符号含义	说明
Aaa	最高级	安全性最大,本息有最大保障,基本无风险
Aa	高级	安全性高,有充分支付本息的能力
A	中高级	安全性良好,还本付息基本没问题,但保障性不如上述两种
Baa	中级	安全性中等,目前还本付息没问题,但不排除将来的风险
Ba	中低级	有一定的投机性,将来情况很难预料
B	半投机性	缺乏理想投资品质,履约程序不可靠
Caa	投机性	安全性低,财务状况不佳,很有违约的可能
Ca	充分投机性	安全性差,经常发生违约情况
C	极端投机性	无力支付利息,几乎没有投资价值

表7—15　　　　　　　　　　　　我国的证券信用评级标准

级别分类	级别分等	级别	级别含义 偿付能力	级别含义 投资风险
投资类	一等	AAA	极高	无
投资类	一等	AA	很高	基本无
投资类	一等	A	较高	较低
投资类	二等	BBB	尚可,但应变力差,可能延期支付	有一定风险
投机类	二等	BB	脆弱	较大
投机类	二等	B	低	大
投机类	三等	CCC	很低	很大
投机类	三等	CC	极低	最大
投机类	三等	C	将破产,无	绝对有

资料来源:谢百三,《金融市场学》,北京大学出版社 2003 年版,第 100 页。

(三)债券流通市场

债券流通市场与股票流通市场类似,分为场内市场和场外市场。证券交易所是债券流通市场的重要组成部分,在证券交易所申请上市的主要是公司债券,国债享有上市豁免权,可以直接上市。然而,在债券的发行总量中,绝大多数为非上市债券,所以场外交易市场是债券流通市场的主要形态。

债券流通市场的交易方式,与股票市场一样,只是由于债券的风险比股票小,交易价格的波动也较小而已。

三、债券市场统计

债券市场的统计指标很多,表7—16列示了一些主要统计指标的定义及其计算依据。其中,第2—5项又各包括国债现货和国债回购两类指标,且金融债券、可转换债券、企业债券都也有类似的指标。第6—8项指标反映的是国债的发行额、兑付额和月末余额,企业债券也有这三项指标。第10—15项是地区国债、企业债、可转换债分现货和回购两类的交易金额,分别以营业部和券商为统计范围的这几项指标也存在。第16—18项是中国证券登记结算公司登记存管的证券(包括地方债和企业债)只数、面值与总市值。

表7—16 债券市场统计指标

序号	指标名称	指标定义
1	债券交易日数	某时期内可在交易所进行债券交易的天数。
2	国债上市数目	国债(包括现货和回购)在交易所挂牌交易的品种数量。
3	国债成交金额	由交易系统完成的每笔国债(包括现货和回购)交易的成交价格与成交量的乘积之和。按单边计算。
4	国债成交数量	由交易系统完成的每笔国债(包括现货和回购)交易的成交量之和。按单边计算。
5	国债成交笔数	由交易系统完成配对的国债(包括现货和回购)交易的记录数。按单边计算。
6	国债发行额	特定时期国债的发行数额。
7	国债兑付额	特定时期国债的兑付数额。
8	国债期末余额	特定时点上的国债节余数额。
9	外债发行额	特定时期外债的发行数额。
10	地区国债现货交易金额	按投资者指定或托管营业部所在地统计的国债现货成交金额。按双边计算。
11	地区国债回购交易金额	按投资者指定或托管营业部所在地统计的国债回购成交金额。按双边计算。

续表

序号	指标名称	指标定义
12	地区企业债现货交易金额	按投资者指定或托管营业部所在地统计的企业债现货成交金额。按双边计算。
13	地区企业债回购交易金额	按投资者指定或托管营业部所在地统计的企业债回购的成交金额。按双边计算。
14	地区可转债交易金额	按投资者指定或托管营业部所在地统计的可转债成交金额。按双边计算。
15	地区封闭式证券投资基金交易金额	按投资者指定或托管营业部所在地统计的封闭式证券投资基金成交金额。按双边计算。
16	登记存管证券只数	按中国证券登记结算公司统计的登记存管证券只数。按单边计算。
17	登记存管证券面值	按中国证券登记结算公司统计的登记存管证券的面值之和。按单边计算。
18	登记存管证券总市值	按中国证券登记结算公司统计的登记存管证券在A股市场中交易价格与数量的乘积。按单边计算。

表7—17列示了我国2005—2022年国债交易情况。

表7—17　　　　　　　2005—2022年我国国债交易情况统计

年份	国债交易合计 成交金额(亿元)	总计 现货 成交量(万手)	总计 现货 成交金额(亿元)	总计 回购 成交量(万手)	总计 回购 成交金额(亿元)	上海证券交易所 现货 成交量(万手)	上海证券交易所 现货 成交金额(亿元)	上海证券交易所 回购 成交金额(亿元)	深圳证券交易所 现货 成交金额(亿元)	深圳证券交易所 现货 成交量(万手)	深圳证券交易所 回购 成交金额(亿元)
2005	2 780.63	28.21	3 449.3	34.53	24 919.05	3 219.36	32.37	24 919.05	229.94	2.16	0
2006	1 540.71	15.35	2 035.08	20.03	16 301.48	1 831.03	18.08	16 299.25	204.05	1.95	2.23
2007	1 267.28	12.73	2 109.99	20.25	18 615.47	1 790.45	17.76	18 608.92	319.54	2.49	6.54
2008	2 122.52	21.26	4 324.25	46.18	24 306.77	3 783.86	40.71	24 306.77	540.39	5.47	0
2009	2 085.11	20.56	4 698.08	46.32	35 975.19	3 877.09	38.68	35 929.25	820.99	7.64	45.94
2010	1 661.64	16.42	5 847.54	56.5	70 373.76	4 896.84	47.88	70 017.59	950.7	8.62	356.16
2011	1 252.93	12.57	6 843.93	67.75	209 509.62	6 093.58	60.65	204 621.29	750.35	7.1	4 888.34
2012	914.18	9.04	9 882.53	97.98	393 550.94	8 442.99	83.78	371 375.86	1 439.54	14.2	22 175.08
2013	803.75	8.03	17 411.83	169.32	662 003.84	15 312.48	148.58	610 526.93	2 099.35	20.74	51 476.91
2014	1 260.27	12.64	28 191.38	269.71	915 286.9	25 446.42	242.42	841 402.16	2 744.96	27.29	73 884.74
2015	4 134.49	41	34 464.32	313.28	1 303 701.36	30 681.1	279.18	1 197 852.61	3 783.22	34.1	105 848.75
2016	5 794.89	56.67	53 294.2	525.85	2 370 915.58	43 823.28	433.89	2 203 351.93	9 470.92	91.96	167 563.66
2017	1 747.87	17.66	55 441.79	562.47	2 632 193.87	44 431.2	453.99	2 428 986.63	11 010.59	108.48	203 207.24
2018	1 225.39	12.46	63 821.55	646.41	2 341 631.76	51 252.14	523.04	2 118 206	12 569.41	123.37	223 425.76
2019	1 606.99	16.15	83 530.18	812.05	2 440 624.02	64 086.85	637.35	2 153 748.51	18 776.02	174.70	286 875.51
2020	4 776.45	57.84	201 143.24	1 623.22	2 953 588.22	114 502.25	1 067.23	2 595 999.34	87 283.60	562.38	357 588.88
2021	6 771.78	67.89	289 275.34	2 257.8	3 501 926.44	169 107.13	1 492.52	3 137 598.18	120 168.20	764.45	485 153.68
2022	8 892.63	88.65	381 135.91	2 946.00	4 184 448.58	218 268.79	1 944.73	3 584 500.81	162 867.12	1 001.27	599 947.77

资料来源：中国证券监督管理委员会，《2023中国证券期货统计年鉴》，中国统计出版社2023年版。

表7—18列示了我国2005—2022年交易所市场证券登记存管情况统计。

表 7-18　　　　　　　　2005—2022 年中国交易所市场证券登记存管情况统计

年份	登记存管证券只数(只)					登记存管证券总市值(亿元)					登记存管证券非限售市值(亿元)			
	股票	权证	债券现货(不含资产证券化产品)	基金	资产证券化产品	股票	权证	债券现货(不含资产证券化产品)	基金	资产证券化产品	股票	权证	基金	资产证券化产品
2005	1 468	7	162	68	4	32 448.52	60.62	4 796.24	608.64	58.08	14 702.47	60.61	603.99	58.08
2006	1 532	27	179	79	27	90 294.17	329.37	3 499.79	1 424.7	163.63	87 034.97	281.19	1 413.46	162.58
2007	1 637	14	179	71	20	327 970.22	494.1	3 169.92	4 356.91	109.39	325 326.79	477.73	4330.98	108.4
2008	1 713	17	200	71	17	121 778.98	174.5	4 365.83	816.8	82.1	121 115.56	171.86	812.62	81.17
2009	1 775	12	352	91	10	244 783.34	209.27	4 698.97	1 784.06	42.24	151 879.52	2 537.7	1777.42	41.32
2010	2 160	4	462	146	4	266 492.22	14.51	6 300.53	1 965.2	10.68	196 097.02	2 342.79	1958.95	9.75
2011	2 432		640	226	6	215 223.68		8 252.59	1 821.49	8.72	166 975.06		1 817.36	8
2012	2 579		1 170	330	15	230 554.55		11 882.23	2 662	32.33	184 256.53		2 657.84	32.33
2013	2 575		2 034	436	26	239 584.89		19 542.91	2 873.61	64.52	206 303.34		2 870	64.52
2014	2 697		3 007	516	119	374 481.66		26 667	4 381.27	307.12	326 384.35		4 380.25	307.12
2015	2 911		4 088	750	795	532 001.64		40 016.03	7 027.27	1 423.98	439 028.12		7 025.96	1423.98
2016	3 150		6 995	778	2 132	508 759.22		70 984.64	5 804.87	4 226.04	410 049.21		5 804.06	4226.04
2017	3 570		8 288	804	2 787	568 204.05		83 035.95	4 616.8	7 482.43	465 444.49		4 616.8	7482.43
2018	3 669		9 351	917	3 407	435 066.16		91 066.07	6 014.39	11 627.46	366 374.18		6014.39	11 627.46
2019	3 861	0	11 257	1 014	4 653	593 341.27	0	107 604.49	8 229.29	15 331.21	500 768.51	0	8 229.29	15 331.21
2020	4 239	0	14 739	1 016	5 998	797 385.72	0	137 749.42	12 089.67	20 248.59	669 915.04	0	12 089.67	20 248.59
2021	4 696	0	18 099	1 169	6 431	915 847.44	0	161 365.95	15 345.79	21 404.37	781 864.80	0	15 054.12	21 404.37
2022	4 992	0	20 196	1 297	6 240	787 621.96	0	169 672.86	17 413.69	18 351.68	687 040.31	0	16 998.34	18 351.68

资料来源:中国证券监督管理委员会,《2023 中国证券期货统计年鉴》,中国统计出版社 2023 年版。

第四节　证券投资基金市场统计

一、证券投资基金的概念

(一)证券投资基金的定义

证券投资基金(securities investment funds)是一种利益共享、风险共担的集合投资制度。它是通过发行基金单位,将广大的投资者的闲散资金集合起来,由专门的基金托管人托管,由专门的基金管理人管理和经营,通过投资股票、债券等证券来获取收益的一种间接投资工具,在美国称作"共同基金",在英国和中国香港称作"单位信托基金",在日本和中国台湾称作"证券投资信托基金",在中国内地称作"证券投资基金"。

(二)证券投资基金的特点

证券投资基金为广大的中小投资者提供了一个合适的投资工具,它与其他有价证券相比有以下特点：

1. 集合投资

基金可以集腋成裘、积小成大，将一般中小投资者的闲散资金集合起来形成大规模资金，进行组合投资，从而获取更高的收益率。这就达到了少量资金间接入市或购买大规模证券的目的。投资者可以获得很高的收益率，同时基金发起人也能获取佣金，在两者之间形成双赢。

2. 分散风险

理性的投资者都有规避风险的本能，因此有"不能把所有的鸡蛋放在一个篮子里"的共识。这也就是一个投资组合的道理。但少量资金是无法进行投资组合的，只有投资资金达到一定的规模才能进行有效的投资组合。基金就是将不能进行组合的资金集合到一起进行投资组合，从而分散了投资者的风险。

3. 专家理财

投资基金的另一个特点在于专业的投资管理。负责投资资金经营管理的都是投资专家。他们具备丰富的专业投资知识和娴熟的投资技术，并拥有获取最快资讯及对信息判断的能力。所以，他们可以使基金获得更大的盈利范围。

二、证券投资基金的分类统计

根据不同的标准可以将证券投资基金分为不同的类型：

(一)根据基金单位是否可增加或赎回，基金可以分为封闭型基金和开放型基金

1. 封闭型基金(closed-end funds)

封闭型基金是指基金的发行规模在发行前就已经确定，发行后和在规定期限内，基金规模固定不变。基金持有者若欲变现，只有在固定的场所将基金转让，而不能要求基金管理人赎回；投资者也只有在固定的场所向基金持有人购买才能获得基金，而不能直接向基金管理人购买。这种基金规模固定，方便管理，是一种类似股票的证券。

2. 开放型基金(open-end funds)

开放型基金是指基金的发行规模不加固定，可以随时根据市场供求状况追加和赎回基金份额。因此，开放型基金又称为追加型或不定额型投资基金，即其发行的基金单位是不固定的、不封闭的。开放型基金较封闭型基金经营灵活，规模不固定而经常变动，不宜于管理。为了满足投资者中途抽回资金的需求，开放型基金一般须在基金资产中留存一部分现金，这会影响基金的盈利水平，但对于开放型基金来说，这是必需的。目前，国外发行的证券投资基金大部分是开放型的。

(二)根据基金的组织形式不同,基金可分为契约型基金和公司型基金

1. 契约型基金(contract funds)

契约型基金又称为单位信托基金,是由投资者、基金管理人和基金持有人根据信托契约原理而组建的投资基金。基金管理人作为委托人通过与受托人签订"信托契约"的形式发行收益凭证来募集社会上的闲散资金。投资者作为信托契约的受益人,享受投资收益的分配。英国、日本和中国的香港、台湾地区多数是契约型基金。

2. 公司型基金(corporate funds)

公司型基金是指发行人通过组建股份公司发行基金股份的形式筹集资金。投资者购买的公司的股份,就成为公司的股东,享有股东的权利和履行股东的义务。公司成立后,委托某一投资管理公司来管理和经营该公司的资产。基金资产的保管则委托另一个金融机构,该机构的主要职责是保管基金资产并执行管理人指令,二者权责分明。美国的基金多为公司型基金。

(三)根据投资对象划分,基金可分为国债基金、股票基金、货币市场基金、指数基金、黄金基金和衍生证券基金

1. 国债基金

国债基金是以各类国债为主要投资对象的基金。由于国债有国家信用做保证,国债基金风险较低,适合于稳健型的投资者。但基金的价格并不是不会变化,它也会随着市场利率的变化而变化。

2. 股票基金

股票基金是最重要的基金品种,它的主要投资对象为上市股票。目标侧重于追求资本利得和长期资本增值。

3. 货币市场基金

货币市场基金的主要投资对象为货币市场上的1年期内的短期投资工具,包括银行短期存款、国库券、公司债券、银行承兑票据及商业票据等。

4. 指数基金

指数基金是20世纪70年代以来出现的新品种。其特点为:其投资组合与市场价格指数权数比例相当,收益随着即期的价格指数上下波动,当即期价格指数上升时基金收益增加;反之减少。基金能始终保持即期的市场平均收益水平,因而收益不会太高,也不会太低。

5. 黄金基金和衍生证券基金

这类基金以投资与黄金及其他贵金属及其生产和相关产业的证券为主要对象的基金和以衍生证券为投资对象的基金。

(四)根据投资的目标不同,基金可分为成长型基金、收入型基金和平衡型基金

1. 成长型基金

成长型基金是最常见的一种基金,追求基金资产的长期增值。为达到这个目标,基金管理人通常将基金资产投资于信誉度较高、有长期成长前景或长期盈余的公司的股票。

2. 收入型基金

收入型基金以获得当期的最大收入为目的,主要投资于可带来现金收入的有价证券。收入型基金资产的成长潜力较小,风险也较小,比较适合于保守型的投资者。

3. 平衡型基金

平衡型基金的投资目标具有双重型,既要获得当期现金收入,又要达到资产的长期增值。平衡型基金需要将基金资产投资于不同性质的证券上,以保证资金的安全性和盈利性。

三、基金的运作和管理

(一)基金的当事人

1. 基金持有人

基金持有人是指持有基金单位或基金股份的自然人和法人,他们是基金的投资者。他们享有基金信息知情权、表决权和收益权。基金的一切经营活动都应以扩大持有人的收益为目的。

2. 基金管理人

基金管理人(funds management corp.)是负责基金发起设立与经营管理的专业性机构,其主要业务是处理基金的具体投资操作和日常管理,收取管理费作为业务收入。根据我国《证券投资基金法》(以下简称《基金法》)规定:基金管理人由依法设立的基金管理公司担任。基金管理公司通常由证券公司、信托投资公司或其他机构等发起成立,具有独立法人地位。基金管理人的职责是为基金持有人创造最大利润,而这里的投资者是大量的中小投资者,他们获取信息的能力远远不如基金管理人。因此,双方容易形成信息不对称,中小投资者成为受害者。为此,必须强化对基金管理人的监管措施,各个国家和地区都对基金管理人的资格作了严格的规定。

3. 基金托管人

基金托管人(funds custodian)是根据"管理和保管分开"的原则,对基金管理人投资操作进行监管及负责保管基金资产的金融机构,它是基金持有人的代表。基金托管人通常由有实力的商业银行或信托投资公司担任,并与基金管理人在行政和财务上相互独立,双方高级管理人员不能在对方兼任职务,以便于相互制约和相互监督。

(二)基金的费用

基金从设立到终止要支付一定的费用,这构成了基金投资者的成本,具体有以下几种费用:

1. 基金管理人的管理费

这部分费用从基金资产中提取,用于支付基金管理人管理基金资产的报酬。管理费一般以每年基金净资产的一定比例提取,由于以净资产为基数,所以,基金经营的越好,基金资产越大,基金管理人收取的管理费也就越多。在美国,各种基金每年的年管理费率一般在1%左右。我国的基金年管理费已由当初的2.5%降到1.5%,随着竞争的加剧,还有降低的趋势。

2. 基金托管人的托管费

托管费是基金的托管人为托管基金资产向基金收取的费用。它是按照基金资产净值的一定比例提取,逐日计算并累计,按月支付给托管人。我国基金的年托管费率为基金资产净值的0.25%。

3. 其他费用

基金的费用还包括:基金上市费用;基金交易费用;经纪人费用;基金信息披露费用;基金分红手续费;与基金相关的会计师、律师等中介机构费用;清算费用等。上述费用由基金托管人根据相应的规定,支付给当事人。

(三)基金收益及收益分配统计

1. 基金的收益

基金的收益是基金管理人经营的成果,即为基金资产超过本金部分的价值。基金收益主要来源于利息、股息、红利、资本利得等。具体来说,基金收益构成包括:

(1)基金投资所得股息、红利及债券利息;

(2)证券买卖价差;

(3)银行及其他金融机构的存款利息;

(4)法律、法规及基金契约规定的其他收入。

基金的净收益为上述收入扣除基金费用后的余额。

2. 基金收益分配统计

基金的净收益形成后,要按照一定的原则和方法分配给受益人。在美国,法律规定必须将投资收益的95%分配给投资者。我国法律规定的分配原则是:

(1)基金收益的分配比例不低于基金净收益的90%;

(2)分配形式为现金分配,每年至少分配1次;

(3)基金当年收益应先弥补上年亏损后才能进行分配;

(4)基金收益分配后,基金单位净值不能低于面值;

(5)每份基金单位享有同等分配权。

四、基金统计指标

基金统计指标很多,表 7—19 是主要的基金统计指标和定义。

表 7—19　　　　　　　　　　　基金统计指标

指标名称	指标定义
封闭基金存续期	封闭式基金合同上规定的存续期长度。
基金总发行量	基金发行的投资者总认购量。
基金发行发起人认购量	基金发行时基金发起人的认购数量。
基金发行个人投资者认购量	基金发行时个人投资者的认购数量。
基金发售价	基金份额的发售价格。
封闭式基金有效申报量	封闭式基金份额发售中有效申购账户上的申购基金总量。
封闭式基金认购倍数	封闭式基金份额发售时有效申报量同发售量的比。
封闭式基金发行申购资金	封闭式基金份额发售中有效申购账户上的申购资金总额。
封闭式基金中签率	封闭式基金份额发售量占有效申购量的百分比。公式为:中签率＝发售量/有效申购量×100%。
封闭式基金有效申购户数	封闭式基金发售中符合申购规定并且确认资金已经到位的投资者账户数。
基金规模	基金期末的基金单位总份数。
基金总资产净值	期末的基金资产净值总量。基金资产净值为基金资产减去基金负债后的净值。其中,基金资产是基金的银行存款、清算备付金、交易保证金、应收证券清算款、应收股利、应收利息、应收申购款、证券投资市值、买入返售证券、待摊费用等各项资源价值总和;基金负债是应付证券清算款、应付赎回款和赎回费、应付管理人和托管人报酬、应付佣金、应付利息、应付收益、未交税金、卖出回购证券款、预提费用等各项义务的总和。
基金交易日数	某时期内可在交易所进行基金交易的天数。
基金上市数目	封闭式基金在交易所挂牌交易的数量。
基金成交金额	由交易系统完成的每笔基金交易的成交价格与成交份数的乘积之和。按单边计算,分为证券投资基金成交金额和非证券投资基金成交金额。
基金成交数量	由交易系统完成的每笔基金交易的成交份数之和。按单边计算,分为证券基金成交数量和非证券基金成交数量。
基金成交笔数	由交易系统完成配对的基金交易的记录数。按单边计算,分为证券投资基金成交笔数和非证券投资基金成交笔数。
基金指数开市(收市)	指定时期内第一个交易日里交易所计算并发布的第一笔(最后一笔)基金指数。

续表

指标名称	指标定义
基金指数最高(最低)	指定时期内交易所计算并发布指数的最大值(最小值)。
基金开盘价(收盘价)	指定时期内交易所发布的某基金的第一笔(最后一笔)交易价格。
基金最高价(低价)	指定时期内交易所发布的某基金所有交易价格的最大值(最小值)。
基金平均价格	特定时点所有封闭式基金收盘价按基金规模加权的平均价格。
基金换手率	公式分别为:日股本换手率=日成交股数/流通股本×100%;日市值换手率=日成交金额/流通市值×100%。月换手率与年换手率相应将时间周期分别改为月和年。公式为:月股本(市值)换手率=∑日股本(市值)换手率;年股本(市值)换手率=∑月股本(市值)换手率。如无特别说明,换手率均指股本换手率。
基金市值	基金某期末的总份数与当期收盘价的乘积。
基金单位资产净值	基金的总资产净值除以基金总规模。
基金公司管理基金只数	基金管理公司所管理基金的总只数。
基金公司管理基金总规模	基金管理公司所管理基金的所有基金的总规模。
基金公司管理基金总资产净值	基金管理公司所管理基金的所有基金的总资产净值。
基金托管人托管基金只数	基金托管人所托管基金的总只数。
基金托管人托管基金总规模	基金托管人所托管全部基金的总规模。
基金托管人托管基金总资产净值	基金托管人所托管全部基金的总资产净值。

表 7-20 和表 7-21 提供了中国证监会统计报表系统中的交易所上市基金成交概况。

表 7-20　　2005—2022 年中国上市基金成交情况统计

年份	交易天数(天)	封闭式基金 成交份额(亿份)	封闭式基金 成交金额(亿元)	封闭式基金 日均成交金额(亿元)	ETF 成交份额(亿份)	ETF 成交金额(亿元)	ETF 日均成交金额(亿元)	LOF 成交份额(亿份)	LOF 成交金额(亿元)	LOF 日均成交金额(亿元)	合计 成交份额(亿份)	合计 成交金额(亿元)	合计 日均成交金额(亿元)
2005	242	562.07	341.1	1.41	525.01	420.92	1.98	11.33	11.14	0.05	1 098.40	773.15	3.43
2006	241	1 723.59	1 626.36	6.75	306.21	339.97	1.41	28.36	36.32	0.15	2 058.17	2002.65	8.31
2007	242	3 100.51	6 027.21	24.91	475.87	1 544.61	6.38	701.87	989.68	4.09	4 278.26	8561.50	35.38
2008	246	1 624.12	1 986.23	8.07	1 411.49	3 178.58	12.92	608.24	600.59	2.44	3 643.84	5 765.40	23.44
2009	244	1 803.58	1 613.68	6.61	3 452.19	7 652.13	31.36	1 146.95	992.94	4.07	6 402.72	10 258.75	42.04
2010	242	1 095.05	1 136.12	4.69	4 020.85	6 450.8	26.66	1 383.12	1 338.94	5.53	6 499.03	8 925.86	36.88
2011	244	447.46	451.15	1.85	3 933.13	4 213.25	17.27	1 682.48	1 643.3	6.73	6 063.07	6 307.70	25.85
2012	243	363.6	284.34	1.17	4 766.86	4 781.75	19.68	4 212.16	3 032.54	12.48	9 342.62	8 098.63	33.33
2013	238	489.02	433.16	1.82	5 976.8	11 012.74	46.89	4 811.85	3 336.9	14.02	11 277.67	14 782.80	62.73
2014	245	403.47	383.45	1.57	6 148.76	40 388.83	164.85	7 190.35	6 458.6	26.36	13 742.58	47 230.89	192.78
2015	244	815.73	981.84	4.02	12 705.8	113 160.86	463.77	36 902.67	38 541.9	160.4	50 423.73	152 684.60	628.20
2016	244	303.67	327.15	1.34	5 017.87	96 495.94	395.48	19 288.29	14 621.23	59.92	24 609.83	111 444.31	456.74
2017	244	134.64	144.59	0.59	6 460.75	92 890.39	380.7	7 031.25	5 016.9	20.56	13 626.65	98 051.88	401.85

续表

年份	交易天数（天）	封闭式基金 成交份额（亿份）	封闭式基金 成交金额（亿元）	封闭式基金 日均成交金额（亿元）	ETF 成交份额（亿份）	ETF 成交金额（亿元）	ETF 日均成交金额（亿元）	LOF 成交份额（亿份）	LOF 成交金额（亿元）	LOF 日均成交金额（亿元）	合计 成交份额（亿份）	合计 成交金额（亿元）	合计 日均成交金额（亿元）
2018	243	87.6	89.06	0.37	13 485.83	99 448.25	409.25	4 368.2	3 167.28	13.03	17 941.63	102 704.59	422.65
2019	244	72.64	75.17	0.61	20 102.74	87 147.57	357.16	4 965.55	4 456.65	18.26	25 140.94	91 679.38	375.73
2020	243	0.03	3.23	0.01	45 055.63	130 472.10	536.92	6 033.44	5 763.30	23.72	51 089.10	136 238.63	560.66
2021	243	0.11	10.79	0.04	65 103.93	180 039.10	740.90	2 234.06	2 949.18	12.14	67 386.92	183 234.05	754.05
2022	242	0.17	16.63	0.07	133 969.93	229 356.73	947.76	1 454.97	1 551.76	6.41	135 551.50	231 615.02	957.09

资料来源：中国证券监督管理委员会，《2023 中国证券期货统计年鉴》，中国统计出版社 2023 年版。

表 7—21　　　　　　　　2022 年中国公募基金规模统计

基金类型	基金只数（只）2022 年	基金只数（只）2021 年	基金份额（亿份）2022 年	基金份额（亿份）2021 年	基金资产规模（亿元）2022 年	基金资产规模（亿元）2021 年
封闭式基金合计	1 300	1 175	33 265.68	29 005.26	35 000.29	31 249.55
开放式基金合计	9 276	7 977	206 162.67	189 239.35	225 311.60	224 388.23
股票型	1 992	1 756	20 131.94	15 995.96	24 782.42	25 816.74
混合型	4 595	3 879	40 755.25	40 872.30	49 972.86	60 513.68
FOF	370	238	1 858.90	1 985.89	1 893.95	2 222.31
债券型	2 095	1 810	38 209.47	35 604.09	42 730.86	40 996.01
货币市场型	372	333	103 354.25	94 976.72	104 557.63	94 677.67
QDII	222	199	3 711.76	1 790.27	3 267.81	2 384.13
合计	10 576	9 152	239 428.35	218 244.61	260 311.89	255 637.78

注：本表中封闭式基金以截至统计时点的基金运作模式划分，开放式基金以设立时点的基金运作模式划分。

资料来源：中国证券监督管理委员会，《2023 中国证券期货统计年鉴》，中国统计出版社 2023 年版，表 4—2。

第五节　期货市场统计

一、期货概述

（一）期货定义

期货（futures）是指期货交易所指定的标准化的，受法律约束的，并载明在将来某一时间和地点交割某一特定商品的合约。它是一种金融衍生产品，其对应的标的为特定商品和金融证券。在这张合约里,交易标的的数量、质量、交易时间和地点都做了统一的规定,唯一不固定的变量是标的商品的价格,它是在期货交易所通过公开竞价的方式产生。

(二)期货分类

期货根据其交易标的的不同,可以分为商品期货和金融期货两类。

1. 商品期货

商品期货即标的物为实物商品的期货合约。商品期货历史悠久,种类繁多,主要包括农副产品、金属产品和能源产品等几大类(见表7—22和表7—23)。

表7—22　　　　　　　　　　　期货期权交易品种名录

	交易品种
农产品	天然橡胶、强麦、普麦、早籼稻、晚籼稻、粳稻、棉花、油菜籽、菜籽油、菜籽粕、花生、白糖、苹果、红枣、棉纱、黄大豆1号、黄大豆2号、胶合板、玉米、玉米淀粉、纤维板、鸡蛋、生猪、豆粕、棕榈1油、粳米、豆油
能源、化工及其他	原油、燃料油、低硫燃料油、石油沥青、20号胶、纸浆、动力煤、甲醇、PTA、尿素、纯碱、玻璃、短纤、苯乙烯、乙二醇、焦炭、焦煤、聚乙烯、液化石油气、聚丙烯、聚氯乙烯、工业硅
金属	铜、铜(BC)、铝、锌、铅、银、锡、黄金、白银、螺纹钢、线材、热轧卷板、不锈钢、硅铁、锰硅、铁矿石
金融	沪深300股指期货(IF)、中证500股指期货(IC)、上证50股指期货(IH)、中证1000股指期货(IM)、沪深300股指期权(IO)、上证50股指期权(HO)、中证1000股指期权(MO)、2年期国债期货(TS)、5年期国债期货(TF)、10年期国债期货(T)、沪深300ETF期权、中证500股指期权、深证100ETF股指期权、创业板ETF期权

资料来源:中国证券监督管理委员会,《2023中国证券期货统计年鉴》,中国统计出版社2023年版,表5—1。

表7—23　　　　　　　　　　2022年我国期货交易分布概况

项　目	成交金额(亿元)	比重(%)	成交量(万手)	比重(%)
上海期货交易所	1 811 610.89	33.906 9	189 519.73	29.882 0
郑州期货交易所	967 740.80	18.112 6	223 734.63	35.276 7
大连商品交易所	1 235 797.80	23.129 7	209 638.75	33.054 2
广州期货交易所	34.96	0.000 7	3.87	0.000 6
中国金融期货交易所	1 327 718.18	24.850 1	11 331.02	1.786 6
总计	5 342 902.64	100	634 228.01	100

资料来源:中国证券监督管理委员会,《2023年中国证券期货统计年鉴》,中国统计出版社2023年版,表5—5。

2. 金融期货

金融期货是指以各种金融工具为交易标的的期货合约。目前,金融期货发展已走在商品期货前面,占整个期货市场交易量的80%以上。金融期货主要有利率期货、货币期货和股票指数期货等种类。

(1)利率期货,是指以利率的变化为标的的期货合约。芝加哥期货交易所于1975年最先引入全国抵押贷款协会(GNMA)证书期货。现在这种合约已经停止交易。目前进行交易的利率期货主要包括以长期证券为标的物的长期利率期货和以短期存款利率为标的物的短期利率期货。

(2)货币期货,是指汇率变化为标的物的期货合约。目前国际上货币期货涉及的货币主要有英镑、美元、欧元、日元以及澳大利亚元等货币。

(3)股票指数期货,是指以股票指数为标的物的期货合约。这种合约由芝加哥商品交易所的分支机构——国际期权市场于1982年最先使用。当时的形式为标准普尔500指数合约。股票指数期货不涉及股票本身的交割,其价格根据指数计算,合约以现金清算形式进行交割。表7-24列出了一些交易所的部分金融期货合约。

表7-24　　　　　　　　　　金融期货统计

交易所	指　标	具体内容
芝加哥期货交易所		美国国库券、30日期联储基金
芝加哥商品交易所	利率(国际货币市场)	1月期伦敦银行同业隔夜拆放利率 13周短期国库券
	货币(国际货币市场)	日元、英镑
	指数(IOM)	标准普尔500指数 日经平均指数 《金融时报》股票交易所100股指数
伦敦国际金融期货期权市场	短期利率	3月期英镑 3月期欧洲马克 3月期欧洲美元
	政府债券	长期金边债券 德国政府债券
	UK股票指数	《金融时报》股票交易所100股指数
新加坡国际金融交易所	利率	欧洲美元、欧洲日元、欧洲马克、日本政府债券
	股票指数	日经225种平均指数 日经300指数

资料来源:路透,《金融衍生工具导论》,北京大学出版社2001年版,第59页。

二、期货市场的功能

随着期货理论和实践的逐步发展,期货的功能也日趋完善、强化,目前,期货市场主要有以下几方面功能:

(一)转移、回避价格风险的功能

这种功能主要是针对套期保值者而言的,随着商品经济的发展,市场经济的运行面临着更大的不确定性,其中商品的价格变化更是直接关系着商品交易者的利益。而市场上的交易者大多是风险的规避者,都不希望面临很大的风险,尽管高风险通常伴随着高盈利。因此,期货交易就为人们提供了这样一种工具。具体操作方法为:在期货市场和现货市场上同时进行方向相反和数量相同的一笔交易,用期货市场上的期货盈利来弥补现货市场上的损失;但也有可能会出现期货市场上的亏损和现货市场上的盈利,这就意味着交易者放弃了现货交易中的部分盈利,用以弥补期货交易中的亏损。无论如何,这种功能都减少了交易者的不确定性。

(二)进行风险投资,获取风险收益的功能

这种功能主要是针对期货投机商来讲的,他们是套期保值者转移风险的接收者。一个期货市场如果没有投机商,显然是不现实的。因为如果那样,套期保值者的风险转移功能就无法实现。所以,套期保值者在实现风险转移的同时,也为投机商提供了进行风险投资和获取风险收益的功能。这种功能活跃了交易,扩大了交易规模,对期货市场的发展起到了很大的促进作用。但要掌握一个"度"的问题,如果过度,将会造成市场的紊乱。

(三)价格发现功能

在一张期货合约中,唯一没有被标准化的就是价格。期货的价格是在期货交易所,本着公开、公平、公正的原则,由众多的商品生产者、销售者、使用者和投机者通过竞价交易来确定的,因而具有一定的权威性和示范性。这个价格是现今市场对未来价格的一个预期,其计算的基础就是现货价格加上各种利息、仓储、运输、管理费用,再由场内交易双方凭自己的风险预测经验和知识来决定。

三、期货市场结构

期货交易主要是针对标准化合约的保证金交易,这种交易必须在严格的组织环境中进行。一个规范化的现代期货市场,其构成包括期货交易主体、期货交易所、期货交易结算所和期货经纪商四方面。

(一)期货交易主体

期货市场主体主要包括两类从事期货交易的套期保值者和投机者。他们进行期货交易的目的和动机是不同的。前者主要是指从事商品生产和销售的实业者,他们进行期货交易的目的是规避风险,以期获得稳定的利润;后者是市场的不稳定性因素,他们的目的主要是获取风险收益。此内容在期货市场功能中已有介绍,这里不再赘述。

(二)期货交易所

1. 期货交易所的建立

期货交易所(futures exchange)是指为期货交易提供场所、设施和其他必要条件,并依据法律、法规以及期货交易规则履行相关职责的经济组织。它的建立必须具备一定的条件:

(1)基础设施先进、完备。这是期货交易所成立的物质基础,用来满足期货交易对信息服务、交通服务以及金融服务的需求。据此,期货交易所一般成立在经济中心城市。如我国现有的三家期货交易所所在地上海、大连和郑州。

(2)高素质的专业人才。期货交易所和证券交易所一样是一个专业性极强的特殊市场,它要向市场参与者提供高质量的专业性服务,而这要依赖于大量的高素质的专业人才。

(3)雄厚的资本实力。期货交易所是一个大规模的集中交易场所,无论是提供交易条件还是组织交易都必须有大量的资本实力作为保障,随着科技的进一步发展以及应用于经济生活,期货市场也需要有大量的高科技设备,这些都对创立者提出了很高的资本要求。

在我国,期货交易所的成立必须符合下列条件:

(1)各项规章制度健全,通信设备完善,标准化期货合约符合国际惯例;
(2)期货交易所所在地地处交通、通讯方便和金融业较发达的中心城市;
(3)从业人员素质较高,至少有10名以上从事期货交易1年以上的管理人员;
(4)至少50个会员;
(5)标准化期货合约交易额占该交易所总交易额90%以上;
(6)标准化期货合约的实物交割率月平均在5%以下。

2022年我国期货交易所情况如表7—25所示。

表7—25　　　　　　　　2022年我国期货交易所市场情况

交易所	期货品种	总成交额 (亿元)	总成交量 (万手)	总实物交割额 (亿元)	总实物交割量 (万手)
大连商品交易所	21	1 235 797.80	209 638.75	284.87	68.81
上海期货交易所	20	1 811 610.89	189 519.73	1049.35	82.22
郑州商品交易所	23	967 740.80	223 734.63	254.91	52.97
广州期货交易所	1	34.96	3.87	—	—
中国金融期货交易所	7	1 327 718.18	11 331.02	4 196.76	35.53
全国期货市场(合计)	72	5 342 902.64	634 228.01	5 785.90	239.52

资料来源:中国证券监督管理委员会,《2023中国证券期货统计年鉴》,中国统计出版社2023年版,表5—5。

2. 期货交易所的组织形式(会员制)

(1)会员制。大多数期货交易所实行会员制,这是一种由会员共同出资成立的一种非营利性经济组织。在这种制度下,交易所的重大事务决策权、管理权归属于会员,会员大会为其最高权力机构。

(2)会员的种类。期货交易所的会员有两种类别:普通会员(或一般会员)和全权会员。普通会员是指只能在期货交易所中从事与自身经营业务相关的买卖交易活动的会员,他们可以指派出市代表,代表会员单位在期货市场上进行交易,但不能接受非会员委托进行交易;全权会员是指在普通会员的基础上还可以接受非会员的委托从事期货交易。

(3)会员的资格和名额。要想成为期货交易所的会员必须具备一定的条件:在工商行政管理部门注册法人;拥有固定的营业场所和交易所规定的最低净资产额;具有良好的商业信誉和经营业绩等。会员名额总数一旦确定,不会轻易变动,会员如有意退出,须在交易所的监督下转让。

3. 期货交易所的机构设置

(1)会员大会。会员大会是证券交易所的最高权力机构,它由全体会员参加,每年举行一次,1/3以上会员可提议召开临时大会。其主要职责是:审议修改章程、管理细则和实施办法;审议工作报告和财务报告;讨论交易所的重大举措。

(2)董事会或理事会。董事会或理事会由会员大会选出,在会员大会闭会期间行使会员大会的决议。其主要职责有:确定交易所的主要政策方针,制定并修改交易所内部的各项管理和交易规则;任命交易所的总裁,全权领导交易所主要工作等。

(3)职能部门。在董事会或理事会领导下设有若干职能部门,主要有交易部、信息部、稽查部、研究发展部、公共关系部等,与董事会一起负责交易所的具体工作。

(三)期货交易结算所

期货交易结算所(clearing house)是构成期货市场的另一个重要组成部分,它是负责期货的结算,包括到期合约的交割与未到期合约的平仓,并保证每笔交易的清算以及合约购入者最终获得其所需的商品的专门机构。

1. 期货结算所的设立模式

期货交易所在世界范围内主要有下面两种设立模式:

(1)共同型结算所。期货结算所隶属于期货交易所,是交易所的一个组成部分,以美国为代表。

(2)独立型结算所。期货结算所完全独立于期货交易所而存在,以英国为代表。

目前我国的期货交易所采用隶属于交易所的共同型结算所模式。

2. 期货结算所的会员制度

期货结算所也实行会员制度,并且只有交易所的会员才有资格成为结算所的会员,非会员的结算必须通过会员进行。会员间的结算须支付结算所一定的结算费,非会员的结算要向其代理者支付一定的结算费用。

3. 期货结算所的组织结构

期货结算所通常设有登记部、结算部、经济部、信息部等职能部门,负责期货交易结算的具体工作。

(1)登记部。登记部主要负责对期货交易进行记录,并整理和保管有关的交易登记资料。登记部分成两部分:一部分设在交易所内,负责登记期货交易状况,向结算所提供所登记的资料;另一部分设在结算所内部,负责整理、保管登记部所提供的资料。

(2)结算部。结算部主要负责会员之间期货交易的结算工作,并通过结算价计算每一结算会员每天未平仓的差价和已平仓的损益。

(3)经济部。经济部的主要职责是根据结算所的结算情况,管理每一个结算会员在交易结算所内的结算账户,核算他们的资金结存状况。

(4)信息部。信息部主要是负责及时将期货交易和结算的相关信息以及交易的价格和成交情况,通过电子计算机等信息网络向外传送。

4. 期货结算所的管理制度

期货结算所的结算秩序依赖于一系列规章制度维持,主要有登记结算制度、结算保证金制度、无负债结算制度、风险处理制度、最高持仓制度。

(1)登记结算制度。期货结算所一般规定,期货合约的每一笔交易必须经过结算所的登记结算方可生效。

(2)结算保证金制度。结算所规定,每一结算会员必须在结算所内存入一笔保证金来满足会员之间进行期货结算的资金需求。缴纳的保证金数额由结算所规定,根据结算会员持有的同一时期、同一品种商品的买进和卖出合约冲抵后的数量来确定。

(3)无负债结算制度。期货结算所根据结算价格来核算当日每笔交易成交价格的差额,并计算出会员当日的盈亏。亏损的会员必须补缴保证金差额,以补足结算所规定的保证金要求;反之,盈余的会员,结算所会将其超出保证金的部分在次日自动地支付给会员。对结算所来说,它每天的盈亏数额必须相等。

(4)风险处理制度。对于客观存在的期货结算过程中的风险,结算所有相应的风险处理制度。在结算会员破产或由于其他原因不能履约时,交易结算所可以采取以下措施:将该会员账户上的一切期货合约平仓、转让;如果仍不能弥补,则需动用该会员的结算保证金;若还不能抵补亏损,则需动用该会员存放在交易结算所的担保基金;以上措施如若不足以补亏,就只有动用交易结算所的资本金。

(5)最高持仓制度。为避免大的市场风险,交易结算所通常规定了一个结算会员所能拥有的最大期货合约数量。

(四)期货经纪商

期货经纪商(futures brokerage)是指专门接受客户委托、代表客户进行交易并收取佣金的机构。在国外又称为期货经纪行、佣金商、电话所等,是独立的法人实体,且多为期货交易所的会员。大部分期货交易都是由期货经纪商作为中介成交的。

1. 期货经纪商类型

(1)专业期货经纪公司。这类公司的主营业务就是期货经纪业务,专门针对一个或多个交易所的商品进行经营,他们一般都精通期货交易的各种技巧与做法,能为客户提供比较优质的服务。

(2)证券商兼期货经纪商。它是一种以经营证券为主,兼营期货业务的公司,这是在期货经纪业中数量最多的一种经纪公司。

(3)现货交易公司兼营期货经纪商。此类经纪商包括加工、仓储企业、中间商和出口商等,进行买卖期货的交易主要目的是稳定和拓展现货业务。

2. 期货经纪商的组织结构

期货经纪商内部一般设有以下部门:

(1)保证金账户部门,负责监督和审查客户的账户,确保客户有足够的保证金支付所持期货合约,并同时密切关注客户资信状况,以防客户由于资金不足给经纪商造成损失。

(2)落盘部门,负责将客户的期货交易单送到场内经纪人手中,再将场内交易单送到期货交易结算所和客户处。

(3)结算部门,负责核对客户的每一笔交易与期货交易结算所的记录的一致性,并处理结算所的每日的盈利和亏损清算工作。

(4)现货交收部门,负责到期未平仓期货合约的实际钱货交收以及有关文件的交收工作。

(5)客户服务部门,直接面向客户,向客户介绍和解释期货交易的相关规则和程序,为客户提供及时的信息服务,并负责为客户办理期货买卖的手续并报告买卖执行情况和盈亏结果的部门。

(6)研究发展部门,专门负责研究期货市场的发展趋势并做出市场分析和市场预测。

(7)行政管理部门,主要负责公司的日常行政管理工作。

3. 期货经纪商的财务制度

期货经纪商最重要的财务制度是保证金制度,即客户在进行期货交易时必须向经纪商缴纳一定的保证金,目的是在客户支付出现问题时,经纪商可以用保证金来补偿。期货经纪商要求客户支付的保证金一般会比交易所多,它包括了客户向期货结算机构缴纳的保证金。其大小主要取决于合约价值与当时的市场状况,经纪人有权利随时要求客户追加保证金,使保证金的数额与价格波动风险一致。除此以外,期货经纪商还有账户分立、财务报表、财务记录存档等财务制度。

四、期货统计指标

期货统计指标如表7－26所示。

表7－26　　　　　　　　　　　期货统计指标

指标名称	指标定义
交易所品种数量	期货交易所交易品种的数量,包括正式品种和试行品种。
交易所成交金额	某一时期期货交易所全部品种的总成交金额。按双边计算。
交易单位	每张期货合约代表的标的物商品的数量。在我国,期货合约的交易单位为"手",期货交易必须以"一手"的整数倍进行,不同交易品种的每手合约商品数量在该品种的期货合约中载明。目前,上海期货交易所阴极铜、铝、橡胶期货合约的交易单位为5吨/手;郑州商品交易所和大连商品交易所的期货合约交易单位都是10吨/手。
报价单位	某一期货合约的价值表达方式,可以按合约单位报价,如元(人民币)/张(或手);也可以按合约交割标的物的计量单位报价,如元(人民币)/吨。目前我国三家期货交易所采用的是后一种。
最小变动价位	期货合约标的物每单位价格报价的最小变动数值。
每日价格最大波动限制	期货交易所规定的特定合约价格在每日的最大波动范围。
交割等级	由期货交易所统一规定的、准许在交易所上市交易的合约标的物的质量等级。
交易手续费	交易所对每张成交的合约收取一定的费用,用以维持市场的正常运作,并从中提取一部分作为风险准备金。
开盘价	日开盘价是指某一期货合约开市前五分钟内经集合竞价产生的成交价格。集合竞价未产生成交价格的,以集合竞价后第一笔成交为日开盘价。月(年)开盘价为特定月(年)期货交易所公布的某合约的第一笔成交价。
最高(最低)成交价	特定期间期货交易所公布的某合约的最高(最低)成交价。
收盘价	特定期间期货交易所公布的某合约的最后一笔成交价。
结算价	某一期货合约当日成交价格按照成交量的加权平均价。当日无成交价格的,以上一交易日的结算价作为当日结算价。结算价是进行当日未平仓合约盈亏结算和制定下一交易日涨跌停板额的依据。
成交量	在一定时间内所有成交合约的数量。单位为"手"。我国各期货交易所均按双边统计。

续表

指标名称	指标定义
成交金额	在一定时间内所有成交合约金额的总和。公式为：某一期货合约成交额＝Σ每笔成交量×该笔交易的成交价格。我国各期货交易所均按双边统计。
最高持仓量	持仓量是指某一时点（一般指每日结算后）未平仓合约的数量；最高持仓量是指某一期货合约在一定交易期间于每日结算后的持仓量中数值最大的数量。按双边统计。单位为"手"。
最后持仓量	最后持仓量是指某一期货合约在特定交易期间最后一个交易日结算后的持仓量；合约最后持仓量是指某一期货合约在最后交易日收市结算时的未平仓合约的数量；我国各期货交易所均按双边统计。单位为"手"。
月末持仓	期货合约特定月的最后一个交易日的持仓量。
合约累计成交金额（成交量）	合约从挂牌到摘牌期间内的累计成交金额（成交量）。按双边计算。
实物实际交割量	某一期货合约到期时，交易双方通过该期货合约所载商品所有权的转移来了结到期未平仓合约的数量。包括提前交割量（期转现）。按单边计算。
实物实际交割金额	期货合约在交割月中进行实物交割的实际价值（交易单位与交割结算价之积），含期转现。按单边计算。
合约最高持仓	某一期货合约在其整个挂盘期间于每日结算后的持仓量中数值最大的数量。按双边统计。单位为"手"。
交割率	交割率1＝交割量/某一期货合约总成交量；交割率2＝交割量/某一期货合约最高持仓量；交割率3＝交割额/某一期货合约总成交额。

表7—27是商品期货交易情况统计表。

表7—27　　　　　　2023年我国商品期货交易情况统计

月份	郑州商品交易所 成交量（万张）	郑州商品交易所 成交金额（亿元）	大连商品交易所 成交量（万张）	大连商品交易所 成交金额（亿元）	上海商品交易所 成交量（万张）	上海商品交易所 成交金额（亿元）
1	135 426 466	58 787.17	108 273 095	59 624.49	106 712 826	86 423.06
2	193 261 464	82 740.62	134 507 465	75 019.02	142 237 466	109 005.65
3	268 424 521	113 476.22	167 362 278	91 974.99	182 807 151	141 897.92
4	259 687 355	114 822.21	163 209 657	84 380.44	158 581 145	128 457.22
5	330 786 200	131 207.23	192 476 474	94 908.70	174 863 191	143 642.70
6	289 874 708	115 987.82	195 238 250	98 091.95	149 406 663	119 139.46
7	312 134 321	129 834.51	211 079 681	112 611.99	161 824 651	134 645.54
8	373 445 033	155 805.84	241 573 923	128 640.93	188 222 616	139 119.85

续表

月份	郑州商品交易所 成交量（万张）	郑州商品交易所 成交金额（亿元）	大连商品交易所 成交量（万张）	大连商品交易所 成交金额（亿元）	上海商品交易所 成交量（万张）	上海商品交易所 成交金额（亿元）
9	250 321 318	107 905.55	203 803 892	111 554.01	166 035 810	138 414.88
10	168 568 468	73 371.17	151 274 348	80 481.20	122 145 842	104 900.79
11	246 404 348	106 245.75	186 933 529	106 155.56	182 189 633	145 321.78
12	216 232 004	92 106.13	172 299 681	90 591.04	146 541 736	120 352.78

资料来源：中国证券监督管理委员会，2023年1—12月期货市场月报（csrc.gov.cn）。

第六节　证券期货市场中介机构统计

证券期货市场中介机构是指在证券期货市场上为交易双方提供服务的各类机构。证券期货市场功能的发挥很大程度上取决于市场上中介机构的活动，通过他们的经营服务活动，沟通了证券的需求者和供给者以及期货合约的交易双方的联系，这不仅保证了市场的正常交易，还起到了维护证券期货市场秩序的作用。

证券期货市场中介机构主要包括证证券公司、基金管理公司、期货公司等，如表7—28所示。在本章前几节我们已经对基金管理公司、期货交易所和期货经纪商进行了介绍，这里着重介绍证券交易所、证券结算公司和证券公司等中介机构。

表7—28　　　　　　　　　我国证券期货中介机构情况

机构	2013年	2014年	2015年	2016年	2017年	2018年	2019年	2020年	2021年	2022年
证券营业部	5 821	6 969	7 705	9 061	10 528	11 031	11 390	11 649	11 931	12 114
证券咨询机构	86	84	84	84	84	84	84	84	83	80
证券公司	115	121	125	129	131	131	133	138	140	140
基金管理公司	89	95	101	109	113	120	128	133	137	142
期货公司	156	152	150	149	149	149	149	149	150	150
期货风险管理	20	33	51	62	70	79	86	88	97	100
期货营业部	1 469	1 547	1 618	1 603	1 725	1 909	1 957	1 939	2 092	2 128

资料来源：中国证券监督管理委员会、中国证券投资基金业协会，《2023中国证券期货统计年鉴》，中国统计出版社2023年版，表7—1。

一、证券交易所

证券交易所(stock exchange)是按照一定的方式和规则组织起来的集中进行证券交易的场所,在整个证券交易市场中居于核心地位。

(一)证券交易所的功能

证券交易所的功能主要表现为以下几方面:

(1)为证券买卖双方提供公开交易所需的场所和设备。

(2)组织证券交易。包括接受申报、组织竞价和组织做市商交易;公布证券交易行情,发布证券市场信息等。

(3)根据有关规定,办理股票、债券的暂停上市、恢复上市或终止上市等事务。

(4)实施一线监管。证券交易所将会按照既定的规则对证券发行和交易各方面的活动进行监管,以此来维护市场的正常秩序。

(二)证券交易所的组织形式

证券交易所有两种组织形式:公司制和会员制。

1. 会员制证券交易所

会员制证券交易所是由证券公司等证券市场中介机构自愿组成的,不以盈利为目的的法人团体。在会员制证券交易所内,只有会员才能进入交易所大厅直接参加交易活动。会员大会是其最高决策机构,理事会为其最高行政管理机构。交易所的收入主要来源于会员费和证券上市费,这些收入用来维持交易所的运转和购置或改善必要的交易设施。目前,世界上多数证券交易所都采用会员制,我国上海、深圳证券交易所也实行会员制。

2. 公司制证券交易所

公司制证券交易所是指依照公司法组织的,以盈利为目的的股份公司。交易所的最高权力机构是股东大会,闭会期间由董事会负责日常行政管理事务。两类交易所的具体区别见表7—29。

表7—29　　　　　　　　　公司制交易所和会员制交易所的比较

对比项目	公司制证券交易所	会员制证券交易所
性质	由银行、证券公司及其他种类公司共同投资建立的公司法人	以会员协会形式成立
目的	营利	不以营利为目的
参加者	经纪人	交易所会员

续表

对比项目	公司制证券交易所	会员制证券交易所
权利和义务	对违约买卖造成的损失有赔偿义务,同时也有权向其他违规者请求赔偿	一切交易由买卖双方自己负责,交易所不负责任
保证金	一般需交存营业保证金或建立赔偿基金	不需交保证金

二、证券登记结算公司

证券登记结算公司是指为证券发行和交易活动办理证券登记、存管、结算业务的中介服务机构,是不以营利为目的的企业法人。

(一)证券登记结算公司的组织机构

我国的证券结算公司由上海、深圳交易所于2001年共同出资组建,注册资本金6亿元人民币,公司内设综合管理部、登记托管部、结算部、业务发展部、技术部以及财务部六个职能部门,沪、深交易所下属的两个登记结算公司改组为该公司下属的两个分公司。

(二)证券登记结算公司的业务范围

我国的证券结算公司的业务包括:

(1)证券账户、结算账户的设立;

(2)证券的托管和过户;

(3)证券持有人名册登记;

(4)证券交易所上市证券交易的清算和交收;

(5)受发行人委托派发证券权益;

(6)办理与上述业务有关的查询;

(7)国务院证券监督管理机构批准的其他业务。

(三)登记结算统计

表7—30列示了登记结算的统计指标及其定义。其中同指标13—15相类似的统计对象有:A股机构、A股证券公司、A股证券投资基金、A股其他机构。同指标18—25相类似的统计对象有:全国社保基金、券商自营、一般机构、社保基金、投资基金。

表 7—30　　　　　　　　　　　　登记结算统计指标

序号	指标名称	指标定义
1	投资者账户总数	截止到某时点投资者可有效使用的证券账户数量。公式为：上期末账户总数＋本期新开户数－本期销户数；内容包括 A 股账户、B 股账户和基金账户。其中，基金账户是指封闭式基金账户。
2	境内（境外）机构账户总数	境内（境外）投资者以法人名义累计开立的证券账户总数，包括：证券公司账户、基金账户、QFII 账户、社保基金账户及其他法人账户。
3	境内（境外）个人账户总数	境内（境外）投资者以自然人名义开立的累计证券账户数量。
4	新开户数	报告期内新开立的证券账户数量，包括 A 股账户、B 股账户和封闭式基金账户。
5	销户总数	报告期内办理了注销手续的证券账户和被清理的证券账户的数量，包括 A 股账户、B 股账户和封闭式基金账户。
6	登记结算公司清算备付金余额	即结算备付金，是指特定时期末结算参与人结算备付金账户上的存款余额，包括 A 股、债券、基金和 B 股的结算备付金。汇率按当日汇率。
7	地区 A 股（B 股）托管流通市值	某时点上按投资者指定/托管的营业部或托管银行的联系地址统计的 A 股（B 股）流通市值，包括已上市的流通股市值和按发行价计算的未上市的流通股市值。
8	券商托管 A 股（B 股）流通市值	某时点上券商托管的 A 股（B 股）流通市值，包括自营的和为其名下投资者托管的 A 股流通市值，含已上市的流通股市值和按发行价计算的未上市的流通股市值。
9	证券资金法人结算交收违约金额	法人在某次证券资金结算交收违约行为中涉及的金额。
10	股票申购资金不到位违约金额	在股票发行过程中出现券商申购资金不到位情况所涉及的金额。
11	持 $n_1 \sim n_2$ A 股流通股的投资者账户数（总持股数、总持股市值）	某时点上持有数量为 $n_1 \sim n_2$ 的已上市 A 股流通股的投资者账户的数量（总持股数、总持股市值）。现行统计的数量期间划分为：小于 1 000，1 000～4 999，5 000～9 999，10 000～49 999，50 000～99 999，10 万～50 万，50 万～100 万，100 万以上。
12	A 股参与交易账户数	某期间进行了 A 股交易的投资者账户数量。
13	A 股个人投资者交易账户数（交易股数、交易金额）	某期间进行了 A 股交易的个人投资者账户数量（交易股数、交易金额）。
14	A 股个人买入（卖出）金额	某期间买入 A 股的个人投资者账户的买入（卖出）A 股金额。
15	A 股个人买入（卖出）账户数量	某期间买入（卖出）A 股的个人投资者账户的数量。

续表

序号	指标名称	指标定义
16	交易金额介于 $n_1 \sim n_2$ 的账户买入(卖出)金额	某期间买入金额介于 $n_1 \sim n_2$ 的账户的买入(卖出)金额之和。现行统计的区间划分为:小于1万、1万~10万、10万~100万、100万~500万、500万~1000万、1000万以上。
17	交易金额介于 $n_1 \sim n_2$ 的账户买入(卖出)账户数量	某期间买入(卖出)金额介于 $n_1 \sim n_2$ 的账户的数量。现行统计的区间划分为:小于1万、1万~10万、10万~100万、100万~500万、500万~1000万、1000万以上。
18	QFII 机构数	特定时点已取得资格的境外投资机构(QFII)的数量。
19	QFII 持仓市值	特定时点 QFII 账户的持股市值。
20	QFII 持股账户数	特定时点持有股票的 QFII 账户数。
21	QFII 浮动盈亏总额	特定时期内 QFII 账户的浮动盈亏总额。浮动盈亏的公式为:浮动盈亏=期末持股市值+本期卖出金额+本期资金收入-期初持股市值-本期买入金额-本期资金支出-交易成本。 其中: (1)期末总市值=∑(期末持股股数×期末收市价) 含暂未上市的可流通股,未上市新股以发行价计算。 (2)期初总市值=∑(期初持股股数×期初收市价) 含暂未上市的可流通股,未上市新股以发行价计算。 (3)本期卖出金额=∑本期投资者卖出股票数量×卖出价格 (4)本期买入金额=∑本期投资者买入股票数量×买入价格 (5)交易成本=本期总交易金
22	QFII 交易账户数	特定时期内进行了证券交易的 QFII 账户数量。
23	QFII 资金规模	特定时点上已转入 QFII 账户上的累计资金量。
24	单位账户平均持有封闭式基金市值(数量)	封闭式基金总市值(数量)与持有封闭式基金的账户数量的比值。
25	投资基金平均交易天数	特定时期内投资基金账户进行证券交易的平均天数。

三、证券公司

证券公司(securities company)又称为证券商,是指依照公司法规定,经国务院证券监督管理机构批准,具有法人资格的金融机构。它不仅是证券市场上最重要的中介机构,同时也是证券市场的主要参与者。证券经营机构在世界各国的划分和称呼不尽相同,美国称为投资银行,英国称为商人银行,日本与中国一样称为证券公司。

(一)证券公司的功能

证券公司是一国金融体系的重要组成部分,是证券市场重要的主体和中介。它连接了证券市场上的资金需求者和供给者,对资本市场的发展和国家有限资源的合理配置起了很大的作用。

证券公司的功能主要体现在以下几方面:

1. 媒介资金供需

它一方面使资金盈余者能够充分利用多余资金来获取收益,另一方面又帮助资金短缺者获得所需资金以求发展。

2. 构造证券市场

证券市场由证券发行人、证券投资者、管理组织者、证券经营机构和服务机构组成。其中,证券经营机构起了穿针引线、联系不同主体、构造证券市场的重要作用。

3. 优化资源配置

证券经营机构作为金融体系的一个重要组成部门,同其他金融机构一样通过其自身的经营活动来融通、调节资金,尽可能地实现社会资源的有效配置。

4. 促进产业集中

并购重组是证券公司资产管理的重要内容,而产业的集中和垄断在现代商品经济社会一般是通过并购来实现的。

(二)证券公司的类型

为了方便对证券市场的监督管理,《中华人民共和国证券法》将证券公司分为综合类证券公司和经纪类证券公司。综合类证券公司经营的业务范围包括证券经纪业务、证券自营业务、证券承销业务、证券投资咨询业务以及经证券监管机构核定的其他证券业务。经纪类证券公司只允许专门经营证券经纪业务。

(三)证券公司的主要业务

1. 承销

证券承销是指在证券一级市场上证券公司代理证券发行人发行证券的行为。具体分为三个步骤:首先,证券公司就证券发行的种类、时间、条件等向发行人提出建议;其次,与证券发行人签订证券承销协议,明确双方权利和义务;最后,证券公司着手销售证券。

2. 经纪

证券经纪就是证券公司在二级市场上接受客户委托,代客户买卖有价证券的行为。这种活动使得有价证券在证券二级市场上更加快速、高效地流通。

3. 自营

证券自营业务是指证券公司使用自有资金投资买卖有价证券、赚取差价并承担相应风险的行为。由于证券公司的特殊地位,它的自营容易出现操纵市场和内幕交易等不正当行为,所以各国监管部门都对证券公司的自营业务实施了严格的管理。

4. 投资咨询

证券公司作为业务广泛的综合性金融服务机构,可以为客户提供有关资产负债管理、风险控制、投资组合设计、估价等多种咨询服务。

5. 企业购并业务

兼并收购已成为证券公司的核心业务之一。它可以作为公司的购并顾问,辅助公司物色目标公司,帮助设计并购方案;也可以帮助目标公司设计防卫措施,抵御敌意并购。

6. 资产管理

证券公司还为客户提供有关资产、负债、风险等管理。

7. 其他业务

证券公司除了上述业务活动外,还有代理债券的还本付息和代为发放股息红利、经营有价证券的代保管及鉴证、接受委托办理证券的登记和过户、证券贴现和证券抵押贷款,以及有关主管机关批准的其他业务等。

(四)证券公司统计指标体系

证券公司统计指标体系包括财务评价统计指标体系、经营管理指标体系、成长指标体系、声誉指标体系、证券公司的风险统计指标体系等。下面重点介绍指标体系,如表7—31至表7—34所示。

表7—31　　　　　　　　证券公司财务评价统计指标体系　　　　　　　　单位:%

评价指标体系			指标名称
财务评价	盈利能力		主营业务利润率
			总资产利润率
			净资产利润率
	偿债能力		资产负债率
			流动比率
			速动比率
	资本实力	资产规模	总资产规模
			净资产规模
			净资本规模
			保证金倍数
		资本质量	或有债务比率
			净资本折扣率

表 7-32　　　　　　　　　　　　证券公司经营管理指标体系　　　　　　　　　　　单位:%

评价指标体系			指标名称
经营管理	战略规划能力		是否有完善的战略计划
			制定战略流程和实施的有效性
	经营管理能力		企业家综合能力与素质
			管理层综合素质
	风险控制能力	总风险测度	夏普值评价(Sp)
			M^2 测度
		系统风险测度	特雷诺指数评价(Tp)
			詹森指数评价(Jp)
			非系统风险控制能力评价
	组织、控制和激励		法人治理结构是否完善
			是否具有完整有效控制的内控系统与内控制度
			是否具有高效率的业务模式与业务流程
			是否具有高效率的激励机制

表 7-33　　　　　　　　　　　　证券公司成长指标体系　　　　　　　　　　　　单位:%

评价指标体系		指标名称
公司成长	财务成长能力	总资产增长率
		主营业务收入增长率
		净利润增长率
	发展潜力	协同市场发展的综合能力
		研究机构的综合实力
		公司人才储备
	创新能力	企业制度的创新能力
		法人治理结构创新能力
		管理与组织创新能力
		投资新产品开发能力

表 7-34　　　　　　　　　　　　证券公司声誉指标体系　　　　　　　　　　　　单位:%

评价指标体系		指标名称
公司声誉	资本市场上的知名度	公司品牌知名度
		市场影响力
		公司业务在市场排名
	财务状况信用	公司信用等级
		银行信用评级
	市场主体对公司的声誉评价	投资者评价
		客户评价
		市场中介评价

1. 证券公司风险综合评价

由于不同风险在管理目标、管理手段等方面差异较大,全部风险可归纳为两种基本类型:系统风险与非系统风险。其中,系统风险主要指市场风险,是公司自身不可避免和减少的,管理的目标是通过有效跟踪和科学决策尽量减少损失;非系统风险包括信用风险、流动性风险、操作风险和法律风险,其与公司内部管理水平密切相关,管理的基本目标是通过定期考核检查,人为避免或减少潜在损失。在风险综合评价和预警过程中,要把两类风险分开处理。

(1)系统风险的综合评价。对系统风险的综合评价,事实上是在拟合各种资产损失联合分布的条件下,计算损失和的 VAR 值。当自营或委托各项资产价格与大盘同步从而正相关时,自营、委托资产管理可采用近似计算公式:

$$S_1 = \sum I \times S_{1i} \qquad (7-8)$$

自营与经纪(二级市场)业务由于面临同一市场,风险影响因素价格与交易量的变化趋势通常是同步的。例如,价格升高,则市场买卖活跃,交易量随着增加;反之,则减少。我们对上证交易所 A 股近三年各月末成交量与上证指数的简单相关分析,支持了这一观点。在这种情况下,两类 VAR 可以简单相加,得系统风险综合评价值:

$$S = S_1 + S_2 \qquad (7-9)$$

S 值以 95% 的置信程度反映了自营、委托管理和经纪业务面临的未来市场风险总损失(S 小于 0 时为净收益)。其与一定周期内的自营、委托与经纪业务总成本相对比,反映预期投入产出比例,既可以作为单个证券公司系统风险动态分析的综合指标,也可作为某一时点各证券公司系统风险比较分析的标准参数。

(2)非系统风险的综合评价。采用层次分析法对非系统风险进行综合评价。为使指标能在一个平台上进行比较,先将一些基础指标统一转化成 5 分制,正向指标(越大越好)和逆向指标(越大越不好)转化公式为:

$$某指标得分 = \frac{该指标实际值 - 同行业该指标最低值}{同行业该指标最高值 - 同行业该指标最低值} \times 5 \qquad (7-10)$$

$$某指标得分 = \frac{同行业该指标最高值 - 该指标实际值}{同行业该指标最高值 - 同行业该指标最低值} \times 5 \qquad (7-11)$$

整理后的指标均为正向指标,在四层次评分体系中 α 为权数。

按照层次分析法,每一层次的风险得分等于其直接子层所有指标得分的加权平均值。最高层次的权重设为 1,之后按下一层次对上一层次指标的直接影响程度,逐层分解权重。对某个层次上的权重分配可运用主观两两比较法,通过专家咨询获得。

资产风险评估的主要指标有:

①安全性指标：对外担保比例占资本总额的比例不得超过100%；自营股票余额占资本总额的比例不得超过30%，自营债券余额占资本的比例不得超过50%等。

②流动性指标：流动资产余额占资本总额的比例不得低于25%；长期投资余额占资本的比例不得超过30%。

③盈利性指标：包括资产收益率、资本收益率等。

2. 证券公司内部风险指标体系

该指标体系主要适用于可度量风险的识别和评估，可度量风险的指标体系分为两个层次：一是公司层次上的，反映这个公司的整体风险情况，作为一级指标；二是各个业务部门的风险指标，作为二级指标。

(1) 一级指标体系。

①资本充足率指标：

$$资产负债率 = \frac{负债期末余额}{资产期末余额} \qquad (7-12)$$

$$资产权益率 = \frac{净资产期末余额}{总资产期末余额} \qquad (7-13)$$

②流动性风险度量指标：

$$流动比率 = \frac{流动资产期末余额}{流动负债期末余额} \qquad (7-14)$$

$$速动比率 = \frac{流动资产 - 应收账款}{流动负债期末余额} \qquad (7-15)$$

$$固定资本比率 = \frac{固定资产期末净值 + 期末在建工程}{所有者权益} \qquad (7-16)$$

③市场风险度量指标：

$$权益类自营比率 = \frac{权益类自营证券期末余额}{所有者权益} \qquad (7-17)$$

$$委托资产倍率 = \frac{委托资产账户购入的权益类证券的期末余额}{所有者权益} \qquad (7-18)$$

④风险资产指标：

$$应收账款比率 = \frac{应收账款总额}{资产总额} \qquad (7-19)$$

$$未变现投资与未销售证券比率 = \frac{未变现投资金额 + 未销售证券金额}{股东权益} \qquad (7-20)$$

$$风险投资比率 = \frac{风险投资额}{长期投资额} \qquad (7-21)$$

$$或有债务比率 = \frac{或有债务}{总资产} \qquad (7-22)$$

(2)二级指标体系。根据不同业务部门,设定不同二级指标,主要反映各部门的可度量风险。

①证券自营部门和投资管理部门的主要监控指标:

$$流动资产比率 = \frac{现金 + 国债}{自营资产总值} \quad (7-23)$$

$$单一证券投资比率 = \frac{在单一证券品种上的投资金额}{自营资产总额} \quad (7-24)$$

$$单一证券投资占比率 = \frac{持有单一证券数量}{该品种流通份额总量} \quad (7-25)$$

②经纪业务主要监控指标。主要有以下指标:代理交易赔偿率、交易出错率、内部拆入资金占营运资金比率、代买卖证券上存比率、违规代客理财资金占营运资金比率、担保资金占营运资金比率。

③承销业务主要监控指标。主要有以下指标:承销股票收益率、承销债券未兑付率、包销留存证券比率、核心项目人员流失比率、过桥贷款逾期比率、项目内核未通过比率。

④计划资金部监控指标。主要有以下指标:流动比率、营业现金流比率、自有资金拆出比率、内部拆借资金逾期率。

第七节　信托统计

一、信托概述

(一)信托的定义

信托是委托人基于对受托人的信任,将其财产权委托给受托人,由受托人按委托人的意愿,以自己的名义,为受益人的利益或特定目的进行管理和处分的行为。

信托是一种理财方式,是一种特殊的财产管理制度和法律行为,同时又是一种金融制度。信托与银行、保险、证券一起构成了现代金融体系。

信托业务是一种以信用为基础的法律行为,一般涉及三方面当事人,即投入信用的委托人、受信于人的受托人,以及受益于人的受益人。

(二)信托的类型

(1)按所托资产分类,信托可分为资金信托、动产信托、不动产信托、其他财产信托。

(2)按信托目的、受托人行为分类,信托可分为担保信托、管理信托、处分信托。

(3)按委托人数量、是否集合社会公众财产分类,信托可分为单一信托和集合信托。

(4)按信托资金的使用分类,信托可分为贷款类信托、股权投资类信托、权益投资类信托。

(5)按信托公司管理模式分类,信托可分为通道类信托、被动管理型信托、主动管理型信托。

(三)信托的基本要素

1. 信托主体

(1)委托人,是信托关系的创设者,指定受托人并有权监督受托人实施信托。

(2)受托人,承担管理、处分信托财产的责任,依照信托文件的规定管理信托财产。

(3)受益人,即信托中享有信托受益权的人。公益信托的受益人是社会公众。

2. 信托客体

信托客体是信托财产,是委托人自由的、可转让的合法财产。信托财产具有独立性,委托人、受托人、受益人的一般债权人不能追及信托财产,对信托财产不得强制执行。

二、信托的功能和作用

(一)保障财产安全

将资产交由信托机构管理,相当于将资产的风险转移给了信托机构,从而可以保护资产的安全,降低资产遭受损害的风险性。

(二)促进家族财富的长期传承

信托使家庭财富可以得到长期稳定的利益,可以帮助家族实现财务的传承。

(三)为法律事务提供方便

信托可以为各种法律事务提供方便,如财产分配、家族财富传承等,有效地解决相应的纠纷和争议。

(四)风险管理和风险处置

信托公司通过风险处置服务信托、房地产投资信托基金(REITs)和资产管理产品等形式,参与化解金融风险,特别是在房地产和地方政府债务领域。

(五)创新和特色化服务

信托公司通过创新制度工具,解决公共领域中的难题,提供差异化的一揽子信托解决方案,满足客户在科技金融、绿色金融、普惠金融、养老金融、数字金融等领域的需求。

三、信托三分类

2023年3月20日,中国银保监会下发《中国银保监会关于规范信托公司信托业务分类的通知》(银保监规〔2023〕1号),将信托公司业务分为资产服务信托、资产管理信托、公益慈善信托三个大类,共25个业务品种(详见表7-35)。

表7-35　　　　　　　　　　信托公司信托业务新分类

服务实质＼业务品种	是否募集资金	受益类型	主要信托业务品种	
资产服务信托业务	不涉及	自益或他益	财富管理服务信托	家族信托
				家庭服务信托
				保险金信托
				特殊需要信托
				遗嘱信托
				其他个人财富管理信托
				法人及非法人组织财富管理信托
			行政管理服务信托	预付类资金服务信托
				资管产品服务信托
				担保品服务信托
				企业/职业年金服务信托
				其他行政管理服务信托
			资产证券化服务信托	信贷资产证券化服务信托
				企业资产证券化服务信托
				非金融企业资产支持票据服务信托
				其他资产证券化服务信托
			风险处置服务信托	企业市场化重组服务信托
				企业破产服务信托
			新型资产服务信托	
资产管理信托业务	私募	自益	集合资金信托计划	固定收益类信托计划
				权益类信托计划
				商品及金融衍生品类信托计划
				混合类信托计划
公益慈善信托业务	可能涉及募集	公益	公益慈善信托	慈善信托
				其他公益信托

(一)资产服务信托

资产服务信托是指信托公司依据信托法律关系,接受委托人委托,并根据委托人需求为其量身定制财富规划以及代际传承、托管、破产隔离和风险处置等专业信托服务。按照服务内容和特点，资产服务信托分为财富管理服务信托、行政管理服务信托、资产证券化服务信托、风险处置服务信托及新型资产服务信托五类，共 19 个业务品种。

（二）资产管理信托

资产管理信托是指信托公司依据信托法律关系，销售信托产品，并为信托产品投资者提供投资和管理金融服务的自益信托。资产管理信托属于私募资产管理业务，适用《指导意见》。信托公司应当通过非公开发行集合资金信托计划（以下简称信托计划）募集资金，并按照信托文件约定的投资方式和比例，对受托资金进行投资管理。信托计划投资者须符合合格投资者标准，在信托设立时既是委托人也是受益人。依据《指导意见》规定，资产管理信托分为固定收益类信托计划、权益类信托计划、商品及金融衍生品类信托计划和混合类信托计划共四个业务品种。

（三）公益慈善信托

公益慈善信托是指委托人基于公共利益目的，依法将其财产委托给信托公司，由信托公司按照委托人意愿，以信托公司名义进行管理和处分，开展公益慈善活动的信托业务。公益慈善信托的信托财产及其收益不得用于非公益目的。公益慈善信托按照信托目的分为慈善信托和其他公益信托两个业务品种。

四、信托市场现状

（一）信托资产规模稳中有升

2023 年，中国信托市场经历了一系列重要的变化。根据中国信托业协会的数据，截至 2023 年第三季度末，全行业的信托资产规模余额达到了 22.64 万亿元人民币，较年初增加了 1.5 万亿元，实现了 7.12% 的增幅。这一数据标志着信托行业规模基本稳定并且适度上升。

（二）经营业绩呈现下滑趋势

2022 年，信托公司业绩呈现一定的下滑趋势。平均来看，信托公司实现的营业收入约为 14.41 亿元人民币，较前一年的 18.03 亿元下降了 20.07%。同样，利润总额和净利润也分别下降了 21.25% 和 21.27%，反映出信托行业在经营上面临不小的挑战。

（三）新规定提出新的规范要求

为了规范信托公司的业务运作，2023 年 3 月 20 日，中国银保监会发布了《中国银保监会关于规范信托公司信托业务分类的通知》（银保监规〔2023〕1 号），并于 2023 年 6 月 1 日起正式实施。这一新规明确了信托业务分类，对信托公司运营提出了新的要求。此外,为了优化信托公司的跨区域经营模式,2023年3月28日,中国银保监会又发布了《中国银保监会关于规范信托公司异地部门有关事项的通知》(银保监规〔2023〕3号)。该通知要求信托公司在2025年底前完成管理总部的回迁方案,以此强化信托公司的管理效率和服务质量。

(四)风险处置服务成效显著

在风险处置方面,信托行业在2022年展现了显著的成效,风险处置服务信托业务的规模约为1.5万亿元。预计到2030年,市场化重组和破产服务信托的市场需求将达到10万亿元,显示出信托行业在风险管理和处置方面的巨大潜力。国家金融监督管理总局于2023年11月发布的《信托公司监管评级与分级分类监管暂行办法》为信托公司的监管评级和业务监管提供了新的框架。这一办法的实施,有助于强化信托公司的风险管理和行为管理,推动行业的健康和可持续发展。

关键概念

证券　有价证券　证券市场　股票　股票市场　普通股　A股　B股　优先股　债券　债券市场　国债　金融债券　企业债券　证券投资基金　基金管理公司　期货　商品期货　金融期货　期货交易所　期货经纪商　证券交易所　证券登记结算公司　证券公司　综合类证券公司　经纪类证券公司

学习小结

证券是各类财产所有权和债券凭证的统称,它包括股票、债券、证券投资基金等。根据各类证券的主体不同,证券期货市场包括股票市场、债券市场、基金市场、期货市场以及各种中介机构。

股票市场是股票发行和交易的市场,具体分为发行市场(即初级市场)和流通市场(二级市场)。股票包括普通股票和优先股票。普通股票是典型意义上的股票,具体还包括A种股票、B种股票,以及H股、N股等。

债券市场的运作与股票市场相似,也分为初级和二级市场。在我国,国债的发行占据了债券市场的很大份额,金融债和企业债的发展相对缓慢。

证券投资基金是一种集合投资方式,为中小投资者提供了一种经济适用的投资工具。其中,开放型基金由于它的灵活性,已经显示出越来越大的活力。

期货市场是经济发展到一定阶段的产物,我国的期货市场经过了十几年的发展,如今已经具备一定的规模,目前,全国分别在上海、大连和郑州设有三个期货交易所。

证券期货市场的发展离不开中介机构的活动,主要包括证券公司、交易所、基金管理公司等。证券期货市场中介机构发展水平也是金融业成熟的一个重要标志。

课堂测试题

1. 简述证券市场的基本功能及其在现代经济体系中的作用。
2. 股票市场统计通常包括哪些关键指标？它们如何反映市场的整体表现？
3. 债券市场统计对于投资者和政策制定者有何重要意义？
4. 证券投资基金市场统计数据如何帮助投资者做出更明智的投资决策？
5. 期货市场统计在风险管理和价格发现方面扮演什么角色？
6. 证券期货市场中的中介机构有哪些类型？它们在市场中有什么作用？
7. 信托三分类的实行给信托市场带来怎样的影响？

课后练习题

一、名词解释

1. 证券期货市场
2. 股票市场统计
3. 债券市场统计
4. 证券投资基金
5. 期货市场
6. 证券期货市场中介机构
7. 信托三分类

二、单项选择题

1. 按照性质不同，证券可分为（　　）。
   A. 上市证券和非上市证券
   B. 政府证券、金融证券和公司证券
   C. 固定收益证券和变动收益证券
   D. 证据证券、凭证证券和有价证券

2. 狭义的有价证券是指（　　）。
   A. 商品证券　　　B. 货币证券　　　C. 资本证券　　　D. 资产证券

3. 银行汇票属于（　　）。
   A. 商品证券　　　B. 货币证券　　　C. 资本证券　　　D. 资产证券

4. 商业证券属于（　　）。
   A. 商品证券　　　B. 货币证券　　　C. 资本证券　　　D. 资产证券

5. 按照证券市场的职能，证券市场可分为（　　）。
   A. 证券发行市场和证券流通市场
   B. 股票市场、债券市场和基金市场等
   C. 场内市场和场外市场

D. 店头市场和店外市场

6. 按照股东承担风险与享有权利的大小,股票可分为( )。

   A. 普通股和优先股　　　　　　　　　B. 记名股票和不记名股票
   C. 有面值股票和无面值股票　　　　　D. A股、B股、H股等

7. 我国规定,国家股和法人股占总股本的( )。

   A. 60%以上　　　B. 70%以上　　　C. 80%以上　　　D. 90%以上

8. 根据股票认购的对象不同,股票的发行方式可分为( )。

   A. 公募发行和私募发行　　　　　　　B. 直接发行和间接发行
   C. 境内发行和境外发行　　　　　　　D. 平价发行和降价发行

9. 柜台市场属于( )。

   A. 场内市场　　　B. 场外市场　　　C. 第三市场　　　D. 第四市场

10. 上证A股指数以什么日期作为基期?( )。

    A. 1990年12月19日　B. 1990年12月21日　C. 1992年2月19日　D. 1992年2月21日

11. 深圳成分指数以什么日期为基期?( )。

    A. 1992年2月21日　B. 1994年7月20日　C. 1995年1月23日　D. 1996年7月1日

12. 按照债券发行的形态分类,债券可分为( )。

    A. 政府证券、金融债券和公司债券　　B. 单利债券、复利债券和贴现债券
    C. 固定利率债券和浮动利率债券　　　D. 实物债券、凭证债券和记账式债券

13. 根据我国的证券信用评级标准,某公司的级别为B,表明( )。

    A. 该级别为投资类,偿付能力脆弱,投资风险较大
    B. 该级别为投资类,偿付能力较高,投资风险较低
    C. 该级别为投机类,偿付能力低,投资风险大
    D. 该级别为投机类,偿付能力很低,投资风险很大

14. 为了保证资金的安全性和盈利性,应当选择( )。

    A. 成长型基金　　B. 收入型基金　　C. 平衡型基金　　D. 封闭性基金

15. 我国基金的年托管费率为基金资产净值的( )。

    A. 2.5%　　　　　B. 1.5%　　　　　C. 1%　　　　　　D. 0.25%

16. 股指期货最先产生于( )。

    A. 芝加哥期货交易所　　　　　　　　B. 芝加哥商品交易所
    C. 纽约商业交易所　　　　　　　　　D. 纽约期货交易所

17. 关于我国证券或者期货交易所的组织形式,下列说法正确的是( )。

    A. 证券交易所采用会员制,期货交易所采用公司制
    B. 证券交易所采用公司制,期货交易所采用会员制
    C. 均采用会员制
    D. 均采用公司制

18. ( )属于证券公司内部风险指标体系中的二级指标。

    A. 资产负债率　　B. 流动比率　　　C. 风险投资比率　D. 承销股票收益率

三、多项选择题

1. 证券的票面要素包括( )。
   A. 持有人　　　B. 标的物　　　C. 标的物的价值　　　D. 持有人的权利

2. 下列选项属于商品证券的有( )。
   A. 提货单　　　B. 运货单　　　C. 仓库栈单　　　D. 商业本票

3. 证券市场的主体包括( )。
   A. 企业　　　B. 金融机构　　　C. 官方机构　　　D. 居民个人

4. 下列选项属于证券市场客体的是( )。
   A. 货币　　　B. 股票　　　C. 债券　　　D. 期货

5. 下列选项属于证券市场中介机构的是( )。
   A. 中国证券监督管理委员会　　　B. 证券交易所
   C. 证券登记结算公司　　　D. 证券公司

6. 股票间接发行的方式包括( )。
   A. 全额包销　　　B. 余额包销　　　C. 代销　　　D. 直销

7. 股票的发行价格可分为( )。
   A. 平价发行　　　B. 时价发行　　　C. 中间价格发行　　　D. 折价发行

8. 我国目前发行的债券有( )。
   A. 国债　　　B. 地方政府债券　　　C. 金融债券　　　D. 企业债券

9. 关于我国债券的发行方式,下列说法正确的有( )。
   A. 发行量大、信用水平高的发行主体,一般采用公募发行方式
   B. 知名度低、信用水平低的公司一般采用私募发行方式
   C. 我国的企业债券可以直接发行方式
   D. 我国的企业债券只能间接发行方式

10. 证券投资基金的特点有( )。
    A. 集合投资　　　B. 集中风险　　　C. 分散风险　　　D. 专家理财

11. 关于证券投资基金的类型,下列说法正确的有( )。
    A. 根据基金的组织形式的不同,基金可分为封闭式基金和开放式基金
    B. 国外发行的证券投资基金大部分是开放式基金
    C. 英国、日本的基金多数是契约型基金
    D. 美国的基金多为公司型基金

12. 我国法律规定:( )。
    A. 基金收益的分配比例不低于基金净收益的95%
    B. 分配形式为现金分配或者以证券的形式分配,每年至少分配一次
    C. 基金当年收益应先弥补上年亏损后才能进行分配
    D. 基金收益分配后,基金单位净值不能低于面值

13. 期货合约约定了交易标的的( )。
    A. 数量　　　B. 质量　　　C. 交易时间与地点　　　D. 交易价格

14. 下列选项属于金融期货的有( )。

A. 黄金期货　　　　B. 利率期货　　　　C. 货币期货　　　　D. 股指期货

15. 期货市场的功能有（　　）。

A. 转移价格风险　　　　　　　　　　B. 消除价格风险

C. 进行风险投资，获取风险收益　　　D. 价格发现

16. 期货交易的主体包括（　　）。

A. 套期保值者　　　B. 投机者　　　　C. 期货交易所　　　D. 期货经纪公司

17. 我国设立期货交易所的条件包括（　　）。

A. 从业人员素质高，至少有10名以上从事期货交易3年以上的管理人员

B. 至少50个会员

C. 标准化期货合约交易额占该交易所总交易额的95%以上

D. 标准化期货合约的实物交割率月平均在5%以下

18. 下列选项属于期货交易所会员大会职责的有（　　）。

A. 审议修改章程、管理细则和实施办法

B. 审议工作报告和财务报告

C. 讨论交易所的重大举措

D. 确定交易所的主要政策方针

19. 目前，我国的期货交易所包括（　　）。

A. 大连商品交易所　　B. 上海期货交易所　　C. 郑州商品交易所　　D. 深圳期货交易所

20. （　　）属于证券期货市场的中介机构。

A. 证券交易所　　　B. 证券结算公司　　　C. 期货交易所　　　D. 中国证监会

21. 证券登记结算公司办理（　　）业务。

A. 交易　　　　　　B. 登记　　　　　　C. 存管　　　　　　D. 结算

22. 证券公司的功能有（　　）。

A. 媒介资金供需　　B. 构造证券市场　　C. 优化资源配置　　D. 促进产业集中

23. 证券公司的主要业务包括（　　）等。

A. 承销　　　　　　B. 经纪　　　　　　C. 结算　　　　　　D. 投资咨询

24. 证券公司的统计指标体系包括（　　）等。

A. 财务评价统计指标体系　　　　　　B. 经营管理统计指标体系

C. 成长与声誉统计指标体系　　　　　D. 风险统计指标体系

25. 关于证券公司资产风险评估安全性与流动性指标的标准，下列说法正确的是（　　）。

A. 对外担保比例占资本总额的比例不得超过80%

B. 自营股票余额占资本总数的比例不得超过50%

C. 长期投资余额占资本的比例不得超过30%

D. 流动资产余额占资本总额的比例不得低于25%

四、简答题

1. 什么是有价证券？它有哪些种类？

2. 证券市场主体和客体分别包括哪些内容？

3. 什么是股票？它有哪些特征和种类？
4. 什么是普通股票？它与优先股票有哪些区别？
5. 股票在发行时采用什么价格？我国当前发行股票时能采用什么价格？
6. 股票的场外交易和场内交易有哪些区别？试列举世界上几个场外交易市场。
7. 什么是债券？它与股票有哪些联系和区别？
8. 我国债券有哪些信用评级标准？
9. 什么是证券投资基金？它与股票和债券有何关系？
10. 什么是开放型基金和封闭型基金？它们的区别是什么？
11. 基金有哪些收益项目？如何对收益进行分配？
12. 什么是期货？期货市场有哪些功能？
13. 在证券期货市场上有哪些中介机构？
14. 我国证券公司有综合类和经纪类两种，请说出它们有哪些不同。综合类证券公司成立有哪些条件？它主要经营哪些业务？

拓展阅读

第八章　保险统计

思维导图

📅 **学习目标**

1. 知识目标

了解保险统计的意义与任务；掌握保险业务基本统计指标和主要分析指标；熟练运用财产保险统计指标和人寿保险统计指标；熟悉再保险业务的统计与分析。

2. 能力目标

掌握财产保险的分类、保费计算、风险评估等统计方法，并能对相关数据进行分析和解释；能够运用所学的保险统计知识，对保险产品的设计、定价、风险管理等方面提供决策支持。

3. 思政目标

深刻理解保险在促进经济社会发展和实现共同富裕中的作用，强化法治意识和诚信意识，提升职业道德和服务意识。

第一节　保险统计概述

一、保险统计的意义与任务

保险统计，就是关于保险业务经营活动的统计，一般分为保险业务统计和保险数理统计两部分。保险业务统计是保险公司开办各种保险业务和开办各种预防灾害活动的统计。它是以统计学的原理和方法，对国家保险机构业务活动作全面、准确、及时、系统的调查，从数量上进行深入的分析研究。主要内容有保险险种统计、保险保额与保费统计、保险赔付情况统计等。保险数理统计是指用数理统计方法，计算和分析由于灾害和意外事故所造成的损失的频率及其原因。如根据人口资料编制保险生命表等。本书主要研究保险业务统计。

(一)保险统计的主要意义

(1)通过保险统计,反映出保险业的快速发展,从而使保险业备受关注。近些年来,我国保险业快速发展,保险的发展已经深入到家庭、企业和社会经济的各个方面。如表8—1所示,2023年我国的保险业经营数据比2021年明显增长了很多。

表8—1　　　　　　2021—2023年我国保险业经营数据比较　　　　　　单位:万元

	2021年	2022年	2023年
原保险保费收入(万元)	18 781 062	2 009 036.64	21 180 620
1. 财产险	3 797 602	792 374.11	4 629 676
2. 人身险	14 983 460	1 216 662.53	16 550 943
(1)寿险	10 869 426	828 754.25	11 934 662
(2)健康险	3 685 645	333 792.66	4 262 718
(3)人身意外伤害险	428 390	54 115.61	353 563
保险金额(万元)	29 052 583 868	6 576 631 987.88	54 218 810 649
保单件数(万件)	58 097	8 615.45	100 608
原保险赔付支出(万元)	5 773 354	819 182.52	7 610 879
1. 财产险	2 473 447	508 373.6	3 106 028
2. 人身险	3 299 907	310 808.92	4 504 852
(1)寿险	1 514 196	133 434.96	2 480 221
(2)健康险	1 655 874	163 960.49	1 882 386
(3)人身意外伤害险	129 837	13 413.46	142 244
业务及管理费(亿元)	5 225	5 239	—
银行存款(亿元)	26 179	28 348	27 243.4
投资(亿元)	120 188	134 359	158 935
资产总额(亿元)	248 874	271 467	299 573

资料来源:根据中国保险行业协会官方网站(https://www.iachina.cn)数据整理。

(2)保险统计是研究分析国家保险企业经营管理活动及其运动发展规律的工具,是保险企业一项重要的基础工作和计划管理的一个重要手段。

(3)保险业务涉及社会现象的各个方面,渗透在国民经济的生产、流通、分配、消费和人民生活等各个领域。保险统计通过分析社会各方面对保险的不同需要,为社会提供各种不同的保险服务。

(4)保险统计研究分析各种自然灾害和意外事故对社会所造成的破坏,以及发生的规模和频率、受损范围和程度,人们可能采取的各种防范措施及其效果等。

(5)研究分析保险通过经济补偿,使企业恢复生产和保障人民安定生活的社会经济效益。

(二)保险统计的任务

(1)研究保险统计指标体系以及各种统计指标的计算方法和分析方法。保险统计应明确提出反映保险状况的统计指标体系是什么,其中包括哪些主要指标,并对各指标的含义、计算范围、计算方法和分析方法给予科学的说明和论证,从而为科学地利用这些指标来全面、系统、准确地反映国家保险状况提供依据。

(2)分析一定时期内国家保险计划执行情况。这里只研究如何分析国家保险计划执行情况的统计方法论。

(3)分析国家保险事业发展的变动趋势和规律性。任何事物都有自己的发展变化特征,国家保险事业也是如此。保险统计不是从理论上对保险事业特征做出本质的说明和理论探讨,而是从数量方面来描述国家保险事业发展变动状况及其变动规律性的数量表现。

(4)对国家保险状况进行统计预测。事后统计、事前预测是统计工作的两项重要任务。保险统计要根据保险业务发展的现状,变动规律性的数量表现,结合国民经济发展、保险业务长期计划的主要方向和目标,研究用什么样的科学的预测方法进行预测。

二、保险业务常用的基本概念

保险是以合同的形式确立双方的经济关系,集合多数单位或个人,用科学的方法,共同聚资,建立专用基金,对遭遇约定的灾害事故所致的损失或约定事件的发生进行经济补偿或给付的一种经济形式。

保险业务活动主要涉及以下几个基本概念:

(一)保险标的

保险标的是保险关系双方当事人权利和义务的共同指向,也就是指保险合同载明的投保对象,或者是保险保障的对象。保险标的的价位一般是进行保险估计和确定保险金额的依据(人身保险除外)。

(二)保险人

保险人也称承保人,是指订立保险合同的一方当事人,它是经营保险业务的组织,是收取保险费并按照保险合同的规定负责赔偿损失或履行给付义务的人。目前世界各国的保险人概括而言主要有以下几种形式:国有保险、私营保险、个人保险、合作保险。

(三)投保人

投保人是指向保险人申请订立保险合同,并负有交付保险费义务的人。投保人又称要保人,他可以是法人,也可以是自然人,但均须对保险标的具有可保利益。投保人的法定资格是要有权利能力和行为能力,否则,其订立的保险合同是无效的。

(四)被保险人

被保险人也称保户,是指受保险合同保障的人。当保险事故发生后有权按照保险合同的规定,向保险人请求赔偿或领取保险金的人。

被保险人与投保人的关系有两种:一种是投保人为自己的利益而签订保险合同,这时投保人即为被保险人;另一种是投保人为他人的利益而签订保险合同,这时两者为不同的人。

(五)保险单

保险单简称保单,它是投保人与保险人之间订立的正式保险合同的书面凭证。保险单必须明确完整地载明保险合同的全部内容,明确双方当事人的权利和义务。保险单是被保险人在保险标的遭受意外事故而发生损失时向保险人索赔的主要凭证,同时也是保险人向被保险人赔偿的主要依据。

(六)保险价值

保险价值是指保险标的价值。在一些财产保险合同中,被保险人与保险人共同约定在保险中得到反映的保险标的价值。通常保险标的价值应该相当于保险标的实际价值(市价)。

三、保险业务基本统计指标及案例

(一)保险业务基本统计指标

1. 承保数量

承保数量是指承保人承保保险标的的数量,统计时有以下几点规定:

(1)凡承保标的不同、计量单位不同的,不统计该项指标的合计数。

(2)承保数量的计量单位按承保对象确定,如企财险、家财险按户计量,运输工具按辆、艘、架等计量,非按户投保的专项企财险、家财险应分别统计。

(3)承保数量不同于签发保单的份数,一张保单可承保若干标的。

(4)由于承保数量是按险种统计的,当一个标的同时投保若干险种时,就被重复统计若干次,这种情况在人身保险中较为常见。

(5)保险责任开始后办理减保或退保的,统计时承保数量不减;加保,如不是另加标的数量,承保数量不加,若加保增加标的数量,承保数量照加;以保户储金利息作为保费的长效保险业务,应按条款规定的责任期限分期重复统计。

2. 承保金额

承保金额即被保险人对保险标的实际投保金额,是保险人计算保险费的依据和承担保险的补偿责任的最大限额，简称保额。财产险的保额既综合性地反映了保险业务的规模、广度，也是风险积聚程度的重要标志。结合赔款计算的损失率是制定费率的重要依据，统计时有以下两种规定：

（1）除有特殊规定外，均按承保数计算，保险责任开始后的减保及退保，保额不作减退；加保，无论标的数量增加与否，保额均随其增加，发生赔款后，原保额不减少。

（2）长期寿险业务不统计保额，人身意外伤害险和责任险等以保单签订的最大赔付款作为统计依据，其他损失险以投保金额为依据。凡是附加险的保额一般不统计。以储金利息作为保费的长效损失险应按责任期限重复统计保额。

3．保费收入

保险公司按保单规定，承担风险责任所相应取得的收入，是保险基金的主要来源，结合保额计算的费率是业务管理的重要内容之一，结合赔款计算的赔付率是反映保险公司经营效益的重要指标。保费所反映的数字应为保费数减去按规定减收、折扣和各种优待款后的数字。国内业务保费以人民币计算，涉外业务保费以美元计算。对保费收入的统计有以下规定：

（1）直接收取保费的业务，均以签单数为准，在保单生效的同时，一次统计入账，但是按条款规定，按月（季、年）缴纳保费的业务，则按月（季、年）统计。

（2）以保户储金的利息作为保费的长期业务，应在保单生效时以计算所得和利息额作为保费收入统计，并按责任分期计算，按期分别统计。

（3）保户中途加保，应相应增加保费收入；减保与退保（寿险业务除外）均应减少保费收入，以负数冲减（但隔年的保单不能冲减）。

（4）寿险类业务的保费收入按实收数统计，这是因为寿险大多采用分期缴费方式，逾期不缴时，保险公司不再承担保险责任，故也不存在应收保费。

4．储金

储金是被保险人交到保险公司的一定数量的存款金额。保险公司以存款利息作为保费收入，保险期内不论被保险人是否得到赔款，到保险期满时退还被保险人全部保险存款金额。储金统计应在报单生效、统计保费收入的同时，按发生额统计入账；长效业务的储金，按保险责任分期、分别重复统计发生额，满期还本时，不减少发生额，统计在给付款指标中并冲减保户储金余额。

5．赔案件数和赔款

赔案件数是指发生保险事故后，按保险合同规定，由保险公司补偿被保险人经济损失的事故次数。每一保险标的发生赔案，就统计为一件赔案；若一份保单承保的若干保险标的发生赔案，就统计为若干件赔案。经业务人员理赔定损，确定保险公司应支付的赔款金额即为赔款，但此项赔款不可超过合同规定的保险金额或保险人所承保的比例,也不能高于被保险人实际所受的损失。赔案和赔款在统计上分为已决赔案、未决赔案和已决赔款、未决赔款。保险期内发生损失,已结束并给付赔款的称已决赔案和已决赔款,统计时无论哪年承保的业务和发生的损失,凡在本期支付赔款并结案的,均统计在本期内。保险期内发生赔案,但尚未处理或尚未确定赔款金额的赔款称作未决赔案或未决赔款,未决赔款平时不予统计,期末按估计金额作一次性统计。

6. 给付

给付是指人身保险业务按保单规定,由保险公司支付给投保方的非损失补偿支出,如寿险类业务中的满期给付、养老金给付、教育金给付等。储金性业务到期归还的储金,也统计在给付指标中。

7. 业务量统计

业务量统计即统计期内签订的有效保单份数。团体投保人身险、家财险等,按一份保单计数,退保不减,加保增加,长效不重复统计。

8. 保险险种统计

保险有基本险和附加险两种形式。基本险有完整的条款,独立的保险对象,严格的保险责任范围;附加险是基本险保险范围、保险责任的扩大或特约,无独立的标的。统计时,按财产险、人身险、责任险、信用险分成四类,再分别统计其基本险、开办种类数。

9. 机构数统计

保险机构数是指分支机构和代理网点的数量,反映公司经营规模的状况。代理网点分专职代理和兼职代理两类。

10. 机构人员统计

保险机构人员是指公司本部及所属分支机构的所有在编人数(以人事部门的认可为准),是考核、管理业务的重要数据之一。

表8—2　　　　　××年在华外资寿险公司机构、人员发展情况一览表填报　　　　单位:个,人,%

项　目	××年	××年	××年
一、下设分支机构(含筹建)			
其中:筹建机构数			
二、员工总数(含营销员)			
(一)高管人员			
其中:从事保险工作10年以上(含10年)			
(二)中层干部			
其中:从事保险工作10年以上(含10年)			
(三)一般员工			

续表

项　目	××年	××年	××年
（四）保险营销员			
其中：大学以上（含大学）			
大专			
其中：持证上岗人数			
三、保险营销员持证率			
四、保险营销员活动率			
五、保险营销员新人流失率			
六、客户来电来访中投诉率			
七、客户电话回访满意率			
八、保险营销员人均产能（元）			

注：各公司可按成立时间先后自行增减列。

（二）保险业务基本统计指标实务——中国保险市场经营状况分析

1. 保险市场主体情况[①]

"受资本市场与金融市场环境影响，2023年，保险资金年化财务收益率逐季下降，全年投资收益同比下降。"北京大学中国保险与社会保障研究中心专家委员会委员朱俊生对《证券日报》记者表示。

在2023年度业绩发布会上，新华人寿保险股份有限公司副总裁、总精算师龚兴峰坦承："2023年，投资市场的波动给寿险业上了一堂生动的利差损风险课。"基于对未来走势的判断，上市保险企业纷纷对长期投资回报率假设和风险贴现率假设进行了不同程度的下调。

从投资收益角度来看，2023年，上市保险企业的总投资收益合计3 844.70亿元，同比下降约15%。从固收市场看，以10年期国债为代表的利率中枢水平整体下行，10年期国债到期收益率由2022年初的2.83%下降至2023年底的2.56%；信用风险隐患依然较大；配置型的优质资产依旧稀缺。从权益市场来看，2023年，沪深300指数全年下跌约11.4%，第一季度市场回暖，此后大盘震荡下行且风格快速轮换，对保险资金投资形成不小挑战，投资收益率逐季下降。而权益投资正是关系着保险资金投资收益的"关键少数"。

2. 保险业务经营情况

(1)原保费收入增长明显放缓，产寿险增速分化。

[①] 中国经济网，https://baijiahao.baidu.com/s? id=1794914885252412037&wfr=spider&for=pc。

原保费收入增速明显放缓。2023年,保险业保持较快发展,但增速明显放缓。行业共实现原保险保费收入51 247亿元,较上年同期增加4 290亿元,按可比口径,行业汇总原保险保费收入同比增长9.13%,原保险赔付支出增长21.94%。

人身险原保费收入增速大幅下滑,这也是造成保险业原保费收入增速明显放缓的主要原因。2023年,人身保险业务原保险保费收入37 639.73亿元,较上年同期增加3 394.73亿元。

2023年,财产保险公司保费收入15 868亿元,同比增长6.73%,增长态势较弱。财产保险业务原保险保费收入13 606.98亿元,同比增加894.98亿元,同比增长7.04%。

(2)保险资产规模增速下滑,占金融业资产的比重较低。

由于保费收入增速明显放缓,因而保险资产规模增速下滑。2023年末,保险业资产总量为29.95万亿元,较年初增长10.35%,比2022年的增速增长13.98个百分点。保险资产约占银行业金融机构资产的6.6%,在金融业资产中的比重相对较低,远远低于2016年29个经济体保险业资产占银行业资产的比例(平均为21.3%)。这意味着未来保险业发展的空间较大,在金融资产中所占的比例有待进一步提升。

(3)保险深度与密度继续提升,风险保障水平快速提高。

2023年,保险密度相对上年大幅增长,达到3 635元/人,实现了《国务院关于加强监管防范风险推动保险业高质量发展的若干意见》提出的保险密度3 500元/人的目标。十年来,我国保险密度整体呈上升趋势,增长态势良好。从2013年至2023年,十年增幅为187%。

2023年,保险深度显著回升至4.1%,但仍未达到《国务院关于加强监管防范风险推动保险业高质量发展的若干意见》提出的目标。十年来,保险深度经历了从快速增长到盘整起伏的过程。2017年,保险深度在达到峰值后小幅下降,2020年回升到高点4.45%,此后持续两年下降至3.88%。

风险保障水平快速提高。2017年,保险业为全社会提供风险保额4 154万亿元,同比增长75%,风险保障水平快速提高。其中,财产保险行业提供风险保额3 030万亿元,同比增长136.2%,增速为同期保费增速的9.87倍。保险业提供的风险保障增速远高于保费增速,是市场主体业务转型、服务互联网经济以及市场竞争等因素共同作用的结果。

(4)人身险市场转型力度加大,结构发生积极变化。

市场集中度明显提升。随着监管部门强调保险回归保障本质,严格限制中短期存续业务,行业资产驱动负债的周期基本结束,中小保险企业借助中短期理财产品实现快速增长受到抑制,业务发展大幅下滑,而大型寿险公司依靠其传统渠道优势,市场份额明显提升，从而带来市场集中度的提高。2017年，包括中国人寿、太保寿险、平安寿险、新华保险、泰康人寿和太平人寿在内的大型寿险公司市场份额出现回升。在"规模保费"口径下，这6家保险企业2017年市场份额合计为50.57%，回升了8.36个百分点。以"原保费"口径计算，这6家保险企业2017年合计市场份额为53.53%，同比提升接近1个百分点。

  保费结构不断优化。随着监管力度持续加强，以万能险产品为代表的中短存续期产品受到严格限制。受此影响，各大寿险公司纷纷调整保费结构，主要做法是提高保障型产品的原保费收入占比，压缩万能险与投连险等险种，拉长承保端的久期，提高期交占比，由趸交业务向期交业务转型。具体表现为：一是相对于万能险和投资类保险业务，普通寿险业务与分红险寿险业务的原保险保费收入增长更快。2017年，寿险公司普通寿险业务原保险保费收入12 936.48亿元，同比增长23.77%，占寿险公司全部业务的49.68%，同比上升1.50个百分点；分红寿险业务原保险保费收入8 403.20亿元，同比增长22.14%，占寿险公司全部业务的32.27%，同比上升0.56个百分点。二是保户投资款和独立账户本年新增交费大幅下降。2017年，未计入保险合同核算的保户投资款和独立账户本年新增交费6 362.78亿元，同比下降50.29%。三是新单保费与新单期交保费大幅增加。2017年，寿险公司人身险业务新单原保险保费收入15 355.12亿元，同比增长10.66%，占寿险公司全部业务的比例为58.97%。其中，新单期交原保险保费收入25 772.17亿元，同比增长35.71%，占新单原保险保费收入的37.59%。四是新单期交保费的结构不断优化。在新单期交原保险保费收入中，3年期以下154.13亿元，占比2.60%，同比上升1.70个百分点；3～5年期1 776.95亿元，占比29.93%，同比下降2.22个百分点；5～10年期918.90亿元，占比15.48%，同比上升0.49个百分点；10年期及以上3 087.04亿元，占比52.00%，同比上升0.03个百分点。五是渠道结构进一步优化。业务的转型也带来了渠道结构的变化，突出表现是个人代理业务增长迅速，银邮代理业务增速下降。2017年，个人代理业务原保险保费收入13 065.64亿元，同比增长30.43%，占寿险公司业务总量的50.18%，同比上升4个百分点；寿险公司银邮代理业务原保险保费收入10 584.02亿元，同比增长10.53%，占寿险公司业务总量的40.65%，同比下降3.50个百分点。

  此外，受保险业扩大开放政策的影响，部分外资保险公司加大了拓展市场的力度，市场份额有所提升。2019年，外资保险公司保费收入3 057.26亿元，市场份额为7.17%，同比上升0.98个百分点。其中，外资财产险公司保费收入252.61亿元，市场份额为1.94%；外资人身险公司保费收入2 804.65亿元，市场份额为9.47%。在北京、上海、广东外资保险公司相对集中的区域保险市场上，外资保险公司的市场份额分别为20.04%、1.59%、11.25%。

四、保险业务主要分析指标

(一)业务发展指标

1. 承保率(广度)

其计算公式为:

$$承保率(广度)=\frac{承保数量}{可保数量}\times 100\% \qquad (8-1)$$

或

$$承保率(广度)=\frac{承保金额}{可保金额}\times 100\% \qquad (8-2)$$

$$寿险密度=\frac{寿险保费收入}{国民人数} \qquad (8-3)$$

该指标反映了保险业务的覆盖面。承保率高,说明保险业务的服务面广;承保率低,反映业务开展不够。

2. 承保深度

其计算公式为:

$$承保深度=\frac{平均保额\times平均费率}{可保金额}\times 100\% \qquad (8-4)$$

或

$$寿险深度=\frac{寿险保费收入}{国内生产总值} \qquad (8-5)$$

3. 人均保费收入

其计算公式为:

$$人均保费收入=\frac{保费收入}{平均职工人数} \qquad (8-6)$$

4. 人均费用

其计算公式为:

$$人均费用=\frac{费用总额}{平均职工人数} \qquad (8-7)$$

5. 人均利润

其计算公式为:

$$人均利润=\frac{利润总额}{平均职工人数} \qquad (8-8)$$

6. 计划完成率

其计算公式为:

$$计划完成率=\frac{实际保费收入}{计划保费收入}\times 100\% \qquad (8-9)$$

(二)业务质量指标

1. 赔付率

其计算公式为：

$$赔付率 = \frac{赔款}{保费收入} \times 100\% \qquad (8-10)$$

2. 损失率

其计算公式为：

$$损失率 = \frac{赔款}{保额} \times 100\% \qquad (8-11)$$

3. 保费清偿率

其计算公式为：

$$保费清偿率 = \frac{保费收入 - (应收保费 - 分期应收保费)}{保费收入} \times 100\% \qquad (8-12)$$

4. 结案率

其计算公式为：

$$结案率 = \frac{已决赔款件数}{已决赔款件数 + 未决赔款件数} \times 100\% \qquad (8-13)$$

5. 利润率

其计算公式为：

$$利润率(保费利润率) = \frac{利润总额}{保费收入} \times 100\% \qquad (8-14)$$

(三)业务变动情况统计

在保险业务发展过程中，对某一时期的业务变动情况需要统计，具体指标有撤单件数、撤单金额、撤单率、退保件数、退保金额、退保率、咨询量等。统计指标可根据表8—3计算。

表8—3　　　　　　　　　　业务变动情况统计表　　　　　　　单位：件，万元，人次

	撤单件数	撤单金额	撤单率	退保件数	退保金额	退保率	咨询量
团险渠道							
个险渠道							
银代渠道							
总　计							

负责人：　　　　　　经办人：　　　　　　　　　　填表日期：

说明：
(1)咨询量是指客户对于加息相关问题的咨询人次。
(2)填表区间分别为：××××年××月××日—××××年××月××日。

其中,撤单率、退保率的计算公式如下:

$$撤单率=\frac{撤单件数}{新单件数}\times 100\% \qquad (8-15)$$

$$退保率=\frac{本年退保金支出}{年初长期险责任准备金+本年长期险保费收入}\times 100\% \qquad (8-16)$$

(四)保险公司中介业务统计

保险公司往往从事一些相关的中介业务,对中介业务的统计可根据表 8—4 进行计算。

表 8—4　　　　　　　　　　　保险公司中介业务情况汇总表

公司(印章):　　　　　　　　　　　　　　年　　季

项目机构		行次	机构数量(个)		保单件数(件)		保费金额(万元)		未解付保费(万元)		代理手续费(万元)	
			现有机构	增减数	本期	累计	本期	累计	本期	累计	本期	累计
兼业代理机构	银行	1										
	邮政	2										
	铁路	3										
	航空	4										
	车商	5										
	其他	6										
	总计	7										
保险营销员		8			—	—			—	—	—	—

负责人:　　　　　　　　　　　　　　　　　填表人:

填表说明:

(1)保单件数指实际签单的保单总件数,保费金额指实际签单的保费总金额。
(2)未解付保费指代理机构未解付给保险公司的保费。
(3)机构数量中的增减数是指与上季度相比机构数量的增减数。
(4)保险营销员的机构数量指人数,增减数指与上季度相比增减数。
(5)兼业代理机构数量是指经保监办核准,取得兼业代理许可证的兼业代理机构数量。
(6)统计数据保留小数点后 2 位。

(五)保险公司在某一区域的动态统计

可对一区域保险公司的历年资料进行统计,以了解保险业在该地的情况。以人身险为例,统计可依据表 8—5 进行。

表8—5 历年在华外资寿险公司在当地寿险市场发展情况一览表

指 标	序号	××年	同比	××年	同比	××年	同比	××年	同比
一、保费收入合计(按期限分类)	1								
其中:新单保费收入(含1年期以内)	2								
其中:中资公司	3								
外资公司	4								
(一)短险	5								
1. 意外伤害险	6								
2. 健康险	7								
(二)长险	8								
其中:1. 首年新单保费	9								
(1)趸交	10								
(2)期交	11								
2. 期交续期保费	12								
二、保费合计(按销售渠道分类)	13								
(一)个险	14								
其中:1. 中资公司	15								
2. 外资公司	16								
其中:1. 首年新单保费	17								
(1)趸交	18								
(2)期交	19								
2. 期交续期保费	20								
其中:1. 传统险	21								
2. 非传统险	22								
其中:1. 首年续保率(%)	23								
2. 第二年续保率(%)	24								
(二)银邮代理保费	25								
其中:1. 10年以上(含10年)	26								
2. 5~10年	27								
3. 5年以下(不含5年)	28								
(三)团险	29								
三、赔款支出	30								
短期险赔付率(%)	31								
四、营业费用	32								
营业费用率(%)	33								
五、营业利润	34								

续表

指　标	序号	当年及同比增长							
		××年	同比	××年	同比	××年	同比	××年	同比
营业利润率(%)	35								
六、退保金	36								
退保率(%)	37								
七、销售最好的长险险种占比(%)	38								

填表说明：

(1)个险、银邮代理保费收入之和为总保费收入；个险中不含银邮代理保费。

(2)赔付率是指赔款支出与对应险种保费收入的比例。

(3)退保率＝退保金/(上年末长期险责任准备金＋本年长期险保费收入)。

(4)赔付率、退保率的同比与其他指标算法一致。

(5)长险是指1年期以上的人身险。

(6)上述表格的年份从公司成立时算起。

第二节　财产保险统计

一、财产保险统计的范围及内容

财产保险统计是国民经济统计的组成部分。它的基本任务是：全面贯彻《中华人民共和国统计法》，按照国家的方针政策，坚持调查研究和实事求是的工作作风，运用科学的统计方法和现代化的手段，全面、准确、及时、系统地对业务发展、经营管理等情况进行统计调查，开展统计分析，提供统计资料，实行统计监督。财产保险统计提供的各种信息是编制保险计划的重要依据，并能对保险计划执行情况进行监督、检查、分析，提出建议，确保全面完成保险计划。

财产保险统计的内容是相当丰富的，它不仅统计保险公司内部的情况，还调查统计与保险相关的外部情况；不仅统计业务情况，还统计人员、机构、固定资产投资等情况；不仅统计承保情况，还统计理赔给付情况等。

(一)本公司内部

公司内部统计的主要内容：承保、理赔情况；机构、人员情况；劳动效率情况；固定资产投资情况；财务情况；资金运用情况；职工教育情况。

(二)本公司外部

公司外部统计的主要内容：企事业单位资产情况；居民家庭财产情况；社会各类人口构成情况；工农业产值情况；企业资金效益情况；居民生活水平情况；新兴产业情况；领导和群众的保险意识情况；社会对新险种的需求情况；其他保险企业的情况；国际国内保险市场情况等。

本公司情况是保险统计的主要内容,外部情况统计是次要的;内部的七个方面内容是必须统计的,外部的则可根据需要与可能有选择地进行调查统计。不过,随着市场机制的完善、竞争形势的加剧,外部情况统计的必要性将会不断增强。

财产保险业务统计主要搜集整理业务经营中的情况信息,具体包括:开办的险种;承保情况;理赔情况。

二、财产保险统计的原始记录

原始记录是登记统计台账的主要依据。财产保险业务的原始记录主要有保险单、保费收据、批单、赔款计算书及赔款收据等。

(一)保险单及保费收据

保险单简称保单,是保险人和投保人之间订立保险合同的正式书面文件,亦是正式的保险合同文本。保险单上列明了全部的保险条件和与该项保险业务有关的全部内容。根据《中华人民共和国保险法》的有关规定,作为在我国保险市场签发的正式保险合同文本,应该包括如下项目:保险人名称和固定办公地点;投保人、被保险人名称和固定住所;保险标的名称和坐落地点;保险责任和责任免除;保险期限和保险责任生效的具体时间;保险价值的衡量和评估方法;保险金额或赔偿限额;保险费的计算及其支付方法;保险金赔偿方法;违约责任和争议处理;订立保险合同的具体时间。

保费收据是由保险人收取保费时填制的收取保费的书面证明,是具有法律效力的证明文件。它必须完整、真实地记录保费收取的客观情况,为会计核算和统计核算打下基础。它一般应具备下列内容:保费收据名称;接受保费收据的单位或个人名称;编号及填制日期;内容摘要。

(二)批单

批单是保险合同双方当事人对于保险单内容进行修订或增删的证明文件。批单通常在两种情况下使用:一是对于已经印制好的标准保险单所做的部分修正,这种修正并不改变保险单的基本保险条件,或者是缩小保险责任范围,或者是扩大保险责任范围;二是在保险单已经生效后对于某些保险项目进行的调整,这种调整一般是在不改变保险单所规定的保险责任和责任免除项目的前提下,对于其他保险项目进行的修正或更改。批单的形式有多种,无论一份保险单需要增加多少批单,最后出具的批单的效力大于先前出具的批单,手写的批单的效力大于同时出具的其他形式的批单。批单一旦签发,就自动成为保险单的一个重要组成部分,而且批单的内容涉及与保险单相同的内容时,以批单的内容为准。批单一般应具备下列一些内容:名称;被保险人名称;保单号码、批单号码;批文;保险公司、经手人分别签章;填制日期。

(三) 赔款计算书及赔款收据

赔款计算书是被保险人出险后，保险人经勘察理赔后出具的付款证明书，它具有法律效力。它的内容主要包括：名称；赔案编号；被保险人名称；保单号码；批单号码；保险金额；保险期限及出险日期；出险地点及原因；赔款计算及金额；当事人双方签字盖章。

赔款收据是被保险人出具的领取赔款的书面证明书，具有法律效力。内容主要包括：名称；被保险人名称；赔款金额；当事人双方签字盖章；填制日期。

三、财产保险业务统计报表指标解释

(一) 编制

统计报表是定期取得统计资料的基本调查形式。财产险业务统计报表经上级主管部门批准，统一编号后方可布置编报。为保证业务统计报表的严肃性，确保统计数据的连续性和可比性，一经确定的业务统计报表格式、内容、统计口径和统计办法不得自行更改。如果基层公司因情况特殊，现有报表不能满足工作需要时，可由各省、自治区、直辖市及计划单列市分公司计划统计部门在完成总公司制定的业务统计报表要求的前提下，根据自身需要，制定所辖公司内使用的业务统计报表的附表，但需总公司计财部门备案。业务统计报表是公司的机密资料，应严格按照公司档案管理规定装订成册，妥善保管。报表的有关数据也是公司对外公布、宣传报道的标准口径数据。

(二) 统计报表主要统计指标解释

1. 计量单位和承保数量

承保数量的单位按承保对象确定。承保的对象不同，其承保数量的计量单位也不同。例如，飞机险的计量单位为"架"；卫星险的计量单位为"笔"；家财险的计量单位为"户"。

按照统计原则，计量单位不同的承保数量是不能相加的。保险责任开始后的退保，应冲减承保数量的本月、累计和期末有效数。增加标的数量的加保，承保数量增加；不增加标的数量的加保，承保数量不增加。

2. 保险金额

保险金额是指在保险合同中，经被保险人确定因保险标的遭受保险事故时，应由保险人承担经济补偿或给付的最高金额。

3. 保费收入数

保费收入数即保单收费数，是按保险费率计算的保费数减去按规定减收、折扣和各种优待款后的余额。

保险合同生效后，按权责发生制原则，无论保费是否收入保险公司账户，均应作保

费收入统计，保险责任开始后的减保及退保，应冲减保费收入。

满期还本类险种是以储金利息作为保费收入的，统计时以会计入账数填报。

一份保单包括两个以上不易分开的险种，应统计在主险内。

表8-6是2024年2月财产保险公司经营情况表。

表8-6　　　　　　　　2024年2月财产保险公司经营情况表　　　　　单位：亿元，万件

项　目	本年累计/截至当期
原保险保费收入	3 058
其中：机动车辆保险	1 371
责任险	243
农业保险	227
健康险	641
意外险	82
赔款支出	1 667
保险金额	24 343 343
其中：机动车辆保险	1 609 463
责任险	6 271 856
农业保险	8 143
总资产	28 353

注：①本表数据是保险业执行《关于印发〈保险合同相关会计处理规定〉的通知》（财会〔2009〕15号）后，各保险公司按照相关口径要求报送的汇总数据。②原保险保费收入为按照《企业会计准则(2006)》设置的统计指标，是保险公司确认的原保险合同保费收入。③原保险保费收入、赔款支出、保险金额为本年累计数，总资产为月末数据。④按可比口径，财产险公司原保险保费收入同比增长4.0%，保险金额同比增长41.6%，赔款支出同比增长16.5%。⑤因部分机构正在进行风险处置，行业汇总数据口径暂不包括这部分机构。

资料来源：国家金融监督管理总局，http://www.cbirc.gov.cn/cn/view/pages/ItemDetail.html?docId=1156396&itemId=954&generaltype=0。

4. 退保费

退保费是指保险人退还给被保险人的保险费。在保险合同有效期内，保险合同如发生中途解除或保险标的危险减少、保险费率下调等情况，保险人应按有关规定将已收到的部分保险费退还给被保险人。在统计报表中，退保费直接冲减保费收入，不作单独统计。

5. 储金收入

储金收入是指在储金性财产保险业务中，保户交到保险公司的存款金额。保险责

任开始后的退保,其退保金额要冲减储金收入的本月、累计和期末有效数。

6. 期末有效数

期末有效数是自承保第一份保单开始,逐笔连续累计(包括增加和减少)的数量。储金性险种的承保数量、保险金额、储金收入均应做期末有效数统计。其计算公式为:

期末有效数＝上期期末有效数＋本期增加－本期减少(包括满期返还、以前年度承保本年度退保的退保数)。

7. 已决赔案件数

已决赔案件数是指处理完毕的赔案数量。其计量单位为"件"。它按标的受损后立案次数统计。某一保险标的发生并处理了若干次赔案,则统计为若干件已决赔案件数。

8. 已决赔款(已决赔案金额)

已决赔款是指对赔案支付的赔款金额数。它是标的赔付数与其他费用(指赔款通知单上所列明的施救费、救助费、整理费)之和,扣除收回损余款后的实际已支付的金额。

9. 未决赔案件数

未决赔案件数是指在保险有效期间内已经发生损失,但尚未处理或正在处理但尚未办理结付手续的赔案数量。其计量单位为"件",按报告期实际未决赔案件数统计。

10. 未决赔款(未决赔案金额)

未决赔款是指在保险有效期间内已经发生损失,但尚未处理或正在处理但尚无最后确定赔款金额、也未办理结付手续的赔款。每一笔未决赔款只要没有结案(即尚未赔付,或部分赔付,或注销),每期报表都要上报。

11. 满期返还数量

满期返还数量是指被保险人在保险期满时,由保险公司一次性全数返还给被保险人的保险合同数量。

12. 满期返还金额

满期返还金额是指在储金性财产保险期满时,由保险公司一次性全数返还给被保险人的金额。在保险合同有效期内,当保险标的发生损失时,保险人支付给被保险人的金额应计入赔款,不在此项统计。

13. 追偿款

追偿款是指保险人按照保险契约规定,赔付给被保险人损失金额后,从而取得"代位求偿权",再向第三者责任方追偿的款项。如发生追偿款,应在统计报表的相应赔款栏中扣除。追偿款大于赔款时,用负数表示。

14. 平均费率

平均费率是指保险费收入额占保险金额的百分比,是保险费率的平均水平,可以衡量保险费率制定得是否合理。其计算公式为：

$$平均费率 = \frac{保险费}{保险金额} \times 100\% \quad (8-17)$$

15. 赔付款

赔付款是指保险人在一定时期内用于赔偿(包括理赔费用)的总额所占同期保险费收入总额的百分比，是保险人考核其业务经营成果的一种主要指标，可以了解业务的损益情况，也是调整费率的主要参考依据。其计算公式为：

$$赔付率 = \frac{已决赔款}{保险费} \times 100\% \quad (8-18)$$

16. 损失率

损失率是指某一时期内保险标的赔偿总额占同期总保险金额的百分比。一般以险种为基础进行计算，参照平均费率，可以衡量费率制定得是否合适，是研究、制定保险费率的主要依据之一。其计算公式为：

$$损失率 = \frac{已决赔款 + 未决赔款}{保险金额} \times 100\% \quad (8-19)$$

17. 计划完成相对数

计划完成相对数是指统计指标实际完成数占计划数的百分比，说明计划完成的程度。其计算公式为：

$$计划完成数 = \frac{实际完成数}{计划任务数} \times 100\% \quad (8-20)$$

第三节 人寿保险统计

一、人寿保险统计指标概述

(一)人寿保险统计指标的概念

人寿保险统计指标是反映人寿保险经济现象总体总量特征的概念，其具体数值为指标值。例如，某市2023年人寿保险业务收入达163.66万元，完成年计划的123.00%，较上年增长32.04%，这些就是人寿保险统计指标的指标值。

任何一项人寿保险统计指标都包括六个构成要素，即指标名称、计量单位、计算方法、时间限制、空间限制和指标数值。这六个构成要素可归结为两个组成部分，即统计指标概念和统计指标数值。

人寿保险统计指标是人寿保险统计工作的语言，具有重要作用。通过人寿保险统计指标，可以说明人寿保险事业发展的现状和发展过程及其发展过程中的数量关系和规律。通过人寿保险统计指标提供的各种数据，可以研究和制定人寿保险的各项方针政策，编制人寿保险计划和厘定保险费率，进行人寿保险的预测和决策。人寿保险统计指标是国民经济统计指标的重要组成部分。

(二)人寿保险统计指标的特点

人寿保险统计指标与一般的社会经济统计指标一样，具有如下主要特点：

1. 数量性

人寿保险统计指标反映的是客观人寿保险经济现象的量，而且是一定可以用数字表现的，不存在不能用数字表现的人寿保险统计指标。

2. 综合性

人寿保险统计指标说明的对象是人寿保险经济现象总体而不是个体，它是许多个体现象的数量综合的结果。如给付给单个被保险人的医疗费用，就不是人寿保险统计指标，只有一定时期内人寿保险公司给付给全部被保险人的医疗费用即"医疗给付"才是人寿保险统计指标。个体现象的数量综合成为人寿保险统计指标有一个前提条件，即这些个体在性质上必须是同类的。把性质不同的现象综合成统计指标会歪曲人们对客观现象的认识。

3. 具体性

人寿保险统计指标不是抽象的概念和数字，它总是一定的具体的人寿保险经济现象的量的反映。不存在脱离了质的内容的人寿保险统计指标。统计指标又是客观存在的事实的反映。人寿保险统计指标和人寿保险计划指标有区别。前者反映过去的事实和根据事实推导出的一般数量，而人寿保险计划指标则说明未来要达到的具体目标。

(三)人寿保险统计指标的分类

人寿保险统计指标有多种分类，这里介绍几种主要的分类。

1. 人寿保险统计指标按其内容不同，可分为数量指标和质量指标

数量指标是说明总体外延数量特征的统计指标，一般用绝对数表示，如承保人数、保险金额、保费收入、赔款支出等。数量指标常用来说明总体的规模、总水平和发展总量。

质量指标是说明总体内涵数量特征的统计指标，一般用相对数或平均数表示，如各险种给付率、平均每年保费收入、人均保费等。质量指标常用来说明总体的各种数量对比关系和平均水平，反映工作质量、工作效率和经济效益等。

2. 人寿保险统计指标按表现形式不同，分为总量指标、相对指标和平均指标

总量指标是说明总体现象规模和发展总量的统计指标，如承保人数、保险储金等。总量指标是人寿保险统计指标中最常用的也是最基本的统计指标，它常用来说明人寿

保险企业的经营总成果和经营总规模,还可以用它来计算相对指标和平均指标。需注意的是,总量指标只是从外延上反映了人寿保险经济现象的总量,不能用来评价人寿保险企业的经济效益、经营效率和工作质量。

相对指标是说明人寿保险经济现象总体各种数量对比关系的统计指标。如各险种给付率、同期增幅比例、完成年计划的百分比等。相对指标常用来反映人寿保险经济现象的结构、比例、比率、速度、强度、发展程度、普及程度等数量特征,可用来评价保险企业的经营效率、经济效益和工作质量。

平均指标是反映人寿保险经济现象总体各单位在某一数量标志上一般水平的综合指标。如年平均职工人数、人均保费等。平均指标将总体各单位之间在某一数量标志上的差异抽象掉,而成为表明总体数量特征的一个代表值,反映了总体分布的集中趋势。与相对指标一样,常用来评价人寿保险企业的经营效率、经济效益和工作质量,还可用于分析人寿保险经济现象之间的相互依存关系,以及进行资料的推算。

3. 人寿保险统计指标按其在管理上所起的作用不同,可分为考核指标和非考核指标

考核指标是根据人寿保险管理工作的需要用来评定优劣、考核成绩、决定奖罚的统计指标,如人寿保险统计报表中的保费收入、承保比重、赔付率、费用率、人均保费和人均利润等。考核指标是从所有人寿保险统计指标中精选出来的。它的现实作用很大,直接影响人寿保险企业、职工的荣誉、物质利益和积极性,选择得好,会起促进作用,选择得不好,会发生副作用。这类指标不宜过多。

非考核指标是用于了解情况和研究问题的指标,如人寿保险统计报表中机构数等。

考核指标也可以用来了解情况和研究问题。因此,习惯上也将考核指标和非考核指标合在一起称为观察指标。但由于考核指标是根据一定的考核目的制定的,在总体范围和指标口径上和其他非考核指标不一致,使用时要注意这个问题。

(四)人寿保险统计指标的设计

人寿保险统计指标是说明人寿保险经济现象数量特征的概念及具体数值,是可以测度和计数的。设计人寿保险统计指标的目的,就是为了取得一定指标数值,使其更好地反映人寿保险经济现象总体的数量特征。保险统计工作能否发挥其应有的作用,很大程度上取决于所设计的统计指标是否合理、科学。具体来讲,设计人寿保险统计指标应注意以下四个方面的问题:

1. 确定统计指标的名称、含义和口径

人寿保险统计指标的名称、含义要以人寿保险科学及相关科学的理论为依据。但人寿保险统计指标是反映人寿保险客观现实数量特征的,它不可能完全按照有关理论

来确定,而应当在人寿保险统计实践中加以界定,即在设计和构造统计指标时,必须结合实际对象、目的及统计指标的特点,正确界定其内涵与外延。确定指标的外延即所谓指标的口径,就是要确定哪些内容该计入指标值,哪些内容不该计入指标值。

2. 确定统计指标的空间标准与时间标准

指标数值大小受一定的空间范围影响。空间范围的变化,必定引起对应统计指标数值的变化,故在设计统计指标时,应明确规定指标的空间范围。同时,还要规定统计指标的时间标准。时间标准有时期和时点两种。若统计指标数值大小与时间长短有直接关系,如承保保额、保费等,应该以时期(如月、季、年)来规定其时间标准;若统计数值大小与时间长短无直接关系,如期末有效所包括的各项指标,则以时点(一般以期末)为时间标准。

3. 确定统计指标的计量单位

人寿保险统计指标的计量单位有无名数和有名数之分。无名数是一种抽象化的单位,如系数、倍数、成数、百分数等。有名数是带有自然、物理、货币或复合单位的计量单位,包括实物量、价值量和劳动量。选择何种计量单位,取决于指标的表现形式、内容及说明对象的特点等。

4. 确定统计指标的计算方法

有些人寿保险统计指标可通过登记、点数、测量和简单的加总而获得指标数值,如职工人数、保单份数、承保人数等。这些指标在确定了总体范围和指标口径以后,一般不需要规定具体计算方法。但有的指标比较复杂,如保险计划完成率、给付率、营业利润等,这类指标必须在其设计中规定其计算方法。

(五)人寿保险统计指标的主要内容

1. 反映人寿保险业务承保情况的指标

为了全面反映人寿保险业务的承保情况,及时地对业务发展情况进行统计调查所设置的指标,主要有承保人数、保险金额、储金收入等有关指标。

2. 反映人寿保险业务给付情况的指标

组织补偿是保险企业的基本职能。为全面反映人寿保险业务给付情况所设置的指标,主要有给付人数、伤残给付、死亡给付、满期给付、一次性给付、医疗给付、养老金给付等。

3. 反映人寿保险企业经营核算情况的指标

为了开展经济活动分析,改善经营管理,业务分析报表中设置了各种有关指标,如承保比重、平均保费、赔付率、人均保费、人均费用、人均利润等。

以上承保、理赔、核算三方面的指标,又按照各自统计目的要求进行各种分组,如按险种、业务地区、经济性质、年龄档次等进行分组统计。通过以上一系列统计指标,反映和研究人寿保险企业的全面情况,使人寿保险统计工作为开展业务、改善管理、提高经济效益服务。

二、人寿保险的主要指标及计算方法

(一)承保人数与给付人数

承保人数是指保险公司在一定时期内签发的保险单所承保的被保险人的数量,即保险公司对多少人承担保险责任。给付人数是指按保险合同规定,保险公司实际给付各类保险金的人次。

在统计承保人数和给付人数时应注意以下几点:

(1)对于选择分期缴纳保费方式的投保人,只在其首期交费时统计承保人数,而在其续交保费时不再统计人数。

(2)对于投保人投保主险的同时又投保附加险的情况,虽然投保人是同一个人,但对寿险公司而言,对该投保人承担的是两种不同性质的保险责任,因此,在统计承保人数时,应在主险和附加险报表中分别统计1人次,即对不同类型的两个险种来说仍是两个人次的投保。

(3)保险责任开始后的减保,承保人数不减少;保险责任开始后的退保,承保人数的期末有效数要冲减,但承保人数的本月数和累计数不作冲减。

(4)对于保险期满后按保险合同规定,逐月领取保险金的被保险人(如养老金类的险种)只在年度内统计一次给付人数,等到次年该被保险人首次领取保险金时再统计一次给付人数,依此类推,直至保险合同效力终止。

(二)保单份数

保单份数是指保户用规定的书面形式与保险公司签订的合同数。在统计保单份数时应注意以下几点:

(1)应将保单份数与保险份数的概念区分开。现行的统计报表中未设保险份数这一指标,保险份数是对应于承保人数和保单份数的业务量指标,是计算保额的基本单位,一个被保险人的一份保单可对应承保限额内的多份保险。

(2)承保人数和保单份数的数量不一定相等,一份保险合同上可以有一个或多个被保险人,所以承保人数应大于或等于保单份数的数量。

(3)对于选择分期缴纳保费方式的投保人,只在其首期交费时统计保单份数,而在其续交保费时不再统计保单数。

(4)保险责任开始后的减保,保单份数不减少;保险责任开始后的退保,保单份数的期末有效数要冲减,但保单份数的本月数和累计数不作冲减。

(三)保险金额

保险金额是指保险公司在一定时期内签发的保险单所承保的风险额度,该指标反映了寿险公司在一定时期内承担的风险规模的大小。在统计保险金额时应注意以下几点:

(1)保险金额应按各份保险单上签订的最高给付额统计。

(2)主险和附加险应分别计算、统计保险金额。

(3)对于选择分期缴纳保费方式的投保人,只在其首期交费时统计保险金额,而在其续交保费时不再统计保额,故月报表中采用的是新增保额这一指标名称。

(4)保险责任开始后的减保和退保,保险金额的期末有效数要冲减。

(四)保费收入

保费收入是指保险公司在一定时期内签发的保险单所收取的保险费。现行的业务统计报表中将保费收入分为新保和续保两个指标。被保险人按合同规定,首次缴付的保费收入计入"新保";本年投保的保单非首次缴付的保费收入计入"续保"中的"今年之前投保"一栏。在统计保费收入时应注意主险和附加险的保费要分开统计。保费收入统计举例见表8—7。

表8—7　　　　　　2024年2月人身险公司经营情况表　　　　　　单位:亿元,万件

项　目	本年累计/截至当期
原保险保费收入	12 274
其中:寿险	10 580
意外险	71
健康险	1 624
保户投资款新增交费	2 185
投连险独立账户新增交费	21
赔付支出	3 636
新增保险金额	2 502 795
总资产	281 875

注:①本表数据是保险业执行《关于印发〈保险合同相关会计处理规定〉的通知》(财会〔2009〕15号)后,各保险公司按照相关口径要求报送的数据。②原保险保费收入为按照《企业会计准则(2006)》设置的统计指标,是保险企业确认的原保险合同保费收入。③原保险赔付支出为按照《企业会计准则(2006)》设置的统计指标,是保险企业支付的原保险合同赔付款项。④原保险保费收入、赔付支出、新增保险金额为本年累计数,总资产为月末数据。⑤人身保险公司保户投资款新增交费为依据《保险合同相关会计处理规定》(财会〔2009〕15号),经过保险混合合同分拆、重大保险风险测试后(投连险除外),未确定为保险合同的部分,为本年度投保人交费增加金额。⑥人身保险公司投连险独立账户新增交费为依据《保险合同相关会计处理规定》(财会〔2009〕15号),投连险经过

保险混合合同分拆、重大保险风险测试后，未确定为保险合同的部分，为本年度投保人交费增加金额。⑦按可比口径，人身保险公司原保险保费收入同比增长3.8%，保险金额下降0.3%，赔付支出增长90.5%。⑧因部分机构正在进行风险处置，行业汇总数据口径暂不包括这部分机构。

资料来源：国家金融监督管理总局。

（五）期末有效数

期末有效数是指保险公司在承保人数、保单份数、保险金额及储金收入等项中，在统计报告期末仍有保险责任的数量，即自保险公司承保具体业务以来，逐笔连续性具体业务保险责任的增减，到报告期期末仍负有保险责任的数量。期末有效数是一个滚动的余额数。

（六）伤残、死亡、医疗给付

（1）伤残给付是指被保险人在保险有效期内遭受意外伤害和因疾病而残废时，保险公司给付残废保险金。在现行的业务统计报表中，伤残给付、疾病高残、意外高残属同一类型的指标。

（2）死亡给付是指被保险人在保险有效期内遭受意外伤害或因疾病而死亡时，保险公司给付死亡保险金。在现行的业务统计报表中，死亡给付、疾病身故给付、意外身故给付属同一类型的指标。

（3）医疗给付是指保险公司给付于被保险人在保险有效期内因遭受意外伤害或疾病所致的医疗费用。现行业务统计报表中，医疗给付仅对健康而言。

（七）教育、婚嫁金给付，养老金给付，满期给付

（1）教育、婚嫁金给付是指保险公司按合同规定，在合同有效期内，根据被保险人的年龄给付相应的小学、初中、高中、大学教育金以及婚嫁金、生存安定金。

（2）养老金给付是指在被保险人生存期间，保险公司按合同规定每年（或每月）给付一定金额的生存保险金。

（3）满期给付是指被保险人生存至保险期满，保险责任终止时，保险公司按合同规定给付的保险金。

（八）解除合同，解除保额

（1）解除合同是对原退保指标的扩大，它包括退保和由于被保险人各种违约行为而导致的保险公司对其保险责任的解除。对于退保，保险公司给付退保给付金，对于违约，解除合同，保险公司给付解约金，"解除合同"栏下的给付金额指二者之和。

（2）在所统计的报告期内由于解除合同或满期给付致使保险公司对被保险人的责任终止，此时保单上尚存的保额就此解除。"解除合同"一栏即统计在报告期内由于保险合同的责任终止而解除的保单上尚存的保额（注：现行险种只有一部分险种在满期给付的同时，保险责任也终止，解除保额只针对这一类险种而言）。

(九)免交责任

免交责任是指按照合同规定,投保人死亡或身体高残后保险公司仍对被保险人承担合同上规定的责任,而投保人余下未交的保费可以免交。免交责任人数是指获得免交权利的被保险人的数量。免交责任金额是指被保险人应缴纳从豁免之日起至剩下保险责任期内所豁免的保费总和。

(十)返还本金

按照险种条款规定,承保某些还本险(如团体满期还本险、养老还本险等)的被保险人发生意外死亡或高残导致死亡时,保险公司既支付相应的死亡给付金,又返还保险本金,填报时应将死亡给付金归入"死亡给付金额"一栏,将返还的保险本金归入"返还本金"一栏。

(十一)冲减保单数

按照险种条款规定,由于满期给付,死亡、高残或解除合同而导致保险责任终止所减少的保单份数应记入报表中的"冲减保单数"一栏。

三、人寿保险统计指标体系

(一)人寿保险统计指标体系的概念

社会经济现象本身就是一个有着广泛联系的错综复杂的总体,各类现象之间存在着互相依存和互相制约的关系。因此,要了解某种经济现象的全貌及其发展变化过程,就必须把一系列相互联系的统计指标结合起来运用和研究。这一系列相互联系的统计指标组成了一个整体,我们称之为统计指标体系。

人寿保险统计指标体系是由有着广泛联系的各有关人寿保险统计指标组成的一个总体,它是人寿保险现象数量之间互相联系的综合反映。由于人寿保险现象数量之间联系的多样性,作为反映这些现象的统计指标之间的联系也是多种多样的。如要研究和反映人寿保险企业承保的全面情况,就必须用可保标的数量、险别、保额、保费、承保深度、平均费率、业务地区、经济性质、年龄档次等各项指标来加以反映;要研究和反映人寿保险企业给付的全面情况,则必须用给付人数、给付金额、给付率等各项指标来加以反映;如要从经营情况与经营效益来研究与考核人寿保险企业的全面情况,则必须用职工人数、保费收入、给付支出、各项费用支出、利润、年内平均职工人数、人均保费、人均费用、人均利润等各项指标加以反映。全面综合上述人寿保险统计的各项指标,就形成了一个完整的人寿保险统计指标体系,这是全面研究人寿保险经济现象的重要手段,对人寿保险事业的发展有着深远的意义。

(二)建立和完善人寿保险统计指标体系的要求

人寿保险统计指标随着经济体制改革的深化及人寿保险实践活动的要求而不断

变化和发展。为了进一步建立和完善人寿保险统计指标体系,要求做到如下几点:

1. 要从人寿保险经济活动的性质与特点出发来建立完善的人寿保险统计指标体系

人寿保险统计指标,无论是指标数量、指标口径、计量单位、计算时间和计算方法,都要充分考虑人寿保险经济活动的性质与特点,否则就不能正确地反映客观实际。

2. 要从全局出发,建立和完善人寿保险统计指标体系保险统计制度规定

保险公司的统计分为综合统计和专业统计,采取"统一领导、分工负责、综合归口"的管理原则。也就是说,它们虽然分工不同,但在统一原则下进行管理。因此,要求它们统一指标的口径,统一计算方法等,即同一个指标在专业统计报表上的指标含义与计算口径必须和综合统计报表上的指标含义、计算口径一致,否则就会造成指标混乱,也就无法去研究指标之间的内在联系,达不到正确反映实际、指导业务工作的目的了。

3. 要考虑计划、统计、会计和业务核算的统一性,在建立与完善统计指标上要加强与外部的联系

统计是为制定、监督检查计划提供资料依据的,如果统计指标与计划指标不一致就无法使用这些资料,或者需通过间接的再计算才能取得有用的资料,这就增加了工作难度。另外,统计资料的来源大部分是业务核算资料,随着工作需要,业务条款、承保方式、结算方式等方面都可能发生变化,这样业务核算资料也随之变化。这就要求业务部门在满足自己业务要求的同时,也要充分考虑到统计核算的要求。统计部门也要密切与业务部门的联系,随时掌握变化情况,做好服务工作。

4. 要考虑人寿保险企业管理与人寿保险理论研究的需要

通过对人寿保险统计资料系统化、标准化的整理与研究,为人寿保险企业管理与人寿保险理论研究服务,是人寿保险统计工作的另一重要任务,因此,人寿保险统计指标的建立与完善必须考虑人寿保险企业管理与人寿保险理论研究的需要。

5. 要考虑统计指标的相对稳定性

随着我国经济体制改革的深化和人寿保险事业的发展,有必要根据发展变化的客观需要而增加、减少或改进一些已经使用的多年统计指标、指标口径、计算方法等,这是正常的现象。但这些变动、调整也要充分考虑到前后指标的可比性与相对稳定性,只有这样,才能保持统计资料的连续性。注意统计指标的相对稳定性,搞好统计资料的长期积累,这对今后人寿保险工作的开展是极为有益的。

6. 要保持统计指标体系与客观条件相适应

这些条件包括人寿保险企业、行业的实际管理水平,统计手段现代化水平,统计部门现有的人力、物力、财力等。设计统计指标体系,选择指标的多少、统计项目的繁简和要求的粗细,都必须以上述实际条件为前提。

(三)人寿保险统计指标体系

1. 经营规模统计指标体系

经营规模统计指标体系是由反映人寿保险企业发展基本情况的指标组成。其主要指标有人寿保险企业机构数、职工人数、资金占用等基本数量指标。这一类指标是人寿保险统计的基本指标,它除能反映出人寿保险企业的发展水平外,也是计算有关统计分析指标的基础。

人寿保险企业机构数能反映出人寿保险各级组织的健全程度,也是考察人寿保险企业活动覆盖面的基本指标,说明寿险业满足社会需要的程序。

职工人数,从宏观角度看,能够反映社会劳动力在人寿保险企业中占用的情况;从微观角度看,反映各级人寿保险企业职工人数分配状况,也是计算劳动生产率、人均资金占用率、人均保费、人均费用等分析指标的基础。

资金占用是企业活动的基本条件之一。一个企业资金占用额多少,直接关系到企业的发展,也是考察企业效益的依据。

2. 经营活动统计指标体系

人寿保险企业主要经济活动是对投保人按照一定的保险费率收取保费,汇集成人寿保险基金,当保险标的在承保责任范围内遭受损失时,给予经济补偿。因此,人寿保险经营活动统计指标包括承保人数、保险险种、保险金额、保险费、给付人数及金额等。这一组统计指标是反映人寿保险企业经济活动主要内容的指标,是人寿保险企业的核心指标。

承保人数反映寿险在社会上的实现程度。根据我国国内当前人寿保险发展的状况,承保人数也可以反映出对寿险工作宣传的程度,反映出人们对寿险的认识和需求状况。

保险险种反映人寿保险的广泛度。这一指标受两个因素影响:一是人寿保险企业自身的承保能力,二是社会的需求。两种因素相互制约,相互促进。当人们充分认识到人寿保险能够使生活得到保障时,就会要求人寿保险企业扩大保险范围,促使人寿保险部门创造条件,增加保险险种;保险险种的增加,又为人们投保创造有利条件。

保险金额是保险人承担保险责任的最高限额。它反映人寿保险企业在某一时期内或某一时点上已承担的补偿最高金额。

保险费是国民收入再分配的一种形式,也是评价保险企业活动效果和核算经济效果的基础数据。

保险给付是人寿保险企业经济活动的一个重要方面。保险给付指标,从社会角度看,反映出人寿保险的职能,保证人民生活安定;从人寿保险企业角度看,能够反映出为应付意外事故或疾病而给付的情况,也是考察人寿保险企业经营管理的重要指标。

3. 经济活动分析指标体系

经济活动分析统计指标是为了反映人寿保险企业管理的业务发展情况，根据基本统计资料所计算的指标。在占有统计基本资料的基础上，必须对经济活动各方面进行分析，从感性认识上升到理性认识，总结经验，揭示矛盾，进而掌握人寿保险经济现象发展规律，使其经营活动能力不断提高。这一组统计指标包括以下三部分：

(1) 计划执行情况分析指标。这类指标包括计划完成程度、超计划完成数、计划提前完成的时间。

(2) 静态分析指标。这类指标是由同一时间上的同性质或有联系的指标进行对比而形成的，用以反映人寿保险经济现象的结构、比例、比率、强度和发展程度等情况。

(3) 动态分析指标。这类指标是由同一总体同性质指标在不同时间上对比而成的，用以反映人寿保险经济现象的发展速度、发展方向、发展趋势和规律。

4. 经济效益统计指标体系

经济效益指标是经济活动中的劳动消耗、劳动占用与有效劳动成果之比，反映经营活动过程中的投入与产出的关系。

人寿保险业的经济效益指标分宏观经济效益指标和微观经济效益指标。宏观经济效益指标是一个地区或一个国家整个人寿保险行业的总体经济效益指标；微观经济效益指标是一个人寿保险企业的经济效益指标。

无论宏观经济效益指标，还是微观经济效益指标，都有反映劳动消耗的经济效益指标，反映劳动占用的经济效益指标，也有反映满足社会需要的经济效益指标。

第四节 再保险业务统计

再保险业务的统计与分析是再保险业务管理中的一个重要环节。《中华人民共和国保险法》(以下简称《保险法》)公布实施以后，国家对保险业的管理较之以前发生了很大的变化，对保险企业办理再保险业务的要求更加明确、细致。按照《保险法》的规定：凡在中国境内开办业务的保险公司，必须建立起分保机制，依法办理再保险业务以分散危险，取得经营的稳定性。

目前在我国保险企业办理再保险业务基本上有两种形式：一是由各保险企业按照《保险法》的要求，将所承保业务的20％向国家再保险公司办理的法定分保业务；二是各保险企业之间以及与世界各保险公司之间办理的商业性再保险业务。

作为保险企业，无论是为了分散危险，还是要获取更大的承保能力，抑或是为了加强经营管理而办理的各类再保险业务，都需要对其进行必要的统计与分析。通过准确的数据和精确的分析,为企业的经营决策提供正确的依据。

一、分出业务的统计与分析

这里所讲的分出业务是指商业性的分出分保业务。分出业务的统计分析是分出业务管理的重要环节。通过分出业务的统计分析可以将分出业务的具体数字加以系统的归纳和整理分析,从中找出带有规律性的决策依据。

(一)基础数据的统计

基础数据的统计,就是将实际发生的各类分出业务数字汇总、排列起来,以备归纳总结和系统地加以分析和整理。

基础数据的统计一般采用原货币,数据的来源主要是分出分保合同及业务报表和合同账单等,无论是合同分保还是临时分保,基础数据的统计都必须依照这些单证产生。例如,目前有些保险公司应用的火险业务原始保单统计卡就是登录分出分保合同账单的基础数据,详见表8—8。

表8—8 火险业务原始保单统计卡格式

序号	保单号	保险标的	保险金额	合同比例	总保费	合同保费			
						第一期	第二期	第三期	第四期
1									
2									
3									
4									
5									

表8—9所登记的是火险业务分出情况的统计。该卡是账单部门做保费账时所采用的基础数字统计卡。该卡中最主要的是保额的比例要计算准确,其次是保费要计算准确。例如,一个合同的限额为600万美元,有一张保单的保额为1 200万美元,纳入成数合同的比较就是50%,而保费1万美元应记入合同保费。如果该保单的保费不是一次性付完,而是分几期付完,在统计中就要将这部分保费按分期付费的不同时间和实际付款金额分别记入不同账单期的合同保费栏中。对于分出业务赔款的基础统计详见表8—9。

这张赔款统计卡的用途主要是统计每个分出合同项下每个业务年度每期账单中发生的赔款和未决赔款数据。这些原始数据对于分出合同的安排与管理都是非常关键和十分重要的。

表 8—9　　　　　　　　　　　赔款登记卡金额　　　　　　　　　　单位：美元

序号	保单号	赔款日期	代号	赔款金额	合同比例	第一次赔付	第二次赔付	未决赔款
1	FRGD901	2023-02-05	P1-1	1 000 000	48%			1 000 000
2	FRTJ902	2023-03-08	P1-2	200 000	28%	50 000		200 000
3	FRSH903	2023-03-06	P1-3	5 000 000	53%			500 000
4	FRBJ904	2023-04-05	P1-4	2 000 000	41%	410 000		1 000 000
5	FRBJ905	2023-05-02	P1-5	100 000	18%	10 000	800 000	0
6	FRGD906	2023-06-03	P1-6	900 000	19%			900 000
7	FRGB907	2023-05-30	P1-7	700 000	26%			700 000
8	FRGB908	2023-06-29	P1-8	500 000	45%	45 000	90 000	200 000

基础统计是供分出公司自己记账、划分业务、确定保费和赔款分摊时使用的。基础统计的种类很多，方法也很多。具体怎样做，要看本公司决策者的要求与业务发展的需要。例如，分险别统计、分合同统计等。

在基础统计中要注意，不是所有的原始统计数据都可以对外提供，有一部分是属于本公司的商业秘密或不宜让他人了解的内部资料，这些内部资料只能运用于经营决策和业务分析。

（二）综合统计

综合统计主要是依据分出业务的基础统计所提供的资料，按一定的分类或层次将其汇总以反映全面的和各种业务的经营情况。同时还包括与业务相关联的各种资料信息、数据的提炼与选择。例如，按地区划分的统计。另外，有时分保接受人要了解分入业务情况时，作为分出人还应准备的各种统计数字和图表，也是综合统计的重要内容之一。

（三）分出业务的统计分析

统计是搜集资料，归纳整理，便于理性化应用的过程，而统计分析才是实现决策管理的真正目的。

分出业务的统计分析，比进行直接承保业务的统计分析要稍微复杂一些。这主要是由于再保险业务的统计中还存在一个按业务年进行统计分析的问题。我们现行的直接业务统计年度与会计年度是一致的，即从每年的1月1日起，至同年的12月31日止，每个会计年度有12个月。因此，在分析中也以会计年度内所发生的各类数据进行分析。再保险的统计要采用业务年度方法。业务年度是以业务的承保时间或合同的续转时间为基础。这个年度可能是相同于一个会计年度，也可能相同于两个或几个会计年度。例如，我国的法定分保条件规定，每个业务年度连续滚转三年，即每个业务年度有36个月，在这期间分出公司都要向分保接受人报送报表。在再保险的统计分析中,经常要对同一业务年度的统计数据进行分析比较,进而找出其业务发展的规律性。

分出分保业务的统计分析一般是按业务年度,分险别进行分析与核算,如表8—10所举实例。

表 8—10　　　　　　　××公司船舶险分保合同统计表　　　　　　单位:美元

业务年度		第 9 个月	第 21 个月	第 33 个月	第 45 个月
2020 年	保费	32 526 324	40 063 170	98 951 598	39 709 049
	赔款	2 595 484	14 286 752	19 303 275	22 140 369
	未决赔款	26 191 483	13 330 888	9 694 378	1 568 259
	结果	3 739 357	12 445 530	9 953 945	16 000 421
2021 年	保费	37 435 958	44 877 218	46 054 918	
	赔款	2 110 699	20 299 581	26 848 604	
	未决赔款	30 187 350	14 608 301	8 247 246	
	结果	5 137 909	9 969 336	10 959 068	
2022 年	保费	41 090 405	48 850 174		
	赔款	4 771 308	20 037 054		
	未决赔款	29 724 444	17 390 281		
	结果	6 594 653	11 422 839		
2023 年	保费	42 381 560	47 982 863		
	赔款	4 654 281	23 182 258		
	未决赔款	31 658 899	16 820 000		
	结果	6 068 380	7 980 605		

在分出分保业务中,各险种业务都有其自身的特点,保险责任延续时间也不尽相同。一般火险业务责任期较短,而责任险业务的责任期则较长。在分析分出业务时,要注意这点,见表8—11。

表 8—11　　　　　　　××公司超赔合同统计表　　　　　　单位:%

年序	火险		意外险		水险		航空险	
	赔款收入	纯保费	赔款	纯保费	赔款	纯保费	赔款收入	纯保费
1	29	66	5	50	6	28	6	19
2	62	34	7	37	37	60	31	63
3	9		13	7	29	11	15	18

续表

年序	火险		意外险		水险		航空险	
	赔款收入	纯保费	赔款	纯保费	赔款	纯保费	赔款收入	纯保费
4			16	2	13	1	18	
5			16	2	6		6	
6			12	2	2		12	
7			10		3		6	
8			8		1		3	
9			5		2		2	
10			3		1		1	
11			2					
12			1					
13			2					
总数	100	100	100	100	100	100	100	100

二、分入业务的统计与分析

分入业务的统计分析是经营管理中的一个重要环节。按照统计工作的要求，分入业务的统计也应包括基础统计、综合统计和综合分析三个方面。基础统计侧重对每个合同和每笔业务的统计及经营成果的计算；综合统计则是在上述基础上按业务年度、业务种类和分保方式以及国家或地区等进行综合统计。

(一)基础统计

统计的项目有保费、手续费、赔款、经纪人手续费、准备金和余额等。货币单位应按原币，使业务不致受汇率变动的影响。资料来源是分出公司或经纪人送来的业务账单、现金赔款通知等。其具体做法是依据资料所提供的数字在统计表可知的有关项目内进行登录，在会计年度终了时将其加总，并按规定的汇率折成统一的货币，以便汇总并加以综合统计，见表8－12和表8－13。

通过基础统计，对于分入业务的管理主要有如下几个方面：

(1)如果分出公司未按合同的规定及时发出业务账单，接受公司应抓紧催询。

(2)接受公司对业务账单上的接受分成必须与摘要表上所填明的分成进行核对，如有不符，应即查询。

(3)对于保费应与估价保费核对，如有较大的差别，应向对方查询。

(4)对于出险通知，应进行登记和汇总，以便估计未决赔款，并应在统计表格内登录。

(5)对于信用证的开出和调整，也应登记并在统计表格内登录。

(6)由于分出公司扣存的准备金是接受公司的资产,但是否按规定应退还,会计上如无按合同的分户记录是无法掌握的,因此,业务部门应加强对准备金退还的核查。

(7)接受公司对于由分出公司所提供的统计数字应与自己的统计资料进行核对,如有较大的差别,应向对方了解。

(8)根据统计资料计算合同的经营成果,对于经营良好的合同应给予支持,以维持长期和互利的业务关系。

表 8—12　　　　　　　　　　　分入分保业务登记卡

年　　月　　日　　　　　　　　　　　　　　单位:美元

项　目		币别(　　)		美元(折合率)	
		付(借)方	收(贷)方	付(借)方	收(贷)方
保费	退费/保费				
	责任转让　转出/转入				
	延期保费　扣存/转入				
	余额				
手续费	分保手续费				
	转分手续费				
	纯益手续费				
	余额				
赔款	赔款/退回				
	现金赔款				
	责任转让　转出/转入				
	余额				
杂项	准备金利息				
	税款				
	其他				
	余额				
超赔保障	经纪人手续费				
	付出　保费				
	摊回　赔款				
	……				
	余额				
保准金	保费准备金　扣存/退回				
	赔款准备金　扣存/退回				
	……				

表 8—13　　　　　　　　　　　分入分保业务统计表

分保公司(代号　　)　　国家地区　　接受成分　　现金赔款额度　　估计保费
合同名称(代号　　)　　业务年度　　账单时期　　经纪人(代号　　)

卡分号	账单期 年	账单期 期	币别	分保费	手续费 分保%	手续费 纯益%	赔款	杂项	经纪人手续费%	准备金 保费% 扣存退回	准备金 赔款% 扣存退回	总余额	未决赔款	备注	统计日期

(二)综合统计

综合统计是依据基础统计所提供的资料按一定的分类或层次将其汇总，以反映全面的和各种业务的经营情况。

基础统计的货币以原币为单位是为了不致受汇率变动的影响。但为了便于汇总，综合统计应以某种货币为单位，如美元，并规定各种货币对美元的兑换率作为记账汇率。

关于综合统计的分类或层次基本上有以下几种情况：

1. 按业务年度、业务种类和分保方式的统计

这是指按业务年度，而不是按会计年度，分别业务种类和分保方式进行的统计。一般可分为：

(1)按业务种类。如火险、水险、航空险和责任险等。

(2)按分保安排方法。如临时分保，可细分为比例和非比例分保；合同分保，也可细分为比例和非比例分保。比例合同分保又可再分为成数和溢额分保；非比例合同分保又可再分为低层、中层和高层分保。

交换分入业务应与其他分入业务分别统计，以便对交换结果进行单独的分析了解。

此类综合统计表如表 8—14 所示。

表 8—14　　　　　　　　　　火险业务统计表

业务年度：

分保方式方法			保费	手续和费用	赔款	余额
临时分保	比例					
	非比例					
	小计					
合同分保	比例	成数				
		溢额				
	非比例	低层				
		中层				
		高层				
	小计					
共计						

2. 按合同经营成果的统计

这是根据基础统计方面的合同经营成果，按业务种类和分保方式的汇总统计，以便进一步了解业务经营盈亏的全面情况。此类综合统计表如表 8—15 所示。

表 8—15　　　　　2023 年火险比例合同经营成果汇总统计表　　　　金额单位：美元

	盈亏额度	合同数	已满期保费	手续费及费用	发生赔款	余额
盈余额	5 000 以下	70	2 500 000	800 000	1 600 000	100 000
	5 000~10 000	18	1 300 000	416 000	780 000	104 000
	10 000 以上	2	200 000	64 000	110 000	26 000
	小　计	90	4 000 000	1 280 000	2 490 000	230 000
亏损额	5 000 以下	6	500 000	160 000	370 000	－30 000
	5 000~10 000	3	400 000	128 000	300 000	－28 000
	10 000 以上	1	100 000	32 000	80 000	－12 000
	小　计	10	1 000 000	320 000	750 000	－70 000
	共　计	100	5 000 000	1 600 000	3 240 000	16 000

这种综合统计对业务的经营管理有一定的作用。从表 8—15 中可以看出，如不做这种分析，仅仅能了解 2023 年业务年度火险业务的保费收益。现根据这种统计所提供的资料，可进一步了解，虽然说总是有收益，但尚有 10% 的合同亏损，且个别合同亏损较严重，超过了 10 000 美元。对这些合同，可结合当地市场情况和分出公司的业务

情况做进一步的了解,如亏损系由于重大灾害事故所造成,还可继续给予适当的支持,如要求改善分保条件和减少接受成分,否则应注销这项合同。对于有收益的合同,也应做分析了解以巩固这种业务关系。

3. 按会计年度的统计

在基础统计方面,各种业务情况,是按业务年度进行统计的。按会计年度统计,是在会计年度终了时,分别业务种类,将各个业务年度情况给予汇总统计,以便了解该会计年度各种业务总的情况。

4. 按国家和地区的统计

这是指分别国家或地区进行的统计。如美国、加拿大、中南美洲、英国、法国、德国、其他西欧国家、日本、中国香港地区、新加坡、其他东南亚国家等。

5. 按经纪公司的统计

这项工作为了便于了解经纪人介绍的分入业务的情况。

6. 按分出公司的统计

这一种统计是为了便于了解某个分出公司业务的情况。接受公司可视某业务的实际情况,参考上述分类和统计表格,制定合适的统计制度和统计表。编制赔案报表送交分出部门,据以通知转分接受公司,或编制赔款账要求对方赔付。

关键概念

保险   财产保险   人寿保险   再保险   统计指标

学习小结

保险统计就是关于保险业务经营活动的统计,一般分为保险业务统计和保险数理统计两部分。保险业务统计是保险公司开办各种保险业务和开办各种预防灾害活动的统计。它是以统计学的原理和方法,对国家保险机构业务活动作全面、准确、及时、系统的调查,从数量上进行深入的分析研究。

财产保险统计提供的各种信息是编制保险计划的重要依据,并能对保险计划执行情况进行监督、检查、分析,提出建议,确保全面完成保险计划。财产保险统计的主要指标有:①计量单位和承保数量;②保险金额;③保费收入数,即保单收费数;④退保费;⑤储金收入;⑥期末有效数;⑦已决赔案件数;⑧已决赔款(已决赔案金额);⑨未决赔案件数;⑩未决赔款(未决赔案金额);⑪满期返还数量;⑫满期返还金额;⑬追偿款;⑭平均费率;⑮赔付款;⑯损失率;⑰计划完成相对数。

人寿保险统计指标是人寿保险统计工作的语言,具有重要作用。通过人寿保险统计指标,可以说明人寿保险事业发展的现状和发展过程及其发展过程中的数量关系和规律。通过人寿保险统计指标提供的各种数据,可以研究和制定人寿保险的各项方针政策,编制人寿保险计划和厘定保险费率,进行人寿保险的预测和决策。人寿保险统计指标是国民经济统计指标的重要组成部分。人寿保险统计的主要指标有:①承保人数与给付人数;②保单份数;③保险金额;④保费收入;⑤期末有效数;⑥伤残、死亡、医疗给付;⑦教育、婚嫁金给付,养老金给付,满期给付;⑧解除合同,解除保额;⑨免交责任;⑩返还本金;⑪冲减保单数。

再保险业务的统计与分析是再保险业务管理中的一个重要环节。按照《中华人民共和国保险法》的规定:凡在中国境内开办业务的保险公司,必须建立起分保机制,依法办理再保险业务以分散危险,取得经营的稳定性。

作为保险企业,无论是为了分散危险,还是要获取更大的承保能力,抑或是为了加强经营管理而办理的各类再保险业务,都需要对其进行必要的统计与分析。通过准确的数据和精确的分析,为企业的经营决策提供正确的依据。再保险业务的统计与分析一般分为分出业务的统计与分析和分入业务的统计与分析。

课堂测试题

1. 请解释保险统计在金融领域中的作用和重要性。
2. 财产保险统计主要包含哪些内容?它们如何帮助保险公司进行风险评估和管理?
3. 人寿保险统计对于保险公司制定产品策略和定价策略有哪些指导意义?
4. 再保险业务统计对于保险公司和整个保险行业有何重要影响?

课堂测试题答案

课后练习题

一、名词解释

1. 保险统计
2. 保险业务统计
3. 保险
4. 保险标的
5. 保险单
6. 批单
7. 保险金额
8. 人寿保险统计

二、单项选择题

1. 承保率是下列哪个方面的指标?(　　)。

A. 业务发展类　　　　B. 业务质量类　　　　C. 业务变动情况类　　　D. 保险中介业务类

2. 关于期末有效数的计算公式,下列说法正确的是(　　)。

A. 期末有效数＝本期增加－本期减少

B. 期末有效数＝上期期末有效数＋本期增加－本期减少

C. 期末有效数＝下期期初有效数＋本期增加－本期减少

D. 期末有效数＝下期期初有效数－本期增加＋本期减少

3. 人寿保险统计指标包括(　　)个构成要素。

A. 4　　　　　　　　B. 6　　　　　　　　C. 8　　　　　　　　D. 10

4. 按照人寿保险统计指标表现形式的不同,可分为(　　)。

A. 数量指标和质量指标　　　　　　　　B. 整体指标和专项指标

C. 考核指标和非考核指标　　　　　　　D. 总量指标、相对指标和平均指标

5. 再保险业务一种形式是由各保险企业按照《保险法》的要求,将所承包业务的(　　)向国家再保险公司办理的法定分保业务。

A. 10%　　　　　　B. 15%　　　　　　C. 20%　　　　　　D. 25%

三、多项选择题

1. 关于承保数量的统计规定,下列说法正确的有(　　)。

A. 当承保标的、计量单位不同时,仍需统计承保数量的合计数

B. 承保数量的计量单位按承保对象确定

C. 承保数量与签发保单的份数一致

D. 当一个标的同时投保若干种时,承保数量可能重复统计

2. 关于承保金额,下列说法正确的有(　　)。

A. 财产保险的承保金额反映了保险业务的规模、广度

B. 财产保险的承保金额是风险积聚程度的重要标志

C. 长期寿险业务也统计保额

D. 除有特殊规定外,承保金额均按承保数计算

3. 关于保费收入的统计规定,下列说法正确的有(　　)。

A. 直接收取保费的业务,均以签单数为准

B. 保户中途加保,应相应增加保费收入

C. 减保与退保(包括寿险业务)均应减少保费收入

D. 寿险类业务的保费收入按实收数统计

4. 财产保险的原始记录包括(　　)等。

A. 保险单　　　　　B. 保费收据　　　　C. 批单　　　　　　D. 赔款计算书及收据

5. 人寿保险统计的特点有(　　)。

A. 数量性　　　　　B. 综合性　　　　　C. 具体性　　　　　D. 复杂性

6. 设计人寿保险统计指标应注意(　　)。

A. 确定统计指标的名称、含义和口径

B. 确定统计指标的空间标准与时间标准

C. 确定统计指标的计量单位

D. 确定统计指标的计算方法

7. 关于统计保单份数时应当注意的内容,下列说法正确的有（　　）。

A. 保单份数与保险份数一致

B. 承保人数和保单份数的数量一定相等

C. 对于选择分期缴纳保费方式的投保人,只在其首期缴费时统计保单份数

D. 保险责任开始后的减保,保单份数不减少

8. 关于统计保险金额应当注意的内容,下列说法正确的有（　　）。

A. 保险金额应按各份保险单上签订的最高给付额统计

B. 主险和附加险一起计算、统计保险金额

C. 对于选择分期缴纳保费方式的投保人,只在其首期缴费时统计保险金额

D. 保险责任开始后的减保和退保,保险金额的期末有效数不需要冲减

四、简答题

1. 保险统计的意义与任务是什么?
2. 保险业的业务发展指标与业务质量指标各有哪些?
3. 人寿保险统计指标的特点是什么?该指标体系包括哪些指标?
4. 再保险业务的统计与分析包括哪些内容?
5. 建立和完善人寿保险统计指标体系的要求有哪些?

五、计算题

1. 已知某保险公司 2018 年的保费收入为 2 500 万元,应收保费为 3 000 万元,分期应收保费为 1 500 万元,计算该公司 2018 年的保费清偿率。

2. 已知某保险公司 2019 年的已决赔款为 1 000 万元,未决赔款为 200 万元,保险金额为 5 000 万元,保险费为 8 000 万元,计算该保险公司 2019 年的赔付率和损失率。

拓展阅读

第九章　对外金融统计

学习目标

1. 知识目标

掌握对外金融统计的基本概念、原则和方法,了解其在国际金融活动中的作用和重要性;理解我国对外金融统计的基本框架和体系,熟悉相关统计指标和数据的来源与计算方法;了解国际收支平衡表、国际投资头寸表等对外金融统计报表的编制原理和结构,掌握其分析和解读方法;熟悉外汇收支统计、外汇信贷统计及利用外资和对外投资统计在我国的开展情况及相关规章制度。

2. 能力目标

能够运用对外金融统计知识,收集、整理和分析国际金融活动数据,为决策提供科学依据;具备编制和解读国际收支平衡表、国际投资头寸表等对外金融统计报表的能力,能够从中提取有效信息,进行经济分析和预测。

3. 思政目标

培养爱国情怀和国际视野,能够认识到对外金融统计在维护国家经济安全、促进国际经济合作中的重要作用;树立正确的价值观和职业道德观,遵守统计法规,确保对外金融统计数据的真实、准确和完整。

第一节　对外金融统计概述

一、对外金融统计的概念

对外金融统计是国家对外金融关系中收支活动的全面记录,包括外汇收支数字的搜集、整理和分析,是研究我国国际收支状况,进行外汇管理必不可少的工具。对外金融关系是对外关系的重要组成部分。

对外金融统计主要包括两个方面的内容:第一,对各国或地区之间的各种货币收支关系的往来作全面地描述和分析;第二,以本国为核心,对与本国有关的各种外汇收支关系的数据进行搜集、整理和分析研究。具体包括:国际收支统计、外汇收支统计、外汇信贷统计及利用外资统计和对外投资统计等。

我国的对外金融活动包括我国与世界其他国家和地区间各项有形商品交易的外汇收支活动,各项劳务性的非贸易外汇收支活动,以及资金转移收支活动等等。这些活动涉及政府、机关、团体、外交机构、工商企业等的外汇收支,也涉及国内外的侨胞、侨眷、外侨的个人外汇收支。对外金融统计就是对有关这些活动的资料进行搜集、整理和分析,以了解我国的对外金融活动,尤其是国际收支状况和外汇收支状况,进而编制国际收支平衡表,为政府有关政策的制定提供依据。

二、对外金融统计的意义

运用现代统计的理论和方法,做好对外金融统计,对于发展对外金融关系、加快我国经济融入世界经济的步伐、促进经济发展以及增强我国同其他国家之间的友好往来都十分重要。

首先,对外金融统计是研究我国国际收支状况,进行外汇管理的有效手段。对外金融统计工作者将有关资料进行搜集、整理,编制国际收支平衡表,可以较为清楚地反映我国的外汇收支状况及外汇储备状况。

其次,对外金融统计指标可以为促进我国对外金融工作提供重要依据。对外金融统计工作中设置的对外金融统计指标,可以反映我国对外贸易往来、非贸易往来、国际投资的收入和支出;反映外国政府、国际经济组织及个人的债权债务的变化。通过分析可以及时发现问题,对于改善对外金融工作十分重要。

再次,对外金融统计的分析研究,有利于促进我国发展对外金融关系,发展对外经济贸易,发挥各自的比较优势,实现优势互补,促进我国与世界各国的经济往来,增进国际友好合作。

最后,对外金融统计有利于及时掌握国际金融市场的变化动态,抓住有利时机,积极扩大出口,大量利用外资,引进先进技术。

三、对外金融统计的任务

对外金融统计的基本任务是:准确、及时、全面、系统地反映我国的国际收支、对外贸易、利用外资和对外投资等情况,总结经验,分析研究存在的问题,并提出改进措施,为国家宏观经济管理和加快对外贸易政策的制定提供所需要的数据资料。

第二节　国际收支统计

一、国际收支的概念

国际收支(balance of payments, BOP)是指一定时期内某一经济体(通常指一国或者地区)与世界其他经济体之间的各项经济交易。其中的经济交易是在居民与非居民之间进行的,包括经常项目交易、资本与金融项目交易和国际储备资产变动等。

国际收支的内涵十分丰富,要正确理解这一概念,还应从以下几个方面加以理解:

首先,国际收支是一个流量概念。在使用"国际收支"这一概念时,需要指出它是属于哪一个时期的,即需要指出它是属于哪一个报告期。报告期可以是一年、一个季度或一个月,这要根据分析的需要和资料来源加以确定。各国通常以一年作为一个报告期。

其次,国际收支所记录的内容是经济交易。国际收支是以交易为基础的。国际收支相关的一些交易可能并不涉及货币支付,根本不需要支付。在国际收支中,除了记录有货币支付的交易外,未涉及货币支付的交易也需折算成货币加以记录。一国国际收支中所记载的经济交易主要由交换、单方面转移支付以及因移居(使两个经济体的对外资产、负债关系发生变化)等交易行为。

再次,国际收支记载的是居民与非居民之间的经济交易。判断一项交易是否应记录在一国的国际收支中,要看交易的双方是否发生在一国的居民和非居民之间。在国际收支统计中,居民是指在一个国家的经济领土内具有经济利益中心的经济单位。一个国家的经济领土一般包括该国政府所管辖的地理领土,该国的天空、水域和国际水域下的大陆架,该国在世界其他地方的领地(如大使馆、领事馆等)。通常,只要一个经济单位在一个国家的经济领土内,在一年或一年以上的时间内,已经大规模地从事经济活动与交易或计划如此行事,则认为该经济单位在该国具有一个经济利益中心。

因此,划分居民与非居民的标准是交易者的经济利益中心所在地,以及从事生产、消费等经济活动和交易的所在地。据此,国际货币基金组织(IMF)规定:政府、非营利团体和企业等法人,属于所在国居民;至于自然人,不论其国籍如何,只要他在所在国从事一年以上的经济活动与交易,就是所在国的居民,否则,即为非居民。官方外交使节、驻外军事人员一律算是所在国的非居民。联合国、国际货币基金组织等国际机构及其代表,是任何国家的非居民。

以上给出的是国际收支的广义概念。狭义的国际收支概念一般指包括国际商品、服务和资本的往来等外汇收支。国际货币基金组织给出的定义则是一种广义的概念——"国际收支是一种定期的统计报表",它反映了:第一,一个经济体与世界上其他经济体之间的商品、劳务和收益交易,包括商品进出口、运输、保险、旅游等劳务,以及投资收益等国际经济交易;第二,该经济体的货币、黄金、特别提款权以及对其他国家的债权、债务的变化;第三,无偿的单方转移,以及会计处理上为平衡能互相抵消和变动而设置的对应科目,即侨民汇款、国际馈赠或援助以及账面平衡项目。目前世界各国大多采用这一定义来编制和设计国际收支平衡表。

二、国际收支统计

(一)国际收支统计的概念

国际收支统计是指对一个国家在一定时期内所发生的各种国际经济交易的流动量(即发生额)的统计,是全面观察一个国家在一定时期内国际收支平衡状况的重要依据。

国际收支统计能全面、条理地反映一个国家对外经济交往的状况。首先,它综合记录了一个国家对外经济活动的方方面面,既包括商品劳务交易,又包括资本往来;既包括涉及外汇收支的各种交易,也包括不涉及外汇收支的各种交易。这体现了国际收支的全面性。其次,国际收支统计采用复式记账原理,按照有收必有支、收支必相等的原理,把构成一项经济交易的两个方面,也就是物的流动与资金的流动同时作相应的记录。这体现了国际收支的条理性。

(二)国际收支统计的意义

(1)更好地反映一个国家的经济状况。随着我国对外经济活动的范围和规模的不断扩大,与其他国家之间发生的收支关系也日益增多,如贸易、投资、借贷、馈赠、提供劳务等,都要进行国际货币收支。世界范围内各国之间愈加频繁的贸易往来,必然导致一国对他国的货币收支差额。不论国际货币债权债务关系由哪些部门、企业形成,外汇收支在哪里,从宏观上讲,都是国家来实现的。所有外汇收入都是国家外汇资金的增加,所有外汇支出多是国家外汇资金的减少。因此,需要从宏观上掌握并分析国家的国际收支状况,而搞好国际收支统计则是必要的基础。

(2)全面地反映一国外部经济的均衡状况。利用国际收支统计中的相关数据,可以形成全面反映一国涉及经济状况的综合指标,如贸易条件指数、实际汇率偏离度、资本流动性风险、储备充足率等指标。

(3)为一国制定货币金融政策提供重要依据。通过对国际收支状况的分析,可以了解一国在一定时期内的贸易状况、资本流动状况和外汇储备状况等。一国政府应结合本国的经济发展状况和国际储备资产的状况,密切关注其国际收支的变化,从而制定相应的货币金融政策,确保本国经济的稳定发展。

(三)国际收支统计的内容

1. 经常账户统计

经常账户(current account,CA)是指对实际资源在国家(地区)间的流动行为记录的账户,包括进出口的货物、输入输出的服务、对外应收及应付的收益,以及在无同等回报的情况下,与其他国家或地区之间发生的经常转移。它是一国国际收支平衡表中最重要的项目,包括货物、服务、收益和经常转移四个子项目。

(1)货物(goods)。货物包括一般商品、用于加工的货物、货物的修理、各种运输工具在港口采购的货物、非货币性黄金。一般来说,货物的进出口均按离岸价(FOB)计价。

(2)服务(service)。服务是经常账户的第二个大项目,包括运输、旅游、通讯、建筑、金融、保险、电子计算机和信息服务、专用权的使用和特许权以及其他商业服务。其中,通讯、金融、计算机和信息等服务在国际贸易中的地位越来越重要。

(3)收益(income)。《国际收支手册》第五版将服务交易同收入交易明确区分开来。收益包括居民和非居民之间的两大类交易:第一类,职工报酬,即付给非居民工人(如季节性的短期工人)的工资报酬;第二类,投资收入,包括直接投资、证券投资和其他投资的收入和支出,以及储备资产的收入。最常见的投资收入是股本收入(红利)和债务收入(利息)。

(4)经常转移(current transfers)。该账户记录一经济体的居民向另一非居民无偿提供的商品服务或金融资产,因此也被称为无偿转移或单方面转移。该项下主要包括:①各级政府的无偿转移,如战争赔款、经济和军事援助、捐赠、国际组织的会费等;②私人的无偿转移,如侨汇、继承、赠养费、资助性汇款、退休金等。

2. 资本与金融账户统计

资本与金融账户(capital and financial account,CFA)是指资本项目下的资本转移、非生产、非金融资产交易及其他所有引起经济体对外资产和负债发生变化的金融项目。

(1)资本账户(capital account)。该账户包括资本转移和非生产、非金融资产的收买或放弃。其中,资本转移是指涉及固定资产所有权的变更及债权债务的减免等导致交易一方或双方资产存量发生变化的转移项目,主要包括固定资产转移、债务减免和投资捐赠等。非生产、非金融资产的收买或放弃是指非生产性有形资产(土地和地下资产)和无形资产(专利、版权、商标和经销权等)的收买与放弃。需要注意的是,经常账户的服务项下记录的是无形资产运用所引起的收支,资本账户下的资本转移记录的是无形资产所有权的买卖所引起的收支。

(2)金融账户(financial account)。该账户包括一经济体对外资产和负债所有权变更的所有权交易。金融账户按投资功能和类型分为：

①直接投资(direct investment)。其主要特征是投资者对另一经济体企业的经营管理施加着相当大的影响。它可以采取在国外直接建立分支企业的形式，也可以采取购买国外企业一定比例以上股票(如10%)的形式，此外，利润再投资也是直接投资的一种形式。

②证券投资(portfolio investment)。证券投资的主要对象是股本证券和债务证券。股本证券包括股票、参股和其他类似文件。债务证券包括中长期债券、货币市场工具(如国库券、商业票据、银行承兑汇票、可转让的大额存单等)和其他派生金融工具(如金融期货和期权交易)。

③其他资产。其他资产是指所有直接投资和证券投资未包括的金融交易，如贷款、预付款、金融租赁项下的货物、货币和存款。

3. 储备资产

储备资产(reserve assets)是指货币当局掌握的可以随时动用以平衡国际收支和干预汇率的金融资产，包括货币性黄金、特别提款权、在基金组织的储备头寸、外汇资产(包括货币、存款和有价证券)和其他债权。需要指出的是，反映在国际收支平衡表上的储备资产是一定时期的变化额，而不是官方持有的余额，该差额为顺差，国际储备就增加，反之，则减少。国际收支平衡表的储备资产是人为设置的平衡项目，它表示经常项目和资本、金融项目的差额。

4. 错误与遗漏账户(error and omissions account)

国际收支平衡表采用的是复式记账法，因此，所有账户的借方总额和贷方总额应相等。事实上，由于不同账户的统计资料来源不一，记录时间不同，以及一些人为因素(如虚报出口)等原因，会造成结账时出现净的借方余额或贷方余额。错误与遗漏正是为此而人为设立的一个抵消账户，其数额与上述余额相等而方向相反。

(四)国际收支平衡表

1. 国际收支平衡表及其结构

国际收支平衡表是国民经济核算体系中基本核算表的组成部分，是反映一定时期一国(或地区)同外国(或地区)的全部经济往来的收支流量表。它是对一个国家与其他国家进行经济技术交流过程中所发生的贸易、非贸易、资本往来以及储备资产的实际动态所做的系统记录，是国际收支核算的重要工具，可综合反映一国的国际收支状况、收支结构及储备资产的增减变动情况，为制定对外经济政策、分析影响国际收支平衡的基本经济因素、采取相应的调控措施提供依据。

在国际收支平衡表中，具体项目的借贷双方的差额表现为局部差额，各局部差额之和就是总差额。当外汇收入大于支出，出现盈余，就称之为国际收支顺差；反之，当外汇收入小于支出,出现赤字,就称之为国际收支逆差。

2. 国际收支平衡表的记账原则

国际收支平衡表是采用复式记账形式,按照"有借必有贷、借贷必相等"的复式簿记原理编制的。每笔交易都由两笔价值相等、方向相反的项目表示。不论是实际资源还是金融资产,借方均表示该经济体资产(资源)持有量的增加,贷方均表示资产(资源)持有量的减少。

记入借方的项目包括:反映进口实际资源的经常项目及反映资产增加和负债减少的金融项目,记为"一"。记入贷方的项目包括:反映出口实际资源的经常项目及反映资产减少和负债增加的金融项目,记为"+"(可省略)。

具体的记账原则是:第一,凡是引起本国从国外获得货币流入的交易记入贷方,凡是引起本国对外国流出货币的交易记入借方,凡是引起外汇供给的经济交易记入贷方,凡是引起外汇需求的经济交易记入借方;第二,在国际收支平衡表中,通常采用市场价格作为计价基础;第三,与国民经济核算原则相一致,在国际收支平衡表中,国际收支核算通常根据所有权变更的时间作为记载时间;第四,在国际收支平衡表中,应将各种外币折算为统一规定的某种外币或者本国货币。

3. 国际收支平衡表的主要内容

(1)经常项目。经常项目主要反映一国与他国之间实际资源的转移,是国际收支中最重要的项目。经常项目包括货物(贸易)、服务(无形贸易)、收益和单方面转移(经常转移)四个项目。经常项目顺差表示该国为净贷款人,经常项目逆差表示该国为净借款人。

(2)资本与金融项目。资本与金融项目反映的是国际资本流动,包括长期或短期的资本流出和资本流入,是国际收支平衡表的第二大类项目。资本项目包括资本转移和非生产、非金融资产的收买或出售,前者主要是投资捐赠和债务注销;后者主要是土地和无形资产(专利、版权、商标等)的收买或出售。金融账户包括直接投资、证券投资(间接投资)和其他投资(包括国际信贷、预付款等)。

(3)净差错与遗漏。为使国际收支平衡表的借方总额与贷方总额相等,编表人员人为地在平衡表中设立该项目,来抵消净的借方余额或净的贷方余额。

(4)储备与相关项目。储备与相关项目包括外汇、黄金和分配的特别提款权(SDR)。

三、国际收支统计分析

(一)一般意义上的分析

国际收支平衡表是根据复式簿记原理编制的,是一种事后的会计性记录,因此,借贷总额在整体是平衡的,也就是说余额为零。而我们通常所说的国际收支盈余或赤字是针对不同口径划分的特定账户上出现的余额而言的。就具体项目来说,借方和贷方经常是不相等的,会产生一定的差额。当特定账户的贷方总额大于借方总额时,称为国际收支顺差,也叫盈余;当特定账户的贷方总额小于借方总额时,称为国际收支逆差,也叫赤字;当特定账户的贷方总额与借方总额相等时,称为国际收支平衡。通常,关于贸易收支出超、入超,经常账户盈余、赤字,国际收支顺差、逆差等国际收支状况的报道或资料就是指这种情况而言的。

从宏观经济角度讲,国际收支平衡是指一国在一定时期内的国际收支在数量和实质内容两方面促进经济与社会的正常发展,促进本国货币均衡汇率的实现和稳定,使本国的国际储备达到充足或最佳水平。这里,均衡不仅涉及国际收支的数量,也涉及国际收支的实质内容,即国际收支与国民经济其他方面的相互联系、相互影响;不仅涉及国际收支流量,还涉及国际收支的存量,特别是储备水平。可以说均衡这一概念为判断一国国际收支状况的好坏提出了更多的判断标准,如国内的就业水平、汇率水平及稳定程度、储备水平等。

(二)静态分析法

所谓静态分析法,是指在某一时期内对反映国际收支状况的国际收支平衡表进行账面上的分析。静态分析要计算和分析平衡表中的各个项目及其差额;分析各个差额形成的原因及其对国际收支平衡的影响;同时,结合一国的政治经济变化的有关资料,进行综合判断,以便找出其中具有规律性的东西(详见表9—1)。

表9—1　　　　　　　　2023年中国国际收支平衡表　　　　　　　　单位:万美元

项目	金额
1. 经常账户	2 642
贷方	37 803
借方	−35 161
1.A 货物和服务	3 786
贷方	35 027
借方	−31 242
1.A.a 货物	6 080
贷方	31 796
借方	−25 716
1.A.b 服务	−2 294
贷方	3 232

续表

项目	金额
借方	−5 526
1. A. b. 1 加工服务	120
贷方	129
借方	−9
1. A. b. 2 维护和维修服务	41
贷方	100
借方	−59
1. A. b. 3 运输	−859
贷方	871
借方	−1 729
1. A. b. 4 旅行	−1 806
贷方	159
借方	−1 965
1. A. b. 5 建设	80
贷方	158
借方	−78
1. A. b. 6 保险和养老金服务	−92
贷方	69
借方	−162
1. A. b. 7 金融服务	6
贷方	44
借方	−37
1. A. b. 8 知识产权使用费	−317
贷方	110
借方	−427
1. A. b. 9 电信、计算机和信息服务	192
贷方	581
借方	−388
1. A. b. 10 其他商业服务	380
贷方	983

续表

项目	金额
借方	−603
1.A.b.11 个人、文化和娱乐服务	−26
贷方	14
借方	−40
1.A.b.12 别处未提及的政府服务	−15
贷方	15
借方	−30
1.B 初次收入	−1 296
贷方	2 400
借方	−3 696
1.C 二次收入	152
贷方	376
借方	−224
2. 资本和金融账户（含当季净误差与遗漏）	−2 442
2.1 资本账户	−3
贷方	2
借方	−5
2.2 金融账户（含当季净误差与遗漏）	−2 439
2.2.1 非储备性质的金融账户（含当季净误差与遗漏）	−2 283
其中：2.2.1.1 直接投资	−1 525
2.2.1.1.1 直接投资资产	−1 855
2.2.1.1.1.1 股权	−1 111
2.2.1.1.1.2 关联企业债务	−744
2.2.1.1.2 直接投资负债	330
2.2.1.1.2.1 股权	621
2.2.1.1.2.2 关联企业债务	−291
2.2.2 储备资产	−156
2.2.2.1 货币黄金	−112
2.2.2.2 特别提款权	−21
2.2.2.3 在国际货币基金组织的储备头寸	12

续表

项目	金额
2.2.2.4 外汇储备	−35
2.2.2.5 其他储备	0
3. 净误差与遗漏	−200

注：①根据《国际收支和国际投资头寸手册》（第六版）编制，资本和金融账户中包含储备资产。②"贷方"按正值列示，"借方"按负值列示，差额等于"贷方"加上"借方"。本表除标注"贷方"和"借方"的项目外，其他项目均指差额。③本表计数采用四舍五入原则。

资料来源：国家外汇管理局网，http://www.safe.gov.cn。

1. 经常账户差额

经常账户差额是一定时期内一国货物、服务、收入和经常转移项目贷方总额与借方总额的差额。

其公式表示为：

$$经常账户差额 = 贷方总额 - 借方总额 \tag{9-1}$$

当贷方总额大于借方总额时，经常账户为顺差；当贷方总额小于借方总额时，经常账户为逆差；当贷方总额等于借方总额时，经常账户收支平衡。

经常账户差额与贸易差额的主要区别在于收入项目余额的大小。由于收入项目主要反映的是资本通过直接投资或证券投资所取得的收入，因此，一国净国外资产数额越大，经常账户差额从外国得到的收益也就越多，该国经常账户就越是容易出现顺差，相反，如果一国净国外负债数额越大，经常账户差额向国外付出的收益也就越多，该国经常账户就越是容易出现逆差。经常账户差额是国际收支分析中重要的收支差额之一。经常账户如果出现顺差，则意味着由于存在货物、服务、收入和经常转移的贷方净额，该国的海外资产净额增加，换句话说，经常账户顺差意味着该国对外净投资增加。经常账户如果出现逆差，则意味着由于存在货物、服务、收入和经常转移的借方净额，该国的海外资产净额减少，亦即经常账户逆差表示该国对外净投资减少。

2. 资本与金融账户差额

其公式表示为：

$$资本与金融账户差额 = 资本账户差额 + 金融账户差额 \tag{9-2}$$

资本和金融项目有长期资本项目和短期资本项目之分。长期资本项目包括直接投资、证券投资、贷款和国际租赁等。其中，直接投资对于分析研究跨国公司具有重要的意义，证券投资和贷款主要反映对外债权、债务关系的变化。短期资本项目包括银行、地方及部门借还款、延期收付款和其他资本往来项目。20世纪90年代以来，短期资本在国家（地区）间流动的速度与规模都是空前的。它影响着国际汇率的变化与币值的升降,对有关国家的国际收支平衡与货币金融市场都有重大意义。

资本与金融账户的规模水平以及长短期资本项目所占比重结构,说明了一定时期资金来源和去向构成,对其逐项进行分析,有利于增强我国在国际市场上的投资效益和提高筹措资金的能力。

3. 总差额

$$总差额＝经常账户差额＋资本与金融账户差额＋净误差与遗漏 \quad (9-3)$$

$$储备资产增减额＝总差额 \quad (9-4)$$

$$储备资产增减额＝外汇储备增减＋特别提款权增减额＋在基金组织储备头寸的增减＋对基金信贷的使用＋黄金储备增减 \quad (9-5)$$

总差额是目前分析国际收支时广泛使用的指标,在未特别说明的情况下,通常所说的国际收支差额就是指总差额。总差额表明了国际收支最后留下的缺口,该缺口要通过储备资产的增减来进行弥补,因此,储备资产增减额＝总差额。公式(9-5)反映储备资产变动的结构情况。总差额反映了一定时期内一国国际收支状况对其储备的影响,或者说它衡量了一国通过动用或获取国际储备来弥补国际收支失衡的能力。总差额大于零,表明国际收支顺差,则储备资产增加;总差额小于零,表明国际收支逆差,则储备资产减少。由于负的总差额会导致储备资产的消耗,通常认为负的总差额是不可取的,亦即国际收支逆差是不可取的。当然,正的总差额过大而使储备资产巨额增加,对一国经济也不尽有利。这是因为:首先,储备资产增加需中央银行增加投放基础货币,货币供应量的增加会带来通货膨胀的压力;其次,储备资产的收益率低于长期投资的收益率,因而过多的储备意味着收益的减少;另外,汇率的变化有可能导致储备资产贬值。

(三) 动态分析法

动态分析法是指对某个国家若干连续时期的国际收支平衡表进行分析的方法。它是一种纵向的分析方法。由于一国在某一时期的国际收支往往同以前的发展过程相联系,因此,国际收支的动态分析是十分必要的。同时,在分析一国的国际收支时,需要将动态分析和静态分析结合起来。由于在较长的计划期内我们追求国际收支的大体平衡,因此,在静态平衡和动态平衡中,应该追求国际收支的长期动态平衡。表9-2 列示了 2018—2022 年我国的国际收支状况。

表9-2　　　　　2018—2022 年中国国际收支平衡表(年度表)　　　　单位:亿美元

项　　目	2018 年	2019 年	2020 年	2021 年	2022 年
1. 经常账户	491	1 413	2 740	3 173	4 019
贷方	29 136	29 051	30 117	38 780	39 508
借方	−28 645	−27 638	−27 377	−35 607	−35 489

续表

项 目	2018年	2019年	2020年	2021年	2022年
1.A 货物和服务	1 029	1 641	3 697	4 628	5 763
贷方	26 510	26 434	27 324	35 543	37 158
借方	−25 481	−24 793	−23 627	−30 915	−31 395
1.A.a 货物	3 952	4 253	5 150	5 627	6 686
贷方	24 174	23 990	24 972	32 159	33 469
借方	−20 223	−19 737	−19 822	−26 531	−26 782
1.A.b 服务	−2 922	−2 611	−1 453	−999	−923
贷方	2 336	2 444	2 352	3 384	3 690
借方	−5 258	−5 055	−3 805	−4 384	−4 613
1.B 初次收入	−514	−330	−1 052	−1 620	−1 936
贷方	2 348	2 358	2 417	2 745	1 902
借方	−2 862	−2 688	−3 469	−4 365	−3 839
1.C 二次收入	−24	103	95	165	191
贷方	278	259	376	492	447
借方	−302	−157	−281	−327	−256
2. 资本和金融账户	1 111	567	−1 058	−1 499	−3 113
2.1 资本账户	−6	−3	−1	1	−3
贷方	3	2	2	3	2
借方	−9	−5	−2	−2	−5
2.2 金融账户	1 117	570	−1 058	−1 500	−3 110
资产	−3 721	−1 987	−6 263	−8 116	−2 815
负债	4 838	2 558	5 206	6 616	−294
2.2.1 非储备性质的金融账户	1 306	378	−778	382	−2 110
2.2.1.1 直接投资	1 070	581	1 026	2 059	305
资产	−965	−977	−1 099	−1 280	−1 497
负债	2 035	1 558	2 125	3 340	1 802
2.2.1.2 证券投资	1 067	579	873	510	−2 811
资产	−535	−894	−1 673	−1 259	−1 732
负债	1 602	1 474	2 547	1 769	−1 079
2.2.1.3 金融衍生工具	−62	−24	−114	111	−58
资产	−48	14	−69	179	27
负债	−13	−37	−45	−68	−85
2.2.1.4 其他投资	−770	−759	−2 562	−2 298	454

续表

项　目	2018年	2019年	2020年	2021年	2022年
资产	−1 984	−323	−3 142	−3 873	1 386
负债	1 214	−437	579	1 576	−932
2.2.2 储备资产	−189	193	−280	−1 882	−1 000
3. 净误差与遗漏	−1 602	−1 981	−1 681	−1 674	−906

注：①本表计数采用四舍五入原则。②根据《国际收支和国际投资头寸手册》（第六版）编制，资本和金融账户中包含储备资产。③"贷方"按正值列示，"借方"按负值列示，差额等于"贷方"加上"借方"。本表除标注"贷方"和"借方"的项目外，其他项目均指差额。④在金融账户下，对外金融资产的净增加用负值列示，净减少用正值列示。对外负债的净增加用正值列示，净减少用负值列示。

资料来源：国家外汇管理局网，http://www.safe.gov.cn。

第三节　我国的国际收支统计

一、我国国际收支统计的历史沿革

我国的国际收支统计始于1980年，当时，我国恢复了在国际货币基金组织的合法席位。根据国际货币基金组织的有关规定，成员国有义务定期提供国际收支状况资料。为此我国开始建立国际收支统计体系。我国的国际收支统计工作大体经历了以下三个阶段：

（一）试编阶段

在新中国成立后的相当长的时期内，我国都未编制过国际收支平衡表，而只编制外汇收支平衡表。1980年，由当时的国家外汇管理总局和中国银行总行具体负责，在外汇收支统计制度的基础上，编制国际收支平衡表。

（二）建立统计制度正式编制

经过试编阶段的摸索，在国家外汇收支统计表的基础上，借鉴和吸收国际通行的统计方法，我国出台了第一个国际收支统计制度。我国从1982年起正式编制国际收支平衡表。1984年11月，国家统计局与国家外汇管理局对原有的国际收支统计制度进行修改，开始采用《国际收支手册》（第四版）来编制国际收支平衡表。

（三）建立申报制度

1996年1月1日，我国实施《国际收支统计申报办法》，建立国际收支间接申报制度，并开始按照《国际收支手册》（第五版）编制国际收支平衡表，随后又出台了国际收支四项直接申报制度。2002年4月25日，我国加入国际货币基金组织数据公布通用系统（GDDS），2005年首次公布中国国际收支报告。2006年5月，我国首次向社会发布 2004 年末和 2005 年末中国国际投资头寸表,标志着我国对外统计信息的完整发布。2008 年,国际货币基金组织发布《国际收支和国际投资头寸手册》(第六版)。根据 2013 年 11 月 9 日《国务院关于修改〈国际收支统计申报办法〉的决定》,我国对 1995 年发布实施的《国际收支统计申报办法实施细则》进行了修改和完善,新修订的细则于 2014 年 1 月 1 日起正式实施。现在我国已经建立起完整、科学的国际收支申报、统计体系,国际收支的统计申报和分析预测工作在宏观经济调控体系中日益发挥重要的作用。

二、我国现行的国际收支统计申报体系

(一)我国国际收支统计申报范围

我国的国际收支统计申报范围为:中国居民与非中国居民之间发生的一切经济交易以及中国居民对外金融资产、负债状况。其中,中国居民是指:

(1)在中国境内居留 1 年以上的自然人,外国及中国香港、澳门、台湾地区在境内的留学生、就医人员、外国驻华使馆领馆外籍工作人员及其家属除外。

(2)中国短期出国人员(在境外居留时间不满 1 年)、在境外留学人员、就医人员及中国驻外使馆领馆工作人员及其家属。

(3)在中国境内依法成立的企业事业法人(含外商投资企业及外资金融机构)及境外法人的驻华机构(不含国际组织驻华机构、外国驻华使馆领馆)。

(4)中国国家机关(含中国驻外使馆领馆)、团体、部队。

(二)我国国际收支统计申报体系框架

国家外汇管理局按照《中华人民共和国统计法》规定的程序,负责组织实施国际收支统计申报,并进行监督、检查;统计、汇总并公布国际收支状况和国际投资状况;制定、修改《国际收支统计申报办法》的实施细则;制发国际收支统计申报单及报表。国际收支统计申报实行交易主体申报的原则,采取间接申报与直接申报、逐笔申报与定期申报相结合的办法。国际收支统计申报体系是一套内在的、完善的、系统的数据收集体系。

我国国际收支统计申报体系具体可以分为三个层次:第一个层次为《国际收支统计申报办法》;第二个层次为《国际收支统计申报办法实施细则》;第三个层次为各种业务操作规程及有关通知,业务操作规程包括:《通过金融机构进行国际收支统计申报的业务操作规程》《金融机构对外资产负债及损益申报业务操作规程》《直接投资统计申报业务操作规程》《证券投资统计申报业务操作规程》《汇兑业务统计申报操作规程》。其中,通过金融机构进行的国际收支统计申报为间接、逐笔申报,即交易主体必须通过相关金融机构逐笔申报其对外交易情况;其他四项统计申报为报告者定期地、直接向外汇局申报其对外交易状况及对外资产负债和分红派息情况。

三、我国的国际收支平衡表

如前所述,在新中国成立后的相当长的时期内,我国都未编制国际收支平衡表,而只编制外汇收支平衡表。外汇收支平衡表仅包括已实现的外汇收支的对外经济交易,而不包括已经发生、但未实现外汇收支的国际经济交易。它反映的是狭义的国际收支,难以反映我国对外经济交往的全貌。自改革开放以来,我国对外交往日益增多,国际收支在我国国民经济中的作用越来越大,同时,我国的国际收支对世界各国的影响也越来越大。为了全面反映我国的国际收支情况和我国在国际社会中的地位,为了加强宏观管理,也为了国际金融组织和国外投资者了解我国的国际收支情况,国家统计局和国家外汇管理局从1980年起尝试编制国际收支平衡表。之后,又建立了国际收支统计申报制度,从此,我国的国际收支平衡表的统计和编制走上了正轨,并逐年对外公布。

表9—2是2018—2022年中国国际收支平衡表。我国的国际收支平衡表所反映的对外经济交易,既包括我国与外国之间,也包括我国内地与香港特区、澳门特区、台湾地区之间的交易。

改革开放以来,从国际收支数据的变化来看,我国国际贸易和跨境投融资规模排在世界前列,国际收支逐步趋向基本平衡,应对外部冲击的能力不断提升。[①]

(一)国际收支交易从小变大、由弱变强实现巨大飞跃

国际收支平衡表显示,1982年,我国货物和服务贸易进出口总额为404亿美元,在全球范围内位居第二十多位。此后到2001年加入世界贸易组织的近20年间,货物和服务贸易总额年均增长15%;2001—2008年,对外贸易进入高速发展期,年均增速达26%;2009—2017年,对外贸易在波动中逐步趋稳,年均增长10%;2018年上半年,对外贸易同比增长15%。2017年,我国货物和服务贸易进出口总额为4.64万亿美元,在全球范围内位居第二位。国际投资头寸表显示,自2004年有数据统计以来,我国对外金融资产和负债规模年均增长17%,2017年末,规模合计12.04万亿美元,2018年6月末,进一步上升至12.34万亿美元。2017年末,我国对外金融资产和负债规模在全球排第八位,并成为全球第三大净债权国。

(二)国际收支经历长期"双顺差"后趋向基本平衡

我国经常账户顺差总体呈现先升后降的发展态势。1982—1993年,我国经常账户差额有所波动,个别年份出现逆差。但1994年以来,经常账户开始了持续至今的顺差局面。其中,1994—2007年,经常账户顺差与国内生产总值(GDP)之比由1%左右

---

① 以下内容摘自周琰:《改革开放40年来我国国际收支的发展演变:国际收支趋向基本平衡应对外部冲击能力不断提升》,《金融时报》2018年12月7日。

提升至 9.9%,外向型经济特征凸显,在此期间也带动了国内经济的快速增长。但 2008 年国际金融危机进一步表明,我国经济应降低对外需的依赖,更多转向内需拉动。从 2008 年起,我国经常账户顺差与 GDP 之比逐步回落至合理区间,2017 年降至 1.3%,2018 年上半年为 -0.4%,说明近年来内需尤其是消费需求在经济增长中的作用更加突出,这也是内部经济结构优化与外部经济平衡的相互印证。

我国跨境资本由持续净流入转向双向流动。在 1994 年经常账户开启长期顺差局面后,我国非储备性质金融账户也出现了长达 20 年左右的顺差,"双顺差"一度成为我国国际收支的标志性特征。在此情况下,外汇储备余额持续攀升,最高接近 4 万亿美元。2014 年以来,在内外部环境影响下,非储备性质金融账户持续了近 3 年的逆差,2017 年和 2018 年上半年转为顺差;同时,外汇储备也从 2014 年历史高点回落,2017 年转为上升,2018 年以来总体较为稳定。

上述调整也引起了我国对外资产负债结构的变化。2018 年 6 月末,对外资产中储备资产占比为 46%,较 2013 年末下降 19 个百分点;直接投资、证券投资和其他投资占比分别上升 11 个、3 个和 5 个百分点,体现了对外资产的分散化持有与运用。同时,2018 年 6 月末,对外负债中的证券投资占比较 2013 年末上升 12 个百分点,其他投资占比下降 9 个百分点,国内资本市场开放的成果有所显现。

(三)经受三次外部冲击考验,国际收支抗风险能力逐步增强

改革开放以来,我国国际收支状况保持总体稳健。历史上,国际金融市场振荡曾对我国国际收支形成三次冲击。一是 1997 年亚洲金融危机,当年我国非储备性质金融账户出现 63 亿美元小幅逆差,但由于经常账户顺差较高,因而外汇储备稳中略升;二是 2008 年国际金融危机以及随后的欧美债务危机,我国国际收支"双顺差"格局没有发生根本改变,外汇储备进一步增加;三是 2014—2016 年美国货币政策转向,新兴经济体普遍面临资本外流、货币贬值问题,我国外汇储备下降较多,但国际收支支付和外债偿还能力依然较强,风险可控。可以看出,日益稳固的经济基本面和不断提升的风险防范能力是应对外部冲击的关键。

第四节 外汇收支统计

一、外汇概述

(一)外汇的概念

外汇包括动态意义上的外汇和静态意义上的外汇。

动态意义上的外汇是国际汇兑的简称,是指把一个国家(地区)的货币兑换为另一

个国家(地区)的货币以清算国际债权债务的金融活动。

静态意义上的外汇是指国家(地区)间为清偿债权债务关系进行的汇兑活动所凭借的手段和工具,或者说是用于国际汇兑活动的支付手段和工具。事实上,静态的外汇概念是从动态的汇兑行为中衍生出来的。通常所说的外汇就是静态意义上的外汇,它可以从广义和狭义两个方面来进行理解。

1. 广义的外汇

国际货币基金组织对此的解释是:"外汇是货币行政当局(中央银行、货币管理机构、外汇平准基金组织及财政部)以银行存款、国库券、长短期政府债券等形式所持有的国际收支逆差时可以使用的债权。其中包括中央银行之间及政府间协议而发行的在市场上不流通的债券,而不论它是以债务国货币还是以债权国货币表示。"

2. 狭义的外汇

狭义的外汇就是通常所说的外汇,它是指以外币表示的用于国际结算的支付手段。外汇必须具备以下三个条件:首先,自由兑换性,即该外币资产能自由兑换成本币资产;其次,普遍接受性,即该外币资产在国际经济往来中被各国普遍地接受和使用;再次,可偿性,即该外币资产可以保证得到偿付。

2008年8月1日国务院第20次常务会议修订通过的《中华人民共和国外汇管理条例》第三条规定:外汇,是指以外币表示的可以用作国际清偿的支付手段和资产,包括:第一,外币现钞,包括纸币、铸币;第二,外币支付凭证或者支付工具,包括票据、银行存款凭证、银行卡等;第三,外币有价证券,包括债券、股票等;第四,特别提款权;第五,其他外汇资产。

(二)外汇的分类

从不同的角度出发,外汇可以分成以下几种:

1. 自由外汇和记账外汇

这是按照外汇的结算方式来加以划分的。自由外汇是指那些无需经国家外汇管理机构批准,就可以在国际金融市场上自由兑换其他国家货币或可以对任何国家自由支付的外汇。美元、英镑、日元等都属于自由外汇。记账外汇是指根据两国政府缔结的贸易方面的有关协定,从双方银行开立的账户中用于清算的外汇。它不能自由兑换,也不能转给第三国使用,故又称清算外汇或双边外汇。

2. 贸易外汇和非贸易外汇

这是按照外汇来源和用途来加以划分的。贸易外汇是指由国际商品交换引起收支的外汇。出口贸易赚取外汇,进口贸易支付外汇,伴随着进出口贸易的外汇收支就是贸易外汇收支。非贸易外汇是由商品输入输出以外的其他贸易往来引起收付的外汇。非贸易外汇实际上是非商品贸易外汇,主要有劳务外汇、旅游外汇和侨汇等。

3. 外汇额度和留成外汇

外汇额度是一种占有和使用自由外汇的权利，即外汇指标。外汇留成是指实行外汇管理的国家，为达到一定的经济目的，对部门、企业单位收入的外汇，按照规定的范围和比例，在国家、地方和收汇单位之间进行分配，给部门、企业和单位留有一部分外汇或外汇使用权。分配给地方单位的这部分外汇就是外汇留成。

二、外汇收支统计

（一）外汇收支统计的概念

外汇收支是指一个国家在一定时期内（通常是1年）用对方可接受的货币必须同其他国家立即结清的各种到期支付的款项。它是以支付为基础的国际收支，是狭义的国家收支。外汇收支统计就是在一定时期内对一国的外汇收支发生额的统计。

外汇收支统计与国际收支统计有着十分密切的关系，同时二者又有着重大的差别，主要表现在统计范围、统计时间和统计方法上。首先，就统计范围而言，外汇收支统计只包括各种收支中必须立即结清和支付的那一部分款项。对于国际贸易和国际信贷中尚未到期和并不需要用货币计算的部分，则不列入。也就是说，它仅以有外汇收支的国际贸易为对象，并不包括没有外汇收支的交易。此外，国际收支记录的是以过一定时期内发生的居民和非居民之间的全部经济交易，外汇收支以外汇收支行为为记录主体，并不区分这种行为是居民与非居民之间的还是居民与居民之间的。其次，就统计时间而言，国际收支统计是以所有权转移为记录的时间，外汇收支统计则是在这种行为发生后才进行统计。最后，就统计方法而言，国际收支采用复式簿记法，即借贷双方需保持平衡，而外汇收支则是一种实际记录法，收入、支出分别记录，收支项目的差距以收支差额体现。

（二）我国外汇收支统计制度的历史沿革

外汇收支统计是一国为全面了解其在一定时期内的外汇收支平衡状况而设立的一种统计制度。自新中国成立以来，外汇一直作为社会主义经济建设中宝贵的资源，建立在严格的外汇收支计划基础上的外汇收支统计一直作为国家经济决策的主要依据。在推进外汇体制改革不断深入的过程中，外汇收支统计工作一直作为一项基础性工作而受到国家的重视。随着我国国内外经济环境的变化，外汇收支统计在我国经历了以下几个阶段。

1. 第一阶段：1950—1978年

在这一阶段，我国对外汇资金的收付买卖、调拨转移、进出口过境实行严格管制。外汇管理的重点对象是国家单位和集体组织。对这些单位的外汇实行计划管理，外汇资金由国家集中保管，统一支配，各单位的外汇收支均需通过银行账户，接受外汇管理机构的监督。

当时，中国人民银行为外汇管理机构，中国银行则被指定为专业银行，办理外汇结算业务。由于中国银行是国家指定的、唯一的外汇专业银行，掌握外汇收支的资料，因此我国的外汇收支统计最早是由中国银行建立并实行的。最初统计报表的名称为"国家外汇收支表""国家外汇非贸易收支情况表"。国家外汇收支统计分为现汇外汇和记账外汇两部分内容，统计项目仅设置了"出口收汇""进口用汇""非贸易收入""非贸易支出"几个大项，其中非贸易收入主要以侨汇为主。这一时期我国的对外经贸事业发展非常缓慢，年外汇收支和外汇储备的规模都很小。

2. 第二阶段：1979—1993年

在这一阶段，随着中共十一届三中全会全党的工作重心的转移，我国逐步实行对内搞活、对外开放的政策，积极引进外资，引进先进技术设备，举办合资企业，建立经济特区，我国的对外经济、金融合作不断扩大，外汇收支快速增长。与此同时，我国的外汇管理体制紧紧围绕经济发展形势，积极适应经济发展要求，逐步进行了一系列体制改革和政策调整。

1979年3月，国务院正式批准设立了国家外汇管理局，随后又公布实施了《中华人民共和国外汇管理暂行条例》。为了适应新时期外汇管理的需要，国家外汇管理局进一步完善了统计指标的设置。与此同时，以国家外汇收支统计为基础的我国国际收支统计制度开始建立并逐步发展。1980年，我国相继恢复在国际货币基金组织和世界银行的合法地位，我国作为成员国，有义务定期报送国际收支平衡表。这样，国际收支统计和外汇收支统计分别从不同的角度反映我国的对外经济状况，二者分别发展开来。此后，外汇收支统计与国际收支统计两套体系并存，共同为国家宏观经济决策服务。

3. 第三阶段：1994年4月1日至今

在这一阶段，为了促进市场经济体制的建立和进一步对外开放，国家决定进一步推进外汇体制改革。从1994年1月1日起，取消了外汇留成及上缴制度，实行外汇指定银行结售汇制度，实行人民币汇率并轨，并形成了全国统一的银行间外汇市场。外汇指定银行依据有关外汇管理法规为境内单位及个人办理结售汇业务，外汇管理受中国人民银行的委托，对外汇指定银行实行每日结售汇周转头寸限额管理，若头寸超出管理限额，银行须到银行间外汇市场进行平补交易。中国人民银行进行公开市场操作以达到货币、汇率政策预期的目标。同时，为了方便企业进行外汇收支和资金运营，企业可以或经批准将外汇存入其在境内金融机构开立的账户，这部分外汇的所有权虽然属于账户的所有者，但其保留和使用是受国家外汇管理制约的。根据这一制度，境内机构及个人外汇收支的变化就构成了我国现时期外汇市场供求以及国家外汇储备增减变化的直接原因。银行经办的结售汇和外汇账户情况，就成为指定外汇政策、实施外汇监管的依据。根据新的外汇管理政策要求，建立了全国银行结售汇业务统计及所有境内机构及个人在境内金融机构的外汇账户的余额统计，这两套统计的项目设置，划分为经常账户、资本与金融账户等大项，下设子项。

（三）结售汇统计

结售汇统计是我国外汇收支统计中最重要的组成部分，这里，将其重点加以介绍。结售汇统计是适应我国外汇管理中的银行结售汇制度而建立起来的。

1. 结售汇的概念

结售汇是结汇与售汇的统称。银行结售汇是指银行为客户及其自身办理的结汇和售汇业务，包括远期结售汇履约和期权行权数据，不包括银行间外汇市场交易数据。银行结售汇统计时点为人民币与外汇兑换行为发生时。结汇即外汇结算，是指外汇收入所有者将其外汇收入出售给外汇指定银行，外汇指定银行按一定汇率付给等值的本币的行为。售汇即外汇出售，是指外汇指定银行将外汇卖给外汇使用者，并根据交易行为发生之日的人民币汇率收取等值人民币的行为。按照外汇所有者结汇的意愿程度，结汇可分为强制结汇、限额结汇和意愿结汇等多种形式。强制结汇是指所有外汇收入必须卖给外汇指定银行，不允许保留外汇；限额结汇是指外汇收入在国家核定的数额内可以不结汇，超过限额的部分必须卖给外汇指定银行；意愿结汇是指外汇收入可以卖给外汇指定银行，也可以开立外汇账户保留，结汇与否完全由外汇所有者自行决定。结汇收入与售汇支出轧差后的余额称为结售汇差额。结汇收入大于售汇支出，为顺差；反之，则为逆差。

2. 我国的银行结售汇制度

1994年初我国外汇管理体制进行了重大改革，取消了外汇留成与上缴，开始实行银行结售汇制度。现行结售汇制度的基本框架就是在这次外汇体制重大改革的基础上确立的，其主要内容是：自1994年1月1日起，取消各类外汇留成、上缴和额度管理制度，对境内机构外汇收支实行银行结售汇制度。所有外商投资企业和符合一定条件的部分中资企业可以开立外汇结算账户，在核定的金额内保留经常项目外汇收入；境内中资机构部分非贸易外汇收入经批准也可以保留外汇，开立外汇专用账户。除此之外的中、外资企业经常项目外汇收入实行强制结汇，卖给外汇指定银行，而所需外汇支出凭有效商业单据从外汇指定银行购汇支付。外汇指定银行在外汇管理部门核定的外汇周转头寸浮动上下限内开展结售汇业务，超出外汇周转头寸的外汇，须在银行间外汇市场上平盘；银行间外汇市场通过为各外汇指定银行相互调剂余缺和提供清算服务，同时生成人民币市场汇价。

2019年9月24日，为进一步完善银行结售汇统计制度，规范结售汇统计行为，满足银行结售汇业务监管工作需要,国家外汇管理局根据《中华人民共和国统计法》《中华人民共和国外汇管理条例》(中华人民共和国国务院令第 532 号修订)《银行办理结售汇业务管理办法》(中国人民银行令〔2014〕第 2 号)等法律法规,修订了《银行结售汇统计制度》,自 2020 年 1 月 1 日起实施。其主要内容如下:

(1)报送主体。本制度的报送主体为开办结售汇业务的银行及其分支机构。

(2)报送内容。本制度采集银行在境内办理代客和自身结售汇业务、参与银行间外汇市场交易等产生的人民币与外汇之间兑换的交易数据,不包括外汇与外汇之间兑换的交易数据。

(3)报送报表种类。本制度包括即期结售汇及人民币与外汇衍生品(以下简称衍生品)履约报表、衍生品业务报表和结售汇综合头寸报表三部分。即期结售汇及衍生品履约报表包括 S01—S08 表,用于统计即期结售汇和衍生品履约时产生的结售汇流量数据。衍生品业务报表包括 D01—D05 表,用于统计远期结售汇、外汇掉期、货币掉期、期权业务的流量和存量数据,以及分析期权业务风险状况。结售汇综合头寸报表包括 P01—P02 表,用于统计银行结售汇综合头寸变动及大额结售汇交易情况。国家外汇管理局及其分支局(以下简称外汇局)根据银行开办的具体业务范围确定其需要报送的报表类型。

(4)报送管理原则。即期结售汇及衍生品履约报表实行属地管理原则,国家外汇管理局分局(含外汇管理部,以下简称外汇分局)负责采集、汇总辖内银行的统计数据,并报国家外汇管理局。衍生品业务报表和结售汇综合头寸报表实行总行报送制度、属地管理原则,银行总行(含外国银行主报告行)汇总境内各分支机构的统计数据后,经所在地外汇分局报国家外汇管理局。其中,政策性银行、全国性银行以及在银行间外汇市场行使做市商职能银行的结售汇综合头寸报表由国家外汇管理局直接管理。外汇分局可根据业务监管需要,要求辖内银行的分支机构报送衍生品业务报表。

(5)统计周期及报送时间。即期结售汇及衍生品履约报表按月和按旬统计,衍生品业务报表按月统计,结售汇综合头寸报表按日统计。其中月报的统计周期为报表期当月 1 日至月末;旬报的统计周期为:上旬从报表期当月 1 日至 10 日,中旬从 11 至 20 日。银行报送月报表和旬报表的时间由所在地外汇分局决定。外汇分局向国家外汇管理局报送月报表的时间为月后 5 日内;5 日为周日的,上报时间顺延至 6 日上午 12 点;月后 5 日不足 3 个工作日的,上报时间为月后 3 个工作日内。银行报送日报表的时间为每个银行间外汇市场交易日(以下简称交易日)上午 11 点前报送上个交易日的报表;非交易日数据向前并入最后一个交易日数据报送;非交易日为月初的,该日数据向后并入当月第一个交易日数据报送,即原则上不跨月报送数据。报表实行零报送制度,如果当期没有交易发生,银行应报送空表。新开办业务的银行,可自实际发生业务之日起开始报送报表。

第五节 外汇信贷统计

外汇信贷是以外币为计量单位的一种银行贷款行为。它是国际资金分配的一种形式。在我国，随着改革开放的不断深化，外汇信贷业务也有了长足的发展。目前，我国已形成了以中国银行为主渠道，其他国有独资商业银行和金融机构并存的外汇信贷新体系。

目前，我国银行开展的主要外汇信贷业务种类有以下几种：短期外汇贷款、中长期外汇贷款、进出口押汇、贸易融资授信、境外筹资转贷款（境外发行债券、出口信贷、外国政府借款等转贷）、外汇担保、商人银行业务（财务顾问服务、融资安排服务、代理和委托服务等）。

二、外汇信贷业务统计项目

外汇信贷业务统计是根据国家外汇信贷计划的要求，综合反映计划期内外汇资产负债的规模与投资。目前，我国中央银行及各国有独资商业银行外汇信贷的统计项目主要包括：

（一）外汇信贷资金来源

(1) 自有外汇资本金；

(2) 银行组织吸收的各项外汇存款；

(3) 海外分支机构存回资金；

(4) 从境外拆入短期资金；

(5) 银行按国家计划从境外自借中长期商业借款（含境外发债筹措资金）；

(6) 银行借入的国际金融组织贷款；

(7) 国家或地方、部门、企业用自借指标委托银行境外专项筹资；

(8) 其他资金来源，如暂收应付、境内同业拆入、外汇买卖等。

（二）外汇信贷资金运用

(1) 境内各项流动资金贷款；

(2) 境内各项固定资产贷款；

(3) 拨付海外分支行资金；

(4) 存放境外头寸准备（包括存款资金、拆出、购买政府债券、购买股票等）；

(5) 银行其他投资；

(6)按委托人预定的用途和项目发放的委托贷款；

(7)其他资金运用,如各种暂付资金、境内同业拆出资金等。

表9－3是2023年上半年我国金融机构外汇信贷收支表。从表中我们可以较为清楚地了解其外汇信贷收支状况及变动情况。

表 9－3　　　　　　　　　金融机构外汇信贷收支表

单位:亿美元　Unit:100 Million US Dollars

项目 Item	2023.01	2023.02	2023.03	2023.04	2023.05	2023.06
来源方项目 Funds Sources						
一、各项存款 Total Deposits	8 878.01	8 827.87	9 115.48	8 819.24	8 518	8 373.51
(一)境内存款 Domestic Deposits	6 513.35	6 406.47	6 594.51	6 411.43	6 172.24	6 061.19
1. 住户存款 Deposits of Households	1 265.9	1 257.34	1 284.63	1 273.58	1 252.8	1 244.89
(1)活期存款 Demand Deposits	643.95	613.91	615.84	589.08	558.82	542.1
(2)定期及其他存款 Time & Other Deposits	621.95	643.43	668.79	684.51	693.98	702.79
2. 非金融企业存款 Deposits of Non-financial Enterprises	4 864.12	4 760.52	4 906.07	4 741.24	4 532.98	4 406.41
(1)活期存款 Demand Deposits	2 449.94	2 219.54	2 235.44	2 053.76	1 923.46	1 905.31
(2)定期及其他存款 Time & Other Deposits	2 414.17	2 540.98	2 670.63	2 687.48	2 609.52	2 501.09
3. 机关团体存款 Deposits of Government Departments & Organizations	52.41	53.49	53.7	52.3	53.73	50.3
4. 财政性存款 Fiscal Deposits	7.23	7.14	7.12	5.77	5.72	5.18
5. 非银行业金融机构存款 Deposits of Non-banking Financial Institutions	323.69	327.98	342.97	338.53	327	354.4
(二)境外存款 Overseas Deposits	2 364.66	2 421.41	2 520.97	2 407.81	2 345.76	2 312.32
二、金融债券 Financial Bonds	244.45	250.37	261.35	263.37	266.02	268.06
三、卖出回购资产 Repo	56.54	69.62	69.94	62.53	60.3	80.12
四、借款及非银行业金融机构拆入 Borrowings & Placements from Non-banking Financial Institutions	762.09	783.76	760	765.71	797.47	799.34
五、其他 Other Items	2 361.03	2 120.75	1 889.02	2 016.83	1 901.3	2 021.58

续表

项目 Item	2023.01	2023.02	2023.03	2023.04	2023.05	2023.06
资金来源总计 Total Funds Sources	12 302.1	12 052.4	12 095.8	11 927.7	11 543.1	11 542.6
运用方项目 Funds Uses						
一、各项贷款 Total Loans	7 473.5	7 406.44	7 587.08	7 374.51	7 214.97	7 128.51
（一）境内贷款 Domestic Loans	2 770.25	2 809.98	2 899.37	2 841.41	2 788.87	2 749.07
1. 住户贷款 Loans to Households	10.87	11.04	11.34	11.79	11.97	11.65
（1）短期贷款 Short-term Loans	8.77	8.96	9.26	9.7	9.97	9.64
消费贷款 Consumption Loans	7.73	7.91	8.2	8.67	8.95	8.6
经营贷款 Operating Loans	1.04	1.05	1.04	1.03	1	1.03
（2）中长期贷款 Mid & Long-term Loans	2	2.08	2.08	2.08	2	2
消费贷款 Consumption Loans	1.87	1.83	1.81	1.79	1.7	1.69
经营贷款 Operating Loans	0.23	0.24	0.27	0.29	0.3	0.32
2. 企（事）业单位贷款 Loans to Non-financial Enterprises and Government Departments & Organizations	2 615.12	2 660.27	2 721.95	2 675.15	2 626.6	2 600.17
（1）短期贷款 Short-term Loans	1 502.79	1 558.96	1 627.69	1 596.53	1 558.27	1 545.57
（2）中长期贷款 Mid & Long-term Loans	943.17	933.65	921.48	898.76	886.24	874.44
（3）票据融资 Paper Financing	0.3	0.28	0.27	0.2	0.18	0.15
（4）融资租赁 Financial Leases	145.51	143.9	146.48	149.19	152.55	158.49
（5）各项垫款 Total Advances	23.34	23.47	26.04	30.47	29.35	21.51
3. 非银行业金融机构贷款 Loans to Non-banking Financial Institutions	144.26	138.66	166.08	154.48	150.3	137.25
（二）境外贷款 Overseas Loans	4 703.25	4 596.46	4 687.7	4 533.1	4426	4 379.44
二、债券投资 Portfolio Investments	2 906.22	3 049.95	2 957.03	2 967.15	2 994.34	2 961.89
三、股权及其他投资 Shares and Other Investments	659.54	669.08	667.56	662.75	657.68	655.89
四、买入返售资产 Reverse Repo	463.19	297.22	224.2	273.13	85.04	93.75

续表

项目 Item	2023.01	2023.02	2023.03	2023.04	2023.05	2023.06
五、存放非银行业金融机构款项 Due From Non-banking Financial Institutions	799.67	629.66	659.93	650.16	591.05	702.58
资金运用总计 Total Funds Uses	12 302.1	12 052.4	12 095.8	11 927.7	11 543.1	11 542.6

注：①机构包括中国人民银行、银行业存款类金融机构、银行业非存款类金融机构。②银行业存款类金融机构包括银行、信用社和财务公司。银行业非存款类金融机构包括信托投资公司、金融租赁公司、汽车金融公司和贷款公司等银行业非存款类金融机构。③自2015年起，"各项存款"含非银行业金融机构存放款项，"各项贷款"含拆放给非银行业金融机构款项。

资料来源：中国人民银行网站，http://www.pbc.gov.cn/diaochatongjisi/resource/cms/2023/12/2023121814241033574.pdf。

二、外汇信贷统计的指标

通过设立一定的外汇信贷统计指标，可以衡量外汇贷款的资金使用效果。同时，也便于日常外汇信贷管理。对外汇贷款的经营活动的考核是日常信贷管理的主要内容，主要包括对信贷管理目标执行情况的考核和对外贷款项目经济效益的考核。这样有利于提高信贷管理水平，及时调整资金规模和结构，及时压缩呆滞贷款，减少贷款经营风险；有利于加速资金周转，提高资金使用效益；有利于外汇信贷的正确投放，调整贷款结构。

外汇信贷统计的主要指标有：

1. 固定资产与流动资金贷款构成指标

$$固定资产与流动资金贷款构成 = \frac{固定(流动)资金贷款}{各项贷款余额} \qquad (9-6)$$

2. 贷款期限考核指标

$$长(中、短)期贷款比重 = \frac{长(中、短)期贷款}{各项贷款余额} \qquad (9-7)$$

3. 出口创汇比重

$$出口创汇比重 = \frac{新增出口创汇贷款}{新增贷款总额} \qquad (9-8)$$

4. 外汇周转次数

$$外汇周转次数 = \frac{报告期贷款累计收回额}{贷款平均余额} \qquad (9-9)$$

5. 外汇贷款创汇率

$$外汇贷款创汇率 = \frac{新增出口创汇贷款额}{新增外汇贷款额} \times 100\% \qquad (9-10)$$

6. 逾期贷款率

$$逾期贷款率 = \frac{期末逾期贷款额}{期末各项贷款总额} \times 100\% \quad (9-11)$$

7. 百美元外汇贷款创汇率

该指标能够综合反映一定数量的外汇投入能为国家增加多少外汇。其计算公式为：

$$百美元外汇贷款创汇率 = \frac{考核期平均年外贸收购出口量 \times 外销单价}{项目外汇贷款额} \times 100\% \quad (9-12)$$

第六节　外汇储备和外债统计

一、外汇储备统计

外汇储备（foreign reserves）是指一国政府持有国际储备资产中的外汇部分。它的主要用途是清偿国际收支逆差、进行外汇交易和国际债务清算、干预外汇市场。外汇储备一般包括国际上广泛使用的可兑换货币。其具体形式是：政府在国外短期存款或其他可在国外兑现的支付手段，如外国有价证券，外国银行的支票、期票、外币汇票等。

外汇基金实行会计报表制度。表9—4是中国香港外汇基金资产负债表摘要举例。

表 9—4　　　　　中国香港外汇基金资产负债表摘要　　　　单位：百万港元

	2023年9月30日	2023年8月31日
资产		
外币资产	3 770 739	3 817 734
港元资产	152 817	158 000
资产总额	3 923 556	3 975 734
负债及基金权益		
负债证明书	595 577	593 424
政府发行的流通纸币及硬币	12 875	12 888
银行体系结余	45 175	44 872
外汇基金票据及债券	1 228 413	1 226 947
银行及其他金融机构存款	113 026	74 134
财政储备账	659 180	702 062
香港特别行政区政府基金及法定组织存款	478 701	479 951

续表

	2023年9月30日	2023年8月31日
附属公司存款	30 492	30 392
其他负债	187 029	199 422
负债总额	3 350 468	3 364 092
累计盈余	572 317	610 871
重估储备	771	771
权益总额	573 088	611 642
负债及基金权益总额	3 923 556	3 975 734

资料来源：香港金融管理局，https://www.hkma.gov.hk/gb_chi/news-and-media/press-releases/2023/10/20231031-4/。

二、外汇储备的总量统计

各个国家或地区对外汇储备总量和发展趋势都很重视，因而这一方面的统计有重要意义。自我国加入世界贸易组织以来，我国外汇储备不断扩大，由2001年的2 122亿美元增长至2014年顶峰的38 430.2亿美元。虽然此后受美联储加息、资本从新兴市场国家流出的影响，规模有所下降，但是近几年基本维持在3万亿美元左右波动。

表9-5是中国2000—2023年的外汇储备数据，可利用这些数据对中国的外汇储备进行时间序列分析等统计分析。

表9-5　　　　　　　　中国2000—2023年外汇储备数据　　　　　　　单位：亿美元

年份	2000	2005	2010	2015	2020	2022	2023
外汇储备	1 656	8 189	28 473	33 304	32 165	31 276	32 379

资料来源：国家统计局，《中国统计年鉴2023》，中国统计出版社2023年版。

三、外债统计

（一）外债的定义

根据1987年8月27日国家外汇管理局公布的《外债统计监测暂行规定》和2001年中国外债口径调整有关内容，中国的外债是指中国境内的机关、团体、企业、事业单位、金融机构（包括境内外资、合资金融机构）或者其他机构对中国境外的国际金融组织、外国政府、金融机构、企业或者其他机构承担的以外币表示的全部债务。

（二）债务的类型

按照债务类型对中国的外债进行分类，具体分为如下11种类型：

(1) 外国政府贷款,是指外国政府向中国官方提供的官方信贷。

(2) 国际金融组织贷款,是指国际货币基金组织(IMF)、世界银行(集团)、亚洲开发银行、联合国农业发展基金会和其他国际性、地区性金融组织提供的贷款。

(3) 国外银行及其他金融机构贷款,是指境外的金融机构(包括银行、非银行金融机构)及中资金融机构海外分支机构提供的贷款,包括国际银团贷款(境内机构份额除外)。

(4) 买方信贷,是指境外发放出口信贷的金融机构向中国进口部门或金融机构提供的、用以购买出口国设备的信贷。

(5) 向国外出口商、国外企业或私人借款,是指境外非金融机构提供的贷款,包括外商投资企业与其境外母(子)公司的债务(应付账款除外),不包括外资银行与其境外联行之间的借款。

(6) 对外发行债券,是指在境外金融市场上发行的,以外币表示的,构成债权债务关系的有价证券。可转换债券、商业票据、大额可转让存单等视同外币债券。

(7) 延期付款(贸易信贷),是指在正常的即期结算期后付款的进口项下贸易融资,包括远期信用证、非信用证项下的延期付款和预收货款。延期付款是指3个月以上(不含90天)的贸易信贷,属于登记外债范畴。贸易信贷则特指3个月以内的贸易信贷。

(8) 海外私人存款,是指有吸收存款业务的金融机构吸收的境外机构或个人的外汇存款。

(9) 国际金融租赁,是指由境外机构提供,境内机构以获得租赁物所有权为目的,并且租金包含租赁物成本的租赁。

(10) 补偿贸易中用现汇偿还的债务,是指补偿贸易项下合同规定以外汇偿还或者经批准改为外汇偿还的债务。

(11) 贸易信贷。

(三) 外债统计举例

外债统计举例见表9—6和表9—7。

表9—6   2020年末至2023年末中国全口径外债情况简表   单位:亿美元

	2020年12月末	2021年3月末	2021年6月末	2021年9月末	2021年12月末	2022年3月末	2022年6月末	2022年9月末	2022年12月末	2023年3月末	2023年6月末	2023年9月末	2023年12月末
广义政府	3 795	4 047	4 255	4 532	4 970	4 948	4 539	4 261	4 363	4 155	4 033	3 917	4 345
短期	109	146	144	141	197	201	169	196	355	238	226	207	405
货币与存款	0	0	0	0	0	0	0	0	0	0	0	0	0
债务证券	109	146	144	141	197	201	169	196	355	238	226	207	405
贷款	0	0	0	0	0	0	0	0	0	0	0	0	0

续表

	2020年12月末	2021年3月末	2021年6月末	2021年9月末	2021年12月末	2022年3月末	2022年6月末	2022年9月末	2022年12月末	2023年3月末	2023年6月末	2023年9月末	2023年12月末
贸易信贷与预付款	0	0	0	0	0	0	0	0	0	0	0	0	0
其他债务负债	0	0	0	0	0	0	0	0	0	0	0	0	0
长期	3 685	3 902	4 111	4 391	4 773	4 747	4 370	4 066	4 008	3 917	3 808	3 710	3 940
SDR分配	0	0	0	0	0	0	0	0	0	0	0	0	0
货币与存款	0	0	0	0	0	0	0	0	0	0	0	0	0
债务证券	3 137	3 356	3 558	3 844	4 212	4 179	3 816	3 534	3 471	3 370	3 263	3 167	3 400
贷款	549	545	553	548	561	568	554	532	537	547	545	542	540
贸易信贷与预付款	0	0	0	0	0	0	0	0	0	0	0	0	0
其他债务负债	0	0	0	0	0	0	0	0	0	0	0	0	0
中央银行	381	370	362	843	789	814	796	782	815	831	796	1 100	1 072
短期	263	217	219	275	258	265	270	288	293	282	273	363	302
货币与存款	125	105	103	152	133	138	150	176	189	167	160	224	147
债务证券	138	112	116	124	125	127	119	112	105	115	113	139	155
贷款	0	0	0	0	0	0	0	0	0	0	0	0	0
贸易信贷与预付款	0	0	0	0	0	0	0	0	0	0	0	0	0
其他债务负债	0	0	0	0	0	0	0	0	0	0	0	0	0
长期	118	152	143	568	531	549	526	494	521	549	522	737	770
SDR分配	101	99	100	510	507	501	481	463	482	487	482	476	486
货币与存款	0	0	0	0	0	0	0	0	0	0	0	0	0
债务证券	0	0	0	0	0	0	0	0	0	0	0	0	0
贷款	0	0	0	0	0	0	0	0	0	0	0	0	0
贸易信贷与预付款	0	0	0	0	0	0	0	0	0	0	0	0	0
其他债务负债	18	53	43	58	24	48	46	30	39	62	41	261	284
其他接受存款公司	10 918	11 679	12 552	11 855	11 900	11 586	11 353	10 484	10 104	10 659	10 466	9 915	10 093
短期	7 763	8 449	9 285	8 531	8 559	8 513	8 604	8 013	7 736	8 437	8 308	7 822	7 853
货币与存款	5 051	5 561	6 053	5 677	5 772	5 689	5 672	5 408	4 916	5 462	5 146	4 856	4 714
债务证券	628	664	732	611	561	562	582	551	656	672	703	701	863
贷款	2 024	2 156	2 324	2 159	2 159	2 182	2 108	1 982	2 104	2 228	2 268	2 201	2 214
贸易信贷与预付款	0	0	0	0	0	0	0	0	0	0	0	0	0
其他债务负债	59	68	176	84	67	80	242	72	61	75	190	65	62
长期	3 156	3 230	3 267	3 324	3 341	3 073	2 749	2 471	2 367	2 222	2 158	2 092	2 241
货币与存款	0	0	0	0	0	0	0	0	0	0	0	0	0
债务证券	2 355	2 522	2 598	2 722	2 738	2 498	2 145	1 923	1 799	1 659	1 639	1 611	1 820
贷款	789	692	653	586	586	557	583	537	557	551	507	469	408
贸易信贷与预付款	0	0	0	0	0	0	0	0	0	0	0	0	0

续表

	2020年12月末	2021年3月末	2021年6月末	2021年9月末	2021年12月末	2022年3月末	2022年6月末	2022年9月末	2022年12月末	2023年3月末	2023年6月末	2023年9月末	2023年12月末
其他债务负债	12	15	16	17	17	18	20	11	11	12	12	12	13
其他部门	6 081	6 311	6 634	6 693	6 733	6 612	6 509	6 218	6 161	6 171	5 966	5 966	6 007
短期	4 228	4 371	4 599	4 607	4 657	4 501	4 476	4 285	4 268	4 310	4 220	4 230	4 314
货币与存款	1	1	1	1	1	2	2	2	2	2	2	2	3
债务证券	16	16	21	15	17	23	22	21	16	16	17	16	21
贷款	388	488	581	533	468	464	396	313	258	258	242	195	167
贸易信贷与预付款	3 654	3 626	3 795	3 851	3 982	3 786	3 794	3 705	3 759	3 790	3 656	3 731	3 843
其他债务负债	169	239	201	206	189	226	261	245	232	245	304	287	281
长期	1 853	1 939	2 035	2 086	2 076	2 111	2 034	1 933	1 893	1 861	1 746	1 736	1 693
货币与存款	0	0	0	0	0	0	0	0	0	0	0	0	0
债务证券	884	942	991	1019	1005	1032	997	947	913	880	829	845	830
贷款	653	653	641	635	629	607	573	542	520	502	461	439	407
贸易信贷与预付款	65	65	67	69	71	68	68	66	67	67	65	66	68
其他债务负债	251	280	336	364	371	404	395	379	393	411	390	385	387
直接投资：公司间贷款	2 833	2 860	2 996	3 042	3 074	3 142	3 162	3 069	3 086	3 093	3 078	2 932	2 958
直接投资企业对直接投资者的债务负债	1 754	1 774	1 809	1 817	1 783	1 865	1 794	1 759	1 705	1 704	1 661	1 625	1 658
直接投资者对直接投资企业的债务负债	137	145	150	169	181	181	190	197	185	177	180	172	187
对关联企业的债务负债	942	942	1037	1056	1110	1096	1179	1112	1 195	1 212	1 236	1 135	1113
外债总额头寸	24 008	25 266	26 798	26 965	27 466	27 102	26 360	24 815	24 528	24 909	24 338	23 829	24 475

资料来源：国家外汇管理局官方网站，http://www.safe.gov.cn/safe。

表9—7　　　　2003—2023年中国长期与短期外债的结构与增长

年份	外债余额（10亿美元）	中长期外债 余额（10亿美元）	中长期外债 比上年增长（%）	中长期外债 占总余额的比例（%）	短期外债 余额（10亿美元）	短期外债 比上年增长（%）	短期外债 占总余额的比例（%）	短期外债与外汇储备的比例（%）
2003	219.36	116.59	0.9	53.2	102.77	18.0	46.8	25.5
2004	262.99	124.29	6.6	47.3	138.71	35.0	52.7	22.7
2005	296.54	124.90	0.5	42.1	171.64	23.7	57.9	21.0
2006	338.59	139.36	11.6	41.2	199.23	16.1	58.8	18.7
2007	389.22	153.53	10.2	39.4	235.68	18.3	60.6	15.4
2008	390.16	163.88	6.7	42.0	226.28	−4.0	58.0	11.6

续表

年份	外债余额（10亿美元）	中长期外债 余额（10亿美元）	中长期外债 比上年增长(%)	中长期外债 占总余额的比例(%)	短期外债 余额（10亿美元）	短期外债 比上年增长(%)	短期外债 占总余额的比例(%)	短期外债与外汇储备的比例(%)
2009	428.65	169.39	3.4	39.5	259.26	14.6	60.5	10.8
2010	548.94	173.24	2.3	31.6	375.70	44.9	68.4	13.2
2011	695.00	194.10	12.0	27.9	500.90	33.3	72.1	15.7
2012	736.99	196.06	1.0	26.6	540.93	8.0	73.4	16.3
2013	863.17	186.54	−4.9	21.6	676.63	25.1	78.4	17.7
2014	1 779.90	481.70	—	27.1	1 298.20	—	72.9	33.8
2015	1 382.98	495.57	2.9	35.8	887.41	−31.6	64.2	26.6
2016	1 415.80	549.76	10.9	38.8	866.04	−2.4	61.2	28.8
2017	1 757.96	612.72	11.5	34.9	1 145.24	32.2	65.1	36.5
2018	1 982.75	693.60	13.2	35.0	1 289.15	12.6	65.0	42.0
2019	2 057.28	851.97	22.8	41.4	1 205.31	−6.5	58.6	38.8
2020	2 400.81	1 084.44	27.3	45.2	1 316.37	8.0	54.8	40.9
2021	2 746.56	1 300.33	19.9	47.3	1 446.23	9.9	52.7	44.5
2022	2 452.76	1 114.80	−14.3	45.5	1 337.97	−7.5	54.5	42.8
2023	2 447.54	1 084.69	−2.7	44.3	1 362.84	1.9	55.7	42.1

注：①自2001年起，我国按照当时的国际标准对原外债口径进行了调整，并将未来一年内到期的中长期外债纳入短期外债（剩余期限）统计，由于调整后的外债数据与2000年及以前年度的外债数据不具可比性，故未计算表中2001年"外债余额比上年增长"项。②2015年，我国按照国际货币基金组织数据公布特殊标准(SDDS)调整了外债统计口径并对外公布全口径外债数据，将人民币外债纳入统计，并按签约期限划分中长期和短期外债。为保证数据的可比性，本表将2014年末外债数据相应调整为全口径外债数据，由于全口径外债数据与此前外债数据（原口径为外币外债数据）不具可比性，故未计算表中2014年"外债余额比上年增长"项。③自2016年起，按照国际收支平衡表修正数据对本表中上一年数据进行相应调整。

资料来源：国家外汇管理局官方网站，http://www.safe.gov.cn/safe。

依据表9—8的资料，可进行外债余额、国内生产总值和外汇收入等指标的动态数列分析和回归分析，可进行外债余额与国民经济、外汇收入等的关联性比较分析，也可进行负债率、债务率等的分析。

表 9—8　　　　　　　　2002—2023 年中国外债与国民经济、外汇收入

年份	外债余额 （10 亿美元）	外债余额 比上年增长 （％）	国内生产 总值（10 亿 元人民币）	国内生产 总值比上 年增长（％）	负债率 （％）	外汇收入 （10 亿美元）	外汇收入 比上年 增长（％）	债务率 （％）
2002	202.63	(0.30)	12 100.2	9.10	13.80	365.4	22.00	55.50
2003	219.36	8.30	13 656.5	10.00	13.20	485.0	32.70	45.20
2004	262.99	19.90	16 071.4	10.10	13.40	655.0	35.10	40.20
2005	296.54	12.80	18 589.6	11.30	13.00	836.8	27.80	35.40
2006	338.59	14.20	21 765.7	12.70	12.30	1 061.7	26.90	31.90
2007	389.22	15.00	26 801.9	14.20	11.00	1 342.1	26.40	29.00
2008	390.16	0.20	31 675.2	9.60	8.50	1 581.7	17.90	24.70
2009	428.65	9.90	34 562.9	9.20	8.40	1 332.9	−15.70	32.20
2010	548.94	28.10	40 890.3	10.60	9.00	1 876.8	40.80	29.20
2011	695.00	26.60	48 412.4	9.50	9.20	2 086.6	11.20	33.30
2012	736.99	6.00	53 412.3	7.70	8.60	2 248.3	7.70	32.80
2013	863.17	17.10	58 801.9	7.80	9.00	2 425.0	7.90	35.60
2014	1 779.90	—	64 356.3	7.40	17.00	2 545.1	5.00	69.90
2015	1 382.98	(22.30)	68 885.8	7.00	12.50	2 360.2	−7.30	58.60
2016	1 415.80	2.40	74 639.5	6.80	12.60	2 197.9	−6.90	64.40
2017	1 757.96	24.20	83 203.6	6.90	14.30	2 422.9	10.20	72.60
2018	1 982.75	12.80	91 928.1	6.70	14.30	2 651.0	9.40	74.80
2019	2 057.28	3.80	99 086.5	6.10	14.30	2 643.4	−0.30	77.80
2020	2 400.81	15.9	101 356.7	2.2	16.3	2 732.4	3.4	87.9
2021	2 746.56	14.4	114 923.7	8.4	15.4	3 555.2	30.1	77.3
2022	2 452.76	−10.7	121 020.7	3.0	13.6	3 715.2	4.5	66.0
2023	2 447.54	−0.2	126 058.2	5.2	13.7	3 511.2	−5.5	69.7

注：①自 1998 年起，本表将原使用的"国民生产总值"数据调整为"国内生产总值"数据，以前年份数据均按《中国统计提要 1998》中公布数据进行了调整。国内生产总值及其增长数据均为国家统计局最新修正数据。②负债率是指年末外债余额与当年国内生产总值的比率。计算负债率时将国内生产总值按国家外汇管理局公布的年平均交易中间价折算为美元。③自 1998 年起，本表中的外汇收入指国际收支口径的货物与服务贸易出口收入，以前年份的数据均按此国际规范口径进行了调整，据此计算的债务率也进行了相应的调整。④债务率是指年末外债余额与当年国际收支统计口径的货物与服务贸易出口收入的比率。⑤2001 年，我国按照当时的国际标准对原外债口径进行了调整，由于调整后的外债数据与 2000 年及以前年度的外债数据不具可比性，故未计算表中 2001 年"外债余额比上年增长"项。⑥2015 年，我国按照国际货币基金组织数据公布特殊标准（SDDS）调整了外债统计口径并对外公布全口径外债数据，将人民币外债纳入统计。为保证数据的可比性，将 2014 年末外债数据相应调整为全口径外债数据，由于全口径外债数据与此前外债数据（原口径为外币外债数据）不具可比性，故未计算表中 2014 年"外债余额比上年增长"项。⑦自 2016 年起，按照国际收支平衡表修正数据对本表中上一年数据进行相应调整。

资料来源：国家外汇管理局官方网站，http://www.safe.gov.cn/safe。

第七节 利用外资和对外投资统计

利用外资和对外投资是一个国家对外经济关系的重要组成部分,因此,对外金融统计中,利用外资和对外投资统计对一个国家来说有着重要的意义。利用外资和对外投资的统计资料,能够准确及时地反映一国利用外资及对外投资的规模、结构和成果,反映在利用外资和对外投资中存在的问题,有利于促进对外开放,引进国际先进技术与管理经验,以促进本国的经济发展。

一、利用外资统计

（一）利用外资的概念

一般而言,外资是指来自国外的资本、货物和技术等,其概念有狭义和广义之分。狭义的外资是指借入国外的资金和吸收国外投资或接受国外援助等;广义的外资,除狭义的外资所包含的范围外,还包括国外资本范畴的内容,如专利、商标、工艺技术和其他资本货物等。我国现行的统计制度规定,外资是指广义的外资,即包括现汇、实物、工业产权和专有技术等有形资本和无形资本。

2023年中国利用外资统计见表9—9。

表9—9　　　　　　　　　2023年中国利用外资统计

时间	实际使用外资金额（亿美元）	实际使用外资金额同比（%）	新设立外商投资企业数量（家）	新设立外商投资企业数量同比（%）
2023年1—12月	—	—	53 766	39.7
2023年1—11月	—	—	48 078	36.2
2023年1—10月	—	—	41 947	32.1
2023年1—9月	—	—	37 814	32.4
2023年1—8月	—	—	33 154	33
2023年1—7月	1 118	−9.8	28 406	34
2023年1—5月	843.5	−5.6	—	—
2023年1—4月	735	−3.3	—	—
2023年1—2月	397.1	1	—	—
2023年1月	190.2	10	—	—

注:表中未包括银行、保险、证券领域吸收外商投资数据。

资料来源:中国投资指南,http://data.mofcom.gov.cn/lywz/inmr.shtml。

(二)我国利用外资的方式

我国利用外资的方式灵活多样,结合国民经济发展水平及配套融资能力,分地区、分情况合理、充分利用外资,促进经济的发展。我国利用外资的方式主要有对外借款、外商直接投资以及外商的其他投资。

1. 对外借款

对外借款是指我国政府、部门、企业和其他经济组织从境外借入的资金或发行的外币债券等。按照资金来源,对外借款可以分为以下几种:

(1)外国政府贷款,是指外国政府向我国进行的贷款。外国政府贷款与单纯的外国商业贷款不同,它有以下几个特点:一是贷款时间较长;二是贷款利率较低;三是贷款目的性较强,常含有不同的政治目的。

(2)国际金融组织贷款,是指世界银行、国际货币基金组织、国际农业发展基金会和地区性开发银行向我国提供的贷款。国际金融组织提供的贷款也属于低利率、期限长的优惠性贷款。

(3)出口信贷,是一国政府为了支持和扩大本国商品的出口,增强其国际竞争力,对本国出口商和外国进口商提供低利率贷款并给予担保的行为。我国出口信贷包括经批准使用的买方信贷和卖方信贷。

(4)外国商业银行贷款,是指在国际金融市场上筹措的自由外汇贷款,它是我国从外国银行借入商业贷款资金。这种贷款实质上是国家(地区)间银行的同行贷款,其特点是:虽然在使用上不受限制,但利率高,按一般市场利率计算,且需要政府或银行提供担保。

(5)对外发行债券、股票,是指一国政府、金融机构、企业等通过在国际金融市场上发行债券、股票来筹集资金。

2. 外商直接投资

外商直接投资是指依据我国法律、法规,经我国政府或有关授权机构批准,在我国境内设立的外商投资企业,包括由外国投资者以现金、实物、技术等对企业的投资(包括外商收益的再投资),以及在批准的项目投资总额内,企业从境外借入的资金。按照投资方式不同,外商投资企业可以分为以下几种:

(1)中外合资经营企业,是依据《中华人民共和国中外合资经营企业法》建立的企业。它是外国公司、企业或其他经济组织或个人,按照平等互利的原则,经中国政府批准,在中国境内同中国公司、企业或其他经济组织共同举办的合资经营企业。

(2)中外合作经营企业,又称契约式企业,是依据《中华人民共和国中外合作经营企业法》建立的企业。它是由中外双方的合作者(可以是公司、企业或其他经济组织)通过协商,并在协议或合同中明确规定双方权利和义务而组成的一种企业形式。

(3)外商独资企业,又称外资企业,是依据中国有关法律在中国境内设立,全部资本由外国公司、企业或其他经济组织或个人投资设立的企业。

(4)合作开发,是指依照《对外合作开采海洋石油资源条例》批准的项目。

3. 外商其他投资

外商其他投资是指除上述对外借款和外商直接投资以外,以其他方式吸引的外资。按照商品信贷的方式不同,外商其他投资可以分为国际租赁、补偿贸易和来料加工装配。

(1)国际租赁,主要有融资租赁、经营租赁和综合性租赁三种。融资租赁,即由租赁公司出资购买用户选定的设备,然后出租给用户,在设备使用期内,双方不得随意终止合同;出租人保留设备所有权,用户拥有使用权;设备的维修由用户负责,租赁公司把设备的价款、利息、手续费等在租赁期内,全部以租金的形式向用户收取。经营租赁,即由租赁公司提供用户所需的设备,并负责设备的保养维修;用户按租约交租金,租用期满退还设备。综合性租赁,则是租赁与合资、合作经营相结合的一种方式。但租赁必须是合营公司注册资本以外的部分。在统计中,我方按合同规定应付的租金作利用外资统计。

(2)补偿贸易,是指一方在信贷的基础上,从国外另一方买进机器、设备、技术、原材料或劳务,约定在一定期限内,用其生产的产品、其他商品或劳务分期清偿贷款的一种贸易方式。它是于20世纪60年代末70年代初逐渐发展起来的一种新的贸易方式。其主要特点是:第一,贸易与信贷结合;第二,贸易与生产相联系;第三,贸易双方是买卖关系,设备的进口方不仅承担支付的义务,而且承担付息的责任,对设备拥有完全的所有权和使用权。目前,补偿贸易的做法有两种形式:一是返销,由设备进口方利用对方提供的设备和技术制造的产品,包括直接产品或有关产品偿付进口设备的货款;二是互购,即设备进口方支付设备的货款,不是用直接产品,而是用双方商定的其他产品或劳务来偿付。所以,这种情况下的交易,为两笔互有联系而分别进行的交易。

在统计中,外商作价提供的设备、技术、专利、服务等价款作利用外资统计;将用于偿还设备、技术、专利、服务价款的产品作为偿还外资统计。

(3)来料加工装配,是指由外商提供一定的原材料、零配件、原辅料及设备,由我方工厂按外商要求进行加工和装配,成品交由外商销售,我方收取工缴费,并用工缴费偿还外商所提供的设备价款。统计中,对于外商作价提供的设备价款,作为利用外资统计,对于偿还的工缴费作为偿还外资统计。实际利用外资按外商提供的设备到货价值进行统计。

(三)我国利用外资统计

利用外资统计主要包括外资总额统计、外资构成统计和外资变动统计。通过调查,搜集整理外资总额、外资构成和外资变动的有关资料,这也是利用外资统计的基本任务。

1. 外资总额统计

外资总额是指以货币形式表现的利用外资总值。它是反映利用外资规模的一个综合指标，表明在一定时期内一国、一个地区或一个单位利用外资的绝对金额。按照其签约和实际利用状况，外资总额可以分为合同批准利用外资额与实际利用外资额两种。

(1)合同批准利用外资额，是指报告期内经批准的有关合同中规定的利用外资总金额。合同外资额包括对外借款合同额、外商直接投资合同额和外商其他投资合同额三部分。

(2)实际利用外资额，是指我国实际利用的借款和实际吸收的外资额。也就是说，实际利用外资额是报告期内批准的合同外资额的实际执行数。该指标反映了我国在报告年度内实际利用的外资总规模。按照引进方式不同，实际利用外资额可分为对外借款实际利用额、外商直接投资实际利用额和外商其他投资实际利用额三部分。

改革开放以来，我国利用外资的总规模逐步扩大。表 9—10 是 2000—2021 年我国利用外资的情况。

表 9—10　　　　　　　2000—2021 年中国利用外资统计

年　份	外商直接投资项目（个）	实际使用外资金额（亿美元）	外商直接投资金额（亿美元）
2000	22 347	593.56	407.15
2001	26 140	496.72	468.78
2002	34 171	550.11	527.43
2003	41 081	561.40	535.05
2004	43 664	640.72	606.30
2005	44 001	638.05	603.25
2006	41 473	698.76	658.21
2007	37 871	783.39	747.68
2008	27 514	952.53	923.95
2009	23 435	918.04	900.33
2010	27 406	1 088.21	1 057.35
2011	27 712	1 176.98	1 160.11
2012	24 925	1 132.94	1 117.16
2013	22 773	1 187.21	1 175.86
2014	23 778	1 197.05	1 195.62
2015	26 575	1 262.67	1 262.67
2016	27 900	1 260.01	1 260.01

续表

年 份	外商直接投资项目（个）	实际使用外资金额（亿美元）	外商直接投资金额（亿美元）
2017	35 652	1 310.35	1 310.35
2018	60 533	1 349.66	1 349.66
2019	40 888	1 381.35	1 381.35
2020	38 570	1 443.69	1 443.69
2021	47 643	1 734.83	1 734.83

注：①2000年及以前，实际使用外资包含对外借款。②从2015年起，实际使用外资金额只包含外商直接投资金额。

资料来源：国家统计局，《中国统计年鉴2022》，中国统计出版社2022年版。

2. 外资利用情况分项统计

(1)利用外商直接投资情况统计。表9-11较为清楚地反映了2018—2022年我国利用外商直接投资情况。

表9-11　　　　2018—2022年中国利用外商直接投资情况统计

指标	2018年	2019年	2020年	2021年	2022年
外商直接投资额（亿美元）	1 383.1	1 412.2	1 493.4	1 809.6	1 891.3
新设立外商直接投资企业数（家）	60 560	40 910	38 578	47 647	38 497
外资企业基本情况					
年底登记户数（户）	593 276	627 223	635 402	663 562	674 140
投资总额（亿美元）	77 738	88 400.3	136 437	179 571.6	200 424.8
注册资本（亿美元）	42 738.6	50 159.7	84 334.2	111 964	138 730.8
♯外方	32 341.9	37 894.5	62 823.1	85 597	109 235.4
对外直接投资流量（亿美元）	1 430.4	1 369.1	1 537.1	1 788.2	
对外经济合作（亿美元）					
对外承包工程合同金额（亿美元）	2 418	2 602.5	2 555.4	2 584.9	2 530.7
对外承包工程完成营业额（亿美元）	1 690.4	1 729	1 559.4	1 549.4	1 549.9

注：①外资企业基本情况数据来自国家市场监督管理总局，其年底登记户数自2008年起口径调整为外商投资企业及其分支机构。②自2009年起，商务部将对外设计咨询纳入对外承包工程合并统计。

资料来源：国家统计局，《中国统计年鉴2023》，中国统计出版社2023年版。

(2)外资行业结构统计。按照外商投资的行业分组并进行结构分析,可以增加我国利用外资的自觉性,减少盲目性,为制定有关政策、指导外资流向提供依据,以更好地解决资金不足、技术设备和管理落后等问题。因此,在吸引外资的投向上,应着重考虑一些能引进先进技术的行业,以加强产品在国际市场上的竞争能力。表9—12反映了一定时期我国利用外资的行业结构情况。

表9—12　　　　　2022年按行业分外商直接投资情况　　　　　单位:万美元

行业	外商直接投资项目(个)	外商直接投资金额(亿美元)
总　计	60 533	13 496 589
农、林、牧、渔业	420	124 194
采矿业	28	154 356
制造业	3 570	4 967 046
电力、热力、燃气及水生产和供应业	523	415 476
建筑业	505	178 593
批发和零售业	10 894	1 455 746
交通运输、仓储和邮政业	602	531 723
住宿和餐饮业	828	51 574
信息传输、软件和信息技术服务业	3 059	2 386 850
金融业	353	685 142
房地产业	581	1 415 183
租赁和商务服务业	7 473	3 306 489
科学研究和技术服务业	7 280	3 018 159
水利、环境和公共设施管理业	96	70 923
居民服务、修理和其他服务业	411	28 800
教育	84	11 660
卫生和社会工作	109	57 289
文化、体育和娱乐业	1 678	45 011
公共管理和社会组织	1	9 027
国际组织	2	0

注:表中的行业分类执行2017年版的国民经济行业分类标准。

资料来源:国家统计局,《中国统计年鉴2023》,中国统计出版社2023年版。

(3)分地区外商投资企业情况统计。按照国内分地区外商投资企业情况分组并进行分析,可以了解外资在我国各地的分布情况,便于我们从宏观上引导外资流向,协调全国经济的发展。表9—13列示了我国2021—2022年分地区外商投资企业注册登记情况,可以在一定程度上反映我国的外资使用地区结构。

表 9—13   中国 2021—2022 年分地区外商投资企业注册登记情况表

地区	企业数(户) 2021年	企业数(户) 2022年	投资总额(亿美元) 2021年	投资总额(亿美元) 2022年	注册资本(亿美元) 2021年	注册资本(亿美元) 2022年	外方 2021年	外方 2022年
全国	663 562	674 140	179 571.58	200 424.81	111 963.98	138 730.77	85 597.03	109 235.42
北京	34 079	34 426	7 171.81	7 540.04	4 784.87	5 171.44	3 008.68	3 404.36
天津	15 021	14 616	10 216.73	3 057.46	2 599.48	2 611.89	1 973.56	2 015.05
河北	10 187	10 494	2 353.81	2 667.18	1 143.16	1 446.36	889.94	1 166.57
山西	3 730	3 780	890.39	617.24	661.45	617.24	404.60	586.41
内蒙古	3 200	3 186	606.15	506.41	237.38	243.25	165.21	163.25
辽宁	16 363	16 309	4 602.64	5 170.60	2 598.31	2 706.31	1 983.15	2101.02
吉林	4 250	4 221	1 437.55	1 264.22	1 154.45	773.50	429.30	484.71
黑龙江	5 888	5 853	1 734.01	1 797.61	1 519.57	1 580.67	841.26	868.08
上海	97 342	98 408	12 155.37	12 559.00	8 065.08	8 307.62	6 085.99	6 407.17
江苏	64 643	65 078	14 308.60	14 915.70	8 057.90	8 825.84	6 454.10	6 844.58
浙江	45 922	46 944	6 673.22	7 068.99	4 518.80	4 826.26	3 267.56	3 444.27
安徽	8 490	8 407	3 247.65	3 387.41	2 362.90	1 655.59	1 485.35	925.35
福建	32 450	33 062	3 371.55	3 940.39	2 192.16	2 812.53	1 639.95	1 987.52
江西	7 033	7 308	1 517.96	1 611.99	1 044.39	1 070.48	691.59	789.28
山东	36 756	37 099	16 328.05	25 517.24	10 665.20	19 691.75	7 856.86	15 500.52
河南	10 307	10 217	1 051.54	1 029.65	749.54	743.03	575.34	573.86
湖北	12 940	13 230	2 326.99	2 528.11	1 561.85	1 739.56	1 093.09	1 246.63
湖南	11 698	12 599	2 357.15	2 464.01	1 254.65	1 345.03	892.59	1 022.03
广东	185 553	189 439	23 284.71	24 141.48	10 723.77	11 363.18	8 129.76	8 521.27
广西	7 028	7 276	9 005.51	9 706.66	1 195.25	1 580.36	973.99	1 342.77
海南	6 071	7 161	45 272.33	56 704.02	39 657.71	51 985.08	33 019.47	44 045.10
重庆	6 873	6 936	1 335.29	1 560.42	877.87	1 100.18	677.54	784.67
四川	14 733	14 918	2 385.67	2 681.93	1 187.64	1 400.63	883.98	1 097.04
贵州	3 488	3 582	945.60	2 147.14	509.26	1 660.89	425.09	1 533.74
云南	6 130	6 322	1 641.37	2 368.64	824.05	1 486.86	648.86	1 238.09
西藏	300	288	27.33	27.29	20.98	21.42	17.47	17.88
陕西	7 082	7 392	1 954.90	2 004.88	1 008.53	1 053.46	515.04	540.15
甘肃	2 396	2 037	418.08	410.35	330.04	333.20	267.55	269.39
青海	734	728	101.99	108.17	56.46	58.08	27.73	29.75
宁夏	910	865	279.56	304.24	135.21	159.28	95.79	105.26
新疆	1 965	1 959	568.06	616.33	266.06	359.80	176.64	179.66

(4) 外资来源地统计。表9—14列示了2022年对中国直接投资前15位的国家（地区）。

表9—14　　　　　　2022年对中国直接投资前15位的国家（地区）

位　次	国家（地区）	新设企业数（家）	实际投资金额（亿美元）
1	中国香港	15 814	1 372.4
2	新加坡	1 176	106.0
3	英属维尔京群岛	218	66.3
4	韩国	1 593	66.0
5	日本	828	46.1
6	荷兰	103	44.9
7	德国	422	25.7
8	开曼群岛	157	24.2
9	美国	1 583	22.1
10	英国	609	16.0
11	中国澳门	2 313	12.4
12	马来西亚	309	11.3
13	阿联酋	37	9.6
14	法国	186	7.6
15	萨摩亚	65	7.5

注：①本表未包括银行、保险、证券领域吸收外资数据。②上述国家（地区）对中国投资数据包括这些国家（地区）通过维尔京、开曼群岛、萨摩亚、毛里求斯和巴巴多斯等自由港对中国进行的投资。

资料来源：商务部，《中国外资统计公报2023》，第7页。

3. 外资变动统计

对外资变动情况进行统计分析，可以使我们认识和掌握利用外资的发展趋势和变动规律。具体做法是：将利用外资协议额、实际利用外资额等指标按照时间先后顺序形成动态数列，对增减额、平均增减额、发展速度、增长速度、平均发展速度、平均增长速度等动态指标进行计算分析。

二、对外投资统计

在继续积极"引进来"的同时，中国正在加快实施"走出去"战略，鼓励有条件的中国企业到境外开展工程承包、投资办厂和共同开发资源。当前，中国企业"走出去"的时机和条件已基本成熟。加入世界贸易组织后，随着中国市场的逐步开放，世界贸易组织其他成员也会对中国进一步开放市场,提供贸易投资便利,这将为促进中国企业"走出去"开展跨国经营提供有利条件。2015 年,中国外贸进出口额达 39 586.44 亿美元。截至 2015 年底,中国的外汇储备已达 3.3 万亿美元。这些都是中国企业"走出去"的重要物质基础和必要保障。另外,中国已经有了一批拥有一定技术经济实力、熟悉国际化经营管理、适应国际市场激烈竞争需要的企业。通过推动这些企业"走出去",不仅可以拓展中国经济的发展空间,而且也可以为促进中国与其他国家和地区的经济合作增添新的内容,为加强多边经贸关系注入新的活力。

(一)对外投资结构分组与统计

1. 对外直接投资和间接投资分析

直接投资是指将资金直接投入投资项目的建设,形成实物资产和流动资产的投资,如房地产投资、固定资产投资等。一般来说,直接投资都是"生产性"投资,能增加实物资产,扩大生产能力,为经济增长提供重要的物质基础。其特点是风险较小,流动性较差。直接投资包括:第一,在别国投资设厂、开设分公司或子公司;第二,兼并别国资本经营的企业;第三,与别国资本合股创办新企业所投的全部资本或股本;第四,为取得控股权而收买别国公司发行的股票。

间接投资是指将资金投放于金融资产所进行的投资,如股票投资、债券投资、期货投资等。间接投资实质上是资金在所有者与使用者之间的转移,其特点是流动性较强,但风险较大。

2. 对外长期投资和短期投资分析

长期投资是指期限在一年以上的投资。主要有以下几种形式:一是对外提供为期 1 年以上的借款;二是在国外的直接投资;三是购买外国长期证券和不动产等投资。

短期投资是指期限在一年以下的投资,主要有以下几种形式:一是政府在国外的短期资产,如外汇储备;二是政府和私人持有的外国短期票据;三是 1 年或 1 年以下的对外放款;四是对进出口提供的信用贷款;五是在国外银行的存款。

3. 对外合资、合营和独资分析

以我国为例,按照投资形式进行分组,可以分为中外合资企业、中外合营企业和独资经营企业。在这一分组的基础上,可以分别计算我国对外的各种投资分别占我国对外投资总额的比重,从而观察和分析我国对外投资的结构和对外投资的特点。

4. 对外投资的行业分析

一般来说,在发达国家,对外投资的优先领域主要是与新产品开发有关的制造业以及满足人们生活需要的服务业,如我们所熟知的通用汽车(General Motors)、沃尔玛商店(Wal-mart Stores)以及大型超市家乐福(Carrefour)等。这样,既可以引进先进技术,强化研究开发,扩大出口,又可以扩大就业,增加外汇收入。在发展中国家,除了上述领域外,还鼓励自然资源开发业及能源、交通、水利等基础设施的建设,如艾克森美孚(Exxon Mobil)、壳牌石油(Shell Group)等,以促进本国资源的开发,加强进口替代,扩大出口实力。

以我国为例,将对外投资按行业性质或投资方向进行分组,可以分为:向工业生产投资;向建筑工程投资;向交通运输投资;向加工设计投资;向金融保险投资;向劳务合作投资;向餐饮服务投资;向技术咨询服务投资;等等。在上述统计分组的基础上,分别计算各个行业投入的资金占我国对外投资总额的比重,借以观察和分析我国对外投资的行业结构和特点。在分析的基础上,综合考虑,权衡利弊,合理调整,从而使我国的对外投资取得最佳的经济效益。

5. 对外投资的国别(地区)分析

国别统计很重要。以我国为例,可以按国别(地区)进行以下的分组:港澳地区、日本、美国、加拿大、澳大利亚、英国、法国、德国、意大利、比利时、荷兰、科威特、北也门、尼日利亚、泰国、瑞士等。若按国家经济发展水平分组,可分为:向发达国家投资、向中等国家投资、向发展中国家投资。在上述分组的基础上,可以分别计算各组数值占该指标合计数的比重,据以分析研究我国对外投资的重点,分析研究我国对外投资在各个国家或在各类型国家之间的分配比例,从而确定合理的对外投资布局,以期提高我国对外投资的经济效益。表9—15列示了2020—2021年我国对主要国家(地区)的直接投资情况。

表9—15　　　　2020—2021年中国对主要国家(地区)的直接投资　　　　单位:万美元

国家(地区)	对外直接投资净额 2020年	对外直接投资净额 2021年	截至2021年对外直接投资存量
合计	15 371 026	17 881 932	278 514 971
亚洲	11 234 365	12 810 205	177 201 520
中国香港	8 914 586	10 119 088	154 965 764
印度	20 519	27 946	351 889
印度尼西亚	219 835	437 251	2 008 048
日本	48 683	76 214	488 287
中国澳门	82 684	88 192	1 123 624
新加坡	592 335	840 504	6 720 228
韩国	13 914	47 804	660 150
泰国	188 288	148 601	991 721
越南	187 575	220 762	1 085 211

续表

国家（地区）	对外直接投资净额 2020年	对外直接投资净额 2021年	截至2021年对外直接投资存量
非洲	422 560	498 664	4 418 621
阿尔及利亚	1 864	18 471	171 602
苏丹	283	9 429	111 552
几内亚	−29 512	48 717	95 933
马达加斯加	13 598	−962	32 287
尼日利亚	30 894	20 167	269 579
南非	40 043	36 359	529 417
欧洲	1 269 565	1 087 480	13 479 438
英国	92 222	190 355	1 900 531
德国	137 560	271 113	1 669 749
法国	14 779	−15 167	486 390
俄罗斯	57 032	−107 230	1 064 411
拉丁美洲	1 665 651	2 615 851	69 374 017
巴西	31 264	14 645	300 771
开曼群岛	856 222	1 075 356	22 952 507
墨西哥	26 456	23 183	130 216
英属维尔京群岛	697 562	1 397 101	44 747 734
北美洲	634 312	658 090	10 022 580
加拿大	21 002	93 017	1 379 315
美国	601 867	558 435	7 717 236
大洋洲	144 573	211 642	4 018 796
澳大利亚	119 859	192 254	3 443 047
新西兰	45 292	22 461	312 871

资料来源：国家统计局，《中国统计年鉴2023》，中国统计出版社2023年版。

6. 对外投资的资金来源分析

对外投资的资金来源分析主要是按企业自有资本和借贷资本进行统计分析。

（二）对外投资经济效益的主要分析指标

对外投资的经济效益分析主要是通过对一系列对外投资经济效益指标进行测定和分析，从中发现问题，及时采取措施，以充分发挥我国对外投资的经济效益。这些指标有绝对数指标，如我方实际投资额、外汇净收入、利润额、我方分得利润、汇回利润等;有相对数或平均数指标,如投资利润率、投资汇回利润率、人均利润额、外汇投资回收期和结汇率等。

1. 我方实际投资额

我方实际投资额是指根据双方所签订协议中的规定,我方实际投入的资本金额,包括用所获得的利润进行的再投资,它有现金投入、实物投入和其他资金投入三种形式。现金投入是指以货币资金作为投资,可以用我方投资所在国的货币来计量,也可以美元、欧元等国际货币来计量;实物投入是指以我国的设备、仪器仪表、原材料、燃料等物资作为投资。在统计核算时,要根据实物价格进行折算。其他投入是指以我国的专有技术、产权等无形资本作为投资。

与我方实际投资额相对应的是外方实际投资额,它是指根据双方所签订协议中的规定,外方以现金、实物、工业产权、专有技术、场地使用费等实际投入的资本金额。

需要注意的是,我国在国外的投资比例,应根据我方投资所在国的有关投资和法律的规定来选择,决不能盲目地确定我方的投资比例。我方实际投资额与外方实际投资额之间应当保持一个适当的比例,如果比例适当,则我方可以增加外汇收入;反之,则可能会对我方造成经济损失。

2. 利润额

利润额可以分为利润总额、税后利润、我方分得利润额和汇回利润四种。

利润总额是指我方与投资所在国厂商合资或合营的企业在报告年度内实现的利润总额,包括产品销售利润、其他销售利润和营业外收支差额;税后利润是指我方与外方合资或合营企业,从全年实现的利润中,扣除缴纳的各项税金后所剩余的利润额;我方分得利润是指根据中外双方投资比例或者中外双方合同规定的比例分给我方的利润额;汇回利润是指我方在国外投资的企业,从我方分得的利润中汇回到我国的利润额。

3. 利润率

对外投资利润额指标虽然能反映国外投资的盈利总额,但还不能全面地反映境外企业的经营质量。通过设置利润率指标,与利润额指标相结合,可以更好地反映我国对外投资的盈利情况。根据分析研究的目的不同,利润率指标可以用不同的方法来计算。

(1)投资利润率,是指建设项目投产后在一定时期内(通常为1年)实现的利润额与企业投资总额对比所得的比率。该指标用来说明企业投入100个单位的外币,可以获得多少利润额。它可以反映企业经济效益的好坏。其公式为:

$$投资利润率 = \frac{年利润额}{投资总额} \times 100\% \tag{9-13}$$

(2)股本利润率,是指我方一年分得的利润额与我方投资总额进行对比所得的比率。该指标用来说明我方投入 100 个单位的外币,可以获得多少利润额。它可以反映我国对外投资经济效益的大小。其公式为:

$$股本利润率=\frac{我方分得利润额}{我方投资总额}\times100\% \qquad (9-14)$$

(3)投资汇回利润率,是指我国在国外投资的企业,汇回国内的利润额与我方投资总额进行对比所得的比率。该指标说明我方投资 100 个单位的外币,汇回国内的利润额是多少。它可以反映我国对外投资实际得到的经济效益的大小。其公式为:

$$投资汇回利润率=\frac{汇回利润额}{我方投资总额}\times100\% \qquad (9-15)$$

4. 外汇净收入

外汇净收入是指对外投资的外汇收入减去外汇支出。由于投资方式不同,对外独资企业与对外合资企业和合作经营企业的外汇净收入的统计方法也有所不同。

(1)对外独资企业的外汇净收入

对外独资企业的外汇净收入=企业经营活动中的全部外汇收入-全部外汇支出

$$(9-16)$$

(2)对外合资企业和合作经营企业的外汇净收入

$$\begin{matrix}对外合资企业和合作\\经营企业的外汇净收入\end{matrix}=\begin{matrix}自由外汇\\部分的股利\end{matrix}+\begin{matrix}我方人员从企业取得\\工资的外汇净收入\end{matrix}+\begin{matrix}外汇部分\\的股息\end{matrix}$$

$$(9-17)$$

5. 外汇投资回收期

外汇投资回收期是指对外投资企业自投产之日起,累计外汇净收入达到外汇投资总额之日止所经历的时间。该指标用于说明外汇投资回收期越短,则收回外汇投资额就越快,境外企业的经济效益就越好。若假设境外企业每年的外汇净收入基本相等,则外汇投资回收期的基本计算公式为:

$$外汇投资回收期=\frac{外汇投资总额}{年外汇净收入} \qquad (9-18)$$

6. 结汇率

结汇率是指境外企业在一定时期内的结汇额与外汇净收入之比,其中,结汇额是指境内外投资者将其境外企业汇回利润或其他外汇收益按规定比例上缴给国家的外汇额度。根据国家政策规定,境内对外投资者对于境外投资企业分得的利润或其他外汇收益,从境外企业设立之日起 5 年内享受全额留成,5 年后依照国家规定比例结汇。该指标用来说明结汇率越高,标志着境外企业对国家的贡献就越大;反之,则越小。其公式为:

$$结汇率 = \frac{结汇额}{外汇净收入} \times 100\% \qquad (9-19)$$

关键概念

对外金融统计　　国际收支统计　　国际收支平衡表　　外汇　　外汇收支统计
结售汇　　结售汇统计　　外汇信贷统计　　利用外资统计　　对外投资统计

学习小结

对外金融统计是国家对外金融关系中收支活动的全面记录,包括外汇收支数字的搜集、整理和分析,它对于研究我国国际收支状况、进行外汇管理、指导我国对外金融工作、发展对外经济贸易、促进我国与世界各国的经济往来、促进国内经济迅速发展有着重要的意义。

国际收支统计是指对一个国家在一定时期内所发生的各种国际经济交易的流动量,即发生额的统计,它是全面观察一个国家在某一时期国际收支平衡状况的重要依据。国际收支统计是通过编制国际收支平衡表来进行的,其统计的内容包括对经常账户、资本与金融账户、储备资产和错误与遗漏账户的统计。国际收支统计的方法主要有静态分析法、动态分析法和比较分析法。

我国从1980年开始编制国际收支平衡表,到90年代末才建立起国际收支统计制度,因此,今后要逐步完善我国的国际收支统计申报体系,改进我国的对外金融统计工作,从而更好地促进经济的发展。

外汇收支是指一个国家在一定时期内(通常是1年)用对方可接受的货币必须同其他国家立即结清的各种到期支付的款项。它是以支付为基础的国际收支,是狭义的国家收支。结售汇统计是我国外汇收支统计中最重要的组成部分。1994年初我国外汇管理体制进行了重大改革,从此以后开始实行银行结售汇制度。

外汇信贷业务统计是根据国家外汇信贷计划的要求,综合反映计划期内外汇资产负债的规模与投资,它主要是对外汇信贷资金来源和运用的统计。外汇信贷统计的主要指标有:固定资产与流动资金贷款构成指标、贷款期限考核指标、外汇周转次数、出口创汇比重、外汇贷款创汇率、逾期贷款率、外汇贷款新增利润和税金率、百美元外汇贷款创汇率等。

利用外资和对外投资是一个国家对外经济关系的重要组成部分。我国利用外资的方式主要有对外借款、外商直接投资以及外商的其他投资。我国利用外资统计主要包括外资总额统计、外资构成统计和外资变动统计。对外投资经济效益的主要分析指标有我方实际投资额、利润额、利润率、外汇净收入、外汇投资回收期以及结汇率等。

课堂测试题

一、名词解释

1. 对外金融统计
2. 国际收支统计
3. 补偿贸易

二、简答题

1. 国际收支平衡表包括哪些经常项目？
2. 根据《中华人民共和国外汇管理条例》第三条的规定，外汇具体包括哪些？
3. 目前补偿贸易的做法有哪几种形式？

课堂测试题答案

课后练习题

一、名词解释

1. 对外金融统计
2. 国际收支
3. 国际收支统计
4. 经常账户统计
5. 资本与金融账户统计
6. 储备资产
7. 国际收支平衡表
8. 国际收支平衡
9. 外汇（国际货币基金组织的解释）
10. 外汇收支
11. 结汇
12. 售汇
13. 外汇储备
14. 外债
15. 外资
16. 补偿贸易
17. 外资投资回收期
18. 结汇率

二、单项选择题

1. 关于国际收支统计分析中的总差额分析，下列说法正确的是（   ）。

A. 总差额大于零,表明国际收支逆差,则储备资产增加
B. 总差额小于零,表明国际收支顺差,则储备资产增加
C. 国际收支逆差是不可取的
D. 国际收支顺差总是有利的

2. 关于百美元外汇贷款创汇率的计算公式,下列说法正确的是(　　)。

A. 百美元外汇贷款创汇率=(考核期平均年外贸收购进口量×外销单价)/项目外汇贷款额×100%

B. 百美元外汇贷款创汇率=项目外汇贷款额/(考核期平均年外贸收购进口量×外销单价)×100%

C. 百美元外汇贷款创汇率=(考核期平均年外贸收购出口量×外销单价)/项目外汇贷款额×100%

D. 百美元外汇贷款创汇率=项目外汇贷款额/(考核期平均年外贸收购出口量×外销单价)×100%

3. 按照债务类型对中国的外债进行分类,可分为(　　)种类型。

A. 5　　　　　　B. 7　　　　　　C. 9　　　　　　D. 11

4. 对外间接投资的特点是(　　)。

A. 风险较小,流动性较差　　　　　　B. 风险较小,流动性较强
C. 风险较大,流动性较差　　　　　　D. 风险较大,流动性较强

5. 我国现行的外汇收支统计中最重要的组成部分是(　　)。

A. 国际收支平衡表　　B. 结售汇统计　　C. 出口统计　　D. 进口统计

三、多项选择题

1. 对外金融统计包括(　　)等。

A. 国际收支统计　　　　　　　　B. 外汇收支统计
C. 外汇信贷统计　　　　　　　　D. 利用外资与对外投资统计

2. 对外金融统计的基本任务是(　　)。

A. 准确、及时、全面、系统地反映我国的国际收支、对外贸易、利用外资和对外投资等情况
B. 总结经验,分析研究存在的问题,并提出改进措施
C. 为国家宏观经济管理和加快对外贸易政策的制定提供所需要的数据资料
D. 缩小地区间收入差距

3. 关于国际收支概念的理解,下列说法正确的有(　　)。

A. 国际收支是一个存量概念
B. 国际收支所记录的内容是经济交易
C. 国际收支记载的是居民与非居民之间的经济交易
D. 划分居民与非居民的唯一标准是交易者的经济利益中心所在地

4. 国际收支统计体现了国际收支的(　　)。

A. 全面性　　　　B. 专门性　　　　C. 条理性　　　　D. 系统性

5. 国际收支统计的意义有(　　)。

A. 更好地反映一个国家的经济状况

B. 全面地反映一国内部经济的均衡状况

C. 全面地反映一国外部经济的均衡状况

D. 为一国制度货币金融政策提供了重要依据

6. 一国国际收支平衡表包括以下哪些子项目？（　　）。

A. 货物　　　　　B. 服务　　　　　C. 收益　　　　　D. 经常转移

7. 根据《中华人民共和国外汇管理条例》第三条的规定,外汇包括(　　)。

A. 外国货币　　　B. 外币支付凭证　　C. 外汇有价证券　　D. 特别提款权

8. 外汇收支统计与国际收支统计的区别主要表现在以下哪些地方？（　　）。

A. 统计范围　　　B. 统计时间　　　C. 统计地点　　　D. 统计方法

9. 按照外汇所有者结汇的意愿程度,结汇可分为(　　)。

A. 强制结汇　　　B. 限额结汇　　　C. 全额结汇　　　D. 意愿结汇

10. 售汇支出包括(　　)。

A. 贸易支出　　　B. 非贸易指出　　C. 资本支出　　　D. 劳务支出

11. 下列选项属于外汇信贷资金来源统计项目的有(　　)。

A. 自有外汇资本金　　　　　　　B. 存放境外头寸准备

C. 银行组织吸收的各项外汇存款　　D. 境内各项流动资金贷款

12. 按照资金的来源划分,以下选项属于对外借款的有(　　)。

A. 外国政府贷款　　　　　　　　B. 国际金融组织贷款

C. 出口信贷　　　　　　　　　　D. 国际租赁

13. 按照投资方式的不同,外商投资企业可分为(　　)。

A. 中外合作经营企业　　　　　　B. 中外合资经营企业

C. 外商独资企业　　　　　　　　D. 合作开发

14. 补偿贸易的主要特点有(　　)。

A. 贸易和信贷结合　　　　　　　B. 贸易和生产联系

C. 贸易和批发联系　　　　　　　D. 贸易双方是买卖关系

15. 目前,补偿贸易的做法有以下哪几种形式？（　　）。

A. 返销　　　　　B. 直销　　　　　C. 互购　　　　　D. 互换

16. 利用外资统计主要包括(　　)。

A. 外资总额统计　B. 外资差额统计　C. 外资构成统计　D. 外资变动统计

17. 对外直接投资包括(　　)。

A. 在别国投资设厂、开设分公司或子公司

B. 兼并别国资本经营的企业

C. 与别国资本合股创办新企业所投的全部资本或股本

D. 为取得控股权而收买别国公司发行的股票。

18. 对外投资经济效益分析中利润额可分为(　　)。

A. 利润总额　　　B. 税后利润额　　C. 我方分得利润额　D. 汇回利润额

四、简答题

1. 简述对外金融统计的意义。
2. 简述国际收支统计的主要内容。
3. 简述国际收支平衡表的记账原则。
4. 简述国际收支统计中的静态分析法。
5. 简述结售汇统计的概念及内容。
6. 外汇信贷统计的指标有哪些?
7. 我国利用外资的方式主要有哪些?
8. 对外投资的经济效益分析的相对指标有哪些?

拓展阅读

第十章　外汇市场统计

思维导图

📅 **学习目标**

1. 知识目标

掌握外汇市场的基本概念、功能、运行机制以及主要参与者,理解外汇市场在国际经济中的作用和地位;熟悉外汇市场统计的基本内容和方法,包括外汇交易量的统计、汇率的变动统计以及外汇市场风险的衡量等;了解外汇市场统计数据的来源和质量控制方法,认识外汇市场统计在宏观经济分析和政策制定中的重要性。

2. 能力目标

能够运用外汇市场统计知识,收集、整理和分析外汇市场数据,掌握外汇市场动态和趋势;能够利用外汇市场统计数据,评估汇率风险,为外汇交易和风险管理提供决策支持。

3. 思政目标

培养国际视野和全球意识,认识到外汇市场作为国际经济联系的重要纽带,对于促进全球经济发展和合作具有重要意义;树立正确的金融意识和风险意识,理解外汇市场的高风险性。

第一节　外汇市场概述

一、外汇市场概述

(一)外汇市场的概念

外汇市场(foreign exchange market)是以外汇银行为中心,由外汇需求者、外汇供给者或买卖中间机构组成的外汇买卖的场所或交易网络,是国际金融市场的组成部分。

国家(地区)间的一切经济往来都伴随着货币清偿和支付,而要实现国际清偿和货币支付，就要进行国家（地区）间的货币兑换或外汇买卖活动。外汇市场就是为适应外汇买卖和外汇票据兑换的需要而产生的，所以外汇市场就是进行外汇买卖和调节外汇供求的交易场所，也就是个人、企业、金融机构及外汇经纪人和投资（机）者可以在其中从事外汇买卖的组织系统，外汇市场实质上是一种货币商品的交换市场，市场上买卖的是不同国家的货币。

外汇的持有者，包括外币、外币支付凭证和外币有价证券的持有人，可以在外汇市场上进行本币与外汇的交易。

外汇市场的参与者众多，它们共同构成了外汇市场的交易主体，主要有外汇银行、外汇经纪商、中央银行、外汇投机者和外汇的实际供求者。

(二) 外汇市场的类型

从不同角度考察，外汇市场可以划分为以下几种类型：

1. 按外汇交易组织形态划分

按外汇交易组织形态划分，外汇市场可以分为有形市场和无形市场。

所谓有形市场，一般是在证交所建筑物内或交易大厅内设立外汇交易所，买卖各方在每个营业日规定的时间内集合在此地从事外汇交易。目前，欧洲大陆上的外汇市场交易，除了瑞士之外，多数采取这种在外汇交易所内进行交易的形式，故又称"欧洲大陆式外汇市场"。例如，法国的巴黎外汇市场、德国的法兰克福外汇市场、意大利的米兰外汇市场等都属于这一类。

所谓无形市场，就是指无具体的外汇交易场所的市场。在无形市场中，交易双方并不面对面地直接成交，而是通过电话、电报等通信设施来达成外汇交易。各种通信工具构成了错综复杂的、庞大的信息网络。外汇买卖从询价到成交都是通过现代化的电讯联系完成的。无形市场大大提高了外汇市场的运作效率，世界上最大的外汇市场都是无形市场。例如，纽约外汇市场、苏黎世外汇市场、东京外汇市场等都属于这种类型。这种类型又称"英美式外汇市场"。

2. 按交易主体的居民身份划分

按交易主体的居民身份划分，外汇市场可分为国内外汇市场和国际性外汇市场。

国内外汇市场是指只限于国内居民参加交易活动的市场。这类市场主要存在于实施外汇管制的国家，并且其外汇交易仅限于本国货币与少数几种外国货币的交易。

国际性外汇市场是指基本不受政府外汇管制的自由外汇市场，各国居民都可以自由参与外汇市场的交易，交易的货币几乎包括所有的主要世界货币，外汇买卖不仅仅局限于本国货币同外国货币之间，也可以进行外国货币之间的买卖。

3. 按交易活动的范围划分

按交易活动的范围划分，外汇市场可分为区域性外汇市场和全球性外汇市场。

区域性外汇市场是指在货币集团区域内实现货币买卖的场所。由于区域性外汇市场存在一定的外汇管制,因而交易的币种、品种、数量受到一定的限制。全球性外汇市场是指在国际范围内实现各种货币买卖的场所。

4. 按外汇交易的范围划分

按外汇交易的范围划分,外汇市场可分为外汇批发市场和外汇零售市场。

外汇批发市场一般是指银行间的外汇交易市场,包括同一市场各银行之间、不同市场各银行之间、中央银行与外汇银行之间,以及各国中央银行之间的外汇买卖。外汇零售市场是指银行与一般顾客之间的外汇买卖,如银行与进出口商、个人之间的外汇买卖。我国目前的外汇市场也是由外汇批发市场即银行间市场和外汇零售市场即银行与企业、个人之间外汇买卖市场构成。

5. 按外汇交易的种类划分

按外汇交易的种类划分,外汇市场可以分为即期外汇市场、远期外汇市场、外汇期货市场和外汇期权市场。

即期外汇市场是进行即期外汇交易的市场。即期外汇交易也称现汇交易,是指外汇买卖成交后,于当日或其后一至两个工作日内办理交割的外汇交易。

远期外汇市场是进行远期外汇交易的市场。远期外汇交易也称期汇交易,是外汇买卖双方签订合约,规定于未来某一时间按约定的金额、汇率交割外汇的交易。

外汇期货市场是在商品期货市场的基础上发展起来的。外汇期货交易是买卖双方在期货交易所内公开喊价成交后,约定在未来某一特定日期,以目前商定的价格交割若干标准数量的某种外币。世界主要外汇期货交易所除了芝加哥国际货币市场以外,还有伦敦国际期货交易所、新加坡国际期货交易所等。

外汇期权市场近年发展较快。由于外汇期权交易避险功能和投机功能较好,期权交易已逐渐在全世界主要金融市场上流行。外汇期权交易实际上是一种外汇交割权利的买卖行为,外汇交割权利赋予其持有者在确定的日期或这个日期之前按照事先确定的汇率水平买入或者售出外汇的自由。

(三)外汇市场的特征

国际金融市场包括国际货币市场、资本市场、外汇市场和黄金市场。这几类市场是相互联系,无法截然分开的。国际金融市场实际上是一个涉及多币种交易活动的市场,无论是外汇收支或是外汇结算,都必须通过外汇市场进行,外汇市场是国际金融市场的核心市场。它具有以下特征:

1. 外汇交易规模巨大

随着经济全球化进程的加快,全球金融市场不断开放,逐渐连为一体,外汇交易量持续增长,外汇交易市场成为世界上交易规模最大的市场。2019年9月,国际清算银行发布三年一度的全球外汇市场调查初步结果：2019年4月，全球外汇市场日均交易量达6.6万亿美元，较2016年4月的日均5.1万亿美元增长30.1%。与2016年4月调查结果相比，全球交易量前八的货币保持不变，仍然为美元、欧元、日元、英镑、澳元、加元、瑞士法郎和人民币。在经济全球化的背景下，外汇市场已经成为国际结算、保值避险、投资投机的重要市场。

目前世界上有30多个主要的外汇市场，它们遍布于世界各大洲的不同国家和地区。其中最重要的是伦敦、纽约、东京、新加坡、法兰克福、苏黎世、香港、悉尼等外汇市场。值得注意的是，外汇交易仍然集中在全球主要金融中心，英国、美国、中国香港、新加坡和日本这五个金融中心的交易量占全球外汇交易的79.4%。其中，英国的外汇交易占比上升了6个百分点，占全球外汇交易总量的43.1%，美国的交易量占比从2016年的19.5%降至16.5%，新加坡和东京的交易量增长相对较慢，中国香港的交易量增速高于全球外汇市场增速。中国境内外汇市场交易量大幅增长至日均1 360.2亿美元，较2016年增长86.8%，成为全球第八大外汇交易中心（2016年4月排名第十三位）。

2. 全球外汇市场交易不间断运作，交易全天候24小时进行

由于全球各金融中心的地理位置不同，亚洲市场、欧洲市场、美洲市场因时间差的关系，连成了一个全天24小时连续作业的全球外汇市场。早上8时半（以纽约时间为准）纽约市场开市，9时半芝加哥市场开市，10时半旧金山开市，18时半悉尼开市，19时半东京开市，20时半香港、新加坡开市，凌晨2时半法兰克福开市，3时半伦敦市场开市。如此24小时不间断运行，外汇市场成为一个昼夜不分的市场，只有星期六、星期日以及各国的重大节日，外汇市场才会关闭。这种连续作业，为投资者提供了没有时间和空间障碍的理想投资场所，投资者可以寻找最佳时机进行交易。比如，投资者上午在纽约市场上买进日元，晚间香港市场开市后日元上扬，投资者在香港市场卖出日元。不管投资者本人在哪里，他都可以参与任何市场、任何时间的买卖。因此，外汇市场可以说是一个没有时间和空间障碍的市场。各地外汇市场基本没有汇率的地区差价，各地汇率已趋于一致。从一定意义上来讲，外汇市场不再局限于某个地区，它呈现出国际化的特点。外汇市场的汇率变动，能在极短的时间内传遍全球，为各国制定国际经贸和金融政策提供依据，并深刻地影响国民经济的各个方面。从全球角度来看，外汇交易24小时连续进行，外汇市场全天候开放，成为一个全世界统一的大市场。

3. 交易币种集中于热门货币，汇率波动传递异常迅速

各大外汇市场交易币种集中于热门货币，包括美元、欧元、日元、英镑等。2019年，美元继续保持第一大货币地位，交易量占比88.3%。欧元排名第二，交易量占比微升至32.3%。相比之下，由于波动率维持低位，日元兑美元交易量收缩，日元的交

易量占比下降了约 5 个百分点至 16.8%,但仍是全球第三大交易货币。英镑、澳元、加元和瑞士法郎的交易量分列全球第四至第七位,占比与 2016 年基本持平,分别为 12.8%、6.8%、5.0% 和 5.0%。新兴市场经济体货币的交易量增长了约 4 个百分点,达到全球总交易量的 1/4。其中,人民币交易份额继续提升,日均交易量达 2 841.9 亿美元,占比 4.3%,在所有货币中排名第八,与前次持平,也是最大的新兴市场经济体货币。

在当今先进通信技术的强有力支持下,世界外汇市场跨越了时间和空间的限制,各地的行情变化可以迅速传播,各市场之间的汇率差距能够得以迅速调整。当货币比价出现差异时,大规模的套汇行为就会产生,短期资本的流动使得外汇市场资金供求失衡的状况很快得到调节,使汇率在各市场趋向一致;同时也可能使汇率的扭曲和人为制造的因素放大并传递,制造汇率的无规则大幅度波动,为金融危机的频繁爆发埋下隐患。20 世纪 90 年代频繁爆发的国际金融危机便是鲜明的例子。

4. 金融衍生工具不断涌现

自 20 世纪 70 年代布雷顿森林体系崩溃,国际货币体系进入浮动汇率制后,汇率波动频繁,外汇风险加大。各外汇交易主体迫切需要更多的避险方式和避险工具,金融创新应运而生。表现在外汇市场上,就是产生了许多金融衍生工具,如远期交易、货币期货、货币期权等。这些金融衍生工具发展迅速,其增长速度远远超过了股票、债券、即期外汇买卖等传统金融工具。衍生金融产品的交易,特别是场外衍生交易和国际贸易与投资活动发生了密切的联系,并越来越成为国际金融市场的重要组成部分和发展的驱动力。

然而,事实的另一面是,外汇市场由于其高风险和瞬息万变的特殊性,对经济的影响力和破坏力是巨大的。所以,实施浮动汇率制以来,各国政府从未放松对外汇市场的干预和调节,甚至多个国家的中央银行进行联合干预。

(四)外汇市场的功能

随着国际贸易和国际交往的扩大,国家与国家之间的经济往来更加密切,外汇市场作为国际金融市场的重要组成部分,在促进国际贸易、国际投资和其他国际资金流动等方面发挥着特有的功能。外汇市场的功能主要有:

1. 调剂外汇资金,提供资金融通

外汇市场是国际资金交换的媒介,在市场上聚集了大量国际闲散资金,通过现代化通信设备,直接或间接地进行资金再调整,使之流向需求资金的地方,在世界范围内加速了资金的周转使用,促进了全球经济的发展。

2. 形成外汇汇率,起到标价作用

外汇市场的重要功能之一就是确定本国货币的市场汇率水平。各种国际活动产生外汇供给和外汇需求,都集中到外汇银行进行外汇的买卖。外汇银行代客买卖加上银行自身进行外汇买卖的需要,形成银行同业市场上的外汇供给和需求,这种供求关系通过银行之间竞价的方式,确定银行同业买卖外汇的汇率。根据这个汇率水平,进一步确定零售外汇市场的汇率,从而确定整个外汇市场的汇率水平。

3. 实现购买力的国际转移

外汇市场的基本功能是使资金能以最有效的方式,在国家(地区)间实现货币兑换和汇付。国与国之间的各种经济往来都涉及外汇买卖,其结果是在债权债务结算后,交易双方国家的货币购买力相互转移。如中国的公司购买了美国公司的产品,中国的公司用人民币在外汇市场上购买美元,然后用美元支付给美国的公司。这样,在清偿债务的过程中,人民币所表示的购买力转移至美国。

4. 为规避外汇风险提供场所和工具

外汇风险是指经济实体或个人在国际经济交往中,以外币计价的资产或负债因外汇汇率变动而引起价值上升或下跌所造成的风险。在外汇市场上,经济实体或个人可以运用远期、期货、期权外汇交易等方式,进行套期保值、增值,达到规避外汇风险的目的。

5. 传递信息,为决策提供依据

外汇市场能够及时反映、传递各国的政治、经济等信息,同时外汇市场所传递的信息又为各国制定经济、金融等政策提供依据。

总之,外汇市场作为国际金融活动的中心是随着经济的发展而产生的,同时,它又通过多方面的功能,促进了国际经济的发展。

二、我国外汇市场管理及人民币汇率改革

(一)我国外汇市场管理

改革开放前,我国实行统收统支的外汇管理体制,没有外汇市场的经济基础。改革开放后,为配合外贸体制改革,1979年8月,我国改革外汇分配制度,实行外汇留成管理,由此逐步产生了外汇调剂业务,萌生了外汇调剂市场,这是我国最早的外汇市场。1994年1月,我国开始实行银行结售汇制度,形成了银行对客户市场,同年全国统一的、以电子化交易为平台的银行间外汇市场——中国外汇交易中心成立运行,保障了外汇资源在全国范围内根据市场情况合理流动。2005年7月21日,我国重启汇率市场化改革,开始实行以市场供求为基础、参考一篮子货币进行调节、有管理的浮动汇率制度。2015年8月11日,人民币对美元中间价报价机制进一步完善,汇率市场化程度进一步提高,我国外汇市场进入新的更高发展阶段。

据悉,外汇局立足汇率弹性增强后企业的多样化避险保值需求,上下呼应,政策设

计与银行创新互动,点面结合,全面激活外汇衍生产品创新。2013 年增加货币掉期本金交换形式,2014 年进一步支持银行为企业提供买入或卖出以及组合等多样化期权业务,2018 年允许远期结售汇到期交割方式根据实际需求选择全额或差额结算,进一步支持金融机构服务实体经济防范外汇风险。目前,我国外汇市场已具有即期、远期、外汇掉期、货币掉期和期权等基础产品体系,基本满足了各类市场主体的汇率风险需求。2017 年,国内外汇市场人民币对外汇交易量为 24.1 万亿美元,较 1994 年增长 134 倍,其中,银行对客户市场和银行间市场分别为 3.8 万亿美元和 20.3 万亿美元,即期和衍生品分别为 9.5 万亿美元和 14.6 万亿美元,衍生产品交易量占比上升至历史最高的 61%,市场深度和广度进一步扩展,为推进汇率市场化改革和支持市场主体适应汇率双向波动提供了有力保障。

40 年来,我国外汇市场在对内和对外两个方向持续扩大开放。企业、个人在跨境贸易、投资和金融活动中的外汇交易需求在外汇市场上被充分、有序吸纳;同时,作为市场核心的银行间外汇市场逐步改变早先单一银行的参与者结构,非银行金融机构和非金融企业入市交易,多元化的分层结构逐步形成。随着金融市场对外开放和人民币国际化推进,国内外汇市场从封闭走向开放,各类境外机构有序进入境内市场。为进一步与国际外汇市场接轨,自 2016 年 1 月起,银行间外汇市场交易系统每日运行时间延长至北京时间 23 时 30 分。配合国内金融市场开放,2017 年完善银行间债券市场境外机构投资者外汇风险管理政策,为"债券通"境外投资者提供配套汇率避险服务,2018 年允许 QFII、RQFII 开展外汇套期保值,外汇市场与债券市场、股票市场对外开放形成积极互动。

交易、清算、信息等金融基础设施是保障金融市场安全高效运行和整体稳定的基础,健全基础设施始终是外汇市场发展的一个重点。2013 年,在银行间外汇市场试运行交易确认业务,降低外汇市场操作风险。2014 年,扩大银行间外汇市场净额清算业务的参与主体和产品类型,试点开展中央对手清算业务。2015 年,在银行间外汇市场推出标准化外汇掉期交易功能。2016 年继续推出标准化远期和期权组合交易,同时开展交易冲销业务,支持新一代外汇交易平台建设,稳步发展集中清算业务。目前,银行间外汇市场已具有国际市场主流和多元化的交易清算机制,交易后确认、冲销、报告等业务也广泛运用于银行间市场,提升了市场运行效率和风险防控能力。

外汇市场在 40 年发展进程中,紧扣防范金融风险主线,不断改进市场监管,努力创造公平、透明、竞争的市场环境,自 1994 年建立统一规范的外汇市场体系以来,有效应对了 1998 年亚洲金融危机、2008 年国际金融危机等诸多外部冲击,始终未发生由市场自身运行引起的重大风险事件。同时,积极培育行业自律,2014 年《银行间外汇市场职业操守和市场惯例指引》发布,2016 年全国外汇市场自律机制成立并发布《中国外汇市场准则》和《银行间市场（批发市场）交易规范专家组工作章程》，建立了政府监管与市场自律并行的外汇市场管理新框架。

（二）人民币汇率改革[①]

人民币汇率制度从固定汇率逐步演进至现在有管理的浮动汇率制度，主要经历了1994年汇率改革、2005年"7·21汇改"和2015年"8·11汇改"这三次重要的改革，人民币汇率的市场化程度逐步增强。

从某种意义上说，外汇市场的运行过程，就是汇率的形成过程。就我国而言，随着外汇管理体制改革的推进和外汇市场的发展，人民币汇率形成机制正在不断走向市场化。现行人民币汇率制度的特点是：人民币汇率实行以市场供求为基础的、单一的、有管理的浮动汇率制度。人民币汇率采用直接标价法，就是以100、1万、10万外币单位为标准，折算为相应数额的人民币。人民币汇率实行外汇买卖双价制，买卖差价一般为0.5%。

我国外汇市场的发展始终伴随着社会主义市场经济体制改革尤其是实体经济改革开放而持续推进，与整体经济体制改革和金融市场发展进程相衔接、与之配套并为之服务，呈现出内部连贯、逻辑一致的过程。越来越多的境外投资者进入中国外汇市场，既反映出境外投资者对中国外汇市场的交易产品、基础设施等各类市场要素全方位发展的充分认可，也说明我国外汇市场已不仅仅是基于资本市场对外开放的被动接纳，而是全球外汇市场的重要组成部分。回顾我国外汇市场四十余年的发展历程，有很多值得总结的经验。

一是始终坚持市场化改革方向。1992年，党的十四大提出要使市场在国家宏观调控下对资源配置起基础性作用，以这一重大理论突破为新起点并不断完善理论创新，党的十八届三中全会提出"使市场在资源配置中起决定性作用和更好发挥政府作用"。我国外汇市场在40年的发展中，从改革开放之初的外汇调剂业务，到1994年建立统一规范的外汇市场，到2005年汇率形成机制改革，再到2015年人民币对美元中间价报价机制进一步完善，始终坚持市场化方向，不断完善市场配置外汇资源的体制机制。

二是始终坚持将服务实体经济放在首要位置。实体经济对外汇市场的基本和核心需求是有效配置外汇资源和防范汇率风险，如何满足这种需求，既不是简单地什么都不管就万事大吉，也不是一味迎合逐利需求让外汇产品眼花缭乱。从实体经济和外贸发展的实际需要出发，充分考虑微观经济主体的风险识别和管理能力，由简单到复

[①] 谭小芬、梁雅慧：《人民币汇率改革：历史经验和未来趋势》，中国金融新闻网，http://fe.10jqka.com.cn/20190805/c612994295.shtml，2019-08-05。

杂、由基础到衍生逐步发展外汇市场，避免外汇市场发展脱实向虚。

三是始终强调与人民币汇率市场化改革相配合。过去四十余年我国外汇市场发展有快有慢，一个重要原因就是注重与汇率改革保持协调，为主动、渐进、可控地推进汇率改革创造市场条件，既不能超越也不能滞后。例如，2005年汇率改革后，发展外汇市场的节奏就主动加快一些，1997年亚洲金融危机和2008年国际金融危机期间，节奏就主动放慢一些。

四是始终强调与其他金融改革和发展协调推进。我国的改革是系统性的体制转轨，对整体配套关系的要求比较高。外汇市场作为金融体系的组成部分，要与其他领域的金融改革和发展协调推进，准确把握改革发展的节奏和机会窗口。没有一个整体有效的金融体系支持，外汇市场建设很难单兵突进。在推进外汇市场改革的过程中，各项政策的选择、设计和推出时点，都是充分考虑了与其他改革的协调配合。

五是准确把握信息科技的时代潮流。国际外汇市场是一个已具有数百年历史的古老行业，仍保留了许多传统交易模式。1994年我国银行间外汇市场建立之初，准确把握技术进步为金融市场发展带来的历史机遇，在交易模式选择上不拘泥于传统，引入电子交易模式，在全球范围内较早实现了大规模的电子化交易平台，为市场参与者享受高效率、低成本的市场环境提供了技术红利。

六是充分借鉴国外发展经验但不简单照搬。相对于国外发达市场，发展中的中国外汇市场可以充分借鉴国际成熟经验，利用后发优势少走"弯路"。同时，不能简单照搬和模仿，应以前瞻性视角积极探索适合我国国情和引领国际趋势的发展新路。银行间外汇市场从1994年建立以来，始终坚持有组织交易平台的市场形态，兼容多种交易模式，适应不同交易工具，打破了场内与场外的传统边界并形成功能融合。正是得益于这一长期制度安排，我国外汇市场在2008年国际金融危机后实践中央对手清算、交易后确认、冲销、报告等全球新的监管要求和发展措施方面，具有独特的便利基础和先行优势。

七是选取合适时机并做好前瞻性指导。历史上每次汇率改革之前，人民币汇率都存在一定程度的升值或贬值预期，但是与此前几次汇率改革后相对平稳的市场反应不同，"8·11汇改"后市场表现震荡。究其原因，除改革的内容本身外，在推行时间和前期铺垫工作上也存在一些问题：首先，改革选择的时间窗口有待商榷。2015年6月，中国股市遭遇暴跌，汇率贬值叠加了股市低迷。其次，汇率改革超出市场预期。汇率改革之前，人民币汇率波幅维持在2%左右，离岸市场人民币的互换利率也基本维持在150点的低位，说明市场对此次汇率改革没有准备，政策发布后出现恐慌。因此，政策制定要选取合适时机并做好前瞻性指导，降低政策调整给市场带来的负面影响。

外汇市场的核心功能是为市场主体提供本外币兑换和风险管理渠道。回顾过去，我国外汇市场交易量的增长主要来自三个方面的推动因素：第一，我国对外贸易和投资增长，直接带动了外汇交易的增长；第二，2005年汇率改革后人民币汇率弹性逐步增强，市场主体管理汇率风险促进了外汇衍生品市场发展；第三，随着资本市场双向开放，境内外投资者进入外汇市场开展本外币兑换和风险管理。外汇市场在这三个因素的带动下快速发展，有效服务和支持了实际经济运行和金融市场改革开放。

深化汇率市场化改革将是长期的路径选择，最终实现人民币汇率的自由浮动，政府仅在特殊情况下加以适度调节。我国金融开放程度正在日益加深，需要更为市场化的汇率制度与之相匹配，未来需要进一步深化汇率制度的市场化改革。当然，改革是一个循序渐进的过程，需要做的是从当前汇率制度存在的问题出发，由浅入深，逐步扩大汇率波动弹性，增强汇率形成过程中市场的决定性作用，最终实现汇率的自由浮动。

三、外汇市场统计概述

外汇市场统计是指对一国或地区在一定时期内外汇市场的供求状况及汇率变动情况进行的全面记录和分析。其主要任务是：计算某一时点上国家和某一地区的外汇资源，某一时期内外汇市场的供求情况，外汇交易市场的规模和构成情况，分析汇率的现状和变动趋势。

外汇市场统计的主要内容有：外汇市场交易业务统计，外汇市场交易价格即外汇汇率及其变动统计，外汇利率统计，外汇市场风险统计及外汇市场收益统计等等。

外汇市场统计的主要作用表现在：为国家制定外汇管理政策和进行国民经济宏观调控提供依据；为监管机构对外汇市场进行监管、控制和引导提供统计资料；为各外汇交易参与者提供准确、及时的统计资料。

第二节 外汇市场交易业务统计

外汇市场业务是伴随着国际贸易的产生以及国际债权债务清算的需要而产生和发展起来的。随着世界经济的发展，外汇市场业务发生了很大的变化，外汇交易的种类和交易形式都有了很大的创新。当前，单纯因国际贸易而产生的外汇交易所占的比重已经越来越小，绝大部分外汇交易是为了回避利率和汇率风险，进行保值和增值。因此，外汇交易已不仅仅是国际贸易的工具，而且已经成为国际金融市场上独立的资本流动形式。

一、外汇市场交易业务种类

随着世界经济的不断发展以及金融创新的层出不穷,外汇市场交易业务的种类也在不断发展。主要有以下几种:

(一)即期外汇交易

即期外汇交易(spot exchange deals),也称现汇交易,是指外汇买卖成交后,在两个营业日内交割的外汇买卖。所谓交割日,就是起息日,是指外汇买卖合同的到期日,在该日买卖双方互相交换货币。如果交割日为成交当天,称为当日交割(value today);交割日为成交后的第一个营业日,称为翌日交割或明日交割(value tomorrow);交割日为第二个营业日,则称为即期交割(value spot)。

即期外汇买卖是外汇交易中最基本的交易,可以满足客户对不同货币的需求,还可以用于调整持有外汇头寸的不同货币的比例,以规避外汇风险。即期外汇交易的价格就是即期汇率,即期汇率是其他外汇交易的基础。交割期限是区分即期外汇交易和远期外汇交易的标准之一。

(二)远期外汇交易

远期外汇交易(forward exchange transaction),也称期汇交易,是一种预约购买与预约出卖的外汇业务,也就是说,买卖双方先行签订合同,规定买卖外汇的币种、数额、汇率以及将来的交割时间,到规定的交割日期,再按合同规定,买方交汇、买方付款的外汇业务。

根据交易日的确定方式不同,远期外汇交易可以分为固定交割日的远期交易和选择交割日的远期交易。前者是指事先具体规定交割日期的远期外汇买卖,以避免经过一段时间因汇率变动而造成的风险。后者是指交易的一方可在成交日的第三天起至约定期限内的任何一个营业日,要求交易的另一方按照双方约定的远期汇率进行交割的交易方式。

(三)外汇期货交易

外汇期货交易(foreign exchange future),也称货币期货,是指外汇买卖双方于将来时间(未来某日),以在有组织的交易所内公开叫价确定的价格,买入或卖出某一标准数量的特定货币的外汇买卖。

外汇期货交易具有以下特征:外汇期货是标准化的合约;交易双方要缴纳执行保证金;外汇期货交易一般不进行最后的交割;外汇期货交易须在交易所内通过经纪人进行;期货和现货价格具有平行变动性且差价越来越小。外汇期货交易具有价格发现功能和规避风险的功能。

(四)外汇期权

外汇期权(foreign exchange option),也称货币期权,它是这样一种契约,规定其购买人以期权费为代价,享有在合同期日或到期日之前以双方约定的价格购买或出卖一定数额外汇的权利。当行情对购买者有利时,他有权买进或卖出该种外汇;如果行情对他不利,他有权选择放弃行使期权。期权卖方则有义务在买方要求交割时履约,而不论此时行情对他是否有利。

根据不同的划分标准,外汇期权可以分为很多种类:

按执行时间划分,可分为美式期权和欧式期权。美式期权是指从签约日到到期日随时可以行使的期权;欧式期权是指只有在到期日才可行使的期权。

按交易的地点划分,可以分为交易所期权和场外期权。交易所期权是指期权的各项内容如到期日、协定价格、保证金制度等都由交易所制定,交易者只需考虑合约的价格和数量的期权,且只有交易所会员才能进入交易所,非交易所会员要通过交易所委员会进行交易;场外期权也称柜台交易期权,它通过电子通信网络进行交易,不必像交易所期权那样标准化,交易灵活,可以协商,还可以根据客户的需要对期权进行特制。

按交易方式划分,可以分为看涨期权和看跌期权。看涨期权也称买方期权或多头期权,期权购买者支付期权费,取得以执行价格从期权出卖者手里购买特定数量外汇的权利;看跌期权也称卖出期权或空头期权,期权购买者支付期权费,取得以执行价格向期权出卖者出售特定数量外汇的权利。

(五)金融互换

金融互换(finance swap),根据国际清算银行的定义,是指"互换双方签约同意,在确定期限内互相交换一系列支付的一种金融活动"。

金融互换主要有货币互换和利率互换两种形式。货币互换(currency swap),也称货币掉期,是指交易双方根据互补的需要,以协定的本金和利率为基础,进行债务或投资的本金交换并结清利息的一种交易活动;利率互换(interest rate swap),也称利率掉期,是指交易双方在两笔同种货币、相同金额、相同期限,但付息方法不同的资产或负债之间进行的相互交换利率的活动。利率互换以交易双方协商的本金为计算利息的基础,在同种货币之间进行固定利率与浮动利率、固定利率与固定利率、浮动利率与浮动利率的互换。在交易中,双方之间只结清其互换的利率差额,在整个交易过程中,均不发生资金的实际转移。

(六)外汇套汇交易

外汇套汇交易,是指利用不同的外汇市场在汇率上的差异,或不同交割期限进行外汇买卖,以防范汇率风险或牟取套汇利益的外汇交易活动。

外汇套汇交易有直接套汇、间接套汇和套利三种。直接套汇又称双边套汇或两角套汇(two point arbitrage)，是指利用同一时间两个外汇市场之间出现的汇率差异，进行贱买贵卖获取利差。间接套汇又称三角套汇(three points arbitrage)或多角套汇(multiple points arbitrage)，是指利用三个或多个不同地点的外汇市场中的多种货币之间汇率的差异，同时在这三个或多个外汇市场上进行外汇买卖，以赚取汇率差额收益的一种外汇交易。套利(interest arbitrage)，是指投资者根据不同国家金融市场上短期利率的差异，将利率低的国家的货币兑换为利率较高的国家的货币，进行投资以获取利差收益的行为。

(七)外汇掉期交易

外汇掉期交易(swap)，是指对不同交割期的外汇交易同时进行反方向操作，以期获利和回避风险的外汇交易。掉期交易有即期对即期掉期交易、远期对远期掉期交易和即期对远期掉期交易。其中最常见的是即期对远期的掉期交易。

二、外汇市场交易额统计

外汇市场交易额可以通过以下指标从不同的层次来进行统计：报告期外汇市场即期外汇交易额、报告期外汇市场远期外汇交易额、报告期外汇市场指定银行之间的外汇交易额，以及报告期外汇市场外汇交易总额。

(一)报告期外汇市场即期外汇交易额

即期外汇买卖是外汇交易中最基本的交易，也是外汇市场上所占比重较大的交易，因此，这一指标可以在一定程度上反映外汇市场的规模。在进行统计时，即期外汇交易额可以按不同的外汇分品种加以统计，也可以折算为某一国家通用的结算货币(如美元、英镑等)来加以统计。

(二)报告期外汇市场远期外汇交易额

远期外汇交易在实践中的应用主要是在保值避险和外汇投机上，如进行掉期外汇交易，利用远期外汇交易固定进出口收支的汇率风险，进行外汇投机以赚取外汇差价。报告期外汇市场远期外汇交易额这一指标主要计算指定银行与顾客之间不同期限的外汇买进卖出额，反映外汇需求的动向，这一期限可以是20天、30天或60天等。

(三)报告期外汇市场指定银行之间的外汇交易额

这一指标根据不同的期限分别加以统计，来反映指定银行之间远期外汇交易过程中发生的卖超或买超时银行之间的调剂情况，从而进一步反映外汇需求的动向。表10－1是2023年12月银行间同业拆借月报概览。

表 10-1　　　　　　　2023 年 12 月银行间同业拆借月报概览　　　　单位：万亿元人民币

机构类型	成交笔数	成交金额（亿元）	加权平均利率（％）
大型商业银行	3 718	60 054.02	1.7148
股份制商业银行	4 668	54 641.82	1.7048
城市商业银行	4 937	34 393.67	1.7520
农村商业银行和合作银行	8 259	21 114.93	1.8389
证券公司	9 512	34 923.52	1.9175
其他	8 296	31 654.63	1.8735
合计	39 390	236 782.58	1.7801

资料来源：中国货币网，www.chinamoney.com.cn。

（四）报告期外汇市场外汇交易总额

通过对报告期外汇市场外汇交易总额的统计，可以在较大程度上反映外汇市场的规模，对外汇交易总额的变动情况加以分析，揭示外汇交易变化的规律性。这也正是外汇市场统计的任务之一。表 10-2 是对我国 2023 年下半年外汇市场交易总额的统计，其中总的成交量均将各币种折合成人民币来计算。

表 10-2　　　　　　　2023 年下半年中国外汇市场交易总额统计　　　　单位：亿元人民币

交易品种	7月	8月	9月	10月	11月	12月
一、即期	89 538	96 034	58 457	40 821	65 113	70 693
银行对客户市场	22 292	25 700	23 563	21 164	24 286	26 184
其中：买入外汇	12 364	13 960	12 790	11 371	13 462	13 899
卖出外汇	9 928	11 740	10 773	9 793	10 824	12 285
银行间外汇市场	67 246	70 335	34 895	19 657	40 827	44 508
二、远期	3 192	4 800	3 909	2 091	3 386	3 229
银行对客户市场	2 652	3 438	2 642	1 670	2 562	2 525
其中：买入外汇	832	1 319	1 169	528	677	932
卖出外汇	1 820	2 119	1 472	1 142	1 885	1 592
其中：3 个月（含）以下	1 556	1 849	1 431	905	1 496	1 630
3 个月至 1 年（含）	814	1 343	1 022	616	959	753
1 年以上	282	246	189	149	107	142
银行间外汇市场	540	1 362	1 267	421	824	705
其中：3 个月（含）以下	307	1 094	823	257	627	529
3 个月至 1 年（含）	173	231	423	157	174	142
1 年以上	60	37	21	6	23	34

续表

交易品种	7月	8月	9月	10月	11月	12月
三、外汇和货币掉期	134 388	152 596	120 738	112 572	151 471	123 566
银行对客户市场	2 420	2 181	2 552	2 167	3 236	2 967
其中：近端换入外汇	160	291	240	192	130	362
近端换出外汇	2 260	1 890	2 312	1 974	3 106	2 605
银行间外汇市场	131 968	150 415	118 186	110 405	148 234	120 599
其中：3个月（含）以下	120 907	138 533	108 260	98 643	132 021	106 941
3个月至1年（含）	10 911	11 777	9 869	11 657	16 051	13 466
1年以上	151	105	57	105	162	192
四、期权	8 596	11 112	8 069	6 954	8 988	7 875
银行对客户市场	2 172	3 187	3 245	2 135	2 438	1 904
其中：买入期权	1 239	1 975	2 064	1 149	1 378	1 056
卖出期权	933	1 212	1 181	986	1 060	848
其中：3个月（含）以下	1 018	1 348	1 282	822	1 221	1 116
3个月至1年（含）	852	1 521	1 530	1 018	971	633
1年以上	303	318	433	295	246	154
银行间外汇市场	6 423	7 925	4 824	4 819	6 550	5 972
其中：3个月（含）以下	3 773	4 416	3 126	2 714	4 002	3 450
3个月至1年（含）	2 613	3 508	1 679	2 097	2 531	2 522
1年以上	37	0	19	7	17	0
五、合计	235 713	264 542	191 173	162 437	228 958	205 363
其中：银行对客户市场	29 536	34 505	32 002	27 136	32 523	33 579
银行间外汇市场	206 178	230 037	159 171	135 302	196 434	171 784
其中：即期	89 538	96 034	58 457	40 821	65 113	70 693
远期	3 192	4 800	3 909	2 091	3 386	3 229
外汇和货币掉期	134 388	152 596	120 738	112 572	151 471	123 566
期权	8 596	11 112	8 069	6 954	8 988	7 875

注：①外汇市场统计口径仅限于人民币对外汇交易，不含外汇之间交易。②银行对客户市场采用客户买卖外汇总额，银行间外汇市场采用单边交易量，均为发生额本金。③银行对客户市场的即期＝买入外汇（售汇）＋卖出外汇（结汇）（含银行自身结售汇，不含远期结售汇履约）、远期＝买入外汇（售汇）＋卖出外汇（结汇）、外汇和货币掉期＝近端换入外汇（售汇）＋近端换出外汇（结汇）、期权＝买入期权＋卖出期权，均采用客户交易方向。④本表计数采用四舍五入原则。

资料来源：国家外汇管理局官网，https://www.safe.gov.cn/safe/2023/0224/22388.html。

第三节 外汇汇率统计

外汇市场统计除了进行外汇市场交易业务的统计外，还需要对外汇市场的交易价格进行统计，即进行外汇汇率统计。汇率是连接一国国内外市场的重要纽带。一方面，汇率水平的变动受制于国际收支差额、通货膨胀、利率、中央银行的外汇干预以及心理预期等一系列因素；另一方面，汇率的变动又会对国际收支、国内物价水平、国民收入、就业、资源配置以及微观主体的涉外经济活动等产生影响。因此，搜集整理有关资料，对汇率进行统计，对于各国货币当局制定汇率政策有着重要的参考价值。

一、外汇汇率概述

（一）外汇汇率的概念

外汇汇率是指在国际汇兑中不同货币之间的交换比率，也就是说，外汇汇率是一国货币用另一国货币表示的价格，因此，汇率又称汇价。

国际经济交易所产生的债权债务关系到期要进行清算，而国际结算是通过货币的兑换及外汇买卖来完成的。外汇汇率就是外汇买卖的价格。在国际汇兑中，不同的货币之间都可以相互表示对方的价格。也就是说，外汇汇率具有双向表示的特点，既可以本国货币来表示外国货币的价格，也可以用外国货币来表示本国货币的价格。至于汇率究竟如何表示，则取决于各国所采用的标价方法。

（二）外汇汇率的标价方法

1. 直接标价法

直接标价法（direct quotation）是指以一定单位（如1个单位、100个单位）的外国货币作为标准，折算为若干单位的本国货币。即用若干单位的本币来表示一定单位的外币。在这种标价法下，外币数额固定不变，汇率的涨跌是以本币数额的变化来表示的。若外币折算成本币的数额上升，表示外币相对于本币升值，而本币贬值；若外币折算成本币的数额下降，则表示外币相对于本币贬值，而本币升值。简单地说，在直接标价法下，汇价数值越大，外币价值就越大，本币价值则越小；反之，则相反。所以，按直接标价法表示的外汇汇率的升降与本国货币对外币价值的高低成反比关系。除英国、美国外，世界上大多数国家包括我国都采用直接标价法。

2. 间接标价法

间接标价法（indirect quotation）是指以一定单位（如1个单位、100个单位）的本国货币为标准，折算为若干单位的外国货币，即用若干单位的外币来表示一定单位的本币。在这种标价法下,本币值固定不变,汇率的涨跌是以外币数额的变化来表示。数值越大,说明外币币值相对于本币来说越小(即外币贬值);数值越小,说明外币币值相对于本币来说越大(即外币升值)。所以,与直接标价法相反,间接标价法所表示的外汇汇率的升降与本国货币对外币价值的高低成正比关系。

在实际应用中,首先应当弄清楚是哪一种货币相对于哪一种货币,采用的是哪一种标价法。因为在不同的标价法下,银行给出的买入、卖出价是不一样的。在直接标价法下,数值较低的汇率是银行买入价,数值较高的汇率是银行卖出价。在间接标价法下,则较低的汇率是银行卖出价,较高的汇率是银行买入价。

(三)外汇汇率的种类

以上给出了外汇汇率的基本概念,由于在不同的场合,汇率具有不同的表现形式。因此,在实际应用中,我们应从不同的角度对汇率进行理解和划分。

1. 按照汇率制度,分为固定汇率和浮动汇率

固定汇率(fixed exchange rate)是指一国货币与外币的比价基本固定,即使汇率在某些情况下有所波动,也会被限制在一定的范围内。当汇率的波动超出规定的界限时,货币当局有义务对外汇市场进行干预,以维持汇率稳定。国际金本位制度和布雷顿森林体系下的汇率制度就属于固定汇率制度。

浮动汇率(floating exchange rate)是指根据市场供求变化自发形成的汇率。按选择汇率浮动的方式不同,又可以进一步划分为自由浮动、管理浮动、联合浮动、钉住浮动等等。在浮动汇率制度下,货币当局不规定汇率的波动界限,原则上也没有义务维持汇率的稳定。但在实际情况中,货币当局往往会根据经济政策的需要,对汇率施加影响。

2. 按照制定汇率的方法,分为基本汇率和套算汇率

基础汇率(basic rate)是指一国货币对某一种国际上能被普遍接受的关键货币的比率,由此确定的汇率是本币与其他各种货币之间汇率套算的基础,故称为基础汇率。国际上一般把美元作为普遍接受的关键货币,因为美元在当今世界经济交往中最常用且可以自由兑换。基本汇率一经确定,就成为本国货币与其他国家货币确定汇率的依据。

套算汇率(cross rate)又称交叉汇率,是指在基础汇率的基础上套算出本币与非关键货币之间的汇率。假设一国的货币与美元之间的汇率是基础汇率,那么,该国货币与非美元货币之间的汇率即为套算汇率,它是通过它们各自与美元之间的基础汇率套算出来的。

3. 按照外汇管制的程度,分为官方汇率和市场汇率

官方汇率(official rate)又称法定汇率,是指在外汇管制比较严格的国家,由政府

授权的官方机构制定并公布的汇率。在实行官方汇率的国家,外汇交易必须以官方汇率为准。而且,官方汇率一经确定,就不能频繁改动,这虽然保证了汇率的稳定,但汇率往往不能及时反映外汇供求关系的变化,缺乏弹性。

市场汇率(market rate)是指在外汇管制比较宽松的国家,在自由外汇市场上受外汇供求关系影响而自发地、经常地变化的买卖外汇的价格。它一般存在于市场机制比较发达的国家和地区。在这些国家和地区,官方机构只能通过参与外汇市场来干预汇率的变化,从而避免汇率出现过度频繁或大幅度的波动。

4. 从银行买卖外汇的角度,分为买入汇率、卖出汇率、中间汇率和现钞汇率

买入汇率(buying rate)也称买入价,是指银行从同业或客户那里买入外汇时使用的汇率(如表 10—3 所示)。

表 10—3　　　　　　　　2024 年 4 月 1 日国际外汇市场行情信息

(北京时间:01 日 14:04:27 | 美东时间:01 日 2:04:27)

名称	最新价	开盘价	最高价	最低价	振幅	昨收价	买入价	卖出价
澳元美元	↑0.6520	0.6516	0.6539	0.6514	25	0.6521	↑0.6520	↑0.6520
美元指数	↓104.534	104.519	104.568	104.421	1471	104.505	↓104.534	↓104.534
欧元美元	↑1.0785	1.0792	1.0799	1.0782	17	1.0790	↑1.0785	↑1.0786
英镑美元	1.2626	1.2626	1.2642	1.2622	20	1.2623	1.2626	↑1.2629
新西兰元美元	0.5977	0.5978	0.5992	0.5973	19	0.5977	0.5977	0.5978
美元加元	↓1.3531	1.3540	1.3541	1.3513	28	1.3537	↓1.3531	1.3533
美元瑞郎	↑0.9015	0.9013	0.9024	0.9006	18	0.9010	↑0.9015	0.9016
美元人民币	↓7.2294	↑7.2244	↓7.2295	↑7.2244	51	↑7.2238	7.2294	↓7.2295
美元港元	↑7.8253	7.8247	7.8270	7.8244	26	7.8255	↑7.8253	7.8254
美元日元	↓151.340	151.290	151.430	151.210	2200	151.300	↓151.340	151.360
美元马币	↓4.7235	4.7220	4.7240	4.7210	30	4.7225	↓4.7235	4.7280
美元新加坡元	↑1.3493	1.3487	1.3496	1.3474	22	1.3480	↑1.3493	↓1.3494
美元新台币	↑31.9540	31.9410	31.9870	31.8870	1000	31.9390	↑31.9540	↑32.0540

资料来源:新浪财经网,https://finance.sina.com.cn/forex/。

卖出汇率(selling rate)也称卖出价,是指银行向同业或客户卖出外汇时使用的汇率。一般来说,卖出汇率要高于买入汇率,其中的差价就是银行经营外汇业务的利润。买入汇率与卖出汇率之间的差额一般为 0.01%～0.5%,至于具体定为多少,还要根据外汇市场行情、外汇供求关系以及银行自身的经营策略而定。

中间汇率(middle rate)也称中间价,是指买入汇率和卖出汇率的平均数。与买入汇率和卖出汇率相比,中间汇率更为常用。各种新闻媒体在报道外汇行情时大多采用中间汇率,人们在了解和研究汇率变化时也往往参照中间汇率。

现钞汇率(bank note rate)也称现钞买入价,是指银行从客户那里买入外币现钞时使用的汇率。一般国家都规定,不允许外国货币在本国流通,只有将外币兑换成本国货币,才能购买本国的商品和劳务,因此产生了买卖外币现钞的兑换率。按理买卖外币现钞的兑换率与外汇汇率应该相同,但由于把外币现钞运到各发行国要花费一定的运费和保险费,因此,银行在收兑外币现钞时的汇率要稍低于外汇买入汇率。卖出外币现钞时的汇价和外汇卖出价相同。

5. 按照外汇交易支付方式,分为电汇汇率、信汇汇率和票汇汇率

电汇汇率(telegraphic transfer rate,T/T)也称电汇价,是指以电讯方式通知付款的外汇价格。在电汇方式下,外汇付出迅速,银行很少占用客户资金,因此,电汇汇率较高。由于电汇方式迅捷的特点,众多为了避免汇率波动所带来的外汇风险的进出口商往往在贸易合同中约定电汇方式,此外,银行同业买卖外汇或资金划拨时也都使用电汇汇率。

信汇汇率(mail transfer rate,M/T)也称信汇价,是指用信函方式通知付款的外汇汇率。由于信汇方式时间较长,银行可以在一定时间内占用客户资金,因此,信汇汇率比电汇汇率要低一些。

票汇汇率(demand draft rate,D/D)是指银行买卖即期汇票时的汇率。由于票汇方式时间较长,因此,票汇汇率也较电汇汇率低。

6. 按照外汇交易的交割时间,分为即期汇率和远期汇率

即期汇率(spot rate)也称现汇汇率,是指买卖外汇双方于成交当天或两个营业日以内进行交割的汇率。

远期汇率(forward rate)是事先由买卖双方签订合同,达成协议,届时不管汇率如何变动,买卖双方都按约定的汇率、金额、币种、交割日期进行结算的汇率。远期外汇的交割期限一般为1个月、3个月、半年或1年,比较普遍的是3个月,到期后如双方愿意,可重新商定汇率做转期。

7. 按照外汇买卖的对象,分为银行间汇率和商业汇率

银行间汇率(inter-bank rate)也称同业汇率,是指银行同业之间买卖外汇时使用的汇率。银行间汇率又称市场汇率,这是由于外汇银行是外汇市场的主要参与者,银行间的外汇交易是整个外汇交易的中心,银行间汇率由外汇市场供求关系决定。

商业汇率(commercial rate)是指银行与客户买卖外汇时所采用的汇率。

8. 按照汇率是否适用于不同的来源与用途，分为单一汇率和多种汇率

单一汇率(single rate)是指一国货币对一外币只规定一个汇率，而不区分各种不同来源与用途的外汇买卖，这种汇率即为单一汇率。国际货币基金组织的规定是，一国货币对外币的即期汇率的买卖差价不超过 2% 的，即为单一汇率。

多种汇率(multiple rate)也称复汇率，是指区分不同外汇的来源和用途而对一国货币与一外币的汇率规定两种或两种以上的汇率。国际货币基金组织的规定是，一国货币对外币的即期汇率的买卖差价超过 2% 的，即为多种汇率。

9. 按照纸币制度下汇率是否经过通货膨胀调整，分为名义汇率和实际汇率

名义汇率(nominal exchange rate)是指由官方公布的或在市场上通行的、没有剔除通货膨胀因素的汇率。在纸币制度下，各国都会发生不同程度的通货膨胀，相应地，货币在国内的购买力也会有不同程度的下降，由此造成的货币对内贬值应该反映在货币对外币比价上，即汇率应根据通货膨胀的程度而相应做出调整。名义汇率就是没有作出调整的汇率。

实际汇率(real exchange rate)是指在名义汇率的基础上提出了通货膨胀因素后的汇率。由于实际汇率根据通货膨胀的程度做出了相应的调整，因此，它比名义汇率更能反映不同货币的实际购买力水平。

二、外汇汇率统计

无论是从宏观层面还是从微观层面上来看，汇率对于一国国民经济有着重大的影响，因此，进行外汇汇率统计对于一国外汇市场有着重要的意义。汇率统计的目的是说明本国货币的对外价值，反映本国货币在外国市场上购买商品的能力。进行外汇汇率统计，可以为外汇交易双方进行外汇买卖以及计算外贸成本和收益提供依据。汇率统计主要包括名义汇率统计、实际汇率统计、平均汇率统计、汇率指数统计、有效汇率统计等。

（一）名义汇率统计

名义汇率统计就是对一国货币在某一时期各时点与世界主要货币的兑换比率的详细记录，其中的汇率没有剔除通货膨胀的因素。

（二）实际汇率统计

实际汇率统计与名义汇率统计的差别在于所记录的汇率已经剔除了通货膨胀的因素。实际汇率等于名义汇率乘以两国消费物价指数的比率。其公式为：

$$实际汇率 = 名义汇率 \times \frac{汇兑国消费物价指数}{本国消费物价指数} \tag{10—1}$$

表 10—4 是 2021—2023 年相关月份我国人民币对美元的名义汇率和实际汇率。

表 10—4　　2021—2023 年中国人民币名义汇率和实际汇率

月份	名义汇率	实际汇率
2021-01	6.4771	6.886633777
2021-02	6.4602	6.936158444
2021-03	6.5066	6.902560855
2021-04	6.5204	6.848571947
2021-05	6.4316	6.700461967
2021-06	6.4228	6.648253388
2021-07	6.4741	6.716220813
2021-08	6.4772	6.708340957
2021-09	6.4599	6.679233711
2021-10	6.4192	6.633854777
2021-11	6.3953	6.596410063
2021-12	6.3700	6.538413686
2022-01	6.3588	6.472438228
2022-02	6.3470	6.509491078
2022-03	6.3457	6.408480898
2022-04	6.4280	6.452534351
2022-05	6.7071	6.649280172
2022-06	6.6991	6.600124184
2022-07	6.7324	6.665333946
2022-08	6.7949	6.689634314
2022-09	6.9621	6.848145129
2022-10	7.1287	6.960438002
2022-11	7.1628	6.955516399
2022-12	6.9833	6.380613696
2023-01	6.7976	6.192247866
2023-02	6.8296	6.196643559
2023-03	6.8982	6.200053482
2023-04	6.8852	6.126606536
2023-05	6.9912	6.187310839
2023-06	7.1492	6.310543846

续表

月份	名义汇率	实际汇率
2023-07	7.1619	6.328313191
2023-08	7.1733	6.330195376
2023-09	7.1839	6.331456364
2023-10	7.1786	6.286383112
2023-11	7.1544	6.234548571
2023-12	7.1039	6.212536122

资料来源：中国人民银行官网，http://www.pbc.gov.cn/。

（三）平均汇率统计

平均汇率是指在一定时期内各时点汇率的平均值。按照时间长短不同，平均汇率有日平均汇率、月平均汇率以及年平均汇率。表10-5是2014—2023年人民币对其他主要币种汇率（年平均价）。

表10-5　　　　　　2014—2023年人民币汇率（年平均价）　　　　　　单位：元

年份	USD/CNY	EUR/CNY	100JPY/CNY	HKD/CNY	GBP/CNY	AUD/CNY	NZD/CNY	SGD/CNY	CHF/CNY	CAD/CNY
2023	7.0467	7.6425	5.0350	0.90018	8.7933	4.6919	4.3380	5.2603	7.8762	5.2384
2022	6.7261	7.0721	5.1261	0.85891	8.2981	4.6668	4.2706	4.8813	7.0474	5.1693
2021	6.4515	7.6293	5.8735	0.83000	8.8750	4.8464	4.5622	4.8003	7.0570	5.1484
2020	6.8976	7.8755	6.4626	0.88932	8.8493	4.7622	4.4842	4.9991	7.3567	5.1455
2019	6.8985	7.7255	6.3347	0.88052	8.8108	4.7956	4.5468	5.0596	6.9513	5.2029
2018	6.6174	7.8016	5.9890	0.84428	8.8187	4.9407	4.5735	4.9014	6.7577	5.1030
2017	6.7518	7.6303	6.0244	0.86643	8.6988	5.1775	4.7979	4.8934	6.8616	5.2047
2016	6.6423	7.3426	6.1243	0.85578	8.9855	4.9446	4.6331	4.8120	6.7392	5.0187
2015	6.2284	6.9141	5.1543	0.80342	9.5344	4.6898	4.3616	4.5429	6.3982	4.8730
2014	6.1428	8.1651	5.8196	0.79218	10.1291	5.5493	5.1145	4.7093	—	5.5644

资料来源：中国货币网，http://www.chinamoney.com.cn/chinese/bkccpr/。

（四）汇率指数统计

汇率指数是指报告期汇率与基期汇率之比，用来反映汇率的变动程度。其公式为：

$$汇率指数 = \frac{报告期汇率}{基期汇率} \qquad (10-2)$$

2015年12月11日，中国外汇交易中心在中国货币网正式发布中国外汇交易中心（CFETS）人民币汇率指数，对推动社会观察人民币汇率视角的转变具有重要意义。长期以来，市场观察人民币汇率的视角主要是人民币对美元的双边汇率，由于汇率浮动旨在调节多个贸易伙伴的贸易和投资，因而仅观察人民币对美元双边汇率并不能全面反映贸易品的国际比价。也就是说，人民币汇率不应仅以美元为参考，也要参考一篮子货币。汇率指数作为一种加权平均汇率,主要用来综合计算一国货币对一篮子外国货币加权平均汇率的变动,能够更加全面地反映一国货币的价值变化。参考一篮子货币与参考单一货币相比,更能反映一国商品和服务的综合竞争力,也更能发挥汇率调节进出口、投资及国际收支的作用。CFETS人民币汇率指数的公布,为市场转变观察人民币汇率的视角提供了量化指标,以更加全面和准确地反映市场变化情况。

从国际经验看,汇率指数有的由货币当局发布,如美联储、欧洲中央银行、英格兰银行等都发布本国(地区)货币的汇率指数;也有的由中介机构发布,如洲际交易所(ICE)发布的美元指数已经成为国际市场的重要参考指标。中国外汇交易中心发布人民币汇率指数符合国际通行做法。2015年以来,CFETS人民币汇率指数总体走势相对平稳,11月30日为102.93,较2014年底升值2.93%。这表明,尽管2015年以来人民币对美元汇率有所贬值,但从更全面的角度看,人民币对一篮子货币仍小幅升值,在国际主要货币中人民币仍属强势货币。

中国外汇交易中心定期公布CFETS人民币汇率指数,将有助于引导市场改变过去主要关注人民币对美元双边汇率的习惯,逐渐把参考一篮子货币计算的有效汇率作为人民币汇率水平的主要参照系,有利于保持人民币汇率在合理均衡水平上的基本稳定。

为便于市场从不同角度观察人民币有效汇率的变化情况,中国外汇交易中心也同时列出了参考BIS货币篮子、SDR货币篮子计算的人民币汇率指数,截至2015年11月末,上述两个指数分别较2014年底升值3.50%和1.56%。表10-6是2023年10—12月人民币汇率指数统计。

表10-6　　　　　　　　2023年10—12月人民币汇率指数

日期	CFETS人民币汇率指数	BIS货币篮子人民币汇率指数	SDR货币篮子人民币汇率指数
2023-12-29	97.42	102.42	93.23
2023-12-22	97.88	102.81	93.39
2023-12-15	98.02	102.95	93.43
2023-12-08	98.81	103.36	93.97
2023-12-01	98.58	103.22	93.83
2023-11-30	98.29	102.93	93.64
2023-11-24	98.65	103.39	93.89
2023-11-17	98.07	102.82	93.37
2023-11-10	98.86	103.63	93.90
2023-11-03	99.11	103.88	93.98

续表

日期	CFETS人民币汇率指数	BIS货币篮子人民币汇率指数	SDR货币篮子人民币汇率指数
2023-10-31	99.31	104.06	94.00
2023-10-27	99.60	104.36	94.19
2023-10-20	99.69	104.31	94.12
2023-10-13	99.59	104.20	94.18

资料来源：中国货币网，http://www.chinamoney.com.cn/chinese/bkrmbidx/。

(五)有效汇率统计

有效汇率是指某种加权平均汇率。有效汇率综合反映了一种货币对一个货币系列或货币篮子的多边价值，是衡量一种货币对外价值的指标。目前，国际货币基金组织定期公布17个工业发达国家的若干种有效汇率指数，包括劳动力成本、消费物价、批发物价等为权数的经加权平均得出的不同类型的有效汇率指数。以贸易比重为权数的有效汇率所反映的是一国货币汇率在国际贸易中的总体竞争和总体波动幅度。后来，考虑到以下几个因素：第一，一国的产品出口到不同国家可能会使用不同的汇率；第二，即使该种货币同时对所有其他货币贬值或升值，其程度也不一定完全一致；第三，随着经济全球化以及一国对外经贸关系的日益复杂化，人们很难依据双边汇率准确描述一国货币币值是升还是降，故从20世纪70年代以来，人们开始使用名义有效汇率来观察某种货币的总体波动程度及其在国际贸易和金融领域中的总体地位。然而，由于名义有效汇率没有包括国内外价格水平的变化状况，因而名义有效汇率不能反映一国相对于其贸易伙伴国的竞争力。为此，人们又设计出将国内外价格结合在内的实际有效汇率来解决这一问题。实际有效汇率经过物价水平调整，剔除了通货膨胀因素。

有效汇率的公式为：

$$E = \sum_{i=1}^{n} E_i \cdot \frac{Q_i}{Q} \qquad (10-3)$$

式中：E——某国货币的有效汇率；E_i——该国货币对第i国货币的汇率；Q_i——该国对第i国的贸易值；n——该国的所有贸易对象国的数目；Q——该国对所有国家的全部对外贸易值。

目前，国际货币基金组织测算并定期公布一些成员国的名义有效汇率和实际有效汇率指数。在测算成员国的有效汇率时，国际货币基金组织一般选择该国前20名贸易伙伴国，按照每一贸易伙伴国在该国进出口贸易总额中所占的比重确定贸易权重，该国货币的名义有效汇率等于这20个国家本币对所求外币的名义汇率的加权平均数。将名义有效汇率剔除该国当年的物价上涨因素，就得到实际有效汇率。

从1999年1月份起，国际货币基金组织就定期公布人民币名义和实际有效汇率（包括年度、季度以及月度的数据）。国际货币基金组织测算人民币有效汇率时，选取了16个样本国或地区，它们分别是中国香港、日本、美国、德国、中国台湾、法国、意大利、英国、加拿大、韩国、荷兰、比利时、新加坡、澳大利亚、瑞士和西班牙。表10－7和表10－8分别是我国和周边几个国家2013—2021年的实际汇率指数以及国际货币基金组织公布的2022—2023年人民币名义和实际有效汇率（年度）表。

表10－7　　　　2010年以来中国和周边几个国家的实际有效汇率指数

年份	中国	韩国	日本	俄罗斯
2013	114.6565	119.0269	79.6443	106.9972
2014	118.3618	134.5238	74.5888	97.7357
2015	130.0479	142.0539	69.4249	79.5796
2016	123.8936	139.0555	78.9232	79.3252
2017	120.2733	143.0767	75.1539	91.8093
2018	121.9615	152.993	74.4828	85.0255
2019	121.1795	147.6229	76.6215	87.2288
2020	123.6045	136.9841	77.2908	80.7988
2021	127.2819	138.9746	70.6706	79.4071

资料来源：世界银行，https://data.worldbank.org.cn/indicator/PX.REX.REER?locations＝CN。

表10－8　　　　2022—2023年中国人民币名义有效汇率指数和实际有效汇率指数

月份	名义有效汇率指数	实际有效汇率指数
2022-01	128.7	131
2022-02	128.9	132.2
2022-03	131.4	132.7
2022-04	131	131.5
2022-05	127.6	126.5
2022-06	128.6	126.7
2022-07	130.5	129.2
2022-08	129.1	127.1
2022-09	128.3	126.2
2022-10	127.1	124.1

续表

月份	名义有效汇率指数	实际有效汇率指数
2022-11	124.4	120.8
2022-12	106.6	97.4
2023-01	107.8	98.2
2023-02	107.9	97.9
2023-03	107.7	96.8
2023-04	107.1	95.3
2023-05	106.1	93.9
2023-06	104	91.8
2023-07	103.1	91.1
2023-08	103.8	91.6
2023-09	104.5	92.1
2023-10	105.4	92.3
2023-11	105	91.5
2023-12	105.2	92

资料来源：中国经济信息网，http://zjw.aaa.mengdashu.cn/page/Default.aspx。

1994年以来，人民币名义有效汇率升值55%，实际有效汇率升值82%，其中，2005年人民币汇率形成机制改革以来，人民币名义有效汇率升值30%，实际有效汇率升值41%。

1996年，我国宣布接受国际货币基金组织相关协定条款义务，实行人民币经常项目下可兑换。从2001年中国加入世界贸易组织开始，适应经济发展和对外开放的客观需要，人民币资本项目可兑换加快推进。目前，按照国际货币基金组织资本项目交易分类标准下的40个子项来看，我国可兑换和部分可兑换的项目超过90%，企业和居民跨境贸易投资、旅游、购物、就学的外汇兑换便捷性大幅提升。2016年10月1日，人民币正式加入国际货币基金组织特别提款权(SDR)货币篮子。人民币跨境使用大幅增长，目前已成为全球第五大支付货币。

关键概念

外汇市场　　外汇汇率　　外汇市场统计　　直接标价法　　间接标价法
名义汇率统计　　实际汇率统计　　平均汇率统计　　汇率指数　　有效汇率统计

学习小结

外汇市场是以外汇银行为中心,由外汇需求者、外汇供给者或买卖中间机构组成的外汇买卖的场所或交易网络,是国际金融市场的组成部分。从不同角度考察,外汇市场可以划分为多种类型,应结合不同情况区别对待。随着国际贸易和国际交往的扩大,外汇市场被赋予了新的特征,同时,作为国际金融市场的重要组成部分,也发挥着越来越重要的功能。

外汇市场交易业务的种类众多,常用的有即期外汇交易、远期外汇交易、外汇期货交易、外汇期权交易、外汇套汇交易、外汇掉期交易等。外汇市场交易额统计主要有报告期外汇市场即期外汇交易额、报告期外汇市场远期外汇交易额、报告期外汇市场指定银行之间的外汇交易额、报告期外汇市场外汇交易总额等。

外汇汇率有直接标价法和间接标价法两种,世界上大多数国家包括我国都采用直接标价法。在不同的场合,汇率具有不同的表现形式。因此,可以从不同的角度将汇率划分为众多种类。外汇汇率统计主要包括名义汇率统计、实际汇率统计、平均汇率统计、汇率指数、有效汇率统计等。其中,有效汇率指数越来越成为衡量一种货币对外价值的指标。

课堂测试题

一、名词解释

1. 外汇市场统计
2. 外汇期货交易
3. 直接标价法

二、简答题

1. 按外汇交易的种类划分,外汇市场可以分为哪几类?
2. 外汇套汇交易包括哪些种类?
3. 从银行买卖外汇的角度,汇率分为哪几种?

课堂测试题答案

课后练习题

一、名词解释

1. 外汇市场
2. 外汇市场统计
3. 外汇期货交易
4. 外汇期权
5. 金融互换

6. 外汇套汇交易

7. 外汇掉期交易

8. 外汇汇率

9. 直接标价法

10. 间接标价法

11. 基础汇率

12. 套算汇率

二、单项选择题

1. 按照外汇交易的组织形态划分，外汇市场可以分为（   ）。
   A. 有形市场和无形市场　　　　　　　　B. 国内外汇市场和国外外汇市场
   C. 区域性外汇市场和全球性外汇市场　　D. 外汇批发市场和外汇零售市场

2. 按照外汇的交易范围划分，外汇市场可分为（   ）。
   A. 有形市场和无形市场　　　　　　　　B. 国内外汇市场和国外外汇市场
   C. 区域性外汇市场和全球性外汇市场　　D. 外汇批发市场和外汇零售市场

3. 国际金融的核心市场是（   ）。
   A. 国际货币市场　　B. 国际资本市场　　C. 外汇市场　　D. 黄金市场

4. 目前伦敦外汇市场交易量最大的是（   ）。
   A. 英镑兑美元　　B. 美元兑英镑　　C. 英镑兑欧元　　D. 欧元兑美元

5. 按照执行时间划分，外汇期权可分为（   ）。
   A. 美式期权和欧式期权　　B. 场内期权和场外期权
   C. 看涨期权和看跌期权　　D. 多头期权和空头期权

6 外汇掉期交易最常见的形式是（   ）。
   A. 即期对即期交易　　B. 即期对远期交易
   C. 远期对即期交易　　D. 远期对远期交易

7. 按照汇率制度的不同，汇率可划分为（   ）。
   A. 固定汇率和浮动汇率　　B. 基本汇率和套算汇率
   C. 即期汇率和远期汇率　　D. 实际汇率和名义汇率

三、多项选择题

1. （   ）属于外汇市场的交易主体。
   A. 外汇银行　　B. 外汇经纪商　　C. 中央银行　　D. 外汇投机者

2. 按外汇交易的种类划分，外汇市场包括（   ）。
   A. 即期外汇市场　　B. 远期外汇市场　　C. 外汇期货市场　　D. 外汇期权市场

3. 国际金融市场包括（   ）。
   A. 国际货币市场　　B. 国际资本市场　　C. 外汇市场　　D. 黄金市场

4. 关于人民币汇率的特点，下列说法正确的有（   ）。
   A. 目前采用浮动汇率制

B. 采用间接标价法

C. 实行买卖双价制

D. 现行人民币汇率所涉及的货币均可以自由兑换货币

5. 外汇套汇交易包括（　　）。

A. 直接套汇　　　　　B. 间接套汇　　　　　C. 投机　　　　　D. 套利

6. 从银行买卖外汇的角度划分，汇率包括（　　）。

A. 买入汇率　　　　　B. 卖出汇率　　　　　C. 中间汇率　　　　　D. 现钞汇率

四、简答题

1. 简述外汇市场的概念及其功能。
2. 外汇市场交易额主要有哪些统计指标？
3. 简述外汇市场交易业务种类。
4. 简述有效汇率统计的概念及其内容。
5. 近年来我国外汇管理体制有哪些新的发展？
6. 现行人民币汇率制度的特点有哪些？

五、计算题

假设 A 国只与 B、C 两个国家发生贸易，A 国对 B 国的汇率为 1∶6.304 5，对 C 国的贸易值为 131 156 亿 A 国货币单位，A 国对 C 国的汇率为 1∶0.621 3，对 C 国的贸易值为 49 550 亿 A 国货币单位，计算 A 国的有效汇率。

拓展阅读

第十一章　互联网金融统计

学习目标

1. 知识目标

掌握互联网金融的基本概念、发展历程以及主要业态,了解其在金融体系中的地位和作用;理解互联网金融统计的基本框架和方法,包括统计指标体系的构建、数据收集与处理方法等;熟悉互联网金融统计数据的来源和质量控制,了解互联网金融统计在金融监管和风险防范中的应用。

2. 能力目标

能够运用互联网金融统计知识,收集、整理和分析互联网金融数据,了解互联网金融的发展规律和趋势;能够利用互联网金融统计数据,评估互联网金融业务的风险状况,为金融监管和风险防范提供决策支持。

3. 思政目标

培养科技意识和创新意识,认识到互联网金融作为金融与科技结合的产物,对于推动金融创新和提升金融服务效率具有重要意义;树立正确的金融价值观和风险意识,理解互联网金融的潜在风险。

第一节　互联网金融统计

一、互联网金融概述[①]

(一)互联网金融概念

互联网金融(ITFIN)就是互联网技术和金融功能的有机结合,依托大数据和云计算在开放的互联网平台上形成的功能化金融业态及其服务体系,包括基于网络平台的

---

① 本部分内容来源于百度百科。

金融市场体系、金融服务体系、金融组织体系、金融产品体系以及互联网金融监管体系等，并具有普惠金融、平台金融、信息金融和碎片金融等相异于传统金融的金融模式。

(二) 互联网金融的类型

根据发展模式的不同，互联网金融分为以下几个类型：

1. 众筹

众筹大意为大众筹资或群众筹资，是指用团购预购的形式，向网友募集项目资金的模式。众筹的本意是利用互联网和 SNS 传播的特性，让创业企业、艺术家或个人对公众展示他们的创意及项目，争取大家的关注和支持，进而获得所需要的资金援助。众筹平台的运作模式大同小异，需要资金的个人或团队将项目策划交给众筹平台，经过相关审核后，便可以在平台的网站上建立属于自己的页面，用来向公众介绍项目情况。

2. P2P 网贷

P2P(peer-to-peer lending)网贷是指通过第三方互联网平台进行资金借、贷双方的匹配。需要借款的人群可以通过网站平台寻找到有出借能力并且愿意基于一定条件出借的人群，并在充分比较的信息中选择有吸引力的利率条件；贷款人可以通过和其他贷款人一起分担借款额度来分散风险。

P2P 网贷有两种运营模式：第一种是纯线上模式，其特点是资金借贷活动都通过线上进行，不结合线下的审核。通常这些企业采取视频认证、查看银行流水账单、身份认证等措施审核借款人的资质。第二种是线上线下结合的模式，借款人在线上提交借款申请后，平台通过所在城市的代理商采取入户调查的方式审核借款人的资信、还款能力等情况。

从 2012 年起，我国 P2P 平台开始野蛮扩张，高峰期运营平台约 5 000 家。然而，监管真空导致非法集资、诈骗等乱象层出不穷，P2P 行业先后经历三次爆雷潮。监管清退至今，P2P 网贷平台数量已完全归零。

3. 第三方支付

第三方支付(third-party payment)狭义上是指具备一定实力和信誉保障的非银行机构借助通信、计算机和信息安全技术，采用与各大银行签约的方式，在用户与银行支付结算系统间建立连接的电子支付模式。

根据央行 2010 年在《非金融机构支付服务管理办法》中给出的非金融机构支付服务的定义，从广义上讲，第三方支付是指非金融机构作为收、付款人的支付中介所提供的网络支付、预付卡、银行卡收单以及中国人民银行确定的其他支付服务。第三方支付已不仅仅局限于最初的互联网支付，而是成为线上线下全面覆盖、应用场景更为丰富的综合支付工具。

4. 数字货币

除去蓬勃发展的第三方支付、P2P贷款模式、小贷模式、众筹融资、余额宝模式等形式,以比特币为代表的互联网货币也开始展露出自身的生存力。

以比特币等数字货币为代表的互联网货币爆发,从某种意义上来说,比其他任何互联网金融形式都更具颠覆性。2013年8月19日,德国政府正式承认比特币的合法"货币"地位,比特币可用于缴税和其他合法用途,德国也成为全球首个认可比特币的国家。这意味着比特币开始逐渐"洗白",从极客的玩物,走入大众的视线。也许,它能够催生出真正的互联网金融帝国。

比特币炒得火热,也跌得惨烈。无论怎样,这场似乎曾经离我们很遥远的互联网淘金盛宴已经慢慢走进我们的视线,它让人们看到了互联网金融最终极的形态就是互联网货币。所有的互联网金融只是对现有的商业银行、证券公司的挑战,将来发展到互联网货币的形态就是对央行的挑战。也许比特币会颠覆传统金融成长为首个全球货币,也许它会最终走向崩盘,不管怎样,可以肯定的是,比特币会给人类留下一笔永恒的遗产。

5. 大数据金融

大数据金融是指集合海量非结构化数据,通过对其进行实时分析,为互联网金融机构提供客户全方位信息,通过分析和挖掘客户的交易和消费信息,掌握客户的消费习惯,并准确预测客户行为,使金融机构和金融服务平台在营销和风险控制方面有的放矢。

基于大数据的金融服务平台主要是指拥有海量数据的电子商务企业开展的金融服务。大数据的关键是从大量数据中快速获取有用信息的能力,或者是从大数据资产中快速变现利用的能力。因此,大数据的信息处理往往以云计算为基础。

6. 信息化金融机构

所谓信息化金融机构,是指通过采用信息技术,对传统运营流程进行改造或重构,实现经营、管理全面电子化的银行、证券和保险等金融机构。金融信息化是金融业发展趋势之一,而信息化金融机构则是金融创新的产物。

从金融整个行业来看,银行的信息化建设一直处于业内领先水平,不仅具有国际领先的金融信息技术平台,建成了由自助银行、电话银行、手机银行和网上银行构成的电子银行立体服务体系,而且以信息化的大手笔——数据集中工程在业内独领风骚,其除了基于互联网的创新金融服务之外,还形成了"门户""网银、金融产品超市、电商"一拖三的金融电商创新服务模式。

7. 金融门户

互联网金融门户是指利用互联网进行金融产品的销售以及为金融产品销售提供

第三方服务的平台。它的核心就是"搜索比价"模式,采用金融产品垂直比价的方式,将各家金融机构的产品放在平台上,用户通过对比挑选合适的金融产品。

互联网金融门户多元化创新发展,形成了提供高端理财投资服务和理财产品的第三方理财机构,提供保险产品咨询、比价、购买服务的保险门户网站等。这种模式不存在太多政策风险,因为其平台既不负责金融产品的实际销售,也不承担任何不良的风险,同时资金也完全不通过中间平台。

8. 区块链技术

区块链是分布式数据存储、点对点传输、共识机制、加密算法等计算机技术的新型应用模式。从本质上讲,它是一个共享数据库,存储于其中的数据或信息具有"不可伪造""全程留痕""可以追溯""公开透明""集体维护"等特征。基于这些特征,区块链技术奠定了坚实的"信任"基础,创造了可靠的"合作"机制,具有广阔的运用前景。

对于区块链技术,目前各界普遍认为,这是一项不确定性最大,但具有根本性、颠覆性的技术,对其可能带来的影响与挑战,分歧也较大。区块链技术在金融领域一旦技术成熟和被全面采用的话,则可能会彻底改变现有金融体系和基础设施。2019 年 10 月 24 日,在中央政治局第十八次集体学习时,习近平总书记强调,"把区块链作为核心技术自主创新的重要突破口","加快推动区块链技术和产业创新发展"。"区块链"已走进大众视野,成为社会的关注焦点。

(三)互联网金融的特征

1. 成本低

在互联网金融模式下,资金供求双方可以通过网络平台自行完成信息甄别、匹配、定价和交易,无传统中介、无交易成本、无垄断利润。一方面,金融机构可以避免开设营业网点的资金投入和运营成本;另一方面,消费者可以在开放透明的平台上快速找到适合自己的金融产品,削弱了信息不对称程度,更省时省力。

2. 效率高

互联网金融业务主要由计算机处理,操作流程完全标准化,客户不需要排队等候,业务处理速度更快,用户体验更好。如阿里小贷依托电商积累的信用数据库,经过数据挖掘和分析,引入风险分析和资信调查模型,商户从申请贷款到发放只需要几秒钟,日均可以完成贷款 1 万笔,成为真正的"信贷工厂"。

3. 覆盖广

在互联网金融模式下,客户能够突破时间和地域的约束,在互联网上寻找需要的金融资源,金融服务更直接,客户基础更广泛。此外,互联网金融的客户以小微企业为主,覆盖了部分传统金融业的金融服务盲区,有利于提升资源配置效率,促进实体经济发展。

4. 发展快

依托于大数据和电子商务的发展，互联网金融得到了快速增长。以余额宝为例，余额宝上线18天，累计用户数达到250多万，累计转入资金达到66亿元。

5. 管理弱

一是风控弱。互联网金融还没有接入中国人民银行征信系统，也不存在信用信息共享机制，不具备类似银行的风控、合规和清收机制，容易发生各类风险问题，已有众贷网、网赢天下等P2P网贷平台宣布破产或停止服务。

二是监管弱。互联网金融在中国处于起步阶段，还没有监管和法律约束，缺乏准入门槛和行业规范，整个行业面临诸多政策和法律风险。

6. 风险大

一是信用风险大。现阶段中国信用体系尚不完善，互联网金融的相关法律还有待配套，互联网金融违约成本较低，容易诱发恶意骗贷、卷款跑路等风险问题。特别是P2P网贷平台由于准入门槛低和缺乏监管，成为不法分子从事非法集资和诈骗等犯罪活动的温床。自2012年以来，淘金贷、优易网、安泰卓越等P2P网贷平台先后曝出"跑路"事件。

二是网络安全风险大。中国互联网安全问题突出，网络金融犯罪问题不容忽视。一旦遭遇黑客攻击，互联网金融的正常运作会受到影响，危及消费者的资金安全和个人信息安全。

（四）互联网金融的功能

1. 基础功能

第三方支付作为互联网金融的主要模式之一提供了十分便利的支付清算服务，并且克服了以往商业银行办理业务在时间和空间上的限制，提高了支付系统的运作效率，使得社会资金流通更加迅速，并且降低了交易成本。互联网第三方支付平台伴随着网上商城的兴起不断壮大，并将自身支付统的功能向不同领域延伸，以满足客户各方面的支付需求。随着互联网技术在支付清算领域的普及，第三方支付也逐渐成为一种被广泛使用的支付工具。

2. 主导功能

金融功能的核心在于资源配置，传统的资金融通包含直接融资和间接融资两种模式，而互联网金融可以看作不同于商业银行间接融资和资本市场直接融资的第三种金融模式。互联网技术强大的信息搜集整理功能为以互联网为依托的金融业务提供了强大的数据支持，并且运作更加高效快捷，加快了资金跨时跨地跨领域的流通，提高了资源配置效率。在互联网金融中，所有的交易过程都通过网络平台来实现，降低了寻觅和甄别信息的成本，同时也不需要设立任何的实体机构，通过降低运营成本进一步增加了交易双方的收益。

3. 衍生功能

衍生功能建立在主导功能的基础上,可以看作是主导功能的延伸。随着金融体系的不断复杂化、多样化,衍生功能应运而生。

从微观层面上来看,互联网金融为参与者提供了更加及时、丰富和准确的信息资源,交易更加快速便捷,一方面加快了资金的流通速度,另一方面也提供了更加高效的价格信息,在信息的传递方面表现出了明显的优势。同时,丰富的信息资源也提供了管理风险的有效渠道,极大地减少了交易双方的信息不对称,进而控制风险。

从宏观层面上来看,互联网金融为投资者提供了通过传统金融中介很难快速获得的信息和投资渠道,例如P2P贷款、网上理财、众筹等。网上交易完全克服了地域上的限制,引导资金跨区域流动,起到了区域调节的作用。此外,众筹可以将许多小企业或者艺术家的创意展示给公众,为公众提供更多原来无法涉及的投资机会,在一定程度上起到了引导消费的作用。互联网金融挖掘了一部分原本属于传统金融中介的业务份额,正在逐渐改变社会资金的流向和金融领域的格局,从而影响财富的再分配。[①]

二、我国互联网金融的起源与发展

(一)我国互联网金融的起源

截至目前,中国互联网金融大致可以分为三个发展阶段:第一个阶段是20世纪90年代至2005年左右的传统金融行业互联网化阶段;第二个阶段是2005—2011年前后的第三方支付蓬勃发展阶段;而第三个阶段是2011年以来至今的互联网实质性金融业务发展阶段。在互联网金融发展的过程中,国内互联网金融呈现出多种多样的业务模式和运行机制。

互联网金融其实在20世纪90年代中末期在国内和国外都已经有了端倪。国外网络支付开发出来后,中国在1998年就有了第一笔网络支付,当时《中国计算机报》还作了详细报道。但因为当时中国网络环境还处于基础平台建立之时,所以并没有引发大规模的连锁反应。

2005年,第一家网络借贷Zopa在英国成立,网络P2P借贷平台迅速在世界范围内蔓延开来。2006年,我国网络借贷平台开始出现,例如宜信和拍拍贷,其中更具有互联网金融模式的是拍拍贷。

真正的爆发点应该是在2010年以后,国际舞台上如火如荼地出现以比特币为首的虚拟货币,国内迎来了互联网发展的黄金时期。各种支付平台应运而生。

---

① 张雅洁、张旭明:《互联网金融功能初探》,《金融经济》2015年第9期,第36—38页。

(二)我国互联网金融的新发展

近年来,随着互联网技术和移动通信技术、云计算和大数据处理技术等现代信息技术的迅猛发展,我国互联网金融实现快速发展。与此同时,互联网金融的蓬勃发展为利率市场化提供了一片很好的试验田。其发挥的"鲶鱼效应"所引发的自由利率市场化进程,推动金融机构利率自主定价权,不断促进我国金融行业健康发展。

但是在实际的运作当中,在互联网全球化的影响之下,我国的互联网金融还是存在着诸多的发展问题,法律监管与内部约束的欠缺引起诸多负面问题,对互联网金融的发展造成阻碍。2019年新监管合规落地,确定了网贷行业清退转型的基调,据"网贷之家"《2019中国网络信贷行业年报》数据,截至2019年底,我国网贷平台下降至343家,网贷金融全年累计9 649.11亿元,用户数减少至1 882万人。互联网金融的发展道路机遇与挑战并存,在促进金融创新与改革的同时也应不断加以规范和引导。[①]

第二节　互联网金融业务统计

互联网金融业务是伴随着互联网金融的产生以及新型互联网经济的需要产生和发展起来的。随着互联网技术的不断发展,互联网金融业务发生了很大的变化,互联网金融业务的种类和交易形式都有了很大的创新。当前,绝大部分互联网金融交易是为了降低资金交易成本和解决融资需求。因此,互联网金融交易已经不仅仅是简单的金融交易,而且成为当前金融市场中重要的资本流动形式。

一、互联网金融业务

随着互联网经济的不断发展以及金融创新的层出不穷,互联网金融交易业务的种类也在不断发展,主要有以下几种:

(一)P2P网贷

P2P网络借贷平台是P2P借贷与网络借贷相结合的互联网金融(ITFIN)服务网站。P2P借贷是peer to peer lending的缩写,peer是个人的意思。网络借贷指的是在借贷过程中,资料与资金、合同、手续等全部通过网络实现,它是随着互联网的发展和民间借贷的兴起而发展起来的一种新的金融模式,这也是未来金融服务的发展趋势。

[①] 谢惠:《浅谈我国互联网金融发展现状及发展趋势》,《财讯》2017年第29期,第6—7页;郭玉敏:《浅谈当前我国互联网金融发展的现状及未来趋势预测》,《现代商业》2016年第24期,第105—106页。

P2P网络借贷平台有两个产品,一个是投资理财,一个是贷款,都是在网上实现的。

(二)众筹

众筹即大众筹资或群众筹资,香港译作"群众集资",台湾译作"群众募资"。众筹是指一种向群众募资,以支持发起的个人或组织的行为。它由发起人、跟投人、平台构成,具有低门槛、多样性、依靠大众力量、注重创意的特征,一般而言,众筹是通过网络上的平台联结起赞助者与提案者,被用来支持各种活动,包含灾害重建、民间集资、竞选活动、创业募资、艺术创作、自由软件、设计发明、科学研究以及公共专案等。

众筹需满足以下三个条件:

(1)筹资项目必须在发起人预设的时间内达到或超过目标金额才算成功。

(2)在设定天数内,达到或者超过目标金额,项目即成功,发起人可获得资金;筹资项目完成后,支持者将得到发起人预先承诺的回报,回报方式可以是实物,也可以是服务,如果项目筹资失败,那么已获资金全部退还支持者。

(3)众筹不是捐款,支持者的所有支持一定要设有相应的回报。

(三)虚拟货币

互联网上的虚拟货币有比特币(BTC)、莱特货币(LTC)等。比特币是一种由开源的P2P软件产生的电子货币,也有人将比特币意译为"比特金",这种网络虚拟货币主要用于互联网金融投资,也可以作为新式货币直接用于生活中使用。表11-1是当前全球主要货币数字货币兑换利率。

表11-1 全球主要活跃数字货币

货币	符号	发行时间	作者	活跃	官网	市值	比特币基础
比特币	BTC	2009	Satoshi Nakamoto	是	bitcoin.org	2 192.5亿美元	是
莱特币	LTC	2011	Coblee	是	litecoin.org	40.8亿美元	是
瑞波币	XRP	2011	Ripple Labs	是	ripple.com	127.5亿美元	否
以太坊	ETH	2013	Vitalik Buterin	是	ethereum.org	463.3亿美元	是
艾达币	ADA	2015	Cardano	是	cardanohub.org	34.7亿美元	否

中国人民银行自2014年起开始研究法定数字货币(DC/EP),目前仍处于研究测试过程中。DC(digital currency)是数字货币,EP(electronic payment)是电子支付。我国央行数字货币旨在与电子支付相结合,注重于在央行、第三方支付之间的批发、清算环节提供数字货币,以实现取代部分M0的目标。

(四)在线保险

在线保险是指投保人根据线上购买的保险合同约定,向保险人支付保险费,保险人对于合同约定的可能发生的事故因其发生所造成的财产损失承担赔偿保险金责任，或者被保险人死亡、伤残、疾病或者达到合同约定的年龄、期限等条件时承担给付保险金责任的商业保险行为。

2013年11月6日，首家互联网保险公司——众安在线财产保险有限公司开业。众安保险的定位是"服务互联网"，但又不只是通过互联网销售既有的保险产品，而是通过产品创新，为互联网的经营者和参与者提供一系列整体解决方案，化解和管理互联网经济的各种风险，为互联网行业的顺畅、安全、高效运行提供保障和服务。

(五)第三方支付

第三方支付是指具备实力和信誉保障的第三方企业和国内外的各大银行签约，为买方和卖方提供信用增强。具体来讲，就是在银行的直接支付环节中增加一个中介，在通过第三方支付平台交易时，买方选购商品，将款项不直接打给卖方而是付给中介，中介通知卖家发货；买方收到商品后，通知付款，中介将款项转至卖家账户。

二、互联网金融业务的交易额统计

因为互联网金融业务种类较多，所以对于互联网金融业务的交易额统计可以针对不同的业务来进行统计。

(一)P2P网贷平台交易量统计

P2P网贷平台业务是互联网金融交易中最基本的交易，也是互联网金融市场上所占比重较大的交易。因此，对该指标的统计在一定程度上能够反映互联网金融市场交易的活跃程度和规模。在进行统计时，P2P网贷平台交易量可以按照网贷指数编制细则加以统计。网贷指数编制细则如下：

1. 成分平台选择

网贷指数成分平台由20家网贷平台组成。成分平台选择根据影响力大、代表性强、多样化、持续稳定的原则，按下列方法选取和调整：

(1)入围标准：

①非政策风险较大。

②一年内无重大违法违规事件及严重诚信问题。

③选样期发展指数评级排名前40。

④经专家委员会认定不宜作为成分平台的除外。

(2)选样方法：

成分平台样本选样指标为一段时期(一般为制定及调整期同季度月份)贷款余额和成交量。

①根据各省份的贷款余额和成交量得出各省成分平台数。

②根据入围平台贷款余额和成交量,将各平台按照所在省份从高到低排序。

③依据各省成分平台数选取平台,同等级占比下遵循多样化原则选择样本平台。

④专家委员会对样本平台投票,通过投票的 20 家平台最终构成网贷指数的成分平台。

(3)定期调整方法:

成分平台的定期调整于每年 3 月、6 月、9 月和 12 月进行,通常在当月中旬公布调整方案,公布日起即开始实施,并不定期给予调整。

①成分平台定期调整方法同选样方法;

②后续根据成分平台变动情况适当设置调整缓冲区。

2. 网贷指数计算

(1)计算公式:

网贷指数各指数含义及计算方式见表 11-2。

表 11-2 各指数含义及计算方式

指标名称	指标含义	计算公式
成交指数	成分平台成交量的算术平均值,反映行业成交水平	成交指数 = $\sum$成交量$/n_1 \times 10\ 000$
利率指数	成分平台利率的算术平均值,反映行业利率水平	利率指数 = $100 \times \sum$利率$/n_2$
人气指数	成分平台投资人数的算术平均值,反映行业人气水平	人气指数 = $\sum$投资人数$/n_1$

注:n_1 为成分平台数,目前为 20;n_2 为当日发标成分平台数。

(2)实时计算。

在每一交易日 24:00 后,计算前一日各指数值,成分平台数据来自网贷之家数据库。

若指数行情发生异常情况时,网贷之家视情况决定是否继续计算指数。

3. 网贷指数修正

(1)调整成分平台的情况。

①成分平台定期调整。

②成分平台倒闭和提现困难的,从事发之日起,将相应成分平台从指数计算中剔除。

③其他由于非交易因素导致成分平台需要调整的情况。

(2)修正公式:

当成分平台变更时,采用追溯调整法对指数进行修正。

对网贷平台业务量统计,可以从成交指数、利率指数和人气指数三个方面来阐述。这三个指标可以在较大程度上反映 P2P 网贷市场的规模,对成交量指数的变动情况加以分析,揭示 P2P 网贷变化的趋势。这也正是对 P2P 网贷交易统计的任务之一。

图11—1是对我国2020年4月20—26日一周P2P网贷成交数据的统计,其中三个指数都是按照网贷指数编制细则中的计算公式计算得到的。

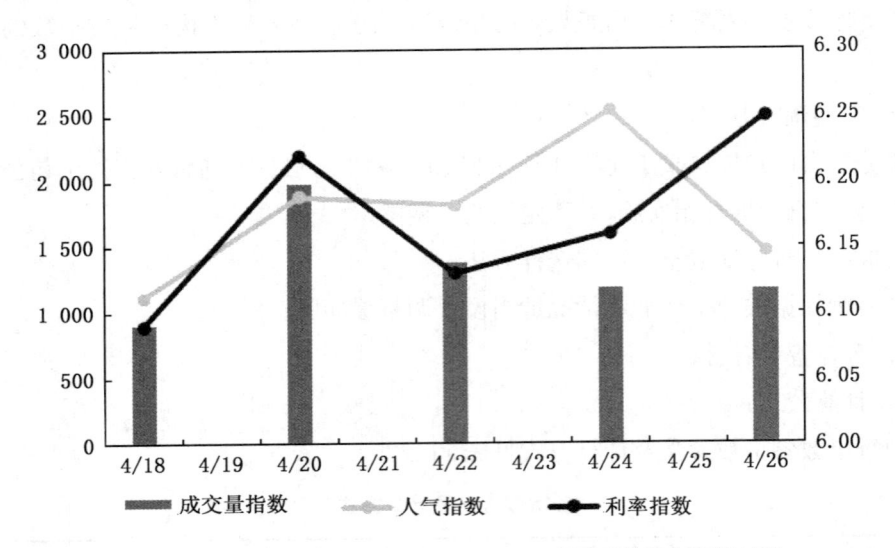

图11—1 我国2020年4月20—26日P2P网贷平台相关统计

资料来源:网贷之家,https://www.wdzj.com/yanjiu/shujubaogao。

表11—3列出了2020年6月交易量排名前20的P2P网贷平台,选取了成交量、平均利率、累计待还金额和借款人数四项指标来统计。

表11—3　　　　　　　　2020年6月交易量排名前20的网贷平台

排名	平台名称	成交量(万元)	平均利率(%)	累计待还金额(万元)	借款人数(人)
1	91旺财	136 344.20	12.00	140 869.66	2 266
2	翼龙贷	115 756.00	9.12	1 038 884.99	16 673
3	恒易融	107 711.79	11.68	1 484 475.52	51 764
4	爱钱进	44 725.50	11.25	1 218 594.66	746 566
5	凤凰智信	37 477.82	8.93	910 410.40	28 073
6	汇盈金服	30 723.60	6.60	144 692.57	12 287
7	融贝网	28 468.74	9.23	161 555.17	22 488
8	博金贷	20 093.87	7.70	99 372.36	356
9	合众e贷	12 552.18	8.65	28 242.66	93 364
10	向上金服	7 966.53	11.59	99 356.70	1 692
11	洋钱罐	6 874.94	10.01	68 805.77	41 828

续表

排名	平台名称	成交量(万元)	平均利率(%)	累计待还金额(万元)	借款人数(人)
12	和信贷	5 555.45	11.69	243 215.83	29 989
13	爱投金融	5 348.00	9.60	39 697.83	952
14	满益网	2 620.00	7.04	11 615.91	31
15	道口贷	2 228.28	9.66	61 578.09	107
16	普惠理财	1 400.00	9.88	18 525.02	16
17	广信贷	570.95	16.19	113 837.99	24
18	知商金融	71.74	8.92	2 504.33	17
19	嘉石榴	46.60	25.99	968.00	37
20	白菜金融	16.60	5.42	90 698.49	4

资料来源：网贷之家，https://shuju.wdzj.com/platdata-1.html，2020-08-20。

(二)众筹平台交易量统计

随着互联网技术的不断发展，众筹融资作为互联网金融中的一种新型业务得到迅速发展。因此，对众筹平台交易量的统计有利于提高众筹平台管理水平，及时监控众筹平台发展状况，减少经营风险。

1. 整体众筹行业状况

尚普咨询集团数据显示：截至2023年1月中旬，我国处于运营状态的众筹平台共有444家。对运营中平台根据类型进行统计，股权众筹型平台有约200家，占总平台数的45%，权益众筹型平台有约100家，占总平台数的23%，回馈众筹(产品众筹)型平台有约80家，占总平台数的18%，综合众筹型平台和公益众筹型平台各有约20家，分别占总平台数的4.5%。众筹平台仍以权益型和股权型为主，如图11—2所示。

2. 主要平台运营状况

(1)股权型众筹平台。股权型众筹平台是面向科技型小微企业，以众筹模式提供天使阶段股权融资的网络众筹平台。对于股权型众筹平台，可以从成功项目数、成功项目融资额和成功项目投资人数对股权型众筹平台进行统计。

本书选取了5家股权型众筹平台作为分析样本，这5家平台分别是第五创、聚募网、众筹客、人人创和合伙吧。

根据表11—4的数据，2019年12月，这5家股权型众筹平台共成功19个项目，成功项目总融资额约8 292.91万元，总投资人次为384人。相比同年11月，成功项目数环比增长46.15%，成功项目融资额环比增长433.56%，但是投资人数下降。

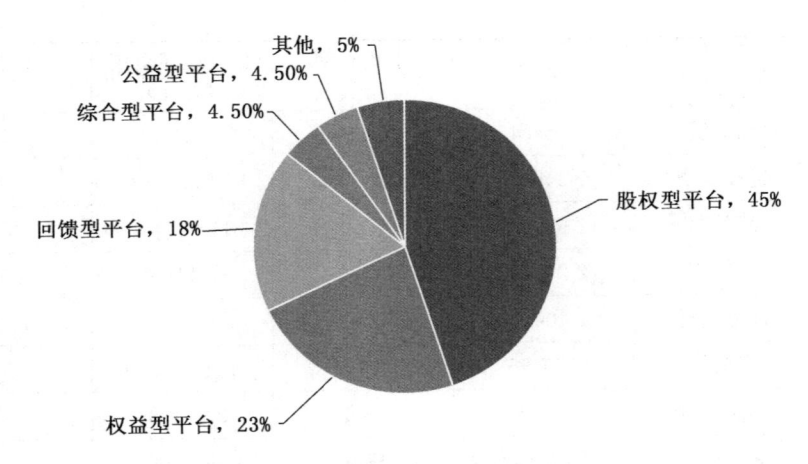

图 11−2 众筹行业运营平台类型分布

资料来源：众筹家，http://www.zhongchoujia.com/data。

表 11−4　　　　股权型众筹平台总体发展概况（2019 年 12 月）

序号	平台名称	成功项目数(个)	成功项目融资额(万元)	成功项目投资人数
1	人人创	2	7 121.97	191
2	第五创	13	1 008.94	149
3	聚募网	1	1 008.94	149
4	合伙吧	3	54.00	3
5	众筹客	0	0.00	0

注：①本表统计的是各平台 2019 年 12 月股权型成功项目的相关数据，不包括众筹中项目和已失败项目。②部分平台成功项目融资金额包含项目方出资金额，统计数据时统一做去掉处理。

资料来源：众筹家，http://www.zhongchoujia.com/data/32391.html，2020-02-19。

(2) 权益型众筹平台。

权益型众筹指的是奖励类众筹，也就是商品众筹，是指投资者为公司提供资金，从而获得产品与服务。针对权益性众筹平台交易量的统计，将从成功项目数、成功项目融资额和成功项目支持人数三个方面进行统计。

本书选取了 5 家权益型众筹平台作为分析样本，这 5 家平台分别是小米众筹、苏宁众筹、淘宝众筹、京东众筹、摩点网。

根据表 11−5 的数据，2019 年 12 月，这 5 家权益型平台共成功 404 个项目，成功项目总融资额约 1.58 亿元，总支持人次约 69.52 万人次。2019 年 11 月，这 5 个平台共成功 439 个项目，成功项目总融资额约 3.3 亿元，总支持人次约 118.9 万人次。与

11月相比,12月成功融资额、成功项目数和相应的支持投资人数均有所下降,其中成功融资额下降幅度最大,达50.94%。

表11—5　　　　　　权益型众筹平台总体发展概况(2019年12月)

序号	平台名称	成功项目数	成功项目融资额(万元)	成功项目支持人数
1	小米众筹	22	11 213.14	440 429
2	淘宝众筹	129	2 069.22	143 722
3	京东众筹	144	1 196.21	60 083
4	摩点网	91	842.62	47 272
5	苏宁众筹	18	522.15	3 784

资料来源:众筹家,http://www.zhongchoujia.com/data/32391.html,2020-02-19。

(三)第三方支付交易量统计

近几年,随着互联网的迅速发展,第三方支付机构的支付业务也得到了迅猛发展,在第三方支付业务发展浪潮中,以支付宝和微信支付的发展最为迅速,所占市场份额最大。伴随我国电子商务环境的不断优化、支付场景的不断丰富,以及金融创新的活跃,第三方支付的市场规模还将会进一步扩大。

1. 交易规模统计

近些年来的第三方支付交易规模如图11—3所示。

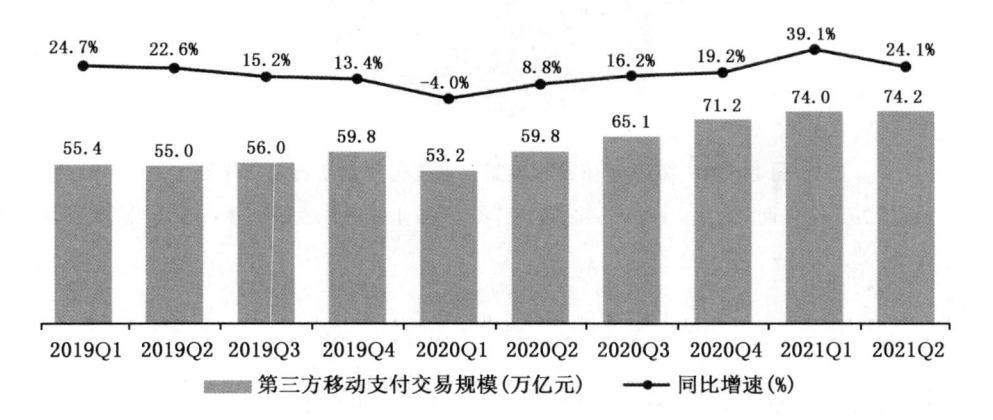

图11—3　2019年第一季度至2021年第二季度中国第三方支付交易规模

资料来源:艾瑞咨询,https://www.iresearch.com.cn。

2021年第一季度,我国第三方移动支付交易规模增长至74.0万亿元,同比增加39.1%,主要来自春节季产生的个人应用板块交易规模以及移动金融板块交易规模的增长。2021年第二季度,我国第三方移动支付交易规模增长至74.2万亿,同比增加24.1%。依托于互联网市场经济逐渐成熟以及移动互联时代崛起的大背景,第三方支付的市场规模正快速扩张,各支付平台特有的简单、快捷、安全的支付特点使其越来越受到用户的欢迎,其增长速度也不禁令人感叹。

2. 各支付平台所占市场份额

根据2019年第三季度各第三方支付平台占市场成交总额的交易量比例得图11－4。从图11－4可以看出,中国第三方移动支付市场份额比较集中,支付宝和财付通分别占据了54.5%和39.5%的市场份额,形成垄断地位,二者总份额合计达94%。壹钱包份额为1.5%,其他产品份额均小于1%。其他第三方支付平台情况如图11－4所示。

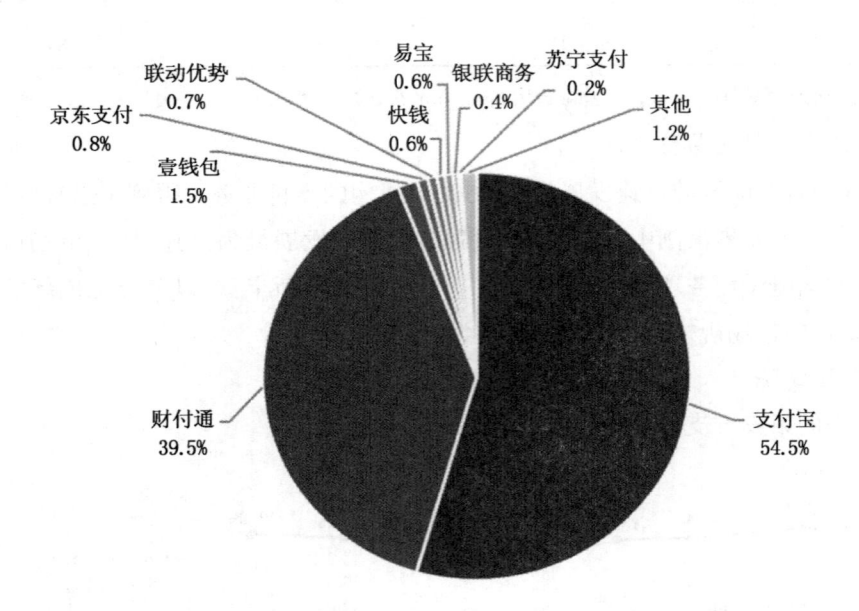

图11－4 2019年第三季度第三方支付平台所占市场份额

资料来源:艾瑞咨询,https://www.iresearch.com.cn/Detail/report? id=3525&isfree=0,2020-01-20。

第三节 互联网金融业务风险监控指标统计

互联网金融在我国仍属于新兴金融形式,目前处于发展初期,但已渐渐成为金融新常态的主要力量。在竞争十分激烈的金融市场,新兴的互联网金融成为经济发展的重要推动力量,但是由于目前行业发展缺乏明确的监管指标和法律约束,引发许多严重的问题,因而互联网金融风险控制成为当前众多学者关注的热点。认真探究互联网金融风险的构成以及从哪些方面对互联网风险进行监管,显得十分必要,是关乎互联网金融市场发展的重中之重。

一、互联网金融风险[①]

(一)基于互联网技术导致的技术风险

互联网金融是顺应互联网技术的发展而产生的,因而互联网技术的风险也会作用在互联网金融上。

第一,信息技术的发展难以适应网络金融业务迅速扩张的风险。这主要表现在系统无法达到设计要求、发生运转困难、数据丢失甚至交易中断等事故。从整体上看,互联网金融的发展并不存在信息技术方面的"瓶颈",但是互联网金融机构的技术实力存在差异。目前来看,进入互联网金融领域的互联网企业具备技术优势,能够很好地应对类似高并发等技术难题。最典型的案例是 2016 年"双 11"当天成交额达 1 207 亿元人民币,反映了网络成交平台能承受住考验,但是反观传统金融机构却显得力不从心。网上支付越来越盛行之后,对传统金融行业形成了巨大冲击,许多传统金融机构甚至大面积暂停一些相关服务。由此可见,面对互联网金融的发展,传统金融行业任重而道远。

第二,技术解决方案选择失误风险。这主要有两个方面:一是技术方案与整体外部环境的兼容性差,极大地影响了系统与外界交互的效率;二是技术方案可持续扩展能力差,短期内被新的技术淘汰。

(二)基于互联网思维导致的创新风险

互联网思维可能引发的风险主要来源于两个方面:

第一,对于传统金融规则认识不足,不能深刻认识到这些规则背后的风险防范意义。非传统金融机构在进入互联网金融领域后,由于相关人才和经验储备不足,导致对各种风险认识不到位,存在隐患。尤其是对流动性风险认识不足,潜在危害较大。主要表现在理财资金远大于债权资金,有的互联网金融机构沿袭互联网不惜成本抢占客户的思维,盲目吸引资金流入,但疏于后台管理,没有足够的债权进行匹配,这就非常容易形成庞氏骗局,稍不注意就会触碰法律红线。

第二,选择性忽视规则,有意进入法律上的灰色地带。非传统金融机构在此方面表现较为激进,传统金融机构也稍有涉足。因此,相关法规政策制定者要提高警惕,以免其在危险领域形成利益集团,届时难以根除,甚至难以规范。

(三)基于互联网金融业务特征产生的经济风险

互联网金融主要在以下四个方面加剧了金融业的潜在风险:

[①] 李伟、桑欢:《互联网金融风险及其防范》,《合作经济与科技》2015 年第 6 册第 2 期,第 47—49 页。

第一，互联网金融的出现推动了破坏式的产品创新、金融机构混业化和全球金融一体化，这些都将缓慢加大全球金融体系的整体脆弱性。

第二，由于互联网金融加快了全球范围内信息传播和金融资产配置速度，因此，一旦出现问题，留给补救的时间极短。

第三，互联网金融加大了出现道德风险和操作风险的概率。互联网金融是一个年轻的领域，很多互联网金融机构处于迅速扩张期，从业者人数增长迅速，良莠不齐，存在较大的操作风险和道德风险。有些互联网金融机构甚至利用互联网金融恶意钻营漏洞，通过里应外合挪用沉淀资金和洗钱等盈利。

第四，信用评估存在风险。很多互联网金融机构引入大数据思想，运用客户产生的海量数据等对客户信用进行评估。这种新模式的引入存在未知风险。首先，在理论层面，这种模式涵盖的信息是否可以全面真实地反映评级对象的全貌，或是否比原有信用评级方式更具优势，仍未可知；其次，在技术层面，这种模式在代码实现的过程中是否科学有效，也较难把控。另外，在传统金融领域进行类似比较激进的业务模式创新，都存在类似的未知风险。

（四）法规政策风险

自李克强在第十二届全国人民代表大会第三次会议政府工作报告中提及促进互联网金融发展以来，已有多位国家领导人在不同场合提及互联网金融，并鼓励其发展。据此可以推断，未来一段时期内，互联网金融可以获得较为宽松的法规政策环境，但是未出台的法规政策始终是不确定因素。

二、互联网金融风险监控指标

（一）指标说明

根据 2015 年后相继发布的《关于调整商业银行贷款损失准备监管要求的通知》、《商业银行风险监管核心指标（试行）》、《商业银行资本管理办法》等文件，相关指标需满足表 11—6 列示的标准。

表 11—6　　　　　　　　　　　相关指标标准

指标分类	指标名称	指标定义	标准
资本充足	资本充足率	资本净额/（风险加权资产）×100%	≥8%
信用风险	不良资产率	不良信用风险资产/信用风险资产×100%	≤4%
信用风险	贷款拨备率	贷款损失准备/各项贷款余额	1.5%～2.5%
集中度风险	最大十家客户贷款占资本净额比例	最大十家关联方授信余额/资本净额×100%	≤50%

续表

指标分类	指标名称	指标定义	标准
资本风险	杠杆率	商业银行并表和未并表的杠杆率均不得低于4% 杠杆率=（一级资本－一级资本扣减项）/调整后的表内外资产余额×100%	≥4%

1. 注册资本

资本是保持稳健经营的基础，合理的资本规模是实现资产安全和效益动态平衡的前提，充足的资本能够有效吸收意外损失和消除不稳定性。虽然说资本规模不能代表互联网平台的经营状况，但是不可否认，注册资本会直接影响参与人的利益以及公众的信心。

图11－5统计的是50家P2P网络借贷平台的注册资本数据。

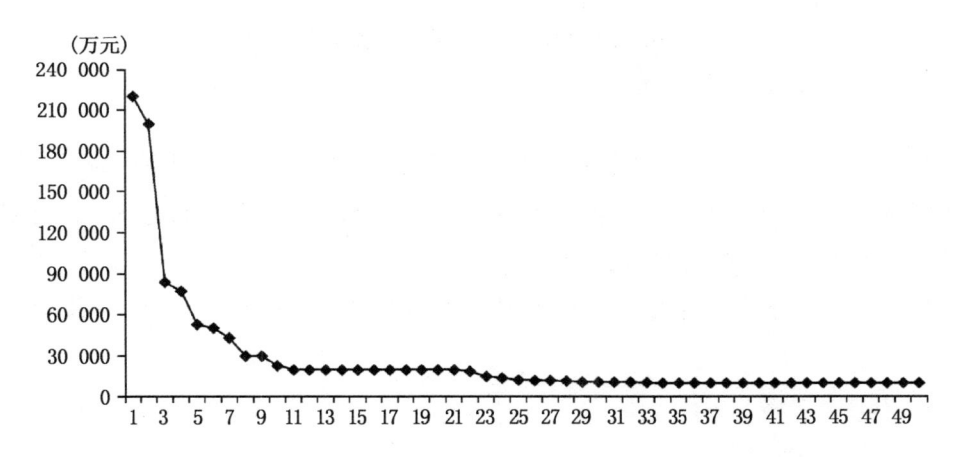

图11－5　50家P2P网络借贷平台注册资本

资料来源：网贷之家及各平台官网。

从图11－5中数据不难发现，这50家网络借贷平台的注册资本都能够达到要求。

2. 资本充足率

资本充足率的计算公式为：

$$资本充足率=\frac{资本净额}{风险加权资产}\times 100\% \tag{11-1}$$

商业银行的资本充足率指标意在要求银行利用自有资金在危机时刻吸收损失。同样地，对于具有金融功能的互联网金融平台，也适用资本充足率指标。

对于P2P网络借贷平台来说，合适的资本充足率指标能够为其经营行为产生的风险按比例配备自有资金，在危机时刻吸收损失。

图 11－6 是根据 50 家 P2P 网络借贷平台的注册资本和累计待还金额统计的资本充足率指标情况。

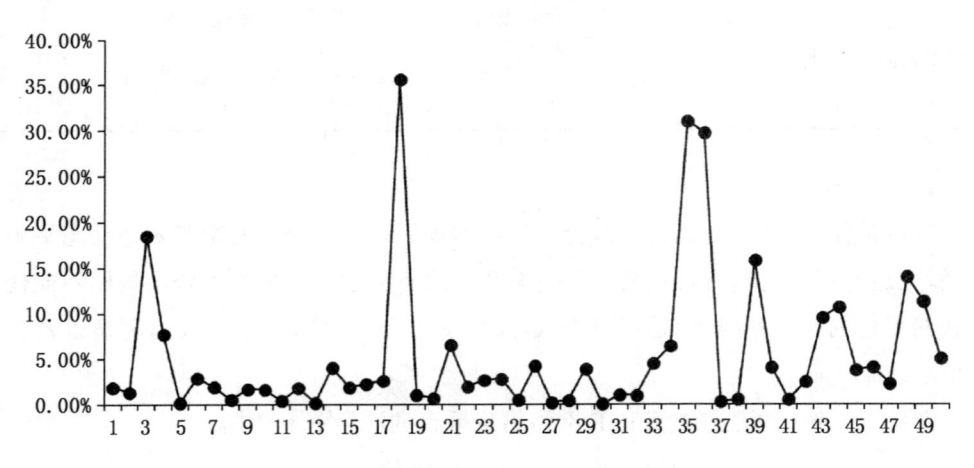

图 11－6　50 家网络借贷平台资本充足率计算值

资料来源：网贷之家及各平台官网。

我国商业银行的资本充足率不得低于 8%，与商业银行相似的网络借贷平台同样也适用该比例。从图 11－6 中可以清晰地看出，大部分网络借贷平台的资本充足率分布在 0～5%，未能满足该项规定。不满足规定的网络借贷平台数量达 41 家，占样本数据的 82%。资本充足率指标足够反映出当前 P2P 网络借贷平台应对风险能力较差。

3. 不良贷款率

不良贷款率的计算公式为：

$$不良贷款率 = \frac{不良贷款}{贷款总额} \times 100\% \qquad (11-2)$$

不良贷款率能够在一定程度上衡量贷款质量。

鉴于 P2P 网络借贷平台的特殊性，就用逾期不还率表示不良贷款率。

图 11－7 是根据 50 家 P2P 网络借贷平台的逾期未还金额和累计待还金额计算出的逾期不还率。

若不良贷款率小于等于 4%，再换算到逾期不良贷款率的话，从图 11－7 中我们可以看到，大部分 P2P 网络借贷平台的逾期不还率是较低的，满足要求的 P2P 网络借贷平台达 36 家，占样本数据的 72%。既然在 P2P 网络借贷平台逾期不还率较低的情况下，跑路事件仍然频发，就在一定程度上说明也许存在 P2P 网络借贷平台谎报逾期不还贷款金额的情况。

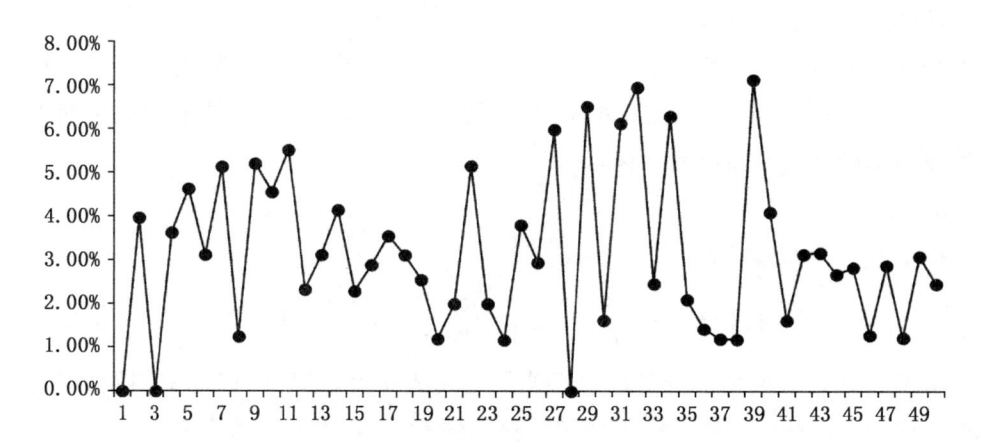

图 11-7　50 家 P2P 网贷平台逾期不还率

资料来源：网贷之家及各平台官网。

4. 贷款拨备率

贷款拨备率的计算公式为：

$$贷款拨备率 = \frac{贷款损失准备}{各项贷款余额} \times 100\% \qquad (11-3)$$

在商业银行的风险监控细则中，设置拨备是为了覆盖预期损失，资本金用来应付非预期损失，或者说应对会带来较大损失的小概率事件。对于 P2P 网贷平台，无法确保每一笔资金运转都十分安全，设置一定的贷款拨备金能够较好地应对风险较高的贷款，也能在 P2P 平台发生跑路事件时，较好地保护投资者。

图 11-8 是根据 50 家 P2P 网贷平台的风险准备金和累计待还金额计算出的贷款拨备率。

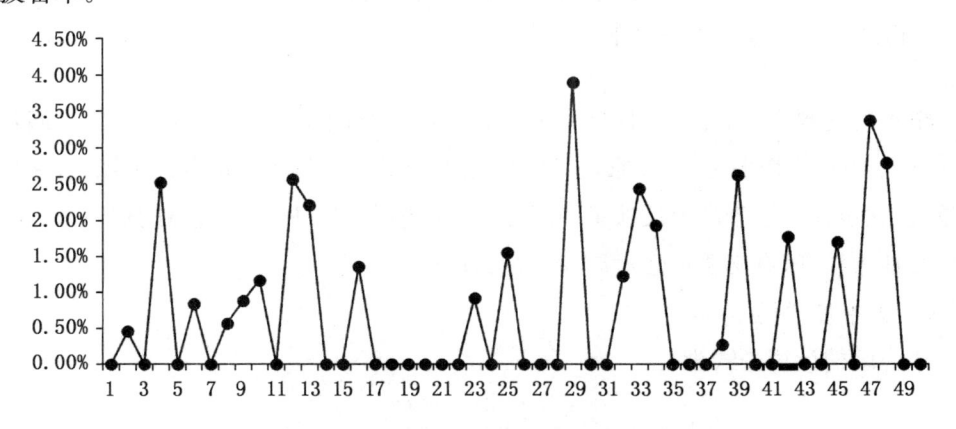

图 11-8　50 家 P2P 网贷平台贷款拨备率

资料来源：网贷之家及各平台官网。

从图11—8中可以看出,有30家网贷平台贷款拨备率为0,占样本数据的60%。大部分网贷平台未达到2.5%的贷款拨备率。撇开平台类型不谈,作为P2P网贷平台,未设置风险准备金,从一定程度上来说,这是不太合理的。从整个行业层面来看,贷款拨备率最高的温商贷也只有3.88%。

5. 杠杆率

杠杆率的计算公式为:

$$杠杆率 = \frac{一级资本 - 一级资本扣减项}{调整后的表内外资产余额} \times 100\% \qquad (11-4)$$

由于部分P2P网络借贷平台的相关数据无法获得,这里用杠杆率的倒数杠杆倍数进行描述。杠杆率和杠杆倍数都能反映负债能力,以及从侧面反映P2P借贷平台的还款能力。

图11—9是根据50家P2P网贷平台的注册资本和累计待还金额计算的杠杆倍数折算成的杠杆率。

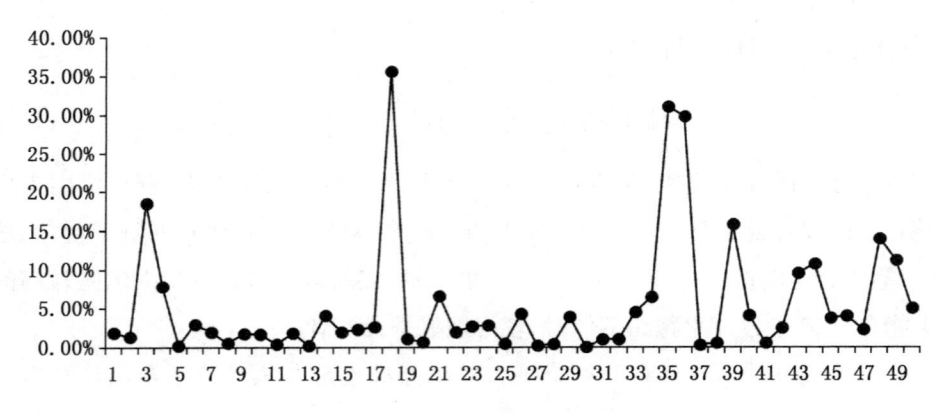

图11—9 50家网贷平台杠杆率

资料来源:网贷之家及各平台官网。

根据前述规定,商业银行杠杆率不得低于4%,从图11—9中可以看出,不满足该项规定的P2P网贷平台达36家,占样本数据的72%。仅14家符合该项规定,并且差异较大,这也在一定程度上反映了中国经济市场中存在杠杆程度过高的现象,因此,为了更好地去杠杆,有必要加强对该项指标的执行。

6. 集中度风险管理

集中度的计算公式为:

$$集中度 = \frac{最大十家客户授信总额}{资本净额} \times 100\% \qquad (11-5)$$

关键概念

互联网金融　　P2P 网贷　　众筹　　第三方交易平台　　虚拟货币
互联网金融业务统计　　互联网金融风险统计

学习小结

互联网金融(ITFIN)就是互联网技术和金融功能的有机结合，依托大数据和云计算在开放的互联网平台上形成的功能化金融业态及其服务体系，包括基于网络平台的金融市场体系、金融服务体系、金融组织体系、金融产品体系以及互联网金融监管体系等，并具有普惠金融、平台金融、信息金融和碎片金融等相异于传统金融的金融模式。

根据发展模式的不同，互联网金融分为以下几个类型：众筹、P2P 网贷、第三方支付、虚拟货币、大数据金融、信息化金融机构和金融门户。

互联网金融的特征主要是成本低、效率高、覆盖广、发展快、管理弱和风险大。

互联网金融业务统计主要是统计了 P2P 网贷平台、众筹和第三方支付平台。主要是针对各互联网金融平台的业务量进行分类统计。

课堂测试题

一、名词解释
1. 互联网金融
2. P2P 网贷

二、简答题
1. 互联网金融有哪些特征？
2. 互联网金融有哪些类型？
3. 互联网金融具有什么功能？

课堂测试题答案

课后练习题

一、名词解释
1. 互联网金融
2. P2P 网贷
3. 互联网金融业务

4. 互联网金融风险统计

二、单项选择题

1. 虚拟货币正式合法化是在( )年。
   A. 2014 B. 2013 C. 2012 D. 2015
2. 目前规模最大的公募基金是( )。
   A. 余额宝 B. 京东白条 C. 人人家 D. 票票喵
3. 上海陆家嘴国际金融资产交易市场股份有限公司(陆金所)是( )旗下成员之一。
   A. 中国太平 B. 中国人寿 C. 中国平安 D. 新华保险
4. 余额宝产品对接的基金公司是( )。
   A. 汇添富 B. 华夏 C. 广发基金 D. 天弘基金
5. 我国第一家互联网保险公司是( )。
   A. 众信保险 B. 众安保险 C. 众筹保险 D. 众销保险

三、多项选择题

1. 互联网金融的特征有( )。
   A. 成本低 B. 效率高 C. 对象多 D. 发展快
2. 互联网金融的类型有( )。
   A. P2P 网贷 B. 众筹 C. 第三方支付 D. 虚拟货币
3. 以下哪些属于 P2P 网贷平台( )。
   A. 陆金所 B. 红岭创投 C. 人人贷 D. 温州贷
4. 互联网金融的功能有( )。
   A. 基本功能 B. 主导功能 C. 衍生功能 D. 附加功能
5. 互联网金融风险有( )。
   A. 技术风险 B. 法律风险 C. 经济风险 D. 政策风险

四、简答题

1. 简述互联网金融的概念及其功能。
2. 简述互联网金融的特征和类型。
3. 互联网金融市场交易业务种类有哪些?
4. 简述近年来我国互联网金融的新发展。
5. 随着互联网金融的不断发展,我国相关管理部门也颁布了相关的管理条例。谈谈你对我国互联网金融市场的发展状况以及如何加强互联网金融监管的认识。

拓展阅读

第十二章　金融监管统计

学习目标

1. 知识目标

熟悉银行业监管的国际标准的演进，重点了解《巴塞尔协议Ⅲ》的内容；了解银行业监管统计管理、保险业监管、证券市场监管、外汇市场监管的主要内容；掌握银行监管指标、保险监管统计指标、证券监管指标、外汇市场监管指标的运用。

2. 能力目标

了解《巴塞尔协议Ⅲ》的实施进展以及对我国金融业监管制度的影响，掌握银行业、保险业、证券市场和外汇市场的监管指标，同时具备基于监管指标计算并初步判断相应机构是否符合指标标准的能力。

3. 思政目标

深刻认识精确、规范、有序的金融监管统计能够形成金融发展和监管的强大合力，为促进金融系统良性运转、更好地服务经济社会高质量发展提供坚强保障。

金融监管是金融监督与金融管理的复合称谓。金融监督是指金融监管当局对金融机构实施全面的、经常性的检查和督促，并以此促使金融机构依法稳健地经营、安全可靠和健康地发展。金融管理是指金融监管当局依法对金融机构及其经营活动实行领导、组织、协调和控制等一系列活动。进一步而言，金融监管是金融监管机构依据金融法律、法规，运用行政手段和法律手段，对金融机构、金融业务、金融市场的活动进行规范、限制、管理与监督的总称。

维护金融稳定和金融安全，防范和化解系统性金融风险，为经济改革与发展创造良好的金融环境一直是实行金融监管的目标，而有效的监管是基于有效全面的金融监管统计信息。大力推动信息科技建设，建立以法人为主体、以风险统计为核心的全面反映金融机构经营情况、与国际接轨的先进的统计制度，建立金融机构统一、标准、规范的信息披露制度，满足现场检查和非现场监管的需要，满足风险监管和预警体系评价的需要,满足金融监管透明度的需要,是"管法人、管内控、管风险、增强透明度建设"的现代监管理念在金融监管统计工作领域的反映。本章主要介绍银行业、保险业和证券业的监管统计分析。

第一节　银行监管统计

一、银行业监管的国际标准——《巴塞尔协议》的演进

从1975年到2010年,《巴塞尔协议》经过了数次修改。

1975年9月公布的第一个协议《对银行的外国机构的监督》在世界上第一次比较明确地规定了对跨国银行的监督责任,从而为国际银行业与国际金融市场的安全与稳定创造了一个基础。

1983年5月公布的第二个协议《对银行国外机构监督的原则》提出了合并管辖(consolidated supervision)的概念,即针对有些银行在避税地设立的分行得不到有效管辖的问题,协议确定银行总部所在国有管理该银行全世界业务的必要,同时提出,中央银行不应担任最终贷款人,即不涉及财务状况危险的银行,这类银行应自行解决存在的问题,以此强化银行本身的能力。

1988年7月,由巴塞尔管理委员会正式颁布实施了《统一资本计量和资本标准的国际协议》(又称《巴塞尔报告》),主要内容为:提出银行的资本应分为核心资本和附属资本,两部分资本应维持一定的比例,核心资本应占整个资本的一半,附属资本不能超过核心资本;通过设定风险权数来测定银行资产和表外业务的信用风险,以评估银行资本所应具有的适当规模;提出了资本充足率的目标,即要求在1990年底前,凡参加国际清算银行清算体系的商业银行,其资本金对加权风险资产的比率,至少应达到统一标准的7.25%;而到1992年末,则应达到8%,其中核心资本不应少于4%,附属资本不得超过核心资本,这是所有成员国的国际银行都必须达到的共同最低标准。

1997年9月,在"防范金融风险,仅仅在某一国家或地区有着有效的监管是不充分的,客观上需要进一步加强监管的国际合作,在全世界范围内提高监管的整体水平"共识的基础上,巴塞尔银行监管委员会通过了《有效银行监管的核心原则》,从7个方面制定了有效监管系统必备的25条基本原则,反映的主要内容有银行业有效监管的前提、获准经营的范围和结构、审慎管理和要求、银行业持续监管的方法、信息要求、监管人员的正当权限、跨国银行业务监管。

1999年6月3日,巴塞尔银行监管委员会公布了《新的资本充足比率框架》(A New Capital Adequacy Framework)的征求意见稿(以下简称"新协议"),以取代1988

年制定的《巴塞尔协议》。新协议首次明确将最低资本标准、资本充足性的监管约束和市场约束三大要素结合在一起,构成银行监管的三大支柱,标志着以指标为核心的数量型监管模式正在逐步向以风险管理为核心的质量监管模式过渡。

2008年爆发的国际金融危机显示,公司治理结构失衡是诱发金融危机的深层次原因之一。发达国家银行董事会对高级管理层监督不足、风险管理不充分、薪酬制度不合理、银行组织架构和经营活动过于复杂、治理结构和金融产品不透明等原因,导致危机产生和衍化。鉴于此,巴塞尔银行监管委员会决定重新审订2006年版《加强银行公司治理的原则》,旨在纠正此次危机中暴露出的有关公司治理机制的各种突出问题,并在治理机制上做出前瞻性安排,以防范危机再度发生。经过近两年的讨论修改,2010年10月,新版《加强银行公司治理的原则》(以下简称新《公司治理》)正式对外发布。新《公司治理》主要涵盖了董事会行为、高级管理层、风险管理和内控、薪酬、复杂或不透明的公司架构、信息披露和透明度6个方面,共14条原则,具体包括以下内容:一是董事会要能够对银行承担总体责任并监督管理层;二是高级管理层要确保银行经营行为符合董事会的商业战略设想和风险偏好;三是银行要通过设立风险管理体系持续识别与监控风险;四是要确保员工薪酬安排体现风险情况;五是董事会、高级管理层必须了解银行的复杂结构和产品;六是需提高对利益相关方、市场参与者信息披露的透明度。与前两个版本相比较,新《公司治理》有以下几点变化:一是首次将道德风险防范纳入公司治理的范畴;二是更加突出董事会在公司治理中的作用;三是要求银行将风险管理渗透到公司治理的各个方面,强调由董事会负责审议监督银行的风险策略;四是增加对银行员工薪酬的制度安排,要求由董事会监督薪酬体系的设计及运行;五是首次对银行复杂结构及复杂产品的治理提出要求。新《公司治理》作为反思危机的纲领性文件,将长期影响与引领国际银行业公司治理机制的发展方向。

2010年国际金融监管改革继续深入推进,在微观机构、中观市场和宏观系统三个层面取得重大进展:

微观机构层面的改革目的是提升单家金融机构的稳健性,强化金融体系稳定的微观基础。改革措施包括:资本监管改革,引入杠杆率监管制度,建立流动性监管标准、动态拨备制度,改革公司治理监管规则,推动金融机构实施稳健的薪酬机制,强化并表监管和对表外业务的监管等。

中观市场层面的改革目的是强化金融市场基础设施建设,修正金融市场失灵。改革措施包括:推进建立单一的、高质量的国际会计准则;改进风险定价模式,避免过于依赖脱离现实的模型假设;加强外部评级机构监管,降低金融机构对外部评级的依赖程度等。

宏观系统层面的改革目的是将系统性风险纳入金融监管框架,建立宏观审慎监管制度。改革措施包括：建立与宏观经济金融环境和经济周期挂钩的监管制度，弱化金融体系与实体经济之间的正反馈效应；扩大金融监管范围，将"影子银行"体系纳入金融监管框架；强化对系统重要性金融机构（Systemically Important Financial Institutions, SIFIs）的监管，降低机构"大而不倒"导致的道德风险；加强母国和东道国监管当局之间的协调，降低风险跨境传递。

2010年12月，巴塞尔银行监管委员会正式发布《巴塞尔协议Ⅲ》，体现微观审慎监管与宏观审慎监管有机结合的监管新思维，按照资本监管和流动性监管并重、资本数量和质量同步提高、资本充足率与杠杆率并行、长期影响与短期效应统筹兼顾的总体要求，确立国际银行业监管新标杆。

（一）强化资本充足率监管标准

1. 提高监管资本的损失吸收能力

2010年7月，巴塞尔银行监管委员会确定了资本监管工具改革的核心要素。一是恢复普通股（含留存收益）在监管资本中的主导地位；二是对普通股、其他一级资本工具和二级资本工具分别建立严格的达标标准，以提高各类资本工具的损失吸收能力；三是引入严格、统一的普通股资本扣减项目，确保普通股资本质量。

2. 扩大资本覆盖风险的范围

2009年7月以来，巴塞尔银行监管委员会调整风险加权方法以扩大风险覆盖范围。一是大幅度提高证券化产品（特别是再资产证券化）的风险权重；二是大幅度提高交易业务的资本要求，包括增加压力风险价值（Stressed VaR）、新增风险资本要求等；三是大幅度提高场外衍生产品交易和证券融资业务的交易对手信用风险的资本要求。

3. 提高资本充足率监管标准

2010年9月，巴塞尔银行监管委员会确定三个最低资本充足率监管标准：普通股充足率为4.5%，一级资本充足率为6%，总资本充足率为8%。为缓解银行体系的亲周期效应，打破银行体系与实体经济之间的正反馈循环，在最低资本要求的基础上，巴塞尔银行监管委员会还建立了两个超额资本要求：一是留存资本缓冲，用于吸收严重经济和金融衰退给银行体系带来的损失。留存资本缓冲全部由普通股构成，最低要求为2.5%，正常条件下银行应达到该超额资本要求。二是逆周期资本缓冲。在系统性信贷高速扩张时期，银行应计提逆周期资本缓冲，用于经济下行时期吸收损失，保持信贷跨周期供给平稳，监管标准为0~2.5%。待新标准实施后，正常情况下，商业银行的普通股、一级资本和总资本充足率应分别达到7%、8.5%和10.5%。

（二）引入杠杆率监管标准

2010年7月，巴塞尔银行监管委员会就杠杆率计算方法与监管标准达成共识，自2011年初起，按照3%的标准（一级资本/总资产）监控杠杆率的变化，2013年初起进入过渡期,2018年正式纳入第一支柱框架。

(三)建立流动性风险量化监管标准

2010年12月,巴塞尔银行监管委员会发布《流动性风险计量标准和监测的国际框架》,引入两个流动性风险监管的量化指标。一是流动性覆盖率,用于度量短期压力情境下单个银行流动性状况,目的是提高银行短期应对流动性中断的弹性。二是净稳定融资比率,用于度量中长期内银行解决资产负债期限错配的能力,它覆盖整个资产负债表,鼓励银行尽量使用稳定资金来源支持资产业务,有助于降低资产负债的期限错配。

(四)确定新监管标准的实施过渡期

巴塞尔银行监管委员会从宏观和微观两个层面对国际新监管标准实施可能带来的影响进行评估。根据评估结果,2010年9月12日召开的中央银行行长和监管当局负责人会议(GHOS meeting)决定设立为期8年(2011—2018年)的过渡期安排。各成员国应在2013年之前完成相应的国内立法工作,为实施新监管标准奠定基础,并从2013年初起实施新资本监管标准,随后逐步向新标准接轨,2018年底全面达标。2015年初成员国开始实施流动性覆盖率监管标准,2018年初起执行净稳定融资比例监管标准。

(五)强化风险管理实践

除提高资本与流动性监管标准外,巴塞尔银行监管委员会还发布一系列与风险管理相关的监管原则、指引和做法等。2008年9月,发布《流动性风险管理和监管的稳健原则》,从定性方面提出加强流动性风险管理和审慎监管的建议;2009年4月,发布《评估银行金融工具公允价值的监管指引》(Supervisory Guidance for Assessing Banks' Financial Instrument Fair Value Practices);2009年5月,发布《稳健压力测试实践及监管指引》(Principles for Sound Stress Testing Practices and Supervision);2009年7月,巴塞尔银行监管委员会大幅度强化新资本协议第二支柱框架,要求商业银行建立集团层面的风险治理框架、加强对各类表外风险的管理、重视对各类集中度风险的管理等;2010年10月,发布《加强银行公司治理的原则》和《薪酬原则和标准的评估方法》(Range of Methodologies for Risk and Performance Alignment of Remuneration)等,推动商业银行提升风险治理有效性和风险管理能力。2017年12月,巴塞尔委员会发布了《巴塞尔Ⅲ:危机后改革的最终方案》,该方案致力于提高银行风险加权资产计量的审慎性、一致性、可比性和透明度,主要对有关信用风险、市场风险、操作风险、信用估值调整的计量方法又进行了一定的改进,并且进一步明确提出了资本底线、杠杆率缓冲等方面的要求。这标志着2008年金融危机后,历经近十年努力,巴塞尔委员会实现了其主导的银行监管改革目标,全球银行业监管框架趋于健全和成型。①

二、原中国银行保险监督管理委员会对商业银行的监管

原中国银行保险监督管理委员会②遵循"准确分类—提足拨备—做实利润—资本充足"的持续监管思路,对银行业金融机构实施以风险为本的审慎有效监管。各类监管设限科学、合理,有所为、有所不为,减少一切不必要的限制;鼓励公平竞争,反对无序竞争;对监管者和被监管者实施严格、明确的问责制;高效、节约地使用一切监管资源,努力提升我国银行业在国际金融服务中的竞争力。

(一)公司治理监管

原银监会要求银行业金融机构按照职责界面清晰、制衡协作有序、决策民主科学、运行规范高效、信息及时透明的原则,完善公司治理体制机制,提升公司治理有效性。

1. 完善公司治理规章制度

2010年,原银监会印发《商业银行董事履职评价办法(试行)》《商业银行稳健薪酬监管指引》和《关于加强中小商业银行主要股东资格审核的通知》等制度规则。根据国家有关工作部署,深入开展加强金融机构公司治理的课题研究,并在此基础上,研究起草对各类商业银行基本统一要求的公司治理指引。

2. 强化股东、董事和高级管理人员责任

原银监会要求商业银行强化股东,特别是控股股东的长期承诺和持续注资责任,要求其承诺支持银行从严控制关联交易,积极采取措施支持银行达到审慎监管标准,并坚持有限参与,主动防止盲目扩张和利益冲突。2018年,原银监会印发了《商业银行股权管理暂行办法》。该办法旨在规范商业银行股东特别是主要股东行为,加强股东资质的穿透审查,加大对违法违规行为的查处力度,保护商业银行存款人和其他客户合法权益,维护股东合法利益,从而保障商业银行安全稳健运行,促进商业银行持续健康发展。原银监会制定董事、高级管理人员履职评价相关办法,督促银行业金融机构董事会切实履行职责,完善集体决策机制。要求银行业金融机构监事会充分发挥监督职能,建立与董事、高级管理人员逐一谈话制度。要求银行业金融机构高级管理人员加强管理程序控制,明晰授信业务流程,明确客户调查、业务受理、分析评价、授信决策与实施、授信管理等各环节的勤勉尽职标准和责任追究标准。

3. 推进稳健薪酬机制监管

2010年2月,原银监会印发《商业银行稳健薪酬监管指引》,将银行业金融机构薪

---

① 杨凯生、刘瑞霞、冯乾:《〈巴塞尔Ⅲ最终方案〉的影响及应对》,《金融研究》2018年第2期,第30—44页。
② 原中国银行保险监督管理委员会(简称"银保监会")于2018年4月由原银监会与原保监会合并而成。2023年5月,随着国家金融监督管理总局的正式揭牌,银保监会正式退出历史舞台。

酬纳入监管范畴,指导银行业金融机构完善薪酬管理,制定体现业务发展与风险防控并重、激励与约束协调的考核机制,适当缩减业绩指标考核权重,提高风险指标考核权重,提高激励考核机制的科学性和有效性。推动银行业金融机构充分发挥薪酬在公司治理、内部控制和风险管控中的导向作用,促进银行业金融机构稳健经营和可持续发展。

(二)内部控制监管

1. 督促银行业金融机构完善内部制约机制

原银监会充分利用年度监管通报,与董事长、行长、监事长("三长")和外部审计机构等进行监管审慎会谈等方式,指出银行业金融机构在内控建设方面存在的薄弱环节,提出相应监管要求。针对在日常监管中发现银行业金融机构存在的各类风险隐患,及时印发风险提示,督促银行业金融机构完善内控制度。

2. 引导银行业金融机构健全完善内审管理体系

根据《银行业金融机构内部审计指引》,督促银行业金融机构严格落实内审人员与员工总数配比、内审人员专业资质等要求。推动银行业金融机构优化内审信息报送路径。帮助银行业金融机构建立健全内部审计垂直管理体系,强调内审独立性。深化监管部门与银行内审部门的联动,注重利用银行内审信息提升监管效能。

3. 推动银行业金融机构提高内控执行力

通过现场检查、非现场监管、监管评级等多种方式,加强银行业金融机构落实金融法规情况的检查力度,促进银行业金融机构提高内控制度执行力。明确要求原银监会各级派出机构将银行业分支机构执行制度情况作为监管重点,强化执行制度的外部监管约束。

(三)信用风险监管

1. 推进地方政府融资平台贷款规范清理和风险化解

原银监会多年来在地方政府融资平台贷款风险问题上旗帜鲜明,坚持不懈地做好风险提示和督促整改工作。2010年,按照"逐包打开、逐笔核对、重新评估、整改保全"的十六字方针,制定并实施"分解数据、四方对账、分析定性、汇总报表、统一会谈、补正检查"的"六步走"工作步骤,开展对地方政府融资平台授信业务的专项现场检查,督促银行业金融机构按现金流覆盖情况对平台贷款进行准确分类,在此基础上,督促银行业金融机构深入开展分类处置工作。对于经平台、银行、政府三方签字确认的现金流全覆盖类贷款,不再列为平台贷款,作为一般公司类贷款按商业化原则运作。对于现金流为全覆盖且拟整改为公司类贷款的,继续落实抵押担保,推进确认工作,核实一家、退出一家。对于保全分离和清理回收类平台贷款,通过项目剥离、公司重组、增加担保主体、追加合法足值抵质押品、直接收回等措施,加快处置进程。同时,督促银行业金融机构提高平台贷款风险权重,足额计提拨备,尽快真实核销不良贷款。目前,平台贷款高增长势头和相关风险得到了有效遏制。

2. 防范房地产贷款风险

原银监会按照《国务院关于坚决遏制部分城市房价过快上涨的通知》(国发〔2010〕10号)及相关房贷新政要求,进一步提出强化房地产贷款管理的要求。严控房地产开发贷款风险,对房地产企业开发贷款实行名单式管理。严控向存在土地闲置及炒地行为的房地产企业发放开发贷款,对存在土地闲置1年以上的,一律不得发放新开发项目贷款。指导银行业金融机构预先布防高风险房地产企业风险暴露,加强对开发商资本充足率和自有资金的审查,提高抵押品标准,把握好贷款成数动态控制。加强土地储备贷款管理,严格把握土地抵押率,防止过度授信。实行动态、差别化管理的个人住房贷款政策,动态审慎管理首付款比例,严格执行利率风险定价,切实做到"面测、面试、居访"。同时,密切监测房地产市场信贷风险,积极组织商业银行开展房地产贷款压力测试,评估房价下降及宏观经济情况变化对银行房地产贷款质量的影响。2016年底的中央经济工作会议首次提出:"房子是用来住的,不是用来炒的",此后,与房地产相关的部门陆续出台了与之相配套的政策,涉及房企融资、购房者信贷等方面。2020年1月,原银保监会发布《关于推动银行业和保险业高质量发展的指导意见》,再次明确提出,银行保险机构要落实"房住不炒"的定位,严格执行房地产金融监管要求,防止资金违规流入房地产市场,抑制居民杠杆率过快增长,推动房地产市场健康稳定发展。

3. 防范产业结构调整相关风险

原银监会坚持密切跟踪经济金融形势,建立有效的风险监控预警体系,定期监测分析产业行业风险,指导银行业金融机构优化信贷结构,防范产业结构调整相关风险。贯彻落实国家关于抑制产能过剩、淘汰落后产能、促进节能减排的各项宏观调控要求,加大对高耗能、高排放项目和产能过剩行业的信贷控制,做好落后产能淘汰名单所列企业信贷资产的保全工作。积极科学支持节能减排有关项目,协助推进节能减排长效机制建设。

4. 防控集中度风险

为推动商业银行强化大额风险暴露管理,有效防控集中度风险,经公开征求意见,原银监会于2018年正式发布《商业银行大额风险暴露管理办法》。该办法明确了商业银行大额风险暴露监管要求,规定了风险暴露计算范围和方法,从组织架构、管理制度、内部限额、信息系统等方面对商业银行强化大额风险管控提出具体要求,明确了监管部门可以采取的监管措施,对于防范系统性金融风险、加强对实体经济金融支持具有重要作用。

5. 加强信贷精细化管理程度

原银监会坚持贷款周期与企业生命周期相匹配,信贷进入和退出与企业有效现金流相匹配,提高信贷资金投放与收回的科学性。督促银行业金融机构全面实施"三个办法、一个指引",加强贷时与贷后管理,建立和完善以"实贷实付"为核心的精细化信贷管理模式,从源头控制信贷资金被挪用风险,确保信贷资金进入实体经济。及时将不良贷款考核重点转向风险管理工作的扎实深入程度、科学精细化水平、风险暴露的充分性等,督促银行业金融机构准确进行贷款风险分类,切实做到风险及早充分暴露。要求银行业金融机构抓住当前盈利较好的有利时机,"以丰补歉",全力提足拨备,切实提升风险抵御能力。

6. 规范银信理财合作业务

2010年,原银监会进一步强化银信理财合作业务监管,多措并举,促进该业务科学、规范发展,指导银行和信托公司依法创新。印发《关于规范银信理财合作业务有关事项的通知》,再次强调信托公司自主管理原则,对融资类业务实施余额比例管理,叫停开放式及非上市公司股权投资产品,要求商业银行两年内将表外资产转入表内并计提拨备。建立银信理财合作业务逐日监测制度,利用非现场监管信息系统持续监测。通过专题监管会议对商业银行和信托公司进行监管指导。利用监管评级和《信托公司净资本管理办法》,引导信托公司提高自主管理能力,实现内涵式增长。

(四)市场风险监管

原银监会首次组织实施针对商业银行银行账户利率风险管理的现场检查,对深化和加强银行账户利率风险管理监管进行了探索,同时促进了专业化人才队伍的构建。对部分市场风险业务相对活跃的外资银行有针对性地开展专项检查,不断提升专项检查能力。同时,积极参与巴塞尔银行监管委员会交易账户小组的相关工作,紧密跟踪研究国际上有关市场风险监管政策的变化,并结合我国实际情况,及时调整市场风险监管政策。此外,原银监会还密切关注非银行金融机构市场风险,结合监管信息系统建设,设计专门报表,收集各类非银行金融机构市场风险基础数据,进行系统分析。

(五)操作风险监管与打击金融犯罪

1. 操作风险管理制度建设

原银监会指导银行业金融机构梳理完善制度体系,按业务条线建立业务流程和岗位规范,开发应用信贷管理系统和事后监管系统,构建科学的流程体系,深化内部治理、风险控制、责任追究、协调联动、培训教育相结合的操作风险防控长效机制。推动实施内审监督检查和业务条线操作风险防控措施,提升案件和违规责任追究制度化、规范化水平。督促农村中小金融机构全面开展以案件治理与风险防控政策、制度、相关工作要求和内部控制制度规范、主要业务流程操作风险及防控措施为主要内容的培训工作。

2. 案件防控工作长效机制建设

原银监会紧紧围绕"标本兼治、重在预防"的工作方针,牢牢把握工作的主动权,不断探索推动案件防控工作科学发展的新方法、新途径,着力解决困扰银行业案件防控工作的主要矛盾和突出问题,推进银行业案件防控工作长效机制建设。印发《银行业金融机构案件处置工作规程》《银行业金融机构案件(风险)信息报送及登记办法》和《银行业金融机构案件防控工作联席会议制度》三项制度文件,规范案件处置、案件(风险)信息报送等工作。派出骨干深入银行业金融机构进行案件防控工作业务培训,提升案件防控队伍素质。深入开展"银行业内控和案防制度执行年"活动,通过深入辖区现场督导或约请高级管理人员谈话等多种方式加强大案、要案督导力度,制定"专人负责、分析成册、实施问责、总结心得"的案件处置原则,更加注重案件剖析、举一反三、查漏补缺、以查促防,成效初显。加强调查案件时与公安机关和有关部门配合,建立联席会议制度和重大案件联合督办制度,案件防控联动机制初步形成。

3. 信息科技风险监管

2010年,原银监会印发《商业银行数据中心监管指引》,为提高业务连续性水平提供了制度保障。全面开展信息科技风险非现场报表报送、数据分析等相关工作,为信息科技风险的分类、预警和监管评价评级工作提供参考。组织开展信息科技风险全面现场检查和多场专项检查。2020年7月,原银保监会发布《商业银行互联网贷款管理暂行办法》,对信息科技风险管理提出新的要求。该办法规定,商业银行每年应对与合作机构的数据交互进行信息科技风险评估,并形成风险评估报告,确保不因合作而降低商业银行信息系统的安全性,确保业务连续性。

(六)流动性风险监管

原银监会积极开展流动性压力测试(压力测试是以定量分析为主的风险分析方法,通过测算银行在假定极端不利情况下可能发生的损失,分析损失对银行盈利能力和资本金带来的负面影响,进而对单家银行、银行集团和银行体系脆弱性做出评估和判断,并采取必要措施。压力测试作为一项前瞻性分析工具,是银行进行风险管理的主要工具,在日常监管和风险管理中正发挥着越来越重要的作用。压力测试方法一般包括敏感性测试和情景测试。敏感性测试测量单个风险因素变动对银行风险暴露和银行风险承受能力的影响。情景测试分析多个风险因素同时发生变化以及某些极端不利事件发生对银行风险暴露和银行风险承受能力的影响。压力测试范围通常包括银行信用风险、市场风险、流动性风险和操作风险等方面内容,同时应考虑不同风险之间的相互作用和共同影响。压力测试步骤包括压力测试对象的确定、压力测试主要风险因素识别、压力情景设计、压力情景下承压指标计算,以及根据压力测试结果确定潜在风险点和脆弱环节,有针对性地制定相应政策和应急预案)。适时印发风险提示函,推动制订风险预案,防止流动性短期大幅波动。严格执行存贷比、集中度等监管指标。同时,进一步明确银行业金融机构流动性风险管理的审慎监管要求,实施严格的监督检查措施,纠正不审慎行为,促使商业银行合理匹配资产负债期限结构,提高流动性风险管理的精细化程度和专业化水平,增强银行体系应对流动性冲击的能力。结合外资银行单一股东、集团架构、跨境运营的特点,有针对性地开展外资银行流动性现场检查,充分揭示外资银行母行集中管理流动性的潜在风险,积极提高危机情况下银行风险抵御能力。

此外,原银监会还需要对国别风险监管、声誉风险监管、融资性担保业务工作和处置非法集资工作等进行审慎监管。

三、银行业监管统计管理的主要内容

2004年9月15日,原银监会颁布了《银行业监管统计管理暂行办法》,就该办法的适用范围、银行业监管统计的概念、任务、基本原则、管理体制、统计制度与报表管理、统计数据管理与信息披露、统计机构的设立及职责、对统计人员的要求和岗位职责、统计监督与检查、奖励与惩罚等方面做了相应的规定。2023年1月9日,原银保监会发布《银行保险监管统计管理办法》,首次提出并明确监管统计工作归口管理要求,对监管统计管理机构和银行机构归口管理部门职责予以明确和界定。

(一)适用范围

《银行保险监管统计管理办法》适用于所称的银行机构,是指在中华人民共和国境内依法设立的商业银行、农村信用合作社等吸收公众存款的金融机构以及政策性银行、金融资产管理公司、金融租赁公司、理财公司等。

(二)相关概念与定义

1. 银行业监管统计

银行业监管统计是指原银保监会及其派出机构组织实施的以银行机构为对象的统计调查、统计分析、统计信息服务、统计管理和统计监督检查等活动,以及银行机构为落实相关监管要求开展的各类统计活动。银行业监管统计工作遵循统一规范、准确及时、科学严谨、实事求是的原则。原银保监会对银行业监管统计工作实行统一领导、分级管理的管理体制。

2. 银行业监管统计资料

银行业监管统计资料是指依据原银保监会及其派出机构监管统计要求所采集的反映银行机构经营情况和风险状况的数据、报表、报告等。

(三)监管统计管理机构

1.原银保监会统计部门

原银保监会统计部门对监管统计工作实行归口管理,履行下列职责:

(1)组织制定监管统计管理制度、监管统计业务制度、监管数据标准和数据安全制度等有关工作制度;

(2)组织开展监管统计调查和统计分析;

(3)收集、编制和管理监管统计数据;

(4)按照有关规定定期公布监管统计资料;

(5)组织开展监管统计监督检查和业务培训;

(6)推动监管统计信息系统建设;

(7)组织开展监管统计数据安全保护相关工作;

(8)为满足监管统计需要开展的其他工作。

2.原银保监会相关部门

原银保监会相关部门配合统计部门做好监管统计工作,履行下列职责:

(1)参与制定监管统计管理制度、监管统计业务制度和监管数据标准;

(2)指导督促银行机构执行监管统计制度、加强监管统计管理和提高监管统计质量;

(3)依据监管责任划分和有关规定,审核所辖银行机构监管统计数据;

(4)落实监管统计数据安全保护相关工作;

(5)为满足监管统计需要开展的其他工作。

3.原银保监会派出机构

原银保监会派出机构贯彻银保监会监管统计制度、标准和有关工作要求。原银保监会派出机构负责辖内银行保险机构监管统计工作。派出机构统计部门在辖区内履行原银保监会统计部门第(2)至(8)款的规定职责,以及制定辖区监管统计制度;相关部门履行原银保监会相关部门的规定职责。

(四)监管统计调查管理与信息公布

原银保监会及其派出机构开展监管统计调查应充分评估其必要性、可行性和科学性,合理控制数量,不必要的应及时清理。监管统计调查按照统计方式和期限,分为常规统计调查和临时统计调查。派出机构开展辖内银行保险机构临时统计调查,相关统计报表和统计要求等情况应报上一级统计部门备案。

原银保监会及其派出机构应建立健全监管统计资料管理机制和流程,规范资料的审核、整理、保存、查询、使用、共享和信息服务等事项,采取必要的管理手段和技术措施,强化监管统计资料安全管理。

原银保监会建立统计信息公布机制,依法依规定期向公众公布银行保险监管统计资料。派出机构根据银保监会规定和授权,建立辖内统计信息公布机制。

(五)银行机构监管统计管理

1.数据质量要求

银行机构应按照原银保监会及其派出机构要求,完善监管统计数据填报审核工作机制和流程,确保数据的真实性、准确性、及时性、完整性。银行机构应保证同一指标在监管报送与对外披露中的一致性。如有重大差异,应及时向原银保监会或其派出机构解释说明。

银行法人机构应将监管统计数据纳入数据治理,建立满足监管统计工作需要的组织架构、工作机制和流程,明确职权和责任,实施问责和激励,评估监管统计管理的有效性和执行情况,推动监管统计工作有效开展和数据质量持续提升,并加强对分支机构监管统计数据质量的监督和管理。银行保险机构法定代表人或主要负责人对监管统计数据质量承担最终责任。

银行保险机构应建立包括数据源管理、统计口径管理、日常监控、监督检查、问题整改、考核评价在内的监管统计数据质量全流程管理机制,明确各部门数据质量责任。

2.组织架构要求与团队人员要求

对于银行法人机构,应明确并授权归口管理部门负责组织、协调和管理本机构监管统计工作,同时,银行法人机构各相关部门应承担与监管统计报送有关的业务规则确认、数据填报和审核、源头数据质量治理等工作职责;对于银行机构省级、地市级分支机构,应明确统计工作部门;地市级以下分支机构应至少指定统计工作团队,负责组织开展本级机构的监管统计工作。

银行法人机构归口管理部门及其省级分支机构统计工作部门应设置监管统计专职岗位。地市级及以下分支机构可视实际情况设置监管统计专职或兼职岗位。相关岗位均应设立 A、B 角,人员数量、专业能力和激励机制应满足监管统计工作需要。

3.制度更新与备案

银行保险机构应及时制定并更新满足监管要求的监管统计内部管理制度和业务制度,在制度制定或发生重大修订后 10 个工作日内向原银保监会或其派出机构备案。其中,管理制度应包括组织领导、部门职责、岗位人员、信息系统保障、数据编制报送、数据质量管控、检查评估、考核评价、问责与激励、资料管理、数据安全保护等方面。业务制度应全面覆盖常规监管统计数据要求,对统计内容、口径、方法、分工和流程等方面做出统一规定。

（六）监管统计监督管理

1. 内容

原银保监会及其派出机构依据有关规定和程序对银行保险机构监管统计工作情况进行监督检查，内容包括：

(1)监管统计法律法规及相关制度的执行；

(2)统计相关组织架构及其管理；

(3)相关岗位人员配置及培训；

(4)内部统计管理制度和统计业务制度建设及其执行情况；

(5)相关统计信息系统建设，以及统计信息系统完备性和安全性情况；

(6)监管统计数据质量及其管理；

(7)监管统计资料管理；

(8)监管统计数据安全保护情况；

(9)与监管统计工作相关的其他情况。

2. 处罚

原银保监会及其派出机构采取非现场或现场方式实施监管统计监督管理。对违反《银行保险监管统计管理办法》规定的银行保险机构，原银保监会及其派出机构可依法依规采取监督管理措施或者给予行政处罚。

银行保险机构违反《银行保险监管统计管理办法》规定，有下列行为之一的，分别依据《中华人民共和国银行业监督管理法》《中华人民共和国保险法》《中华人民共和国商业银行法》等法律法规予以处罚；构成犯罪的，依法追究刑事责任：

(1)编造或提供虚假的监管统计资料；

(2)拒绝接受依法进行的监管统计监督检查；

(3)阻碍依法进行的监管统计监督检查。

银行保险机构违反《银行保险监管统计管理办法》上述规定的，银保监会及其派出机构分别依据《中华人民共和国银行业监督管理法》《中华人民共和国保险法》《中华人民共和国商业银行法》等法律法规对有关责任人员采取监管措施或予以处罚。

（七）数据数字化与数据安全

原银保监会及其派出机构、银行机构应不断提高监管统计信息化水平，充分合理利用先进信息技术，满足监管统计工作需要。银行机构应建立满足监管统计工作需要的信息系统，提高数字化水平，充分运用数据分析手段，对本机构监管统计指标变化情况开展统计分析和数据挖掘应用，充分发挥监管统计资料价值。

银行业监管统计工作及资料管理应严格遵循保密、网络安全、数据安全、个人信息保护等有关法律法规、监管规章和标准规范。相关单位和个人应依法依规严格予以保密,保障监管统计数据安全。银行机构应加强监管统计资料的存储管理,建立全面、严密的管理流程和归档机制,保证监管统计资料的完整性、连续性、安全性和可追溯性。银行机构向境外机构、组织或个人提供境内采集、存储的监管统计资料,应遵守国家有关法律法规及行业相关规定。

四、中国银行业监管指标

商业银行风险监管核心指标分为三个层次,即风险水平、风险迁徙和风险抵补。

(一)风险水平类指标

风险水平类指标包括流动性风险指标、信用风险指标、市场风险指标和操作风险指标,以时点数据为基础,属于静态指标。

1. 流动性风险指标

流动性风险指标衡量商业银行流动性状况及其波动性,包括流动性比例、核心负债比例和流动性缺口率,按照本币和外币分别计算。

(1)流动性比例为流动性资产余额与流动性负债余额之比,衡量商业银行流动性的总体水平,不应低于25%。

(2)核心负债比例为核心负债与负债总额之比,不应低于60%。

(3)流动性缺口率为90天内表内外流动性缺口与90天内到期表内外流动性资产之比,不应低于—10%。

2. 信用风险指标

信用风险指标包括不良资产率、单一集团客户授信集中度、全部关联度三类指标。

(1)不良资产率为不良资产与资产总额之比,不应高于4%。该项指标为一级指标,包括不良贷款率一个二级指标;不良贷款率为不良贷款与贷款总额之比,不应高于5%。

(2)单一集团客户授信集中度为最大一家集团客户授信总额与资本净额之比,不应高于15%。该项指标为一级指标,包括单一客户贷款集中度一个二级指标;单一客户贷款集中度为最大一家客户贷款总额与资本净额之比,不应高于10%。

(3)全部关联度为全部关联授信与资本净额之比,不应高于50%。

3. 市场风险指标

市场风险指标衡量商业银行因汇率和利率变化而面临的风险,包括累计外汇敞口头寸比例和利率风险敏感度。

(1)累计外汇敞口头寸比例为累计外汇敞口头寸与资本净额之比,不应高于20%。具备条件的商业银行可同时采用其他方法(比如债险价值法和基本点现值法)计量外汇风险。

（2）利率风险敏感度为利率上升200个基点对银行净值的影响与资本净额之比，指标值将在相关政策出台后根据风险监管实际需要另行制定。

4. 操作风险指标

操作风险指标衡量由于内部程序不完善、操作人员差错或舞弊以及外部事件造成的风险，表示为操作风险损失率，即操作造成的损失与前三期净利息收入加上非利息收入平均值之比。

(二) 风险迁徙类指标

风险迁徙类指标衡量商业银行风险变化的程度，表示为资产质量从前期到本期变化的比率，属于动态指标。风险迁徙类指标包括正常贷款迁徙率和不良贷款迁徙率。

（1）正常贷款迁徙率为正常贷款中变为不良贷款的金额与正常贷款之比，正常贷款包括正常类和关注类贷款。该项指标为一级指标，包括正常类贷款迁徙率和关注类贷款迁徙率两个二级指标。正常类贷款迁徙率为正常类贷款中变为后四类贷款的金额与正常类贷款之比，关注类贷款迁徙率为关注类贷款中变为不良贷款的金额与关注类贷款之比。

（2）不良贷款迁徙率包括次级类贷款迁徙率和可疑类贷款迁徙率。次级类贷款迁徙率为次级类贷款中变为可疑类贷款和损失类贷款的金额与次级类贷款之比，可疑类贷款迁徙率为可疑类贷款中变为损失类贷款的金额与可疑类贷款之比。

(三) 风险抵补类指标

风险抵补类指标衡量商业银行抵补风险损失的能力，包括盈利能力、准备金充足程度和资本充足程度三个方面。

（1）盈利能力指标包括成本收入比、资产利润率和资本利润率。成本收入比为营业费用加折旧与营业收入之比，不应高于45%；资产利润率为税后净利润与平均资产总额之比，不应低于0.6%；资本利润率为税后净利润与平均净资产之比，不应低于11%。

（2）准备金充足程度指标包括资产损失准备充足率和贷款损失准备充足率。资产损失准备充足率为一级指标，为信用风险资产实际计提准备与应提准备之比，不应低于100%；贷款损失准备充足率为贷款实际计提准备与应提准备之比，不应低于100%，属二级指标。

（3）资本充足程度指标包括核心资本充足率和资本充足率，核心资本充足率为核心资本与风险加权资产之比，不应低于4%；资本充足率为核心资本加附属资本与风险加权资产之比，不应低于8%。

我国商业银行主要监管指标情况见表12-1。对表12-1中指标的解释见表12-2。

表 12-1　　我国商业银行主要监管指标情况　　金额单位：亿元

	2023 年第三季度	2023 年第四季度
（一）信用风险指标		
不良贷款余额	32 246	32 256
其中：次级类贷款	13 677	13 187
可疑类贷款	11 919	11 413
损失类贷款	6 649	7 656
不良贷款率	1.61%	1.59%
其中：次级类贷款率	0.68%	0.65%
可疑类贷款率	0.60%	0.56%
损失类贷款率	0.33%	0.38%
贷款损失准备	67 034	66 170
拨备覆盖率	207.89%	205.14%
（二）流动性指标		
流动性比例	65.15%	67.88%
存贷比	78.20%	78.69%
人民币超额备付金率	1.48%	2.23%
（三）效益性指标		
净利润	18 616	23 775
资产利润率	0.74%	0.70%
资本利润率	9.45%	8.93%
净息差	1.73%	1.69%
非利息收入占比	20.62%	19.93%
成本收入比	31.59%	35.26%
（四）资本充足指标		
核心一级资本净额	222 119	227 981
一级资本净额	255 058	262 142
资本净额	316 552	325 693
信用风险加权资产	1 989 711	2 006 892
市场风险加权资产	26 270	25 001
操作风险加权资产	121 552	124 377

续表

	2023 年 第三季度	2023 年 第四季度
核心一级资本充足率	10.36%	10.54%
一级资本充足率	11.90%	12.12%
资本充足率	14.77%	15.06%

五、《巴塞尔协议Ⅲ》在中国的实施进展

自 2009 年我国正式加入巴塞尔委员会以来，监管部门紧跟《巴塞尔协议》监管规则发布及后续的修订和补充，出台了一系列国内监管标准，推动了《巴塞尔协议Ⅲ》在国内的逐步落地与实施。2010 年，《中国银监会关于中国银行业实施新监管标准的指导意见》根据《巴塞尔协议Ⅲ》确定的银行资本和流动性监管新标准，在全面评估现行审慎监管制度有效性的基础上，提高资本充足率、杠杆率、流动性、贷款损失准备等监管标准，建立更具前瞻性的、有机统一的审慎监管制度安排，增强银行业金融机构抵御风险的能力。2012 年，在《巴塞尔协议Ⅲ》框架基础上，我国制定推出了《商业银行资本管理办法（试行）》，此后结合金融行业发展情况，先后在资本监管、流动性风险控制、系统重要性银行监管、杠杆率控制等方面制定了相关具体措施，如 2015 年《商业银行杠杆率管理办法（修订）》、2016 年宏观审慎评估体系（MPA 考核）、2018 年《商业银行流动性风险管理办法》、2019 年《商业银行净稳定资金比例信息披露办法》、2021 年《系统重要性银行附加监管规定（试行）》等，认真组织实施《巴塞尔协议Ⅲ》。[①]

其中，2022 年，我国监管机构为进一步增强应对风险的能力，提高管理质效，针对《巴塞尔协议Ⅲ》的内容对《商业银行资本管理办法（试行）》进行了相关修订，形成了 2023 年 2 月面世的《商业银行资本管理办法（征求意见稿）》（《巴塞尔协议Ⅲ》中国版）。2023 年 11 月，国家金融监督管理总局发布《商业银行资本管理办法》，自 2024 年 1 月 1 日起正式实施。这一新规在我国银行业监管体系有效性建设中具有里程碑意义，其遵循宏观审慎与微观审慎监管有机统一、长期影响与短期效应相互兼顾的总体思路，监管规则和标准既与国际监管标准接轨，又符合国内银行业实际，是我国银行业中长期稳健发展的基本审慎监管制度。

（一）差异化资本监管规则

2012 年，在《商业银行资本管理办法（试行）》发布实施之际，我国有 500 余家商业

[①] 王秀华：《〈巴塞尔协议〉发展历程及我国实施的对策建议》，《清华金融评论》2023 年第 12 期，第 71—74 页。

银行,其中中小银行达 400 多家,并以城市商业银行和农村商业银行为主。2020 年末,我国商业银行数量达到 1 740 家,其中中小银行有 1 600 余家。《商业银行资本管理办法(试行)》对中小银行适用性不足的现象逐渐显现,更多的中小银行面临较大的合规成本和压力。有鉴于此,《商业银行资本管理办法》在不放松监管标准的前提下,构建了差异化的资本监管体系,符合国内不同银行的发展特点和趋势,受到银行业的欢迎和支持,体现了资本监管创新的本地化尝试。按照分类监管和同质同类可比较的思路,《商业银行资本管理办法》参照系统重要性银行评估指标以及恢复与处置计划来制定银行分档标准,以"杠杆率分母(调整后的表内外资产余额)"和"境外债权债务余额"衡量银行规模和国际活跃程度,区分银行的重要程度和风险差异,将银行划分为三档,并适用不同的资本监管方案。方案不降低资本要求,适当减轻中小银行合规成本,在保持银行业整体稳健的前提下,激发中小银行的金融活水作用。

1. 第一档商业银行

该档商业银行的上年末并表口径杠杆率分母为 5 000 亿元(含)人民币以上,或上年末境外债权债务余额为 300 亿元(含)人民币以上且占杠杆率分母的比例不低于 10%。经初步测算,2020 年末第一档商业银行有 51 家,资产规模占比约为 82%,涵盖所有国内系统重要性银行,包括全部国有大型银行和股份制银行,以及头部城市商业银行、农村商业银行、部分外资法人银行。

第一档银行规模大、业务复杂、国际活跃度高、数据基础较好,要求对标《巴塞尔协议Ⅲ》新监管规则,适用风险敏感度较高、计算较为复杂的资本计量方法,满足最低资本、储备资本和逆周期资本要求及 G-SIB 附加资本要求。信用风险方面,适用内部评级法和新权重法;市场风险方面,适用新内部模型法和新标准法;操作风险方面,适用新标准法。我国银行以传统信贷业务为主,第一档银行中市场风险相关业务参与度低且满足一系列条件的,也允许采用市场风险简化标准法。

2. 第二档商业银行

该档商业银行的上年末并表口径杠杆率分母超过 100 亿元(含)人民币且不属于第一档银行,或上年末杠杆率分母小于 100 亿元人民币且境外债权债务余额大于 0。经初步测算,2020 年末第二档商业银行有 1 003 家,资产规模占比约为 17%,主要是中小型银行,包括大部分城市商业银行、农村商业银行和外资法人银行,以及全部民营银行。

与第一档银行相比,第二档银行规模不大、业务复杂度相对较低、具有一定国际活跃度、风险管理精细化程度有待提升,实施与第一档相同的相对复杂的计量方法挑战较大,因此,采用相对简化但标准审慎的资本监管规则。其中,信用风险方面采用权重法简化方案,如,不对交易对手银行开展标准信用风险评估,不区分"投资级"公司,不划分专业贷款、合格资产担保债券、房地产风险暴露等,风险权重与《商业银行资本管理办法(试行)》大体一致;市场风险计量适用简化标准法,计量规则与现行市场风险标准法基本相同;操作风险计量适用基本指标法,基于总收入计量资本要求。

3. 第三档商业银行

该档商业银行的上年末并表口径杠杆率分母小于 100 亿元人民币且境外债权债务余额为 0。经初步测算,2020 年末第三档商业银行有 686 家,资产规模占比约为 1%,主要是小微型的农村商业银行。

《商业银行资本管理办法》简化了资本层级,与第一档和第二档银行一致,保持核心一级资本充足率不低于 7.5%。第三档银行资本构成主要为实收资本、利润留存和超额拨备,其他资本工具较少,《商业银行资本管理办法》强化了核心一级资本的损失吸收作用,鼓励加大利润留存和充足计提拨备,尝试从根本上解决该类机构公开发行资本补充工具的现实难题;专门设置单独的风险加权资产计量规则,区分大额、小额客户和异地贷款,提高大额客户和异地贷款风险权重,引导其服务县域,支农支小。

(二)信用风险计量逻辑

信用风险计量主要包括权重法和内部评级法,计量规则各有不同程度的变化。《商业银行资本管理办法》旨在增强权重法的敏感性,优化内部评级法,提高银行间不同方法的可比性。

1. 权重法计量更为精细

风险权重是权重法的计量基础。与现行方法相比,风险权重计量规则发生较大变化,计量逻辑向内部评级法靠拢,规则更为精细,权重分档设置。计量的基础逻辑在于:划分风险暴露,根据风险暴露的主要特征,引入典型的风险驱动因子,细化并设置差异化的风险权重,使风险权重更为精准地反映不同资产的风险水平。考虑国情实际,并与宏观导向衔接,《商业银行资本管理办法》以《巴塞尔协议Ⅲ》信用风险标准法计量框架为基础,重点对地方政府债、金融机构、房地产、中小企业及资管业务等重点领域设计了审慎、因地制宜的风险计量规则。

一是优化地方政府债的风险权重。我国地方政府债为规模最大的债券品种,且专项债发行规模已超过一般债。受《中华人民共和国预算法》管理和约束,地方政府债整体风险较低,仅次于国债。其中,一般债属于法定债务,由地方政府一般公共预算偿还,偿债风险更低。《商业银行资本管理办法》区分地方政府一般债和专项债,体现了不同类型地方政府债的风险差异,将一般债的风险权重由原来的 20% 下调至 10%,专项债维持 20% 不变,一定程度上鼓励银行投资地方政府债,同时避免影响银行投资其他债券的积极性。

二是提高银行同业的风险权重。全球金融危机后,各国对银行的同业融资风险给予了高度关注。此前,部分国内银行同业业务发展迅速,蕴藏风险,监管部门及时予以严格规范和监管。基于前期监管经验,《商业银行资本管理办法》调整了同业业务的资本占用,进一步减少资金在金融体系空转和防范脱实向虚。《商业银行资本管理办法》根据交易对手银行的资本达标情况,将银行划分为四类,分别适用20%～150%多个档次的风险权重,其中,3个月以内的风险暴露可适用较低的风险权重。新权重较原来20%和25%的权重上升,缩小了银行对公司和对同业风险权重之间的差异,引导资金加强服务实体经济。

三是提升房地产风险权重的敏感度。单列房地产风险暴露,纳入所有以房地产抵押的风险暴露,细分为居住用房抵押、商业房抵押和房地产开发三类,分别设置不同权重。对房地产抵押贷款,在符合已完工、法律上可执行等一系列审慎管理要求的前提下,区分房产类型和还款来源,基于贷款价值比(LTV)设置了20%～150%多个档次的风险权重;认可符合条件的房地产的风险缓释作用,同时结合房地产业实际风险,细化风险权重设置。对于房地产开发贷款,规定优惠权重的适用标准,强调银行要加强债务人偿还能力的评估、项目资本金的审查监督和贷后管理。总体看,房地产风险权重设置体现了"房住不炒"宏观导向,兼顾房地产业合理融资需求和维护房地产市场健康平稳发展的需要。

四是细化公司风险暴露和风险权重。在现有公司风险暴露和权重基础上,增设"投资级公司"和"中小企业"风险暴露类别,分别适用75%和85%的优惠权重,鼓励银行加大对优质企业和中小企业的支持。其中,投资级公司应符合一系列较高的定性和定量要求,中小企业应符合相应的企业划型标准和营业收入要求。延续普惠小微企业75%的优惠风险权重,保持银行服务小微企业的力度不变。

五是明确资管产品等业务的资本要求。明确资产证券化和资管产品的资本计提要求,强调落实"应穿尽穿"的"穿透"原则。根据对基础资产信息掌握的充分程度,适用不同的资本计量规则。对于基础信息披露不足或掌握不多的资产,适用较为严格的计量方法和更高的风险权重(最高为1250%的风险权重),引导银行降低业务复杂度。考虑衍生工具交易对手信用恶化可能导致的潜在损失和连环违约,增加信用估值调整(CVA)的资本要求,确保银行将所有可能承担的风险纳入资本覆盖范围。

2. 内部评级法计量更为优化

内部评级法计量监管资本,采用了组合不变性的假设,对风险分散效应不显著或具有低违约特征的风险暴露组合,计量结果并不能完全反映银行应承担的风险水平。对此,《巴塞尔协议Ⅲ》保留内部评级法方法论和计量逻辑不变,调整了适用范围和风险参数估计要求,提高不同银行内部模型计量结果的可比性。《商业银行资本管理办法》纳入这一优化内容,并根据我国实际合理调整了部分机构的风险暴露分类。

一是限制内部评级法适用范围。不允许银行对股权风险暴露采用内部评级法；鉴于金融机构和超大型企业的风险暴露属于低违约资产组合，难以审慎估计内部评级的风险参数，不允许对金融机构和超大型企业（近三年营业收入平均值超过30亿元人民币）采用高级内部评级法，仅允许采用初级内部评级法。

二是调整内部评级风险参数。对于违约概率（PD），重新设置底线，规定合格循环零售（非交易类）的PD估计值不低于0.1%，公司、金融机构及其他风险暴露的PD估计值不低于0.05%。对于违约损失率（LGD），在非零售初级内部评级法下，将无合格抵质押品覆盖的风险暴露LGD监管给定值下调为40%，降低有合格抵质押品覆盖的风险暴露LGD监管给定值，提高抵质押品折扣系数，取消最低和超额抵质押水平的要求；在非零售高级内部评级法下，新增公司风险暴露LGD估计值底线，要求无抵押的风险暴露LGD估计值不低于25%，以房地产、应收账款为抵质押品的风险暴露LGD估计值不低于10%。对违约风险敞口（EAD），设置估计值底线，调整估值方法。

三是优化其他规则。调整风险暴露分类，将视同主权的公共部门实体（PSE）、合格多边开发银行（MDB）、开发性金融机构和政策性银行等划入主权风险暴露，其他多边开发银行（如新开发银行）划归金融机构风险暴露；将合格循环零售风险暴露细分为交易者和循环信用两个子类。调整金融机构相关系数，对除系统重要性银行之外的中小银行，豁免相关性系数（R）再乘以1.25倍的要求。取消对内部评级法所计量风险加权资产的1.06倍校准系数。

（三）市场风险计量逻辑

市场风险资本计量应充分反映交易账簿下金融工具市场价格波动带来的非预期损失，确保银行持有足够资本与之匹配。2008年金融危机反映了市场风险所计提的资本不足以覆盖损失，计量框架存在原则性、结构性的问题。虽然巴塞尔委员会在2009年紧急对市场风险计量框架进行了改革，但没有根本解决缺陷问题。比如，银行账簿与交易账簿的划分标准不清晰，标准法缺乏风险敏感性，内部模型法无法估算市场流动性消失的影响等。《商业银行资本管理办法（试行）》借鉴了2009年巴塞尔委员会的改革成果，存在同样的不足。经过多年的研究和修改，巴塞尔委员会于2019年推出新的市场风险计量框架和规则，对原有计量逻辑进行了全面修改。与欧美发达经济体相比，当前阶段我国金融市场业务相对落后，金融产品种类较少，复杂程度较低。出于审慎考虑和未来发展需要，《商业银行资本管理办法》全面引入了《巴塞尔协议Ⅲ》的市场风险计量规则，主要包括：

1. 严格划分银行账簿和交易账簿

一是坚持将"以交易为目的"作为交易账簿划分的必要条件。基于持有金融工具的目的，明确了须纳入交易账簿和银行账簿的工具，以及应纳入交易账簿的金融工具

("推测清单")。例如,对于一些金融工具,除非银行能够证明其并非"以交易为目的持有"并获得监管部门批准,原则上应被划分至交易账簿。二是严格限制交易账簿和银行账簿之间的工具划转,只有在特殊情况下,银行提供证据并经监管认定,才可以实现交易账簿和银行账簿之间的划转。因账簿重新划分而导致资本计提减少的,应予补回。三是针对信用风险、股票风险、一般利率风险从银行账簿到交易账簿的内部风险转移进行了规范,明确了内部风险转移要求。

2. 标准法计量更加敏感

新标准法市场风险资本要求为敏感度资本要求、违约风险资本要求和剩余风险附加资本要求三部分之和。敏感度资本要求方面,通过确定每类金融工具的 Delta、Vega 和 Curvature 风险敏感度,根据相关性和风险权重进行风险加权汇总,得出每个风险类别的资本要求,简单加总后得到总资本要求。违约风险资本要求方面,计量范围为涉及信用利差风险的工具,其结果为不同风险权重对应的违约损失的简单加总。剩余风险附加资本要求用于捕捉未被前两个部分所捕捉的风险,计量方式为名义本金乘以风险权重。此外,考虑新标准法对银行数据和 IT 系统提出了较高要求,《商业银行资本管理办法》明确了简化标准法规则,即在现行标准法的资本要求基础上进行了相应的乘数调整。

3. 内部模型法更能捕捉尾部损失

进一步完善内部模型法的准入和计量规则,提高内部模型法评估风险的有效性。一是将内部模型的实施对象从银行层级细化至交易台层级,且只有通过损益归因测试和返回检验测试的交易台,才能够使用内部模型法计量资本,既限制了银行资本计提的套利行为,又有助于避免内部模型法资本计量结果的大幅波动。二是采用预期尾部损失(ES)方法替代风险价值(VaR)方法和压力风险价值方法,从而更全面、有效地捕捉尾部风险。三是引入违约风险资本(DRC)要求,替代新增风险资本(IRC),提高了模型计量结果的可比性。四是引入压力资本附加,覆盖不可建模风险因子的资本计提。对于不可建模风险因子,使用至少与预期尾部损失模型一样审慎的压力情景进行资本计量。

(四)操作风险计量逻辑

金融危机期间,一些大型银行因不当交易引发的损失及监管罚款数额巨大,持有的资本不能有效覆盖操作风险损失。有鉴于此,《商业银行资本管理办法》全面引入了《巴塞尔协议Ⅲ》对操作风险新标准法的计量框架,取代了现行标准法和高级计量法。新标准法既考虑了现行标准法的简单性,又借鉴高级计量法中内部损失数据的潜在预测作用,是现行标准法和高级计量法的一种组合优化。新标准法以业务指标为基础,基于内部损失乘数进行调整,较现行标准法提升了风险敏感性,较高级计量法更简单且具有可比性。同时，《商业银行资本管理办法》考虑我国银行业操作风险管理水平，对银行使用自行估计的内部损失乘数设置了底线。

1. 重新选取业务指标

以更具风险敏感性的业务指标（BI）取代总收入（GI），作为银行业务规模的替代性指标，业务指标由利息、租赁和分红部分（ILDC）、服务部分（SC）以及金融部分（FC）相加获得，体现了商业银行整体业务规模所蕴含的操作风险规模。

2. 规定边际资本系数

业务指标划分为80亿元（含）以下、80亿～2 400亿元（含）和2 400亿元以上三个区间，对应设置三个累进层级的边际资本系数12%、15%、18%，反映了操作风险资本占用与银行规模的非线性关系。业务指标和边际资本系数相乘获得业务指标部分（BIC）。

3. 引入内部损失乘数（LIM）

内部损失乘数基于操作风险损失部分（LC）与业务指标部分获得，是资本计量的调整因子，其中，操作风险损失部分（LC）等于过去10年操作风险损失算术平均值的15倍。在通过监管部门验收的前提下，业务指标部分与内部损失乘数相乘，即为操作风险的资本要求。银行规模越大，操作风险资本要求越高；操作风险导致的历史损失越大，操作风险资本要求越高。未获得监管部门验收，内部损失乘数为监管给定值1。

4. 提高损失数据要求

内部损失数据质量是新标准法准确、审慎计量的前提。一是原则上应具备10年观察期的高质量损失数据。二是损失数据应全面覆盖所有重要业务活动，并根据业务指标设置损失事件统计的金额起点。三是具有书面规定的识别、收集和处理损失数据的程序和流程，并在使用损失数据之前，对这些流程和程序进行验证及定期内外部审计。四是损失数据与损失事件类型目录建立对应关系，并予以报告。五是除损失金额信息外，还应收集损失事件的发生时间、发现时间、记账时间，以及对损失金额发生抵补的信息及损失事件发生原因的信息等。[①]

第二节　保险监管统计

一、保险监管及其必要性

保险监管是指政府根据保险法律设立政府保险行政管理机构，由政府保险行政管

[①] 国家金融监督管理总局资本监管研究课题组：《商业银行资本监管改革研究——兼评资本新规实施挑战与应对》，《金融监管研究》2023年第11期，第1—23页。

理机构负责制定具体的保险法规,并对保险产品提供者的资格和经营状况、保险产品的内容和设计、保险合同的条款和格式、保险费率、保险市场行为进行日常的审批、监督、检查和指导。

严格的保险监管非常重要,这是因为商业保险是一项对公共利益产生重大影响的商业行为。商业保险对公共利益之所以有着重大影响,主要有三个方面的原因:第一,商业保险覆盖面巨大;第二,商业保险的本质是安全保障;第三,商业保险中存在着买卖双方的不平等交易地位。

二、保险监管的目的

(一) 保护保险消费者

1. 保证风险社会化机制的安全可靠性

商业保险是社会分工的一种形式,保险人把众多面临同一风险的个人或单位集中起来,根据概率和大数法则原理,预期损失发生的可能性,计算出为弥补这些损失,每一个别单位应当分担的数额,并收取相对少量的经营费用,建立应付风险损失的保险基金,保险人把他的风险相对均衡地转移给了全部被保险人。从全社会角度看,保险人在这里建立了一种对减低经济风险进行组织、管理、计算、研究、资金转移和监督的机制,提供了一种风险管理服务。通过这种保险机制,把原来由家庭内部或单位内部消化的风险转为由全体参加保险的人共同分担,这种风险社会化的机制必须安全可靠地运行,否则就达不到参加保险的目的。保险行政管理的首要目的就是要保证风险社会化机制的安全可靠性。

2. 保证保险市场的公正、公平和公开

保险人必须公正、公平和公开地对待他的全部被保险人或保单持有人。任何保险人都不能通过与风险本身无关的方式不公正地对待某一部分被保险人或保单持有人。例如,对某一种族或地区的人采用歧视性费率,即高于根据实际风险他们应当合理承担的份额,意在排斥这些人投保。对面临相同风险的人必须进行相同的风险分类,并采用相同的保险费率。保险人必须在处理索赔、保险相关服务和保险代理人的市场行为方面,采用相同的标准,避免歧视性对待个别被保险人或保单持有人。保险人不能通过垄断的方式,使被保险人或保单持有人缴纳的保费高于保险人承保责任的合理成本。

3. 保证保险产品的可提供性

保证保险产品的可提供性是指在非法定强制保险的情况下,任何人愿意购买保险,保险产品应该能够满足他的保险基本需求。保险产品的可提供性不充分可以有多种表现,例如,限制性承保规定,取消保单或拒绝续保,保险人从某一地区撤出保险业务等。不过,对保险的行政管理并不能强迫保险人在亏损的情况下继续经营保险业务,因为这最终会损害被保险人的利益。在这种情况下,保险行政管理常常会采用建立保险替代市场、社会保险或政府保险的方式保证保险产品的可提供性。

(二)监督和保护保险产品的提供者

1. 监督保险产品提供者的财务状况

保证和不断加强保险人的偿付能力一直是保险行政管理的最重要目标之一,它具有重要的经济和社会意义。监督保险产品提供者的财务状况贯穿于保险业法的始终,例如,对保险公司组织形式的管理,对资本和盈余的要求,对准备金的要求,财务状况披露和检查制度,以及投资限制等。

2. 保证保险市场的健康有序竞争

保险行政管理必须保证保险市场的健康有序竞争。商业保险市场既不能是一个垄断市场,也不能是一个完全竞争的市场。垄断会损害保险消费者的利益,阻碍保险消费者以合理的价格获得他们所需要的保障;完全竞争同样会损害保险消费者的利益,例如,毫无限制地降低保费会损害保险人的偿付能力,最终损及保险消费者所需要的保障。因此,保险行政管理一方面要保证保险市场的公平准入和法律准许的公平竞争;另一方面通过对保险合同条款和保险费率的审批制度,将保险市场上的竞争限制在一定的范围之内。通过对合法经营的保险产品提供者的监督和保护,最终维护广大保险消费者的利益。

三、保险公司应具备的偿付能力

按照原银保监会2021年1月发布的《保险公司偿付能力管理规定》,偿付能力是指保险公司对保单持有人履行赔付义务的能力。保险公司应当建立健全偿付能力管理体系,有效识别管理各类风险,不断提升偿付能力风险管理水平,及时监测偿付能力状况,编报偿付能力报告,披露偿付能力相关信息,做好资本规划,确保偿付能力达标。原银保监会以风险为导向,制定定量资本要求、定性监管要求、市场约束机制相结合的偿付能力监管具体规则,对保险公司偿付能力充足率状况、综合风险、风险管理能力进行全面评价和监督检查,并依法采取监管措施。

(一)偿付能力监管指标

1. 核心偿付能力充足率

核心偿付能力充足率是核心资本与最低资本的比值,衡量保险公司高质量资本的充足状况。其中,核心资本是指保险公司在持续经营和破产清算状态下均可以吸收损失的资本。最低资本是指基于审慎监管目的,为使保险公司具有适当的财务资源应对各类可量化为资本要求的风险对偿付能力的不利影响,所要求保险公司应当具有的资本数额。

2. 综合偿付能力充足率

综合偿付能力充足率是实际资本与最低资本的比值，衡量保险公司资本的总体充足状况。其中，实际资本是指保险公司在持续经营或破产清算状态下可以吸收损失的财务资源。

3. 风险综合评级

风险综合评级是对保险公司偿付能力综合风险的评价，衡量保险公司总体偿付能力风险的大小，分为四个类别：

(1)A类公司：偿付能力充足率达标，且操作风险、战略风险、声誉风险和流动性风险小的公司；

(2)B类公司：偿付能力充足率达标，且操作风险、战略风险、声誉风险和流动性风险较小的公司；

(3)C类公司：偿付能力充足率不达标，或者偿付能力充足率虽然达标，但操作风险、战略风险、声誉风险和流动性风险中某一类或几类风险较大的公司；

(4)D类公司：偿付能力充足率不达标，或者偿付能力充足率虽然达标，但操作风险、战略风险、声誉风险和流动性风险中某一类或几类风险严重的公司。

我国保险业偿付能力主要监管指标情况见表12—3。

表12—3　　　　　　　　2023年我国保险业偿付能力状况

指标/机构类别		第一季度末	第二季度末	第三季度末	第四季度末
综合偿付能力充足率(%)	保险公司	190.3	188	194	197.1
	财产保险公司	227.1	224.6	232	238.2
	人身保险公司	180.9	178.7	184.1	186.7
	再保险公司	277.7	275.2	278.3	285.3
核心偿付能力充足率(%)	保险公司	125.7	122.7	126	128.2
	财产保险公司	196.6	193.7	200	206.2
	人身保险公司	109.7	106.5	108.6	110.5
	再保险公司	240.9	239.3	242.3	245.6
风险综合评级(家)	A类公司	53	55	55	—
	B类公司	105	104	106	—
	C类公司	16	15	14	—
	D类公司	11	12	12	—

(二)偿付能力达标标准

保险公司同时符合以下三项监管要求的,为偿付能力达标公司:第一,核心偿付能力充足率不低于50%;第二,综合偿付能力充足率不低于100%;第三,风险综合评级在B类及以上。不符合上述任意一项要求的,为偿付能力不达标公司。

(三)保险公司偿付能力管理

保险公司董事会和高级管理层对本公司的偿付能力管理工作负责;总公司不在中国境内的外国保险公司分公司的高级管理层对本公司的偿付能力管理工作负责。保险公司应当建立健全偿付能力风险管理的组织架构,明确董事会及其相关专业委员会、高级管理层和相关部门的职责与权限,并指定一名高级管理人员作为首席风险官负责偿付能力风险管理工作。保险公司应当通过聘用协议、书面承诺等方式,明确对于造成公司偿付能力风险和损失的董事和高级管理人员,公司有权追回已发的薪酬。未设置董事会及相关专业委员会的外国保险公司分公司,由高级管理层履行偿付能力风险管理的相关职责。

保险公司应当建立完备的偿付能力风险管理制度和机制,加强对保险风险、市场风险、信用风险、操作风险、战略风险、声誉风险和流动性风险等固有风险的管理,以有效降低公司的控制风险。固有风险是指在现有的正常的保险行业物质技术条件和生产组织方式下,保险公司在经营和管理活动中必然存在的客观的偿付能力相关风险。控制风险是指因保险公司内部管理和控制不完善或无效,导致固有风险未被及时识别和控制的偿付能力相关风险。

保险公司应当按照保险公司偿付能力监管具体规则,定期评估公司的偿付能力充足状况,计算核心偿付能力充足率和综合偿付能力充足率,按规定要求报送偿付能力报告,并对其真实性、完整性和合规性负责。保险公司应当按照原银保监会的规定开展偿付能力压力测试,对未来一定时间内不同情景下的偿付能力状况及趋势进行预测和预警,并采取相应的预防措施。

保险公司应当建立偿付能力数据管理制度,明确职责分工,完善管理机制,强化数据管控,确保各项偿付能力数据真实、准确、完整。保险公司应当按年度滚动编制公司三年资本规划,经公司董事会批准后,报送原银保监会及其派出机构。保险公司应建立发展战略、经营规划、机构设立、产品设计、资金运用与资本规划联动的管理决策机制,通过优化业务结构、资产结构,提升内生资本的能力,运用适当的外部资本工具补充资本,保持偿付能力充足。

(四)市场约束与监督

保险公司应当按照原银保监会制定的保险公司偿付能力监管具体规则,每季度公开披露偿付能力季度报告摘要,并在日常经营的有关环节,向保险消费者、股东、潜在投资者、债权人等利益相关方披露和说明其偿付能力信息。上市保险公司应当同时遵守证券监督管理机构相关信息披露规定。监管机构定期发布以下偿付能力信息：

(1)保险业偿付能力总体状况；

(2)偿付能力监管工作情况；

(3)原银保监会认为需要发布的其他偿付能力信息。

保险公司聘请的会计师事务所应当按照法律法规的要求，独立、客观地对保险公司偿付能力报告发表审计意见。精算咨询机构、信用评级机构、资产评估机构、律师事务所等中介机构在保险业开展业务，应当按照法律法规和执业准则要求，发表意见或出具报告。保险消费者、新闻媒体、行业分析师、研究机构等可以就发现的保险公司存在未遵守偿付能力监管规定的行为，向原银保监会反映和报告。

(五)监管评估与检查

监管机构及其派出机构通过偿付能力风险管理能力评估、风险综合评级等监管工具，分析和评估保险公司的风险状况。监管机构及其派出机构定期对保险公司偿付能力风险管理能力进行监管评估，识别保险公司的控制风险。保险公司根据评估结果计量控制风险的资本要求，并将其计入公司的最低资本。

监管机构及其派出机构通过评估保险公司操作风险、战略风险、声誉风险和流动性风险，结合其核心偿付能力充足率和综合偿付能力充足率，对保险公司总体风险进行评价，确定其风险综合评级，分为A类、B类、C类和D类，并采取差别化监管措施。监管机构可以根据保险业发展情况和监管需要，细化风险综合评级的类别。

监管机构及其派出机构建立以下偿付能力数据核查机制，包括：

(1)每季度对保险公司报送的季度偿付能力报告的真实性、完整性和合规性进行核查；

(2)每季度对保险公司公开披露的偿付能力季度报告摘要的真实性、完整性和合规性进行核查；

(3)对保险公司报送的其他偿付能力信息和数据进行核查。

其中，核心偿付能力充足率低于60%或综合偿付能力充足率低于120%的保险公司为重点核查对象。

监管机构及其派出机构对保险公司偿付能力管理实施现场检查，包括：

(1)偿付能力管理的合规性和有效性；

(2)偿付能力报告的真实性、完整性和合规性；

(3)风险综合评级数据的真实性、完整性和合规性；

(4)偿付能力信息公开披露的真实性、完整性和合规性；

(5)对原银保监会及其派出机构监管措施的落实情况；

(6)原银保监会及其派出机构认为需要检查的其他方面。

(六)监管措施

原银保监会及其派出机构根据保险公司的风险成因和风险程度,依法采取针对性的监管措施,以督促保险公司恢复偿付能力或在难以持续经营的状态下维护保单持有人的利益。

对于核心偿付能力充足率低于50%或综合偿付能力充足率低于100%的保险公司,监管机构应当采取以下第(1)项至第(4)项的全部措施:

(1)监管谈话;

(2)要求保险公司提交预防偿付能力充足率恶化或完善风险管理的计划;

(3)限制董事、监事、高级管理人员的薪酬水平;

(4)限制向股东分红。

监管机构还可以根据其偿付能力充足率下降的具体原因,采取以下第(5)项至第(12)项的措施:

(5)责令增加资本金;

(6)责令停止部分或全部新业务;

(7)责令调整业务结构,限制增设分支机构,限制商业性广告;

(8)限制业务范围、责令转让保险业务或责令办理分出业务;

(9)责令调整资产结构,限制投资形式或比例;

(10)对风险和损失负有责任的董事和高级管理人员,责令保险公司根据聘用协议、书面承诺等追回其薪酬;

(11)依法责令调整公司负责人及有关管理人员;

(12)原银保监会依法根据保险公司的风险成因和风险程度认为必要的其他监管措施。

对于采取上述措施后偿付能力未明显改善或进一步恶化的,由监管机构依法采取接管、申请破产等监管措施。同时,监管机构可以视具体情况,依法授权其派出机构实施必要的监管措施。

对于核心偿付能力充足率和综合偿付能力充足率达标,但操作风险、战略风险、声誉风险、流动性风险中某一类或某几类风险较大或严重的C类和D类保险公司,监管机构及其派出机构应根据风险成因和风险程度,采取针对性的监管措施。保险公司未按规定报送偿付能力报告或公开披露偿付能力信息的,以及报送和披露虚假偿付能力信息的,监管机构及其派出机构依据《中华人民共和国保险法》等对其进行处罚。

保险公司聘请的会计师事务所的审计质量存在问题的,监管机构及其派出机构视具体情况采取责令保险公司更换会计师事务所、行业通报、向社会公众公布、不接受审计报告等措施,并移交注册会计师行业行政主管部门处理。精算咨询机构、信用评级机构、资产评估机构、律师事务所等中介机构在保险业开展业务时,存在重大疏漏或出具的意见、报告存在严重质量问题的,监管机构及其派出机构视具体情况采取责令保险公司更换中介机构、不接受报告、移交相关部门处理等措施。

四、保险公司的最低资本与实际资本

(一)保险公司的最低资本

保险公司最低资本由三部分组成:

(1)可资本化风险最低资本,即保险风险、市场风险、信用风险对应的最低资本;

(2)控制风险最低资本,即控制风险对应的最低资本;

(3)附加资本,包括逆周期附加资本、系统重要性保险机构的附加资本以及其他附加资本。

保险公司应当按照偿付能力监管规则有关规定计量保险风险、市场风险和信用风险等可资本化风险的最低资本,并考虑风险分散效应和特定类别保险合同的损失吸收效应,计算公式如下:

$$MC^* = \sqrt{MC_{向量} \times M_{相关系数} \times MC_{向量}^T} - LA$$

式中:MC^*——可资本化风险整体的最低资本;$MC_{向量}$——保险风险、市场风险和信用风险的最低资本行向量;$M_{相关系数}$——相关系数矩阵;LA——特定类别保险合同的损失吸收效应调整。

1. 财产保险公司

财产保险公司的 $MC_{向量}$ 由 ($MC_{非寿险保险}$, $MC_{市场}$, $MC_{信用}$) 组成,其中:$MC_{非寿险保险}$ 为非寿险业务保险风险最低资本,$MC_{市场}$ 为市场风险最低资本,$MC_{信用}$ 为信用风险最低资本。

$M_{相关系数}$ 如表 12—4 所示。

表 12—4　　　　　　　　　$M_{相关系数}$ 的相关数据

相关系数	$MC_{非寿险保险}$	$MC_{市场}$	$MC_{信用}$
$MC_{非寿险保险}$	1	0.1	0.15
$MC_{市场}$	0.1	1	0.27
$MC_{信用}$	0.15	0.27	1

2. 人身保险公司

人身保险公司 $MC_{向量}$ 由 ($MC_{寿险保险}$, $MC_{非寿险保险}$, $MC_{市场}$, $MC_{信用}$) 组成,其中:$MC_{寿险保险}$ 为寿险业务保险风险最低资本,$MC_{非寿险保险}$ 为非寿险业务保险风险最低资

本，$MC_{市场}$为市场风险最低资本，$MC_{信用}$为信用风险最低资本。

$M_{相关系数}$如表 12—5 所示。

表 12—5　　　　　　　　　　$M_{相关系数}$的相关数据

相关系数	$MC_{寿险保险}$	$MC_{非寿险保险}$	$MC_{市场}$	$MC_{信用}$
$MC_{寿险保险}$	1	0.20	0.30	0.15
$MC_{非寿险保险}$	0.20	1	0.1	0.1
$MC_{市场}$	0.30	0.1	1	0.35
$MC_{信用}$	0.15	0.1	0.35	1

3.再保险公司

再保险公司 $MC_{向量}$由（$MC_{寿险再保险}$，$MC_{非寿险再保险}$，$MC_{市场}$，$MC_{信用}$）组成，其中：$MC_{寿险再保险}$为寿险再保险业务保险风险最低资本，$MC_{非寿险再保险}$为非寿险再保险业务保险风险最低资本，$MC_{市场}$为市场风险最低资本，$MC_{信用}$为信用风险最低资本。

$M_{相关系数}$如表 12—6 所示。

表 12—6　　　　　　　　　　$M_{相关系数}$的相关数据

相关系数	$MC_{寿险保险}$	$MC_{非寿险保险}$	$MC_{市场}$	$MC_{信用}$
$MC_{寿险保险}$	1	0.10	0.30	0.15
$MC_{非寿险保险}$	0.20	1	0.1	0.15
$MC_{市场}$	0.30	0.1	1	0.27
$MC_{信用}$	0.15	0.15	0.27	1

（二）保险公司的实际资本

保险公司的实际资本是指保险公司在持续经营或破产清算状态下可以吸收损失的财务资源。实际资本等于认可资产减去认可负债后的余额。保险公司的认可资产是指处置不受限制，并可用于履行对保单持有人赔付义务的资产。保险公司的认可负债是指保险公司无论在持续经营状态还是破产清算状态下均需要偿还的债务，以及超过监管限额的资本工具。

1.认可资产表及编表说明

认可资产表如表 12—7 所示。

表 12—7　　　　　　　　　　　　　　　　认可资产表

编报单位：　　　　　　　　　　　　　2023年×月×日　　　　　　　　　　　　　单位：万元

	本年			上年
	账面价值(1)	非认可价值(2)	净认可价值(3)＝(1)－(2)	净认可价值(4)
①银行存款				
其中:存出资本保证金				
②政府债券				
③金融债券				
④企业债券				
⑤股权投资				
其中:上市股票				
⑥证券投资基金				
⑦保单质押贷款				
⑧买入返售证券				
⑨拆出资金				
⑩现金				
⑪其他投资资产				
⑫融资资产风险扣减				
⑬现金和投资资产小计				
⑭应收保费				
⑮应收分保账款				
⑯应收利息				
⑰预付赔款				
⑱存出分保准备金				
⑲其他应收款				
⑳应收预付款项小计				
㉑固定资产				
㉒无形资产				
㉓其他资产				
㉔非独立账户资产小计				
㉕独立账户资产				
㉖资产合计				

对表内相关指标解释如下:

(1)账面价值是指报表项目在会计账簿上的记录价值(对需要计提坏账、跌价等减值准备的资产,账面价值为计提准备前的记录价值);非认可价值是指报表项目的账面价值中不被认可的价值;净认可价值是指报表项目的账面价值扣除非认可价值后的净值。

(2)在所有的资产中,只有那些可以被保险公司任意处置的可用于履行对保单持有人义务的资产,才能被确认为认可资产。保险公司的资产认可应符合以下三个原则:第一,确认原则,即保险公司的资产中,那些虽然具有经济价值但不能被用来履行对保单持有人的责任,或者由于抵押权限制或其他第三方权益的缘故而不能任意处置的资产,均不能被确认为认可资产。第二,谨慎原则,即对一项资产,如没有充分的证据表明其符合认可资产的定义,则应确认为非认可资产;保险公司在面临不确定因素的情况下对资产的估价进行判断时,应当保持应有的谨慎,充分估计到各种可能的风险和损失,避免高估资产。第三,合法原则,即所有违反法律、行政法规和原保监会规定而拥有或控制的投资资产及非投资资产,均为非认可资产。

(3)认可资产项目及其含义:

①银行存款。这是指保险公司在银行的各种存款。银行存款为认可资产,但有迹象表明以及公司预计到期不能支取的银行存款,应确认为非认可资产。公司在非银行金融机构的存款,不在此项反映。其中,存出资本保证金是保险公司按照《中华人民共和国保险法》规定,将注册资本金或营运资金的 20%,通过与商业银行签订专门的资本保证金存款协议的方式缴存的保证金。

②政府债券。这是指保险公司持有的、不带有返售协议的国债。短期国债投资按成本与市价孰低法计价;长期国债投资按摊余价值(面值加未摊销溢价之和或面值减未摊销折价之差)计价并计提长期投资减值准备。政府债券为认可资产。

③金融债券。这是指保险公司持有的由金融机构发行的债券。短期金融债券投资按成本与市价孰低法计价并计提短期投资跌价准备;长期金融债券投资按摊余价值(面值加未摊销溢价之和或面值减未摊销折价之差)计价并计提长期投资减值准备。金融债券为认可资产,但违反保监会比例限制持有的部分为非认可资产。

④企业债券。这是指保险公司持有的由非金融机构企业发行的债券。短期企业债券投资按成本与市价孰低法计价并计提短期投资跌价准备;长期企业债券投资按摊余价值(面值加未摊销溢价之和或面值减未摊销折价之差)计价并计提长期投资减值准备。目前保监会批准保险公司可购买的电力、铁路、三峡、电信通讯类企业债券为认可资产,但违反保监会比例限制持有的部分以及保险公司在《中华人民共和国保险法》实施前已经持有或者在《中华人民共和国保险法》实施后违规持有的其他企业债券均

为非认可资产。

⑤股权投资。这是指保险公司作为被投资单位的股东,以获取股利收入或资本利得为目的所进行的权益资本投资。短期股权投资按成本与市价孰低法计价并计提短期投资跌价准备;长期股权投资按历史成本计价并计提长期投资减值准备。股权投资为认可资产,但《中华人民共和国保险法》或《外资保险公司管理条例》实施后违规持有的股权投资为非认可资产。

⑥证券投资基金。这是指保险公司在证券交易所市场购买的各类证券投资基金。无论公司管理层是否有意长期持有,在认可资产表中,证券投资基金均作为短期投资核算,按照成本与市价孰低法计价并计提跌价准备。证券投资基金为认可资产,但违反保监会比例限制持有的部分为非认可资产。

⑦保单质押贷款。这是指保险公司按照保险合同向保单持有人提供的质押贷款余额。保单质押贷款为认可资产。

⑧买入返售证券。这是指保险公司在银行间拆借市场或交易所市场以合同或协议的方式,按一定的价格买入证券,到期日再按合同或协议的价格卖出该批证券,以获取买入价和卖出价的差价收入。买入返售证券为认可资产。

⑨拆出资金。这是指保险公司在《中华人民共和国保险法》实施前对外拆出或《中华人民共和国保险法》实施后违规拆出的资金。拆出资金为非认可资产。

⑩现金。现金为认可资产。

⑪其他投资资产。它包括不动产投资、在证券营业部等非银行金融机构的各类存款以及其他无法归入本表独立项目的投资资产。对《中华人民共和国保险法》实施前持有的不动产投资,以计提减值准备后的账面净额作为认可资产价值,减值准备列示于"非认可价值"栏内;在证券营业部的保证金存款为认可资产。

⑫融资资产风险扣减。这是保险公司因为从事证券回购交易而被用于质押的证券的价值,以及公司通过证券回购等方式融入资金购买的投资资产的风险扣减额。其"账面价值"计为零,"非认可价值"等于认可负债表中"卖出回购证券"余额的50%,"净认可价值"等于"账面价值"减去"非认可价值"。

⑬现金和投资资产小计。该项等于第①项至第⑫项的加总数。

⑭应收保费。这是指长期人身险业务以外的保险业务,按保险合同规定应向投保人收取而暂时未收取的保费。账龄小于1年的应收保费为认可资产,账龄等于或大于1年的应收保费为非认可资产。对账龄小于1年的应收保费,保险公司应合理预期其可收回程度,计提坏账准备并反映在"非认可价值"一栏内。

⑮应收分保账款。这是指保险公司开展分保业务而发生的各种应收未收款项。分保应收账款以扣除合理预期的坏账准备后的金额确认为认可资产,但不得超过最高

认可比例：账龄不长于3个月的，最高按账面价值的100%确认为认可资产；账龄不长于6个月的，最高按账面价值的70%确认为认可资产；账龄超过6个月但小于1年的，最高按账面价值的30%确认为认可资产；账龄等于或大于1年的，全额确认为非认可资产。

⑯应收利息。这是指保险公司的各类存款、债券、保单质押贷款等资产产生的应收或应计利息。如果生息的基础资产是认可资产，则相对应的应收利息也是认可资产；反之，则为非认可资产。

⑰预付赔款。这是指保险公司在处理各种赔案过程中按照合同约定预先支付的赔款。账龄不超过1年的预付赔款为认可资产，其余为非认可资产。

⑱存出分保准备金。这是指分保业务中分入公司按照合同约定存出的准备金。存出分保准备金最高按账面价值的80%确认为认可资产。

⑲其他应收款。这是指保险公司除应收保费、应收分保账款、应收利息以外的各种应收、暂付款项以及存出保证金。保险公司根据这些应收款项的可收回程度谨慎地计提坏账准备。外国保险公司分公司对总公司的应收款项为非认可资产。

⑳应收预付款项小计。该项等于第⑭项到第⑲项的加总数。

㉑固定资产。它包括固定资产净值、在建工程和固定资产清理科目的余额。保险公司按计提固定资产减值准备后的金额确认认可资产。固定资产确认为认可资产的最高金额为资产负债表中实收资本、资本公积、盈余公积三项之和的50%。

㉒无形资产。这是指保险公司以提供保险服务、对外出租或管理需要为目的而持有的没有实物形态的非货币性长期资产。在无形资产中，除土地使用权为认可资产外，其余均为非认可资产。如果有证据表明，土地使用权的预计可回收金额低于账面价值，则应对其计提减值准备。

㉓其他资产。这是指保险公司的材料物品、低值易耗品、待摊费用、递延资产、抵债物资、待处理固定资产净损失以及其他无法归入本报表独立项目的各类资产。其他资产为非认可资产。

㉔非独立账户资产小计。该项等于第⑬、⑳、㉑、㉒、㉓项的加总数。

㉕独立账户资产。这是指保险公司根据投资连结保险合同的约定而设立单独进行资金运用和核算的投资账户中的资产。投资连结保险投资账户内的投资资产，有市场价格的，应以市价计价。独立账户资产为认可资产。

㉖资产合计。该项等于第㉔项和第㉕项的加总。

需要说明的是：若保险公司的资金由集团控股公司集中投资，则控股公司和子公司均应建立良好的内控和核算制度，确保有关记录真实、完整和及时。控股公司集中持有的投资资产，应按照系统、合理的方法分配到子公司的认可资产表中。

2. 认可负债表及编表说明

认可负债表如表12-8所示。

表 12-8　　　　　　　　　　　　　　认可负债表

编报单位：　　　　　　　　　　　　2023年×月×日　　　　　　　　　　　单位：万元

项　目	本　年	上　年
①未到期责任准备金		
其中：未赚保费准备金		
保费不足准备金		
②未决赔款准备金		
其中：已发生未报告赔款准备金		
③长期财产险责任准备金		
④寿险责任准备金		
⑤长期健康险责任准备金		
⑥准备金负债小计		
⑦预收保费		
⑧保户储金		
⑨应付保户红利		
⑩累计生息保单红利		
⑪应付佣金		
⑫应付手续费		
⑬应付分保账款		
⑭预收分保赔款		
⑮存入分保准备金		
⑯应付工资和福利费		
⑰应交税金		
⑱保险保障基金		
⑲应付利润		
⑳卖出回购证券		
㉑其他负债		
㉒非准备金负债小计		
㉓独立账户负债		
㉔或有负债		
㉕认可负债合计		

对表内相关项目解释如下：

(1) 各负债项目，分为准备金负债、非准备金负债、独立账户负债和或有负债四大部分。

(2) 认可负债项目及其含义：

① 未到期责任准备金。这是指保险公司对保险期不超过1年的非寿险保单，为承担报表日后的保单责任而提取的赔款准备。未到期责任准备金由两部分组成，一是未赚保费准备金，二是保费不足准备金。未赚保费准备金是从未到期保单的自留保费中计提的尚未实现的保费收入。未赚保费准备金可以年（1/2法）、季（1/8法）、月（1/24法）和日（1/365法）为基础计提，但方法一经确定，就不得随意变更。如发生变更，应说明原因，并披露方法变更对未赚保费准备金的影响金额。如果提取的未赚保费准备金小于预期的未来赔付（含理赔费用），则应按其差额提取保费不足准备金。

② 未决赔款准备金。这是指保险公司对在保单有效期内发生的未决赔款提取的赔款准备。未决赔款准备金包括已发生已报告赔款准备金和已发生未报告赔款准备金。保险公司可按照《保险公司财务制度》的有关规定提取未决赔款准备金，但如果按照精算方法计算的准备金大于按照《保险公司财务制度》提取的准备金，则可取大者为报表数。

③ 长期财产险责任准备金。这是指保险期在一年以上的财产保险业务的责任准备金，包括对长期工程险、再保险等按业务年度结算损益的保险业务提取的责任准备金，以及对长期工程险等以外的，不需要按照业务年度结算损益的长期财产险业务提取的责任准备金。对其中前一项责任准备金，在未到结算损益年度之前，按业务年度营业收支差额提存；对后一项责任准备金，按精算结果提取。

④ 寿险责任准备金。这是指保险公司对寿险保单为承担未来保险责任而按规定提取的准备金。寿险责任准备金按照保监会的有关精算规定计提，其中独立账户的对应负债在本表的"独立账户负债"中反映。

⑤ 长期健康险责任准备金。这是指保险公司对一年期以上的健康险业务为承担未来保险责任而按规定提取的准备金。长期健康险责任准备金按照保监会的有关精算规定计提。

⑥ 准备金负债小计。该项等于第①项至第⑤项的加总数。

⑦ 预收保费。这是指保险公司在保单责任生效前向投保人预收的保险费。

⑧ 保户储金。这是指保险公司开办以储金利息作为保费收入的保险业务而收到保户缴存的储金。

⑨ 应付保户红利。这是指保险公司已宣告但尚未支付给保单持有人的红利。

⑩ 累计生息保单红利。这是指保险公司已派发的保单红利中，因为保单持有人选

择保单红利留存保险公司生息而产生的本利之和。

⑪应付佣金。这是指保险公司应向个人代理人和保险经纪公司支付的报酬。应付佣金按期末余额列报。

⑫应付手续费。这是指保险公司应向保险代理机构支付的报酬。应付手续费按期末余额列报。

⑬应付分保账款。这是指保险公司之间发生分保业务而产生的应付款项。

⑭预收分保赔款。这是指分保业务中分出公司按照分保合同预收的分保赔款。

⑮存入分保准备金。这是指分保业务中分出公司按照合同约定接受分入公司缴存的准备金。

⑯应付工资和福利费。这是指保险公司应付未付的职工工资和按规定提取的福利费。

⑰应交税金。这是指保险公司应交未交的各种税金。

⑱保险保障基金。这是指保险公司按规定提取的保险保障基金。

⑲应付利润。这是指保险公司应付未付给投资者的利润。

⑳卖出回购证券。这是指保险公司在银行间拆借市场或交易所市场以合同或协议的方式,按一定的价格卖出证券,到期日再按合同或协议的价格买回该批证券,以获得卖出该批证券后所得资金的使用权。

㉑其他负债。这是指保险公司的短期借款、长期借款、拆入资金、存入保证金、预提费用、长期应付款、货币兑换以及其他无法归入本报表独立项目的各类负债。

㉒非准备金负债小计。该项等于第⑦项至第㉑项的加总数。

㉓独立账户负债。这是指保险公司根据投资连结保险合同的约定而设立单独进行资金运用和核算的投资账户,保险公司应按合同的约定将与该投资账户相关的责任确认为独立账户负债。

㉔或有负债。或有负债是指保险公司过去的交易或事项形成的潜在义务,其存在须通过未来不确定事项的发生或不发生予以证实。如未决诉讼、未决仲裁、债务担保、可能补交的税款等。如果预期该义务最终发生的可能性大于50%,则应确认为认可负债。

㉕认可负债合计。该项等于第⑥、㉒、㉓、㉔项的加总数。

第三节　证券市场监管统计

一、证券市场风险及其种类

证券市场是一个高风险的市场,具有风险源多、突发性强、传导快、社会影响大的特点。国际经验证明,市场的风险如果不加以防范和化解,会对社会经济带来不利影响,甚至引起经济震动,影响社会安定。因此,必须保持清醒认识,随时注意防范和化解证券市场中存在的各种风险。

从国外证券市场出现的各种风险来看,过度投机造成股价暴涨,出现泡沫经济,是导致股市风险的重要原因。1929年和1987年两次全球性的股灾,都是由于股市中出现了巨大的泡沫,终因泡沫破灭而导致股价暴跌,形成股市危机。

(一)证券价格风险

证券价格风险是指股票价格的大幅涨跌给投资者投资行为带来的不利影响,尤其是当股市出现大幅下跌情况时,投资者的财产遭受的损失更加直接。因此,这是最受关注的一种证券市场风险。目前我国股票市场的价格波动幅度大、频率高,市场稳定性差,投资者面临的价格风险很大。国际上把股价指数日涨跌幅度超过10%的情况称暴涨暴跌。香港股市在1970—1990年的20年间,恒生指数日涨跌幅度超过10%的情况只有7次;而我国内地股市在1992—1994年短短3年的时间里,这种暴涨暴跌的情况就出现过20次之多。这在国际上是十分少见的。

(二)结算体系风险

结算体系风险是指在达成证券交易之后,买卖双方按既定规则进行证券、资金交付时,由于一方不能向对方交付证券或者资金而发生的风险。这是一种全局性的风险,关系到证券交易是否能够正常进行。目前我国证券结算体系尚不完善,风险控制能力不高,潜伏着一定的结算风险。

(三)证券经营机构的信用风险

证券经营机构的信用风险是指由于代理投资者进行证券买卖的证券商出现经营风险而破产,无法偿付投资者委托其代理买卖的证券和资金,给投资者带来财产损失的风险。目前我国一些证券经营机构存在资产质量不高等问题,面临较大的经营风险,要严防出现不能偿付客户证券和资金的问题。

(四)技术风险

技术风险是指随着证券市场电子化进程的不断深入,由于证券交易所和证券经营机构的电子交易系统出现技术问题,导致交易无法进行而造成的风险。目前我国证券市场的计算机技术应用水平比较高,但也隐藏着一定的风险,曾经出现过因通讯系统和交易系统出现故障而影响交易的情况。随着市场规模的不断扩大,市场影响日益加大,技术安全性更加重要。

二、我国证券市场监管体制的特点及其演变

我国证券市场实行以政府监管为主,自律为补充的监管体制。随着市场的发展变

化,我国证券市场监管体制经历了一个从地方监管到中央监管,由分散监管到集中监管的过程,大致可分为两个阶段。

第一阶段从 20 世纪 80 年代中期到 90 年代初期,证券市场处于区域性试点阶段。这是我国证券市场的起步阶段,股票发行仅限于少数地区的试点企业。1990 年,国务院决定分别成立上海、深圳证券交易所,两地的一些股份公司开始进行股票公开发行和上市交易的试点。1992 年,又开始选择少数上海、深圳以外的股份公司到上海、深圳两家证券交易所上市。这一时期证券市场的监管主要是由地方政府负责,上海、深圳分别颁布了一些有关股份公司和证券交易的地方性法规,建立了地方的证券市场监管机构。中央政府只是进行宏观指导和协调。

第二阶段从 1992 年开始,国务院总结区域性证券市场试点的经验教训,决定成立国务院证券委员会和中国证券监督管理委员会,负责对全国证券市场进行统一监管,同时开始在全国范围内进行股票发行和上市试点。从此,证券市场开始成为全国性市场,证券市场的监管也由地方管理为主改为中央集中监管,并通过不断调整国务院各有关部门的监管职责,逐步走向证券市场集中统一的监管体制。

1998 年,国务院决定撤销国务院证券委员会,工作改由中国证券监督管理委员会承担,并决定中国证券监督管理委员会对地方证管部门实行垂直领导,从而形成了集中统一的监管体系。

三、证券市场监管的意义及原则

(一)证券市场监管的意义

证券市场监管是一国宏观经济监督体系中不可缺少的组成部分,对证券市场的健康发展意义重大。

(1)加强证券市场监管是保障广大投资者权益的需要。为保护投资者的合法权益,必须坚持公开、公平、公正的原则,加强对证券市场监管。

(2)加强证券市场监管是维护市场良好秩序的需要。为保证证券发行和交易的顺利进行,必须对证券市场活动进行监督检查,对非法证券交易活动进行严厉查处,以保护正当交易,维护证券市场的正常秩序。

(3)加强证券市场监管是发展和完善证券市场体系的需要。完善的市场体系能促进证券市场筹资和融资功能的发挥,有利于稳定证券行市,增强社会投资信心,促进资本合理流动,从而推动金融业、商业和其他行业以及社会福利事业的顺利发展。

(4)加强证券市场监管是提高证券市场效率的需要。一个发达高效的证券市场必是一个信息灵敏的市场,它既要有现代化的信息通讯设备系统,又必须有组织严密的、科学的信息网络机构;既要有收集、分析、预测和交换信息的制度与技术,又要有与之相适应的、高质量的信息管理干部队伍,而这些都只有通过国家的统一组织管理才能实现。

(二)证券市场监管的原则

(1)依法管理原则。市场管理必须依据强有力的法制建设来划分有关各方面的权利与义务,保护市场参与者的合法权益,即证券市场管理必须有充分的法律依据和法律保障。

(2)保护投资者利益原则。由于投资者是拿出自己的收入购买证券,且大多数投资者缺乏证券投资的专业知识的技巧,只有在证券市场管理中采取相应措施,使投资者得到公平的对待,维护其合法权益,才能更有力地促使人们增加投资。

(3)公开原则。要促进所有上市证券的发行人完全公开一切能影响证券价格的材料,包括该企业的资产及其结构、负债情况、产销成本、损益及偿债能力等情况的详细说明,从而保证证券投资者能获得有关证券的充分信息。

(4)公正与公平原则。证券交易市场上要维护交易双方的合法权益,杜绝欺诈、操纵市场、内幕交易、虚假陈述等行为,使证券交易在公正、公平的环境下进行。

(5)国家监督与自律相结合的原则。在加强政府、证券主管机构对证券市场监管的同时,也要加强从业者的自我约束、自我教育和自我管理。国家对证券市场的监管是管好证券市场的保证,而证券从业者的自我管理是管好证券市场的基础。

四、证券市场监管的对象

证券监管的对象涵盖参与证券市场运行的所有主体,既包括证券经纪商和自营商等证券金融中介机构,也包括工商企业和个人。对于证券监管对象的设定,可以从不同角度加以阐述:

从证券市场参与主体之性质角度,证券监管对象就是参与证券市场活动的各法人和自然人主体。一般包括:①工商企业,即进入证券市场筹集资金的资本需求者,包括在证券交易市场参与交易的企业法人。②基金,既包括被作为交易对象的上市基金,也包括作为重要市场力量的投资基金(仅从不同角度看待)。③个人,大致包含两类:一类主要是证券市场上的投资者即资金供给者,另一类是各种证券从业人员。④证券金融中介机构,主要指涉及证券发行与交易等各类证券业务的金融机构。它既可以是专业的证券经纪商、承销商、自营商,也可以是银证合一体制下的商业银行和其他金融机构。⑤证券交易所或其他集中交易场所。证券交易所是提供证券集中交易的场所,并承担自律管理职能的特殊主体。它既包括传统的有形市场,也包括以电子交易系统为运作方式的无形市场。⑥证券市场的其他中介机构,包括证券登记、托管、清算机构以及证券咨询机构、会计师事务所、律师事务所、资产评估机构等。

从各证券市场主体之地位与角色角度,证券监管对象大致可分为四类:①上市对象(即筹资者),包括以股票、债券、基金等证券形式挂牌上市的各类市场主体;②交易对象(即投资者),包括所有参与证券买卖的市场主体;③中介对象,包括媒介证券发行与交易等各类活动,提供各类中介服务的上述金融机构、咨询机构、市场服务机构等;④自我管理对象,主要指证券集中交易场所。

一种较为权威的国际通行划分方式是法博齐(Fabozzi)和莫迪利亚尼(Modigliani)所提出的,从证券监管活动的覆盖面出发,认为政府应采取四种形式对证券市场进行监管:信息披露监管,即要求证券发行人对现实或潜在购买者提供有关交易证券的公开财务信息;证券活动监管,包括对证券交易者和证券市场交易的有关规定(典型如对内幕交易的监管);对金融机构监管;对外国参与者监管,其内容主要是限制外国公司在国内市场上的作用以及其对金融机构所有权的控制。

五、证券市场监管内容

(一)证券发行监管

我国证券发行审核制度是政府在充分认识中国国情,并广泛吸收国际通行做法的基础上创造形成的。我国证券发行监管的基本法律依据是《中华人民共和国公司法》和《股票发行与交易管理暂行条例》。股票公开发行实行两级审核制度。首先,发行申请人按照隶属关系,分别向省、自治区、直辖市、计划单列市人民政府或者中央主管部门提出公开发行股票的申请。在国家下达的发行规模内,地方政府对地方企业的发行申请进行审核,中央企业主管部门对中央企业的发行申请实行审核。初审通过后,由地方政府或中央企业主管部门将审核后的发行申报材料推荐至中国证监会审批,中国证监会在收到申报材料之日起20个工作日内出具审核意见书。目前,股票发行与上市实行连续进行的制度,被批准公开发行股票的公司同时可以向上海、深圳证券交易所提出上市申请。对证券发行中涉及法律、财务会计、资产评估及企业股份制发行方案设计等诸多问题,强调发挥各类专业服务机构的监督和服务功能。目前,中国证监会会同有关部门已经确认了一批专业服务机构和从业人员具有从事证券业务的资格。

(二)证券交易监管

证券交易监管主要是对证券交易场所的监督管理,基本法律依据是《股票发行与交易管理暂行条例》和《证券交易所管理办法》。目前,中国证监会对证券交易所进行直接管理。中国证监会任命证券交易所的总经理、副总经理,委派证券交易所非会员理事,提名证券交易所理事长、副理事长人选。中国证监会对证券交易所章程、业务规则的修改进行审批,接受证券交易所报批、备案、报告事项,对证券交易所业务活动进行监管,监督证券交易所正确履行各项职能,对证券交易所及其高级管理人员的违法违规活动进行处罚。

(三)上市公司监管

上市公司监管的重点是贯彻执行国家证券法规,规范上市公司及其关联人在股票发行与交易中的行为,督促其按照法规要求,及时、准确、完整地履行信息披露义务。上市公司信息披露的主要内容有定期报告和临时报告。定期报告包括年度报告和中期报告,主要内容是期内公司经营情况和财务会计资料,是投资者进行投资分析的主要依据。临时报告包括常规公告、重大事件公告、收购合并公告、股东持股变动公告等,主要是在上市公司发生可能对相关的信息。此外,还要依据法规规定,对上市公司的配股、重大变更事项(主要股东变更、大宗股权转让等)进行审核。

(四)证券经营机构和专业服务机构的监管

证券经营机构的监管主要是对机构的设立进行审批,对机构高级经营管理人员的任职资格进行审查,对机构的经营业务进行日常监督、检查,对机构及其从业人员的违法违规行为进行查处等。

对证券中介服务机构的监管主要包括对从事证券业务的律师事务所、会计师事务所、资产评估机构、证券投资咨询机构、证券市场信息传播机构的资格管理和日常业务监督。

(五)对投资者的监管

对投资者的监管主要是监督证券市场的投资者依照法规和规则公平进行投资活动,禁止内幕交易、操纵市场等证券欺诈活动,维护市场的正常交易秩序,保护全体投资者的利益。

依照现行法规的规定,中国证监会有权对涉嫌违法违规的证券交易活动进行调查,对参与违法违规活动的投资者进行行政处罚。触犯刑法、构成犯罪的,交由司法部门追究刑事责任。

六、证券公司风险控制指标及其标准

(一)证券公司风险控制指标

根据《证券公司风险控制指标管理办法》(2020年第三次修订),证券公司应当按照中国证券监督管理委员会(以下简称中国证监会)的有关规定,遵循审慎、实质重于形式的原则,计算净资本、风险覆盖率、资本杠杆率、流动性覆盖率、净稳定资金率等各项风险控制指标,编制净资本计算表、风险资本准备计算表、表内外资产总额计算表、流动性覆盖率计算表、净稳定资金率计算表、风险控制指标计算表等监管报表(以下统称风险控制指标监管报表)。

证券公司净资本由核心净资本和附属净资本构成。其中:

核心净资本＝净资产－资产项目的风险调整－或有负债的风险调整
±中国证监会认定或核准的其他调整项目

附属净资本＝长期次级债×规定比例±中国证监会认定或核准的其他调整项目

证券公司计算核心净资本时，应当按照规定对有关项目充分计提资产减值准备。中国证监会及其派出机构可以要求公司专项说明资产减值准备提取的充足性和合理性。有证据表明公司未充分计提资产减值准备的，中国证监会及其派出机构可以责令公司整改并追究相关人员责任。

证券公司应当根据公司期末或有事项的性质（如未决诉讼、未决仲裁、对外提供担保等）、涉及金额、形成原因和进展情况、可能发生的损失和预计损失进行相应会计处理。对于很可能导致经济利益流出公司的或有事项，应当确认预计负债；对于未确认预计负债，但仍可能导致经济利益流出公司的或有事项，在计算核心净资本时，应当作为或有负债，按照一定比例在净资本中予以扣减，并在净资本计算表的附注中披露。

证券公司对控股证券业务子公司出具承诺书提供担保承诺的，应当按照担保承诺金额的一定比例扣减核心净资本。从事证券承销与保荐、证券资产管理业务等中国证监会认可的子公司，可以将母公司提供的担保承诺按照一定比例计入核心净资本。

（二）证券公司风险控制指标标准

证券公司经营证券经纪业务的，其净资本不得低于人民币 2 000 万元。证券公司经营证券承销与保荐、证券自营、证券资产管理、其他证券业务等业务之一的，其净资本不得低于人民币 5 000 万元。证券公司经营证券经纪业务，同时经营证券承销与保荐、证券自营、证券资产管理、其他证券业务等业务之一的，其净资本不得低于人民币 1 亿元。证券公司经营证券承销与保荐、证券自营、证券资产管理、其他证券业务中两项及两项以上的，其净资本不得低于人民币 2 亿元。

证券公司必须持续符合下列风险控制指标标准：

(1)风险覆盖率不得低于 100%；

(2)资本杠杆率不得低于 8%；

(3)流动性覆盖率不得低于 100%；

(4)净稳定资金率不得低于 100%；

其中：

风险覆盖率＝净资本/各项风险资本准备之和×100%

资本杠杆率＝核心净资本/表内外资产总额×100%

流动性覆盖率＝优质流动性资产/未来 30 天现金净流出量×100%

净稳定资金率＝可用稳定资金/所需稳定资金×100%

证券公司应当按照中国证监会规定的证券公司风险资本准备计算标准计算市场

风险、信用风险、操作风险资本准备。中国证监会可以根据特定产品或业务的风险特征，以及监督检查结果，要求证券公司计算特定风险资本准备。

市场风险资本准备按照各类金融工具市场风险特征的不同，用投资规模乘以风险系数计算；信用风险资本准备按照各表内外项目信用风险程度的不同，用资产规模乘以风险系数计算；操作风险资本准备按照各项业务收入的一定比例计算。证券公司经营证券自营业务、为客户提供融资或融券服务的，应当符合中国证监会对该项业务的风险控制指标标准。

中国证监会对各项风险控制指标设置预警标准，对于规定"不得低于"一定标准的风险控制指标，其预警标准是规定标准的120%；对于规定"不得超过"一定标准的风险控制指标，其预警标准是规定标准的80%。

七、期货公司风险监管指标及其标准

(一)期货公司风险监管指标

根据《期货公司风险监管指标管理办法》(2022年修正)，期货公司风险监管指标包括期货公司净资本、净资本与公司风险资本准备的比例、净资本与净资产的比例、流动资产与流动负债的比例、负债与净资产的比例、规定的最低限额的结算准备金要求等衡量期货公司财务安全的监管指标。

期货公司净资本是在净资产基础上，按照变现能力对资产负债项目及其他项目进行风险调整后得出的综合性风险监管指标。净资本的计算公式为：

$$净资本＝净资产－资产调整值＋负债调整值±其他调整项$$

期货公司计算净资本时，应当按照企业会计准则的规定充分计提资产减值准备、确认预计负债。

中国证监会派出机构可以要求期货公司对资产减值准备计提的充足性和合理性、预计负债确认的完整性进行专项说明，并要求期货公司聘请符合规定的会计师事务所出具鉴证意见；有证据表明期货公司未能充分计提资产减值准备或未能准确确认预计负债的，中国证监会派出机构应当要求期货公司相应核减净资本金额。期货公司应当根据期末未决诉讼、未决仲裁等或有事项的性质、涉及金额、形成原因、进展情况、可能发生的损失和预计损失进行会计处理，在计算净资本时按照一定比例扣减，并在风险监管报表附注中予以说明。

期货公司借入次级债务、向股东或者其关联企业借入具有次级债务性质的长期借款以及其他清偿顺序在普通债之后的债务，可以按照规定计入净资本。期货公司应当在相关事项完成后5个工作日内向住所地中国证监会派出机构报告。期货公司不得互相持有次级债务。

期货公司风险资本准备是指期货公司在开展各项业务过程中,为应对可能发生的风险损失所需要的资本。中国证监会及其派出机构认为期货公司开展某项业务存在未预期风险特征的,可以根据潜在风险状况确定所需资本规模,并要求期货公司补充计提风险资本准备。

最低限额结算准备金是指期货公司按照交易所及登记结算机构的有关要求以自有资金缴存用于履约担保的最低金额。

(二)期货公司风险监管指标标准

期货公司应当持续符合以下风险监管指标标准:

(1)净资本不得低于人民币3 000万元;

(2)净资本与公司风险资本准备的比例不得低于100%;

(3)净资本与净资产的比例不得低于20%;

(4)流动资产与流动负债的比例不得低于100%;

(5)负债与净资产的比例不得高于150%;

(6)规定的最低限额结算准备金要求。

中国证监会对风险监管指标设置预警标准。规定"不得低于"一定标准的风险监管指标,其预警标准是规定标准的120%;规定"不得高于"一定标准的风险监管指标,其预警标准是规定标准的80%。最低限额结算准备金不设预警标准。

八、信托公司风险监管指标及其标准

(一)信托公司风险监管指标

根据《信托公司净资本管理办法》,信托公司风险监管指标包括信托公司净资本和风险资本等风险监控指标。

净资本是指根据信托公司的业务范围和公司资产结构的特点,在净资产的基础上对各固有资产项目、表外项目和其他有关业务进行风险调整后得出的综合性风险控制指标。对信托公司实施净资本管理的目的,是确保信托公司固有资产充足并保持必要的流动性,以满足抵御各项业务不可预期损失的需要。净资本计算公式为:

净资本=净资产—各类资产的风险扣除项—或有负债的风险扣除项
—中国银行业监督管理委员会认定的其他风险扣除项

信托公司应当在充分计提各类资产减值准备的基础上,按照中国银行业监督管理委员会规定的信托公司净资本计算标准计算净资本。

信托公司应当根据不同资产的特点和风险状况,按照原银监会规定的系数对资产项目进行风险调整。信托公司计算净资本时,应当将不同科目中核算的同类资产合并计算,按照资产的属性统一进行风险调整。

(1) 金融产品投资应当根据金融产品的类别和流动性特点按照规定的系数进行调整。信托公司以固有资金投资集合资金信托计划或其他理财产品的,应当根据承担的风险相应进行风险调整。

(2) 股权投资应当根据股权的类别和流动性特点按照规定的系数进行风险调整。

(3) 贷款等债权类资产应当根据到期日的长短和可回收情况按照规定的系数进行风险调整。

资产的分类中同时符合两个或两个以上分类标准的,应当采用最高的扣除比例进行调整。对于或有事项,信托公司在计算净资本时应当根据出现损失的可能性按照规定的系数进行风险调整。

信托公司应当对期末或有事项的性质(如未决诉讼、未决仲裁、对外担保等)、涉及金额、形成原因和进展情况、可能发生的损失和预计损失的会计处理情况等在净资本计算表的附注中予以充分披露。

由于信托公司开展的各项业务存在一定风险并可能导致资本损失,所以应当按照各项业务规模的一定比例计算风险资本并与净资本建立对应关系,确保各项业务的风险资本有相应的净资本来支撑。风险资本是指信托公司按照一定标准计算并配置给某项业务用于应对潜在风险的资本。信托公司开展固有业务、信托业务和其他业务,应当计算风险资本。风险资本计算公式为:

风险资本＝固有业务风险资本＋信托业务风险资本＋其他业务风险资本

固有业务风险资本＝固有业务各项资产净值×风险系数

信托业务风险资本＝信托业务各项资产余额×风险系数

其他业务风险资本＝其他各项业务余额×风险系数

(二) 信托公司风险监管指标标准

信托公司净资本不得低于人民币 2 亿元。信托公司应当持续符合下列风险控制指标:

(1) 净资本不得低于各项风险资本之和的 100%;

(2) 净资本不得低于净资产的 40%。

第四节　外汇市场监管统计

一、外汇市场风险及其种类

外汇市场是一个高风险的市场,伴随着外汇市场的开放程度加大,相对应的外汇风险也会随之上升。开放外汇市场,意味着本国经济更加容易受到全球经济波动和金融危机的影响。国际经验证明,如果对外汇市场风险不加以防范和化解,会给整个市场经济带来许多不利影响,甚至有可能引起经济危机,影响整个国家的经济稳定。因此,对于外汇市场的风险,必须保持清醒的认识,随时注意外汇市场中的异常现象,并提前化解或者将危害降低到最低程度。

(一)外汇兑换风险

外汇兑换风险是指不同货币之间进行兑换时,由于汇率的变动而产生的经济利益上的潜在损失。

外汇兑换风险包含两方面:一方面,外汇兑换可能引起汇率波动,使本国经济受到全球经济和金融危机的影响;另一方面,外汇兑换会使得本国汇率与他国汇率差距加大,从而产生投机机会,吸引短期投机者参与其中,推动投机性资本流动,进一步影响本国经济的稳定。例如,墨西哥和亚洲金融危机的发生就与外汇兑换风险有着密切联系。

(二)外汇交易结算风险

外汇交易结算风险是指在未来将本国货币与外币进行兑换结算时所面临的风险。由于将来的汇率不可预测,因而在将来某个时期进行外汇结算交易时存在兑换风险。这通常是外贸企业或者是国际交易的国家会面临的风险。

(三)国家风险

外汇市场中的国家风险也称为政治风险。国家风险主要包括两个方面:一方面是指企业或者个人的外汇交易因国家强制终止所造成损失的可能性,如一国在政权变更后,突然宣布废除当前货币,就会带来巨大的资产风险;另一方面是指国家政策变动或者国家政权变动而引起本国汇率的剧烈变动。

二、外汇市场监管的意义

外汇市场监管是一个国家宏观监管体系中不可缺少的一部分,对外汇市场的健康有序发展有着十分重要的意义。

(1)加强外汇市场监管是保障广大投资者的需要。为了保护投资者的合法权益,必须本着公平、公正、公开的原则对外汇市场进行监管。

(2)加强外汇市场监管是维护市场良好秩序的需要。为了保证所有外汇交易的顺利进行,必须对外汇市场活动进行监督检查,对非法外汇交易进行严厉查处,以维护良好的市场秩序。

(3)加强外汇市场监管是维护外汇体系的需要。完好的外汇市场体系能够促进外汇市场资本融通功能的发挥,有利于稳定外汇市场,有利于调整外汇储备资产的比重结构,有利于促进各种货币资本的良好流通,从而促进各国经济和全球经济的发展。

(4)加强外汇市场监管是提高外汇市场交易效率的重要保证。一个发达高效的外汇市场一定是一个有效信息市场。该市场具备现代化信息通讯系统,也包含着严密的信息网络,而这样的有效信息市场一般只有通过国家组织才能够建立起来。

三、我国外汇市场监管体制的特点及其演变[①]

随着经济的不断发展,我国外汇管理制度也进行了适当的演变、改进和完善。改革开放以来,中国外汇管理制度演变经历了汇率双轨期、汇率并轨期、汇率市场改革期三个阶段。

(一)汇率双轨期(1978—1993年)

这一时期,为适应改革开放的要求以及经济形势的不断变化,我国采取官方汇率和市场汇率并存的汇率形成机制,实行外汇留成办法。1980年10月,我国建立了外汇调剂市场,引入更多竞争机制,增加外汇储备。该阶段外汇风险较少,外汇监管制度也相应缺乏。

(二)汇率并轨期(1994—2004年)

这一时期,我国实行以市场供求为基础的、单一的、有管理的浮动汇率制度,建立以银行结售汇制度为基础,市场调节为主的管理模式,形成统一、规范、有效的外汇市场,取消对外国货币在中国境内的计价、结算和流通,提高居民用汇标准,扩大供汇范围。自1996年12月1日起,我国实现人民币经常账户可兑换。加入世界贸易组织后,我国与世界各国间的贸易日益增多,外汇管理局为适应形势需要,作出相应政策规定。

(三)汇率市场改革期(2005年至今)

自2005年7月21日起,中国外汇管理制度进行了新一轮改革。

(1)改革人民币汇率制度,人民币汇率不再盯住单一美元,形成更富弹性和市场化的人民币汇率制度。中国政府坚持人民币汇改主动性、可控性和渐进性三原则。

2005年7月21日,央行宣布实行"参照一篮子货币,进行基于市场供求关系的,有管理的浮动汇率制度",美元对人民币交易价格一次性调整为1美元兑8.11元人民币,作为次日银行间外汇市场上外汇指定银行间交易的中间价,外汇指定银行可自此时起调整对客户的挂牌汇价。同时建立中间价机制,允许人民币兑美元汇率日波幅为上下浮动0.3%;将人民币与非美元货币汇率的浮动区间扩大到3%;扩大银行自由定价的权限,现汇和现钞买卖价在基准汇率上下1%~4%以内由银行自行决定,而且可

[①] 洪昊、菅保华、吴振宏、李新宇:《我国民间外汇交易的发展特点和监管对策研究》,《浙江金融》2009年第5期,第31、38—39页。

以一日多价。①

2015年8月11日,央行宣布调整人民币对美元汇率中间价报价机制,做市商参考上日银行间外汇市场收盘汇率,向中国外汇交易中心提供中间价报价。这一调整使得人民币波动摆脱了受单一美元汇率的影响,由"单锚"机制转向"双锚"机制,人民币兑美元汇率中间价机制进一步市场化,更加真实地反映了当期外汇市场的供求关系。

(2)调整中国外汇储备的管理制度。目前我国外汇储备仍不断增加,截至2019年8月,已突破31 000亿美元。巨额外汇储备意味着我国有充裕的国际支付能力,但与此同时也增加了机会成本和管理难度。我国正运用合理的手段,如改变储备币种结构,调整外资利用政策等,充分利用超额外汇储备,使其保持适度规模。

(3)不断完善外汇交易制度。增加交易主体,允许符合条件的非金融企业和非银行金融机构进入即期银行间外汇市场,将银行对客户远期结售汇业务扩大到所有银行;引进美元做市商制度,在银行间市场引进询价交易机制;引进人民币对外币掉期业务;增加银行间市场交易品种,开办远期和掉期外汇交易;实行银行结售汇综合头寸管理,增加银行体系的总限额;调整银行汇价管理办法,扩大银行间市场非美元货币波幅,取消银行对客户非美元货币挂牌汇率浮动区间限制,扩大美元现汇与现钞买卖差价,允许一日多价等。

四、外汇市场监管内容

从1996年12月1日起,人民币经常项目下的兑换是被允许的,但是在资本项目方面的人民币与外币之间的兑换仍然受到政府的严格监管。根据1997年1月14日《国务院关于修改〈中华人民共和国外汇管理条例〉的决定》和中国人民银行关于发布《结汇、售汇及付汇管理规定》等法规,目前我国对外汇市场监管内容可以分为以下几个方面:

(一)对外汇账户(境内)的监管

对外汇账户的监管具体包括:

(1)经常项目与资本项目账户分开使用,不能串户。

(2)境内机构只有符合特定的要求,才可开立经常项下的外汇账户,且应当经外汇管理局批准。

(3)外商投资企业开立经常项目的外汇账户,必须向外汇管理局申请,且账户余额应控制在外汇管理局核定的最高余额以内。

(4)境内机构、驻华机构一般不允许开立外币现钞账户;个人及来华人员一般不允

---

① Sonali Das、张寒堤、李钰婕:《人民币汇率制度的演进:2005年—2019年》,《新金融》2019年第5期,第6—12页。

许开立用于结算的外汇账户。

(二)对收汇和结汇的监管

对收汇和结汇的监管具体包括：

(1)1998年12月1日各地外汇调剂中心全部关闭后,所有机构个人只能到外汇指定银行办理结汇。

(2)境内机构的经常项目外汇收入必须调回境内,不得擅自存放境外。

(3)境内机构除符合特殊条件,并经外汇管理局同意外,其经常项目下的外汇收入必须办理结汇,外商投资企业超过外汇管理局核定的最高限额的经常项目下外汇收入必须办理结汇。

(4)除出口押汇外的国内外汇贷款和中资企业借入的国际商业贷款不得结汇,境内机构向境外出售房地产及其他资产收入的外汇应当结汇,其他资本项目下的外汇未经外汇管理局批准不得结汇。

(三)对购汇和付汇的监管

对购汇和付汇的监管主要包括：

(1)除少数例外,境内机构的贸易及非贸易经营性对外支付用汇,须持与支付方式相应的有效商业单据和有效凭证从其外汇账户中或者到外汇指定银行兑付；境内机构偿还境内中资金融机构外汇贷款利息,持外汇(转)贷款登记证、借贷合同及债权人的付息通知书,从其外汇账户中支付或到外汇指定银行兑付。

(2)外商投资企业外方投资者依法纳税后利润、红利的汇出,持董事会分配决议书和税务部门纳税证明,从其外汇账户中支付或到外汇指定银行兑付。

(3)境内机构偿还境内中资金融机构外汇贷款本金,持外汇(转)贷款登记证、借贷合同及债权机构的还本通知书,从其外汇账户内支付或到外汇指定银行兑付；其他资本项目下的用汇,持有效凭证向外汇管理局申请,凭外汇管理局的核准件从其外汇账户中支付或到外汇指定银行兑付。

(4)外商投资企业的外汇资本金增加、转让或者以其他方式处置,持董事会决议,经外汇管理局核准后,从其外汇账户中支付或者持外汇管理局核发的售汇通知单到外汇指定银行兑付；投资性外商投资企业外汇资本金在境内投资及外方所得利润在境内增资或者再投资,持外汇管理局核准件办理。

(四)对银行间外汇市场监管

1994年4月4日,我国外汇交易中心正式运行,总部设在上海,北京、天津等19个城市设立了分中心。

我国的银行间外汇市场是指经国家外汇管理局批准可以经营外汇业务的境内金融机构(包括银行、非银行金融机构和外资金融机构)之间通过中国外汇交易中心进行的人民币与外币之间的交易市场。外汇市场由中国人民银行授权国家外汇管理局监管,交易中心是在中国人民银行领导下的独立核算、非营利性的企业法人,交易中心在国家外汇管理局的监管下,负责外汇市场的组织和日常业务管理。

交易中心为外汇市场上的外汇交易提供交易系统、清算系统以及外汇市场信息服务。外汇市场按照价格优先、时间优先的成交方式,采取分别报桥、撮合成交、集中清算的运行方法。交易中心实行会员制,只有会员才能参与外汇市场交易。会员大会是交易中心的最高权力机构,每年召开1次。交易中心设立理事会,为会员大会闭会期间的常设机构。理事会成员不得少于9人,由非会员理事(不少于1/3)和会员理事组成。理事会每届任期两年,会员理事连任不得超过两届。会员理事由会员大会选举产生,非会员理事由国家外汇管理局提名,会员大会选举产生。理事会设理事长1人,由非会员理事担任,经国家外汇管理局提名,理事会选举产生;副理事长3人,其中非会员理事1名,会员理事2人,由理事会选举产生。

(五)对汇率的监管

对汇率的监管是对汇率制度和汇率水平进行的管理和监督,主要包括:

(1)直接管制汇率,由一国政府或中央银行来制定、调整和公布汇率,即实行所谓的官定汇率。官定汇率成为市场实际使用的汇率,以使汇率水平符合官方政策的需要。

(2)间接调节市场汇率。监管机构对汇率不进行直接的干预,而是让汇率自发调节外汇市场供求,当市场汇率波动剧烈时,中央银行利用外汇平准基金买进或抛售外汇或本币,使市场汇率稳定。另外,中央银行通过货币政策的运用,主要是利用利率杠杆来影响汇率。

(3)实行复汇率制度,一国通过外汇管制,而使本国货币汇率有两个以上的表现形式。具体形式如:实行差别汇率,对进口和出口规定不同的汇率;对贸易活动和金融活动采用不同的汇率,或对不同的商品规定不同的汇率;再如实行外汇转移证制度。

我国对外汇汇率的监管,在银行结售汇市场上,表现为要求外汇指定银行根据中国人民银行每日公布的人民币汇率中间价和规定的买卖差价幅度,确定对客户的外汇买卖价格,办理结汇和售汇业务。在银行间外汇市场上,表现为外汇交易应在中国人民银行公布的当日人民币市场汇率及规定的每日最大价格浮动幅度内进行。

五、我国现行宏观审慎外汇市场监管工具

(一)外汇头寸管理

1. 外汇头寸

到目前为止,对于外汇头寸还没有一个被普遍接受的计算公式,仍是主要以各国实际情况为基础计算。巴塞尔委员会认为,外汇头寸计算应包含以下项目:一是净即期头寸,即某一货币的资产项与负债项的差,包括以该货币计价的应计利息;二是净远期头寸,即应收与应付之间的差额,包括外汇期货,不包括在即期头寸中的货币互换的交易本金;三是担保抵押(以及类似的工具);四是已被完全对冲的未来净收入/净费用。[①]

为了更好地了解头寸管理的概念,本书选取10国集团、欧盟以及澳大利亚、奥地利、芬兰、新西兰和挪威等7个发达国家和地区的头寸管理概况来展示。表12—9列出了这些国家和地区的头寸管理概况。发达国家头寸管理大多按照《巴塞尔协议》的资本充足率要求统一对表内和表外业务设置头寸,总头寸的计算一般遵循《巴塞尔协议》建议的MAP方法。[②]

表12—9　　　　　　发达国家(地区)央行的头寸管理方法

国家(地区)	单一货币净头寸限额	外汇总头寸限额	外汇总头寸定义	单独限额设置的参照量	限额的实施	对非银行金融机构外汇头寸监管
G-10集团国家	无	1 250%	MAP,包括所有表内和部分表外业务,但不包括结构头寸	二级资本	每日末	n/a
欧盟	无	1 250%	MAP	三级资本	每日末	与银行相同
澳大利亚	无	对授权的外汇经纪商,单独计算头寸限额	MAP	资本大小、外汇交易的资质、内部管理控制及交易商市场声誉	每天结束	非银行金融机构实行隔夜头寸限额控制
奥地利	无	(1)30% (2)50% (3)50%	(1)GAP (2)每季度GAP计算所包含的项目至少提前三个季度到期 (3)每半年GAP计算所包含的项目至少提前一年到期	三级资本	每天结束	—
芬兰	比例由芬兰央行动态确定	比例由芬兰央行动态确定	NAP	二级资本	当天结束	—
新西兰	无	40%	NAP	一级资本	每天结束	无
挪威	10%	(1)10% (2)20%	(1)NAP (2)GAP	资本	每天结束	经挪威央行授权的所有金融机构遵循统计的头寸

资料来源:各国中央银行、国际货币基金组织等网站。

2. 头寸计算范围

在头寸计算范围方面,发达国家大多按照《巴塞尔协议》的资本充足率要求统一对

---

① Basle Committee on Banking Supervision, Amendment to the Capital Accord to Incorporate Market Risks, http://www.bis.org.

② 张瀛、罗祯:《国际外汇市场头寸管理经验对完善我国外汇管理制度的借鉴》,《上海金融》2013年第5期,第62—69、118页。

表内和表外业务设置头寸。① 一些发展中国家在计算外汇头寸时也将表内和表外项目纳入其中,或许随着外汇市场的不断发展,一些创新的外汇产品也会被纳入外汇头寸中。

3. 头寸设置的正负区间

在头寸管理中,多头和空头外汇头寸的设置的对称度也是一个值得关注的重要问题。大多数发达国家以及像巴哈马群岛、印度尼西亚等发展中国家和地区设置的多、空头寸相等。头寸设置的不对称程度,能够反映一国央行设置头寸的动机和依据。一些国家,如加纳对多头头寸的控制比空头严格,而另一些国家如韩国、菲律宾对空头头寸的控制比多头严格。对于前一类国家,即对多头控制比空头严格的国家,其目的可能在于:一是减轻本国货币的贬值压力,因为对多头控制严格,会促使市场卖出外汇增加,相应地买入本币的量增加,减缓了本币贬值压力;二是鼓励本国银行的海外融资行为,最大限度地引进海外资金;三是对于那些仅控制多头而对空头不实行管制的国家,管理当局可能认为本国银行没有能力从海外融入资金,因而对空头头寸进行管制没有意义,或者本国货币贬值时空头头寸面临的潜在风险没有引起当局的注意和重视。后一类国家,即对空头控制比多头严格的国家,目的可能在于通过放松多头头寸增加外汇储备,以表明本国良好的国际信用。②

4. 我国银行外汇业务头寸下限调整

随着我国外汇形势的变化和银行外汇业务的快速发展,2016 年 4 月 29 日,国家外汇管理局发布了《关于进一步促进贸易投资便利化完善真实性审核的通知》③,其中提到要扩大银行结售汇综合头寸下限:对于上年度结售汇业务量等值 2 000 亿美元以上的银行,头寸下限调整为－50 亿美元;等值 200 亿至 2 000 亿美元之间的,做市商银行头寸下限调整为－20 亿美元,非做市商银行头寸下限调整为－10 亿美元;等值 10 亿美元至 200 亿美元之间的,做市商银行头寸下限调整为－5 亿美元,非做市商银行头寸下限调整为－3 亿美元;等值 1 亿美元至 10 亿美元之间的银行,头寸下限调整为－2 亿美元;等值 1 亿美元以下以及新取得结售汇业务资格的银行,头寸下限调整为－0.5 亿美元。

(二)全口径跨境融资宏观审慎管理

自 2014 年以来,中国人民银行相关部门探索建立全口径跨境融资宏观审慎监管

---

① Basle Committee on Banking Supervision, Risk Management Guidelines for Derivatives, http://www.bis.org.

② 张瀛、罗祯、洪珍玉:《外汇头寸、风险资本与我国外汇市场风险管理》,《金融理论与实践》2013 年第 5 期,第 98—104 页。

③ 中国外汇管理局, http://www.safe.gov.cn/resources/wcmpages/wps/wcm/connect/safe_web_store/safe_web/zcfg/zhfg/qt/node_zcfg_qt_store/3f9f52004c93e6ab9ab8bf208dd2212f/.

框架，分别在 2016 年 1 月和 5 月对上海、天津等四个自贸区企业实施本外币全口径跨境融资宏观审慎管理试点工作，继而将相关政策推广至全国。2016 年 4 月，中国人民银行发布《中国人民银行关于在全国范围内实施全口径跨境融资宏观审慎管理的通知》，正式构建了全口径跨境融资宏观审慎管理的基本框架。2017 年 1 月，中国人民银行发布《中国人民银行关于全口径跨境融资宏观审慎管理有关事宜的通知》（以下简称"该通知"），对前期政策的实施和相关管理框架进行了进一步完善和优化。这两个文件的基本思路是将过去对微观个体外债总量进行控制改为以资本/净资产为基础进行比例控制，并研究通过宏观逆周期参数对该比例进行动态调整。

1. 适用范围

该通知所称跨境融资，是指境内机构从非居民融入本、外币资金的行为。该通知适用于依法在中国境内成立的法人企业（以下简称企业）和法人金融机构。该通知适用的企业仅限非金融企业，且不包括政府融资平台和房地产企业；该通知适用的金融机构是经中国人民银行、原银监会、中国证监会和原保监会批准设立的各类法人金融机构。此外，将外国银行（我国香港、澳门、台湾地区银行比照适用，下同）境内分行纳入该通知适用范围，除特殊说明外，相关政策安排比照境内法人外资银行办理。

2. 跨境融资风险加权余额的计算

$$\text{跨境融资风险加权余额} = \Sigma \text{本外币跨境融资余额} \times \text{期限风险转换因子} \times \text{类别风险转换因子} + \Sigma \text{外币跨境融资余额} \times \text{汇率风险折算因子}$$

其中：

期限风险转换因子：还款期限在 1 年（不含）以上的中长期跨境融资的期限风险转换因子为 1，还款期限在 1 年（含）以下的短期跨境融资的期限风险转换因子为 1.5。

类别风险转换因子：表内融资的类别风险转换因子设定为 1，表外融资（或有负债）的类别风险转换因子暂定为 1。

汇率风险折算因子：0.5。

跨境融资风险加权余额计算中的本外币跨境融资包括企业和金融机构（不含境外分支机构）以本币和外币形式从非居民融入的资金，涵盖表内融资和表外融资。

纳入本外币跨境融资的各类型融资在跨境融资风险加权余额中按以下方法计算：

（1）表外融资（或有负债）：金融机构向客户提供的内保外贷按 20% 纳入跨境融资风险加权余额计算；金融机构因客户基于真实跨境交易和资产负债币种及期限风险对冲管理服务需要的衍生产品而形成的对外或有负债，以及因自身币种及期限风险对冲管理需要，参与国际金融市场交易而产生的或有负债，按公允价值纳入跨境融资风险加权余额计算。金融机构在报送数据时需同时报送本机构或有负债的名义本金及公允价值的计算方法。

(2)其他:其余各类跨境融资均按实际情况纳入跨境融资风险加权余额计算。

中国人民银行可根据宏观金融调控需要和业务开展情况,对跨境融资风险加权余额中各类型融资的计算方法进行调整。

3.跨境融资风险加权余额上限的计算

$$跨境融资风险加权余额上限=资本或净资产×跨境融资杠杆率×宏观审慎调节参数$$

其中:

资本或净资产:企业按净资产计,银行类法人金融机构(包括政策性银行、商业银行、农村合作银行、城市信用合作社、农村信用合作社、外资银行)按一级资本计,非银行法人金融机构按资本(实收资本或股本+资本公积)计,外国银行境内分行按运营资本计,以最近一期经审计的财务报告为准。

跨境融资杠杆率:企业为2,非银行法人金融机构为1,银行类法人金融机构和外国银行境内分行为0.8。

宏观审慎调节参数:1(2023年7月20日起该参数上调至1.5)。

4.监管标准

企业和金融机构开展跨境融资,按风险加权计算余额(指已提用未偿余额,下同),风险加权余额不得超过上限,即:跨境融资风险加权余额≤跨境融资风险加权余额上限。

中国人民银行建立跨境融资宏观风险监测指标体系,在跨境融资宏观风险指标触及预警值时,采取逆周期调控措施,以控制系统性金融风险。逆周期调控措施可以采用单一措施或组合措施的方式进行,也可针对单一、多个或全部企业和金融机构进行。总量调控措施包括调整跨境融资杠杆率和宏观审慎调节参数,结构调控措施包括调整各类风险转换因子。根据宏观审慎评估(MPA)的结果对金融机构跨境融资的总量和结构进行调控,必要时还可根据维护国家金融稳定的需要,采取征收风险准备金等其他逆周期调控措施,防范系统性金融风险。

企业和金融机构因风险转换因子、跨境融资杠杆率和宏观审慎调节参数调整导致跨境融资风险加权余额超出上限的,原有跨境融资合约可持有到期;在跨境融资风险加权余额调整到上限内之前,不得办理包括跨境融资展期在内的新的跨境融资业务。

(三)动态的远期结售汇宏观审慎管理

2015年8月,中国人民银行发布《中国人民银行关于加强远期售汇宏观审慎管理的通知》,规定自同年10月15日起,对开展代客远期售汇业务的金融机构(含财务公司)收取外汇风险准备金,准备金率暂定为20%,并对其风险准备金的收取情况按月考核。2017年以来,人民币汇率企稳回升,为进一步完善人民币汇率中间价报价机制和宏观审慎管理框架,防范宏观金融风险,促进金融机构稳健经营,自2017年9月11日起,外汇风险准备金率由20%调整为0。

1. 外汇风险准备金的计算

金融机构外汇风险准备金计算公式为:

当月外汇风险准备金交存额＝上月远期售汇签约额×外汇风险准备金率

其中:

外汇风险准备金率暂定为20%。[①]

2. 外汇风险准备金的考核

中国人民银行对金融机构外汇风险准备金按月考核。金融机构应在每月15日前(遇节假日顺延)将外汇风险准备金划至中国人民银行上海总部开立的外汇风险准备金专用账户。

国家外汇管理局各分局、外汇管理部应在每月8日前(遇节假日顺延,其中10月份为10日)向相应的中国人民银行省会(首府)城市中心支行以上分支机构营业部门提供辖区内开展代客远期售汇业务的金融机构名单及各金融机构上月远期售汇签约额等相关数据。法人金融机构和外资银行分行应在每月10日前(遇节假日顺延,其中10月份为12日)将"外汇风险准备金交存申报表"报送至所在地中国人民银行省会(首府)城市中心支行以上分支机构营业部门。

金融机构在中国人民银行的外汇风险准备金冻结期为1年。金融机构按月交存的外汇风险准备金冻结期满后,中国人民银行在期满当月15日(遇节假日顺延)将资金退划该金融机构指定账户。

(四)动态的跨境人民币资本流动宏观审慎管理

近年来,在人民币汇率波动和资本流动呈一定周期性的经济背景下,中国人民银行陆续公布了一系列契合市场环境的动态宏观审慎管理措施。2014年12月,中国人民银行发文规定,将境外金融机构在境内金融机构存放纳入存款准备金交付范围,存款准备金率暂定为零;一年后,为建立跨境人民币资金流动进行逆周期调节的长效机制,2016年1月,中国人民银行要求对境外金融机构在境内金融机构存放执行正常存款准备金率;在市场环境转向中性时,中国人民银行也随之调整宏观审慎管理措施,自2017年9月11日起,确认取消境外机构在境内清算行存放的存款准备金,进一步体

[①] 经过2017年9月8日下调至0,2018年8月6日上调至20%,2020年10月12日又下调至0后,为稳定外汇市场预期,加强宏观审慎管理,中国人民银行决定自2022年9月28日起,将远期售汇业务的外汇风险准备金率从0上调至20%。

现了动态的宏观审慎管理。①

关键概念

银行监管　　保险监管　　证券监管　　巴塞尔协议　　资本充足率
盈利性评估指标　　资产安全性评估指标　　流动性评估指标　　偿付能力额度
财产保险公司监管指标　　人寿保险公司监管指标　　净资本

学习小结

　　金融监管是金融监督与金融管理的复合称谓。金融监管是金融监管机构依据金融法律、法规，运用行政手段和法律手段，对金融机构、金融业务、金融市场的活动进行规范、限制、管理与监督的总称。金融监管统计是指以银行保险等金融机构为对象的统计调查、统计分析、统计信息服务、统计管理和统计监督检查等活动，以及金融机构为落实相关监管要求开展的各类统计活动。

　　银行业监管的国际标准——《巴塞尔协议》的宗旨，是使国际银行业受到充分的监督，为国际银行危机提供一个"预警系统"；确立所有国际银行都必须接受监督的标准。我国作为巴塞尔委员会的成员之一，也一直在积极借鉴、引入和实施，并通过我国的实践不断丰富《巴塞尔协议》的内涵和功能。2023年1月，原银保监会发布《银行保险监管统计管理办法》，就银行业监管统计管理的主要内容做出相应规定。商业银行风险监管核心指标分为三个层次，即风险水平、风险迁徙和风险抵补。

　　保险监管的目的在于保护保险消费者以及监督和保护保险产品的提供者。保险公司监管指标有：(1)偿付能力额度，等于认可资产减去认可负债的差额。(2)财产保险公司监管指标，包括：①保费增长率；②自留保费增长率；③毛保费规模率；④实际偿付能力额度变化率；⑤两年综合成本率；⑥资金运用收益率；⑦速动比率；⑧融资风险率；⑨应收保费率；⑩认可资产负债率；⑪资产认可率。(3)人寿保险公司监管指标，包括：①长期险保费收入增长率；②短期险自留保费增长率；③实际偿付能力额度变化率；④险种组合变化率；⑤认可资产负债率；⑥资产认可率；⑦短期险两年赔付率；⑧投资收益充足率；⑨盈余缓解率；⑩资产组合变化率；⑪融资风险率；⑫退保率。

　　证券市场监管源于证券市场的高风险，其内容包括：①证券发行监管；②证券交易监管；③上市公司监管；④证券经营机构和专业服务机构的监管；⑤对投资者的监管。

　　净资本是衡量证券公司、期货公司资产流动性状况的一个综合性监管指标。通过对净资本情况的监控，监管部门可以准确及时地掌握相关信息，防范风险，保护广大投资者的利益。

　　外汇市场是一个高风险的市场，伴随着外汇市场的开放程度加大，相对应的外汇风险也会随之上升。因此，对外汇风险的管理在很大程度上有利于一国经济的稳定发展。外汇市场风险主要包括外汇兑换风险、外汇交易结算风险和国家风险。外汇风险的控制主要是对外汇头寸的管理。

---

① 易莞姣、唐利军：《宏观审慎外汇监管工具的国际经验及启示》，《区域金融研究》2018年第4期，第33—35、51页。

课堂测试题

1. 简述金融监管的概念。
2. 简述银行业监管统计的概念。
3. 商业银行监管指标包括哪些层次？每个层次又包含哪些指标？
4. 在不同的保险公司中，监管指标分别有哪些？
5. 证券公司风险控制指标是什么？各自如何计算？
6. 期货公司风险监管指标是什么？各自如何计算？
7. 外汇市场风险监控指标是什么？各自如何计算？

课堂测试题答案

课后练习题

一、名词解释

1. 金融监管
2. 银行业监管统计
3. 保险监管
4. 认可资产（保险公司）
5. 认可负债（保险公司）
6. 或有负债（保险公司）

二、单项选择题

1. 1975 年 9 月公布的第一个协议（　　）在世界上第一次比较明确地规定了对跨国银行的监督责任，从而为国际银行业与国际金融市场的安全与稳定创造了一个基础。
   A.《对银行国外机构监督的原则》　　　B.《对银行的外国机构的监督》
   C.《有效银行监管的核心原则》　　　　D.《新的资本充足比率框架》

2. 巴塞尔银行监管委员会从宏观和微观两个层面对国际新监管标准实施可能带来的影响进行评估。根据评估结果，2010 年 9 月 12 日召开的中央银行行长和监管当局负责人会议（GHOS meeting）决定设立为期（　　）年的过渡期安排。
   A. 3　　　　　　B. 5　　　　　　C. 8　　　　　　D. 10

3. 中国银行业监督管理委员会遵循（　　）的持续监管思路。
   A. 准备分类—做实利润—提足拨备—资本充足
   B. 准备分类—做实利润—资本充足—提足拨备
   C. 准备分类—提足拨备—做实利润—资本充足
   D. 准备分类—提足拨备—资本充足—做实利润

4. 2010 年，银监会印发（　　），为提高业务连续性水平提供了制度保障。
   A.《银行业金融机构案件处置工作规程》

B.《银行业金融机构内部审计指引》
C.《信托公司净资本管理办法》
D.《商业银行数据中心监管指引》

5. 中国银行业监督管理委员会颁布《银行业监管统计管理暂行办法》的具体时间是(　　)。
A. 2004 年 9 月 15 日　　B. 2004 年 9 月 1 日　　C. 2005 年 9 月 15 日　　D. 2005 年 9 月 1 日

6. 关于商业银行风险监管中流动性风险指标的定义与要求，下列说法正确的是(　　)。
A. 流动性比例为流动性资产余额与流动性负债余额之比，衡量商业银行流动性的总体水平，不应低于 50%
B. 核心负债比例为核心负债与负债总额之比，不应低于 60%
C. 流动性缺口率为 180 天内表内外流动性缺口与 180 天内到期表内外流动性资产之比，不应低于－10%
D. 流动性缺口率为 90 天内表内外流动性缺口与 90 天内到期表内外流动性资产之比，不应低于－5%

7. 关于累计外汇敞口头寸比例的定义和要求，下列说法正确的是(　　)。
A. 累计外汇敞口头寸比例为累计外汇敞口头寸与资本总额之比，不应高于 20%
B. 累计外汇敞口头寸比例为累计外汇敞口头寸与资本总额之比，不应高于 50%
C. 累计外汇敞口头寸比例为累计外汇敞口头寸与资本净额之比，不应高于 20%
D. 累计外汇敞口头寸比例为累计外汇敞口头寸与资本净额之比，不应高于 50%

8. 关于综合赔款金额的计算公式，下列说法正确的是(　　)。
A. 综合赔款金额＝(赔款支出＋未决赔款准备金提转差＋分保赔款支出)－(摊回分保赔款＋追偿款收入)
B. 综合赔款金额＝(赔款支出＋分保赔款支出)－(摊回分保赔款＋未决赔款准备金提转差＋追偿款收入)
C. 综合赔款金额＝(摊回分保赔款＋追偿款收入)－(赔款支出＋未决赔款准备金提转差＋分保赔款支出)
D. 综合赔款金额＝(摊回分保赔款＋未决赔款准备金提转差＋追偿款收入)－(赔款支出＋分保赔款支出)

9. 经营不满三个完整会计年度的保险公司，最低偿付能力额度标准是(　　)。
A. 最近会计年度公司自留保费付营业税及附加后 1 亿元人民币以下部分的 16% 和 1 亿元人民币以上部分的 18%
B. 最近会计年度公司自留保费付营业税及附加后 1 亿元人民币以下部分的 18% 和 1 亿元人民币以上部分的 16%
C. 公司最近 3 年平均综合赔款金额 7 000 万元以下部分的 23% 和 7 000 万元以上部分的 26%
D. 公司最近 3 年平均综合赔款金额 7 000 万元以下部分的 26% 和 7 000 万元以上部分的 23%

10. 存出资本保证金。这是保险公司按照《中华人民共和国保险法》规定，将注册资本金或营运资金的(　　)，通过与商业银行签订专门的资本保证金存款协议的方式缴存的保证金。
A. 5%　　　　　　B. 10%　　　　　　C. 15%　　　　　　D. 20%

11. 保险公司的认可资产负债率的正常范围为(　　)。

A. 小于 60%　　　　B. 小于 70%　　　　C. 小于 80%　　　　D. 小于 90%

12. 保险公司的资产认可率的正常范围为(　　)。

A. 不大于 75%　　　B. 不小于 75%　　　C. 不大于 85%　　　D. 不小于 85%

13. 国际上,将股价指数日涨跌幅度超过(　　)的情况称为暴涨暴跌。

A. 5%　　　　　　B. 8%　　　　　　C. 10%　　　　　　D. 12%

14. (　　)年,国务院决定撤销国务院证券委员会,工作改由中国证券监督管理委员会承担,并决定中国证券监督管理委员会对地方证管部门实行垂直领导,从而形成了集中统一的监管体系。

A. 1990　　　　　B. 1992　　　　　C. 1995　　　　　D. 1998

15. 关于证券公司净资本的计算公式,正确的是(　　)。

A. 净资本＝净资产－金融产品投资的风险调整－应收项目的风险调整－其他流动资产项目的风险调整－长期资产的风险调整－或有负债的风险调整－(＋)中国证监会认定或核准的其他调整项目

B. 净资本＝净资产＋金融产品投资的风险调整＋应收项目的风险调整＋其他流动资产项目的风险调整＋长期资产的风险调整＋或有负债的风险调整－(＋)中国证监会认定或核准的其他调整项目

C. 净资本＝净资产－资产调整值＋负债调整值－客户未足额追加的保证金－(＋)其他调整项目

D. 净资本＝净资产＋资产调整值－负债调整值＋客户未足额追加的保证金－(＋)其他调整项目

16. 关于期货公司净资本的计算公式,正确的是(　　)。

A. 净资本＝净资产－金融产品投资的风险调整－应收项目的风险调整－其他流动资产项目的风险调整－长期资产的风险调整－或有负债的风险调整－(＋)中国证监会认定或核准的其他调整项目

B. 净资本＝净资产＋金融产品投资的风险调整＋应收项目的风险调整＋其他流动资产项目的风险调整＋长期资产的风险调整＋或有负债的风险调整－(＋)中国证监会认定或核准的其他调整项目

C. 净资本＝净资产－资产调整值＋负债调整值－客户未足额追加的保证金－(＋)其他调整项目

D. 净资本＝净资产＋资产调整值－负债调整值＋客户未足额追加的保证金－(＋)其他调整项目

17. 证券公司经营证券经纪业务,同时经营证券承销与保荐、证券自营、证券资产管理、其他证券业务等业务之一的,其净资本不得低于人民币(　　)。

A. 2 000 万元　　　B. 5 000 万元　　　C. 1 亿元　　　　　D. 2 亿元

18. 证券公司应当按照上一年营业费用总额的(　　)计算营运风险的风险准备。

A. 5%　　　　　　B. 8%　　　　　　C. 10%　　　　　　D. 12%

19. 中国证监会对各项风险控制指标设置预警标准,对于规定"不得低于"一定标准的风险控制指标,其预警标准是规定标准的(　　)。

A. 120%　　　　　B. 100%　　　　　C. 80%　　　　　　D. 50%

三、多项选择题

1. 2010年7月,巴塞尔银行监管委员会正式发布第三版《巴塞尔协议》,内容包括( )。
   A. 强化资本充足率监管标准　　　　　　B. 引入杠杆率监管标准
   C. 建立流动性风险量化监管标准　　　　D. 强化风险管理实践

2. 中国银行监督管理委员会对商业银行的公司治理方面的监管包括( )。
   A. 完善公司治理规章制度　　　　　　　B. 强化股东、董事和高级管理人员责任
   C. 推进稳健薪酬机制监管　　　　　　　D. 规范银信理财合作业务

3. 中国银行监督管理委员会对商业银行的内部控制监管包括( )。
   A. 督促银行业金融机构完善内部制约机制
   B. 加强信贷精细化管理程度
   C. 引导银行业金融机构健全完善内审管理体系
   D. 推动银行业金融机构提高内控执行力

4. ( )在中国银行业监督管理委员会颁布《银行业监管统计管理暂行办法》的适用范围内。
   A. 商业银行　　　　　　　　　　　　　B. 农村信用合作社
   C. 金融资产管理公司　　　　　　　　　D. 信托投资公司

5. 银行业监管统计工作的基本原则是( )。
   A. 统一规范　　　B. 准确及时　　　C. 科学严谨　　　D. 实事求是

6. 进行银行业监管统计检查的措施包括( )。
   A. 进入银行业金融机构进行检查
   B. 询问银行业金融机构的有关人员,要求其对检查事项做出说明
   C. 查阅、复制银行业金融机构与检查事项有关的文件、资料和凭证等
   D. 根据需要对台账、原始凭证和会计报表等进行核对,对银行业金融机构管理信息系统中有关数据进行核对

7. 商业银行风险监管核心指标层次具体包括( )。
   A. 风险水平　　　B. 风险迁徙　　　C. 风险抵补　　　D. 风险消除

8. 关于商业银行风险监管中信用风险类指标的定义与要求,下列说法正确的有( )。
   A. 不良资产率为不良资产与资产净额之比,不应高于4%
   B. 单一集团客户授信集中度为最大一家集团客户授信总额与资本净额之比,不应高于15%
   C. 单一客户贷款集中度为最大一家客户贷款总额与资本净额之比,不应高于10%
   D. 全部关联度为全部关联授信与资本净额之比,不应高于50%

9. 关于商业银行风险监管中风险抵补类指标的定义与要求,下列说法正确的有( )。
   A. 成本收入比为营业费用加折旧与营业收入之比,不应高于45%
   B. 资本利润率为税后净利润与平均总资产之比,不应低于11%
   C. 资产损失准备充足率为信用风险资产应提准备与实际计提准备之比,不应低于100%
   D. 资本充足率为核心资本加附属资本与风险加权资产之比,不应低于8%

10. 进行保险监管的原因是( )。
    A. 商业保险具有较高的利润
    B. 商业保险的覆盖面巨大

C. 商业保险的本质是安全保障
D. 商业保险中存在着买卖双方的不平等交易地位

11. 保险监管的目的有( )。
   A. 保证风险社会化机制的安全可靠性　　B. 监督保险产品提供者的财务状况
   C. 保证保险市场的健康有序竞争　　　　D. 保证保险市场的公平、公开、公正

12. 财产保险公司应具备的最低偿付能力额度为下述两项中数额较大的一项,这两项具体是( )。
   A. 最近会计年度公司自留保费付营业税及附加后1亿元人民币以下部分的16%和1亿元人民币以上部分的18%
   B. 最近会计年度公司自留保费付营业税及附加后1亿元人民币以下部分的18%和1亿元人民币以上部分的16%
   C. 公司最近3年平均综合赔款金额7 000万元以下部分的23%和7 000万元以上部分的26%
   D. 公司最近3年平均综合赔款金额7 000万元以下部分的26%和7 000万元以上部分的23%

13. 长期人身险业务最低偿付能力额度为( )之和。
   A. 投资连结类产品期末寿险责任准备金的1%和其他寿险产品期末寿险责任准备金的4%
   B. 投资连结类产品期末寿险责任准备金的1%和其他寿险产品期末寿险责任准备金的3%
   C. 保险期间小于3年的定期死亡保险风险保额的0.1%,保险期间为3~5年的定期死亡
   D. 保险风险保额的0.15%,保险期间超过5年的定期死亡保险和其他险种风险保额的0.3%
   E. 保险期间小于3年的定期死亡保险风险保额的0.1%,保险期间为3~5年的定期死亡保险风险保额的0.15%,保险期间超过5年的定期死亡保险和其他险种风险保额的0.2%

14. 分保应收账款以扣除合理预期的坏账准备后的金额确认为认可资产,但不得超过最高认可比例,关于此比例,下列说法正确的有( )。
   A. 账龄不长于3个月的,最高按账面价值的100%确认为认可资产
   B. 账龄不长于6个月的,最高按账面价值的70%确认为认可资产
   C. 账龄超过6个月但小于1年的,最高按账面价值的50%确认为认可资产
   D. 账龄等于或大于1年的,全额确认为非认可资产

15. 证券市场风险主要包括( )。
   A. 证券价格风险　　　　　　　　　　B. 结算体系风险
   C. 证券经营机构的信用风险　　　　　D. 技术风险

16. 按照法博齐(Fabozzi)和莫迪利亚尼(Modigliani)所提出的,从证券监管活动的覆盖面出发,认为政府应采取( )形式对证券市场进行监管。
   A. 信息披露监管　　　　　　　　　　B. 证券活动监管
   C. 对金融机构监管　　　　　　　　　D. 对外国参与者监管

17. 我国证券发行监管的基本法律依据是( )。
   A.《中华人民共和国公司法》　　　　B.《中华人民共和国证券法》
   C.《股票发行和交易管理暂行条例》　　D.《证券交易所管理办法》

18. 关于期货公司从事一定业务净资本的标准,下列说法正确的是( )。
   A. 期货公司委托其他机构提供中间介绍业务的,净资本不得低于人民币3 000万元

B. 从事交易结算业务的期货公司,净资本不得低于人民币 4 500 万元

C. 从事全面结算业务的期货公司,净资本不得低于人民币 8 000 万元

D. 从事全面结算业务的期货公司,客户权益总额与其代理结算的非结算会员权益或者非结算会员客户权益之和的 5%

19. 外汇市场风险包括( )。

A. 外汇交易结算风险   B. 国家风险   C. 外汇计算风险   D. 外汇兑换风险

20. 外汇市场政策一直在不断变化调整中,自 2005 年以来,中国外汇管理制度的改革包含以下内容:( )。

A. 改革人民币汇率制度,调整汇率基准价格和挂牌汇价体系

B. 实行汇率并轨制

C. 调整中国外汇储备的管理制度

D. 不断完善外汇管理制度

四、简答题

1. 金融监管的必要性是什么?
2. 银行业监管的国际标准是什么?
3. 中国银行业监管的指标有哪些?
4. 如何计算保险公司的偿付能力额度?
5. 财产保险公司、人寿保险公司的监管指标各有哪些?
6. 如何计算证券公司、期货公司的净资本?
7. 证券市场监管的意义与原则有哪些?
8. 我国外汇市场监管体制演变主要分为哪几个阶段?
9. 简要阐述外汇市场风险的种类并结合所学知识谈谈你对外汇市场风险的看法。
10. 不同国家外汇市场头寸指标管理概况是什么样的?

参考文献

[1]陈梦根.金融统计学[M].北京:中国统计出版社有限公司,2024.

[2]迟艳琴.金融统计学[M].北京:中国金融出版社,2013.

[3]杜金富.金融市场学[M].3版.北京:中国金融出版社,2018.

[4]杜金富.金融统计分析报告(2011年各季度)[R].北京:中国金融出版社,2011.

[5]杜金富.货币与金融统计学[M].4版.北京:中国金融出版社,2018.

[6]国家开发银行.国家开发银行2023年年度报告[R].http://www.cdb.com.cn/gykh/ndbg_jx/2023_jx/.

[7]国家统计局.中国统计年鉴2024[M].北京:中国统计出版社,2024.

[8]郭玉敏.浅谈当前我国互联网金融发展的现状及未来趋势预测[J].现代商业,2016(24).

[9]何平平,范思媛,黄健钧.互联网金融[M].2版.北京:清华大学出版社,2023.

[10]洪昊,菅保华,吴振宏,等.我国民间外汇交易的发展特点和监管对策研究[J].浙江金融,2009(5).

[11]贾俊平.统计学[M].7版.北京:中国人民大学出版社,2018.

[12]金德环.投资银行学[M].3版.上海:格致出版社,2018.

[13]姜波克.国际金融学[M].4版.北京:高等教育出版社,2014.

[14]侯晓辉.市场化转型下的中国商业银行战略行为与经营绩效分析[M].北京:经济科学出版社,2016.

[15]胡庆康.现代货币银行学教程[M].6版.上海:复旦大学出版社,2019.

[16]李冻菊.证券投资统计分析[M].2版.北京:中国农业大学出版社,2014.

[17]李建军.金融统计学[M].北京:高等教育出版社,2018.

[18]李洁明,祁新娥.统计学原理[M].7版.上海:复旦大学出版社,2017.

[19]李伟,桑欢.互联网金融风险及其防范[J].合作经济与科技,2015,6(2).

[20]刘澄等.金融学教程[M].3版.北京:中国人民大学出版社,2018.

[21]刘红梅,王克强.中国企业融资市场研究[M].北京:中国物价出版社,2002.

[22]刘红梅,王克强.金融统计学[M].4版.上海:上海财经大学出版社,2021.

[23]鲁素英,才宏远.货币与金融统计学习题[M].北京:中国金融出版社,2004.

[24]莫扶民.商业银行公司金融业务[M].北京:中国金融出版社,2011.

[25]钱晔.货币银行学[M].6版.大连:东北财经大学出版社,2019.

[26]全国人民代表大会.中华人民共和国中国人民银行法[Z].2003.

[27]全国人民代表大会.中华人民共和国证券法[Z].2013.

[28]全国人民代表大会.中华人民共和国保险法[Z].2014.

[29]苏宁.1949—2005中国金融统计:上册,下册[M].北京:中国金融出版社,2007.

[30]孙梦鸽.互联网金融发展的文献综述[J].金融经济,2016(10).

[31]Sonali Das,张寒堤,李钰婕.人民币汇率制度的演进:2005年—2019年[J].新金融,2019(5).

[32]王莹.互联网金融模式下的风险管理研究[J].经营管理者,2015(6).

[33]王允平,李晓梅.商业银行会计[M].3版.上海:立信会计出版社,2013.

[34]魏建华.证券市场概论[M].6版.北京:中国人民大学出版社,2015.

[35]吴念鲁.中国外汇储备研究[M].北京:中国金融出版社,2014.

[36]吴胜.商业银行会计[M].3版.北京:高等教育出版社,2019.

[37]吴晓求.证券投资学[M].5版.北京:中国人民大学出版社,2021.

[38]谢百三.金融市场学[M].2版.北京:北京大学出版社,2009.

[39]谢海成.商业银行财务分析[M].广州:中山大学出版社,2000.

[40]谢惠.浅谈我国互联网金融发展现状及发展趋势[J].财讯,2017(29).

[41]徐大全.金融统计学[M].成都:西南财经大学出版社,1990.

[42]徐刚,沈禹钧.中央银行学[M].上海:上海财经大学出版社,2000.

[43]徐国祥,李长风,等.涉外经济统计[M].上海:立信出版社,1999.

[44]徐锡平.金融统计[M].北京:中国金融出版社,2003.

[45]徐国祥.金融统计学[M].2版.上海:格致出版社,2016.

[46]许涤龙.货币与金融统计学[M].北京:科学出版社,2008.

[47]许树信,周战地.金融学教程[M].北京:中国金融出版社,1998.

[48]阎敏.投资银行学[M].3版.北京:科学出版社,2016.

[49]杨凯生,刘瑞霞,冯乾.《巴塞尔Ⅲ最终方案》的影响及应对[J].金融研究,2018(02).

[50]杨玉川,邵七杜.期货市场原理与实务[M].天津:南开大学出版社,1998.

[51]易传和.银行财务管理[M].北京:中国金融出版社,2000.

[52]易纲,等.货币银行学[M].上海:格致出版社,2014.

[53]张成虎.互联网金融风险管理[M].北京:中国金融出版社,2020.

[54]张莲英,雷秋惠,王未卿.国际金融学教程[M].北京:经济管理出版社,2003.

[55]张涛.金融统计指标释义[M].北京:中国金融出版社,2011.

[56]张喜坤.保险统计理论与实务[M].北京:中国金融出版社,1998.

[57]张雅洁,张旭明.互联网金融功能初探[J].金融经济,2015(9).

[58]张瀛,罗祯,洪珍玉.外汇头寸、风险资本与我国外汇市场风险管理[J].金融理论与实践,2013(5).

[59]张瀛,罗祯.国际外汇市场头寸管理经验对完善我国外汇管理制度的借鉴[J].上海金融,2013(5).

[60]赵彦云.金融统计分析[M].北京:中国金融出版社,2000.

[61] 赵彦云. 金融统计分析学习指导[M]. 北京：中国金融出版社, 2004.

[62] 中国保险监督管理委员会. 保险公司偿付能力额度及监管指标管理规定[Z]. 2003.

[63] 中国金融学会. 中国金融年鉴(2011)[M]. 北京：中国金融出版社, 2011.

[64] 中国人民银行调查统计司. 金融统计分析报告[M]. 北京：中国金融出版社, 2009.

[65] 中国人民银行统计司. 中国金融统计(1997—1999)[M]. 北京：中国金融出版社, 2000.

[66] 中国证券监督管理委员会. 2003 中国证券期货统计年鉴[M]. 上海：百家出版社, 2003.

[67] 中国证券监督管理委员会. 中国证券监督管理委员会公告：2000—2002 年合订本, 2003 年及 2004 年各期[R].

[68] 中国证券监督管理委员会. 中国证券期货统计年鉴(2015)[M]. 北京：中国统计出版社, 2015.

[69] 中国证券业协会. 中国证券市场发展前沿问题研究[M]. 北京：中国财政经济出版社, 2011.

[70] 中国证券业协会. 证券市场基础知识[M]. 北京：中国财政经济出版社, 2003.

[71] 中华人民共和国财政部. 金融企业会计制度[M]. 北京：中国财政经济出版社, 2002.

[72] 中华人民共和国财政部. 企业会计准则——基本准则[Z]. 2014.

[73] 中华人民共和国商务部. 中国外资统计公报 2019[R/OL]. http://wzs.mofcom.gov.cn/article/ztxx/201912/20191202925437.shtml/2019/.

[74] 朱孟楠. 金融监管的国际协调与合作[M]. 北京：中国金融出版社, 2003.

[75] 庄俊鸿. 政策性银行概论[M]. 北京：中国金融出版社, 2001.

[76] 邹海涛. 证券期货代理[M]. 北京：首都经济贸易大学出版社, 2003.

[77] Basle Committee on Banking Supervision. Risk management guidelines for derivatives[R]. 1994.

[78] Basle Committee on Banking Supervision. Amendment to the Capital Accord to Incorporate Market Risks[R]. 1996.

[79] https://www.cbirc.gov.cn.

[80] https://www.mofcom.gov.cn.

[81] http://www.pbc.gov.cn.

[82] http://www.qqjjsj.com.

[83] http://www.safe.gov.cn.

[84] 香港金融管理局, https://www.hkma.gov.hk/chi/.